Sozialraum erforschen:
Qualitative Methoden in der Geographie

Jeannine Wintzer

(Hrsg.)

Sozialraum erforschen: Qualitative Methoden in der Geographie

 Springer Spektrum

Herausgeberin
Jeannine Wintzer
Geographisches Institut
Universität Bern
Bern, Schweiz

ISBN 978-3-662-56276-5   ISBN 978-3-662-56277-2   (eBook)
https://doi.org/10.1007/978-3-662-56277-2

Die Deutsche Nationalbibliothek verzeichnet diese Publikation in der Deutschen Natio-
nalbibliografie; detaillierte bibliografische Daten sind im Internet über http://dnb.d-nb.
de abrufbar.

Springer Spektrum
© Springer-Verlag GmbH Deutschland, ein Teil von Springer Nature 2018

Verantwortlich im Verlag: Sarah Koch

Gedruckt auf säurefreiem und chlorfrei gebleichtem Papier

Springer Spektrum ist ein Imprint der eingetragenen Gesellschaft Springer-Verlag GmbH,
DE und ist ein Teil von Springer Nature.
Die Anschrift der Gesellschaft ist: Heidelberger Platz 3, 14197 Berlin, Germany

Die Kurzbiographie

Jeannine Wintzer studierte an der Friedrich-Schiller-Universität in Jena Geographie und verfasste ihre Dissertation an der Universität Bern zum Thema „Geographien erzählen. Wissenschaftliche Narrationen von Geschlecht und Raum". Sie ist Dozentin für Qualitative Methoden in der Geographie am Geographischen Institut der Universität Bern. Ihre Forschungsschwerpunkte sind Visuelle Geographien, Diskurs-, Narrations-, Argumentations- und Metaphernanalyse und Geographische Wissenschaftsforschung. Ihre Habilitation beschäftigt sich mit dem Thema RaumMacht durch BildMacht.

Inhaltsverzeichnis

IV   Sprache und Diskurse

V   Materialität und Visualität

VI   Synthese

Herausgeberin und Autoren- und Autorinnenverzeichnis

Über die Herausgeberin

Jeannine Wintzer

studierte Geographie an der Friedrich-Schiller-Universität in Jena und verfasste ihre Dissertation an der Universität Bern zum Thema „Geographien erzählen. Wissenschaftliche Narrationen von Geschlecht und Raum". Sie ist Dozentin für Qualitative Methoden in der Geographie am Geographischen Institut der Universität Bern. Ihre Forschungsschwerpunkte sind Visuelle Geographien, Diskurs-, Narrations-, Argumentations- und Metaphernanalyse und Geographische Wissenschaftsforschung. Ihre Habilitation beschäftigt sich mit dem Thema RaumMacht durch BildMacht.

Verzeichnis der Autoren und Autorinnen

Cornelia Bading

ist Wirtschaftsgeographin und wissenschaftliche Mitarbeiterin und Doktorandin am Lehrstuhl für Wirtschaftsgeographie an der Katholischen Universität Eichstätt-Ingolstadt. Ihr regionaler Fokus ist Süd- und Ostasien, vor allem China und Indien. Thematisch ist sie spezialisiert auf Forschung im Gesundheitsbereich, insbesondere mittels der Grounded Theory. Für Ihre Doktorarbeit forscht sie in Indien zu Behandlungsorten für (multiresistente) Tuberkulose-Erkrankte.

Christoph Baumann

studierte Medienwissenschaften, Kulturgeographie und Geschichte sowie Germanistik, Geographie und Philosophie (Lehramt). Er promovierte am Lehrstuhl für Kulturgeographie der Universität Erlangen-Nürnberg. Seine Schwerpunkte liegen in den Bereichen der Mediengeographien, Geographien des Ländlichen, Theorien der Kultur-/Sozialgeographie und der Geographiedidaktik.

Kristine Beurskens

ist wissenschaftliche Mitarbeiterin am Leibniz-Institut für Länderkunde. Mit sozial- und politisch-geographischem Hintergrund forscht sie auf der Mikroebene zu geopolitischen Entwicklungen, sozialen Ungleichheiten und Alltagspraktiken an Grenzen. Ein Schwerpunkt ihrer Arbeit ist die Entwicklung qualitativer Forschungsmethoden für die Humangeographie. In ihrer Dissertation untersuchte sie Handlungsorientierungen der vom Schengener Grenzregime betroffenen Bewohner und Bewohnerinnen an den östlichen EU-Außengrenzen.

Christian Bittner

ist wissenschaftlicher Mitarbeiter am Institut für Geographie der FAU Erlangen-Nürnberg. Seine Arbeitsschwerpunkte sind Technik und Gesellschaft, Politische Geographie, Kritische Kartographie, Critical GIS, Digitale Geographie und Geoweb-Studien.

Irene Bittner

ist Landschaftsplanerin und wissenschaftliche Mitarbeiterin am Institut für Landschaftsplanung an der Universität für Bodenkultur Wien. Sie forscht zu Freiraumplanung in Verbindung mit Gesundheitsförderung, Bewegung, Spiel und Sport forscht. Weitere interdisziplinäre Schnittstellen in Forschung und Lehre sind Stadtsoziologie und raumrelevante Genderaspekte.

Claudia Bosch

ist Geographin und wissenschaftliche Mitarbeiterin und Doktorandin am Zentralinstitut für Lateinamerikastudien (ZILAS) an der Katholischen Universität Eichstätt-Ingolstadt. Im Rahmen ihres Dissertationsvorhabens setzt sie sich mit Formen gesellschaftlicher Teilhabe von jungen Erwachsenen in Peru auseinander, wobei sie Impulse der Geographies of Children and Youth berücksichtigt.

Daniela Boß

ist wissenschaftliche Mitarbeiterin in der Abteilung Stadt- und Regionalentwicklung des Geographischen Instituts der Universität Bayreuth. Ihre Forschungsschwerpunkte sind Geographien der sozio-ökonomischen Benachteiligung und Segregation, Geographien der Energiewende sowie Zivilgesellschaft, soziale Bewegungen und gesellschaftliche Selbstorganisationsprozesse.

Inken Carstensen-Egwuom

Forschungsschwerpunkte umfassen transnationale Migration, Intersektionalität, postkoloniale Theorien sowie Positionalität und Reflexivität in der qualitativen Forschung. Ihre Dissertation fordert: „Intersektionalität und Transnationalismus zusammen denken. Eine intersektionale Perspektive auf die transnationale soziale Positionierung nigerianischer Migranten in Bremen". Sie arbeitet in der Anlauf- und Beratungsstelle für ehrenamtliches Engagement mit Geflüchteten bei der Stadt Flensburg.

Doris Damyanovic

ist Landschaftsplanerin und arbeitet als assoziierte Professorin am Institut für Landschaftsplanung, Universität für Bodenkultur Wien. Ihre Schwerpunkte in Lehre und Forschung sind Theorie und Praxis der Landschaftsplanung in städtischen und ländlichen Räumen und geschlechtsspezifische Ansätze in Raum- und Naturwissenschaften.

Oliver Dimbath

ist als akademischer Oberrat am Institut für Sozialwissenschaften der Universität Augsburg beschäftigt. Seine Arbeitsschwerpunkte sind Soziologische Theorie, Wissens- und Wissenschaftssoziologie, Gedächtnissoziologie, qualitative Methoden und Methodologie sowie Stadtsoziologie.

Andreas Eberth

studierte Geographie, Germanistik und Bildungswissenschaften an der Universität Trier und arbeitet als wissenschaftlicher Mitarbeiter am Institut für Didaktik der Naturwissenschaften der Leibniz Universität Hannover. Er forscht zu Alltagskulturen und Raumwahrnehmungen von Jugendlichen in den Slums von Nairobi, Kenia. In der Lehre erprobt er innovative Konzepte der Exkursionsdidaktik und des forschenden Lernens.

Michael Ernst-Heidenreich

ist als Lehrbeauftragter am Institut für Sozialwissenschaften der Universität Augsburg beschäftigt. Seine Arbeitsschwerpunkte sind Soziologische Theorie, qualitative Methoden, Soziologie des Außeralltäglichen und Stadtsoziologie.

Eva Fraedrich

ist Erziehungswissenschaftlerin und von 2012 bis 2016 wissenschaftliche Mitarbeiterin am Geographischen Institut der HU Berlin. In dieser Zeit befasste sie sich mit individuellen und gesellschaftlichen Aspekten von Akzeptanz des autonomen Fahrens, soziotechnischen Transformationsprozessen im System der Automobilität und neuen Mobilitätskonzepten.

Susanne Gretzinger

arbeitet als Associate Professor an der University of Southern Denmark. Sie lehrt und forscht am Department of Entrepreneurship and Relationship Management in den Bereichen Business Marketing and Entrepreneurship. Ihr besonderes Interesse gilt dem Management von Innovationen in Business Networks, der Förderung von Klein- und Kleinstunternehmen, dem Sozialkapital von Netzwerken und seinen Akteuren.

Sebastian Grieser

ist Soziologe und wissenschaftlicher Mitarbeiter im Arbeitsbereich Geschlechtersoziologie an der Fakultät für Soziologie, Universität Bielefeld. Er promoviert zu Care-Regimes im öffentlichen Raum. Seine Forschungsschwerpunkte sind Gender Studies, Raumsoziologie und Qualitative Methoden der Sozialforschung im Besonderen feministische Methodologie, Diskursanalyse und Grounded Theory.

Dorit Happ

ist wissenschaftliche Mitarbeiterin am Leibniz-Institut für Länderkunde. Sie untersucht lokale Effekte der Außenpolitik der Europäischen Union in den östlichen Nachbarstaaten. Ihr Forschungsschwerpunkt liegt dabei im Bereich der Entwicklungs- und Migrationspolitik in Belarus und der Ukraine.

Benjamin Harnisch
studierte Geographie mit Fokus auf Allgemeine Kartographie. Er ist als Projektmanager und GIS-Professional tätig.

Maximilian Hoor
ist wissenschaftlicher Mitarbeiter im Fachgebiet Integrierte Verkehrsplanung an der Technischen Universität Berlin. In seinem Promotionsprojekt befasst er sich mit urbanen Fahrradkulturen und ihrem politischen Einfluss in Berlin und London.

Timo Huber
ist wissenschaftlicher Assistent am Institut Sozialplanung, Organisationaler Wandel und Stadtentwicklung an der Hochschule für Soziale Arbeit, Fachhochschule Nordwestschweiz und absolviert an den Hochschulen Fulda und RheinMain (Wiesbaden) den Masterstudiengang „Soziale Arbeit mit Schwerpunkt Sozialraumentwicklung und -organisation". Schwerpunkte in der Forschung: Partizipation von u. a. Kindern und Jugendlichen im Kontext Stadtentwicklung, raumbezogene Ansätze Sozialer Arbeit.

Juliana Hutai
schrieb ihre Bachelorarbeit „Mir gefällt wenn alle da sind" – eine architektursoziologische Untersuchung der Lebenswelt „Kindergarten". Momentan ist sie an der Universität Wien im Masterprogramm „Internationale Entwicklung" inskribiert. Ihr Interessengebiet fokussiert auf zeitgenössische Kunst- und Kulturpolitik, Stadt- und Raumsoziologie mit Bezügen zu urbanen Kunst- und Protestbewegungen, urbane Entwicklung und kritischen urbanen Theorien.

Fabienne Kaufmann
studierte Geographie an der Universität Bern. In ihrer Masterarbeit reflektiert sie die eigene Felderfahrung und die damit verbundenen fernerkundlichen Analysen und Kartenproduktion.

Robert Kitzmann
ist wissenschaftlicher Mitarbeiter im Arbeitsbereich Wirtschaftsgeographie des Geographischen Instituts der Humboldt-Universität Berlin. In seinem Promotionsprojekt befasste er sich mit der Transformation des Berliner Mietwohnungsmarktes und der Rolle von Wohnungseigentümern im Quartiersentwicklungsprozess. Weitere Arbeitsschwerpunkte sind Resilienzforschung und Stadtentwicklungsprozesse.

Raphaela Kogler
ist Soziologin und Bildungswissenschaftlerin. Sie forscht im Bereich der Kindheitssoziologie an der Schnittstelle zur Raum- und Stadtforschung. Dort setzt auch ihre Dissertation zu sozialräumlichen Raumaneignungsstrategien von Kindern an.

Birgit Leick
arbeitet am Lehrstuhl Wirtschaftsgeographie, Geographisches Institut der Universität Bayreuth. Sie forscht zu Unternehmen und Institutionen im Kontext des demographischen Wandels, Entrepreneurship in räumlicher Perspektive und KMU-Netzwerken. Methodisch nutzt sie quantitative und qualitative Zugänge und Ansätze.

Marlene Mellauner
ist Landschaftsplanerin und Mitarbeiterin am Institut für Landschaftsplanung an der Universität für Bodenkultur Wien. Ihre Arbeitsschwerpunkte liegen auf Partizipationsprozessen in der Planung sowie auf dem Thema der aktiven Mobilität in der Stadt. Im Fokus ihrer Forschungen steht die Zielgruppe der Kinder und Jugendlichen.

Frank Meyer
ist wissenschaftlicher Mitarbeiter am Leibniz-Institut für Länderkunde. Seit 2016 ist er Mitarbeiter im SFB 1199 „Verräumlichungsprozesse unter Globalisierungsbedingungen". In dessen Projekt B05 (Leitung: Judith Miggelbrink) zum Thema „Grenzüberschreitende Assemblages medizinischer Praktiken" bearbeitet er eine Fallstudie zur grenzüberschreitenden Zusammenarbeit in Europa bezüglich Organspende, -allokation und -transplantation.

Boris Michel
ist wissenschaftlicher Mitarbeiter am Institut für Geographie der FAU Erlangen-Nürnberg. Seine aktuellen Arbeitsschwerpunkte sind Stadtgeographie, Geographiegeschichte und kritische Kartographie.

Judith Miggelbrink
ist wissenschaftliche Mitarbeiterin am Leibniz-Institut für Länderkunde und Koordinatorin des Forschungsbereichs „Raumproduktionen im Verhältnis von Staat und Gesellschaft". Ihre sozial-und politisch-geographisch geprägten Forschungen beschäftigen sich mit dem europäischen Außen- und Binnengrenzregime, Alltagspraktiken an Grenzen, Geographien der Gesundheit/medizinischer Praktiken und visuellen Geographien.

Jannes Muenchow
ist Geoinformatiker und geo-data scientist. Er interessiert sich für komplexe räumliche Muster, GIS und Technologien, die damit in Zusammenhang stehen. Er arbeitet an räumlicher und geostatistischer Modellierung, Algorithmus-Automatisierung und Geocomputation. Daneben beschäftigt er sich mit big data, cloud computing, paralleler Prozessierung, literate programming und Web-Technologien. In seiner Forschung entwickelt er georelevante Technologien weiter und wendet diese auf ökologische und sozio-ökonomische Fragestellungen an.

Andreas Müller

arbeitete als wissenschaftlicher Mitarbeiter (PostDoc) am Institut für Geographie der Universität Bremen. Er studierte Angewandte Geographie an der Universität Trier und promovierte am Lehrstuhl für innovatives Markenmanagement an der Universität Bremen. Seine Forschungsschwerpunkte sind Place Branding, die Migration von Hochqualifizierten sowie visuelle Methoden in der Geographie.

Anna-Lisa Müller

ist Geographin und Soziologin und arbeitet als wissenschaftliche Mitarbeiterin in der AG Stadtgeographie an der Universität Bremen. Ihre Forschungsschwerpunkte liegen in den Bereichen der Stadt- und Migrationsforschung, den qualitativen Methoden und der STS-inspirierten Erforschung der Wechselwirkung von Architektur und Gesellschaft.

Patrick Oehler

ist Sozialpädagoge und Soziologe und arbeitet als wissenschaftlicher Mitarbeiter und Projektleiter am Institut Sozialplanung, Organisationaler Wandel und Stadtentwicklung an der Hochschule für Soziale Arbeit, Fachhochschule Nordwestschweiz in Basel. Seine Schwerpunkte in Forschung und Lehre sind Gemeinwesen- und raumbezogene Ansätze Sozialer Arbeit, Soziale Arbeit und nachhaltige Entwicklung sowie Demokratie und Soziale Arbeit.

Charlotte Räuchle

studierte Volkskunde/Kulturanthropologie und Geschichte in Hamburg und Wien sowie Urban Studies in London (University College). Sie ist wissenschaftliche Mitarbeiterin am Geographischen Institut der Humboldt-Universität zu Berlin und promoviert zu Migrantischen Ökonomien als Ressource für Städte). Ihr Interesse gilt der Stadtforschung, Migrationsforschung, historischen Anthropologie und Erinnerungskultur.

Florian Reinwald

ist Senior Researcher am Institut für Landschaftsplanung, Universität für Bodenkultur Wien. Seine Arbeitsschwerpunkte sind Planungsinstrumente und -prozesse, Urbane grüne Infrastruktur sowie klimasensible Stadtentwicklung. Ein zentraler Schwerpunkt in der Forschung sind sozialräumliche Instrumente, die Entwicklung von Methoden sowie die Umsetzung angewandter Forschungsprojekte in diesem Bereich auf unterschiedlichen Maßstabsebenen.

Matthias Roche

ist als wissenschaftlicher Mitarbeiter am Institut für Sozialwissenschaften der Universität Augsburg. Seine Arbeitsschwerpunkte sind Soziologische Theorie, Wissenssoziologie, qualitative Methoden und Stadtsoziologie.

Birte Schröder

promovierte in der Abteilung Geographie an der Europa-Universität Flensburg. Ihre Forschungsinteressen sind geographische Bildung, Kulturgeographie und Geographien der Jugend. Im Fokus ihrer Arbeit steht die kritische Auseinandersetzung mit Konzepten des interkulturellen Lernens im Geographieunterricht. Theoretisch interessiert sie sich für Postkoloniale Theorien, methodisch liegen ihre Schwerpunkte auf Ethnographie, Gruppendiskussionen und Gesprächsanalyse der dokumentarischen Methode.

Susann Schäfer

ist wissenschaftliche Mitarbeiterin am Lehrstuhl für Wirtschaftsgeographie der Friedrich-Schiller-Universität Jena und untersucht israelische IT Start-ups im Forschungskontext von transnational entrepreneurship, Clustern und transnationaler Mobilität/Wissenstransfer. Der Fokus liegt auf den unternehmerischen Praktiken und den Praktiken-Arrangements, welche das Phänomen der transnationalen Unternehmen auf innovative Weise beleuchtet. Ihre empirische Forschung basiert auf einer qualitativen Methodologie, die bei geeigneten Fragestellungen um eine GIS-Komponente erweitert wird.

Verena Texier-Ast

ist wissenschaftliche Mitarbeiterin am Institut für Geographie an der Westfälischen Wilhelms-Universität in Münster und Doktorandin der Geographie an der Universität Salzburg. Ihr wissenschaftliches Interesse liegt im Bereich der sozialen Stadtentwicklung, des Wohnungsmarktes, der sozialräumlichen Ungleichheit sowie der Visualisierung sozialer Netzwerke und der Triangulation in der empirischen Sozialforschung.

Nicola Thomas

ist Soziologin und Urbanistin und promoviert an der Hafencity Universität Hamburg und der Universität Kopenhagen zum Thema der Zeitdimensionen in der Transformation von Schrebergärten in der Schweiz, Dänemark und Deutschland. Ihre Schwerpunkte in Forschung und Lehre sind ethnografische Stadt- und Architekturforschung, green urbanism und urbane soziale Bewegungen.

Cosima Werner

studierte Geographie und Soziologie an der Universität Göttingen und machte ihren Master in Kulturgeographie an der Universität Erlangen-Nürnberg. Sie ist wissenschaftliche Mitarbeiterin in der Arbeitsgruppe Nordamerika am Geographischen Institut der Universität Heidelberg. Ihre Schwerpunkte sind Praktiken urbaner Landwirte sowie die Bedeutung von Convenience Stores in Armutsquartieren. Ihr Fokus liegt auf „food geography", Stadtgeographie und -soziologie sowie auf den Methoden qualitativer Sozialforschung.

Einleitung

Sozialraum als Konzept und
zu erforschender Gegenstand

Stephan Günzel (2010) legt mit *Raum* ein interdisziplinäres Handbuch und eine umfassende Zusammenstellung wissenschaftlicher Perspektiven auf Raum als „Grundkonzept menschlicher Anschauung und Orientierung" (S. 1) vor. Er präsentiert 14 Raumkonzepte und gibt basierend auf der Darstellung von drei Raumwenden – Kopernikanische Wende, *spatial turn, topographical turn* – einen Überblick über erkenntnistheoretische Zugänge zu Raum in den Natur-, Sozial-, Kultur- und Geisteswissenschaften.

Sozialer Raum ist eines der im Handbuch aufgeführten Raumkonzepte. Während Konzepte wie *Politischer Raum* mit Öffentlichkeit, *Touristischer Raum* mit Mobilität und *Landschaftlicher Raum* mit Natur untertitelt werden, verweist der für *Sozialer Raum* verwendete Untertitel Verräumlichung auf etwas Prozesshaftes. Diese Prä- und Suffigierung von *Raum* zu *verräumlichen* respektive *Verräumlichung* ermöglicht die sprachliche Wiedergabe von drei wesentlichen Charakteristika des Sozialraumkonzepts: erstens ein Verweis auf einen aktiven Herstellungsprozess von sozialem Raum (verräumlichen), zweitens auf den prozesshaften Charakter der Herstellung sowie drittens auf die hervorgebrachten Zustände durch Substantivierung.

In diesem Sinn entstehen seit Ende des 20. und Beginn des 21. Jahrhunderts historische (vgl. Schmid Heer 2013, Aulke 2015), kultur- und sozialwissenschaftliche (vgl. Ecarius und Löw 1997; Benecke 2008), sprachwissenschaftliche (vgl. Wenz 1997; Kellershohn und Jobst 2013) sowie geographische Arbeiten (vgl. Werlen 1995, 1997, 2007; Lossau 2000; Schlottmann 2005; Belina 2006; Lentz und Ormeling 2008). Sie fokussieren auf die Verräumlichung sozialer Phänomene wie zum Beispiel Identität, Kultur, Bildung, *governance* oder Kriminalität und Armut sowie auf die damit einhergehenden Konsequenzen, verschlagwortet als Heimat, Nationalstaat, Brennpunkt, Angstraum und viele mehr.

Das wissenschaftliche Interesse, sozialen Raum und damit die Praktiken der Verräumlichung sozialer Prozesse zu erforschen, wird als eine Konsequenz des *spatial turn* interpretiert. Edward Soja (1989) stellt Ende des 20. Jahrhunderts fest, dass in Politik, Kultur und nicht zuletzt Wissenschaft eine Verräumlichung des Vokabulars wie Jugendräume, Heimaträume, Angsträume und nicht zuletzt Kulturräume vonstattengeht. Auch im Handbuch von Günzel wird darauf hingewiesen, dass sich das Interesse an räumlichen

Bezügen sozialer Handlungen in den Sozial-, Kultur- und Geisteswissenschaften erst entwickeln musste. Einerseits, weil Räumliches bis zum Ende des 20. Jahrhunderts eher als unveränderliche Plattform des veränderlichen Sozialen betrachtet wird, und andererseits, weil Auseinandersetzungen zu Raum im Zuge notwendiger Disziplinabgrenzungen im 19. Jahrhundert an die Geographie als Raumwissenschaft delegiert wurden (Schroer 2006).

Diese oft wiederholte Raumblindheit zugunsten einer Zeitfokussierung der Sozial-, Kultur- und Geisteswissenschaften muss jedoch mit Blick auf Fabian Kessl und Christian Reutlingers *Schlüsselwerke der Sozialraumforschung* (2008) kritisch betrachtet werden. Beginnend mit Friedrich Engels, Max Weber und Georg Simmel über Alexejew Leontjew und Pierre Bourdieu bis hin zu Boris Jessop, Michael Hardt und Antonia Negro sind vielseitige Ansätze zur sozialwissenschaftlichen Sozialraumforschung vorhanden. Werden diese Ansätze um die geographischen Perspektiven zu Sozialem Raum ergänzt, die sich in Frankreich im 19. Jahrhundert unter Élisée Reclus und Paul Vidal de la Blache, in Britannien und den USA seit den 1920er-Jahren mit der *historical geography* unter Carl Ortwin Sauer (1925) sowie im deutschsprachigen Raum seit den 1950er-Jahren durch die Forderungen von Hans Bobek (1948), Wolfgang Hartke (1952) sowie Gerhard Hard (1970) beginnen zu etablieren, entsteht ein über 150-jähriges Bild über die wissenschaftliche Erforschung des Verhältnisses von Sozialem und Raum.

Die Erforschung des Verhältnisses prägt auch die sozialräumlichen Analysen des Sammelbandes. Erkenntnistheoretisch stehen alle Beiträge in der Tradition, sozialen Raum nicht als real vermessbaren, verortbaren oder sichtbaren Gegenstand zu verstehen. Ganz im Gegensatz wird sozialer Raum als ein wissenschaftliches Konzept verstanden, dass es Forschenden ermöglicht, alltägliche (und wissenschaftliche) Eigenschaftszuschreibungen von Menschen an die menschenumgebende Umwelt theoretisch erfassbar und analytisch erforschbar zu machen. Damit steht fest: Sozialer Raum ist nicht *per se* vorhanden, sondern wird durch menschliche Aktivitäten hergestellt. Dies erfolgt zum Beispiel durch Sprechakte im Sinne von „in Deutschland ist es so und so", durch die Verbindung von Sprache und Bild wie auf Werbeplakaten oder durch die jeweils spezifische materielle Gestaltung zum Beispiel mittels Architektur.

Dieser Zugang wird erstens der Kritik an Sozialraumkonzepten (vgl. Netzwerke im Stadtteil 2005) gerecht, die von einer irgendwie gearteten Wirkung des Raumes auf den Menschen ausgehen und in Zuge dieses Denkens Lösungen für soziale Probleme in der Veränderung des materiellen Raumes sehen. Zweitens werden Kritiken an Konzepten akzeptiert, die Eigenschaften sozialer Räume verdinglichen und im Sinne einer „dort-ist-es-so"-Argumentation geodeterministischen Ansätzen zuarbeiten. Drittens wird der Forderung

Rechnung getragen, Sozialraum als Konsequenz kognitiver und kommunikativer Leistungen von Agierenden zu verstehen. Auf diese Weise wird der Vorstellung eines Sozialraums als lokaler Ort und den Bemühungen um Formen sozialräumlicher Vermessung oder Abbildung eine Absage erteilt. Das bedeutet viertens, dass die Erforschung des Sozialraums nicht durch die Anwendung einer generalisierbaren Methode, sondern nur in Bezug auf die Praktiken der Agierenden und deren Relevanzsysteme erfolgen kann.

Die sozialräumlichen Praktiken sind vielseitig und können in diesem Band letztendlich nur exemplarisch angedeutet werden. Der Sammelband weist empirisch abwechslungsreich auf die sozialräumlichen Praktiken sowie deren Konsequenzen hin und stellt methodische Möglichkeiten ihrer Erforschbarkeit vor. Dabei zeigt sich, dass die sozialraumsensiblen Disziplinen in mehrfacher Hinsicht mutig geworden sind. Erstens wird das sozialwissenschaftlich informierte Methodenrepertoire als Werkzeugkiste verstanden. Zweitens – und das ist vor allem der Erkenntnis einer komplexen sozialräumlichen Wirklichkeit geschuldet – sind Methodenkombinationen *en vouge*. Darin zeigt sich drittens, dass Forschende zur Erforschung des Sozialraums von der Eins-zu-eins-Anwendung sozialwissenschaftlicher Forschungsdesigns abrücken.

Es werden forschungspraktische Lösungen gesucht, um der Komplexität von Verräumlichungsprozessen analytisch näher zu kommen. Gegenstandsangemessene Anpassung von methodischen Leitideen statt strenge Umsetzung eines Forschungsdesigns lautet das Motto der Forschenden. Das bringt Leben ins Methodenspektrum, letztendlich wollten auch die (meisten) Begründer und Begründerinnen sozialwissenschaftlicher Methoden – sei es Ethnomethodologie, Grounded Theory (GT) oder Diskursanalyse – ihre Instrumente mehr als Inspiration verstanden wissen, denn als strikt abzuarbeitendes Forschungsdesign. Dieses Vorgehen erhöht aber auch die Anforderungen an Transparenz und Nachvollziehbarkeit des Forschungsprozesses. Folgende Beiträge lösen dies ein, indem sie auf die *step-by-step*-Präsentation der angewendeten Methode(n) fokussieren. Untersuchungskontexte, theoretische Zugänge sowie Erkenntnisse werden im Zuge dessen eher verkürzt dargestellt. Insgesamt dienen die Beiträge vor allem Studierenden und Nachwuchsforschenden als Inspiration. Auch sie sollen den Sammelband als Werkzeugkiste mit Anwendungs- aber vor allem Anpassungspotenzial verstehen.

Überblick über die Beiträge des Sammelbandes

Die Erforschung des Sozialraums beginnt beim Zugang zum Feld. Der Beitrag von **Daniela Boß** *Wir sind Penner. Wir sind Abschaum. Wir sind asozial. Wir gehören entfernt. Feldzugang im Rahmen einer qualitativen Erforschung von Verdrängungsprozessen und ihren Auswirkungen auf die Alltagswirklich-*

keiten Obdachloser zeigt Strategien des Feldzugangs am Beispiel eines überaus schwer zugänglichen Feldes auf. Im Kontext von Obdachlosigkeit werden Spannungen auf Seiten der Forschenden ebenso beleuchtet wie Ängste und Zurückhaltungen auf Seiten der Beforschten. Boß thematisiert Möglichkeiten des Feldeinstiegs sowie Schwierigkeiten und hemmende Faktoren während der Feldforschung.

Dorit Happ, Frank Meyer, Judith Miggelbrink und Kristine Beurskens beschäftigen sich in ihrem Beitrag *(Un-)Informed Consent? Regulating and managing fieldwork encounters in practice* mit Positionalität im Forschungsprozess. Die sozialwissenschaftliche Forschung weiß um das Dilemma, dass die Anwesenheit von Forschenden im Feld die Praktiken, Wahrnehmungen sowie Einstellungen der Beforschten verändert. Darauf Bezug nehmend beleuchtet der Beitrag die komplexe Beziehung zwischen Forschenden und Beforschten und betont die Notwendigkeit für „the need for consciously manage ones identity in the course of fieldwork, a concept introduced in sociological anthropology".

Auch **Fabienne Kaufmann** beschäftigt sich in ihrem Beitrag *Positionalität in Forschungsprozessen. Eine (selbst-)reflexive Beobachtung* mit dem Verhältnis von Forschenden und Beforschten. Sie geht davon aus, dass Wissen und Macht verwoben sind und Forschende eine ethische Verantwortung haben, Machtungleichheiten während der Wissensgenerierung nicht zu (re-)produzieren. Die Erstellung von Landnutzungs- und Bodenbedeckungskarten reproduziert jedoch epistemische, das heißt auf Wissen basierende, Machtbeziehungen. Der Beitrag bietet Strategien, die Reproduktion von Machtbeziehungen zu vermeiden.

Wie entwickelt sich Identifikation mit einem Sozialraum beziehungsweise gibt es Identitätsaspekte, die sich auf ein städtisches Quartier beziehen und aus räumlichen Orientierungen gewonnen werden? **Oliver Dimbath, Michael Ernst-Heidenreich und Matthias Roche** gehen in ihrem Beitrag *Hinten ist Beverly Hills und hier ist einfach Ghetto, The Bronx – Grounded Theory im Kontext der narrativen Strukturierung eines Sozialraums* diesen Fragen nach. Mithilfe des qualitativ-interpretativen Verfahrens der GT zeigen sie, wie Individuen ihrem Lebensraum Sinn zumessen. Ein Hauptbefund ist das sensibilisierende Konzept einer identitätswirksamen subjektzentrierten Partitionierung des Sozialraums.

Auch **Cornelia Bading** und **Claudia Bosch** wählen zur Beantwortung ihrer Forschungsfrage den Forschungsstil der GT. In ihrem Beitrag *Denken und empirisch arbeiten mit der Grounded Theory. Eine anwendungsorientierte Reflektion eigener Forschungserfahrungen* verweisen sie auf die große

Offenheit, das beständige Streben nach Reflexivität sowie den expliziten Praxisbezug der GT. Dieser Beitrag widmet sich im Besonderen den Herausforderungen, die beim Umgang mit externem Wissen, beim *theoretical sampling* sowie beim Kodieren entstehen können. Darauf aufbauend werden Strategien aufgezeigt, die beim Denken und empirischen Arbeiten mit der GT hilfreich sein können.

Sebastian Grieser vertritt in seinem Beitrag *Relationalen Raum relational erforschen. Potenziale der Grounded Theory für die Sozialraumanalyse* die These, dass mit der Humangeographin Doreen Massey Raum zu erforschen heißt, Raum als relationale Konstruktion sozialräumlicher Wirklichkeit ernst zu nehmen. Er schlägt ein Vorgehen vor, das zentrale Forschungsstrategien der GT für die Erforschung von Raum in seiner Relationalität fruchtbar macht. Dabei wird deutlich, dass der iterativ-zyklische Forschungsprozess und die Offenheit für heterogene Datentypen geeignet sind, die GT mit diskursanalytischen und ethnografischen Zugängen zu Sozialräumen zu kombinieren.

Patrick Oehler, Nicola Thomas und **Timo Huber** zeigen am Beispiel der Untersuchung von zwei Familiengartengemeinschaften in der Schweiz exemplarisch auf, wie mit einem ethnographischen Zugang im sozialräumlichen Kontext qualitativ geforscht werden kann. Der Beitrag gibt einen Einblick in den Forschungsprozess und in die Erfahrungen, die mit dieser Methode gemacht bzw. welche Erkenntnisse damit generiert werden können. Insgesamt entsteht ein Programm wie Feld, Fragestellung, Methodologie und Methoden einen Zusammenhang bilden müssen, der jeweils forschungsprojektspezifisch zu definieren ist.

Verena Texier-Ast beschäftigt sich in ihrem Beitrag *Das sozial gemischte Quartier. Ein sozialer Bezugspunkt in der Stadt?* mit der Frage, inwieweit ein sozial gemischtes Quartier einen sozialräumlichen Bezugspunkt für Bevölkerungsgruppen schafft, die vermehrt auf das Quartier als integrierendes Wohnumfeld angewiesen sind. Zur Beantwortung wird die Triangulation als eine Kombination aus quantitativ-analytischen und qualitativ-interpretativen Methoden der empirischen Sozialforschung anhand der Fallstudie Ackermannbogen in München angewendet.

Mittels der 3D-Filmtechnik und qualitativer Interviews zielen **Andreas Müller und Anna-Lisa Müller** in ihrem Beitrag *Raumbezogene Handlungen und die Wahrnehmung der städtischen Umwelt. Der Virtual Urban Walk 3D* darauf ab, die konkret erlebte Umwelt vor dem Hintergrund antizipierter Handlungen und Handlungskontexte zu analysieren. Die Methode Virtual Urban Walk 3D stellt die Kombination des qualitativen Interviews mit einem neuen Stimulus dar, einer 3D-Filmsequenz mit *surround sound*. Durch den Einsatz von

dynamischen Filmbildern wird der Einfluss sprachlicher Elemente des Interviews reduziert und es wird möglich, andere Kommunikationsformen stärker
in den Vordergrund zu rücken.

Christian Bittner und Boris Michel beschäftigen sich in ihrem Beitrag *Qualitative Geographische Informationssysteme. Kontextsensible räumliche Analysen,
mixed methods und Geovisualisierungen* mit den Möglichkeiten, Geographische Informationssysteme (GIS) für qualitative Informations- und Datenformen nutzbar zu machen und anhand von verstehenden und interpretierenden
Verfahren zu analysieren. Sie können als eine praktische Umsetzung der Kritiken an GIS verstanden werden, die die scheinbare Objektivität und die Aussagekraft von GIS-Analysen mit abstrakten und standardisierten quantitativen
Datensätzen in Zweifel ziehen.

Im Zuge der zunehmenden Verbreitung von GIS in der sozialwissenschaftlichen Forschung fordern **Susann Schäfer, Jannes Muenchow** und **Benjamin
Harnisch** die theoretischen Grundlagen sowie die methodologischen Rahmenbedingungen für eine sozialwissenschaftlich ausgerichtete Geographie zu
erläutern. Da dies in aktuellen Lehrbüchern der Humangeographie nur mar-
ginal getan wird, zielt ihr Beitrag *Qualitative Forschung und Geographische
Informationssysteme* darauf ab, GIS als Analysewerkzeug im Zuge von *mixed-
method*-Ansätzen zu thematisieren und gleichzeitig aber auch die vielfältigen
Möglichkeiten von GIS-Praktiken als Forschungsperspektive zu erörtern.

Anna-Lisa Müller und Juliana Hutai stellen in *Soziales und (ihre) Architektur.
Über Möglichkeiten und Grenzen, die Wirksamkeit von Architektur zu erforschen* folgende Fragen: Wie lässt sich erfahren, wie Gebautes auf Individuen
wirkt? Auf welche Weise lässt sich bestimmen, ob und wie das Soziale das
Gebaute beeinflusst und verändert? Zur Beantwortung greifen die Forschenden auf die teilnehmende Beobachtung und fotografische Dokumentation
zurück und kombinieren diese mit den von Kevin Lynch entwickelten *mental
maps* und bislang kaum erprobten Methoden wie das Schreiben von Architekturbiographien durch die Befragten, die Analyse von Wohnungsanzeigen
sowie die Begleitung von Menschen auf der Wohnungssuche durch *shadowing*. Dieser methodische Vorschlag wird anhand eines Fallbeispiels aus einer
ethnographischen Forschung zu Kindergärten diskutiert.

Doris Damyanovic, Marlene Mellauner, Irene Bittner und Florian Reinwald
reflektieren in ihrem landschaftsplanerischen Beitrag das Planungsinstru-
ment der Funktions- und Sozialraumanalyse zur sozial-räumlichen Erfassung
und Bewertung von Freiräumen in der Stadt und in Siedlungen. Der Beitrag
ermöglicht einen Einblick in die sozial- und alltagsweltliche Orientierung der
Landschaft- und Freiraumplanung sowie in ähnliche Debatten in weiteren
raumrelevanten Disziplinen. Exemplarisch wird an der Fallstudie *Funktions-*

und Sozialraumanalyse Salzburg in Österreich das Instrument von der Analyse bis zur praktischen Umsetzung vorgestellt.

Birte Schröder und **Inken Carstensen-Egwuom** bieten mit ihrem Beitrag *Die Bedeutung gesprächsanalytischer Zugänge für qualitative empirische Forschung und Lehrendenbildung in der Geographie* einen Einstieg in die gesprächsanalytische Feinanalyse gesprochensprachlicher Daten. Am Beispiel der Zugehörigenkommunikation zeigen sie die analytische Haltung und die interpretativen Schritte ihres methodischen Zugangs. Zudem werden Vergleiche zu anderen gängigen qualitativen Methoden der geographischen Forschung gemacht, um die Spezifik der Gesprächsanalyse herauszuarbeiten.

Auch **Maximilian Hoor, Eva Fraedrich, Charlotte Räuchle und Robert Kitzmann** diskutieren in ihrem Beitrag *Diskurse, Räume, (Online-)Medien. Eine Methodendiskussion anhand empirischer Beispiele* wie textbasierte Diskurse aus einer humangeographischen Perspektive analysiert werden können. Dabei wird auf der Grundlage aktueller Debatten zur Besonderheit internetbasierter Daten und Kommunikation deren Einfluss auf die Entwicklung der raumbezogenen Diskursanalyse erläutert. Beispielhaft werden diese Aspekte anhand des Online-Mediendiskurses zum jährlich stattfindenden Kunstfestival 48 Stunden Neukölln diskutiert.

Basierend auf der These, dass raumbezogene Weltbilder und Praktiken in der Gesellschaft immer stärker von Medien beeinflusst sind, zeigt **Christoph Baumann** in seinem Beitrag *Geographische Medienanalyse im Kreislauf der Kultur* eine Möglichkeit auf, mediale Geographien analytisch zu fassen und zu erforschen. Die Grundlage dafür bildet das in den *cultural studies* entwickelte Modell des *circuit of culture*. Dieses legt einerseits den Fokus auf die mediale Repräsentation von Wirklichkeit, setzt diese aber immer in konkrete Relation zu praktischen Kontexten und somit zum *alltäglichen Geographie-Machen*. Das Anwendungsbeispiel bezieht sich auf die populäre mediale Geographie von Landmagazinen wie *Landlust* und zeigt, wie dieses Phänomen im *Kreislauf der Kultur* analysiert werden kann.

Raphaela Kogler diskutiert in ihrem Beitrag *Bilder und Narrationen zu Räumen. Die Zeichnung als visueller Zugang zur Erforschung sozialräumlicher Wirklichkeiten* die Relevanz von Bildern zur Erforschung sozialräumlicher Wirklichkeiten, das Visuelle in der Geographie und die Vielfalt visueller Zugänge und ihrer Implikationen für die Forschungspraxis. Speziell wird die Zeichnung als visuell-qualitatives Datenmaterial vorgestellt, Möglichkeiten und Grenzen und ihre sozial- und kulturwissenschaftliche Verwendung werden am Beispiel „Kinderräume" erläutert.

Ausgehend von den theoretischen Konzepten *space, place, everyday geographies* und *emotional geographies* diskutiert **Andreas Eberth** in seinem Beitrag *Raumwahrnehmungen reflektieren und visualisieren. Erforschung sozialer Räume mittels reflexiver Fotografie* Potenziale der reflexiven Fotografie. Neben einem Abriss über Entwicklung und Etablierung der Methode werden Positionalität und Formen der Partizipation dargestellt. Ein Forschungsprojekt zu Alltagskulturen und Raumkonstruktionen von Jugendlichen in den Slums von Nairobi/Kenia sowie fachdidaktische Möglichkeiten zur methodischen Arbeit mit Schülerinnen und Schülern dienen als Anwendungsbeispiele.

Die Kartographie ist ein zentrales Visualisierungs- und Analyseinstrumente der Geographie. In *Partizipatives Kartieren als Praxis einer kritischen Kartographie* geben **Christian Bittner und Boris Michel** einen Einblick in das Feld partizipativer Kartographie bzw. partizipativen Kartierens. Diese begreifen Karten und die Praxis des Kartierens als wirkungsvolle Instrumente, um nicht nur räumliches Wissen zu visualisieren, sondern auch neue Wege der Wissensproduktion und Kommunikation zu gehen. Partizipatives Kartieren bringt Ansätze der partizipativen Sozialforschung mit Kartographie und GIS zusammen.

Anhand des sozialen Feldes urbaner Landwirtschaft in Detroit stellt **Cosima Werner** in ihrem Beitrag *Methodische Herangehensweise an soziologische Kapitalsorten für die Darstellung im sozialen Raum* ein Verfahren vor, wie mit qualitativ erhobenen Datenmaterial ein soziales Feld definiert werden kann, welche Bedeutung die jeweiligen Kapitalsorten haben und welchen Wert diesen beigemessen wird. Es zeigt sich in dem untersuchten sozialen Feld, dass die Berücksichtigung der drei Formen des kulturellen Kapitals (inkorporiert, objektiviert und institutionalisiert) besonders zielführend ist, wenn es darum geht, die Positionen der Subjekte anhand ihrer Kapitalien bestimmten zu wollen.

Birgit Leick und Susanne Gretzinger beleuchten in *Netzwerk-Broker als interdisziplinäres Forschungsthema. Einblicke in die qualitative Metasynthese zur Aggregation und Reflektion empirischer Studien* die Metasynthese als Forschungsansatz zur Zusammenfassung, Strukturierung und Reflektion qualitativer Daten. Qualitative Syntheseverfahren eignen sich für interdisziplinäre Forschungsthemen, wie sie in der sozialräumlichen Forschung eine lange Tradition haben. Es werden Vorteile, aber auch grundsätzliche und praktische Herausforderungen des Verfahrens anhand eines Beispiels aus der Wirtschaftsgeographie dargestellt.

Literatur

Aulke J (2015) Räume der Revolution: kulturelle Verräumlichung in Politisierungsprozessen während der Revolution 1918–1920. Steiner, Stuttgart

Belina B (2006) Raum, Überwachung, Kontrolle: vom staatlichen Zugriff auf städtische Bevölkerung. Westfälisches Dampfboot, Münster

Benecke G, Branovic Z, Draude A (2008) Governance und Raum. Theoretisch-konzeptionelle Überlegungen zur Verräumlichung von Governance. Wissenschaftliche Einrichtungen, Berlin

Bobek H (1948) Stellung und Bedeutung der Sozialgeographie. Erdkunde 2:118–125

Ecarius J, Löw M (1997) Raumbildung – Bildungsräume: über die Verräumlichung sozialer Prozesse. Leske + Budrich, Opladen

Günzel S (2010) Raum. Metzler, Stuttgart

Hard G (1970) Die „Landschaft" der Sprache und die „Landschaft" der Geographen. Dümmler, Bonn

Hartke G (1952) Die Zeitung als Funktion sozial-geographischer Verhältnisse im Rhein-Main-Gebiet. W. Kramer, Frankfurt a. M.

Kellershohn H, Jobst P (2013) Der Kampf um Räume: Neoliberale und extrem rechte Konzepte von Hegemonie und Expansion. Unrast, Münster

Lossau J (2000) Anders denken: Postkolonialismus, Geopolitik und Politische Geographie (Think Different. Postcolonialism, Geopolitics and Political Geography). Erdkunde 54(2):157–168

Netzwerke im Stadtteil (2005) (Hrsg) Grenzen des Sozialraums. Kritik eines Konzepts – Perspektiven für Soziale Arbeit. Schriften des Deutschen Jugendinstituts: Jugend. VS Verlag, Wiesbaden

Sauer CO (1925) The Morphology of Landscape. Univ Calif Publ Geogr 2(2):19–53

Schmid Heer E (2013) America die verkehrte Welt: Prozesse der Verräumlichung in den Paraguay-Berichten des Tiroler Jesuiten Anton Sepp. Bautz, Nordhausen

Schroer M (2006) Orte, Räume, Grenzen. Auf dem Weg zu einer Soziologie des Raumes. Suhrkamp, Frankfurt a. M.

Soja E (1989) Postmodern geographies. The reassertion of space in critical social theory. Verso, London

Wenz K (1997) Raum, Raumsprache und Sprachräume: zur Textsemiotik der Raumbeschreibung. Narr, Tübingen

Werlen B (1995) Sozialgeographie alltäglicher Regionalisierungen. 1: Zur Ontologie von Gesellschaft und Raum. Steiner, Stuttgart

Werlen B (1997) Sozialgeographie alltäglicher Regionalisierungen. 2: Globalisierung, Region und Regionalisierung. Steiner, Stuttgart

Werlen B (2007) Sozialgeographie alltäglicher Regionalisierungen. 3: Ausgangspunkte und Befunde empirischer Forschung. Steiner, Stuttgart

Weiterführende Literatur

► http://sozialraum.de

Kessl F, Reutlinger C, Maurer S, Frey O (2016) Handbuch Sozialraum. Springer, Heidelberg

Feldzugang und Positionalität

Inhaltsverzeichnis

„Wir sind Penner. Wir sind Abschaum. Wir sind asozial. Wir gehören entfernt"

Feldzugang im Rahmen einer qualitativen Erforschung von Verdrängungsprozessen und ihren Auswirkungen auf die Alltagswirklichkeiten Obdachloser

Daniela Boß

© Springer-Verlag GmbH Deutschland, ein Teil von Springer Nature 2018
J. Wintzer (Hrsg.), *Sozialraum erforschen: Qualitative Methoden in der Geographie*,
https://doi.org/10.1007/978-3-662-56277-2_1

1

1.1 Einleitung: Obdachlosigkeit in Forschung und Gesellschaft

Der Wert einer Gesellschaft lässt sich daran erkennen, wie sie mit den Schwächsten ihrer Glieder verfährt, soll der von 1969 bis 1974 amtierende deutsche Bundespräsident Gustav Heinemann gesagt haben. Die Bestrebungen von Politik, Wirtschaft und Gesellschaft spiegeln sich im Umgang mit den Schwachen der Gesellschaft wieder. Obwohl Obdachlosigkeit in der Bundesrepublik Deutschland ab den 1970er-Jahren als soziales und sozialräumliches Problem anerkannt und entkriminalisiert wird, kommt es Mitte der 1990er-Jahre wieder zu einer Wende: Der „battle against the homeless" (DeVerteuil et al. 2009b) ist erneut Thema stadtgeographischer Diskurse und schlägt sich auch in Deutschland in restriktiven Vorgehensweisen der Städte nieder (Wehrheim 2012).

Die Schätzungen zur Straßenobdachlosigkeit in Deutschland, Ergebnis einer fehlenden Wohnungslosenstatistik in Deutschland, zeigen, dass 2010 ca. 22.000 Menschen auf der Straße leben (BAGW 2014). Bis 2014 erhöht sich die Anzahl der obdachlosen Personen um mehr als 50 % auf ca. 39.000 (BAGW 2016). Im Rahmen einer Studie werden 2009 in Hamburg 1029 Obdachlose erfasst, von denen ca. 35 % bereits fünf Jahre und länger der Straßenobdachlosigkeit zuzuordnen sind (Schaak 2009, S. 1). Die Dunkelziffer liegt vermutlich deutlich höher (Schaak 2009, S. 16 f.).

- **Obdachlosigkeit im Forschungskontext**

Die Begriffe Wohnungslosigkeit und Obdachlosigkeit sind in verschiedenen Kontexten unterschiedlich definiert. Für diesen Text gelten in Anlehnung an Claus Paegelow (2012, S. 34) folgende Definitionen: Ist eine Person wohnungslos, dann verfügt sie nicht über einen mietvertraglich abgesicherten Wohnraum oder Wohneigentum. Obdachlosigkeit ist eine Spezifizierung von Wohnungslosigkeit. Als obdachlos gilt eine Person demnach dann, wenn sie keine feste Unterkunft hat bzw. kurzzeitig in Notunterkünften oder ausschließlich im Freien übernachtet.

Während sich eine Strömung der Obdachlosenforschung vorwiegend mit punitiven Ansätzen beschäftigt und verdrängende Maßnahmen im Fokus des Forschungsinteresses stehen (vgl. Coleman 2004; Davis 1999; Klodawsky und Blomley 2009, 2010; Mitchell 2001, 2003; Smith 2001), beschäftigt sich eine andere Strömung mit den Verdrängten selbst sowie ihren Alltagswirklichkeiten (vgl. Cloke et al. 2008, 2010; DeVerteuil et al. 2009a, 2009b; Johnsen et al. 2005; Lancione 2013). Obwohl die Betrachtung von Obdachlosigkeit aus Perspektive der Stadt- und Sozialforschung ein relevantes Themenfeld darstellt, finden sich im deutschsprachigen Raum, wo es ohnehin nur wenige geographische Arbeiten zu diesem Thema gibt, kaum Studien, die auf

> » a more complex understanding of the way in which homelessness is governed, paving the way for a characterization of homelessness that pays more attention to the agency of homeless people themselves, to the complexity of homeless geographies, and to the construction and peopling of those spaces of homelessness in which homeless people experience a range of relationship that include

compassion and care – even love – as well as regulation, containment and control (Cloke et al. 2010, S. 2)

fokussieren.

Im Rahmen der Studie *Obdachlosigkeit und Stadt – Geographien der Verdrängung in der Obdachlosenszene am Beispiel der Hansestadt Hamburg* werden Verdrängungsprozesse in öffentlichen Räumen untersucht, gruppeninterne Verdrängungsprozesse mit räumlicher Manifestation wie auch die Auswirkungen der Verdrängung auf die Alltagswirklichkeiten Obdachloser sowie die bewusste oder unbewusste Entwicklung von Taktiken, um diesen Verdrängungsprozessen in ihren Lebenswirklichkeiten zu begegnen. Diese Verdrängungsprozesse formen sich aus sozialer und räumlicher Exklusion. So wird die Relevanz der Geographie schnell deutlich, da diese sich auch mit der Erforschung der sozialräumlichen Wirklichkeiten beschäftigt.

Obdachlose werden dabei nicht als Opfer des kapitalistischen Systems, der neoliberalen Stadtpolitik und restriktiver Interventionen wahrgenommen, sondern als aktiv Handelnde, deren Handlungsfähigkeit gegenüber Restriktionen deutlich hervorgehoben werden muss. Ebenfalls zu betonen ist die Heterogenität der Obdachlosenszenen sowie die Individualität der Mitglieder. Deshalb sollten obdachlose Personen im Rahmen der qualitativ ausgerichteten Forschung die Möglichkeit erhalten, selbst über Geographien der Verdrängung und deren Auswirkungen zu berichten. Dies ist nötig, um die Komplexität der Lebenswelten der Angehörigen der Obdachlosenszenen sowie Interaktionen mit der Mehrheitsgesellschaft nachvollziehbar zu machen.[1]

Im Rahmen des Feldaufenthalts von vier Wochen werden 20 obdachlose Personen befragt, sechs weibliche und vierzehn männliche. Diese Verteilung korreliert annähernd mit der Gender-Verteilung in der Obdachlosenszene Hamburgs, welche im Jahr 2009 in einer Studie mit ca. 22 % obdachlosen Frauen und 78 % obdachlosen Männern erhoben wurde (Schaak 2009, S. 20). Neben dem Aspekt der Obdachlosigkeit sind der physische und psychische Zustand sowie das Beherrschen der deutschen oder englischen Sprache Auswahlkriterien, die darüber entschieden, ob eine Person befragt werden kann. Der methodische Zugang erfolgt durch einen Mix qualitativer Methoden, bestehend aus problemzentrierten qualitativen Interviews sowie nichtteilnehmender und teilnehmender Beobachtung. Die Datenerhebung mittels problemzentrierter qualitativer Leitfadeninterviews geschieht vorwiegend in einschlägigen Einrichtungen, während im Rahmen von Stadtrundgängen ein offener, eher situationsbezogener Interviewzugang genutzt wird.

- **Tabuisierung der Obdachlosigkeit**

Obdachlosigkeit ist nach wie vor ein gesellschaftlich tabuisiertes und negativ besetztes Thema. Dies verdeutlichen zahlreiche Maßnahmen, welche dazu dienen, für Obdachlose die Zugänge zu öffentlichen und vor allem zentralen innerstädtischen

---

1 Die Betrachtungen der Obdachlosenszenen in Hamburg werden als Beispiel gewählt, um theoretische Überlegungen empirisch zu unterfüttern. Die beschriebenen Feldzugänge sowie die Analysen der empirischen Daten gelten weder für alle Obdachlosenszenen in Hamburg noch sind sie in Gänze auf andere Städte übertragbar. Im Vordergrund steht die Sichtweise der befragten Einzelpersonen.

1

Räumen einzuschränken (Cloke et al. 2010, S. 2; Collins und Blomley 2003). Ein möglicherweise vorhandenes Unsicherheitsgefühl in der Bevölkerung, ausgelöst durch die Anwesenheit von Randgruppen, soll mittels ordnungspolitischer Sanktionen und sozialpolitischen Maßnahmen reduziert werden. Mit diesen Instrumenten werden Überlebensstrategien von Obdachlosen kriminalisiert und ein Disziplinarraum im foucaultschen Sinne geschaffen, der das Verhalten der dort lebenden Menschen normiert (Foucault 1976). Umgesetzt wird dies durch Technologien wie z. B. Verdrängungsmöblierung in Form von wühlsicheren Abfallbehältern oder der Installation von Metallspitzen (DeVerteuil et al. 2009b, S. 647; Weisser 2011, S. 156) sowie durch eine erhöhte Polizeipräsenz und das Räumen von Schlafplätzen.

Die punitive Stadtpolitik wendet eine „[r]aumorientierte Strategie zur Bekämpfung eigentlich sozialer Ursachen" (Weisser 2011, S. 156) an, wie sie auch Georg Glasze (2007, S. 881) und Bernd Belina (2003, S. 83) beschreiben. So soll erreicht werden, dass Obdachlose und ihre als inakzeptabel deklarierten Verhaltensweisen nicht im zentralen Stadtraum anzutreffen sind (Cloke et al. 2010, S. 5 ff.; DeVerteuil et al. 2009b, S. 648 f.). Zugrunde liegt diesem restriktiven Vorgehen der zu beobachtende internationale Städtewettbewerb um Prestige und Image mit dem Ziel, den innerstädtischen Raum so zu gestalteten, dass internationales Kapital angezogen wird. Der Stadtraum soll getreu der Leitvorstellung „Image ist alles" (Mitchell 2007, S. 258) ästhetisiert werden.

Fokussiert wird, Räume mit gehobenen und gesellschaftskonformen Verhaltensstandards zu schaffen, sozialer Kontrolle und Ordnung (Ronneberger 2001, S. 37). Das „Subproletariat der Metropolen" (Belina 1999, S. 60), zu dem auch Obdachlose gezählt werden, wird als störend wahrgenommen. Begründet wird dies damit, dass diese Gruppen nicht den Wert- und Normvorstellungen der Mehrheitsgesellschaft entsprechen und ihre Anwesenheit deshalb als intolerabel und umsatzschädigend empfunden wird. Die oben skizzierten Kommodifizierungsprozesse sind durch die moralisch, ökonomisch oder kategorisch begründete Exklusion bestimmter Gruppen charakterisiert (Belina 1999, S. 61).

Spezifische Gründe sind z. B. der Verstoß gegen normativ anerkannte Verhaltensweisen, die (vermeintliche) Wertminderung eines Raumes durch nicht mehrheitsgesellschaftskonforme Verhaltensweisen oder die äußere Erscheinung eines Individuums sowie der Ausschluss auf Basis von Kategorien, die mittels askriptiver Merkmale gebildet werden (vgl. Wehrheim 2012, S. 216). Legitimiert wird diese Exklusion durch die Einstufung von Randgruppen als Sicherheitsrisiko für Mitglieder der Mehrheitsgesellschaft (Belina 1999, S. 61, 2003, S. 96), wobei es bei dieser Legitimation irrelevant ist, „ob Kapital ,wirklich' so funktioniert; es reicht vollkommen aus, dass diejenigen in den machtvollen Positionen denken, dass es so funktioniert" (Mitchell 2007, S. 274).

Um die Legitimation der Verdrängung von Randgruppen zu verstärken, wird versucht, den politisch-medialen Diskurs soweit zu instrumentalisieren, dass wirtschaftliche und strukturelle Gründe als Ursache der Obdachlosigkeit fast vollständig supprimiert und stattdessen individuelle Motive als Gründe für die Obdachlosigkeit propagiert werden (Belina 1999, S. 60, 2003, S. 83; Mitchell 2007, S. 274; Wehrheim 2012, S. 27 f.). Das Gefühl von Unsicherheit im öffentlichen Raum wird signifikant durch die öffentlichkeitswirksame Darstellung von negativen Einzelbeispielen verstärkt und ist beispielhaft dafür, wie Politik und mediale Diskurse die öffentliche

Meinung beeinflussen können. Die dadurch hergestellte Korrelation zwischen Obdachlosigkeit und Kriminalität führt zu einer Manifestation bestehender Stereotypen (Belina 2003, S. 83; Garland 2001, S. 287 f.; Wehrheim 2012, S. 30 f.). Das im Kontext von Randgruppen geschaffene Stigma des Sicherheitsrisikos schlägt sich darin nieder, dass die Mehrheitsgesellschaft Verdrängung und Disziplinierung befürwortet und sogar als notwendig kommuniziert (Belina 2003, S. 83; Mitchell 2007, S. 275 ff.). Eine Studie aus 2006 legt offen, dass zum damaligen Zeitpunkt ca. 35 % aller Bundesbürgerinnen und Bundesbürger eine Exklusion von Obdachlosen aus Einkaufsstraßen wünschen (IKG 2006).

Indem sozialräumliche Verhältnisse, Verhalten oder Äußerungen als Bestandteil der Kultur und Identität einer Randgruppe oder als inadäquat gewertet werden, wird eine Differenzierung zwischen der Mehrheitsgesellschaft und den Personen geschaffen, die nicht dazugehören (Belina 2003, S. 92 f.). Dies geschieht mit dem Ziel zu definieren, „what is legitimate in a society, who is an ‚insider' and who is an ‚outsider'" (Mitchell 2000, S. 5). Eine strukturelle Perspektive, die davon ausgeht, dass möglicherweise politisch-ökonomische Prozesse für Obdachlosigkeit verantwortlich sein könnten, setzt sich im öffentlichen Diskurs nicht durch (Belina 2003, S. 93). Im Gegensatz zu dem „kind of universal homeless subject found in media accounts" (DeVerteuil et al. 2009b, S. 650), das oftmals dem klischeebehafteten Bild des alkoholabhängigen, ungepflegten, männlichen Obdachlosen folgt, der für seine Situation selbst verantwortlich ist, zeigt sich die Realität deutlich heterogener und komplexer.

Dass sie nicht in allen Kontexten als Zugehörige der (Mehrheits-)Gesellschaft angesehen werden und sich dies in Verdrängungsprozessen niederschlägt, ist den beforschten Personen bewusst. Sie selbst beschreiben sich als Teil einer „parallelen Subgesellschaft" (I14/22.05.2013) und erkennen auch, mit welchen Mechanismen versucht wird, Verdrängung als vermeintlich legitim erscheinen zu lassen. „[W]ir sind Penner. Wir sind Abschaum. Wir sind asozial, wir gehören entfernt" (I9/16.05.2013). Aus den Gesprächen wird deutlich, dass die Anpassung des äußeren Erscheinungsbildes und des Verhaltens erheblich zu einer erhöhten Akzeptanz bzw. Vertuschung des sozialen Status beiträgt. „Diese konsumgesteuerte Gesellschaft, wenn man sich genauso bewegt, hat man eine Rückzugsmöglichkeit, weil man dann nicht mehr unter dieser Beobachtung steht. […] Sagen wir mal so, wenn ich meinen Schlafsack […] und noch die Isomatte dran klemmen hab und vielleicht auch noch entsprechend rum lauf, dann bin ich immer unter Beobachtung" (I2/03.05.2013).

Die Konfrontation mit Verdrängungsprozessen setzt ein, wenn Verhalten oder äußeres Erscheinungsbild nicht mit dem Werte- und Normsystem der Mehrheitsgesellschaft konform gehen. Der Identitätszuschreibung als obdachlose Person folgen oftmals Zuschreibungen von Stereotypen wie Suchterkrankung oder kriminelles Verhalten, welche wiederum als Legitimation der Verdrängungsprozesse in öffentlichen und semi-öffentlichen Räumen dienen. Die Wirkung dieser Stereotypen ist auch einem Teil der Mitglieder der Obdachlosenszenen bekannt. „Also das ist/man muss eben halt seine Sachen ordentlich halten und wenn man sauber rumläuft und nicht wie der letzte Dreck. […] Wenn man nicht gerade mit ner Bierflasche tagsüber rumläuft, (lachend) dann geht's auch" (I2/03.05.2013). Die häufig erfahrenen Repressionen im öffentlichen und semi-öffentlichen Raum sowie die geringe Akzeptanz durch die Mehrheitsgesellschaft spiegeln sich in Skepsis und Reserviertheit

1

gegenüber fremden Personen wider. Die von Stereotypen geleitete Wahrnehmung der Obdachlosenszenen schlägt sich auch in Forschungsarbeiten zu diesem Themenfeld nieder.

» [T]oo much of this research continues to proceed at a relatively high level of abstraction, with only a narrow engagement with the concrete changes shaping homeless people's lives [...] and with little or no discussion, via a field-based methodology, with the subjects of that research – namely, homeless people themselves (Cloke et al. 2010, S. 17).

Gerade vor diesem Hintergrund werden die Notwendigkeit einer qualitativ ausgerichteten und feldbasierten Forschung sowie die Bedeutung des Verortens von Handeln, Verstehen und Ausdruck in den jeweiligen gesellschaftlichen, biographischen und kulturellen Kontexten deutlich (vgl. Schirmer 2009, S. 76 f.). Denn nur wenn die zu beforschende Gruppe sich selbst zu ihrer Lebenswirklichkeit äußern kann, können konkrete Alltagswirklichkeiten und Praktiken obdachloser Menschen sowie die Komplexität von deren Lebenswelten aufgezeigt werden.

1.2 Methode: Feldzugang zu den Obdachlosenszenen Hamburgs

Innerhalb der geringen Anzahl an feldbasierten Studien über soziale Randgruppen wird der Aspekt des Feldzugangs in Publikationen oftmals vernachlässigt. Dies führt dazu, dass Forschende im Vorfeld nur wenig Anhaltspunkte für einen möglichen Feldzugang zu Obdachlosenszenen haben. Abgesehen von einigen Vorüberlegungen wird nicht selten nach dem *trial-and-error*-Prinzip vorgegangen, welches eine stetige Selbstreflexion der Forschenden im Feld erfordert.

- **Vorbereitung des Feldzugangs und erste Schritte im Feld**
Der Einstieg in die Feldforschung bedeutet immer, Stereotypen auszublenden, die eigene soziale Schicht zu verlassen und sich auf unbekannte Lebensumstände einzulassen. Gleichzeitig schlagen sich bestehende Stereotypen sowie erlebte Repressionen, Verdrängung und Ablehnung seitens der Obdachlosen in Feldzugang und Verhalten gegenüber den Forschenden nieder und stellen diese vor Herausforderungen.

Siegfried Lamnek weist darauf hin, dass „Probleme und Schwierigkeiten, die beim Eindringen in Um- und Lebenswelt der zu untersuchenden Population entstehen" (Lamnek 2010, S. 546) den Feldzugang zu Minderheiten prägen. Für die Feldforschung bedeutsam „ist eine Vertrauensbasis, die [sich] durch Einfühlungsvermögen seitens" (Lamnek 2010, S. 653) der Forschenden entwickelt. „Häufiger werden Kontaktpersonen nötig sein, die den Feldzugang ermöglichen oder erleichtern oder geeignete Zielpersonen vermitteln" (Lamnek 2010, S. 653). Um einen erfolgreichen Zugang zum Feld zu gewährleisten, müssen bereits vorab Vorkehrungen und Vorüberlegungen getroffen werden, denn der Forschende darf sich nicht darauf verlassen „mit offenen Armen in der jeweiligen Gruppe empfangen zu werden" (Lamnek 2010, S. 546). Dabei sind gerade „das Miterleben des Alltags, das Bekanntwerden mit der

Lebenswelt der zu untersuchenden Menschen" (Lamnek 2010, S. 546) zentrale Aspekte der qualitativen Sozialforschung.

Diese Hinweise Siegfried Lamneks bestätigten sich, denn der Feldzugang ist von Beginn an von Herausforderungen geprägt. Im Vorfeld des Feldaufenthaltes kann zwar zu verschiedenen einschlägigen niederschwelligen Einrichtungen telefonisch oder per E-Mail Kontakt aufgenommen werden, von denen die Mehrzahl das Forschungsvorhaben begrüßt und einige auch Unterstützung zusagen. Jedoch lassen sich keine Aussagen darüber treffen, ob sich Angehörige der Obdachlosenszenen Hamburgs tatsächlich bereit erklären, an einem Interview teilzunehmen oder die Stadt aus ihrer Sicht zu präsentieren. Als Hürden werden zum einen die möglicherweise bestehende Skepsis der auf der Straße lebenden Menschen gegenüber Unbekannten genannt sowie der unstete Lebensstil, oftmals in Kombination mit psychischen Problemen und/oder Suchterkrankungen. Diese Faktoren könnten es schwierig machen, so sagen Beschäftigte der Einrichtungen, konkrete Verabredungen zu treffen, die dann auch eingehalten werden. Deshalb wird bereits im Vorfeld des Feldaufenthaltes davon ausgegangen, dass die Gespräche wohl sehr spontan, situationsbezogen und ungeplant erfolgen müssen.

Der erste tatsächliche Feldzugang misslingt trotz vermeintlicher Beachtung der „Voraussetzung[en] für eine erfolgreiche Sozialisation in der Zugangsphase[wie] Offenheit, Einfühlungsvermögen und die Achtung vor dem zu Untersuchenden" (Lamnek 2010, S. 546 f.). Das ursprüngliche Vorhaben – getragen von der ambitionierten Idee, eine möglichst willkürliche Auswahl an Mitgliedern der verschiedenen Obdachlosenszenen zu befragen, und obdachlose Personen, die im Stadtbild deutlich als solche erkennbar sind, anzusprechen, ihnen das Projekt zu erklären und zu fragen, ob Interesse an und Bereitschaft für ein kurzes Interview besteht – erweist sich bereits rasch als völlig ungeeignet. Die angesprochenen Personen reagieren stets sehr reserviert und lehnen ein Interview ab. Einige wenige werden verbal aggressiv, sodass in diesen Fällen die Kontaktaufnahme abgebrochen wird.

Den nächsten möglichen Zugang zum Feld bietet eine niederschwellige Tagesaufenthaltsstätte, die zu einer Präsentation von Bildern obdachloser Fotografierender einlädt. Hier findet, in einem relativ geschützten Rahmen, erneut eine Orientierung im Feld statt und es können erste lose Kontakte zu Obdachlosen geknüpft werden. Auch hier ist ein zurückhaltendes und reserviertes Verhalten zu beobachten. Diese Erfahrungen decken sich mit den Aussagen von Siegfried Lamnek. Er beschreibt, dass das Misstrauen von Mitgliedern sozialer Randgruppe gegenüber Fremden „nur über vertraute Mittelpersonen" (Lamnek 2010, S. 550) abgebaut werden kann.

Bereits nach den ersten Tagen der Feldforschung zeichnet sich ab, dass ein Feldzugang ohne Einbezug von Kontaktpersonen nicht möglich und die einzige praktikable Möglichkeit, potenzielle Interviewpersonen zu gewinnen, der Weg über Angestellte in den einschlägigen Einrichtungen ist, da diese als Vermittelnde fungieren können.[2] Zum einen stellen diese für Obdachlose Vertrauenspersonen dar und können potenziellen Interviewpersonen meine Absichten erklären, nach der Bereitschaft für ein

---

2 Um die Anonymität zu gewährleisten, werden die Einrichtungen und Kontaktpersonen nicht näher genannt.

Interview fragen und bei positiver Rückmeldung einen Kontakt herstellen, sodass die Obdachlosen weitaus weniger skeptisch reagieren und sich oftmals sofort für ein Interview vor Ort aussprechen. Zum anderen verfügen sie über spezifisches Wissen über die verschiedenen Gäste der Einrichtung und können Einschätzungen darüber treffen, wer aufgrund des psychischen und/oder physischen Zustands dazu geeignet ist, an einem Interview teilzunehmen. Vor allem Suchterkrankungen, vorwiegend Alkoholismus, stellen wie erwartet eine Erhebungsbarriere dar. Ebenfalls als ausgesprochen problematisch – und im Vorfeld der Feldforschung nicht als so relevant eingeschätzt – gestaltet sich die sprachliche Verständigung: Hamburg ist das Ziel vieler Personen mit Migrationshintergrund, die teilweise auf der Straße leben und nur über bruchstückhafte oder gar keine Kenntnisse der deutschen oder englischen Sprache verfügen. Aufgrund dessen können mit einigen Angehörigen der Obdachlosenszenen keine Gespräche geführt werden, was jedoch gerade im Kontext der Erforschung gruppeninterner Verdrängungsprozesse spannend wäre. Aspekte wie Suchterkrankungen, von denen Teile der Obdachlosenszenen geprägt sind und welche die Hemmschwelle, insbesondere bezüglich der Gewaltbereitschaft, sinken lassen, sowie szeneninterne Konflikte müssen während der Feldforschung berücksichtig werden.

Vor dem Hintergrund, dass die Forschende aus einem anderen kulturellen Kontext stammt, erscheint es sinnvoll, sich von Personen, die mit dem sozialen Feld vertraut sind, in selbiges einführen zu lassen (Lamnek 2010, S. 547 f.). Der Umgang mit den eigenen Forschungsabsichten geschieht von Anfang an offen und der Annahme von Lamnek folgend, dass nur wenn die Forschenden „selbst offen und auskunftsbereit" sind (Lamnek 2010, S. 547) die Erwartung an die zu Beobachtenden gestellt werden kann, die Forschenden – „zumindest vorrübergehend – in das soziale Feld aufzunehmen und […][sie] durch ihr Handeln mit Informationen versorgen, die im sozialen Feld alltäglich und angemessen sind" (Lamnek 2010, S. 547). Die Forschungsabsichten offenzulegen, ist außerdem nötig, um Nachfragen im Rahmen der Interviews und mein Interesse an der Alltagswirklichkeit obdachloser Personen erklären zu können.

Von anfangs fünf an dem Forschungsprojekt interessierten Einrichtungen eignen sich vier als Kooperierende. Eine Essensausgabestelle hat nur sehr lose Kontakte zu ihren Gästen, sodass die vermittelnde Funktion nicht gegeben ist und keine Interviews zustanden kommen, da auch hier Gäste unvermittelt angesprochen werden müssten. Eine Notunterkunft und eine Tagesaufenthaltsstätte werden hauptsächlich von migrierten Personen besucht, sodass hier aufgrund der Verständigungsschwierigkeiten nur vereinzelt Interviews geführt werden können. In einer Tagesaufenthaltsstätte ausschließlich für Frauen können ebenso einzelne Interviewpartnerinnen für das Forschungsprojekt gewonnen werden. Ein Großteil der Interviews wird mit Gästen einer weiteren Tagesaufenthaltsstätte geführt, welche scheinbar vorwiegend von deutschsprachigen Personen besucht wird und deren Gäste augenscheinlich weniger ausgeprägt unter Suchterkrankungen leiden. Diese Umstände schlagen sich in einer nicht vollkommen willkürlichen Auswahl der Interviewpersonen nieder, da diese auf den Erfahrungswerten von Angestellten der Einrichtungen basiert. Durch den teilweise sehr unsteten Lebensstil der Obdachlosen sind Terminvereinbarungen, wie bereits vor der Feldforschung erwartet, nicht immer möglich, bzw. werden vereinbarte Termine nicht eingehalten oder die Interviewpersonen verspäten sich, sodass stets längere Wartezeiten einzuplanen sind. Ein Großteil der empirischen Forschung erfolgt deshalb sehr spontan und ungeplant.

■ **Schlüssel- und Kontaktpersonen**

Die Reserviertheit der Mitglieder der Obdachlosenszenen gegenüber der Forschenden ändert sich nach den ersten geführten Interviews. Durch Zufall – oder geschickte Auswahl durch die Beschäftigten der Einrichtungen – sind die ersten drei Interviewpersonen Obdachlose, die sich sowohl an dem Thema der Forschungsarbeit interessiert als auch der Forschenden gegenüber aufgeschlossen, offen und hilfsbereit zeigen und zeitgleich Ansehen innerhalb der jeweiligen Obdachlosenszenen genießen. Indem sie die Forschende einladen, sie während verschiedener Aktivitäten zu begleiten, wie z. B. Mittagessen in niederschwelligen Einrichtungen oder Flaschensammeln, erhält diese die Möglichkeit, sich in die verschiedenen Gruppen zu integrieren. Der Zugang zu anderen Mitgliedern der Obdachlosenszenen wird einfacher und die Bereitschaften, für ein Interview oder einen Stadtrundgang zur Verfügung zu stehen, steigen an. Es spricht sich in den Einrichtungen herum, dass eine Forschende sich für die Perspektive der Obdachlosen und ihre Alltagswirklichkeiten interessiert. In der letzten Phase der Feldforschung kommen Obdachlose auf die Forschende zu und fragen, ob sie auch interviewt werden könnten, da sie sich zu dem Thema Verdrängung äußern möchten.

Diese der Forschenden entgegengebrachte Offenheit lässt sich auf zwei Aspekte zurückführen. Während der Feldforschung gelingt es, eine gute Vertrauensbasis zu Schlüsselpersonen in den Obdachlosenszenen aufzubauen, welche im sozialen Feld akzeptiert und angesehen sind. Von dieser Konstellation kann insofern profitiert werden, dass erste Handlungsmuster identifiziert und eine größere Akzeptanz in den jeweiligen Gruppen erlangt werden kann, da Schlüsselpersonen die Forschende als eine vertrauenswürdige Person ansehen und andere Personen diese Einordnung von übernehmen (vgl. Lamnek 2010, S. 550). Siegfried Lamnek schreibt: „Der beste Weg, Zugang zu einer zu untersuchenden Gruppe zu finden, führt über Schlüsselpersonen" (Lamnek 2010, S. 550). Dies bestätigt sich im Feld. Besonders eine Schlüsselperson, zu der ein fast freundschaftliches Verhältnis entstanden ist, ermöglicht der Forschenden den Einblick in viele Alltagssituationen, zeigt sich sehr offen für (auch kritische) Nachfragen und stellt aktiv einige Kontakte zu späteren Interviewpersonen her.

Des Weiteren kommt der durch Lamnek beschriebene Prozess zum Tragen, dass sich „bei Randgruppen und Minderheiten auch eine große Offenheit und Bereitschaft feststellen lassen, wenn sie die Aufmerksamkeit durch […] [die Forschenden] als Form der Anerkennung durch die gesellschaftliche Mehrheit ansehen und […][die Forschenden] als Sprachrohr betrachten, […][die] ihre Situation sichtbar machen" (Lamnek 2010, S. 550) können. Aus dieser Perspektive stellt die Forschende für einige der Obdachlosen ein Mitglied der Mehrheitsgesellschaft dar, welches sich nicht abgrenzt und ihre Lebenswelten tabuisiert, sondern sich auf diese einlässt und Interesse an ihren Alltagswirklichkeiten zeigt. Dafür spricht, dass gegen Ende der Feldforschung die Obdachlosen aktiv nach Interviews fragen.

» Gerade bei der Erforschung von Minoritäten ergibt sich das Problem, dass sich […] [die Forschenden] in der Regel aufgrund unterschiedlicher kultureller Zugehörigkeit in Distanz zu […] [ihren] Untersuchungssubjekten [befinden] […]. Erkenntnismöglichkeiten und -grenzen werden in diesen Bereichen wesentlich beeinflusst von teilweise unbewussten Ängsten und Vorurteilen […] [der Forschenden], die einem echten Einlassen auf das Feld entgegenstehen (Lamnek 2010, S. 654).

1

Als entscheidend für das Vertrauen und die Offenheit, die der Forschenden im Feld entgegen gebracht werden, werden ein möglichst vorurteilsfreier Zugang, der nötig ist, um sich auf neue Situationen einzulassen, ein höflicher und respektvoller Umgang, Wertschätzung gegenüber den beforschten Personen sowie eine Begegnung auf Augenhöhe erachtet. „Oberste Handlungsmaxime muss Toleranz und Achtung gegenüber dem Feld sein, selbst wenn aus Sicht […] [der Beobachtenden] abweichendes Verhalten praktiziert wird" (Lamnek 2010, S. 54). Ebenfalls wichtig ist es deshalb, so viel Zeit wie möglich auch außerhalb der Interviews in den Einrichtungen zu verbringen, sich aktiv an den Gesprächen und Aktivitäten innerhalb und außerhalb der Einrichtungen zu beteiligen. Außerdem ist es seitens der Forschenden anzustreben, den Teilnehmenden „das Gefühl" (Lamnek 2010, S. 654) zu vermitteln, von den Forschenden „verstanden zu werden" (Lamnek 2010, S. 654), was in einem unbekannten sozialen Feld eine Herausforderung darstellt.

- **Sicherheit**

Während der Feldforschung wird der Forschende natürlich auch mit allen Gefahren der Obdachlosenszenen konfrontiert, denen sich Obdachlose jeden Tag stellen müssen.[3]

» Most obviously, perhaps, working in homeless service spaces faces the researchers with (some of) the dangers and distress that permeate such environments […]. That is, it confronts the researcher with issues with which homeless people, and homeless service providers, must deal on a day-to-day basis. Some such dangers can be avoided through careful research design (Cloke et al. 2010, S. 17).

Wie wichtig es ist, dies zu berücksichtigen und Strategien der Angestellten der Einrichtungen zu übernehmen (Cloke et al. 2010, S. 17), stellt die Forschende schnell fest. Der Konsum von Suchtmitteln sowie die psychische Belastung durch die Obdachlosigkeit selbst können zu einer deutlich niedrigeren Reiz- und Hemmschwelle, erhöhter Aggressivität sowie unvorhersehbaren Stimmungs- und Verhaltensänderungen führen, was Situationen schnell umschlagen lässt. So verändert sich die Stimmungslage in einer zuvor friedlichen Gruppe während des Wartens vor einer Essensausgabe unmittelbar und mündet in eine körperliche Auseinandersetzung. Auch Diskussionen unter alkoholisierten Personen tendieren mitunter dazu, plötzlich und unvermutet zu eskalieren. Es sei betont, dass dies wenige Ausnahmesituationen sind, diese Gegebenheiten während der Feldforschung jedoch berücksichtigt werden müssen. So erweist es sich als sinnvolle Strategie, sich stets am Rand von Gruppen zu positionieren, um unangenehme und potenzielle Gefahrensituationen schnell verlassen zu können.

Auch im Hinblick auf die eigene Sicherheit während der Gespräche übernimmt die Forschende die empfohlenen Strategien der Angestellten der Einrichtungen.

---

3   Auch wenn sich die Forschende an dieser Stelle in aller Deutlichkeit von einer Wahrnehmung und Darstellung der Obdachlosenszenen als Sicherheitsrisiko und kriminelles Milieu distanzieren möchte, entstehen Situationen und Unsicherheitsräume, welche auch Obdachlose selbst als solche wahrnehmen, in denen während der Feldforschung auf die eigene Sicherheit geachtet werden sollte.

Während der Interviews versucht die Forschende, in der Nähe der Tür zu sitzen und diese offen stehen zu lassen oder die Interviews direkt in den Aufenthaltsräumen der Einrichtungen zu führen, um erforderlichenfalls auf den Schutz der anderen Anwesenden oder der Angestellten zurückgreifen zu können.

Ebenfalls in der Anfangsphase der Feldforschung kristallisiert sich heraus, dass es Orte in Hamburg gibt, die zwar aus Forschungsperspektive interessant sind, an denen sich ein Aufenthalt jedoch problematisch gestalten kann, weil dort z. B. Legalität und Illegalität ineinander verschwimmen. Zu nennen wären hier einschlägige Drogenumschlagsplätze, Orte an denen sich Gruppen von Suchtkranken oder Mitglieder krimineller Milieus treffen. Um die eigene Sicherheit zu wahren, lässt sich die Forschende von den szene- und stadtkundigen Beschäftigten der niederschwelligen Einrichtungen auf einem Stadtplan Orte markieren, an denen sie sich durch ihr Forschungsinteresse womöglich selbst in Gefahr brächte. Während der Forschung werden diese Orte aus Sicherheitsgründen gemieden.

Touren durch die Stadt mit Obdachlosen finden oftmals in den Abendstunden statt, da sich zu dieser Zeit Dimensionen der Obdachlosigkeit zeigen, die tagsüber nicht zu beobachten sind, und Obdachlosigkeit in der Innenstadt besonders sichtbar wird. „Sobald der Großteil der Konsumgesellschaft, welche die Innenstadt tagsüber bevölkert, verschwindet, wird die City von einem Teil der Obdachlosenszenen angeeignet" (Feldtagebuch 27.05.2013). Da die Alltagswirklichkeit Obdachloser auch in abgelegenen und wenig frequentierten Teilen der Stadt stattfindet, stimmt die Forschende Spaziergängen zu diesen Orten nur dann zu, wenn das subjektive Sicherheitsgefühl dem nicht entgegensteht. Nächtliche Stadtrundgänge zu abgelegenen Orten werden beispielsweise nur mit ausgewählten Interviewpersonen unternommen und vorher die Einschätzung von Angestellten der Einrichtungen eingeholt.

Einige der Obdachlosen fühlen sich bereits nach kurzer Zeit für die Sicherheit der Forschenden verantwortlich und kommunizieren dies auch klar. Sie fordern stets den Terminplan für die nächsten Tage ein und bieten von sich aus Begleitung zu Orten an, für deren Erforschung aus ihrer Sicht umfangreiche Kenntnisse der szeneninternen Strukturen- und Verhaltensweisen sowie der Räumlichkeit erforderlich sind. „Am anderen Ende […] nehmen mich die beiden in ihre Mitte. ‚Zu deiner Sicherheit! Das ist kein Platz, an dem du dich nachts aufhalten solltest. Das hier ist ein heißes Eisen!'" (Feldtagebuch 09.05.2013).

Diese Touren ermöglichen der Forschenden Einblicke in die Obdachlosenszenen, die alleine nicht möglich wären, und unterstreichen nochmals den Stellenwert von Kontakt- und Schlüsselpersonen für die Erforschung sozialer Randgruppen.

Die Erfahrungen und Wahrnehmungen der Forschenden bezüglich der eigenen Sicherheit decken sich mit Aussagen von Personen der Obdachlosenszenen. Auch dort werden in Interviews von Sicherheitsrisiken, besonders für Frauen, sowie über ein erhöhtes Gewaltpotenzial in Gruppen mit Drogen- und Alkoholaffinität berichtet. Innerhalb der Obdachlosenszenen werden mitunter Stigmata konstruiert, die ähnlich denen der Mehrheitsgesellschaft sind und sich z. B. gegen Alkohol- und Drogenabhängige sowie Personen mit Migrationshintergrund richten. Basis für die Wahrnehmung einer Gruppe als unberechenbarer Unsicherheitsfaktor sind Zuschreibungen von Identitätsmerkmalen wie niedriger Hemmschwelle und höheres Gewaltpotenzial sowie

1

die Zuschreibung kollektiver Handlungsmuster (Reckwitz 2000, S. 91 f., 117 ff.) und die Bildung von Stereotypen (Hall 2004, S. 143 ff.). Es folgt eine räumliche Manifestation des dadurch entstehenden Unsicherheitsgefühls, welches sich in der Meidung bestimmter und als Unsicherheitsräume beschriebener Orte niederschlägt.

- **Vorurteilsfreiheit: Spezifische Lebensumstände im sozialen Feld**

» Sich mit der Lebenswelt und dem Alltag der zu untersuchenden Personen vertraut zu machen, erfordert nicht nur ein hohes Maß an Fleiß, sondern vor allem Hingabe und Einfühlung. Dabei spielt die Schichtzugehörigkeit eine nicht unwesentliche Rolle: Zum einen dürfte es selten der Fall sein, dass […] [die Forschenden] derselben sozialen Schicht wie die zu untersuchenden Personen […] [angehören]. Daher kann es für […] [sie] wegen des Milieuhintergrunds besonders schwierig sein, die jeweiligen Lebensumstände im sozialen Feld nachzuzeichnen, (Lamnek 2010, S. 547).

Der Wunsch der Forschenden, sich den Praktiken der Obdachlosen anzuschließen und diese einen ganzen Tag lang zu begleiten und ihren Tagesablauf zu teilen – z. B. den Besuch niederschwelliger Einrichtungen, das Sammeln von Pfandflaschen oder Betteln in der Innenstadt –, ruft bei der beforschten Gruppe der Obdachlosen immer wieder Erstaunen hervor. „Das Vergessen der eigenen sozialen Stellung, das Hineinversetzen in eine fremdes Umfeld, erfordert neben Einfühlungsvermögen und der Respektierung anderer Lebensgewohnheiten" (Lamnek 2010, S. 548) auch die Bereitschaft des Forschenden, sich vorurteilsfrei auf neue Situationen und Kontexte einzulassen. Es ermöglicht zeitgleich einen interessanten und tiefreichenden Blick in die Alltagswirklichkeit der zu erforschenden Gruppe. An dieser Stelle sei auch erwähnt, dass es die Forschende durchaus Überwindung kostet, an bestimmten Alltagssituationen zu partizipieren und Lebensgewohnheiten neu zu erlernen.

Dennoch trägt viel zur Akzeptanz und der dadurch entgegengebrachten Offenheit seitens der Interviewpersonen bei, dass sich die Forschende auf neue, unbekannte Szenen einlässt, auch wenn dies zeitweise verlangt, das eigene Werte- und Normsystem aufzugeben, und die Forschende sich an bisher unbekannten Regeln der Szenen orientieren sowie sich auf einzelne szenen- und ortskundige Mitglieder der Obdachlosenszenen einlassen und diesen Vertrauen schenken muss. Der Partizipation an den verschiedenen Lebensumständen und Alltagswirklichkeiten im sozialen Feld ist ein hoher Stellenwert für die empirische Forschung zuzuschreiben, denn nur durch die aktive Teilnahme am Tagesablauf kann es den Forschenden gelingen, zumindest teilweise Lebensumstände im sozialen Feld offenzulegen und nachzuzeichnen. Dabei sollen Forschende über spezifische Lebensumstände und Praktiken im sozialen Feld nicht wertend urteilen oder diese ablehnen, sondern vielmehr versuchen, deren Hintergründe und Zusammenhängen zu erfahren und diese aus Perspektive der beforschten Personen wahrzunehmen.

- **Respekt vor Privatsphären und Rückzugsräumen**

Eine Sonderstellung nimmt im Feldzugang zu Obdachlosenszenen das Respektieren von Privatsphären und Rückzugsräumen ein, denn im Gegensatz zu anderen

Gruppen verfügen Obdachlose kaum über Rückzugsorte. Obdachlose nutzend en öffentlichen Raum auf zweierlei Weise: Zum einen sind alle Gruppen gezwungen, sich physische Orte anzueignen und Präsenz zu zeigen, um überhaupt als gesellschaftliche Gruppe wahrgenommen und anerkannt zu werden (Glasze 2001, S. 163).

» [T]here is literally no room in Internet's ‚public space' for a homeless person to exist – to sleep, to relax, to attend to bodily needs. Nor can their needs, desires, and political representations ever be *seen* in the manner that they can be seen in the public space of the city (Mitchell 2003, S. 147, Herv. i. Orig.).

Zum anderen hat der öffentliche Raum für Obdachlose eine existenzielle Funktion, da sie in ihrer Lebensführung zu großen Teilen auf diesen Raum angewiesen sind. So werden z. B. Platten[4] und Zelte, auch wenn diese im öffentlichen Raum aufgeschlagen werden, als ein privater Ort wahrgenommen. Ähnlich verhält es sich mit niederschwelligen Einrichtungen. Diese bilden für viele obdachlose Personen den einzigen oder einen der wenigen Rückzugsräume, in denen sie in einem bestimmten Zeitfenster Akzeptanz und Toleranz sowie keine Repressionen durch die Mehrheitsgesellschaft erfahren. Der öffentliche und semi-öffentliche Raum ist also für obdachlose Personen mit ganz anderen Konnotationen aufgeladen als für die Forschenden. Da sich die Forschende während der Feldforschung oftmals bzw. fast ausschließlich in den Privatsphären und Rückzugsräumen obdachloser Menschen bewegt, ist mit viel Respekt und Sensibilität vorzugehen. Deshalb muss die Forschende während der Feldforschung das eigene Verständnis von öffentlichem und semi-öffentlichen Räumen neu reflektieren und sich die Bedeutung des öffentlichen Raums und im speziellen der niederschwelligen Einrichtungen aus Perspektive der Obdachlosen stets in Erinnerung rufen. Im Laufe der empirischen Erhebungen wird deshalb auch deutlich, warum das anfängliche Vorhaben, Obdachlose auf ihren Platten anzusprechen, gescheitert ist: Obwohl die Forschende aus ihrer damaligen Sicht mit (vermeintlicher) Sensibilität und Einführungsvermögen vorgeht, werden aus Perspektive der Obdachlosen Grenzen zum eigenen Territorium und zur Privatsphäre überschritten, was sich in Ablehnung niederschlägt.

1.3 Reflexion: Herausforderungen und Möglichkeiten

Obdachlosigkeit wird nach wie vor von der Gesellschaft tabuisiert und ist auch in der deutschsprachigen Geographie ein unterrepräsentiertes Thema. Hinsichtlich des Feldzugangs sind Herausforderungen wie eine sehr geringe Planbarkeit der empirischen Forschung zu beachten sowie die Tatsache, dass ein längerer Zeitraum für die Feldforschung einzuplanen ist, da intensive Arbeit notwendig ist, um Zugang zu Gruppen obdachloser Personen zu gewinnen.

Eine besondere Relevanz wird dabei Mittelspersonen zugeschrieben, die bestehendes Misstrauen abbauen und die Forschenden langsam in das neue soziale Feld einführen

---

4 Schlafplätze der Obdachlosen.

1

können. Ist dieser erste Feldzugang erfolgt, gewinnen Schlüssel- und Kontaktpersonen an Bedeutung, da sie die Forschenden im sozialen Feld integrieren können. Bei allen Forschungsaktivitäten sollte der Sicherheitsaspekt beachtet werden, da spezifische Lebensumstände im sozialen Feld diesen Aspekt relevant werden lassen. Als entscheidend für eine Begegnung auf Augenhöhe werden Vorurteilsfreiheit sowie die Akzeptanz und Toleranz der Lebensumstände im sozialen Feld erachtet, auch wenn diese nicht den Norm- und Wertvorstellungen der Forschenden entsprechen. Speziell bei Zugängen zu Obdachlosenszenen ist auf die Beachtung der unterschiedlichen Konnotationen des öffentlichen und semi-öffentlichen Raumes in Verbindung mit den Aspekten des Respekts vor Privatsphären und Rückzugsräumen zu achten. Gerade an diesem Punkt sind die Forschenden gefordert, sich selbst und diese Aspekte stets zu reflektieren.

Die qualitative Erforschung sozialer Randgruppen bedeutet aber auch, sich mit unbewussten Vorurteilen oder Ängsten gegenüber den Beforschten auseinanderzusetzen sowie das eigene Vorgehen immer wieder zu reflektieren. Stellen sich die Forschenden jedoch der Herausforderung, Teile des eigenen Werte- und Normsysteme aufzugeben, sich an bisher unbekannten Regeln zu orientieren sowie an ungewohnten Lebenssituationen zu partizipieren, erleichtert das den Feldzugang.

Die Stärken feldbasierter Methoden zur Erforschung von Obdachlosigkeit liegen im kleinräumigen Bereich, vor allem in der Betrachtung von Alltags- und Lebenswirklichkeiten obdachloser Menschen. Sie ermöglichen es, Obdachlose als Individuen, aktiv Handelnde und nicht nur als homogene Gruppe von Betroffenen einer neoliberalen Stadtpolitik wahrzunehmen. Die Studie, auf der dieser Artikel basiert, hat das Ziel, Geographien der Verdrängung aus Sicht von Obdachlosen zu erforschen. Dabei ist es ein zentraler Anspruch, Obdachlosen die Chance zu geben, sich selbst zu für sie relevanten Verdrängungsprozessen und deren Auswirkungen auf ihre Lebenswirklichkeiten zu äußern. Der feldbasierte Zugang ist in diesem Kontext notwendig, um die Komplexität der Lebenswelten sowie die konkrete Alltagswirklichkeiten und Praktiken obdachloser Menschen aufdecken, nachvollziehen und verstehen zu können.

Abschließend kann gesagt werden, dass sich der Respekt und die Anerkennung, welche man den beforschten Personen und ihren spezifischen Lebensumständen entgegenbringt, in den Möglichkeiten des Feldzugangs sowie den Forschungsergebnissen widerspiegelt und niederschlägt. Jedoch sei darauf hingewiesen, dass der Feldzugang zu Obdachlosigkeit stets individuell verläuft und die obigen Ausführungen nicht zwingend verallgemeinerbar und vollumfänglich auf andere Feldzugänge zu diesem sozialen Feld übertragbar sind.

Literatur

Belina B (1999) „Kriminelle Räume". Zur Produktion räumlicher Ideologien. Geogr Helv 54:59–65. ► https://doi.org/10.5194/gh-54-59-1999

Belina B (2003) Kultur? Macht und Profit! – Zu Kultur, Ökonomie und Politik im öffentlichen Raum und in der Radical Geography. In: Gebhardt H, Reuber P, Wolkersdorfer G (Hrsg) Kulturgeographie. Aktuelle Ansätze und Entwicklungen. Spektrum, Heidelberg, S 83–97

Bundesarbeitsgemeinschaft Wohnungslosenhilfe e. V. (BAGW) (2014) Umfang der Wohnungsnotfälle 2008–2012. ► http://www.bagw.de/de/themen/zahl_der_wohnungslosen/index.html. Zugegriffen: 3. Jan. 2014

Bundesarbeitsgemeinschaft Wohnungslosenhilfe e. V. (BAGW) (2016) Zahl der Wohnungslosen. ► http://www.bagw.de/de/themen/zahl_der_wohnungslosen/. Zugegriffen: 6. Mai 2016

Cloke P, May J, Johnsen S (2008) Performativity and affect in the homeless city. Environ Plan D Soc Sp 26:241–263. ► https://doi.org/10.1068/d84j

Cloke P, May J, Johnsen S (2010) Swept up lives? Re-envisioning the homeless city. Wiley-Blackwell, Malden

Coleman R (2004) Images from a neoliberal city: the state, surveillance and social control. Crit Criminol 12:21–42. ► https://doi.org/10.1023/B:CRIT.0000024443.08828.d8

Collins D, Blomley N (2003) Private needs and public space: politics, poverty, and antipanhandling by-laws in Canadian cities. In: Law Commission of Canada (Hrsg) New perspectives on the public-private divide. University of British Colombia, Vancouver, S 40–68

Davis M (1999) Ecology of fear: Los Angeles and the imagination of disaster. Vintage, London

DeVerteuil G, Matthew M, Snow D (2009a) Any space left? Homeless resistance by place-type in Los Angeles County. Urban Geogr 30:633–651. ► https://doi.org/10.2747/0272-3638.30.6.633

DeVerteuil G, May J, Mahs J (2009b) Complexity not collapse: recasting the geographies of homelessness in a „punitive" age. Prog Hum Geogr 33:646–666. ► https://doi.org/10.1177/0309132508104995

Garland D (2001) Kultur der Kontrolle. Verbrechensbekämpfung und soziale Ordnung in der Gegenwart. Campus, Frankfurt a. M.

Glasze G (2001) Privatisierung öffentlicher Räume? Einkaufszentren, Business Improvement Districts und geschlossene Wohnkomplexe. Ber dtsch Landeskd 75:160–177

Glasze G (2007) (Un-)Sicherheit und städtische Räume. In: Gebhardt H, Glaser R, Radtke U, Reuber P (Hrsg) Geographie. Physische Geographie und Humangeographie. Spektrum, Heidelberg, S 880–888

Foucault M (1976) Überwachen und Strafen Die Geburt des Gefängnisses. Suhrkamp Taschenbuch, Frankfurt a. M.

Hall S (2004) Das Spektakel des ‹Anderen›. In: Koivisto J, Merkens A (Hrsg) Ideologie Identität Repräsentation. Ausgewählte Schriften, Bd 4. Argument, Hamburg, S 108–166

IKG Institut für interdisziplinäre Konflikt- und Gewaltforschung (2006) Gruppenbezogene Menschenfeindlichkeit. ► http://www.unibielefeld.de/ikg/projekte/GMF/EntwicklungGMF.html. Zugegriffen: 12. Dez. 2013

Johnsen S, Cloke P, May J (2005) Day centres for homeless people: spaces of care or fear? Soc Cult Geogr 6:787–811. ► https://doi.org/10.1080/14649360500353004

Klodowsky F, Blomley N (2009) Introduction – rights, space, and homelessness. Urban Geogr 30:573–576. ► https://doi.org/10.2747/0272-3638.30.6.573

Klodowsky F, Blomley N (2010) Introduction – Rights, Space, and Homelessness: Part II. Urban Geogr 31:800–802. ► https://doi.org/10.2747/0272-3638.31.6.800

Lamnek S (2010) Qualitative Sozialforschung. Beltz, Weinheim

Lancione M (2013) Homeless people and the city of abstract machines: assemblage thinking and the performative approach to homelessness. Area 45:358–364. ► https://doi.org/10.1111/area.12045

Mitchell D (2000) Cultural geography. A critical introduction. Blackwell, Oxford

Mitchell D (2001) Postmodern geographical praxis? The postmodern impulse and the war against homeless people in the „post-justice" city. In: Minca C (Hrsg) Postmodern geography: theory and praxis. Blackwell, Oxford, S 57–92

Mitchell D (2003) The right to the city: social justice and the fight for public space. Guilford Press, London

Mitchell D (2007) Die Vernichtung des Raumes per Gesetz. Ursachen und Folgen der Anti-Obdachlosen-Gesetzgebung in den USA. In: Belina B (Hrsg) Raumproduktionen. Beiträge der radical geography. Eine Zwischenbilanz. Westfälisches Dampfboot, Münster, S 256–290

Paegelow C (2012) Handbuch Wohnungsnot und Obdachlosigkeit. Einführung zur Wohnungslosen- und Obdachlosenhilfe. Claus Paegelow, Bremen

Reckwitz A (2000) Die Transformation der Kulturtheorien. Zur Entwicklung eines Theorieprogramms. Velbrück Wissenschaft, Weilerswist

Ronneberger K (2001) Konsumfestung und Raumpatrouillen. Der Ausbau der Städte zu Erlebnislandschaften. In: Becker J (Hrsg) Bignes? Size does matter – Image/Politik – städtisches Handeln; Kritik der unternehmerischen Stadt. B-books, Berlin, S 28–41

Schaak T (2009) Obdachlose, auf der Straße lebende Menschen in Hamburg 2009. ► http://www.hamburg.de/contentblob/1715526/data/obdachlosenstudie-2009.pdf. Zugegriffen: 12. Dez. 2013

Schirmer D (2009) Empirische Methoden der Sozialforschung – Grundlagen und Techniken. Fink, Paderborn

Smith N (2001) Global social cleansing: postliberal revanchism and the export of zero tolerance. Soc Justice 28:68–74

Wehrheim J (2012) Die überwachte Stadt. Sicherheit, Segregation und Ausgrenzung. Budrich, Opladen

Weisser F (2011) Fremde in der eigenen Gesellschaft? Integration von Obdachlosen in Nürnberg. In: Popp H (Hrsg) Migration und Integration in Deutschland. Beiträge zur Unterrichtsarbeit im Fach Geographie, Bd 6. Naturwissenschaftliche Gesellschaft Bayreuth e. V., Bayreuth, S 155–168

(Un-)Informed Consent? Regulating and Managing Fieldwork Encounters in Practice

Dorit Happ, Frank Meyer, Judith Miggelbrink and Kristine Beurskens

© Springer-Verlag GmbH Deutschland, ein Teil von Springer Nature 2018
J. Wintzer (Hrsg.), *Sozialraum erforschen: Qualitative Methoden in der Geographie*,
https://doi.org/10.1007/978-3-662-56277-2_2

2.1 Introduction

- **Prologue: Everything is Transparent, Everything is Under Control?**

Shortly after World War II, the Swedish Institute of Housekeeping Research initiated a study on household practices of Norwegian single males. The project aimed at collecting empirical data especially on male cooking practices in order to develop technical and planning measures that would reduce the workload in modern households. Empirical data was collected by a team of male researchers who observed men over a period of several weeks while doing kitchen work. Following the then prevalent methodological positivism, the observer had to follow a strict scheme of observation. Furthermore, researchers were strictly advised not to have personal contact with their research objects. The researchers managing the project had recruited participants—mainly farmers—with whom informed consent was reached about the research design and its technical arrangements (especially about the presence of a silent observer sitting on a raised chair in their kitchen for hours).

The research process failed—not least because the pairs of two—one man observing quietly from a position in a corner of the kitchen and the other one muddling along in his kitchen—felt unable to not build a relation. The observed men started to control their behaviour, showing and hiding things, and, thus, reacting to the man on the chair. Conversations at the kitchen table with neighbours stopped or turned unexpectedly due to the man in the corner; cooking habits changed and one of the participants even decided to prepare his meals in his bedroom upstairs. In that regard, the observer—instead of simply registering the physical movements and visible actions—intervened in those daily activities he was obliged to observe. The observed, again, tried to spy upon the almost (and seemingly) immutable observer waiting for some more reaction than a pen scribbling on paper.

Luckily, this research never took place but was told in a Norwegian movie Salmer fra kjøkkenet (Kitchen stories 2003), produced by Bent Hamer. In the course of the story, when Folke, the Swedish researcher, and Isaac, the Norwegian farmer, were becoming closer to each other, one of Folke's colleague showed up at night at Folke's tiny little caravan that was parked in front of Isaac's home. Inebriated, he bellowed at Folke: "How can you seriously expect to get only the slightest understanding of people's doings if you are only allowed to observe them?" Informed consent turned out to not be a simple barter trade: Although the research was conceptualised to rely on the observation of authentic everyday practices, it contradicted habitual practices of interaction and thus, in turn, obstructed the observation. Despite both parties having agreed on the terms, the practice of research turned out to be much more complex. Would it not have been better to do the research covertly? Would it have even been permissible to misinform the participants to prevent them from altering their behaviour?

- **Qualitative Social Research—A Matter of Interaction**

Open encounters between researchers and people in the field are at the core of qualitative research and interactive methods. These approaches are becoming more and more the standard, given that covert research usually contradicts established notions of informed consent. We assume that empirical research draws on interaction and that interviews and group discussions are encounters initiated by the researchers.

Based on this notion, bilateral expectations, dynamics of conversation and individual perceptions are of special interest for a methodological account of social research. Researchers and those being researched react to each other; there is a possibility of socially adapted statements and behaviours and—from an epistemological point of view—the outcome of the interaction and subsequent synthesis encompasses both consensual and contested elements such as questions, topics, taboos, explicit or implicit orientations, moods and many others.

However, research encounters are increasingly directed through regulative procedures and principles that aim at governing the complexity of doing social research in accordance to certain ethical standards. For instance, informed consent as one such paradigm has its roots in the Nuremberg Code (1947), protecting "the dignity and worth of every human being and their right for self-determination" (Miller and Boulton 2007, p. 2202) and, thus, preventing them from misuse in the name of contributing to medical progress (see Weindling 2006). Though still closely connected to debates on ethical and legal issues in medical research (e.g. DFG 2013, p. 104), the scope of informed consent has broadened remarkably and, in turn, impacted the way researchers approach their fields of inquiry (see Miller and Boulton 2007). Nowadays, funding schemes often require informed consent forms to be completed according to pre-determined guidelines that ultimately formalise and legalise researcher access to fieldwork.

Such formalisation is surely of interest in the face of the heterogeneous conditions of social research and societal expectations of science. Yet, it also limits possibilities of navigating the social and political complexities of fieldwork. One might enter an authoritarian state with a tourist visa instead of a work visa to circumvent inconvenient procedures. One might switch rapidly (and deliberately) between identities when contact is made with potential interviewees (e.g. private individual interested in one issue or another, doctoral student, researcher) to adjust to anticipated expectations. One might be introduced by another person to a potential research participant by a false ascription of identity (e.g. journalist instead of researcher) and might not correct it for whatever reason—if only to not contradict the intermediary. This gap between an ideal of informed consent and fragmentary information or partial truth may lead researchers to question their integrity and ethical grounds (see e.g. Orb et al. 2001; Swazo 2005; Valentine 2003; Westoby and Mcnamara 2013). Informed consent may be aimed for as an ideal of information-based equality; however, there is a multitude of conditions influencing the process of doing fieldwork and requiring flexible approaches.

Nowadays, informed consent is mainly a regulatory principle that instructs research according to legal rules and ethical standards. It directs practice in a way that aims at creating a transparent and thus balanced relationship between both sides. Furthermore, it places the researcher under the ethical obligation to make his/her research as transparent as necessary to ensure that the respective respondents are able to responsibly decide on their participation. However, as building relations is at the core of qualitative research, the management of encounters, tensions and discrepancies between, on the one hand, requirements of transparency and the will to not harm anybody and, on the other hand, the requirements of navigating through intricate fieldwork situations is crucial. Our article aims at shedding light on the complex ethics in fieldwork. Far from denying the relevance of procedural ethics, we seek to illuminate the delicate balance between formal ethical guidelines and the necessities of doing fieldwork, as formalisation may create a false sense of being immune to ethical dilemmas. Irritations between the researcher's expectations and identities and those of the researched still pose the most important questions in practice.

In the following sections we discuss informed consent as a socio-political framework of directing research. This is followed by a chapter on the tensions between ethical claims and the necessity of managing impressions in fieldwork encounters. Chapter four provides three encounters from our own empirical research to demonstrate how attempts of directing research encounters can be undermined and challenged by circumstances that cannot be fully commanded by the researcher. In our last chapter, we discuss our findings and draw some conclusions towards the relevance of ethics in practice.

2.2 Social-Political Framework of Gaining Informed Consent and its Pitfalls

Informed consent as an institutionalised and standardised principle and procedure to protect the research subject from any harm originally emerged in the context of bio-medical research (for an overview of the historic development and principles of informed consent in medical science, see Kelly 2003, p. 183 ff.). Soon, informed consent was integrated into ethical codes of various disciplines. As of now, the American Anthropological Association declares in its "Principles of Professional Responsibility" that

》 (m)inimally, informed consent includes sharing with potential participants the research goals, methods, funding sources or sponsors, expected outcomes, anticipated impacts of the research, and the rights and responsibilities of research participants. It must also include establishing expectations regarding anonymity and credit. Researchers must present to research participants the possible impacts of participation, and make clear that despite their best efforts, confidentiality may be compromised or outcomes may differ from those anticipated (American Anthropological Association 2012).

Similarly, the Association of Social Anthropologists of the UK and the Commonwealth defines informed consent in its "Ethical Guidelines for Good Research Practice" as a transfer of information about the purpose, value, consequences and funding of a study, possible harm for the participants, degree of anonymity and finally about technical questions as the use, storage and security of data (Association of Social Anthropologists of the UK and the Commonwealth: 3). The German Sociological Association (GSA) mainly agrees with both definitions of informed consent but, in contrast, openly discusses in its "Code of Ethics" the limitations of gaining informed consent, e.g. in the case that the provision of prior information may significantly bias results. Therefore, the GSA admits that other forms of informed consents can be required (see GSA 2014, § 2).

In the field of health care, informed consent was introduced as a counter-strategy against practices of autocratic, paternalistic and even inhuman research: "[…] a polar opposition has been established with the empowered, informed, autonomous decision-making patient or research participant at one end of the divide and an all-powerful paternalistic authority at the other" (Corrigan 2003: 769). Moreover, Barrie Thorne (1980) points out that

> (f)ieldworkers have less control over the research setting than do experimentalists; in the immediate research situation, the gap of power between researcher and subject is less than in experiments, and the flow of interaction is broader and more reciprocal and open-ended (Thorne 1980, p. 285).

However, in ethnographical studies "[…] both risks and benefits (especially long-term ones) are often difficult to assess, especially at the beginning of a field study" (Thorne 1980, p. 285). Also Marie Andrée Jacob and Annelise Riles (2007) highlight surprises, unexpected turns and dilemmas ethnographers experience during their studies. Such phenomena are often in conflict with strict definitions of research ethics conducted by ethic boards, such as the university and research institute-based Institutional Review Boards (IRBs) (see Jacob and Riles 2007, p. 184). Furthermore Jennifer Shannon (2007) recognises a "[…] conflict between the epistemology of ethnography and that of IRBs, which is based on bio-medical disciplines […]" (Shannon 2007, p. 238). In contrast, flexibility as the key characteristic of ethnographic research is not only connected to the inductive research approach of fieldworkers and the possible shift of focus during the research process. It is also connected to limitations in gaining access to the field and potential interviewees. In that regard, Wolff-Michael Roth (2004) stresses that "telling potential participants that a consent form has to be signed may question the trust that has previously developed between researcher and potential participant" (Roth 2004, p. 3). This also affects the perception of researchers in the field because researchers "are not only interlocutors or co-participants with our 'research subjects' but also bearers of documents, institutional representatives, cosigners, and consent brokers" (Shannon 2007, p. 237).

However, despite its importance for field research, informed consent is not an uncontested concept. First of all, criticism has flared up regarding its premise of an autonomous and informed subject—a notion that is mainly informed by rational-choice thinking (e.g. Harper and Corsín Jiménez 2005). Furthermore, working under the terminology and legal regime of informed consent could mistakenly allow one to assume that all moral and ethical problems have been solved, or at least have met the most central preconditions. However, there is no structural congruency between the moral principle of 'doing no harm to people' and informed consent as an instructive principle of research practices (Bell 2014, p. 512). Whereas the first is agreed to in general, but contested in terms of its theoretical and practical elaboration, the latter has been criticised as a bioethical regulation that has been extended to anthropology (and human geography likewise) without meeting the requirements of the complex relation built in fieldwork situations (ibid.: 513). While in medical discourse, written forms of informed consent are an integral and mandatory part of research projects, "[…] the anthropological codes put more emphasis on the quality and the process of gaining consent than on the formalities." (Aagaard-Hansen and Vang Johansen 2008,

p. 17). Given the intricate history of fieldwork-based inquiry and politics, especially with regard to colonialism, clear commitment to certain universal standards is as desirable as a formalised procedure is problematic in terms of how doing research is regulated (see Bell 2014, p. 514 ff.).

2.3 On the Tension between the Need for Procedural Ethics and the Necessity of Impression Management

Sule Tomkinson (2015), in her ethnographic study on the process to assess refugees in Canada, describes how she obtained participants' consent for her to be present at a hearing that was to determine the refugee status:

> » The refugee lawyers first informed their clients (refugee claimants) about my research to see if they were willing to consent to my observation, and if they agreed, lawyers invited me to the IRB [Immigration and Refugee Board of Canada; the authors]. Once I met with the refugee claimants before their hearing, I explained that I was a graduate student studying refugee decision-making. I had no ties with the IRB or the lawyer, and I sought their permission to observe their hearing. I told them that I was interested in the interaction in the hearing room generally and the types of questions the Board members would ask them specifically. I also made sure that they understood there were no potential individual benefits, except my offering an account of what refugee claimants really go through (Tomkinson 2015, par. 31).

This procedure was approved by an Ethics Committee and aimed to ensure that the vulnerable situation of the potential participants would not be exploited in the course of research. However, Tomkinson provides insights into the limits of such guidelines given the complexity of the situation, as noted in her field diary:

> » After Jamal Mohammed's hearing concluded, Roger Kadima—the lawyer I was accompanying—left while I was still chatting with Jamal. He asked me why I was not going back to the Roger's office. I said 'well, why would I? I am not working for him.' Jamal looked surprised and then asked again 'But aren't you a law student? Aren't you doing an internship?' I answered, 'No, I am studying political science' worrying more this time. […] I had thought that I had offered a complete explanation, but he said that he was very nervous; he could not really pay attention to what I was saying before the hearing (Tomkinson 2015, par. 33).

The procedures for this kind of research mapped the principal and allegedly adequate practices and instructions to follow in order to meet ethical requirements: Participants usually have to consent beforehand on the basis of complete transparency regarding the aim, scope and method of the research. However, the hearing—as the site and time span defining the research focus—was overwhelmingly important, loaded with fears, hopes and expectations and often the culmination point of long and stressful journeys in the face of very individual destinies and biographies. As a result, Tomkinson opted to elaborate on her intentions in detail during breaks and afterwards, thus modifying the Committee's approved procedure.

Most interactive methods of gathering qualitative data have in common that they are not covert, but transparent in that those being researched know that they are subject to observation and that their actions and statements are being observed, questioned, noted down and later on contribute to scientific analysis. They know they are being observed and their actions are likely to be influenced by that (see Gobo 2008, p. 125). For Tomkinson, this proved to be an important issue in relation to the outcome of an emotional hearing of a Pakistani man who was eventually successful in claiming refugee status based on his homosexuality. When she met him subsequently to discuss his experiences, he revealed to her his successful deception:

» Aadil asked me in his broken English, 'How do you think my performance at the hearing?' I was surprised, and did not really understand his question. He continued, 'I am not homosexual, my wife is in Pakistan and my children,' and he showed me their photos. He was laughing and kept saying 'performance, good performance.' I laughed with him, without really knowing what else to do (Tomkinson 2015, par. 40).

Tomkinson's experiences, though only presented here in excerpts, offer a two-fold understanding of what Erving Goffman (1959) earlier and more generally termed impression management. It revolves around the creation of "particular effects among one's potential informants by playing at certain roles, conveying certain sorts of information, delineating a particular pose or set. Whether one knows it or not, one does it in undertaking field work" (Mintz 1963, p. 1363). On the one hand, we take notice of the deceptive nature of Aadil's actions in the hearing, deliberately creating a homosexual identity of a Pakistani man, discriminated, chased and emotionally broken by his experiences. With the support of an agent "who helped him with the narrative" (Tomkinson 2015, par. 40), Aadil performed a role needed to make it through the hearing. On the other hand, Tomkinson concludes that, although she was determined to fully reveal her intentions upfront, she failed to make participants comprehend her role in the hearing in early iterations (and later modified her actions accordingly).

This two-fold example is one of many descriptions of the existence of and the need for impression management in fieldwork. Far from identifying Tomkinson's case as exceptional or deviant, it instead exemplifies the presence of perceptions, misunderstandings and social roles crucial to interactive social research and social life in general. Impression management, however, does not revolve around deceiving each other. It is rather a term describing the empirical fact that "every ethnographer, when he (sic) reaches the field, is faced immediately with accounting for himself before the people he proposes to learn to know" (Berreman 1962/2012, p. 154). Rooted in Goffman's symbolic interactionism and subsequently discussed in anthropological and ethnographical literature, work on impression management has often dealt with the delicate balance between deception, or outright lying, and accepting the fact that those researched do not confine themselves to just being observed. Instead, they engage in their own observations, and make up their mind about this peculiar thing, snooping on their behaviour, taking notes, asking weird questions for whatever scientific analysis there could possibly be.

Impression management in this regard means self-consciously, actively presenting oneself in the process of doing research. Coffey (1999, p. 64 f.) notes, that "the impression management of the ethnographer's body goes beyond dress and adornment. Demeanour, speech and the use of props are aspects of the construction of identity and role during fieldwork. All are concerned with the production of a fieldwork body which is both acceptable and plausible." Mirroring such premises, yet situated far earlier, Gerald Berreman (1962/2012, p. 173) reports on his fieldwork in the North-Indian mountains in the late 1950s and details how he managed his identity in the field:

» In the village I concealed the extent of my note-taking, doing most of it at night or in private. […] I never took photographs without permission. I concealed such alien practices as my use of toilet paper – a habit for which foreigners are frequently criticized in India. I took up smoking as a step to increase rapport. I simulated a liking for millet chapaties and the burning pepper and pumpkin or potato mixture which makes up much of the Pahari diet. Even more heroically, I concealed my distaste for the powerful home-distilled liquor, the consumption of which marked every party and celebration.

Berreman did not disguise himself; people knew about him being a researcher. Yet he adapted to the local situation to a certain extent. In addition, Barbara Kawulich (2005, par. 40) advises that acquiring the proper language skills helps accessing "sensitive information and increases rapport". Rapport—a relationship that is close enough for the respondents to open up—requires "a trusting relationship" (Kawulich 2005, par. 39) with a certain amount of confidentiality guaranteed. With regard to Berreman's descriptions of the Pahari villagers' attempts to manage the impressions they gave about themselves, Jocelyn Linnekin (1998, p. 72) comments: "In the current era of 'reflexive ethnography' and concern with ethics, Berreman's candid talk about deception on the ethnographer's part becomes discomfiting." Deception, so to speak, may contradict the "do not harm"-principle (see Tomkinson 2015). But, going with Goffman's own account of immersion into the field by impression management, even basic habitual changes may serve the need to not alter the respondents' reaction to the researchers' presence:

» So, you shouldn't get too friendly. But you have to open yourself up in ways you're not in ordinary life. You have to open yourself up to being snubbed. You have to stop making points to show how "smart assed" you are. […] you have to be willing to be a horse's ass. (Goffman 1989, p. 128).

In sum: Not providing full information about oneself, allowing for different assertions about one's intention, avoiding to give account of some details of the research is not deception. However, it does not conform to informed consent and may involve clumsily stumbling on the thin red line between lying and justified opportunism. The dilemma: We may compromise our results by bringing the issue of being inquired to the forth and potentially trigger changes in the respondents' behaviour. However, we may also compromise our study from an ethical point of view, disguising ourselves, exploiting our participants and thus jeopardising any future attempt of empirical investigation in the face of the ensuing mistrust.

Obviously, there is a considerable need for managing our respondents' impression of us as researchers by reflecting on what aspect of our presence in the field (e.g. demeanour, appearance) could potentially and does in fact have certain effects on their behaviour and responses (see e.g. Miggelbrink and Meyer 2015). However, the ethical ramifications of such behaviour should equally matter to us. Yet, institutionally imposing the informed consent principle does not help in this regard as it often provides the legal basis for fieldworkers, yet fails to address the complexities of doing fieldwork. Either way, research ethics cannot be ticked off following Ethics Committees and Ethics Guidelines. Instead, structural dilemmas require continuous reflection (see Fujii 2012): "Ultimately, responsibility falls back to the researchers themselves—they are the ones on whom the conduct of ethical research depends" (2004, p. 269).

Against the background of the increased relevance of standardised algorithms of research ethics, Marilys Guillemin and Lynn Gillam (2004, p. 262) underline the need of continued reflexivity and argue that "procedural ethics cannot in itself provide all that is needed for dealing with ethically important moments in qualitative research". Given the complexity of social interactions in the field between researchers and those researched, they instead argue for "ethics in practice". While procedural ethics and its institutional sediments such as ethics committees provide the structural grounds for forcing researchers to reflect on the ethical implications of their research design, "it is at the level of 'ethics in practice' that researchers must do the real ethical work in this regard" (ibid.). Consequently, Guillemin and Gillam highlight that concrete advice can hardly be given out of context. They instead stress the need to develop sensitivity for "ethically important moments" and reflect about how one's "research intervention might affect the research participants before any actual research is conducted and consider how they would respond as a researcher in the sorts of situations that they can at this stage only envisage" (ibid.: 276).

With regard to impression management, such an approach of course still lacks the contextual precision to safely navigate all issues at stake. Instead, it emphasises that there is hardly a definitive way to determine the appropriateness of a specific measure, and that the evaluation of these measures happens within given societal, professional and legal contexts. Ethics committees, in that regard, can provide advice on what to expect and how to respond; having consent forms signed is a materialisation of the need to document consent. But measures as these do not release the researcher from the decision of whether signing a form, explaining the research interest or withholding certain information from the respondents is sufficient to address the respective ethical issues involved in one's research design. Pro-actively pondering these issues, over and over again, however, is inevitable.

2.4 On Failed Consent and Kindled Expectations: Three Encounters

■ **I am Sorry, We are not Representatives of the EU Commission**
In 2007, one of us started a research project that investigated and compared cross-border practices of small-scale traders and small-scale entrepreneurs along the external border of the European Union. This included, inter alia, group discussions

with small-scale traders on the Polish-Belarusian border. Contacts on the Belarusian side were facilitated by a doctoral student, Irina (in order to ensure the anonymity of our respondents and field assistants their real names are replaced by alias here and in the following examples), who—as a native speaker—would also moderate the discussion whereas two researchers would sit at the table to introduce the project and its main research interests. Furthermore, they would intervene in the debate if necessary. However, when we met Irina before a group discussion with small-scale entrepreneurs from Brest at a building that hosted the local "Club of Entrepreneurs", she casually mentioned that the participants might have some expectations. In that moment, we did not elaborate on that point.

Inside the building, we noticed that some people were eager to meet us. For instance, we were introduced to a female activist and lawyer who had formerly been touted as a potential candidate for the Nobel Prize. At one point, when most of the participants had gathered around the table, Irina whispered to us: "They believe, you're sent by the EU Commission!" We were shocked. We had never introduced ourselves that way. Instead, we had provided information beforehand about our third-party funded research project on the effects of a recently changed border regime.

Our discomfort grew, when we realised that some of the participants had prepared their contribution in detail. One of them presented a five-page paper on the problems and deficiencies arising from the new border regime. He had not only collected and systematised major problems but had even developed some strategies for solving them. He was prepared, as it turned out, to convince us and, by this, to convince the Commission of how wrong and narrow-minded a policy is that makes it harder—in terms of costs, time and effort to obtain the required Schengen visa—for people from Belarus to enter the European Union and maintain business relations. He was ready to enter a dialogue. At this point, we started to feel miserable. Although we had asked Irina—who moderated the Russian discussion—to explain the misunderstanding right in the beginning (which she did), we felt that something was going absolutely wrong. And we did not understand why and when that misunderstanding had happened.

We were sure that Irina who had recruited all participants personally would not have actively provoked any misunderstanding—neither willingly nor unwillingly. And for us, it was the first contact with all of them; we only knew their first names and did not have phone numbers, email addresses or any other information. We had carefully avoided gathering too much information about them to minimise potential problems (see Happ et al. 2018). For us, the understanding of us being representatives of the EU Commission came out of the blue. Maybe one person had misunderstood the invitation and from that moment onwards, rumours may have come up and converged at some point. As they knew each other from the club, they might have spoken about the planned meeting and somehow agreed on its ostensible nature.

During the discussion it just felt terrible. And even afterwards, we felt guilty for some time although we did not cause the misunderstanding. We felt a sense of guilt not least because of the primordial significance that Poland and the border, accordingly, had for the participants of the discussion. A major shift of border management took place in December 2007 when Poland and other new members of the European Union started to fully implement the Schengen border code, including a strict visa regime (see Miggelbrink 2014). Almost all participants of our group discussion were existentially affected by the altered border regime in their ways of making a living and jumped at the opportunity to raise their voices. Most of them highly depended on a smooth border regime and now saw themselves thrown back by the new regulations that had been introduced five months before. From the participants' point of view, we must have been a disappointment. And despite the fact that both sides thought to have agreed on an informed (though informal) consent, this consent turned out to be agreed upon different terms. Though we immediately tried to correct the false ascription of identity, it still had an impact on the following discussion. The presentations they prepared came to nothing when we turned out to not be the addressees they expected us to be; likewise the proposals for changes as well as complaints about the actual workings of European consulates failed to reach the European Union. In the end, they told us a lot of informative stories about the border even though we were simply researchers. However, we felt like we had obtained research data fraudulently. Like Sule Tomkinson, we had offered information in advance but failed to make our participants comprehend our position and to ensure people understood our intentions. On the one hand, we learned that further consideration should be given to training mediators. But most importantly, we learned that the development of different impression scenarios regarding expectations of interviewees may be an option to sensitise oneself to such situations.

- **In the Name of the Greater Good: Pretending the False, to get the Truth?**

Our second example reflects on the fact that qualitative research highly depends on the ability to establish contacts. Under the auspices of a research project about the extra-territorial engagement of the EU, we conducted qualitative interviews and participatory observation in 2012 in Belarus. With regard to this specific geographic context, Thomas Steger concludes that "[...] mediators (e.g. local academic colleagues) can play an important role in finding the right contacts to be approached at the right moment" (Steger 2004, p. 34). Based on his experiences, we chose to rely on mediators regarding the organisation of contacts and conversations.

We met with representatives of the Belarus Red Cross who are an implementing partner of the United Nations High Commissioner for Refugees (UNHCR) and were, therefore, in charge of supporting asylum seekers to gain access to the Belarusian asylum procedures (e.g. with the help of legal advice, humanitarian and social help etc.) (see Belarus Red Cross). Besides interviewing the staff of the Belarus Red Cross, we also aimed at visiting a temporary stay centre for asylum seekers which is guarded by the Belarusian border police and is not open to the public. When asking prior interviewees whether we would be able to visit this centre, they all answered: "No, it is not allowed." Yet to our surprise, our respondent Olga from the local office of Belarus Red Cross in Brest agreed to arrange a visit for us.

The day after our initial conversation, we met with Olga in front of her office. We were grateful that she had organised a car and a driver to bring us to the temporary stay centre located outside of Brest. On our way to the centre, Olga asked us not to tell anyone in the centre that we were researchers. Instead, she admitted having told the border guards that we were representatives of the European Commission and we were doing some kind of monitoring of EU-funded projects. This unexpected situation led to a dilemma: Of course we wanted to visit this centre which seemed to be so far out of reach and naturally we were also thankful to Olga and the efforts she had made but on the other hand we did not want to work secretly without informed consent.

What were our options in this situation? Option A: We could have asked the driver to bring us back to town and simply cancel the visit which probably would have offended Olga. Option B: Upon arrival at the centre, we could have introduced ourselves and the aim of our visit and study correctly. This option would not only have insulted Olga but without a doubt would have effectively destroyed our relationship and even worsened her relationship with the state officials—who are her daily cooperation partners. Finally, what happened was option C: We arrived at the centre and no one asked us who we were and what we were doing. We visited the centre and we left without any interaction with the border guards at all.

The situation did not lead to any moments of announcement or clarification. Consequently, we had no choice to react or explain and stayed passive as there was no direct contact to the border guards at all. But in case there had been interaction, would we have told the guards in front of Olga that she had consciously lied about our professional background? Without doubt, Olga's decision to lie about our background and the aim of our visit contradicts the principles of informed consent and led to deception. Notwithstanding this, should we not understand Olga as a local mediator knowing the practices and power relations on-site, leading her to deliberately decide to change our identity, most likely for a good purpose? All in all, she is the insider and she established the contacts as she deems appropriate, so why should we not trust her assessment and decision?

From our perspective, the biggest mistake we made in that situation was that we did not ask Olga about her motivation for lying to the border guards about our real intentions and denying them the possibility to give or withdraw (informed) consent. A discussion with Olga about her behaviour would have been a significant part of the study in general and would have provided new insights in the research setting as well.

■ Expectations Beyond Just Doing the Research

Our third example demonstrates that sometimes—despite all efforts—the researcher is nevertheless assigned with an extra function—a double role—by the interviewees as they link their participation in the research project to their own interests and hopes. Although the researcher intends to ensure informed consent and to explain his or her role as a researcher, the participants may nevertheless attach hidden and unspoken desires and wishes regarding their involvement.

This was the case when we conducted interviews with refugees and asylum seekers in Belarus. At the beginning of the conversations, we informed the respondents about the project's goal, methods, funding, impact and outcome. All respondents agreed to participate and we conducted the interviews as planned. After finishing one particular conversation, several participants, out of the blue, asked us whether we could provide a visa for them to leave Belarus and to enter Germany. This was an understandable and very reasonable question, especially as one of the topics of our talk was the low living standard and poor conditions of refugees and asylum seekers in Belarus. Nonetheless, we could not help them in this respect. It is clear that the participants hoped to realise their wish, namely to leave Belarus. Being directly asked about help may create uncomfortable situations for the researchers as their knowledge and resources are also limited. Consequently, interviewers might prepare themselves for open requests and wishes asked by the respondents especially while researching vulnerable groups. Sometimes it is already a great support if the researcher can assist establishing contacts between the interviewee and local authorities or NGOs working in this field or with a particular group.

The question to be asked is whether the interviewees would have participated if it were just for our research interest? This, of course, concerns any interview and it is almost impossible to predict the often unspoken expectations of respondents, whether it is a politician, a school teacher or a waitress. However, while researching marginalised and vulnerable groups, the researcher needs to reflect on what personal implications and hopes may be raised by the respondents due to their participation.

In a nutshell, informed consent aims to establish a transparent and equal relationship between researchers and those researched. But in fact—while doing fieldwork—respondents may nevertheless link certain hopes and aspirations to the fact that they agreed to participate, leading to the conclusion that asymmetric power relations may persist despite any formal agreement and full transparency, and thus must be taken into account. Depending on the context, informed consent could rather be established by asking the respondents questions about the actual research situation: What do you think, why we are conducting this research? Why are you participating? How do you feel about taking part in this research? What came to mind when we first contacted you for an interview?

- **Discussion**

While carrying out research in Eastern Europe, foreign researchers may face specific social-political and economic conditions. Anna Soulsby highlights that in post-communist countries "[...] there is still a residue of secrecy and suspicion about the motives of researchers" (Soulsby 2004, p. 46). This attitude may originate from past strategies of exclusion and limitation of qualitative research by the Soviet Union's administration towards foreign researchers: "While certain countries of eastern Europe—notably Poland, Romania, and Yugoslavia—allowed foreigners to conduct field research, the Soviet Union was relatively inhospitable to anthropologists and other fieldworkers." (Barsegian 2000, p. 120). During our research project on the effects of the European Union's extra-territorial engagement in Ukraine, this was mirrored by the fact that we were asked—with a smile, more than once—if we were spies of the German Government. Given this historically specific context, Nora Dudwick and Hermine G. De Soto (2000) state that the "socialist past [...] plays a decisive role in the everyday life, social relationships, and cultural practices of postsocialist societies" which affects especially interpersonal relationships which are "[...] based on strong demarcations between trusted 'insiders' and distrusted 'outsiders'" (Dudwick und De Soto 2000, p. 4).

To sum up, conducting fieldwork as researchers from abroad and entering the research setting is accompanied by a number of difficulties. One strategy in order to decrease the gap between the local subjects and the researcher as an outsider is a cooperation in a binational research team with a local research assistant (see Zichner et al. 2014, p. 294). The local temporary assistant gains a double function: "As a collaborator he/she is included in the research project and as a member of the society of the countries he/she is also part of the research field being described" (Zichner et al. 2014, p. 295). Qualitative research highly depends on the ability of how to establish contacts. As demonstrated in the first example, working together with field assistants can cause uncertainty if precise descriptions for the project's aim were not agreed on or were not followed. This may interfere with practices of informed consent due to researchers not being able to rely on the assumption that participants have all information. This is even more crucial in the second example as the participatory observation of a detention camp would not have been possible at all without the help of a gatekeeper and her lie about the purpose of the visit. Here, possible implications resulting from the cooperation with gatekeepers should be reflected before and during the research process. Under certain circumstances, irritations and disagreements may be openly addressed by the researcher as they are a significant parts of the research to be included. Additionally and despite all efforts to implement informed consent as e.g. in the third example, existing asymmetric power relations between researchers and those researched may influence the motivation to participate. The third example illustrates that although informed consent is given by the respondents other aspects may nevertheless intersect the interaction between both parties: may it be the desire for new contacts, help in own matters or simply the prospect of reasonable compensation for their participation which motivates their participation.

Our examples show multiple practical aspects of fieldwork that provide insights into how and why practices of informed consent cannot be applied schematically. Firstly, field workers do not have complete control over their research setting; they face unforeseen events which may cause unintended results of the study. Overcoming such obstacles entails the need to be aware of the dynamics between researchers, researched, and e.g. mediators. Sometimes, this means making important ethical decisions spontaneously. Sometimes, this means that certain misinterpretations have to be tolerated. And sometimes, this means that research—under certain circumstances—has to be aborted. Secondly, the success of field work highly depends on creating rapport. Informed consent should allow building an equal, balanced, and cooperative partnership between researchers and the researched. However, socio-economic gaps, for instance, between both parties may complicate field work due to asymmetric power relations that influence the voluntary consent to participate. Expectations may arise from both sides—a topic that has to be approached with care. Thirdly, field researchers are highly dependent on gatekeepers who could either support their study by e.g. recommending other respondents or who could deny access to their network, resources and even concrete field sites etc. The dependence on these gatekeepers can result in having to accept certain irritations, and having to define criteria for acceptable irritations beforehand. There may even be cases in which the abandonment of the cooperation with gatekeepers or of the research in general is sometimes the only way researchers may circumvent un-informed consent and thus regain control over their research and field studies.

We call for a transparent and critical reflection on the fact that it is normal that researchers have to continuously navigate different ascriptions and positions in field work. Given that field workers often dive into social contexts not completely known to them, it is inevitable that this involves planned as well as spontaneous decisions and may entail moments of failure, irritation and mis(re)presentation.

Achieving informed consent does not prevent such shallows, yet may lead us to alter our notion thereof. It is, first, a tool to ensure critical reflection while conducting field studies. Second, it is a method of gaining voluntary consent from those being researched. And third, it is a principle guiding us through the whole course of our projects, appealing for remaining sensitised towards ethical aspects in every stage of research. All examples highlight that informed consent is a continuous process during field studies, often out of complete control of the researcher.

Here, impression management aims to actively influence the process of representation and building up rapport with respondents whereas it is the researcher's responsibility to ensure this process does not slip off towards deception. This requires continued awareness with regard to ethically important key moments that may or may not harm our respondents, or our future prospects for conducting research.

2.5 Conclusion

During fieldwork and qualitative research methods, a myriad of decisions have to be made, most of them having ethical implications. This may include balancing the need for unaltered research data (e.g. behaviour, statements) while preserving the respondents' rights to have full knowledge about what is done to them and written about them. This is rooted in e.g. the paradigm of transparency regarding the research project's goal, conditions and the expected outcome. However, our empirical examples illustrate that, in fact, this relationship is nevertheless prone to the shoals of social interaction. On the one hand, local mediators may actively interfere in the research process. On the other hand and despite all efforts to ensure transparency divergent expectations, ascriptions and persisting unequal power relations may influence the possibility of building up rapport. We identified a continuous demand for the researcher to reflect on the situations' dynamics and his/her role therein. Adequate ethical responses have to be pondered given that misunderstandings and uncertainties cannot be fully avoided and consequently should rather be seen as an integral part of the research project. Nevertheless, their presence and influence on the course of research has to be explicated.

Impression management as a logic of modulating one's behaviour to solve the downsides of interactive methods that create an "unnatural social situation, introduced by a researcher, for the purpose of polite interrogation" (Kellehear 1996, p. 98) can thus be seen as a tool for and dilemma of field work: It is essential to understand and approach the complexities of social interactions, yet it has to be carefully executed and reflected. Its relevance arising from the premise to (a) do research openly, (b) do no harm to those researched, but (c) avoid to alter empirical data based on the researchers' presence in the field. We cannot hide from the fact that the extent to which we modulate our demeanour or appearance requires, firstly, constant reflection on whether a specific modulation is unacceptable. Secondly, we need to incorporate such reflections into our analyses, as they condition the outcomes of our research. Such individual learning processes can, thirdly, be complemented by institutional learning processes if information about the researchers' concrete behaviour in the field are included in publications and peer review processes, serving what Guillemin and Gillam (2004) termed, the sensitisation of researchers for ethics in practice.

Concluding our example told in the prologue, Folke, finally, was fired when the project manager realised that not only he had made friends with Isaac, but rather Isaac filled in some of the observation sheets himself while Folke was curing a cold. Anticipating the sacking, Isaac invited Folke to stay over Christmas; he, however, had to bring back the mobile home to Sweden. When returning to Isaac's home, Folke's new friend had passed away. The last shot shows the former observer at the place of his former respondent, and two mugs on the table for an unexpected visitor.

References

Aagaard-Hansen J, Johansen MV (2008) Research ethics across disciplines. Anthropol Today 24(3):15–19

American Anthropological Association (AAA) (2012) Principles of professional responsibility. ▶ http://ethics.americananthro.org/category/statement/. Accessed 20 Oct 2016

Association of Social Anthropologists of the UK and the Commonwealth (ASA) (1999) Ethical guidelines for good research practice. ▶ http://www.theasa.org/downloads/ethics/Ethical_guidelines.pdf. Accessed 20 Oct 2016

Barsegian I (2000) When text becomes field. Fieldwork in "Transitional" societies. In: De Soto HG, Dudwick N (eds): Fieldwork dilemmas. Anthropologists in postsocialist states. Univ. of Wisconsin Press, Madison, p 119–129

Belarus Red Cross: Projects Sotsialnaya i meditsinskaya pomoshh bezhentsam i litsam ishhushhim ubezhishha v belarusi. ▶ http://redcross.by/1-sotsialnaya-i-meditsinskaya-pomoshh-bezhentsam-i-litsam-ishhushhim-ubezhishha-v-belarusi/. Accessed 7 Nov 2016

Bell K (2014) Resisting commensurability. Against informed consent as an anthropological virtue. Am Anthropol 116(3):511–522

Berreman G (1962/2012) Behind many masks: ethnography and impression management. In: Robben ACGM, Sluka JA (eds) Ethnographic fieldwork. An Anthropological Reader, Malden, p 153–174

Coffey A (1999) The ethnographic self. Fieldwork and the representation of identity. Sage, London

Corrigan O (2003) Empty ethics. The problem with informed consent. Soc Heal Illn 25(3):768–792

DFG (2013) Vorschläge zur Sicherung guter wissenschaftlicher Praxis/Proposals for Safeguarding Good Scientific Practice. Denkschrift/Memorandum. Wiley-VCH, Weinheim

Dudwick N, De Soto HG (2000) Introduction. In: De Soto HG, Dudwick N (eds) Fieldwork dilemmas. Anthropologists in postsocialist states. Univ. of Wisconsin Press, Madison, p 3–8

Fujii LA (2012) Research ethics 101. Dilemmas and responsibilities. PS Political Sci Politics 45(4):717–723

German Sociological Association (GSA) (2014) Ethik-Kodex der Deutschen Gesellschaft für Soziologie (DGS) und des Berufsverbandes Deutscher Soziologinnen und Soziologen (BDS). ▶ http://www.soziologie.de/fileadmin/_migrated/content_uploads/Ethik-Kodex_2014-06-14.pdf. Accessed 21 Oct 2016

Gobo G (2008) Doing ethnography. Sage, London

Goffman E (1959) The presentation of self in everyday life. Anchor, New York

Goffman P (1989) On Fieldwork. Jour Cont Ethnogr 18(2):123–132

Guillemin M, Gillam L (2004) Ethics, reflexivity, and "Ethically Important Moments" in research. Qual Inq 10(2):261–280

Happ D, Bruns B, Miggelbrink J (2018) Der Datenträger im Brillenetui. Feldforschung in autoritären Staaten. In: Meyer F, Miggelbrink J, Beurskens K (eds): Ins Feld und zurück. Praktische Probleme qualitativer Forschung in der Sozialgeographie. Springer VS, Wiesbaden (im Druck)

Harper I, Corsín Jiménez A (2005) Towards interactive professional ethics. Anthropol Today 21(6):10–12

Jacob M, Riles A (2007) The new bureaucracies of virtue: introduction. Polit Legal Anthropol Rev 30(2):181–191

Kawulich B B (2005) Participant observation as a data collection method. Forum Qual Soc Res 6(2) (Art. 43)

Kellehear A (1996) Unobtrusive methods in delicate situations. In: Daly J (ed) Ethical intersections. Health research, methods and researcher responsibility. Allen & Unwin, Sydney, p 97–105

Kelly A (2003) Research and the subject. The practice of informed consent. Assoc Polit Legal Anthropol 26:182–195

Linnekin J (1998) Family and other uncontrollables. Impression management in accompanied field-work. In: Flinn J, Marshall LB, Armstrong J (eds) Fieldwork and families: constructing new models for ethnographic research. University of Hawaii Press, Honululu, p 71–83

Miggelbrink J (2014) Crossing lines, crossed by lines. Everyday practices and local border traffic in Schengen regulated Borderlands. In: Jones R, Johnson C (eds) Placing the border in everyday life. Ashgate, Burlington, p 137–166

Miggelbrink J, Meyer F (2015) Lost in complexity? Decisions in research on the social constructions of peripherality. In: Lang T, Henn S, Ehrlich K, Sgibnev W (eds) New geographies of Central and Eastern Europe. Socio-Spatial polarization and peripheralization in a rapidly changing region. Basingstoke, Palgrave, p 62–79

Miller T, Boulton M (2007) Changing constructions of informed consent. Qualitative research and complex social worlds. Soc Sci Med 65(11):2199–2211

Mintz SW (1963) Book review "Behind many masks: Ethnography and impression management in a himalayan village. Gerald D. Berreman". Am Anthropol 65(6):1362–1363

Orb A, Eisenhauer L, Wynaden D (2001) Ethics in qualitative research. Journal Nurs Scholarsh 33(1):93–96

Roth W-M (2004) Ethics as social practice: introducing the debate on qualitative research and ethics [22 paragraphs]. Forum Qual Soc Res (Forum Qualitative Sozialforschung) 6(1) (Art. 9), ▶ http://nbn-resolving.de/urn:nbn:de:0114-fqs050195

Shannon J (2007) Informed consent. Documenting the intersection of bureaucratic regulation and ethnographic practice. Assoc Polit Legal Anthropol 30:229–248

Soulsby A (2004) Who is observing whom? Fieldwork roles and ambiguities in organisational case study research. In: Clark E, Michailova S (eds) Fieldwork in transforming societies. Understanding methodology from experience. Palgrave Macmillan, New York, p 39–56

Steger T (2004) Identities, roles and qualitative research in Central and Eastern Europe. In: Clark E, Michailova S (eds) Fieldwork in transforming societies. Understanding methodology from experience. Palgrave Macmillan, New York, p 19–38

Swazo NK (2005) Research integrity and rights of indigenous peoples: appropriating Foucault's approach of knowledge/power. Stud Hist Philos Biol Biomed Sci 36(3):568–584

Thorne B (1980) "You Still Takin' Notes?" Fieldwork and problems of informed consent. Soc Probl 27(3):284–297

Tomkinson S (2015) Doing fieldwork on state organizations in democratic setting. ethical issues of research in refugee decision making. Forum Qual Soc Res 16(1) (Art. 6)

Valentine G (2003) Geography and ethics: in pursuit of social justice—ethics and emotions in geographies of health and disability research. Prog Hum Geogr 27(3):375–380

Weindling P (2006) Nazi medicine and the nuremberg trials. From medical war crimes to informed consent. Palgrave Macmillian, Basingstoke

Westoby R, Mcnamara KE (2013) The challenges of doing development research consulting in the pacific: from pre-departure to fieldwork and back in the office. Development 56(3):363–369

Zichner H, Happ D, Bruns B (2014) Dealing with "lived experience". Benefits and Limitations. Erdkunde 68:289–300

Positionalität in Forschungsprozessen

Eine (selbst-)reflexive Beobachtung

Fabienne Kaufmann

© Springer-Verlag GmbH Deutschland, ein Teil von Springer Nature 2018
J. Wintzer (Hrsg.), *Sozialraum erforschen: Qualitative Methoden in der Geographie*,
https://doi.org/10.1007/978-3-662-56277-2_3

3.1 Einleitung: Arbeiten mit Satellitendaten

» Bern, Herbst 2014: Ich entscheide mich für eine Masterarbeit, im Zuge derer ich Bodenbedeckungs- und Landnutzungskarten für Kenia erstelle. Dies gibt mir die Möglichkeit, Satellitendaten zu analysieren. Außerdem erhoffe ich mir durch den faszinierenden und abenteuerlich klingenden Feldaufenthalt einen erleichterten Einstieg in die Entwicklungszusammenarbeit.

Kenia, März 2015: Ein Gefühl der gegenseitigen Ausgrenzung prägt mein tägliches Leben in Kenia. Der Austausch mit der lokalen Bevölkerung beschränkt sich auf gegenseitiges Beobachten. Die Lücke zwischen ‚uns' und den ‚Anderen' wird durch unser Verhalten und den Möglichkeiten, die wir haben, täglich reproduziert. Wir erkunden mit dem Auto die Gegend, machen Bilder von Siedlungen, Personen und der Natur und kartieren diese mit unserem GPS. Wir heuern Personen zur Begleitung und zum Schutz an, wohnen in bewachten Orten und treiben Sport in einem eingezäunten Golf-Club.

Kenia, Mai 2015: Auch nach drei Monaten begleiten uns die Nachbarskinder mit den Worten ‚Mzungu, Mzungu' – ein Begriff, der sich auf unsere weiße Haut bezieht. Ich habe Angst, dass ich diese gegenseitige Distanzierung zwischen den ‚Anderen' und ‚uns' auch in meiner Masterarbeit konstant reproduziere.

Bern, September 2015: Ich zweifle an meinem ursprünglichen Ziel der Masterarbeit. Im Feld wurde ich mehrmals darauf aufmerksam gemacht, dass ich keine Bilder von privaten Grundstücken machen soll. Insbesondere nicht, wenn diese zu Regierungszwecken genutzt werden könnten. Ich habe diese Bitte respektiert. Doch nun soll ich von meinem Arbeitsplatz aus mit Satellitendaten arbeiten, die genau jene Grundstücke zeigen. Ich soll mit diesen Daten arbeiten ohne das Wissen der betroffenen Personen. Ich frage mich: Welche Legitimation habe ich, über diese Daten zu verfügen und diese zu wissenschaftlichen Zwecken zu benutzen? (Feldtagebucheinträge Fabienne Kaufmann, Masterstudentin Geographie).

Meine Masterarbeit zielte auf die Erstellung eines Klassifizierungsansatzes für die Landnutzung und Bodenbedeckung eines Einzugsgebietes in Kenia auf der Grundlage von Satellitenbildern von Landsat 8. Der Forschungsprozess erfolgte in drei Schritten: 1) Feldaufenthalt zur Kartierung von Grundlagendaten, 2) Aneignung und Analyse von Satellitendaten und 3) Erstellung einer Landnutzungs- und Bodenbedeckungskarte. Wie die Einträge meines Feldtagesbuches zeigen, bemerkte ich während des Feldaufenthaltes, dass ich als europäische Forscherin andere historisch gewachsene Privilegien und materielle Möglichkeiten hatte als ein großer Teil der lokalen Bevölkerung. Für Gayatri Chakovorty Spivak (2009) sind diese hegemonialen Machtbeziehungen von Forschungsprozessen allgegenwärtig und es bedarf sensibler methodologischer Herangehensweisen, kontinuierlicher Positionierungen durch Selbstreflexion und der Reflexion des Forschungsprozesses, um sie zu minimieren.

3.2 Theorie: Wissensgenerierung und Machtreproduktion

Die zunehmende Entwicklung neuer Satellitentechnologien zur Erhebung von Daten ermöglicht Forschung ohne die räumliche Anwesenheit der forschenden Person. Bereits die Bezeichnung *Fernerkundung* verweist auf die Abwesenheit der Forschenden im Feld. Wolfgang Sachs (1994, S. 319) beschreibt sie treffend als eine Beobachtungsform, welche sich durch „Abreise, Entfernung, Exzentrizität" definiert im Gegensatz zu „Hingehen, Dabeisein, Teilnahme und Mitarbeit". In Bezug auf Satelliten spricht er von „Himmelsspione[n]" (Sachs 1994, S. 326). Diese Metapher erscheint angemessen für Methoden, die unsichtbar sind und die für die lokale Bevölkerung oft unbekannte Ziele für unbekannte Zwecke verfolgen, kontrolliert durch unbekannte Institutionen.

Kritische Auseinandersetzungen mit Fernerkundungsmethoden beziehen sich häufig auf Michel Foucaults (1993) Konzept des Panoptismus[1]. Dieses ist eine Weiterentwicklung von Jeremy Benthams (1843) Panopticon, das als Gefängnis die Massenüberwachung durch eine oder wenige Personen ermöglicht. Foucaults Fortführung verweist auf die Überwachung in (staatlichen) Institutionen wie Fabriken, Schulen oder Krankhäusern. Institutionelle Kontrolle wird dabei durch eine Selbst-Disziplinierung der Individuen ermöglicht. Das heißt, schon die Möglichkeit zur Überwachung führt zu veränderten Handlungen der Individuen.

Für die Analyse von Satellitendaten und deren Implikationen von Machtbeziehungen greift Foucault jedoch zu kurz, weil durch die Abwesenheit der Forschenden nicht alle Individuen Zugang zum Wissen über die potenzielle Beobachtung haben und somit keine Selbst-Disziplinierung stattfindet. Im Kontext der globalen Satellitendatenerhebung und -analyse entstehen Machtbeziehungen nicht durch den direkten Kontakt von Personen. Ganz im Gegenteil sind sie Folge historischer Machtbeziehungen durch Kolonialismus sowie aktueller Ungleichheiten durch die wirtschaftliche und auch wissenschaftliche Vormachtstellung der Industriestaaten.

Darüber hinaus (re-)produziert mein Feldaufenthalt Machtbeziehungen durch den unreflektierten Gebrauch historisch gewachsener Privilegien. Auch diese haben ihren Ursprung im transnationalen Netzwerk geprägt durch Kolonialismus und Kapitalismus. Daraus folgernd beschäftige ich mich mit der kritischen Kartographie, die es ermöglicht den Prozess der Kartenerstellung unter Berücksichtigung sozialer Ungleichheiten zu betrachten. Zudem bedarf es des sensiblen Umgangs mit historisch gewachsenen Privilegien. Postkoloniale Theorien eignen sich, um wissenschaftliche Arbeiten im Hinblick auf ungleiche Machtbeziehungen zu analysieren.

■ **Kritische Kartographie**
John B. Harley (1988, 1989, 1990) stellt die Objektivität von Karten infrage, indem er sie als subjektive Perspektive von kartenproduzierenden Personen auf die Welt versteht (Harley 1988, S. 65). Er betont, dass Kartographie eine Wissensform ist und

---

1 Zum Beispiel Marc Armstrong und Amy Ruggles (2005), David Wood (2003, 2007), Stuart Elden (2003), Martin Dodge und Chris Perkins (2009), Paul Kingsbury und John Paul Jones III (2009).

dazu führt, Wissen einerseits zu ermöglichen und andererseits zu begrenzen, da eine Karte nicht immer alle Informationen über die Welt enthalten kann. In *Deconstructing the map* (1989) untersucht Harley die Rolle dieser Auswahlprozesse von Informationen für die Kartenproduktion und kommt zu der Erkenntnis, dass Karten Weltbilder widerspiegeln von den Personen, die sie erstellen, und somit machtvolle Instrumente der Wissensvermittlung sind.

Harley unterscheidet zwei Typen von Macht: Unter externer Macht sind institutionelle und staatliche Einflüsse zu nennen. Als interne Macht identifiziert er alle technischen Prozesse, die die Kartenproduktion beinhaltet. In *Cartography, Ethics and Social Theory* plädiert Harley (1990, S. 2) für die Auseinandersetzung mit Karten im Hinblick auf soziale Fragen. Er hebt die soziale Relevanz des Karteninhalts sowie die Technologie der Kartenproduktion als Teil der Kartographie hervor. Harley beendet seine Argumentation mit der Forderung, dass Kartenerstellende die Ethik ihrer Repräsentation berücksichtigen müssen und ihre machtvolle Rolle für die Durchsetzung von Wissen bei der Kartenherstellung nicht unterschätzt werden darf.

Darüber hinaus formuliert Jeremy W. Crampton die These, dass Karten sozial konstruiert sind. Die Entwicklung der Kartographie beschreibt er als geprägt von einem „epistemic break' between a model of cartography as a communication system, and one in which it is seen in a field of power relations" (Crampton 2001, S. 235). Er kritisiert Harleys Unterteilung von externer und interner Macht. In Anlehnung an Michel Foucault ist Macht für Crampton allgegenwärtig. Er schlägt vor, Karten innerhalb ihrer sozialen Machtbeziehungen zu betrachten, ohne Karten aufgrund wissenschaftlicher *Objektivität* einen anderen Stellenwert zuzuschreiben. Diese Betrachtungsweise kann auf zeitgenössische Technologien angewandt werden. Denn der Zugang zu digitalen Ressourcen und das Wissen über deren Funktionsweisen und Bedienung ist machtvoll, aber ungleich verteilt (Crampton 2001, S. 242 f.). Zusätzlich schlägt Crampton vor Machtdiskurse historisch aufzuarbeiten, das heißt zu zeigen, wie Karten entstanden sind, und welche strategischen Ziele sie verfolg(t)en (Crampton 2001, S. 243). Dieser Zugang ist für die Analyse von Satellitendaten hilfreich, da Prozesse der Kartenerstellung unter Berücksichtigung sozialer Ungleichheiten betrachtet werden können.

■ **Postkoloniale Theorien**

Nikita Dhawan und María do Mar Castro Varela (2005) definieren Postkolonialismus als eine hierarchiekritische Denkrichtung, die durch marxistische und poststrukturalistische Ansätze beeinflusst ist. Betont wird ein breites Verständnis von (post-)kolonialer Ausbeutung, das über die materielle Annektierung durch die klassischen Kolonialstaaten hinausgeht. Stuart Hall (2002) knüpft an und versteht unter Postkolonialismus einerseits ein System von Fremdregierung und Ausbeutung, andererseits ein System epistemischer Machtbeziehungen. In Bezug auf wissenschaftliche(s) Arbeiten ist dies vielversprechend, da das Ziel der Wissenschaft Erkenntnisgenerierung ist. Wenn also Wissen über Distanz generiert wird, wie mit Fernerkundungsmethoden möglich, bieten postkoloniale Theorien einen Zugang wissenschaftliche Praktiken zu analysieren.

Die Abgrenzung zwischen *Wissenden* und *Nichtwissenden,* zwischen *Forschenden* und *Beforschten,* zwischen *europäischen Wissenschaftler_innen* der *lokalen Bevölkerung* erfolgt unbewusst während des Arbeitsprozesses; insbesondere während des Feldaufenthaltes. Diese Abgrenzungen führen zu einer Reproduktion und Manifestierung asymmetrischer Machbeziehungen. Edward Saids Verständnis von *Othering* erklärt, wie eine essentialistische Sicht auf Kultur immer mit Abgrenzung verbunden ist; sie erfolgt mittels Differenzierung zu *Anderen* (Said 1978, zit. in Dhawan und do Mar Castro Varela 2005). Eine konstante Betonung dieser Unterschiede erschafft eine Barriere, die die Dekonstruktion hegemonialer Machtbeziehungen verunmöglicht.

Für mich ist es wichtig, Strategien zu finden, hegemoniale Machtstrukturen zu erkennen und zu destabilisieren. Wichtig ist, dass auch die ländliche Bevölkerung in den Prozess der Wissensgenerierung einbezogen wird. Spivak führt den Begriff der Subalternen ein. Ursprünglich benutzt vom Marxisten Antonio Gramsci, um von der italienischen ländlichen Bevölkerung ohne Klassenbewusstsein zu sprechen (Dhawan und do Mar Castro Varela 2005), verwendet Spivak den Begriff, um Personen oder Bevölkerungsgruppen zu beschreiben, die keine Möglichkeit haben, ihre Stimme hörbar zu machen. Sie betont dabei, dass postkoloniale Intellektuelle nicht die wirklichen Subalternen sind. Subalterne sind jene Personen, die unter mehrfachen Herrschaftsformen stehen. Sie bezieht sich auf die sich häufig entwickelnden neuen nationalen Eliten nach der Kolonialzeit, die wiederum einen Teil der Bevölkerung – häufig Frauen und die ländliche Bevölkerung – in einer benachteiligten Position belässt.

In Bezug auf wissenschaftliches Arbeiten betont Kaltmeier (2012) die Bedeutung der Konstellation zwischen Forschenden und der lokalen Bevölkerung. Dabei fokussiert er auf die Interaktion im Feld und schlägt vor, Wissenschaft nicht als *Sprechen für* oder *über die Anderen* zu verstehen, sondern als *Sprechen mit*. Konkret empfiehlt er eine Ko-Präsenz während des Feldaufenthaltes, um Privilegien zu verlernen. Dieser Vorschlag basiert auf Spivaks *unlearning one's privilege as a loss,* eine Art, die Dichotomie zwischen den *Anderen* und *Uns* zu dekonstruieren (1990). Das Konzept fordert, sich über die eigenen Vorurteile und Einstellungen bewusst zu werden, als eine Voraussetzung, um die simple Reproduktion dieser Voreinstellungen und Meinungen zu überwinden.

Sebastian Conrad und Shalini Randeria (2002, S. 17) schlagen das Konzept der *geteilten Geschichte* vor, um historisch gewachsene Ungleichheiten und gegenseitige Beziehungen betrachten zu können. Die doppelte Bedeutung von *geteilt* verstehen einerseits als die Verwobenheit und kulturelle Komplexität durch Kolonialismus und Kapitalismus. Andererseits beschreiben sie damit die Konsequenz von Kolonialismus und Kapitalismus als eine Form der Ausbeutung und (Re-)Produktion sozialer Differenzen wie auch die (Re-)Produktion asymmetrischer Machtbeziehungen.

3.3 Methode: Selbstreflexive Beobachtung

▪ **Eigene Forschungspraktiken beschreiben**

Steve Woolgar und Bruno Latours *Laboratory Life* wird als Gründungstext der Science and Technology Studies (STS) gelesen, die sich als interdisziplinäres Feld etabliert haben. STS basieren auf drei Prinzipien: 1) Wissenschaft wird als sozialer Prozess verstanden, 2) Technologie ist verknüpft mit Gesellschaft und 3) Technologie und Wissenschaft stehen in Beziehung zueinander (Castree et al. 2013). Der Fokus von

3

Woolgar und Latour liegt auf der Forschungspraxis und damit auf den nachvollziehbaren Handlungen der Forschenden. Dies ist vielversprechend für die Analyse meiner eigenen Forschungspraktiken. Die Grundlage von *Laboratory Life* ist eine teilnehmende Beobachtung die Bruno Latour zwischen 1975 und 1977 in einem Labor durchführte. Obwohl meine methodologische Herangehensweise derjenigen Latours sehr ähnelt, unterscheidet sie sich in zwei wichtigen Aspekten:

1. Zeitliche Distanz: Latour startete seine Analyse und den Schreibprozess „soon after initial participation" (Woolgar und Latour 1986, S. 40). In meinem Fall startet die Analyse ein halbes Jahr nach dem Beginn der Feldarbeit. Aus diesem Grund werden die Forschungspraxis sowie die Wissensproduktion basierend auf Erinnerungen analysiert anstelle der direkten teilnehmenden Beobachtung. Diese Erinnerungen sind durch Theorien beeinflusst, die ich bis zu diesem Zeitpunkt gelesen habe. Deswegen sind diese Erinnerungen mehr (Selbst-)Reflexionen als Beobachtungen aus der Perspektive dieser Theorien (hauptsächlich postkoloniale Studien und kritische Kartographie). Auch für Latour waren „the reflexions of the observer […] on his work as a technician in the laboratory" (Woolgar und Latour 1986, S. 40) eine Datenquelle. Allerdings hat er diese Reflexionen *in situ* aufgeschrieben und nicht mit zeitlicher und örtlicher Distanz.
2. Der zweite wichtige Unterschied meiner Beobachtung ist das *Forschungsobjekt*: Latour interessierte sich für die Forschungspraxis in einem naturwissenschaftlichen Labor. Er partizipierte selbst, aber er blieb der Anthropologe in einer von ihm fremden Umgebung. Im Falle meiner eigenen Forschung ist das *Untersuchungsobjekt* meine eigene Forschungspraxis.

Woolgar und Latour werden dafür kritisiert, die Praktiken des Labors nicht richtig ausgeführt und dementsprechend nicht korrekt nachvollzogen zu haben (Woolgar und Latour 1986, S. 279). Ihre Reaktion ist einerseits die Äußerung des Wunsches, die Unterschiede zwischen den Dazugehörenden und den beobachtenden Fremden zu überwinden: „More is to be gained from being on the spot than from attempting interpretation from a secondary perspective" (Woolgar und Latour 1986, S. 282). Andererseits betonen sie den Vorteil einer gewissen Distanz und einer gewissen Unsicherheit bezüglich der Zusammensetzung der untersuchten Gesellschaft. Denn diese Unsicherheiten zu hinterfragen, schafft neue Perspektiven und kreiert „additional freedom in defining the nature of the laboratory" (Woolgar und Latour 1986, S. 279).

Diese Kritik berücksichtigt, dass die Herausforderung der zeitlichen Distanz wie auch jene der Figuration des eigenen Untersuchungsobjekts gleichzeitig methodische Vorteile darstellen. Denn die Elimination des Unterschiedes zwischen dazugehörenden Forschenden und beobachtenden Fremden erlaubt ein tiefes Verständnis des Forschungsprozesses. Zusätzlich kreiert die zeitliche Distanz eine nötige Unsicherheit, die helfen kann, alltägliche Praxen zu verstehen.

▪ Eigene Forschungspraktiken kontextualisieren

Woolgar und Latour (1986) haben weder die Position des Labors innerhalb einer Universitätsstruktur, eines Staat oder der Gesamtgesellschaft betrachtet (Gintrac 2016; Woolgar und Latour 1986) noch die monetären und institutionellen Rahmenbedingungen in ihre Analyse miteinbezogen. Eine Kontextualisierung ist jedoch von zentraler

Bedeutung, um Gefahren der (Re-)Produktion hegemonialer historischer Machtbeziehungen durch Kolonialismus sowie aktueller Ungleichheiten durch die wirtschaftliche und auch wissenschaftliche Vormachtstellung der großen Industriestaaten aufzuzeigen. Aus diesem Grund kombiniere ich Latours Herangehensweise der Beobachtung mit einer sozialwissenschaftlichen Perspektive von Pierre Bourdieu (1993).

Bourdieu (1993) unterscheidet zwischen wissenschaftlicher Reflexivität und narzisstischer Reflexivität. Letztere beschreibt er als Reflexivität ihrer selbst willen. Für eine wissenschaftliche Reflexivität schlägt er vor: 1) Die sozialen Konditionen der forschenden Person zu beschreiben. Dazu gehören persönliche Meinungen, Einstellungen und Interessen wie auch das Umfeld, in dem die forschende Person aufgewachsen ist. 2) Die Position der forschenden Person innerhalb der Universität zu beschreiben. 3) Versteckte Absichten sichtbar zu machen, die der wissenschaftlichen Arbeit und der forschenden Person innewohnen.

- **Umsetzung**

Die Umsetzung dieses reflektierenden Zugangs besteht aus einer sorgfältigen Beschreibung des Forschungsprozesses in Anlehnung an Latour sowie einer Vervollständigung und Kontextualisierung des Prozesses basierend auf Bourdieus Herangehensweise der wissenschaftlichen Reflexion. Basierend auf Erinnerungen und Bildern habe ich meinen Forschungsprozess beschrieben. Gespräche mit anderen Studentinnen, die gleichzeitig im Feld waren, haben mir geholfen, meine Erinnerungen zu ergänzen und zwischen persönlichen Wahrnehmungen und kollektiven Stimmungen zu differenzieren. Der daraus entstandene Text ist eine subjektive Wiedergabe des Forschungsprozesses der neben der Deskription auch eine Kontextualisierung des Forschungsprozesses enthält.

Basierend auf dieser Dokumentation bilde ich Kategorien, die in a) Datenaneignung, b) Feldaufenthalt, c) Klassifikationsprozess und d) Kartenerstellung zusammengefasst werden. Zusätzlich werden die Theorien (postkoloniale Studien und kritische Kartographie) in ihre Hauptkomponenten zerlegt die ebenfalls zu Gruppen zusammengefasst: a) persönliche Einstellungen, b) Forschungspraxis, c) Repräsentation und d) Privilegien. In einer Operationalisierungstabelle werden die theoretischen Komponenten den Kategorien aus der Dokumentation und (Selbst-)Reflexion gegenübergestellt. Die Tabelle erlaubt es, Beziehungen zwischen der dokumentarischen (Selbst-)Reflexion und den verwendeten theoretischen Grundlagen zu erkennen. Neue Erkenntnisse werden gewonnen, indem jeder Arbeitsschritt aus der Perspektive der Theorie betrachtet wird.

3.4 Resultate: hegemoniale Machtstrukturen überwinden

Auf dieser theoretischen und methodischen Grundlage führe ich aus, wie Macht durch wissenschaftliches Arbeiten (re-)produziert wird. Daraufhin zeige ich, wie eine alternative Forschung mit Satellitendaten in einem postkolonialen Kontext aussehen kann.

- **Persönliche Einstellungen – wachsende Abgrenzung**

Meine persönliche Einstellung änderte sich im Laufe des Forschungsprozesses. Am Anfang des Feldaufenthaltes dominierte die Neugier. Vorurteile, die die lokale Bevölkerung betreffen, waren gering. Während des Feldaufenthaltes habe ich Schwierigkeiten, die die Forschungsarbeit betrafen, sowie Herausforderungen, die mit dem Leben in einem fremden Ort verbunden sind, vermehrt auf kulturelle Differenzen geschoben. Daraus resultierte eine konstante Verstärkung des Kulturdeterminisimus, der sich mit zunehmenden Erfahrungen und Abgrenzungen zwischen den *Anderen* und *Uns* vergrößerte. Dies geschah unbewusst und ohne dabei die Effekte zu erkennen, die dieses Denken provozieren kann. Der Grund für diese Ignoranz liegt darin, dass ein tieferes Verständnis ethischer Überlegungen wie auch potenzielle negative Auswirkungen der Forschung in der Vorbereitung vernachlässigt wurden.

Diese blinde und einseitige Herangehensweise der Datengenerierung in Kenia war problematisch. Aufgrund Kenias kolonialer Vergangenheit ist die (Re-)Produktion früherer Machtungleichheiten gefährlich, da diese Strukturen allgegenwärtig waren und noch immer fortdauern. Aus der theoretischen Perspektive der postkolonialen Theorien ist diese kulturelle Abgrenzung und das damit verwobene *othering* die Grundlage für die Fortführung und (Re-)Produktion hegemonialer Machtbeziehungen. Es ist offensichtlich, dass binäres Denken die Forschung und dementsprechend auch die Ergebnisse und die daraus resultierenden Auswirkungen beeinflusst.

Diese Schlussfolgerung zeigt deutlich den Einfluss der persönlichen Einstellung und die Notwendigkeit, diese konstant zu reflektieren. Das Bewusstsein und der Wille, sich mit kritischen Theorien und Theorien auseinanderzusetzen, die eine (selbst-) reflexive Herangehensweise fordern, sind von großer Bedeutung. Dies ist einerseits eine persönliche Verantwortung jeder forschenden Person. Andererseits ist es die Verantwortung der unterrichtenden Institutionen, die lehren, wie Forschung durchgeführt wird, multiperspektivistische und kritische Theorien involvierend auf soziale Missstände aufmerksam zu machen sowie ethische und moralische Prinzipien der Forschung zu vermitteln.

▪ Forschungspraxis – fehlende Partizipation und Zugang zu Wissen

Forschungspraxis und persönliche Einstellung sind verwoben. Als Konsequenz reduzierte sich die Partizipation während meines Forschungsprozesses auf die Zusammenarbeit mit einer lokalen Forschungsinstitution, die durch die Schweizer Regierung unterstützt wird. Abgesehen davon fanden sehr wenige Kontakte mit der lokalen Bevölkerung statt – sowohl während der Feldexkursionen als auch im täglichen Leben in Kontexten privater Ausflüge.

Partizipation, so Olaf Kaltmeier (2012, S. 34) in Anlehnung an Spivak (1990), ist dringend notwendig, um die Kolonialität und Hegemonie des Wissens zu vermeiden. Forschung ohne Partizipation ist Ausbeutung der Quelle und mit der materiellen Ausbeutung während der Kolonialzeit zu vergleichen (Kaltmeier 2012, S. 30). Für meine Anwesenheit im Feld und meine wissenschaftliche Aufgabe wurde Partizipation nicht eingeplant, ich habe somit genau jene wissenschaftliche Hegemonie reproduziert. Besonders hat die räumliche Distanz der Analyse eine Partizipation verunmöglicht.

Wissen wird im Falle meiner Masterarbeit durch die Analyse von Satellitendaten generiert. Satellitendaten werden in großer Distanz zur Erdoberfläche aufgenommen, meist ohne das Wissen der lokalen Bevölkerung. Die Analyse der Daten wird ebenfalls durch Distanz getätigt. Selbst während des Feldaufenthaltes in Kenia habe ich mittels Remote Desktop auf einem Computer in der Schweiz gearbeitet. Die Aneignung des

Wissens über die Funktionsweise der Analysesoftware war schwierig, obwohl ich den institutionellen Support der Universität hatte.

Wird Harleys (1989) Idee einer internen und externen Macht von Karten berücksichtigt, sind die Kolonialgeschichte Kenias und die fortdauernden Ungleichheiten als extern zu definieren. Jeremy W. Crampton (2001) betont, dass der offene Zugang zu Satellitendaten nicht die einzige Bedingung für Wissensproduktion ist. Zugang zum Wissen über die Analysemöglichkeiten und Funktionsweisen der Programme sowie der Zugang zur benötigten Soft- und Hardware sind weitere Grundvoraussetzungen. Nach meiner Wahrnehmung sind diese Grundvoraussetzungen in ländlichen Gebieten Kenias höchst selten gegeben. Das zeigt erneut, wie ungleich Macht und Wissen verteilt sind. Unter interner Macht versteht Harley (1989) die Macht ausgeübt durch die Kartographie. Jeder Schritt innerhalb der Kartenproduktion beeinflusst die Ergebnisse und demzufolge auch die daraus resultierenden Auswirkungen der Karte.

Eine Alternative zu fehlender Partizipation ist die Ko-Präsenz im Feld. Damit ist nicht nur die Zusammenarbeit mit einer lokalen Forschungsinstitution oder Universität gemeint, sondern eine Kooperation und ein gemeinsamer Alltag. Diese Kooperation soll transdisziplinär sein, um den Subalternen die Möglichkeit zu geben, ihre Stimme zu erheben. Im Fall meiner Masterarbeit sind die Pastoralist_innen sowie Kleinbäuerinnen und -bauern in einer Position, die als subaltern bezeichnet werden kann. Während der Kolonialzeit regierten internationale Mächte die Gebiete, die sie bewohnen. Momentan bilden diejenigen, die viel Eigentum besitzen, sowie städtische Bevölkerungsgruppen mit Zugang zu Infrastruktur die Regierungselite. Sie haben die Möglichkeit, ihre Stimme hörbar zu machen.[2] Es ist wichtig, alle Arbeitsschritte partizipativ zu gestalten, damit die lokalen Personen ihre Bedürfnisse von Anfang an äußern können. Eine Möglichkeit ist, in einer Wohngemeinschaft oder bei einer Familie zu wohnen und Reisen mit öffentlichen Transportmitteln zu machen. Außerdem muss Wissen unter den verschiedenen Beteiligten ausgetauscht, sodass die Daten für alle zugänglich sind.

Nicht nur während des Feldaufenthaltes, sondern auch in der Kartenproduktion bedarf es mehr Partizipation, um historisch gewachsene und noch immer fortdauernde Ungleichheiten herauszufordern. Leila Harris (2015, S. 51) beschreibt „counter-mapping, […] participatory mapping and GIS, as key techniques to unsettle these power geometries and make cartography more available and useful to underserved and marginalized populations". Auch Jeremy W. Crampton und John Krygier (2006) betonen das ermächtigende Potenzial von *open source mapping* und *participatory GIS*. In Bezug auf hochaufgelöste Satellitendaten heben Martin Dodge und Chris Perkins die Rolle der Forschung hervor, um „stablished power relations [herauszufordern] and to effect real change on the ground" (2009, S. 500). Als praktische Umsetzung ist es vorstellbar, Karten im Feld zu produzieren in Zusammenarbeit mit der lokalen Bevölkerung. Wissen kann ausgetauscht und die Resultate können diskutiert werden.

---

2   Diese Ungleichheiten führten kürzlich zu Konflikten. Siehe dafür jüngst erschienene Artikel in The Guardian (z. B.: Burke 2017; Mutiga 2017; The Guardian 2017; Cruise und van der Zee 2017).

- **Privilegien verlernen lernen**

Als weiße Studentin einer schweizerischen Universität hatte ich Privilegien. Ich hatte Zugang zu Orten, finanziellen Ressourcen, Daten und Wissen. Erst nach dem Feldaufenthalt wurde mir der unreflektierte Gebrauch dieser Privilegien bewusst. Wie Harley (Harley J 1989, S. 1) präzise beschreibt: „[...] We are still, willingly or unwillingly, the prisoners of our own past." Meine Masterarbeit zeigt, dass die seit der Kolonialzeit bestehenden ungleichen Machtbeziehungen die Möglichkeiten der lokalen Bevölkerung bis heute einschränken. Spivaks (1990, S. 9) Vorschlag des *unlearning ones privilege as a loss* stellt eine Möglichkeit dar, das hegemoniale System herauszufordern und das *Reden über* durch ein *Reden mit* zu ersetzen. „Eine privilegierte Möglichkeit, die Stimmen und Anliegen von Subalternen sicht- und hörbar zu machen, besteht darin, Bedingungen zu schaffen, unter denen diese für sich selber sprechen können" (Kaltmeier 2012, S. 30). Erste Schritte zu diesen Bedingungen sind: a) das Bewusstsein seiner Position als (privilegierte) forschende Person, b) der Wille, die eigenen Privilegien zu hinterfragen, und c) der Wille, alternative Forschungswege zu suchen – mit dem Ziel, Hierarchie zu verlernen.

Literatur

Armstrong P, Ruggles A (2005) Geographic information technologies and personal privacy. Cartographica: Int J Geogr Inf Geovisualization 40:63–73

Bentham J (1843) The works of Jeremy Bentham. Tait W (Hrsg). ► http://oll.libertyfund.org/titles/1920

Bourdieu P (1993) Narzisstische Reflexivität und Wissenschaftliche Reflexivität. In: Berg E, Fuchs M (Hrsg) Kultur, soziale Praxis, Text. Suhrkamp, Frankfurt a. M., S 365–374

Burke J (2017) Inequality, drought and the deadly fight for precious grazing land in Kenya. The Guardian. ► https://www.theguardian.com/world/2017/may/03/inequality-drought-and-the-deadly-fight-for-precious-grazing-land-in-kenya. Zugegriffen: 10. Mai 2017

Castree N, Kitchin R, Alisdair R (2013) Science and technology studies. A dictionary of human geography. ► http://www.oxfordreference.com/view/10.1093/acref/9780199599868.001.0001/acref-9780199599868-e-1634. Zugegriffen: 12. Apr. 2017

Conrad S, Randeria S (2002) Einleitung. Geteilte Geschichten – Europa in einer Postkolonialen Welt. In: Conrad S, Randeria S (Hrsg) Postkoloniale Perspektiven in den Geschichts- und Kulturwissenschaften. Campus, Frankfurt a. M., S 9–49.

Crampton JW (2001) Maps as social constructions: power, communication and visualization. Prog Hum Geogr 25:235–252

Crampton JW, Krygier J (2006) An introduction to critical cartography. ACME 4:11–33

Cruise A, Zee B van der (2017) Armed Herders invade Kenya's most important wildlife conservancy. The Guardian. ► https://www.theguardian.com/environment/2017/feb/02/armed-herders-elephant-kenya-wildlife-laikipia. Zugegriffen: 10. Mai 2017

Dhawan N, Varela MMC do (2005) Postkoloniale Theorie. Eine kritische Einführung. Transcript, Bielefeld

Dodge M, Perkins C (2009) The „view from Nowhere"? Spatial politics and cultural significance of high-resolution satellite imagery. Geoforum 40:497–501

Elden S (2003) Plague, panopticon, police. Surveille Soc 1:240–253

Foucault M (1993) Überwachen und Strafen. Die Geburt des Gefängnisses. Suhrkamp, Frankfurt a. M.

Gintrac C (2016) Kritische Stadtgeographie – Ein Archipel. Sub\urban. Zeitschrift für kritische Stadtforschung 4:59–82

Hall S (2002) Wann gab es „Das Postkoloniale"? Denken an der Grenze. In: Conrad S, Randeria S (Hrsg) Postkoloniale Perspektiven in den Geschichts- und Kulturwissenschaften. Campus, Frankfurt a. M., S 219–46

Harley JB (1988) Silences and secrecy: the hidden agenda of cartography in early modern Europe. Imago Mundi 40:57–76

Harley JB (1989) Deconstructing the map. Cartographica: Int J Geogr Inf Geovisualization 26:1–20

Harley JB (1990) Cartography, ethics and social theory. Cartographica: Int J Geogr Inf Geovisualization 27:1–23

Harris LM (2015) Deconstructing the map after 25 years: furthering engagements with social theory. Cartographica: Int J Geogr Inf Geovisualization 50:50–53

Kaltmeier O (2012) Methoden dekolonialisieren. Reziprozität und Dialog in der herrschenden Geopolitik des Wissens. In: Kaltmeier O, Berkin SMC (Hrsg) Methoden dekolonialisieren. Eine Werkzeugkiste zur Demokratisierung der Sozial- und Kulturwissenschaften. Westfälisches Dampfboot, Münster, S 18–44

Kingsbury P, Jones JP III (2009) Walter Benjamin's Dionysian adventures on google earth. Geoforum 40:502–513

Murithi M (2017) As Drought sweeps Kenya, herders invade farms and old wounds are reopened. The Guardian. ► https://www.theguardian.com/world/2017/mar/19/kenya-range-war-reopens-colonial-wounds. Zugegriffen: 10. Mai 2017

Sachs W (1994) Satellitenblick. Die Ikone vom blauen Planeten und ihre Folgen für die Wissenschaft. In: Braun I, Joreges B (Hrsg) Technik ohne Grenzen. Suhrkamp, Frankfurt a. M., S 305–346

Said EW (1978) Orientalism. Vintage, New York

Spivak GC (1990) The post-colonial critic. Interviews, strategies, dialogues. Routledge, New York

Spivak GC (2009) Outside in the teaching machine. Routledge, New York

The Guardian. 2017. British ranch owner killed by armed raiders in Kenya. The Guardian. ► https://www.theguardian.com/world/2017/mar/06/british-ranch-owner-killed-by-armed-raiders-during-kenya-land-invasion. Zugegriffen: 10. Mai 2017

Wood D (2003) Editorial. Foucault and Panopticism Revisited. Surveill Soc 1:234–239

Wood D (2007) Beyond the panopticon? Foucault and surveillance studies. In: Crampton JW, Elden S (Hrsg) Space, knowledge and power. Foucault and geography. Aldershot, Ashgate, S 245–263

Woolgar S, Latour B (1986) Laboratory life. The construction of scientific facts. Princeton University Press, Princeton

Grounded Theory und Ethnographie

Inhaltsverzeichnis

„Hinten ist Beverly Hills und hier ist einfach Ghetto, The Bronx"

Grounded Theory im Kontext der narrativen Strukturierung eines Sozialraums

Oliver Dimbath, Michael Ernst-Heidenreich und Matthias Roche

© Springer-Verlag GmbH Deutschland, ein Teil von Springer Nature 2018
J. Wintzer (Hrsg.), *Sozialraum erforschen: Qualitative Methoden in der Geographie*,
https://doi.org/10.1007/978-3-662-56277-2_4

4.1 Einleitung: Forschung in der Trabantenstadt

Das Universitätsviertel der Stadt Augsburg wird in den 1970er- bis 1990er-Jahren als Trabantensiedlung gebaut, um modernen und preisgünstigen Wohnraum in einem Stadtrandbereich zu schaffen. Auf dem Reißbrett entsteht zunächst eine Betonwüste, die noch in der Planungsphase verworfen und teilweise neu zu einem Stadtteil mit gemischter Bausubstanz umgeplant wird. Nicht zuletzt aufgrund des hohen Anteils von Sozialwohnungen wird das Viertel zum bevorzugten Siedlungsgebiet von Einwanderungsgruppen, vorwiegend aus Osteuropa sowie für sogenannte Spätaussiedler und Kontingentflüchtlinge aus der ehemaligen Union der Sozialistischen Sowjetrepubliken (UdSSR). Schnell erwirbt sich das Univiertel einen Ruf als sozialer Brennpunkt, den es bis heute innehat.

Allerdings zeigen unsere empirischen Erkundungen einen deutlichen Kontrast zwischen diesem schlechten Ruf und den Einschätzungen vieler Menschen im Universitätsviertel, die dort gerne leben. Ein und derselbe Sozialraum wird also mit unterschiedlichen Bedeutungen belegt und im Laufe der Projektarbeit erhärtet sich der Eindruck, dass diese Zuschreibungen nicht immer im Zusammenhang mit den eigenen subjektiven Erlebnissen oder historischen Fakten stehen. Immer wieder thematisieren unsere Gesprächspartnerinnen und -partner aus dem Viertel Wahrnehmungsachsen und Quartiersgrenzen als konstitutive Merkmale ihres Stadtteils. Sie bringen filigrane Differenzierungen der Raumwahrnehmung und Raumbewertung zur Sprache. Unweigerlich führt uns das zur Frage, inwieweit die Konstruktion von Quartiersidentität an diesen Narrativen über sozialräumliche Trennlinien orientiert ist.

Um den Eigenheiten des Lebens und Arbeitens im Universitätsviertel auf den Grund zu gehen, greifen wir auf die Verfahrensweise der Grounded Theory-Methodologie zurück. Hier erfolgt die Sammlung qualitativer Forschungsdaten im Wechsel mit dem Auswertungs- und Interpretationsprozess. Im Unterschied zur Umfrageforschung sind weder die Antwortkategorien vorgegeben noch die Bewertungsmuster vorformatiert. Kategorien für die Beschreibung unseres Forschungsgegenstands werden abstrahierend aus vergleichsweise offenen Daten gewonnen. Dies hat zur Folge, dass erst im Verlauf des Forschungsprozesses die gesamte Komplexität und Reichweite der Fragestellung – Was bedeutet es, im Universitätsviertel zu leben und zu arbeiten? – ersichtlich werden.

In diesem Beitrag legen wir unseren methodischen Zugang offen. Darüber hinaus geht es uns darum, typische Motive der Raumerfahrung im Sinne subjektzentrierter Partitionierungen durch Grenzen, Trenn- oder Orientierungslinien zu identifizieren. Mit anderen Worten: Die Unterscheidung von Räumen hilft den Menschen im Universitätsviertel bei der Identifikation mit dem eigenen Lebensraum. Sie ziehen Grenzen, setzen Raummetaphern und mythisieren Orte hinsichtlich der mit ihnen verbundenen Geschichten. Die Aspekte der räumlichen Partitionierung und Identität verweisen direkt aufeinander. Gleichzeitig begrenzen und durchtrennen Raummythen das Viertel auch nach Aspekten sozialer Ungleichheit.

Mit dem Ziel, die Vorgehensweise beim qualitativen Verfahren der GT im sozialgeographischen bzw. stadt- und raumsoziologischen Kontext zu illustrieren, entfalten wir unsere Darstellungen in vier Schritten. Zunächst werden die für uns zentralen theoretischen Konzepte der Identität und der Quartiersidentität vorgestellt sowie die Geschichte des Univiertels und seiner Erforschung kompakt konturiert (▶ Abschn. 4.2).

Anschließend erörtern wir die Grundprinzipien sowie Kerntechniken der GT-Methodologie und problematisieren die zentrale Stellung wie auch unzureichende Rezeption der Technik des sogenannten *theoretical sampling* (▶ Abschn. 4.3). Darauf aufbauend werden die Ergebnisse entlang der Schlüsselkategorie „narrative Partitionierung sozialräumlicher Wirklichkeit" entfaltet (▶ Abschn. 4.4). Eine Diskussion über Reichweite, Grenzen und Herausforderungen dieses Zugangs zu einer qualitativen Stadtteilforschung beschließt den Beitrag (▶ Abschn. 4.5).

4.2 Identität und Quartier: Das Augsburger Universitätsviertel

Personale und kollektive Identitäten sind zentrale Begriffe in den Sozialwissenschaften, wenn es darum geht, das Selbstbild eines Individuums oder einer sozialen Gruppe zu beschreiben. Das heißt, dass Identitäten nicht vorgegeben und fixiert, sondern konstruiert und veränderbar sind. Identität als Erzählung über sich selbst erwächst der retrospektiven Auseinandersetzung mit Erfahrungen, die im Austausch mit der sozialen Umwelt gesammelt wurden (Dimbath und Heinlein 2016). Zu dieser Umwelt gehören nicht nur andere Individuen, Gruppen oder gesellschaftliche Regeln, sondern auch der Sozial- oder Lebensraum. Allerdings sind in der Stadt- und Regionalforschung – wie in den Sozialwissenschaften insgesamt – unterschiedliche Lesarten anzutreffen.

> **Eine konstruktivistische Perspektive auf den gemeinsamen Ort: Sozialraumspezifische Identitätskonstruktion**
>
> Dieses Konzept ist von drei in der Stadtforschung etablierten Identitätsbegriffen zu unterscheiden. Erstens geht es nicht um eine entlang materialer Merkmale zu ermessenden Identität des Raumes als solchem. Zweitens werden nicht (nur) Fragen der personalen Identität behandelt, welche sich unter den Bedingungen des als mehr oder weniger stark bewerteten Einflusses des Raumes konstituiert. Drittens steht nicht die Bildung einer kollektiven Identität im Sinne eines durch räumliche Nähe gestifteten Zugehörigkeits- oder Wir-Gefühls im Zentrum (raumbezogene Identität bzw. *place identity,* Vogelpohl 2014). Adressiert wird die soziale Konstituierung ganz spezifischer Raumerschließungs- und Raumnutzungsperspektiven (Boller 2013). Diese werden als Hinweise auf eine unverwechselbare und intersubjektiv geteilte Wahrnehmung eines gemeinsamen Lebensraums interpretiert. Mit anderen Worten geht es hier um den Sinn, der dem Quartier beigemessen wird und aus dem sich subjektive ebenso wie kollektive Vorstellungen speisen können. Diese Bedeutungszumessung lässt das entstehen, was als Quartiersidentität, als temporär wandelbare, aber zugleich relativ stabile und unverwechselbare Charakterisierung eines Sozialraumes begriffen werden kann.

Durch die Frage danach, was Menschen mit einem spezifischen Stadtviertel assoziieren, wird Quartiersidentität empirisch rekonstruierbar. Allerdings können die Charakteristika eines Stadtteils auch in eher ungerichteten Erzählungen gefunden werden, wenn die raumbezogene Wahrnehmung der betreffenden Personen genauer untersucht wird. Raumbezogene Wahrnehmungen können an der verkehrs- oder versorgungsmäßigen Infrastruktur ausgerichtet sein, aber auch an spezifischen Räumen, Orten und Achsen des Quartiers. Im Datenmaterial zum Universitätsviertel fällt auf, dass vielfältige Grenzziehungen durch die Befragten adressiert werden. Hilfreich für das Verständnis dieser subjektiven Demarkationen ist der Blick auf die Entstehungsgeschichte des Viertels und seine Infrastruktur. Diese bestehende, offiziell anerkannte historische Erzählung über einen bewohnten Raum stellt wichtiges Vorwissen dar. Sie bietet sich für die Forschenden oft als nüchtern-distanzierte Kontrastfolie zu den lebensweltlichen Konstruktionsleistungen der unmittelbar Betroffenen an. Andererseits ist es gut möglich, dass sich z. B. Interviewte auf diese Erzählung beziehen und sie bestärken.

- **Historische Informationen als Kontext und Kontrast**

Das Universitätsviertel liegt im Süden des Augsburger Stadtzentrums auf dem Gelände des alten Flughafens. Zu Beginn des 20. Jahrhunderts befinden sich hier die Rollbahnen und Wirtschaftsgebäude von Luftfahrtfirmen wie der Rumpler Flugzeugwerke, welche nach dem Ersten Weltkrieg auch der zivilen Luftfahrt zur Verfügung stehen. In den 1920er-Jahren übernimmt mit der späteren Messerschmitt AG die Rüstungsindustrie den vorhandenen Baubestand, was während des Zweiten Weltkriegs zu starken Bombardements führt. Den sogenannten Alte Flugplatz nutzen nach dem Krieg die amerikanischen Streitkräfte und von 1955 bis 1968 dient er der zivilen Luftfahrt. Ab den späten 1960er-Jahren setzen die Planungsarbeiten für die Universität und das Wohngebiet ein. Der Flughafen wird stillgelegt (siehe auch Kuchtner 1996; Keie 1991).

Die Bebauung des Areals beginnt in den frühen 1970er-Jahren in Anlehnung an einen Strukturplan, nicht jedoch im Anschluss an einen städtebaulichen Gesamtplan mit festgelegten Gebäuden und fest definierter Infrastruktur. Die Entstehung des Wohnviertels vollzieht sich in mehreren Phasen (Grupp 1993; Cromm und Steinhübl 2001). Ab 1991 existiert das Universitätsviertel offiziell als eigenständiger Stadtteil Augsburgs (◘ Abb. 4.1).

In der heutigen Gestalt besteht das Viertel aus dem Universitätscampus im Westen, einem angrenzenden Zentrum, dem nördlich gelegenen alten und dem südlichen neueren Teil. Die Innenstadtanbindung mit öffentlichen Verkehrsmitteln gewährleisten u. a. zwei Straßenbahnlinien, die das Quartier in Nord-Süd-Richtung durchziehen, wobei die Linie 3 die Universität von den Wohnquartieren zu trennen scheint, während die Linie 2 entlang der vielbefahrenen Haunstetter Straße zugleich die Ostflanke sowohl des alten als auch des neuen Viertels markiert. Innerhalb Augsburgs wird somit ein rechtwinkliger Quader von etwa 0,7 km^2 Größe umgangssprachlich als Univiertel bezeichnet; darüber hinaus wird oft die Universität selbst hinzugerechnet.

Die politischen Grenzen des Viertels weichen von dieser Raumordnung ab. So erstreckt sich das Verwaltungsgebiet weit über die Universität und die in einiger Entfernung zwischen landwirtschaftlich genutzten Flächen liegende Bundesstraße 17 hinaus nach Westen. Im Nordwesten zählt das Messegelände ebenso zum Viertel wie im Südwesten das Fußballstadion. Außerdem schließt das Viertel noch ein kleines Siedlungsgebiet östlich der Linie 2 ein. Expansionspotenziale liegen vor allem im Westen, für den bereits Bebauungspläne für universitäre und nicht universitäre Forschungseinrichtungen bestehen.

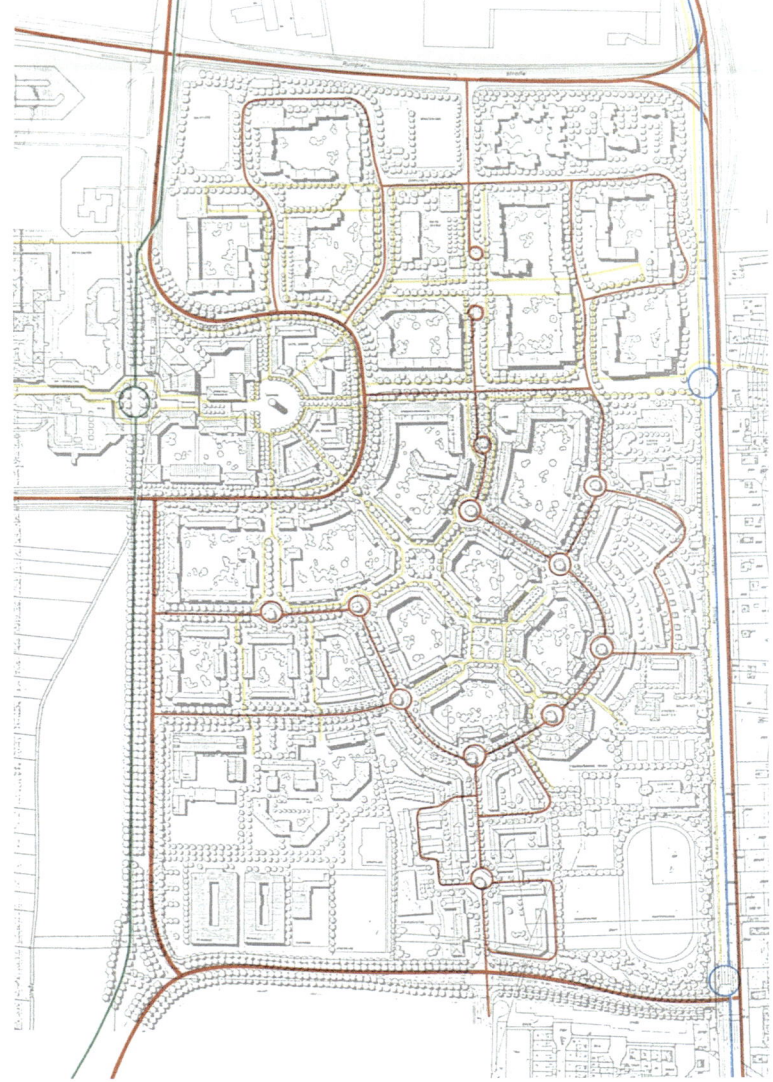

◘ Abb. 4.1   Das Universitätsviertel auf dem Gelände ehemaligen Flughafens. (Stadt Augsburg 1996)

Die Versorgungsinfrastruktur entspricht der eines gemischten Viertels mit einer Grundversorgung an Lebensmittelgeschäften, Gemischtwarenläden und Friseursalons, Reisebüros, Getränkemärkten, Bankfilialen, Apotheken, Arztpraxen und einigen Gastronomiebetrieben. Weitere Einrichtungen sind eine private Technikerschule, das Staatsarchiv, das Berufsbildungswerk, die Industrie- und Handelskammer, eine Grundschule, vier Kindertagesstätten, ein Jugendhaus sowie eine katholische, eine evangelisch-lutherische und eine baptistische Kirchengemeinde.

Die Besiedlung des Universitätsviertels beginnt mit dem Ende der ersten Bauphase Anfang der 1980er-Jahre: 1987 ist die Bevölkerungszahl im Zuge der Fertigstellung erster Objekte der zweiten Bauphase auf knapp 6000 Personen angewachsen. Nach Abschluss des zweiten, südlichen Bauabschnitts erreicht die Bevölkerungszahl das derzeit aktuelle Niveau von ungefähr 11.000 Menschen (vgl. Grupp 1993). Charakteristisch ist die Verteilung nach Herkunft und Staatsangehörigkeit. Während der 1990er-Jahre etabliert sich das Universitätsviertel als Siedlungsraum für Zuwanderungsgruppen, insbesondere aus Osteuropa bzw. aus Ländern der Russischen Föderation.

Erst seit 2005 liegt eine differenzierte Sozialstatistik vor, die eine Unterscheidung nach Ausländerinnen und Ausländern, Deutschen mit Migrationshintergrund und Deutschen ohne Migrationshintergrund zulässt und damit auch sogenannte Aussiedlerinnen und Aussiedler sowie Spätaussiedlerinnen und Spätaussiedler erfasst.[1] Für die Jahre 2005 bis 2012 zeigt sich folgende Entwicklung: Die Zahl der Ausländerinnen und Ausländer – ohne deutschen Pass – nimmt unwesentlich zu; etwas stärker wächst die Zahl Deutscher mit Migrationshintergrund (Zuwachs ca. 150 Personen), während die Anzahl der Deutschen ohne Migrationshintergrund um gut 500 Personen abnimmt. Im Jahr 2012 leben im Universitätsviertel 1499 Ausländerinnen und Ausländer, 5504 Deutsche mit und 3897 Deutsche ohne Migrationshintergrund. Diese Verteilung lässt das Quartier in den Augen der Augsburger Bevölkerung als Zuwanderer-, Ausländer- oder sogar als „Russenviertel" erscheinen – unbenommen dessen, dass sich hier seit Bestehen der Wohnanlagen ganz unterschiedliche Zuwandernde vieler Nationalitäten angesiedelt haben.

4.3   Grounded Theory als Verfahren der qualitativ-rekonstruktiven Erschließung eines Forschungsgegenstands

Das ergebnisoffene Verfahren der GT geht im Wesentlichen auf die amerikanischen Soziologen Barney Glaser und Anselm L. Strauss (1965, 1967) zurück und hat sich seit den 1970er-Jahren mit vielen Weiterentwicklungen und Variationen als populäre Methode im Gebiet der qualitativen Sozialforschung etabliert (z. B. Glaser und Strauss 2010; Strauss 1998; Corbin und Strauss 2015; Bryant und Charmaz 2010; Breuer 2009; Charmaz 2014; Clarke 2005; Kelle und Kluge 2009; Mey und Mruck 2011; Reichertz 2013; Strübing 2004). Im Selbstverständnis der GT kommt die Überzeugung zum Ausdruck, dass sozialwissenschaftliche Deutungs- und Erklärungsansätze auf empirischen Daten gründen müssen. Es ist also unmöglich, die im Feld vorgefundenen Daten mit vorab festgelegten Begriffen erfassen oder lediglich sortieren und auszählen zu wollen (▶ Kap. 5 in diesem Band).

---

1   An dieser Stelle werden Begriffe in der Form genannt wie sie in der deutschen Amtssprache und amtlichen Statistiken verwendet werden. Es handelt sich um normative Begriffe, die auf historische Ereignisse und Diskurse verweisen. Sie schaffen juristische und symbolische Statusdifferenzen und sind dahingehend nicht unproblematisch. Keinesfalls sollten diese Begriffe unhinterfragt als sozialwissenschaftliche Kategorien eingesetzt werden. Sie sind dennoch analytisch relevant, denn sie helfen Sozialwissenschaftlerinnen und Sozialwissenschaftlern die selektive sowie oft fragwürdige Aufmerksamkeit unterschiedlicher Institutionen, die einzelnen Bevölkerungsgruppen zuteil wird, zu reflektieren.

Methodisch basiert das Forschungsprogramm auf einem Dreischritt, der die Datengenerierung mit den Arbeitsschritten der systematischen Auswertung und der sozialwissenschaftlich interessierten Konzeptbildung verzahnt (Glaser und Strauss 1967, S. 45 f.).
Erste Feldkontakte (Datengenerierung) führen per Auswertung (Kodierung) zu ersten
Annahmen (Konzepten) über den Forschungsgegenstand. Diese konzeptuellen Annahmen leiten wiederum weitere Feldkontakte, also die Erzeugung von neuen Forschungsdaten an *(theoretical sampling);* welche wiederum Auswertung und Konzeptbildung nach
sich ziehen und so fort. Im Forschungsprozess werden die Annahmen Schritt für Schritt
auf ihre Plausibilität geprüft. Während offensichtlich falsche oder unzureichende Ver-
mutungen über Aspekte des Forschungsfelds verworfen werden, können für plausibel
erachtete Konzepte verfeinert und zu Theorien mittlerer Reichweite verzahnt werden.

Sozialwissenschaftlerinnen und Sozialwissenschaftler entwickeln im Laufe ihrer
Forschung gleichzeitig einen gegenstandsbezogenen theoretisch-repräsentativen
Datenkorpus, ein auf empirischen Befunden gründendes und differenziertes Verständ-
nis ihres Forschungsgegenstands und schließlich auch den konkreten (konzeptuel-
len) Zuschnitt des Forschungsgegenstands selbst. Der „Häppchen-Falsifikationismus"
(Lindemann 2008, S. 108) und der sukzessive, in Daten gründende Theoriebildungs-
prozess der GT sind vor allem für die Anforderungen explorativer, also erkundender
Forschung geeignet. In der Stadtforschungstradition der frühen *Chicago School of
Sociology* bietet sich der methodologisch-methodische Zugang der GT für Fragen der
Erforschung der sozialräumlichen Wirklichkeit geradezu an. Im Folgenden gehen wir
auf die beiden forschungspraktischen Schlüsselprozesse, die Auswertung per mehr-
phasiger *Kodierung* und die Praxis des *theoretical sampling* ein.

Ergründete Kategorien: Kodieren in der Grounded Theory

Ein in der qualitativen Forschungspraxis häufig verwendetes Element der GT
besteht darin, Felddaten unter Kodes zu sortieren und auf diese Weise zu einem
über das unmittelbar Vorgefundene abstrahierenden Kategoriensystem zu
gelangen. Nach Anselm L. Strauss (1998, S. 48 f.) ist Kodieren ein „[a]llgemeiner
Begriff für das Konzeptualisieren von Daten". Kodieren zielt also darauf ab, den
zu erkundenden Gegenstand nach seinen wesentlichen Merkmalen konzeptuell
beschreibbar zu machen. Weit verbreitet sind drei Modi der Kode-Vergabe:

- Das **offene Kodieren** ist eine unmittelbar von Forschenden vorgenommene
  Erst- oder Neu-Klassifizierung des Datenmaterials entsprechend beobachteter
  Muster oder Assoziationen, die sich nicht auf etablierte Konzepte beschränkt.
- Das **axiale Kodieren** reflektiert die so gewonnenen Kodes, fasst sie zu zentralen
  übergeordneten Kategorien zusammen und (re-)integriert das gesamte
  Datenmaterial entlang den entsprechenden Leitdifferenzen oder Achsen.
- Das **selektive Kodieren** schließlich dient der Anreicherung der hierdurch
  entstehenden konzeptuellen Systematik mit konkreten empirischen Beispielen
  und hilft auch bei der Suche einer weiteren *Differenzierung* sowie *kritischen
  Reflexion* des neu erworbenen Verständnisses.

Diese Techniken bilden keine Stufenfolge, sondern greifen ineinander. Je nach
Bedarf kann z. B. durch öffnendes Kodieren Komplexität erhöht und durch axiales
Kodieren Komplexität qua Systematisierung reduziert werden. Das selektive Kodieren

dient sowohl der empirischen Anreicherung des entstehenden Kodegerüsts, als auch der kritischen Überprüfung und Validierung. Die selektive Materialanreicherung setzt unweigerlich Impulse für eine erneute Öffnung (offenes Kodieren) und weitere systematische Differenzierung (axiales Kodieren) des Datenmaterials hin zu stabilen „Achsenkategorien" und schließlich verzahnten Konzepten (vgl. Strauss 1998; Strübing 2004 oder die Beträge in Mey und Mruck 2011).

4

Aus wissenschaftslogischer Sicht handelt es sich um ein regelgeleitetes, offenes Changieren zwischen abduktivem Schließen, qualitativer Induktion und deduktivem Ausschluss (vgl. Kelle und Kluge 2009; Reichertz 2013). Eine große Stärke dieses verschachtelten Kodierprozesses liegt in der Möglichkeit des konzeptionellen Begreifens eines Forschungsproblems in der Sprache des Forschungsfeldes (vgl. Berg und Milmeister 2011). Soweit es bei der Kodierarbeit belassen wird, handelt es sich um ein Verfahren, dessen Ertrag in der begrifflich-konzeptuellen Bestimmung und abstrahierenden Konturierung empirisch gewonnener Feldartefakte besteht (Beobachtungen, Interviews, Arbeitsanweisungen, Bildmaterial etc.).

- **Sich vom eigenen Vorwissen befreien: Daten mit *theoretical sampling* erheben**

Erst im Zusammenspiel mit der Technik des *theoretical sampling* wird im Laufe des Forschungsprozesses diese Suchbewegung verlassen und ein repräsentativer Ausschnitt der sozialen Wirklichkeit systematisch erfasst.

» Theoretical sampling is the process of data collection for generating theory whereby the analyst jointly collects, codes, and analyzes [their] data and decides what data to collect next and where to find them, in order to develop [their] theory as it emerges (Glaser und Strauss 1967, S. 45).

Dieser Fallauswahlprozesss hat seinen Ausgangspunkt in der *theoretischen Sensitivität* (Glaser 1978) der Forschenden bzw. in „the ability to recognize what is important in data and to give it meaning" (Strauss und Corbin 1990, S. 46). Indem sich diese Fähigkeit im Laufe des Forschungsprozesses verändert und vor allem weiterentwickelt, ist weder ein konkreter Verlauf der Auswahl weiterhin zu erhebender Daten noch deren Umfang vorhersehbar (vgl. Breckenridge und Jones 2009, S. 119). Der Vektor, der jede *sampling*-Entscheidung und damit die Richtung der nächsten Fallwahl begründet, geht immer von Auswertungs- und Konzeptualisierungsleistungen aus. Die wachsende theoretische Durchdringung des Forschungsgegenstandes aus Sicht der Forschenden bringt ein gezieltes Anwachsen des Datenkorpus mit sich. Für Janice Morse (2006, 2010, S. 234) ist die Fallauswahl dadurch „inherently biased" und das sei gut so, denn: *Theoretical sampling* ist im explorativen ergebnisoffenen Forschungsprozess der GT effizient, da nicht zu viele unnütze Daten den Blick für das Wesentliche verstellen. Es ist ebenso effektiv, sofern die Erhebung von Daten direkt und pragmatisch konkreten Erfordernissen der Theoriegenerierung dient (vgl. ebd., S. 234).

Immer geht es um eine inkrementelle (Strübing 2008), durch Auswertungs- und Konzeptualisierungsarbeit geleitete Suche nach markanten Fällen, die dabei hilft, aussagekräftige sozialwissenschaftliche Konzepte für relevante Merkmale des Forschungsfeldes unter besonderer Berücksichtigung der dort aufgefundenen

Widersprüche und Mehrdeutigkeiten zu entwickeln. Erst wenn die wesentlichen Zusammenhänge und Widersprüche konzeptuell integriert oder ausgeschlossen werden können und weitere Datengenerierung keine neuen Erkenntnisse mit Blick auf die Theoriebildung erbringt, kann von einer *theoretischen Sättigung* gesprochen werden.

- ▪ *Theoretical sampling* **praktisch durchführen: Ein neuer Vorschlag**

Forschende müssen ihre Entscheidungskriterien (Selektoren) abhängig vom Fortgang der Erkenntnisgewinnung bestimmen und immer wieder neu anpassen. In der Praxis bleibt dies jedoch oft unterreflektiert: Inwiefern haben diese Anpassungen an das neu hinzugezogene Datenmaterial tatsächlich stattgefunden? Ist dieser Verlauf von *sampling*-Entscheidungen für die Forschungsgemeinschaft nachvollziehbar und kritisierbar? Zusätzlich zu allgemeinen Memos, die wichtige Erkenntnisse dokumentieren, bedarf es hier einer Systematisierung der Reflexion über Selektoren. Hier bietet sich die Verwendung sogenannter Verlaufskarten an, mit deren Hilfe die für jeden Schritt geltenden Annahmen und Suchkriterien ebenso dokumentiert werden wie die sich infolge dieses Schrittes ergebenden neuen Relevanzen. Die Verlaufskarte für jede *sampling*-Entscheidung entsteht somit aus der eingehenden Reflexion – beispielsweise dem Zusammenwirken einer deliberativen Forschungsgruppe, die ihre Forschungsannahmen in engem Rückbezug auf die vorliegenden empirischen Daten formuliert. Freilich werden im Interpretationsprozess Annahmen mehr oder weniger bewusst verworfen; allerdings werden in der *ex-ante-* und *ex-post*-Reflexion Annahmen zunächst nur auf ihrem gegenwärtigen Stand formuliert. Die Gegenüberstellung beider Reflexionsdurchgänge dokumentiert die Veränderungen der Kategorien als Überwindung eines emergenten Vergessens, indem sie das nicht-explizierte Verwerfen vorheriger Annahmen erinnert. Insgesamt besteht hier, wie auch sonst, die Notwendigkeit über den kleinsten gemeinsamen Nenner der Verlaufskarten hinaus auch weiterhin Memos zu formulieren, die keiner stringenten Systematik unterliegen. Systematische Reflexion stellt allerdings auch – als erklärtes Ziel der Verwendung dieses Dokumentationstools – intersubjektiv nachvollziehbare Forschungsverläufe her (vgl. Dimbath et al. 2016) und ist somit ein wichtiges Gütekriterium für den Erfolg oder Misserfolg von *theoretical sampling.*

> **Die Anwendung von** *theoretical sampling*
>
> Die Grundidee eines *theoretical sampling* ist weit schneller erzählt als forschungspraktisch eingeholt (vgl. Morse 2008, S. 299; Breckenridge und Jones 2009, S. 123). Forschende müssen die Balance zwischen einer möglichst inklusiven Suchbewegung und dem Ziel einer kohärenten, abschließbaren Theoriebildung finden.
> - ▬ Eine Kerntechnik der Fallauswahl ist die *Suche nach maximalen und minimalen Kontrastfällen* (Glaser 1965; Glaser und Strauss 1967, S. 55 f.) bzw. die Technik des permanenten Vergleichs (Boeije 2002; Dye et al. 2000). Nach Udo Kelle und Susann Kluge (2009, S. 48) erhöht die „Minimierung von Unterschieden (…) die Wahrscheinlichkeit, ähnliche Daten zu einem bestimmten Thema (…) [,] die Maximierung von Unterschieden (…) die Wahrscheinlichkeit (…), Heterogenität und Varianz im Untersuchungsfeld abzubilden". Im Laufe des Forschungsprozesses verändern sich konkrete Auswahllogiken entlang des Fortschritts der

> Theoriebildung und deren Erfordernissen. Dabei beruht die Klärung der Frage, was eigentlich der zu kontrastierende Fall ist, auf dem Stand der konzeptionellen Arbeit.
>
> — *Sozialstrukturelle Selektionskriterien* kommen erst dann zum Einsatz, wenn sie vor dem Hintergrund der Theoriebildung als aufschlussreich erscheinen. Stellt sich nach ersten Auswertungen heraus, dass die bislang angenommenen Unterscheidungen dem Untersuchungsgegenstand nicht gerecht werden, wird diese Sackgasse verlassen und mit neuen relevanten Selektoren weitergearbeitet. Im Zuge der Auswertung entstehen unwillkürlich neue Fallauswahlkriterien – bis hin zu Impulsen zum Nachjustieren der Forschungsfrage (vgl. Coyne 1997).

Wenn die Phasen der Datenerhebung und der Datenauswertung ineinander verzahnt und nicht nacheinander durchgeführt werden, wird jeder weitere Feldkontakt zu neuen Einsichten führen, die die bestehenden Vorannahmen ebenso wie den bisher festgelegten Forschungsplan irritieren. Nur wenn das Forschungsdesign so flexibel ist, dass solchen Spuren nachgegangen werden kann, ist die Einsicht möglich, die Dinge bislang noch nicht angemessen erfasst zu haben. Für die Forschungspraxis heißt dies, dass die Fallselektion nach einer zielgerichteten und an Vorannahmen orientierten anfänglichen Fallauswahl, im Rückgriff auf eine reflektierte und auf dem je aktuellen Kenntnisstand durchgeführte Interpretation der Daten permanent zur Disposition gestellt und verändert werden muss.

4.4 Sozialräumliche Identitätskonstruktionen. Oder: Die narrative Partitionierung eines städtischen Lebensraums

In Bezug auf unsere eigenen Forschungsarbeiten im Augsburger Universitätsviertel bringt uns dieses Vorgehen auf eine spezifische Spur. Die Feldkontakte führen uns von Überlegungen zur Trennung der Universität von ihrem Viertel hin zu Grenzverläufen, die sowohl mit der Bebauungs- wie auch der Besiedlungsgeschichte des Viertels in Verbindung stehen. Schließlich können wir Narrative über multiple Grenzziehungen entdecken, über deren Rekonstruktion sich das Viertel als Wohnquartier, Ankunftsquartier, Aufstiegsviertel und sogar eine Art Dorf innerhalb der Stadt zeichnen lässt. Diese Erzählungen sind für sich genommen spannend. An dieser Stelle ist für uns aber die Einsicht wichtig, dass es im Grunde jeweils um die Bemühungen der Konstruktion einer distinkten Identität eines Stadtviertels aus Sicht der dort lebenden und arbeitenden Subjekte geht.

Diese Erkenntnis gewinnen wir durch die fortschreitende Abstraktion und Interpretation des Datenmaterials im Wechselspiel mit der Erhebung neuer Daten (▶ Abschn. 4.3). Überdies geht es uns statt um das Aufzeigen einer statistischen Repräsentativität um das Erreichen einer konzeptuellen Repräsentativität. Während Erstere auf der Grundlage von Kategorien erreicht wird, die das Forschungsteam von vornherein ins Feld hineinträgt, richtet sich die zweite auf die Ermittlung möglichst vieler Aspekte der Lebenswirklichkeit des Viertels. Sie ergründet das Feld und gelangt auf diesem Weg zu einer systematisch-abstrakten und zugleich in den Relevanzen des Feldes geerdeten Analyse grundlegender sozialer Strukturmomente (vgl. Muckel 2011, S. 333; Strübing 2006, S. 155).

Die vorliegende Untersuchung liefert so einen weiteren Mosaikstein zum Verständnis der subjektiv-narrativen Sinnkonstitution. Im Zentrum steht das sich in vielen Interviews wiederholende Muster der Bedeutungszumessung durch Grenzziehungen. Wir bezeichnen diese Erzählpraxis als *subjektive Partitionierung des Sozialraums.*

■ **Im Gespräch mit den Menschen im Univiertel: Wie gliedern sie ihren Sozialraum?**
Seinen Ausgang nimmt das Forschungsprojekt in einem Treffen der Projektverantwortlichen mit dem Vertreter einer zivilgesellschaftlichen Einrichtung im Universitätsviertel. Das Gespräch erbringt neben dem von ihm thematisierten Anliegen, die Integrationsarbeit neu auszurichten, die Beobachtung, dass die Trambahnlinie 3 eine symbolische Grenze darstelle. Sie trenne das Wohn- und Geschäftsviertel von der Universität und werde vonseiten der Anwohnenden kaum überschritten. Die Universität und das Viertel existierten nebeneinander, ohne voneinander Kenntnis zu nehmen. Gleichwohl erhalte der Lebensraum seinen Namen von der durch eine Grenzlinie abgetrennten Einrichtung.

Ohne das Anliegen einer Integration von Universität und Viertelbewohnern weiter zu verfolgen, nehmen wir diese Schilderung zum Anlass, den Sozialraum Universitätsviertel mithilfe qualitativer Methoden zu erforschen. Erhalten bleibt dabei die These von Trennlinien im Viertel, auch wenn sie stark weiterentwickelt wird. Sie schärft von Beginn an die Aufmerksamkeit für weitere Grenzen und bildet nach und nach einen eigenen thematisch-konzeptuellen Schwerpunkt innerhalb des Projekts. Im Forschungsprozess wird demgemäß nach räumlich-symbolischen Achsen gesucht; darüber hinaus werden einige das Viertel in der Wahrnehmung der Befragten charakterisierende Grenzen identifiziert. All diese Linien lassen sich als Markierungen oder Demarkationen der sozialräumlichen Strukturierung begreifen (◨ Abb. 4.2).

Der durch die Straßenbahnlinie 3 markierte *Grenzverlauf zwischen Universität und Wohngebiet* erweist sich mit Blick auf die befragten Menschen im Quartier insofern als praktisch bedeutsam, da die Linie tatsächlich ein Niemandsland kennzeichnet. Von einer Handvoll Spaziergängerinnen und Spaziergänger in den Grünanlagen der Universität abgesehen, scheint der Campus aus der Wahrnehmung herauszufallen und gilt nicht mehr als Teil des Viertels. Bewegungen von Studierenden oder des Universitätspersonals ins Viertel nehmen umgekehrt bestenfalls Geschäftsleute zur Kenntnis, die sich über die akademische Kundschaft freuen. Insgesamt kommt diese Binnendifferenzierung kaum zur Sprache oder wird erst auf Nachfrage hin dergestalt thematisiert, dass man von der Universität gerne mehr erfahren würde. Damit lässt sich festhalten, dass diese Grenzlinie einen nominell relevanten Bereich des Quartiers als weitgehend unbedeutend abtrennt.

Als wesentlich bedeutsamere Trennlinie in der Binnendifferenzierung erweist sich die zentral gelegene *Hermann-Köhl-Straße als West-Ost-Achse,* die das sogenannte Alte Universitätsviertel im Norden vom Neuen Universitätsviertel im Süden abgrenzt. Wie bereits dargestellt spiegelt diese Unterscheidung die beiden Areale des ersten und zweiten Bauabschnitts und damit die Differenzierung nach einer Bebauung mit überwiegend Sozialwohnungen auf der einen und vornehmlich Eigentumswohnungen auf der anderen Seite wider. Diese Binnengrenze trennt jedoch nicht nur die Besserverdienenden von den Einkommensschwachen; sie steht auch für die soziale Mobilität innerhalb des Viertels. Letzte erweist sich in

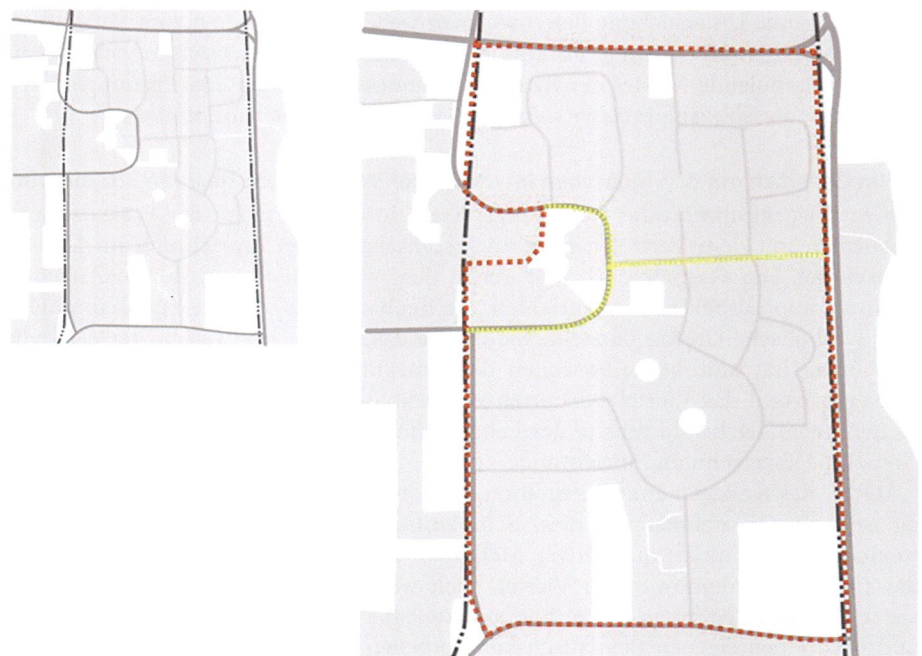

▣ Abb. 4.2   Demarkationen des Universitätsviertels, vorgenommen durch befragte Menschen in Interviews – Außen- und Binnengrenzen

Wanderungsbewegungen von Personen und Familien mit Migrationshintergrund aus dem alten ins neue Viertel. Da sich offenbar mehrere Generationen übergreifende Familienverbünde im Quartier niedergelassen haben, gibt es im Fall gelungener Arbeitsmarktintegration und dem damit verbundenen einkommensbedingten Aufstieg keine Veranlassung, dem Stadtteil den Rücken zu kehren. Das Universitätsviertel bietet die Möglichkeit einer unmittelbaren Verbesserung durch den Umzug aus der Enge in den Bauten des ersten Bauabschnitts in die großzügigeren Wohnungen des zweiten. Entsprechend wird die Grenze zwischen Norden und Süden als wohnraumästhetische Demarkation wahrgenommen. Sie durch Umzug zu überschreiten, ist gleichbedeutend mit sozialem Aufstieg. Eine solche Deutung der Binnengrenze suggeriert zwar, dass es einen Platz im Schatten und einen an der Sonne gibt. Sie spiegelt jedoch nicht die Problemlagen wider, die das Zusammentreffen von hohem Migrierendenanteil mit sozialem Wohnungsbau assoziieren lässt.

Tatsächlich repräsentiert diese Binnengrenze ein im Bewusstsein der Viertelbewohnerinnen und -bewohner sehr lebendiges Stück der noch jungen Quartiersgeschichte. Die titelgebende Einschätzung eines Befragten, der feststellt: „Hinten ist Beverly Hills und hier ist einfach Ghetto, The Bronx", adressiert eine problembelastete Vergangenheit. Bemerkenswert ist, dass die aktuell beispielsweise für Fragen der Binnenmigration und sozialen Distinktion relevante Grenzlinie mit Erinnerungen angereichert wird, obwohl die thematisierte Problematik, die das Viertel sogar in den Fokus der lokalen Medienberichterstattung gerückt hat, durch Maßnahmen des Quartiermanagements wirksam bewältigt wurde. So hat es 15 Jahre vor der Befragung im Augsburger Universitätsviertel Entwicklungen gegeben, wie sie vielfach für Wohnblocksiedlungen in Verbindung mit sozialem Wohnungsbau dokumentiert sind: Jugendliche, denen in der Trabantenstadt die nahräumlichen Freizeit- und Entfaltungsmöglichkeiten fehlen, treffen sich auf den wenigen Grünflächen, in Durchgängen oder in Garageneinfahrten. Bald beschweren sich Anwohnende über Ruhestörung und Vandalismus. Die Stadt Augsburg reagiert schnell, schickt Sozialarbeiter ins Viertel, entfernt eine Reihe von Gebüschen, die als Drogenumschlagplatz identifiziert werden, und errichtet im Nordteil ein Jugendhaus, welches die Jugendlichen auch prompt annehmen. Bemerkenswert ist mit Blick auf die Aussagen der Befragten nun weniger, dass diese problematische Zeit noch immer erinnert und mit der West-Ost-Achse in Verbindung gebracht wird. Es erstaunt vielmehr, dass diese sozialen Spannungen sehr lebendig, aber stets als heute überwundene Vergangenheit dargestellt werden. Die Funktion dieser Erinnerung könnte darin bestehen, dem anhaltend schlechten Ruf des Viertels durch ein Narrativ des gelösten Problems zu begegnen.

Die Bezirksgrenze des Universitätsviertels (■ Abb. 4.3) markiert die Übergänge zu anderen Stadtvierteln sowie zu Grünflächen bzw. dem Naherholungsgebiet Siebentischwald. Aus der Sicht der Menschen im Univiertel beschränkt sich das Quartier jedoch auf ein Rechteck, umrahmt durch die Straßenbahnlinien 3 nach Westen und 2 nach Osten sowie durch die West-Ost-Tangenten Rumplerstraße im Norden und die Bürgermeister-Ulrich-Straße im Süden. Diese von den tatsächlichen Ausmaßen des Viertels abweichende Raumwahrnehmung hängt ganz offenbar mit den alltäglichen Nutzungsperspektiven zusammen, die weder die Universität noch das Siedlungsgebiet jenseits der Linie 2 am Rand des Siebentischwaldes erfassen. Da der genauen Gestalt des Territoriums keine Bedeutung beigemessen wird – es gibt keinen identitätsrelevanten Rubikon, dessen Überschreiten dem Übertritt in einen anderen Identitätsbereich gleichkäme – muss sich die Frage nach den Außengrenzen auf andere Momente beziehen.

Bemerkenswerterweise sind mit den vier nach Himmelsrichtungen unerwartet deutlich identifizierbaren Grenzlinien unterschiedliche Bedeutungen verbunden, die das Leben im Viertel sowie die Quartiersidentität charakterisieren. Im *Norden* grenzt das Stadtviertel Hochfeld an, welches als ehemaliges Stadtrand- und Arbeiterquartier einen ähnlichen, jedoch 60 Jahre älteren Stadtplanungshintergrund hat. Abgrenzungserzählungen nach Norden betreffen nur in Ausnahmen das Hochfeld; viel bedeutsamer ist die nördliche Demarkation als Grenze zur Innenstadt. Die beiden Straßenbahnlinien ebenso wie die drei Verkehrsadern B17, Alter Postweg und Haunstetter Straße bilden die Hauptzufahrtswege in die Augsburger Altstadt mit ihrer umfassenden Versorgungsinfrastruktur und einem breit gefächerten Angebot an kulturellem Leben. An dieser Grenze spiegelt sich die Identität des Universitätsviertels als Dorf oder Wohnquartier wider. Hier lebt es sich angenehm, aber es ist im Vergleich zum urbanen Leben einer Großstadt nichts geboten. Wer den ruhigen Stadtrand bevorzugt, ist zufrieden; wer unter der Reizarmut leidet, siedelt in Richtung Innenstadt um. Eine sich aus diesen Befunden ableitende Selbstbeschreibung des Viertels kann somit als ruhiger Raum gefasst werden.

4

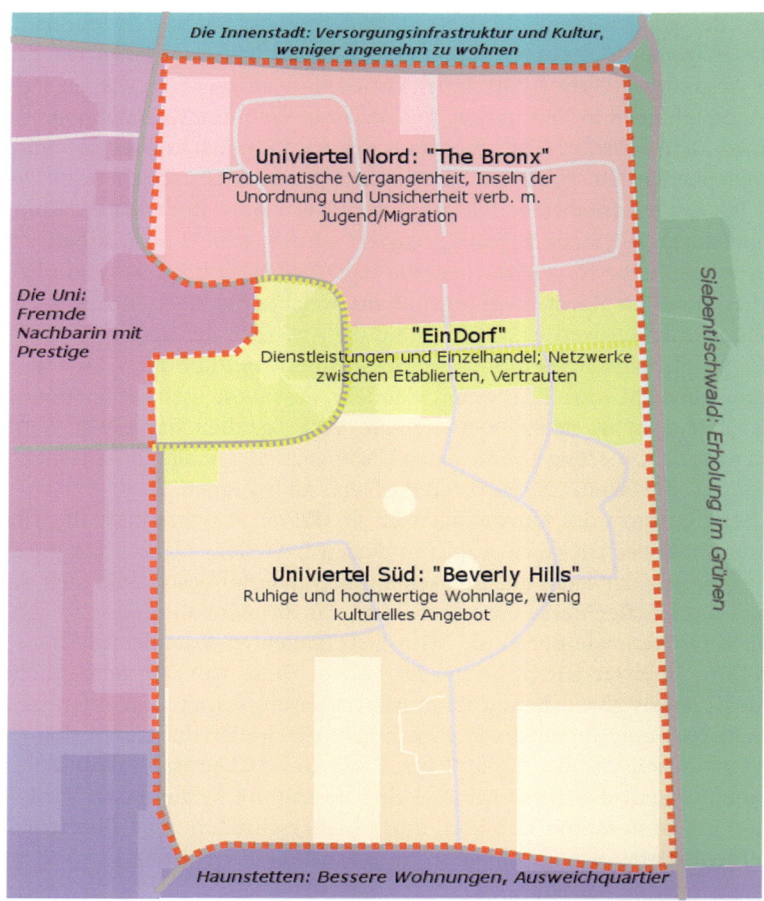

Die Innenstadt: Versorgungsinfrastruktur und Kultur,
weniger angenehm zu wohnen

Univiertel Nord: "The Bronx"
Problematische Vergangenheit, Inseln der
Unordnung und Unsicherheit verb. m.
Jugend/Migration

Die Uni:
Fremde
Nachbarin mit
Prestige

"Ein Dorf"
Dienstleistungen und Einzelhandel; Netzwerke
zwischen Etablierten, Vertrauten

Siebentischwald: Erholung im Grünen

Univiertel Süd: "Beverly Hills"
Ruhige und hochwertige Wohnlage, wenig
kulturelles Angebot

Haunstetten: Bessere Wohnungen, Ausweichquartier

◘ **Abb. 4.3** (Inter-)subjektive Bedeutungszuschreibungen und Problematisierungen aus der Perspektive der Viertelbevölkerung

Eine ähnliche und davon abweichende Bedeutung weist die Grenze nach *Osten* zum Siebentischwald auf. Das Naherholungsgebiet ist ein Park mit Waldbestand, Bademöglichkeiten, Sportanlagen und Biergärten, in dem die Kinder spielen, wo Familien sich zum Picknick treffen und in dem mit Hunden ausgedehnte Spaziergänge unternommen werden können. Die Ostgrenze steht für einen Ausgleichsraum der Trabantensiedlung, deren mehrgeschossige Bebauung mit Blick auf dieses Fenster ins Grüne nicht mehr als Betonwüste, sondern letztlich als grünes Viertel erfahren wird.

Die Grenzen nach *Süden* und *Westen* bekommen demgegenüber eine identische Bedeutung zugeschrieben. Nach Westen schließt mit einigem Abstand der Stadtteil Göggingen an und nach Süden der Stadtteil Haunstetten. Beide Quartiere werden identitätswirksam als Wohnquartiere mit eigenen Identifikationsmomenten, wobei der Umzug vom Universitätsviertel in eines der beiden Quartiere einem Ausweichen gleichkommt. Wer keine angemessene – z. B. größere – Wohnung innerhalb des Viertels findet, muss weggehen und in eine preiswertere Gegend ziehen. An Berichten über solche Wanderungen lässt sich ablesen, dass es für die Menschen im Universitätsviertel mit Prestige verbunden ist, hier leben zu können. Die Süd- und Westgrenze dienen einer sozialen Statusmarkierung, die per Umzug zu überschreiten gut begründet sein will, da das Universitätsviertel von hier seine Identität als besseres Wohngebiet bezieht.

Auch wenn die Befunde einer explorierenden Analyse des Augsburger Universitätsviertels hier nur grob skizziert werden können, zeichnen sich erste Konturen einer Theorie der subjektiven Partitionierung des Lebensraumes ab. Ein wichtiger Aspekt ist, dass Individuen den Sozialraum, in dem sie leben, ganz offenbar anhand bedeutsamer Linien oder Achsen einteilen. Bemerkenswert ist zudem, dass die Außengrenzen dieses Sozial- und Lebensraumes nicht mit ihrer offiziell-politischen Definition übereinstimmen müssen. Da es sich bei diesen subjektiven Außengrenzen um einen nachprüfbaren Sachverhalt handelt, der im Streitfall schnell korrigiert werden könnte, liegt es nahe, es mit den vorab definierten Grenzen des geplanten Stadtteils auf sich beruhen zu lassen. Aufschlussreicher erscheint es daher, nach den Sinnbezügen der subjektiv gezogenen Grenzlinien zu fragen. Sie geben als Abgrenzungspraktiken Auskunft über die Identität des Quartiers aus der Sicht seiner Bewohnerinnen und Bewohner. Es steht zu vermuten, dass bei Stadtteilen, die nicht über einen Bestand an historisch-mythischen Erzählungen verfügen, anhand derer sich Formen der Kollektividentität konstituieren und perpetuieren könnten, die Frage nach den Außengrenzen Auskunft über das Selbstbild im Unterschied zu umliegenden Sehnsuchtsorten und verrufenen Gegenden gibt.

Ähnlich verhält es sich auch bei der Binnendifferenzierung, wenn innerhalb eines Viertels Trennlinien narrative Bedeutung erlangen. Erkennbar werden hierbei die relevanten und die irrelevanten Bereiche ebenso wie die „guten" und die „gefährlichen" Orte. Letztere erscheinen eher als Inseln der Unordnung denn der Unsicherheit, indem hier „Ecken" beschrieben werden, an denen das bürgerliche Ordnungsempfinden geradezu stereotypisch irritiert wird. So werden in den Häuserschluchten des alten Teils gelegentliche Schlägereien und Schreiereien sowie Alkoholkonsum unter den benachbarten Fremden berichtet; an den Grünflächen sowie rund ums Jugendhaus halten sich Jugendliche auf, die herumlungern, dem Vernehmen nach pöbeln, öffentlich Alkohol trinken oder sogar mit Drogen handeln. Bei solchen Erzählungen fällt auf, dass nur wenige in eigener und damit unmittelbarer Erfahrung gründen bzw. schon die Beobachtung einer Gruppe Jugendlicher entsprechende Fantasien beflügelt. Mit Blick auf die Konstituierung viertelspezifischer Identitätsmomente entsteht der Eindruck, als würden hier übergreifende Diskurse der Fremdenfeindlichkeit sowie der Jugendverwahrlosung adressiert, die nicht zur Identifikation des Universitätsviertels beitragen. Diese gefährlichen Orte finden sich vermutlich in vielen Gegenden mit ähnlich hoher Besiedelungsdichte; ihre Identifizierung ist mit einem spezifischen Sicherheitsbedürfnis verbunden, das mitunter gendertypisch verteilt zu sein scheint (vgl. Pahle-Franzen 2011).

Die subjektive Partitionierung führt zu soziologisch aufschlussreichen Einsichten, die auf dem Weg einer direkten Befragung über die Bedeutung des Viertels kaum in dieser Fülle berichtet werden könnten. Neben einer *präsentistischen* Partitionierung, die für die Anwohnenden eines Viertels hinsichtlich bestimmter Bewegungen im Sozialraum ebenso von Belang ist wie mit Blick auf die sinnstiftende Verbindung von Lebensraum und personaler Identität lässt sich – auch in einem vergleichsweise jungen Viertel – das Motiv einer *vergangenheitsbezogenen* Partitionierung im Sinne sozialen Erinnerns feststellen. Solche retrospektiven Partitionierungen sind ebenfalls in hohem Maße identitätsrelevant. Im vorliegenden Fall dienen sie der Abwehr abwertender Narrative, deren Inhalte zwar aufgegriffen, aber dann mit Blick auf eine wohlwollende Darstellung der gegenwärtigen Situation entkräftet werden.

4.5 Potenziale qualitativer Stadtteilforschung

Die Forschungsperspektive der GT vermag eine konzeptualisierende und eng an die Belange des jeweiligen Forschungsgegenstands angelehnte abstrakte und zugleich verallgemeinerbare Beschreibung zu gewähren. Entscheidend ist nicht nur das Verfahren einer kodierenden Interpretation der im Feld aufgefundenen Daten, sondern vor allem die Reflexion über die Weiterentwicklung der eigenen Annahmen. Diese Annahmen lenken den forschenden Blick: Daten werden nicht mehr zu einem Zeitpunkt oder in einer eigens im Forschungsprozess ausgewiesenen Erhebungsphase generiert. Sie werden immer unmittelbar nach ihrer Erhebung und Aufbereitung interpretativ ausgewertet und tragen konstruktiv zu einer Modifikation des forschenden Blickes und seiner Selektivitäten bei. Die in der qualitativen Forschung bekannte Gefahr, in Daten zu ertrinken und ihrer Komplexität nicht mehr beizukommen (vgl. Südmersen 1983), wird auf diese Weise systematisch gebannt. Die Forschung verläuft pfadabhängig und generiert im Idealfall eine endliche Zahl an Spuren, die in eine fundierte Analyse des Forschungsgegenstands münden. Voraussetzung hierfür ist die genaue Dokumentation der verlaufsorientierten Fallauswahl (vgl. Dimbath et al. 2016), die viel zu selten mit der gebotenen Gründlichkeit durchgeführt oder berichtet wird.

Für die Analysen im Augsburger Universitätsviertel erbringt dieses Vorgehen eine Perspektivierung, die an Untersuchungen der Forschung am Konzept der Quartiersidentität anschließt. Durch das Kodieren und die Reflexion der selektiv-sukzessiven Fallauswahl kann die bislang vorliegende weitgehend unspezifische Beschreibung der stadtteilbezogenen *place identity* im Sinn subjektiver Nutzungsperspektiven durch ein Konzept der intersubjektiven Grenzlinie oder Achse spezifiziert werden. Darüber hinaus wird es möglich, neben explizit und ggf. erst auf Nachfrage geäußerten Sinnzumessungen mit der subjektiv-narrativen Partitionierung eine eher latent geäußerte Sinndimension aus der Sicht der Quartiersbevölkerung zu rekonstruieren – ein Blickwinkel, der mit Gewinn im Kontext der Stadtforschung eingenommen werden kann, wenn die soziale Konstituierung und Konstruktion des subjektiven Sozialraums in den Mittelpunkt gerückt werden.

Literatur

Berg C, Milmeister M (2011) Im Dialog mit den Daten das eigene Erzählen der Geschichten finden: Über die Kodierverfahren der Grounded-Theory-Methodologie. In: Mey G, Mruck K (Hrsg) Grounded Theory Reader. VS Verlag, Wiesbaden, S 303–332

Boeije H (2002) A purposeful approach to the constant comparative method in the analysis of qualitative interviews. Qual Quant 36(4):391–409

Boller M (2013) „Stadt im Kopf" – Überlegungen aus einer mehrperspektivischen Betrachtung im Stadtteil Köln-Mühlheim. In: Schnur O, Zakrzewski P, Drilling M (Hrsg) Migrationsort Quartier: Zwischen Segregation, Integration und Interkultur. VS Verlag, Wiesbaden, S 89–106

Breckenridge J, Jones D (2009) Demystifying theoretical sampling in grounded theory research. Grounded Theory Rev 8(2):113–126

Breuer F (2009) Reflexive Grounded Theory: Eine Einführung für die Forschungspraxis. VS Verlag, Wiesbaden

Bryant A, Charmaz K (2010) The SAGE handbook of grounded theory. Sage, Los Angeles

Charmaz K (2014) Constructing grounded theory: introducing qualitative methods. Sage, Los Angeles

Clarke AE (2005) Situational analysis: grounded theory after the postmodern turn. Sage, Los Angeles

Corbin JM, Strauss AC (2015) Basics of qualitative research: techniques and procedures for developing grounded theory. Sage, Los Angeles

Coyne IT (1997) Sampling in qualitative research – purposeful and theoretical sampling: merging or clear boundaries? J Adv Nurs 26:623–630

Cromm J, Steinhübl D (2001) Wohnen im Univiertel: Ergebnisse einer empirischen Studie über Wohnverhältnisse und Wohnzufriedenheit im Augsburger Universitätsviertel. Hampp, Mering

Dimbath O, Heinlein M (2016) Gedächtnissoziologie. Fink (UTB), Paderborn

Dimbath O, Ernst-Heidenreich M, Roche M (2016) Praxis und Theorie des theoretical sampling: Methodologische Überlegungen zum Verfahren einer verlaufsorientierten Fallauswahl. Unveröff. Manuskript, Universität Augsburg

Dye JF et al (2000) Constant comparison method: a kaleidoscope of data. Qual Rep 4(1):1–10

Glaser BG (1965) The constant comparative method of qualitative analysis. Soc Probl 12(4):436–445

Glaser BG (1978) Theoretical sensitivity. Sociology Press, Mill Valley

Glaser BG, Strauss AL (1965) Discovery of substantive theory: a basic strategy for qualitative analysis. Am Behav Sci 8:5–12

Glaser BG, Strauss AL (1967) The discovery of grounded theory. Strategies for qualitative research. Aldine, Chicago

Glaser BG, Strauss AL (2010) Grounded Theory: Strategien qualitativer Forschung. Huber, Bern

Grupp P (1993) Das Universitätsviertel in Augsburg: Erfolgskontrolle einer städtebaulichen Entwicklungsmaßnahme. Universität Bayreuth & Abteilung Raumplanung, Bayreuth

Keie H (1991) Das Augsburger Universitätsviertel. Ein Stadtteil – 400 Jahre Fliegergeschichte. Selbstverlag, Augsburg

Kelle U, Kluge S (2009) Vom Einzelfall zum Typus: Fallvergleich und Fallkontrastierung in der qualitativen Sozialforschung. VS Verlag, Wiesbaden

Kuchtner W (1996) Die Entwicklungsmaßnahme – alte und neue Aufgabe der Städtebauförderung, ein Beispiel aus Schwaben: Das Universitätsviertel am Alten Flughafen in Augsburg. Bau Intern 1–2:42–47

Lindemann G (2008) Theoriekonstruktion und empirische Forschung. In: Kalthoff H, Hirschauer S, Lindemann G (Hrsg) Theoretische Empirie: Zur Relevanz qualitativer Forschung. Suhrkamp, Frankfurt a. M., S 107–128

Mey G, Mruck K (2011) Grounded theory reader. VS Verlag, Wiesbaden

Morse JM (2006) Biased reflections: principles of sampling and analysis in qualitative inquiry. In: Popay J (Hrsg) Moving beyond effectiveness in evidence synthesis: methodological issues in the synthesis of diverse sources of evidence. National Institute for Health and Clinical Excellence, London, S 53–60

Morse JM (2008) „What's your favorite color?" Reporting irrelevant demographics in qualitative research. Qual Health Res 18(3):299–300

Morse JM (2010) Sampling in grounded theory. In: Bryant A, Charmaz K (2010) The SAGE handbook of grounded theory. Sage, Los Angeles, S 229–244

Muckel P (2011). Die Entwicklung von Kategorien mit der Methode der Grounded Theory. Mey G, Mruck K (Hrsg) Grounded theory reader. VS Verlag, Wiesbaden, S 333–352

Pahle-Franzen U (2011) Stadt als Angstraum: Untersuchungen zu rechtsextremen Szenen am Beispiel einer Großstadt. Karlsruher Institut für Technologie (KIT), Karlsruhe

Reichertz J (2013) Die Abduktion in der qualitativen Sozialforschung: Über die Entdeckung des Neuen. VS Verlag, Wiesbaden

Stadt Augsburg (1996) Vom Alten Flugplatz zum Univiertel. Städtebauliche Entwicklungsmaßnahme in Augsburg. Stadt Augsburg, Augsburg, S 74

Strauss AL (1998) Grundlagen qualitativer Sozialforschung: Datenanalyse und Theoriebildung in der empirischen soziologischen Forschung. UTB, Stuttgart

Strauss AL, Corbin JM (1990) Basics of qualitative research: Grounded theory procedures and technique. Sage, Los Angeles

Strübing J (2004) Grounded theory. VS Verlag, Wiesbaden

Strübing J (2006) Theoretisches Sampling. In: Bohnsack R, Marotzki W, Meuser M (Hrsg) Hauptbegriffe Qualitativer Sozialforschung. Budrich, Opladen, S 154–156

Strübing J (2008) Pragmatismus als epistemische Praxis: Der Beitrag der Grounded Theory zur Empirie-Theorie-Frage. In: Kalthoff H, Hirschauer S, Lindemann G (Hrsg) Theoretische Empirie: Zur Relevanz qualitativer Forschung. Suhrkamp, Frankfurt a. M., S 279–311

Südmersen IM (1983) Hilfe, ich ersticke in Texten: Eine Anleitung zur Aufarbeitung narrativer Interviews. Neue Praxis 13(3):294–306

Vogelpohl A (2014) Stadt der Quartiere? Das Place-Konzept und die Idee von urbanen Dörfern. In: Schnur O (Hrsg) Quartiersforschung: Zwischen Theorie und Praxis. VS Verlag, Wiesbaden, S 59–76

4

Denken und empirisch arbeiten mit der Grounded Theory

Eine anwendungsorientierte Reflexion eigener Forschungserfahrungen

Cornelia Bading und Claudia Bosch

Im Laufe der letzten Jahrzehnte haben sich verschiedene Denkschulen der Grounded Theory (GT) herausgebildet, sodass streng genommen nicht von *der* GT gesprochen werden kann. Bei Stellen, an denen eine Ausdifferenzierung inhaltlich notwendig ist, verweist dieser Beitrag explizit auf die einzelnen Varianten.

© Springer-Verlag GmbH Deutschland, ein Teil von Springer Nature 2018
J. Wintzer (Hrsg.), *Sozialraum erforschen: Qualitative Methoden in der Geographie*,
https://doi.org/10.1007/978-3-662-56277-2_5

5.1 Mit der Grounded Theory (sozialräumliche) Wirklichkeiten erforschen

Die GT zielt auf das systematische Entwickeln von Theorien aus der Empirie. Im Jahre 2017 feierte sie ihren 50-jährigen Geburtstag. In diesen 50 Jahren hat sie sich von einem ersten Rohentwurf (Glaser und Strauss 1967) zu einem bedeutenden Verfahren innerhalb der interpretativen Sozialforschung entwickelt (Strübing 2014, S. 1), dem bisweilen der Status einer Methodologie zugesprochen wird (Strauss 2011, S. 74; Tiefel 2005, S. 65; Park 2012, S. 89). Unabhängig von ihrer Bezeichnung als Forschungsstil oder Methodologie kann der GT ein weitreichender Einfluss auch über die Soziologie hinaus attestiert werden. Sie ist in der qualitativen Sozialforschung in beispielsweise Pflege-, Erziehungs- und Wirtschaftswissenschaften etabliert (vgl. Bryant und Charmaz 2007; Clarke 2012; Suddaby 2006) oder auch in der angelsächsischen qualitativ-orientierten Sozial- und Gesundheitsgeographie (vgl. Bailey et al. 2004; Freemann 2009; Gatrell und Elliott 2015, S. 104 ff.; Knigge und Cope 2006; Neuwelt et al. 2016). Auch in der deutschsprachigen Geographie wurden in den letzten Jahren die Potenziale der GT für die Humangeographie im Allgemeinen (vgl. Geiselhart et al. 2012) sowie für eine pragmatistisch inspirierte Geographie im Speziellen (vgl. Steiner 2014, S. 139) erkannt. Die Zahl der geographischen Forschungsprojekte im deutschsprachigen Raum, die sich gänzlich der GT zurechnen lassen (vgl. Hackenbroch 2013; Park 2012), ist jedoch (noch) vergleichsweise gering. Demgegenüber stehen deutlich mehr geographische Arbeiten, die sich in Teilen auf Kernelemente der GT berufen (vgl. Deffner 2010; Geiselhart 2010; Kaspar 2012; Rothfuß 2012).

Wissenschaftlerinnen und Wissenschaftler, die sich für das Forschen mit der GT entscheiden, haben die Chance, gleichzeitig zum wissenschaftsinternen Fortschritt beizutragen *und* gesellschaftlich nutzbares Praxiswissen zu generieren (Strübing 2013, S. 127). Der Praxisbeitrag ist dabei nicht nur Beiwerk: Dem pragmatistischen Grundgedanken folgend liegt die (temporäre) Gültigkeit der entwickelten Theorien auch in ihrem Nutzen für Akteure des Untersuchungsfeldes (Strübing 2014, S. 85 f.; Geiselhart et al. 2012, S. 90). Um diesen zu erreichen, wird der Fokus des Forschungsprojekts – z. B. die genaue Forschungsfrage oder Fallauswahl – erst im Feld entwickelt. GT-Forschende begeben sich also – methodologisch bedingt – auf eine in vielen Facetten schwer planbare Forschungsreise. Die erforderliche Offenheit und Flexibilität verlangt allen Beteiligten eine entsprechend hohe Unsicherheitstoleranz ab. Erschwerend kommt hinzu, dass der GT-Forschungsprozess nicht mit dem auf das theoriegeleitete Forschen ausgerichtete Wissenschaftssystem (Förderrichtlinien, Erwartungen der *scientific community* etc.) übereinstimmt, da hier bereits vor Feldforschungsbeginn detaillierte Erläuterungen zur theoretischen Verankerung und zum Ablauf des Forschungsprojekts eingefordert werden. Dies birgt beträchtliches Konfliktpotenzial (Geiselhart et al. 2012, S. 92). Die entsprechende Skepsis wird zusätzlich durch Forschungsarbeiten gefördert, die sich des Labels GT bedienen, ohne jedoch deren qualitätssichernden Kernelementen Folge zu leisten.[1]

---

1 Detailliertere Anmerkungen hierzu in Strübing (2002, S. 319, 2014, S. 1 f.) und Suddaby (2006).

Trotz der erwähnten Problematiken erfreut sich die GT bei Nachwuchswissenschaftlerinnen und -wissenschaftlern zunehmender Beliebtheit (Geiselhart et al. 2012, S. 92). Gerade für sie stellt die große Freiheit der GT jedoch nicht nur eine Chance dar (ebd., S. 91). Wie groß die methodologisch zu überwindenden Hürden sind, wird oft erst *im* Forschungsprozess bemerkt – nämlich dann, wenn es gilt, unter realen Forschungsbedingungen die qualitätssichernden GT-Elemente umzusetzen. Die meisten Publikationen konkreter GT-Studien aus der internationalen und deutschen Humangeographie bieten hier wenig Orientierungshilfe. Sie verdeutlichen zwar den Beitrag, den die GT zur Erforschung der sozialräumlichen Wirklichkeiten leisten kann. Für eine detaillierte anwendungsorientierte Debatte ihrer Stärken und Schwächen sowie möglicher Lösungsansätze bleibt jedoch oft wenig Raum. Genau hier setzt unser Beitrag an: Indem wir die Strategien, die uns bei der Umsetzung des GT-Forschungsstils helfen, zur Diskussion stellen, möchten wir anderen GT-Novizinnen und -Novizen ihren Forschungsweg erleichtern. Wir verzichten deshalb auf die inhaltliche Darstellung unserer Projekte und geben stattdessen einer anwendungsorientierten Debatte der GT den notwendigen Raum.

Dieser Beitrag zielt darauf ab, die Debatte über die forschungspraktische Umsetzbarkeit der GT auch innerhalb der deutschsprachigen Geographie weiter voranzutreiben. Dafür reflektieren wir methodologische Erfahrungen aus unseren Dissertationsprojekten, in denen wir GT-geleitet mit marginalisierten Gruppen in Indien und Peru arbeiten.[2] Um diese Reflexionen in den notwendigen Kontext zu setzen, skizzieren wir zuerst in Kürze die GT und ihre Historie. Danach greifen wir drei Felder heraus, die uns für die praktische Forschungsarbeit zentral erscheinen: 1) die Debatte um den Umgang mit theoretischem Wissen in Form von forschungsrelevanter Literatur, 2) das für die GT charakteristische *sampling*-Verfahren sowie 3) die GT-Kodierpraktiken. Für jeden Bereich erläutern wir zentrale Grundgedanken und stellen sie möglichen Umsetzungsstrategien gegenüber. Gerade die Diskussion dieser Strategien verdeutlicht, warum die GT – sofern ihre Grundgedanken gewissenhaft beachtet werden – einen wichtigen Beitrag zur qualitativen geographischen Forschung leisten kann. Da die Kürze dieses Beitrages nicht erlaubt, detailliert auf alle relevanten Begriffe und Debatten einzugehen, verweisen wir in Fußnoten auf weiterführende Informationen.

5.2 Forschen mit der Grounded Theory: Was bedeutet das?

Bei dem Versuch herauszufinden, was eine GT-geleitete Forschung eigentlich genau ausmacht, stoßen Suchende auf eine ausdifferenzierte Landschaft verschiedener GT-Versionen, welche die ursprünglichen Kerngedanken unterschiedlich auslegen. Im Folgenden werden deshalb grundlegende Charakteristika der GT erst allgemein erläutert, um dann vor diesem Hintergrund auf historische Ausdifferenzierungen einzugehen. Die dabei entstandenen GT-Stränge müssen als „Kinder" ihrer Zeit begriffen

---

2   Die Dissertationen der Autorinnen beschäftigen sich mit Geographien der Jugendpartizipation
     in Peru (Bosch) bzw. der Bedeutung von Orten bei der Behandlung von multiresistenten
     Tuberkulose-PatientInnen in Indien (Bading).

werden, die sich entsprechend den Trends der Wissenschaft auch innerhalb ihrer Variante weiterentwickeln (z. B. Corbin 2011a, S. 164 f.).

■ **Zentrale Charakteristika**

Die GT dient der systematischen Entwicklung von Theorien aus meist qualitativen empirischen Daten. Es wird deshalb von gegenstandsverankerten (Clarke 2011) oder in der Empirie gegründeten Theorien gesprochen (Strübing 2014, S. 9). Für die GT ist ein iterativ-zyklischer Forschungsprozess aus zeitlich parallel stattfindender Datenerhebung, -analyse und Theoriebildung charakteristisch (ebd., S. 11, 29). Durch diesen werden aus Rohdaten schrittweise analytische Ideen gewonnen, die dann im Laufe des Prozesses auf ein höheres Abstraktionslevel gehoben und so zu Teilen der Theorie (z. B. Kategorien) werden. Auch müssen sich die entwickelten und miteinander in Beziehung gesetzten Kategorien immer wieder an den erhobenen Daten beweisen (z. B. Charmaz 2014, S. 113 ff.; Corbin und Strauss 2015, S. 75 ff.). Am Ende eines sorgfältig durchgeführten GT-Forschungsprojekts steht entsprechend eine dichte, in sich schlüssige Theorie, die einen über spezifische Situationen hinausgehenden Erklärungsgehalt hat und nützlich für Akteure, inklusive Laien, des Untersuchungsbereiches ist (Glaser und Strauss 2008 [1967], S. 237 ff.; Corbin und Strauss 2015, S. 359 ff.; Charmaz 2014, S. 337 f.; Strübing 2014, S. 90 f.).

Der Weg zu einer *grounded theory*[3] fordert kontinuierliche Offenheit gegenüber den Daten und große Flexibilität im Forschungsprozess: Im Gegensatz zu deduktiv-nomologischen Konzeptionen wissen Forschende am Anfang ihres Projektes nicht, was *genau* sie eigentlich erforschen werden. Zwar haben sie ein Interessensgebiet, das eng genug gefasst sein muss, um eine sinnvolle Forschung zu ermöglichen. Allerdings folgt das anfängliche Forschungsinteresse keiner konkreten Fragestellung. Der Fokus der Untersuchung wird erst während des Forschungsprozesses entwickelt, also in analytischer Auseinandersetzung[4] mit den gewonnenen Daten. Entsprechend ist die stete inhaltliche Um- oder Neuorientierung ein integraler Bestandteil der GT (Breuer 2010, S. 55; Charmaz 2014, S. 114).

Die GT bietet keinen Automatismus an schematisch zu befolgenden Forschungsschritten. Vielmehr gesteht sie den Forschenden die Freiheit zu, den Prozess – in einem gewissen Rahmen – an den jeweiligen Forschungskontext anzupassen (Strübing 2014, S. 11, 92). Diese Freiheit darf jedoch nicht mit Beliebigkeit gleichgesetzt werden: Die GT verlangt eine ergebnisoffene, aber *systematisch-analytische* Auseinandersetzung mit den Daten. Zu dieser Systematik gehören verschiedene Kernelemente, die die Güte der *grounded theories* sicherstellen sollen. Darunter fallen u. a. 1) ein den gesamten Prozess prägendes *sampling*-Verfahren *(theoretical sampling)*, 2) ein mehrphasiges

---

3   In diesem Beitrag wird der Forschungsstil als *Grounded Theory* (GT) bezeichnet, die mit ihr generierten Theorien mit *grounded theories* benannt.

4   Die anfängliche Offenheit wird bei frühen GT-Versionen und der klassischen GT v. a. einer induktiven Logik zugeschrieben (Reichertz 2011, S. 280 f.). In der konstruktivistischen (Charmaz 2014, S. 200 ff.) und heutigen Version der Strauss-Corbin-GT liegt diese primär in einer abduktiven Erkenntnislogik (Reichertz 2011, S. 280 f.; Truschkat et al. 2005). Hier geschieht die Theorieentwicklung durch eine Iteration von Induktion, Abduktion und Deduktion (Strübing 2014, S. 5 ff.). Details zur abduktiven Erkenntnislogik bietet z. B. Jörg Strübing (2014, S. 46 ff.).

Analyseverfahren (Kodieren), das von der Idee des kontinuierlichen Vergleichs geleitet wird *(constant comparative method)*, sowie 3) die Unterstützung der Theoriegenese durch prozessbegleitendes Schreiben von (als vorläufig anzusehenden) Texten (Memos).

- **Eine kurze Reise durch die Geschichte**

Die GT entsteht Mitte der 1960er-Jahre als ein „Produkt der Rebellion" (Strübing 2014, S. 1): In ihrem Buch *The Discovery of Grounded Theory* (1967) [hiernach: *Discovery*] kritisieren die Soziologen Barney Glaser und Anselm Strauss die Autorität der *grand theories* in der quantitativ dominierten US-Soziologie (Glaser und Strauss 2008 [1967], S. 10 ff., 15 ff.; Strauss 2011, S. 73) und die sich auch daraus ergebende Kluft zwischen Theorie und empirischer Forschung (Glaser und Strauss 2008 [1967], S. vii f.). In *Discovery* (ebd., S. 18) plädieren sie deshalb – als Gegenentwurf zum „armchair theorizing" (Corbin und Strauss 2015, S. 6) – für eine systematische in der Empirie begründete Theorieentwicklung. Dieses gemeinsame Ziel eint sie zunächst trotz ihrer unterschiedlichen wissenschaftlichen Sozialisation: Strauss entstammt der eher qualitativ-interpretativ forschenden, pragmatistisch beeinflussten Chicagoer Soziologie; Glaser hingegen der eher kritisch-rationalistisch orientierten, vorwiegend quantifizierenden Columbia School (Glaser und Strauss 2008 [1967], S. vii; Strübing 2014, S. 67 f.).

Die unterschiedlichen Denkschulen der beiden GT-Begründer werden in den auf *Discovery* folgenden getrennten Publikationen zur GT deutlicher (z. B. Glaser 1978, 1992; Strauss und Corbin 1990). Nachdem endgültigen Bruch zwischen Glaser und Strauss Anfang der 1990er-Jahre entstehen zwei getrennte GT-Stränge, die die Kernideen aus *Discovery* unterschiedlich weiterdenken: Zum einen bildet sich die sogenannte *klassische GT*[5] heraus, die von Glaser vertreten und heute von Teilen der *GT-community* als objektivistischer Strang bezeichnet wird (u. a. Charmaz 2014, S. 235 f.). Zum anderen entwickelt sich eine anfangs v. a. von Strauss geprägte Variante, in der insbesondere die pragmatistischen Einflüsse der GT sichtbar werden (Strübing 2007, 2014, S. 27, 67 ff.). Einen Grundstein für die Strauss'sche Version bildet das in Zusammenarbeit mit Juliet Corbin publizierte Buch *Basics of Qualitative Research* (1990). Mit dieser Publikation richten sich beide insbesondere an unerfahrenere Forschende, denen sie Hilfestellungen für das praktische Arbeiten mit der GT liefern wollen (Bryant 2009).

Auch wenn die beiden erwähnten Weiterentwicklungen nach wie vor sehr präsent sind, ist die GT-Landschaft im Laufe der letzten Jahrzehnte vielfältiger geworden (Denzin 2007, S. 454 f.). Die sogenannte zweite Generation (Morse et al. 2009) bringt v. a. mit der konstruktivistischen GT von Kathy Charmaz (z. B. 2014) und der situationsanalytischen GT von Adele Clarke (z. B. 2005) zwei weitere einflussreiche Varianten hervor. Beide kritisieren die objektivistischen Tendenzen von *Discovery,* der klassischen GT sowie der frühen GT-Version von Strauss und Corbin (Charmaz 2014, S. 12 ff.; Clarke 2011, S. 225) und entwickeln die GT entsprechend der die

---

5   Die Glaser'sche GT-Variante wird von Glaser selbst als *classic GT* bezeichnet (z. B. Glaser 2004). Aus diesem Grund sprechen wir in diesem Beitrag ebenfalls von der *klassischen GT*, wenn wir uns auf die Version von Glaser beziehen.

Wissenschaftslandschaft verändernden Strömungen weiter (z. B. Sozialkonstruktivismus bei Charmaz, *postmodern turn* bei Clarke).

Es ist aber nicht nur die GT-Landschaft als solche, die sich weiter ausdifferenziert. Auch die einzelnen GT-Stränge selbst dürfen nicht als statisch betrachtet werden. Die Grenzen zwischen einzelnen GT-Varianten haben sich im Zeitverlauf verstärkt bzw. abgeschwächt. Beispielsweise entwickelt Corbin die GT Strauss'scher Prägung nach dessen Tod (1996) weiter. Zu den dafür wichtigen Einflüssen zählt Corbin explizit postmoderne, feministische und konstruktivistische Strömungen. Entsprechend verschiebt sich zwar explizit auch hier der Fokus von einer eher durch Streben nach Objektivität geprägten frühen Version hin zu einer stärkeren Betonung des Einflusses der Forschenden auf die Theorieentwicklung (Corbin 2011b, S. 163 ff., 2011c, S. 84). Auch Charmaz grenzt sich zwar explizit von den „traditionellen" GT-Ansätzen ab (Charmaz 2014, S. 12 ff.), bescheinigt aber dennoch „eine erstaunliche Passung zwischen Pragmatismus und der konstruktivistischen GTM [GT-Methodologie]" (Charmaz 2011, S. 195). Jörg Strübing (2014, S. 99) sieht entsprechend dieser hohen epistemologischen Passung in der konstruktivistischen GT „eher nur eine Akzentverschiebung" zur GT Strauss'scher Prägung. Charmaz, so Strübings (2014, S. 98) Erklärungsversuch, hielte wahrscheinlich die „epistemologischen und sozialtheoretischen Konzeptionen, auf die die beiden [Strauss und Corbin] sich berufen, für sehr angemessen auch für die Weiterentwicklung der Grounded Theory". Ihre Kritik an der GT Strauss'scher Prägung bestünde eher auf „prozedualer Ebene". So betone Charmaz in besonderem Maße die Rolle der Reflexivität während des Forschungsprozesses, während Strauss und Corbin hier eher implizit blieben (ebd., S. 98 f.).

Unsere Forschungsgrundhaltung sympathisiert insbesondere mit der konstruktivistischen GT und der Bedeutung, die diese Reflexionen über die Konstruiertheit der (Forschungs-)Realität einräumt (Charmaz 2014, S. 17). Die Theoriegenese wird damit in der konstruktivistischen GT explizit selbst zur „sozialen Handlung" (ebd., S. 234). Die „Realität", die Forschende untersuchen können, entsteht in der Interaktion zwischen Forschungsteilnehmenden und Forschenden. Entsprechend wird sie von den Vorannahmen, Hintergründen und daraus resultierenden Interaktionsmustern *beider* Seiten geprägt. Somit kommt Forschenden eine besondere Verantwortung zu, sich selbst sowie das, was sie erkennen (und nicht erkennen) können, zu reflektieren (ebd., S. 27).

5.3 Darf theoretisches Wissen eine gegenstandsverankerte Theoriegenese beeinflussen?

Die GT steht im Kontrast zur theoriegeleiteten Forschung. Letztere muss zwangsläufig auf dem aktuellen Stand der Forschung aufbauen. Ist das Ziel jedoch, eine Theorie explizit aus den Daten selbst zu entwickeln, muss die Rolle von vorhandenem Fachwissen neu ausgehandelt werden. Es ist deshalb nicht überraschend, dass genau dieser Punkt kontrovers zwischen den einzelnen Strängen diskutiert wird. Die Empfehlungen reichen dabei von der Aufforderung des totalen Verzichts auf anfängliches Einarbeiten in Literatur (Glaser 1992, S. 31 f.) bis hin zur Überlegung, dass sich Glasers „all is data" (Glaser 2001, S. 145) im Grunde auch auf wissenschaftliche Publikationen beziehen kann und deshalb zu keinem Zeitpunkt etwas gegen eine Auseinandersetzung mit *dieser* Art der

Daten spricht (Bryant 2009). Diese Kontroverse aufgreifend, stellen wir als Orientierungshilfe für GT-Novizinnen und -novizen erst die Positionen der verschiedenen GT-Stränge dar und gehen dann auf unseren Umgang mit fachlicher Literatur ein.

- **Die Literaturkontroverse**

Bereits in *Discovery* wird diskutiert, inwiefern und wann Literatur aus einem fachlich relevanten Feld in die Theoriegenese einfließen darf (Glaser und Strauss 2008 [1967], S. 36 f.): Grundsätzlich gelte, dass die Theorie aus den Daten selbst emergieren soll. Bestehendes theoretisches Vorwissen, so die explizite Empfehlung, solle deshalb *anfänglich* ignoriert werden, um den analytischen Blick der Forschenden nicht durch die außerhalb der Daten vorhandenen Theorien zu „kontaminieren". Allerdings ist diese Haltung nicht so eindeutig, wie es scheint. Beispielsweise wird in *Discovery* eingestanden, dass die meisten Forschenden theoretisches Vorwissen in die Forschung mitbrächten (ebd., S. 253). Auch erkennen Glaser und Strauss an, dass Forschende eine Perspektive haben *müssten*, aus der heraus Daten analysiert werden können (ebd., S. 3) und es durchaus verschiedene Strategien gebe, wann und in welchem Umfang Literatur einbezogen werden könne (ebd., S. 253). Allerdings kommen sie trotz dessen zu dem Schluss, dass eine zu umfangreiche Literaturrecherche vor Beginn des Forschungsprojekts äußerst problematisch sei, weil es das Potenzial der Forschenden zerstören könne, Theorien zu entwickeln (ebd.).

Die klassische GT hält auch heute noch daran fest, dass ein Literaturüberblick im forschungsrelevanten Bereich am Anfang des Forschungsvorhabens unbedingt zu vermeiden sei (Glaser 2011a, S. 148 f.). Die in der Literatur vorhandenen theoretischen Überlegungen trübten die theoretische Sensibilität der Forschenden und führten zu extern aufgezwungenen Kategorien (ebd., S. 149). Stattdessen müssten – und würden bei „richtiger" Anwendung der GT nach Glaser'scher Lesart – die Kernkategorien aus den Daten selbst emergieren (Glaser 1992, 2011a, S. 149, 2012) und erlaubten es somit, eine Theorie zu generieren, die „as objective as humanly possible" sei (Glaser 2002). Fachliteratur als eine Art der Datenform dürfe erst danach mittels der Methode des ständigen Vergleichs einfließen (Glaser 2011a, S. 149). Diese Betonung des Emergierens ohne theoretisches Vorwissen – was durchaus als widersprüchlich zum Konzept der theoretischen Sensibilität (Kelle 2011, S. 243) und den von Glaser selbst entwickelten theoretischen Kodierfamilien[6] gesehen werden kann (Strübing 2014, S. 68 f.) – kritisiert Kelle (2011, S. 245) als „dogmatische[n] Rechtfertigungsinduktivismus".

> ┌─ **Theoretische Sensibilität** ───────────────────
>
> Die theoretische Sensibilität der Forschenden ist deren Fähigkeit, in der Empirie verankerte Theorien zu entwickeln (Glaser und Strauss 2008, S. 46). Diese wird zwar auch von der Persönlichkeit der forschenden Person geprägt (ebd., S. 46), erfordert aber insbesondere die Fähigkeit, theoretisch zu konzeptualisieren (Glaser 1992, S. 27 f.). Das wiederum setzt ein fachliches Training voraus (ebd., S. 28), also ein breites theoretisches Hintergrundwissen und die Erfahrung, dieses auf empirische Sachverhalte anzuwenden (Kelle 2011, S. 243).

---

6   Für Details zu Glasers Kodierfamilien siehe z. B. Glaser (1978, S. 73 ff. oder 2005, S. 21 ff.).

Der Strauss-Corbin-Strang steht dem Umgang mit Literatur offener gegenüber: Fachliteratur darf in jede Forschungsphase eingebunden werden. Dies gilt auch zu Beginn, wenn Fragen für initiale Beobachtungen oder Interviews entwickelt werden müssen (Corbin und Strauss 2015, S. 33, 49 ff.). Allerdings weisen Corbin und Strauss (2015, S. 49) darauf hin, dass ein allumfassender Literaturüberblick weder möglich ist, da der genaue Fokus der Studie sich erst entwickeln muss, noch als ratsam erachtet wird. Es muss sehr bewusst mit externen theoretischen Überlegungen umgegangen werden, um zu verhindern, dass diese den Daten implizit übergestülpt werden. Für Glaser stellen die hierzu von Strauss und Corbin in *Basics of Qualitative Research* (1990) dargelegten Ausführungen einen Bruch mit den ursprünglichen GT-Prinzipien dar (Glaser 1992, S. 2): ein Disput, der von Glasers Seite bis heute geführt wird (Glaser 2011b, S. 61 ff.) und sich auch gegen neuere GT-Stränge richtet, in denen nicht im Sinne seiner GT-Auffassung argumentiert wird (Glaser 2002).

Auch die konstruktivistische GT sieht in der Einbindung von Fachliteratur einen festen, wenn auch nicht unproblematischen Bestandteil des Forschungsprozesses: Charmaz (2014, S. 306) weist ebenfalls auf die bereits erwähnten Risiken hin. Allerdings ist es laut ihr ebenso problematisch, sich nicht mit bestehendem Wissen auseinanderzusetzen, da dies zu einem ständigen Wiederentdecken der gleichen empirischen Sachverhalte führt. Darüber hinaus ist es unwahrscheinlich, dass Forschende ohne fachspezifisches Vorwissen, also frei von „Verunreinigungen", eine Forschungsarbeit beginnen – zumal Förderinstitutionen oder andere Gremien entsprechende theoretische Vorarbeiten verlangen. Anstelle einer „theoretical innocence" ist es ratsam, vorhandene Konzepte einzubinden, diesen aber mit einer kritischen Haltung zu begegnen (ebd., S. 306). Grundsätzlich ist die GT keine Entschuldigung für eine unsorgfältige Auseinandersetzung mit bestehendem Wissen. Dies ist schließlich eine Voraussetzung, um am Ende die entwickelten Theorien in der wissenschaftlichen Debatte verorten und zur Diskussion stellen zu können. Ein umfassender Literaturüberblick, der fester Bestandteil vieler Forschungsarbeiten ist, kann bei GT-Projekten aber erst *nach* der Theoriegenese geschrieben werden, da der Fokus sich erst während des Forschungsprozesses entwickelt und die benötigte Fachliteratur entsprechend kontinuierlich angepasst werden muss (ebd., S. 370 ff.).

- **„There is a difference between an open mind and an empty head"[7]**

Die integrative, aber betont reflexive Haltung der konstruktivistischen GT empfinden wir als eine ihrer großen Stärken. Sie entspricht unserer Überzeugung, dass die Auseinandersetzung mit theoretischem Wissen nicht grundsätzlich im Widerspruch zu einem ergebnisoffenen, gegenüber den erhobenen Daten sensiblen Theoriegenerierungsprozess steht. Theoretisches Wissen haben wir deshalb im Sinne von sensibilisierenden Konzepten (Blumer 1954) verstanden. Charmaz (2014, S. 30 f.) benutzt diese wie folgt:

> » Sensitizing concepts give researchers initial but tentative ideas to pursue and questions to raise about their topics […]. If particular sensitizing concepts prove to

---

7   Dey (1993, S. 65).

be irrelevant, then we dispense with them […]. Treat these concepts as points of departure for studying the empirical world while retaining the openness for exploring it. In short, sensitizing concepts can provide a place to start inquiry, not to end it.

Externes theoretisches Wissen fließt auch bei unseren Projekten in verschiedenen Forschungsphasen ein. Hier hilft uns ein gesunder „theoretischer Agnostizismus" (Henwood und Pidgeon 2003, S. 138), unsere Forschungsarbeiten nicht von externen Konzeptualisierungen „kapern" zu lassen. Wir können folgende Techniken empfehlen, um fachliches Wissen reflektiert in die Forschung mit der GT zu integrieren und eine informierte Offenheit gegenüber den Daten zu bewahren:

- **Streben nach theoretischer Vielfalt:** Es gilt zu verhindern, dass eine oder wenige Theorien in der eigenen Anschauung dominant werden und deshalb unbewusst in ein theoriebasiertes Hypothesentesten verfallen wird. Wir haben uns daher dem Untersuchungsgegenstand – statt über die intensive Auseinandersetzung mit nur einem Themengebiet – bewusst aus mehreren, auch interdisziplinären Perspektiven genähert.
- **Kontinuierliche Reflexion und Dokumentation theoretischer Einflüsse:** In regelmäßigen Sitzungen mit Kolleginnen und Kollegen haben wir die für uns zu einem bestimmten Zeitpunkt dominanten externen Konzepte herausgearbeitet und deren Einfluss auf die Theoriegenese reflektiert. Diese Erkenntnisse sind dann in die für die GT charakteristische Memopraxis eingeflossen. Dadurch stellen wir erstens sicher, dass externes Wissen direkt mittels ständigen Vergleichens zu den erhobenen Daten in Beziehung gesetzt wird. Zweitens regt der Schreibprozess eine Reflexion über sonst möglicherweise implizit gebliebene Überlegungen an. Drittens macht das kontinuierliche Weiterführen dieser Notizen Veränderungen in den dominierenden Einflüssen sichtbar.

Die Rolle von Memos in der GT

Das kontinuierliche Verfassen von Memos ist ein Kernbestandteil der Theoriegenese (Corbin und Strauss 2015, S. 106; Glaser 1978, S. 83). Memos können von inhaltlich vagen Ideen bis hin zu detaillierten Ausführungen zu Kategorien oder deren Beziehungen alles enthalten. Sie dienen der temporären Ergebnissicherung, dürfen aber jederzeit verworfen, abgeändert oder weitergeführt werden. Details zu Memos bieten z. B. Charmaz (2014, Kap. 7), Corbin und Strauss (2015, Kap. 6), Glaser (1978, Kap. 5) sowie Gibson und Hartmann (2014, Kap. 7).

- **Gezieltes Verlernen des Bekannten:** Uns zentral erscheinende (importierte) Konzepte haben wir, angelehnt an die von den *postcolonial studies* beeinflusste Idee der *unlearning-* bzw. *defamiliarization*-Strategien (z. B. Jazeel 2014, S. 98 f.) versucht, bewusst zu „verlernen". Dieses aktive Hinterfragen von vermeintlich Klarem geschieht beispielsweise durch Diskussionen mit Personen eines anderen sozioökonomischen, kulturellen oder fachlichen Hintergrundes sowie durch Bedeutungsverschiebungen in sprachlichen Übersetzungen. Das kann hilfreich sein, um diejenigen Aspekte einer sozialräumlichen Wirklichkeit aufzudecken und zu hinterfragen, die Forschenden sonst – häufig unbewusst – als natürlich gegeben erscheinen. Entsprechend können sich den Forschenden neue Perspektiven auf vermeintlich Bekanntes eröffnen.

5.4 Wie gestaltet sich die Fallauswahl in der Grounded Theory?

Auch für GT-geleitete Forschungsprojekte muss gefragt werden, wie dem methodologischen Grundverständnis entsprechend auf geeignete Weise Daten erhoben und zur Analyse ausgewählt werden können. Im Gegensatz zu deduktiv-nomologischen Konzeptionen ist die Forschung mittels GT *nicht* theoriebestimmt. Das *sampling* kann entsprechend nicht vorab anhand eines von gegenstandsunspezifischen Regeln geleiteten Auswahlplans festgelegt werden (Strübing 2014, S. 29). Für die Forschungspraxis stellen sich deshalb drei Fragen: 1) Wie komme ich zu einer anfänglichen Fallauswahl, wenn ich diese weder an gegenstandsunspezifischen Regeln noch an einer konkreten Theorie ausrichten kann? *(initial sampling)*; 2) Wie kann ich meine Fallauswahl so organisieren, dass sie der Theoriebildung dienlich ist? *(theoretical sampling)* und 3) Wann endet das *sampling? (theoretische Sättigung).*

- **Initiales Sampling**

Das *initial sampling* dient dem ersten Zugang zum Feld und hat „Erkundungscharakter" (Truschkat et al. 2005). GT-Forschenden muss hier der Balanceakt gelingen, einerseits den Forschungsgegenstand soweit zu konkretisieren, dass eine erste Fallauswahl sinnvoll durchgeführt werden kann, und andererseits die Fragestellung offen genug zu halten, um der abduktiven Forschungslogik der GT gerecht zu werden. Doch wie kann eine solche Konkretisierung im Sinne der GT gelingen?

Unterschiedliche GT-Stränge sind sich beim Zugang zum Feld uneins: Glaser (1992, S. 22 f.) betont, dass Forschende anfangs zwar ein Interessensfeld haben dürften, jedoch keine konkrete Problemstellung. Sie müssten Vertrauen haben, dass das zu untersuchende Problem aus dem Feld ersichtlich wird. Einstiegshilfen wie den Einbezug von fachlicher Literatur, Ratschlägen oder eigenen problemzentrierten Erfahrungen sieht Glaser entsprechend kritisch. Corbin und Strauss (2015, S. 32 ff.) sowie Charmaz (2014, S. 197) stehen der bewussten Verwendung dieser Quellen als Orientierungshilfe hingegen aufgeschlossen gegenüber. Eigene Erfahrungen werden ebenfalls als wichtige Anhaltspunkte genannt, um Forschungsvorhaben in Gang zu setzen.

Als Sympathisantinnen der konstruktivistischen GT haben wir uns über eine bewusste Reflexion der folgenden zwei Bereiche dem Feld genähert:

- **Persönliche und berufliche Erfahrungen:** Eigene Erfahrungen können entscheidend das anfängliche Erkenntnisinteresse prägen und stellen wichtige Eintrittspunkte ins Feld dar. Insbesondere wenn das Feld schwer zugänglich ist, entsteht durch diese oft überhaupt erst die Möglichkeit, Kontakte zu ersten Fällen aufzubauen.

- **Bestehendes Vorwissen:** Externe Quellen können eine wichtige Rolle für die Konkretisierung des Interessensfeldes spielen. Sie liefern konzeptionelle und praktische Einblicke, die außerhalb des eigenen Erfahrungsspektrums liegen. Entsprechend können bereits durchgeführte Studien und die Erfahrungen von Forschenden desselben Gebietes erste Ideen zur Fallauswahl und sogar Zugang zu relevanten Netzwerken liefern.

Unserer Erfahrung nach ergeben sich auf Basis dieser Reflexionen mehr potenzielle Zugänge als Forschende tatsächlich wahrnehmen können. Als Entscheidungshilfe haben wir deshalb verschiedene Einstiegsmöglichkeiten visualisiert, um so zu überlegen, wie sich ein solcher Eintritt ins Feld auf unsere Forschung auswirken könnte und welche inhaltlichen Einblicke wir (vermutlich) bekämen. Folgende Varianten unserer Mind-Maps haben sich als hilfreich erwiesen:

— Die **Kontakt-Mind-Map** stellt die Forschenden in den Mittelpunkt. Hiervon ausgehend wird das berufliche und private Netzwerk nachvollzogen, das potenziell für das Forschungsinteresse relevant sein könnte. Darüber hinaus werden Überlegungen über das weiterführende Netzwerk dieser Kontakte angestellt.

— Die **Akteurs-Mind-Map** dokumentiert die für das Interessensgebiet als relevant erachteten Akteure. Wir haben darüber hinaus vermerkt, welche Perspektiven uns die einzelnen Akteure (vermutlich) eröffnen können. Somit konnten wir später nachvollziehen, wo und warum sich unsere Erwartungen von der „Realität" unterschieden.

— Die **Interaktions-Mind-Map** legt den Fokus auf virtuelle und physische Interaktionsräume/-orte, die interessante Einblicke oder Kontakte ermöglichen könnten. Wir haben auch hier festgehalten, warum diese uns relevant erscheinen und welche Erwartungen wir mit ihnen verbinden. Beides haben wir mit späteren Erfahrungen verglichen.

Die Mind-Maps sind für uns ein wichtiges Mittel zur Dokumentation unserer ersten Auswahlentscheidungen. Das ist im Falle der GT besonders wichtig: Das *initial sampling* liefert die ersten Daten, mit denen die Theoriegenese in Gang gesetzt wird. Es sind also genau diese ersten Einblicke in die sozialräumlichen Wirklichkeiten der Forschungsteilnehmenden, die die Richtung des späteren Erkenntnisweges und damit den potenziellen Fokus der noch zu entwickelnden Theorie prägen (Charmaz 2014, S. 197 f.).

■ **Theoretisches Sampling**

Mit den durch das *initial sampling* erhobenen Daten beginnt der für die GT charakteristische iterativ-zyklische Prozess aus Datenanalyse, Theorieentwicklung und erneuter Materialgewinnung. Die Auswahlentscheidungen für weitere Fälle werden fortan ausschließlich mittels der Logik des *theoretical samplings* getroffen. Die Forschenden entscheiden also anhand des momentanen Standes der sich entwickelnden *grounded theory*, welche weiteren Fälle in die Theoriegenese einbezogen werden (Charmaz 2014, S. 198; Suddaby 2006, S. 634). Das neue Datenmaterial dient dazu, bereits entwickelte Kategorien, deren Eigenschaften und Dimensionen zu verdichten und, falls möglich, Neues aus den Daten zu generieren.[8] Dieser Prozess wird so lange durchlaufen, bis die einzelnen Kategorien und am Ende die *grounded theory* selbst als gesättigt angesehen werden (Strübing 2014, S. 33 f.).

Das *theoretical sampling* ist ein zentrales qualitätssicherndes Verfahren in der GT (Strübing 2011, S. 156). Ein „idealer" *sampling*-Verlauf scheint jedoch ein unbeschränktes zeitliches und finanzielles Budget, einen ungehinderten Zugang zu den

---

8   Um eine ausreichende Varianz und Dichte zu gewährleisten, empfehlen Glaser und Strauss (2008 [1967], S. 47, 55 ff.) die Strategie des minimalen und maximalen Vergleichs.

Fällen und deren uneingeschränkte Kooperationsbereitschaft vorauszusetzen. Diese idealen Bedingungen werden die meisten Forschenden nicht vorfinden. Entsprechend müssen sie sich fragen, wie sie eine Balance zwischen den gegebenen Restriktionen der Forschungsrealität und den qualitätssichernden Anforderungen des *theoretical samplings* halten können.

Auch wir haben in unseren Forschungsprojekten keine idealen *sampling*-Bedingungen: 1) Unsere Felder (Delhi in Indien bzw. San Martín in Peru) sind wegen der physischen Distanz zu unserem Arbeitsplatz in Deutschland nicht ständig zugänglich. Die Erhebungszeit ist entsprechend strukturell begrenzt. 2) Selbst während der Feldforschung ist der Zugang zu relevanten Settings (z. B. Krankenhäuser, politische Gremien) beschränkt. 3) Zu interviewende Personen sind aufgrund personenbezogener (z. B. Gesundheitszustand), sozialer (z. B. Angst vor Stigmatisierung, Kontrolle des Elternhauses) oder institutioneller (z. B. Fehlen eines Gatekeepers) Limitationen nicht immer verfügbar. Wir sahen zwei Möglichkeiten, mit diesen Restriktionen umzugehen:

— **Wenige Interviews pro Aufenthalt:** Diese Variante erlaubt, die Interviews vor Ort zu transkribieren, detailliert zu analysieren und geleitet von den so entwickelten Kategorien erneut Erhebungen durchzuführen – so verlangt es der GT-Forschungsprozess idealerweise. Das kann sich jedoch dann als (forschungspraktisch) problematisch herausstellen, wenn die Verwendbarkeit der Daten schwer absehbar[9] und gleichzeitig die Möglichkeit zur Feldforschung stark limitiert ist: Da hier pro Aufenthalt nur eine relativ kleine Datenbasis generiert wird, lassen sich wenig ergiebige Daten bis zum nächsten Forschungsaufenthalt kaum kompensieren. In Konsequenz kann dies die Theorieentwicklung und damit die Forschungsarbeit u. U. beträchtlich verzögern.

— **Vergleichsweise viele Interviews pro Aufenthalt:** Diese Variante erlaubt es zeitlich nicht, Interviews vor Ort komplett zu transkribieren und detailliert zu analysieren. Die das *sampling* leitenden Kategorien werden entsprechend aus den im Feld entstandenen Notizen sowie aus vereinzelt transkribierten Interviewpassagen generiert. Das ermöglicht es, eine breite Datenbasis zu generieren, die auch wenig ergiebige Erhebungstage ausgleichen kann. Eine vollständige Transkription erfolgt erst nach dem Feldaufenthalt.

Aufgrund unserer spezifischen Forschungslimitationen haben wir uns für die zweite Variante entschieden. Dies schien uns ein legitimer forschungspragmatischer Weg, da auch der „ideale" *sampling*-Ablauf vorsieht, auf „altes" Datenmaterial zurückzugreifen. Dies ist bei fortschreitender Theoriegenese sinnvoll und notwendig, um bereits Erhobenes immer wieder in die Analyse neuer Kategorien, Eigenschaften oder Dimensionen einzubeziehen (Corbin und Strauss 2015, S. 141). Um am Ende des Forschungsprozesses, die Güte und Reichweite der entstandenen Theorie intersubjektiv nachvollziehbar machen zu können, dokumentieren wir jedoch, wann wir welches Interview durchgeführt, analysiert und re-analysiert haben. Des Weiteren

---

9   Dies kann z. B. der Fall sein, wenn Interviews nur durch Gatekeeper vermittelt werden können und die Eignung der Interviewpartnerinnen und -partner sowie deren Teilnahmebereitschaft im Vorhinein nur schwer abschätzbar sind.

hielten wir fest, welche *sampling*-Entscheidung umgesetzt werden konnte und welche warum nicht realisierbar war.

- **Theoretische Sättigung**

Der GT-Forschungsprozess gilt dann als abgeschlossen, wenn die sogenannte theoretische Sättigung erreicht ist. Das ist der Fall, wenn sich die entwickelten Kategorien als robust erweisen, sich also ihre Eigenschaften und Beziehungen zueinander am Material bestätigen und keine neuen mehr gefunden werden können (Charmaz 2014, S. 197, 213). Nimmt man das Konzept der theoretischen Sättigung in der Forschungspraxis ernst, sind damit jedoch gewichtige Herausforderungen verbunden, denen sich Forschende bereits im Vorfeld ihres Projektes bewusst sein sollten:

– **Qualitätssicherung liegt im besonderen Maße in der Verantwortung der Forschenden:** Strübing (2014, S. 33) weist darauf hin, dass es sich bei der Feststellung der theoretischen Sättigung um eine „subjektive und riskante Entscheidung" handelt, da „das Kriterium, dass die Daten nichts Neues mehr für die theoretische Kategorie ergeben, […] auslegungsbedürftig und nicht objektiv aus den Daten ableitbar" ist. Potenziell, so auch Flick (2014, S. 417), ist es schließlich immer möglich, weitere Fälle in die Datenanalyse zu integrieren. Aus diesem Grunde ist eine intersubjektiv nachvollziehbare Dokumentation besonders wichtig. Es gilt, transparent zu machen, auf welcher Datengrundlage Kategorien als gesättigt angesehen werden, welche Aussagekraft sie entsprechend haben (Strübing 2014, S. 33) bzw. welche Reichweite der Theorie selbst zugesprochen werden kann (Glaser und Strauss 2008 [1967], S. 52 ff.).
– **Eine Spezifikation der Dauer und des Umfanges des Projektes ist schwierig.** Das wiederum stellt alle diejenigen vor Herausforderungen, die im gängigen Wissenschaftssystem Fördermittel beantragen möchten oder auf die Genehmigung durch Ethikkommissionen angewiesen sind. Charmaz (2014, S. 210) empfiehlt deshalb, in Verfahren präventiv mehrere Feldforschungsphasen (z. B. für *follow-up*-Interviews) zu beantragen und die notwendige Offenheit bezüglich der Settings und Art der Fälle mit gängigen Forschungspraktiken zu begründen.

5.5 Von den Daten zur Theorie: Kodieren in der Grounded Theory

Das Kodieren ist ein zentraler Bestandteil des GT-Forschungsstils. Jedoch gibt es *das* Kodieren ebenso wenig, wie es *die* GT gibt. Im Folgenden gehen wir überblicksweise auf Grundgedanken des Kodierens gemäß der konstruktivistischen GT ein, um darauf aufbauend einen detaillierteren Einblick in unsere Erfahrungen bei der Anwendung zu geben.

- **Was bedeutet „Kodieren"in der Grounded Theory?**

Das Kodieren ist zentral für die GT. Hierbei werden schrittweise theoretische Konzepte entwickelt, die wiederum den Grundstein für das *theoretical sampling* legen und somit den Prozess aus Datenerhebung, -analyse und Theoriebildung erneut in Gang setzen. Kodierpraktiken in der GT sind also keine „stark regelgeleiteten, fast mechanischen Prozess[e]", sondern sind – auch im Sinn eines kreativen Akts – „systematische Strategien der interpretativen Datenanalyse" (Strübing 2013, S. 118).

Im Laufe der Ausdifferenzierung der GT haben sich unterschiedliche Kodierpraktiken herausgebildet. Diese sind jedoch, ähnlich wie die methodologische Ausrichtung der GT-Varianten, keinesfalls statisch, sondern wurden innerhalb der einzelnen GT-Stränge weiterentwickelt (Kelle 2011, S. 99 f.; Urquhart 2013, S. 22 ff.). Trotz der Unterschiede spielt jedoch in allen Schulen die Methode des ständigen Vergleichs eine wichtige Rolle beim Kodieren (Glaser 2004; Corbin und Strauss 2015, S. 93 f.; Charmaz 2014, S. 132): Durch den konstanten Vergleich von analytischen Einheiten (Kodes mit Kodes, Kodes mit Kategorien etc.) gelingt es, 1) Einheiten eines höheren Abstraktionslevels zu entwickeln, 2) diese zu verdichten, 3) falls notwendig zu verwerfen oder zu modifizieren oder 4) bisher unbeachtete Aspekte in neue Einheiten zu fassen.

Die konstruktivistische GT, nach deren Kodierpraktiken wir uns gerichtet haben, unterscheidet das initiale, fokussierte und theoretische Kodieren, wobei Letzteres optional durchgeführt werden kann (Charmaz 2014, S. 108 ff.):

- **Initiales Kodieren**: Das initiale Kodieren ist der erste Schritt, um aus den rohen (meist in Textform vorhandenen) Daten *analytische* Ideen zu gewinnen. Dieses „Aufbrechen" der Datenmasse geschieht, indem sich Forschende mit einzelnen Dateneinheiten (z. B. Worte, Sätze, Vorfälle) auseinandersetzen und ihnen kurze, prägnante Labels (Kodes) zuweisen (Charmaz 2014, S. 124 ff.). Eine spezielle Art von Kodes sind *In-vivo*-Kodes, bei denen besonders einschlägige Formulierungen der Forschungsteilnehmenden direkt als Bezeichnung für den Kode übernommen werden (ebd., S. 134 f.). Das konstante Vergleichen der initialen Kodes untereinander führt zu deren Präzisierung und Modifikation: Neue Kodes entstehen, andere werden zusammengefasst oder unterteilt (Thornberg und Charmaz 2014, S. 158). Auch deuten sich erste (provisorische) Kategorien an (Berg und Milmeister 2011, S. 310), die sich ebenfalls im Prozess des ständigen Vergleichens beweisen müssen.
- **Fokussiertes Kodieren**: Im Laufe des initialen Kodierens stellen sich einige Kodes als analytisch besonders wertvoll heraus. Auf Grundlage dieser Kodes, den sogenannten *focused codes,* wird das vorhandene Datenmaterial erneut analysiert. Im ständigen Vergleich mit altem und neu erhobenem Datenmaterial werden sie eingehend geprüft, ggf. verändert und ihre Passgenauigkeit zu den Daten erhöht. Auch finden so Aspekte aus den Daten Berücksichtigung, die erst durch die neue Perspektive auf die Daten heraustreten. In dieser Kodierphase entscheiden sich Forschende, welche Kodes und provisorische Kategorien am besten das wiedergeben, was in den Daten passiert. Hieraus entstehen *konzeptionelle* Kategorien, die zu einem Bestandteil der Theorie selbst werden. Allerdings müssen sich auch diese wieder im ständigen Vergleich mit den Kodes und Kategorien bewähren (Thornberg und Charmaz 2014, S. 158 f.). In diesem Prozess verdichten sich bewährte Kategorien und werden miteinander in Verbindung gesetzt.
- **Theoretisches Kodieren**: Das Ziel ist eine theoretische Anreicherung der Kodes und Kategorien. Anders als bei den initialen und fokussierten Kodes, die durch die Analyse der empirischen Daten und den ständigen systematischen Vergleich entstehen, werden beim theoretischen Kodieren bewusst (theoretische) Sichtweisen „von außen" in den Analyseprozess eingebracht (Thornberg und Charmaz 2014, S. 159). Theoretische Kodes sollen jedoch nur eingebracht werden, wenn sie helfen, die Beziehungen zwischen den Kategorien zu präzisieren, die während des fokussierten Kodierens entstehen (Charmaz 2014, S. 150).

- **Tipps für das Kodieren in der konstruktivistischen Grounded Theory**

Bei Forschenden ohne GT-Erfahrungen kann beim anfänglichen Einlesen leicht der Eindruck entstehen, dass Kodieren ein schematisch abzuarbeitender Prozess ist. Dieser Eindruck täuscht. Kodieren erfordert v. a. analytische Fähigkeiten, die Forschende nur durch das praktische Anwenden selbst erlangen können. Es handelt sich zudem um einen kreativen Akt, der „theoretical playfullness" (Charmaz 2014, S. 245) verlangt. Im Folgenden haben wir Tipps zusammengetragen, die uns das Kodieren im Rahmen der konstruktivistischen GT erleichtern und als Orientierungshilfen in schwierigen Phasen dienen:

- **Den Daten Fragen stellen:** Für uns war es – gerade beim initialen Kodieren – hilfreich, sich den Daten über Fragen zu nähern. Ein solches Vorgehen bringt die Analyse in Gang, weckt Kreativität und hilft, die eigenen Perspektiven und die der Forschungsteilnehmenden zu hinterfragen (Charmaz 2014, S. 127; Thornberg und Charmaz 2014, S. 156).
- **Konzeption statt Deskription:** Das Ziel der GT ist nicht, individuelle Geschichten möglichst dicht zu beschreiben, sondern eine Theorie zu entwickeln, die über das Bewerten von Einzelfällen hinausgeht. Beim initialen Kodieren, welches nah an den Daten bleibt, empfiehlt Charmaz (2014, S. 116 ff.), sich v. a. auf Handlungen und Prozesse zu konzentrieren.
- **Bei Zweifeln innehalten, anstatt stoisch weiter zu kodieren:** Beim „Wort-für-Wort"- oder „Zeile-für-Zeile"-Kodieren schleicht sich schnell Angst ein, in der Masse an Daten, Kodes und Kategorien zu ertrinken und den roten Faden der eigenen Theorieentwicklung zu verlieren (Geiselhart et al. 2012, S. 92). Jetzt heißt es innehalten, das bereits Analysierte mit Abstand zu reflektieren und ggf. in Diskussionen mit Kolleginnen und Kollegen zu systematisieren. Falls sich die Erkenntnis einstellt, dass nicht alle erhobenen Daten in der gleichen Intensität einbezogen werden können, kann ein nachgelagertes *theoretical sampling* (Corbin und Strauss 2015, S. 141) der gezielteren Integration der Daten dienen.
- **Kritische Distanz zu theoretischen Kodes wahren:** Das theoretische Kodieren sollte erst in Betracht gezogen werden, wenn bereits eine ausreichende analytische Beschäftigung mit den Daten selbst stattgefunden hat und die Theoriegenese fortgeschritten ist. Die externen Konzepte müssen zudem in ständigem Vergleich zu den eigenen Daten gesetzt werden. So kann der Import von nicht für die Daten relevanten Konzepten in die eigene Theorie verhindert werden (Charmaz 2014, S. 150 ff.).
- **Memos als Werkzeug zur Reflexion der Daten- und Theoriekonstruktion:** Forschende selbst haben einen entscheidenden Einfluss auf die Theorieentwicklung: 1) Sie wählen die Forschungsteilnehmenden und -orte aus. 2) Sie ko-konstruieren die Daten in Interaktionen mit diesen Personen und Orten und 3) analysieren die Daten, indem sie ihnen im Kodierprozess Sinn zuschreiben. Hier ergibt sich zwangsläufig ein mehrschichtiges Machtgefälle der Einflussnahme und Deutungshoheit. Aus diesem Grund ist es Bestandteil der konstruktivistischen GT, sich der eigenen Rollen und Perspektiven und v. a. deren Einfluss auf das *sampling*, die Datenkonstruktion und das Kodieren bewusst zu werden. Memos sind ein wichtiges Mittel, um diesen Reflexionen den notwendigen Raum zu geben und sie explizit in die Theoriegenese zu integrieren.

- **Memos als analytische Gedankenstütze:** Bei großen Datenmengen kann zwischen der erneuten Auseinandersetzung mit bestimmten Kodes und Kategorien viel Zeit vergehen. Das Erstellen von Memos, in denen festgehalten wird, welche Überlegungen zu Kategorien geführt und wie sich diese weiterentwickelt haben, hilft, den roten Faden nicht zu verlieren.
- **Memos als Motivation:** Memos dokumentieren den Fortschritt der eigenen Theorie. Das Durcharbeiten von bereits geschriebenen Memos macht die eigene bisher erbrachte analytische Leistung sichtbar. Sich das „Geschaffte" vor Augen zu führen, kann bei längeren „Durststrecken" als Motivation dienen.

Bei all dem ist es wichtig, sich das Bewusstsein für Vorläufigkeit zu bewahren. Da sich der Fokus der Studie im Forschungsverlauf herausbildet, müssen Forschende bereit sein, vorher als relevant Empfundenes geistig zur Seite zu legen. Dies gilt für theoretische Perspektiven, die als wichtig betrachtet wurden, ebenso wie für die während des Kodierprozesses herausgearbeiteten Kodes und Kategorien. Auch wir mussten uns im Laufe unserer Projekte – entsprechend des *kill-your-darlings*-Prinzips – von „liebgewonnenen" Perspektiven trennen, wenn sich diese im Laufe des Prozesses als weniger bedeutend herausstellten als ursprünglich angenommen. Gelingt dies, ermöglicht diese offene, reflektierte Haltung gegenüber dem Feld im besonderem Maße, den Wahrnehmungs-, Bedeutungs- und Handlungsschemata der Beteiligten und damit der stattfindenden Produktion sowie Reproduktion der sozialräumlichen Wirklichkeiten in der Theorieentwicklung Rechnung zu tragen.

5.6 Mit der Grounded Theory (sozialräumliche) Wirklichkeiten erforschen: Ein persönlicher Rück- und Ausblick

„Forschung ist harte Arbeit, es ist immer ein Stück Leiden damit verbunden. Deshalb muss es auf der anderen Seite Spaß machen" lautet der Titel eines Interviews, welches die Psychologen Heiner Legewie und Barbara Schervier-Legewie mit Anselm Strauss Mitte der 1990er-Jahre geführt haben (Strauss 2011). Auch wir können unsere Erfahrungen mit der (konstruktivistischen) GT nicht besser beschreiben: Unser anfänglich skeptisches Beäugen der GT hat sich im Laufe der letzten zwei Jahre in eine Faszination für einen Forschungsstil umgewandelt, dessen epistemologisches und methodologisches Grundgerüst gleichzeitig Halt gibt, aber in seiner Anwendung den Forschenden die notwendige Freiheit lässt, verschiedenen Interessensgebieten und Forschungskontexten gerecht zu werden. Trotz unserer Begeisterung müssen jedoch auch wir feststellen: Forschen mit der GT ist ein kontinuierlicher Balanceakt zwischen Ideal und Notwendigkeiten, ein stetiges Ringen mit sich selbst und dem eigenen (Forschungs-)Umfeld. Es ist, im Sinne von Strauss, harte Arbeit; jedoch eine Arbeit, die sich lohnt: Die systematische Offenheit gegenüber den Daten unterstützt Forschende dabei, Selbstverständliches zu hinterfragen, dominante Perspektiven zu erkennen und, falls notwendig, mit ihnen reflektiert zu brechen. Damit bieten insbesondere die jüngeren GT-Stränge Geographinnen und Geographen die Chance, auch sozialräumliche Wirklichkeiten, Realitätskonstruktionen und Sinnzuweisungen abseits der eigenen

Lebensrealitäten zu erforschen. Sie zeigen Wege auf, wie den oftmals wenig(-er) berücksichtigten Perspektiven und dem subalternen Wissen von marginalisierten Gruppen Eingang in fachliche Konzept- und Theoriebildung ermöglicht werden können (u. a. Clarke 2012, S. 392 ff.; Strübing 2014, S. 101). Kombiniert mit ihrem Anspruch, Theorien zu generieren, die nützlich für Akteure des Untersuchungsgebiets sind, verschiebt die GT den Schwerpunkt entsprechend vom Forschen *über* etwas hin zum Forschen *mit* denjenigen, deren sozialräumliche Wirklichkeit der Ausgangspunkt unserer Forschung ist. Damit kann sich die GT gerade für die Strömungen der Humangeographie als fruchtbar erweisen, deren Anspruch es ist, in gleicher Weise zum wissenschaftlichen Fortschritt und zu einer verbesserten Handlungsfähigkeit der gegenstandsrelevanten Akteure beizutragen. Denjenigen, die dieses Ziel mit uns teilen, hoffen wir mit diesem Beitrag *einen* möglichen Weg aufzuzeigen und den Einstieg in diesen zu erleichtern.

» Einen besonders herzlichen Dank für den Input zu unseren Reflexionen gebührt Sebastian Hillebrand. Wir danken auch Prof. Dr. Christian Steiner, Prof. Dr. Hans Hopfinger und Prof. Dr. Hans-Martin Zademach für ihr Feedback zu unseren Überlegungen.

Literatur

Bailey A, Blake M, Cooke T (2004) Migration, care, and the linked lives of dual-earner households. Environ Plann A 36(9):1617–1632. ► https://doi.org/10.1068/a36198
Berg C, Milmeister M (2011) Im Dialog mit den Daten das eigene Erzählen der Geschichte finden. Über die Kodierverfahren der Grounded-Theory-Methodologie. In: Mey G, Mruck K (Hrsg) Grounded Theory Reader, 2. Aufl. VS Verlag, Wiesbaden, S 303–332
Blumer H (1954) What is wrong with social theory? Am Sociol Rev 19(1):3–10
Breuer F (2010) Reflexive Grounded Theory. Eine Einführung für die Forschungspraxis, 2. Aufl. VS Verlag, Wiesbaden
Bryant A (2009) Grounded theory and pragmatism: the curious case of Anselm Strauss. Forum Qual Sozialforsch/Forum: Qual Soc Res FQS 10(2), Art. 2. ► www.qualitative-research.net/index.php/fqs/article/view/1358/2850. Zugegriffen: 26. Febr. 2016
Bryant A, Charmaz K (Hrsg) (2007) The SAGE handbook of grounded theory. Sage, Los Angeles
Charmaz K (2011) Den Standpunkt verändern: Methoden der konstruktivistischen Grounded Theory. In: Mey G, Mruck K (Hrsg) Grounded Theory Reader, 2. Aufl. VS Verlag, Wiesbaden, S 181–205
Charmaz K (2014) Constructing grounded theory, 2. Aufl. Sage, Thousand Oaks
Clarke A (2005) Situational analysis. Grounded theory after the postmodern turn. Sage, Thousand Oaks
Clarke A (2011) Von der Grounded-Theory-Methodologie zur Situationsanalyse. In: Mey G, Mruck K (Hrsg) Grounded Theory Reader, 2. Aufl. VS Verlag, Wiesbaden, S 207–229
Clarke A (2012) Feminism, grounded theory, and situational analysis revisited. In: Hesse-Biber S (Hrsg) Handbook of feminist research. Theory and praxis, 2. Aufl. Sage, Thousand Oaks, S 388–412
Corbin J (2011a) Eine analytische Reise unternehmen. In: Mey G, Mruck K (Hrsg) Grounded Theory Reader, 2. Aufl. VS Verlag, Wiesbaden, S 163–181
Corbin J (2011b) Grounded Theory. In: Bohnsack R, Marotzki W, Meuser M (Hrsg) Hauptbegriffe qualitativer Sozialforschung, 3. Aufl. Budrich, Opladen, S 70–75
Corbin J (2011c) „Lernen konzeptuell zu denken". Im Gespräch mit César A. Cisneros-Puebla. In: Mey G, Mruck K (Hrsg) Grounded Theory Reader, 2. Aufl. VS Verlag, Wiesbaden, S 79–89
Corbin J, Strauss A (2015) Basics of qualitative research. Techniques and procedures for developing grounded theory, 4. Aufl. Sage, Los Angeles

Deffner V (2010) Habitus der Scham – die soziale Grammatik ungleicher Raumproduktion. Eine sozial-geographische Untersuchung der Alltagswelt Favela in Salvador da Bahia (Brasilien). Dissertation, Universität Passau. Passauer Schriften zur Geographie 26, Passau

Denzin NK (2007) Grounded theory and the politics of interpretation. In: Bryant A, Charmaz K (Hrsg) The SAGE handbook of grounded theory. Sage, Los Angeles, S 454–472

Dey I (1993) Qualitative data analysis. A user-friendly guide for social scientists. Routledge, London

Flick U (2014) An introduction to qualitative research, 5. Aufl. Sage, Los Angeles

Freemann E (2009) Blazing a trail: a constructivist grounded theory study of the experiences of Canadian women with endometriosis. Dissertation, McMaster University

Gatrell A, Elliott S (2015) Geographies of health. An introduction, 3. Aufl. Wiley-Blackwell, Chichester

Geiselhart K (2010) Stigma and discrimination. An integrative perspective. Spatial disparities and their impact on the introduction of an antiretroviral therapy scheme for HIV and AIDS treatment in Botswana. Erdkunde 64(1):33–45. ▶ https://doi.org/10.3112/erdkunde.2010.01.03

Geiselhart K, Park M, Orlowski B, Schlatter F (2012) Die Grounded Theory in der Geographie. Ein möglicher Weg zu Empirie und Theoriebildung nach dem Cultural Turn. Ber zur dtsch Landeskd 86(1):83–95

Gibson B, Hartman J (2014) Rediscovering grounded theory. Sage, Los Angeles

Glaser B (1978) Theoretical sensitivity: advances in the methodology of grounded theory. Sociology, Mill Valley

Glaser B (1992) Emergence vs forcing: basics of grounded theory. Sociology, Mill Valley

Glaser B (2001) The grounded theory perspective: conceptualization contrasted with description. Sociology, Mill Valley

Glaser B (2002) Constructivist grounded theory? Forum Qual Sozialforsch/Forum: Qual Soc Res 3(3). ▶ http://www.qualitative-research.net/index.php/fqs/article/view/825/1792. Zugegriffen: 13. Sept. 2016

Glaser B (2004) Remodeling Grounded Theory. Unter Mitarbeit von Judith Holton. Forum Qual Sozialforsch/Forum: Qual Soc Res 5(2). ▶ http://www.qualitative-research.net/index.php/fqs/article/view/607/1316. Zugegriffen: 13. Sept. 2016

Glaser B (2005) The grounded theory perspective III. Theoretical coding. Sociology, Mill Valley

Glaser B (2011a) Der Umbau der Grounded-Theory-Methodologie. Unter Mitarbeit von Judith Holton. In: Mey G, Mruck K (Hrsg) Grounded Theory Reader, 2. Aufl. VS Verlag, Wiesbaden, S 137–163

Glaser B (2011b) Vierzig Jahre nach „The Discovery". Grounded Theory weltweit. Im Gespräch mit Massimiliano Tarozzi. In: Mey G, Mruck K (Hrsg) Grounded Theory Reader, 2. Aufl. VS Verlag, Wiesbaden, S 53–69

Glaser B (2012) No preconception. The dictum. Grounded Theory Review 11(2). ▶ http://groundedtheoryreview.com/2012/11/28/no-preconception-the-dictum/. Zugegriffen: 14. Sept. 2016

Glaser B, Strauss A (2008 [1967]) The discovery of grounded theory. Strategies for qualitative research. Aldine, Chicago (Erstveröffentlichung 1967)

Hackenbroch K (2013) Negotiating public space for livelihoods. About risks, uncertainty and power in the urban poor's everyday life. Erdkunde 67(1):37–47. ▶ http://dx.doi.org/10.3112/erdkunde.2013.01.04. Zugegriffen: 29. Sept. 2016

Henwood K, Pidgeon N (2003) Grounded theory in psychological research. In: Camic PM, Rhodes JE, Yardley L (Hrsg) Qualitative research in psychology. Expanding perspectives in methodology and design. American Psychological Association, Washington DC, S 131–155

Jazeel T (2014) Subaltern geographies. Geographical knowledge and postcolonial strategy. Singap J Trop Geogr 35(1):88–103

Kaspar H (2012) Erlebnis Stadtpark. Nutzung und Wahrnehmung urbaner Grünräume. VS Verlag, Wiesbaden

Kelle U (2011) „Emergence" oder „Forcing"? Einige methodologische Überlegungen zu einem zentralen Problem der Grounded-Theory. In: Mey G, Mruck K (Hrsg) Grounded Theory Reader, 2. Aufl. VS Verlag, Wiesbaden, S 235–260

Knigge L, Cope M (2006) Grounded visualization. Integrating the analysis of qualitative and quantitative data through grounded theory and visualization. Environ Plann A 38(11):2021–2037. ▶ https://doi.org/10.1068/a37327

Morse JM, Noerager Stern P, Corbin J, Bowers B, Charmaz K, Clarke AE (Hrsg) (2009) Developing grounded theory. The second generation. Left Coast Press, Walnut Creek

Neuwelt P, Kearns R, Cairns I (2016) The care work of general practice receptionists. J Primary Health Care 8(2):122–129. ► https://doi.org/10.1071/hc15059

Park M (2012) Ethnische und indigene Zugehörigkeiten in ländlichen Gemeinden Südecuadors: Identitäten zwischen Ordnung und Ambiguität. Dissertation, Friedrich-Alexander-Universität Erlangen-Nürnberg. ► https://opus4.kobv.de/opus4-fau/frontdoor/index/index/docId/2812. Zugegriffen: 26. Sept. 2016

Reichertz J (2011) Abduktion. In: Bohnsack R, Marotzki W, Meuser M (Hrsg) Hauptbegriffe qualitativer Sozialforschung, 3. Aufl. Budrich, Opladen, S 11–14

Rothfuß E (2012) Exklusion im Zentrum. Die brasilianische Favela zwischen Stigmatisierung und Widerständigkeit. Transcript, Bielefeld

Steiner C (2014) Pragmatismus – Umwelt – Raum. Potenziale des Pragmatismus für eine transdisziplinäre Geographie der Mitwelt. Steiner, Stuttgart

Strauss A (2011) „Forschung ist harte Arbeit, es ist immer ein Stück Leiden damit verbunden. Deshalb muss es auf der anderen Seite Spaß machen". Im Gespräch mit Heiner Legewie und Barbara Schervier-Legewie. In: Mey G, Mruck K (Hrsg) Grounded Theory Reader, 2. Aufl. VS Verlag, Wiesbaden, S 69–79

Strauss A, Corbin J (1990) Basics of qualitative research: grounded theory procedures and techniques. Sage, Newbury Park

Strübing J (2002) Just do it? Zum Konzept der Herstellung und Sicherung von Qualität in grounded theorybasierten Forschungsarbeiten. Kölner Z Soziol Sozialpsychol 54(2):318–342

Strübing J (2007) Research as pragmatic problem-solving. The pragmatist roots of empirically-grounded theorizing. In: Charma K, Bryant A (Hrsg) The SAGE handbook of grounded theory. Sage, Los Angeles, S 580–601

Strübing J (2011) Theoretisches Sampling. In: Bohnsack R, Marotzki W, Meuser M (Hrsg) Hauptbegriffe qualitativer Sozialforschung, 3. Aufl. Budrich, Opladen, S 154–156

Strübing J (2013) Qualitative Sozialforschung. Eine komprimierte Einführung für Studierende. Oldenbourg, München

Strübing J (2014) Grounded Theory. Zur sozialtheoretischen und epistemologischen Fundierung des Verfahrens der empirisch begründeten Theoriebildung, 3. Aufl. VS Verlag, Wiesbaden

Suddaby R (2006) From the editors. What grounded theory is not. Acad Manag J 49(4):633–642. ► https://doi.org/10.5465/amj.2006.22083020

Thornberg R, Charmaz K (2014) Grounded theory and theoretical coding. In: Flick U (Hrsg) The SAGE handbook of qualitative data analysis. Sage, Los Angeles, S 153–169

Tiefel S (2005) Kodierung nach der Grounded Theory lern- und bildungstheoretisch modifiziert: Kodierleitlinien für die Analyse biographischen Lernens. Z qual Bildungs-, Beratungs- und Sozialforsch 6(1):65–84. ► http://nbn-resolving.de/urn:nbn:de:0168-ssoar-279183. Zugegriffen: 26. Sept. 2016

Truschkat I, Kaiser M, Reinartz V (2005) Forschen nach Rezept? Anregungen zum praktischen Umgang mit der Grounded Theory in Qualifikationsarbeiten. Forum Qual Sozialforsch/Forum: Qual Soc Res 6(2). ► http://www.qualitative-research.net/index.php/fqs/article/view/470/1006. Zugegriffen: 17. Juni 2016

Urquhart C (2013) Grounded theory for qualitative research. A practical guide. Sage, London

Relationale Räume verstehen

Schritt für Schritt durch diskursives Archiv und ethnographisches Feld

Sebastian Grieser

© Springer-Verlag GmbH Deutschland, ein Teil von Springer Nature 2018
J. Wintzer (Hrsg.), *Sozialraum erforschen: Qualitative Methoden in der Geographie*,
https://doi.org/10.1007/978-3-662-56277-2_6

6.1   Einleitung: Relationalen Raum erforschen

Der Begriff *relationaler Raum* steht für ein Verständnis von Raum, in dem Raum sowohl als Bedingung als auch als Effekt diskursiver Praxis in den Fokus rückt. Gleichzeitig ist es aber auch die physische Konstitution von materiellen Orten, die als integraler Bestandteil von Raumkonstruktionen in ihrer Wechselwirkung mit gesellschaftlichen Wissensbeständen, also dem Diskursiven, in den Blick genommen wird (Löw 2001; Massey 1994; Strüver 2005). Am Beispiel der Hermannshöhen werde ich die empirischen Konsequenzen eines solchen Raumverständnisses aufzeigen.

Die Hermannshöhen sind ein Fernwanderweg, der, durchgängig markiert, 220 km von Rheine im Münsterland bis nach Marsberg im Sauerland führt. Bei der Untersuchung im Hinblick auf die materiellen und diskursiven Mechanismen, die die Hermannshöhen als Raumkonstrukt hervorbringen und stabilisieren, bin ich auf eine Reihe von methodologischen Fragen gestoßen. Fragen die mit der Überführung eines relationalen Raumbegriffes in die empirische Praxis einhergehen. Denn wie muss ein Forschungsprozess gestaltet werden, um die relationale Konstitution von sozialräumlicher Wirklichkeit aufspüren zu können? Welche Schritte müssen Forschende unternehmen, um die Wechselwirkungen räumlicher Dimensionen in den erhobenen Forschungsdaten zu rekonstruieren?

Im ersten Teil meines Beitrags schlage ich zunächst vor, über die Triangulation eines diskursanalytischen und eines ethnographischen Zugangs symbolische wie materielle Elemente von Raum in ihren Wechselwirkungen zu untersuchen. Dabei zeige ich, dass sich Diskursanalyse und Ethnographie sowohl als spezifische Perspektive auf den Forschungsgegenstand Raum wie auch als Forschungsmittel zur Datengenerierung in qualitativen Forschungssettings verstehen lassen. Die Herausforderung einer solchen Methoden-Triangulation ist es, beide gegensätzlichen Perspektiven im Forschungsprozess fruchtbar miteinander zu kombinieren. Dazu braucht es einen Forschungsstil, mit dem die Diskursanalyse und die Ethnographie zusammengesetzt werden können. Im zweiten Teil meines Beitrages werde ich zeigen, dass sich dafür in besonderer Weise die Grounded Theory (GT) anbietet. Die iterativ-zyklische Forschungslogik der GT und ihre Offenheit für heterogene Datentypen kann genutzt werden, um den Forschungsprozess der Methoden-Triangulation zu strukturieren. So lässt sie sich systematisch auf die relationale Analyse der komplexen Beziehungen richten, die Raum hervorbringen.

6.2   Theorie: Doreen Massey und die sozialräumliche Wirklichkeit

▪ **Komplex, relational und offen für Überraschungen – Mit Doreen Massey Raum verstehen**

In meinem Beitrag folge ich dem relationalen Raumverständnis der Humangeographin Doreen Massey. Sie begründet ihren Raumbegriff in einem poststrukturalistischen und anti-essentialistischen Verständnis von Identität als sozial hervorgebrachter Konstruktion. Unter Raum versteht sie die über Beziehungen konstituierte Identität von Orten (Massey 2004, S. 5). Raum lässt sich bei ihr als Produkt eines Netzes an Praktiken, Interaktionen, Fluchtlinien[1], Wissensbeständen und Beziehungen zu anderen Räumen fassen (Massey 2005). Mit einem solchen Verständnis von Raum ist auch eine strikte Dichotomie von vermeintlich realen Orten und abstrakten Räumen hinfällig. Massey plädiert dafür, die relationale Verankerung von Räumen in physischen Orten aufzuzeigen und gleichzeitig anzuerkennen, dass auch Orte relational, in Beziehung zu Räumen, hervorgebracht werden (Massey 2004, S. 5 ff.). Raum versteht Massey demnach immer sowohl materiell verankert als auch durch diskursive Praxen hervorgebracht. Diskurs wiederum wird in dieser Perspektive nicht nur zur Bedingung, sondern auch zum Effekt von Raum und Ort (Massey 2006, S. 69).

Ein relationales Raumkonzept, wie es Massey vertritt, öffnet den Blick auf die prozesshafte und dynamische Weise, in der Raum hervorgebracht wird. Denn Raum im Sinne einer „ever-shifting constellation of trajectories" (Massey 2005, S. 151) besteht aus einem ganzen Bündel an heterogenen, sich ändernden und widersprechenden, diskursiven und materiellen Elementen, die in Beziehung zueinander stehen (Massey 2005, S. 117 ff.). Dies impliziert, dass „all spaces are, at least a little, accidental" (Massey 2005, S. 116). Die Aufmerksamkeit wird auf die „unexpected neighbor[s]" (Massey 2005, S. 151) in Räumen gelenkt. Forschungspraktisch gesprochen lässt sich darunter verstehen, dass wir in unseren Forschungssituationen auf zunächst ganz unerwartete Akteurinnen und Akteure, Elemente und Beziehungen treffen können.

Als Sozial- oder Kulturforschende haben wir es mit Masseys metatheoretischem Raumbegriff mit einem herausforderndem Verständnis von Raum zu tun. Einem Verständnis von sozialräumlicher Wirklichkeit, von dem Massey selbst sagt, dass es das alltägliche Denken über Raum auf den Kopf stellt (Massey 1994, S. 4). Wie lässt sich ein solches Raumverständnis in eigenen Forschungsdesigns umsetzen? Wie kann es genutzt werden, um in der Untersuchung mehr über unsere Forschungsgegenstände zu erfahren?

- **Der relationale Raumbegriff in der empirischen Praxis**

Mit einem relationalen Raumverständnis gehen zwei zentrale empirische Konsequenzen einher: Wird Raum als heterogene, dynamische und relationale Konstruktion von Wirklichkeit ernstgenommen, muss es eine Konsequenz sein, sich anti-essentialistischer Forschungsstrategien zu bedienen. Strategien, die anerkennen, dass Raumkonstruktionen immer von den subjektiven Interpretationen und Sinnzuschreibungen derer bestimmt sind, die sie nutzen, und auch derer, die sie erforschen wollen. Dies legt ein Forschen nach einem qualitativen Forschungsparadigma nahe.

Um ein relationales Raumverständnis in einem qualitativen Forschungssetting umzusetzen, braucht es darüber hinaus forschungspraktische Zugänge, die es ermöglichen, die Beziehungen unterschiedlicher symbolischer wie materieller Dimensionen des Untersuchungsgegenstandes zu erfassen. Als zweite empirische Konsequenz sehe ich deshalb die Suche nach Methoden, mit denen die Relationalität(-en), die den untersuchten Raum ausmachen, ins Zentrum der Forschung gestellt werden können. Besonders geeignet erscheint mir dafür das Instrument einer Methoden-Triangulation, also die Kombination qualitativer Forschungsmethoden. Wie Uwe Flick zeigt, ermöglicht eine Triangulation die Rekonstruktion verschiedener Dimensionen eines

---

1   Im Englischen „trajectories" (Massey 2005, S. 12).

Forschungsgegenstandes (Flick 2011, S. 49). Als Forschungsinstrument kann Triangulation Forschende deshalb zu einem tieferen Verständnis über den erforschten Gegenstand und seine Relationalität(-en) verhelfen (Flick 2011, S. 20).

Bekanntermaßen hängen qualitative Forschungssettings immer auch von den theoretischen Hintergründen der Forschenden und den am Gegenstand entwickelten Forschungsfragen ab (Flick 2015). Daher überrascht es nicht, dass mehrere Möglichkeiten gefunden wurden, mit der Relationalität und Komplexität von Raum empirisch umzugehen. Jedoch zeigt sich, dass es in einigen Forschungsprojekten, die in Anlehnung an Massey entstanden sind, tatsächlich eine Methoden-Triangulation ist, die den empirischen Zugang zu relationalen Räumen ermöglicht. So beschreibt beispielsweise Liz Taylor (2013) eine Fallstudie, in der sie Interviews, teilnehmende Beobachtung und Dokumentenanalyse miteinander verknüpft. Sybille Bauriedel (2007) entwickelt ein raumsensibles diskursanalytisches Forschungsdesign, in dem sie Arten der Inhaltsanalyse mit Bildanalysen trianguliert. Jeff Baldwin (2012) stellt eine Forschungsmethodologie vor, mit der er sich der Relationalität von Ort und Raum über Interviews, (historische) Dokumentenanalysen, teilnehmender Beobachtung und der Analyse raumbezogener Daten nähert. Massey selbst, baut ihre Raumtheorie auf ihren Fallstudien auf (z. B. Massey 2007). Diese Beispiele verdeutlichen, dass Methoden-Triangulationen für die Erforschung sozialräumlicher Wirklichkeit produktiv herangezogen werden können. In jedem einzelnen neuen Forschungsprojekt stellt sich jedoch noch immer die Frage nach der gegenstandsangemessenen Auswahl geeigneter Methoden (Steinke 2015, S. 327 f.). Denn welche Methoden miteinander trianguliert werden sollen, ergibt sich erst vor dem Hintergrund des zu untersuchenden Feldes und der spezifischen Fragestellung – also der Frage, welche Ausschnitte und Dimensionen eines Gegenstandes untersucht werden sollen (Flick 2011, S. 23; Strübing 2013, S. 18 ff.).

An die Hermannshöhen trete ich zunächst mit der These heran, dass die Entstehung des Wanderweges mit einer räumlichen Neuverhandlung des Orts einhergeht. Eine Neuverhandlung, die ich auf zwei Ebenen vermute: diskursiv, z. B. in Zeitungsartikeln und Werbebroschüren, aber auch örtlich-materiell, also auf dem Wanderweg und dem Höhenzug, über den dieser führt. Dies mündet in der Frage: *Wie wird das Raumkonstrukt Hermannhöhen zur hegemonialen Identität eines Höhenzugs, der von dem Ort Rheine im Münsterland bis nach Marsberg im Sauerland führt?* Mein Forschungsinteresse gilt demnach dem räumlichen Identitätskonstrukt Hermannshöhen und den zentralen symbolischen wie materiellen Mechanismen in ihrer Relationalität zueinander, die diesen Raum hervorbringen und stabilisieren.

Methodisch lässt sich diese Fragestellung über die Triangulation eines ethnographischen mit einem diskursanalytischen Zugang zu Raum umsetzten – ein Methodenvorschlag, wie ihn ähnlich auch schon Anne Huffschmid und Kathrin Wildner als *Transdisziplinären Ethnographie* (2009) diskutiert haben.

Eine Methoden-Triangulation von Ethnographie und Diskursanalyse ist in der Raumforschung jedoch ein bisher wenig erprobtes Verfahren und vor allem methodisch und methodologisch wenig aufbereitet. Mit meinem Beitrag will ich den gewinnbringenden Vorschlag von Huffschmid und Wildner aufgreifen und ergänzen. Denn dieser geht, wie ich im Verlauf des Artikels zeigen werde, mit Implikationen für die Organisation und Gestaltung der Forschung einher. Implikationen, die sich über das Heranziehen der GT – als ein Forschungsstil, der Diskursanalyse und Ethnographie zusammenführen kann – lösen lassen.

6.3 Methode I: Ethnographie und Diskursanalyse zusammendenken – Räume relational erforschen

- **Diskursforschung und Ethnographie als gegensätzliche Perspektiven auf Raum**

Eine Triangulation aus Diskursforschung und Ethnographie wird in den Sozialwissenschaften bisher vor allem für die Analyse von Diskursproduktion und Diskursvermittlung genutzt.[2] Huffschmid und Wildner (2009) sowie Bauriedel (2007) betonen dagegen explizit, dass es mit einer solchen Methodenverschränkung auch möglich ist, diskursive Einschreibungen im Ort in den Blick zu bekommen, wie auch die örtlich-räumliche Rahmungen von Wissensbeständen. So eröffnet sich der raumsensiblen Forschung die Möglichkeit, ihren Gegenständen sowohl auf der symbolischen wie auf der materiellen Ebene nachzugehen. Damit lässt sich die Wechselwirkung dieser beiden Ebenen in der Konstitution von Raum nachvollziehen – ohne der Gefahr zu erliegen, Raum und Ort essenzialistisch zu fassen. Eine Kombination aus diskursanalytischen und ethnographischen Zugängen führt zunächst jedoch zwei konträre qualitative Forschungsperspektiven zusammen. Diese zeigen den Forschenden jeweils unterschiedliche Ausschnitte sozialräumlicher Konstruktion von Wirklichkeit.

Die Diskursforschung gruppiert sich vorrangig um die Überlegungen zu Diskurs des französischen Philosophen Michel Foucault. Vereinfacht gesagt meint Diskurs sprachliche wie nicht-sprachliche Bedeutungssysteme, die „systematisch die Gegenstände bilden, von denen sie sprechen" (Foucault 1969, S. 74). Auf Raum bezogen bedeutet diese poststrukturalistische Sicht, dass Raum erst durch das Wissen über den Raum hervorgebracht wird (Marquardt und Schreiber 2012, S. 26). Diskurse unterliegen dabei historischen Ordnungen, die in Diskursanalysen erforscht werden können.[3] Mittels dieser Analysen versuchen die Forschenden, die latenten Funktionen und Effekte sprachlicher Handlungen zu bestimmen, darunter können sowohl Gesprochenes, Text oder auch Symbolisches fallen. Davon ausgehend lässt sich schließlich ermitteln, nach welchen Regeln und Mustern sich bestimmte Äußerungen formen und welche Aussagen sagbar und denkbar sind (und von wem) und welche nicht. In der konkreten Analyse muss dabei reflektiert werden, auf welcher Ebene des Diskurses das Forschungsvorhaben ansetzt (Dittmer 2010, S. 279) und wie Diskursives mit Nicht-diskursivem interagiert (Marquardt und Schreiber 2012). In lokal verankerten Räumen tauchen Diskurse meist in Form von Narrationen auf, also Erzählungen über den Raum.[4] Auf Raum bezogen zielt eine Diskursanalyse demnach darauf, die verschiedenen diskursiven Ebenen des Raumkonstrukts zu ermitteln. Daran anschließend wird versucht, die Verankerungen und Anschlüsse an gesellschaftlich hegemoniale Wissensordnungen zu fassen, z. B. in meiner Untersuchung einem Natur-/Naturschutzdiskurs (Glaze und Mattissek 2009).

---

2   Zur Verschränkung von Diskursanalyse und Ethnographie siehe z. B. Reiner Keller (2011, S. 260 ff.); Michal Krzyżanowski (2011) sowie Felicitas Macgilchrist und Tom Van Hout (2011).

3   Für eine Übersicht über das Feld der Diskursforschung siehe Andrea Bührmann et al. (2007).

4   Zum Ansatz der Narrationsanalyse als Teil der Diskursforschung siehe Willy Viehöfer (2006). Bezug nehmend auf explizit räumliche Narrationen spricht Bauriedel von „local stories" (2007, S. 20) und Huffschmid und Wildner von räumlichen „Vorstellungswelten" (2009, S. 19). Zur Integration der Diskursforschung in die Raumforschung siehe auch Georg Glasze und Annika Mattissek (2009).

Die Ethnographie beschäftigt sich primär mit kulturellen Praxen und ihren materiellen Realisierungen in konkreten Praktiken. Versucht wird, den sozialen Ordnungen, die diese strukturieren, nachzuspüren (Breidenstein et al. 2013). Um die den beobachteten Praktiken und Feldern innewohnenden Ordnungen an sich selbst zu erleben und sich dabei vom Forschungsgegenstand leiten zu lassen, versuchen Ethnographinnen und Ethnographen, tief in die zu untersuchenden Lebenswelten einzutauchen (Müller 2012). Dabei geht es ihnen darum, dem Feld in seiner lokalen Verankerung nachzugehen, vor Ort zu beobachten und diese Beobachtungen durch Aufzeichnungen zu unterstützen (Breidenstein et al. 2013, S. 38 ff.). Diese Feldforschung, die wohl am häufigsten mit dem Forschungsinstrument der teilnehmenden Beobachtung in Verbindung gebracht wird, klingt auch in Clifford Geertz' Vorschlag für eine Ethnographie von Ort und Raum an: „To study place, or, more exactly, some people or other's sense of place, it is necessary to hang around with them – to attend to them as experiencing subjects" (Geertz 1996, S. 260). Die ethnographische Perspektive nimmt also in den Blick, wie Akteurinnen und Akteure einen *sense of place* im Handeln erfahren und herstellen. Dabei wird sowohl von den Handlungen im Raum/Ort ausgegangen als auch die Materialität im Feld, z. B. von Architektur oder Naturelementen, ernst genommen (Huffschmid und Wildner 2009, S. 9; Müller 2012, S. 179).

Deutlich werden die gerade skizzierten Perspektiven auf Raum an einem Beispiel aus meinem Forschungsprojekt. Ich stieß auf das örtliche und räumliche Element Eggeturm. Dabei handelt es sich um einen von mehreren Aussichtstürmen in den Hermannshöhen. Aus einer ethnographischen Perspektive interessiert an ihm zunächst, in welche Raumhandlungen er einbezogen wird. Relevant wird auch die Frage, ob die Akteurinnen und Akteure in Gesprächen und Interaktionen untereinander Bezug auf dieses spezifische Element nehmen. Welchen subjektiven Sinn schreiben sie dem Turm zu und wie wirkt er sich auf ihr Raumerleben aus? Neben diesem Fokus auf den Turm als Teil von Raumhandeln, lässt sich mit einer ethnographischen Perspektive dem Turm aber auch in seiner Materialität nähern. Analysiert werden kann, wie der Turm in andere, ihn umgebene „materielle Arrangements" (Glasze und Mattissek 2009, S. 18) eingebunden ist. Welche Rolle spielt z. B. seine architektonische Gestalt, das Baumaterial, aus dem er besteht, oder der Ort, wo er platziert wurde? Die diskursanalytische Perspektive auf den Eggeturm lässt hingegen nach den Raumerzählungen fragen, auf die das Element verweist. Mit welchen Narrationen wird der Turm beispielsweise als eine Sehenswürdigkeit konstruiert? Wird dabei an „local stories" (Bauriedel 2007, S. 20) oder an historisches Wissen über den Ort angeschlossen? Mit welchen Motiven oder Metaphern werden solche Anschlüsse realisiert? Die Antworten auf diese Fragen machen es schließlich möglich, herauszuarbeiten, auf welche „story line" (Keller 2011, S. 252) des Raumkonstrukts Hermannshöhen die verschiedenen Narrativfragmente des Elements Eggeturm verweisen.

Dass eine Kombination solcher gegensätzlicher Forschungsperspektiven auch Schwierigkeiten auf der sozialtheoretischen Ebene hervorrufen können, zeigen beispielsweise praxeologische Vorbehalte gegenüber einem poststrukturalistischen Raumverständnis (exemplarisch Rothfuß und Dörfler 2013). Mit Flick lässt sich eine Methoden-Triangulation jedoch als ein Werkzeug verstehen, mit dem der „erwartbare Erkenntnisgewinn systematisch erweitert ist gegenüber der Einzelmethode" (Flick 2011, S. 49). Die verwendeten Methoden können deshalb durchaus komplementäre

Forschungsergebnisse erzielen, zusammengesetzt ergeben sie aber ein ergänztes Bild der jeweiligen theoretisch hergeleiteten Gegenstandsverständnisse. Dass die verwendeten Forschungsansätze dabei explizit auf verschiedenen Ebenen, z. B. Wissen und Handeln, ansetzen und sich widersprechenden Theoriegebäuden folgen können, macht eine Triangulation für den Versuch, Raum in seiner Relationalität zu erfassen, so attraktiv (Flick 2011, S. 21 ff.). Die theoretischen Widersprüche, die eine Triangulation von Ethnographie und Diskursanalyse hervorruft, müssen demnach zunächst reflektiert und ausgehalten werden. So lassen sich die widersprüchlichen sozialtheoretischen Perspektiven als Strategien der Erkenntnisgewinnung nutzen.

- **Ethnographie und Diskursanalyse als Werkzeuge der Datenerhebung**

Wie gezeigt, haben wir es in der Diskursanalyse und der Ethnographie mit zwei Forschungsperspektiven auf Raum und räumliche Elemente zu tun. Die Diskursanalyse ermahnt uns, den Blick auf die Historizität und Diskursivität von räumlicher Wirklichkeit und die machtvolle Einschreibung hegemonialer Wissensordnungen in Räume und Orte zu richten. In der Ethnographie wird den raumspezifischen Feldlogiken und den subjektiven Sinn- und Raumkonstruktionen gefolgt, denen vor Ort begegnet wird. So resultiert aus der ethnographischen Perspektive ein Blick auf Handlung(-en) und Materialität(-en) als raumkonstitutive Elemente. Aus der diskursanalytischen Perspektive heraus wird dagegen versucht, Raumwissen auf mehreren Wissensebenen aufzuspüren und als Teil gesellschaftlicher Diskurs- und Machtordnungen zu diskutieren.

Es liegt nahe, dass diese konträren Perspektiven auch Konsequenzen für die praktische Durchführung einer Triangulation nach sich ziehen. Wenn wir aus beiden Perspektiven zu Raum forschen wollen, kommen wir nicht umhin, unterschiedliche Datentypen zu generieren. Diskursanalyse und Ethnographie lassen sich also auch als methodische Werkzeuge verstehen, die bestimmen, welche Daten erhoben werden und welche nicht. Um gesellschaftliches Wissen über einen Raum zu analysieren, können beispielsweise mediale Diskursartefakte wie Zeitungsberichte oder Werbebroschüren, aber auch Karten oder Abbildungen gesammelt werden (Glasze und Mattissek 2009, S. 38). Ein ethnographischer Zugang zu Raum zeichnet sich dagegen forschungspraktisch durch Beobachtungen vor Ort und der Teilnahme an den Handlungen der Raumnutzenden aus. Zu den zu analysierenden Daten werden in einem ethnographischen Zugang die verschriftlichten Beobachtungen der Feldforschenden. Ergänzt werden können sie durch Videos, Gesprächstranskripte und Skizzen (Breidenstein et al. 2013, S. 115). Bezogen auf meine Forschung zu den Hermannshöhen bedeutet das Verständnis von Ethnographie und Diskursforschung als jeweils spezifische Instrumente der Datenerhebung, dass ich sowohl auf dem Wanderweg Daten erhob wie auch „archivgestützt" (Keller 2015, S. 61) nach diskursiven Spuren des Raumkonstrukts suchte.

Als teilnehmender Beobachter wanderte ich alleine und als Teilnehmer einer geführten Wandergruppe auf dem Fernwanderweg. Bei diesen Feldaufenthalten entstehen Skizzen und Fotografien räumlicher Arrangements auf dem Wanderweg, z. B. von Zäunen, Bänken, Naturelementen und dem Eggeturm. Zentral für mein ethnographisches Datensample sind aber auch meine Protokolle der beobachteten „Handlungsverläufe" (Löw 2001, S. 226) im Feld. In ihnen zeichnet sich beispielsweise nach, welche Rolle der Eggeturm für die Praktiken der Raumnutzenden vor Ort spielt. So wird deutlich, dass der Turm in ein spezifisches Raumhandeln, das Überblick/en, integriert wird. Später werde ich auf diese verräumlichte Praktik noch genauer eingehen.

Dem diskursiven Gehalt des Raumkonstrukts näherte ich mich über die Erhebung eines Datensamples aus Zeitungsartikeln, Werbematerialien (wie Broschüren und Verzeichnissen von Hotels, Pensionen und Restaurants), Karten und Tourenplanern. Auch in diesem Material spielt der Eggeturm eine Rolle. Dort ist er eingebunden in eine Gesamterzählung des Raums. Gleichzeitig wird er auch als eigenständiges Narrativ textlich und fotografisch in Szene gesetzt. Im diskursanalytischen Zugang auf die Raumelemente des Konstrukts wie den Eggeturm konnte ich zudem „symbolische Güter"[5] (Löw 2001, S. 154) als diskursive Elemente untersuchen – also die Informations- und Hinweistafeln, die im Feldaufenthalt auf und rund um den Turm fotografisch erhoben wurden. Diskursanalytisch lässt sich an ein solches Datenmaterial die Frage richten, ob sich konkrete Anweisungen für den Gebrauch des Turms finden lassen und auf welche Raumerzählungen verwiesen wird.

Haarscharf lassen sich Diskursanalyse und Ethnographie, verstanden als Erhebungswerkzeuge, jedoch nicht trennen. Denn wie bereits gezeigt können auch Fotografien von symbolischen Gütern, die ethnographisch gesammelt werden, in ein diskursanalytisches Datensample aufgenommen werden. Textdokumente wie z. B. die Tourenplaner können wiederum auch Teil von ethnographischen Materialsammlungen sein. Ethnographisch werden sie aber nur auf ihre Relevanz für Handlungspraktiken und ihre situativen Herstellungsbedingungen befragt (Breidenstein et al. 2013, S. 92 ff.). Die in Diskursanalyse und Ethnographie gesammelten Daten können sich also zum Teil ähneln. Je nach herangezogener Forschungsperspektive werfen sie jedoch unterschiedliche theoretische Fragen auf. Fragen, denen in der Analyse gefolgt werden muss. Gerade wegen der gegensätzlichen Forschungsperspektiven und der heterogenen Datenarten wird mit deren Kombination sowohl der diskursanalytische wie der ethnographische Blick auf Raum fruchtbar erweitert. Denn, wie Bauriedel betont: Mit einer ethnographischen Perspektive lässt sich bei einem diskursanalytischen Vorgehen feststellen, dass „auch Räume als Texte verstanden werden können bzw. dass sich Texte nicht im leeren Raum befinden" (Bauriedel 2007, S. 28). Für ein ethnographisches Vorgehen bedeute der Fokus auf Diskurse zu fragen, wie sich diese „in den Raum ein[schreiben], wie verändern sie ihn [...]. Gibt es ein Gedächtnis des Ortes oder des Raums, das sich am Ort selbst – über so offensichtliche und temporäre Spuren wie Graffiti hinaus – materialisiert?" (Huffschmid und Wildner 2009, S. 19). Mit einer Triangulation ethnographischer wie diskursanalytischer Perspektiven wird der Blick frei auf Raum als Verknüpfung von räumlichen Wissensbeständen[6] sowie den physischen Gegebenheiten und Handlungen vor Ort. Damit lässt sich dem

---

5   Darunter lässt sich nach Martina Löw ein materieller Gegenstand verstehen, der mit dem primären Ziel der Vermittlung einer symbolischen Botschaft örtlich platziert wird – z. B. ein Schild mit Verkehrsregeln (Löw 2001, S. 153 ff.).

6   Unter räumlichen Wissensbeständen verstehe ich sowohl Diskurse und lokale Narrative als auch Deutungs- und Wahrnehmungsmuster der Raumnutzenden.

Verständnis von Raum, wie es Massey formuliert, auch empirisch gerecht werden. Dazu müssen die Perspektiven jedoch in der Analyse des erhobenen Materials zusammengesetzt werden.

6.4 Methode II: Die Perspektiven zusammensetzen – Potenziale der Grounded Theory

■ **Forschungspraktische Herausforderungen relationaler Raumanalysen**

Der Versuch, Ethnographie und Diskursforschung, verstanden als jeweils eigene Forschungsperspektiven und Arten der Datengenerierung, zusammenzubringen, führt in der Forschungspraxis zu Herausforderungen. Diese betreffen, wie ich im Folgenden am Beispiel des Eggeturms noch genauer ausführe, sowohl die Organisation des Forschungsprozesses als auch die relationale Auswertung heterogener Datentypen.

Der Eggeturm als Element des zu untersuchenden Raums Hermannshöhen begegnete mir zunächst in meinem diskursanalytischen Datensample. Dort wurde ich auf besondere Orte, wie eben den Eggeturm, hingewiesen. „Dieser ist eine 17 m hohe Holz-Konstruktion und bietet einen Rundblick ins Weserbergland, ins Steinheimer Becken und ins Lipperland" (Tourenplaner 2013, S. 21), heißt es zum Turm im Material. Ethnographisch ließ sich schließlich vor Ort beobachten, wie sowohl in symbolischen Gütern rund um den Turm wie auch in den Kommunikationen der Raumnutzenden Bezug auf das rund um den Turm verhandelte diskursive Raumwissen genommen wird und der Turm kommunikativ als Aussichtsturm hervorgebracht wird.[7] Darüber hinaus ließ sich nachvollziehen, wie die Raumnutzenden den Turm als materielles Raumelement in ihre Handlungen integrierten. Hier zeigte sich mir ein weiterer Verweis einer Verknüpfung von symbolischer und materieller Raumdimension. Denn die im Feld beobachtete Handlungsweise, kodiert als Überblick/en, ließ sich wiederum in den Werbematerialien des Fernwanderweges als visuelle Elemente wiederfinden.

Das Beispiel Eggeturm zeigt, wie eng materielle und symbolische Elemente des Forschungsgegenstandes zusammenhängen. Nach Massey lassen sich diese Relationen als genau das ausmachen, was den untersuchten Raum konstituiert. Für den Forschungsprozess heißt dies, dass Verstrickungen und Verweise in der Forschung sichtbar gemacht werden sollten. Gleichzeitig bedeutet dies auch, dass den gefundenen Verweisen, verstanden als materielle oder symbolische Spuren, im Forschungsprozess gefolgt werden sollte. Denn nur so lassen sich die raumkonstitutiven Beziehungen rekonstruieren. In der praktischen Umsetzung eines Forschungsprojekts wirft dies jedoch die Frage auf, wie ein solcher relationaler Forschungsprozess organisiert werden kann. Um in der praktischen Durchführung eines Forschungsprojekts zwar offen bleiben zu können, sich dabei aber nicht wahllos in den Spuren zu verlieren, braucht es ein Vorgehen, das den Forschungsprozess zu systematisieren hilft. Gerade für die praktische Umsetzung einer Triangulation stellt sich außerdem die Frage, in welchem Verhältnis die beiden kombinierten Forschungsansätze im Hinblick auf die Logik weiterer

---

7   Zur Betrachtung von Räumen als kommunikative Konstruktion von Räumen siehe im Besonderen den Sammelband von Gabriela Christmann (2015).

Feldaufenthalte bzw. Erhebungen zueinanderstehen sollen. Es gilt zu vermeiden, dass die diskursiven Datenstücke pauschal die Richtung für Feldaufenthalte vorgeben, oder aber die ethnographischen Feldaufenthalte nur für die Erhebung diskursiver Datenstücke genutzt werden. Vielmehr sollten beide Datensorten und Perspektiven gleichberechtigt Verwendung im Forschungsprozess finden (Flick 2011, S. 12).

Neben diesen organisatorischen Herausforderungen wird an den genannten Beispielen erkennbar, wie die Annäherung an ein Raumkonstrukt mittels Methoden-Triangulation heterogene Materialsorten produziert. Damit liegt ein Datenkorpus vor, dessen Daten unterschiedlichen Erzeugungs- und Betrachtungslogiken unterliegen (Elwood 2010, S. 100 f.). In einer Methoden-Triangulation lässt sich ein solcher Datenkorpus sowohl gemeinsam, aber auch nach Datensorten getrennt analysieren. Bei einer getrennten Analyse werden die Ergebnisse der einzelnen methodischen Zugänge zum Gegenstand erst in einem zweiten Schritt miteinander kontrastiert (Flick 2011, S. 103 f.). Für die Erforschung der relationalen Hervorbringung von Raum sind jedoch vor allem die Beziehungen zwischen den Dimensionen sozialräumlicher Wirklichkeit, die jeweils in den einzelnen erhobenen Datenstücken repräsentiert werden, relevant. Eine getrennte Analyse der unterschiedlichen Datenarten bietet sich in meinen Augen deshalb nicht an. Vielmehr sollten in der Analyse das erhobene diskursive und ethnographische Material gemeinsam und mit Fokus auf die in ihm erhaltenen Verweise zu der jeweils anderen Dimension untersucht werden. Ein solches Vorgehen muss organisiert und systematisiert werden, jedoch ohne dabei in der Analyse einem *anything goes* zu verfallen. Das heißt, in der Analyse des Beziehungsgeflechts die analytische Schärfe, die sowohl die diskursanalytische wie die ethnographische Perspektive ausmacht, nicht verschwinden zu lassen und gleichzeitig beide Perspektiven in der Auswertung zusammenzuführen (Flick 2011, S. 20 f.). Dazu braucht es einen Forschungsstil, der es ermöglicht, heterogene Daten sowohl einzeln wie auch gemeinsam mit dem Fokus auf sichtbar werdende Beziehungen im Material auszuwerten.

▪ Die Grounded Theory und die Analyse relationalen Raumes

Eine Methoden-Triangulation von diskursiven und ethnographischen Zugängen zu Raum wirft methodologische Fragen auf. Diese betreffen das Zusammenspiel von Erhebung und Analyse und die Handhabung heterogener Forschungsperspektiven und Forschungsdaten. Im Forschungsdesign muss für diese Fragen eine Lösung gefunden werden. Ich schlage deshalb vor, die GT heranzuziehen, um mit ihrer Hilfe den Forschungsprozess einer Triangulation von Ethnographie und Diskursanalyse besser handhabbar machen zu können. Eine ähnliche Argumentation für das Zusammendenken von Ethnographie, Diskursanalyse und GT findet sich auch bei Gabriele Christmann (2016). Sie greift dabei auf ein wissenssoziologisches Verständnis von Raum zurück und versucht, die kommunikative Konstruktion von Raum (2016, S. 75) zu erfassen. Ich dagegen lege den Schwerpunkt auf die empirische Umsetzung eines relationalen Raumverständnisses in Anlehnung an Massey. Die GT ist für mich damit mehr als nur ein Hilfsmittel zur Systematisierung der Triangulation. Sie kann, wie ich im Folgenden zeige, auch dazu dienen, die Analyse auf die Rekonstruktion der Relationalität materieller und symbolischer Dimensionen von Raum zu richten.

Die amerikanischen Soziologen Barney Glaser und Anselm Strauss entwickelten die GT in den 1960er-Jahren, um Daten systematisch qualitativ auswerten zu können

(Glaser und Strauss 2010, i. O. 1967). Mit ihr soll eine „gegenstandsverankerte Theorie, die induktiv aus der Untersuchung des Phänomens abgeleitet wird, welches sie abbildet" (Strauss und Corbin 1996, S. 7) generiert werden. Aus der GT von Glaser und Strauss entwickelten Glaser wie auch Strauss, im Laufe der Jahre, jeweils gegensätzlichen Arbeits- und Sichtweisen. In meinem Beitrag folge ich den ursprünglichen Vorschlägen für die GT von Glaser und Strauss und der Weiterentwicklung der GT durch Strauss (1998).[8] Am Ende einer GT stehe, so Strauss, eine „konzeptuell dichte Theorie [...], die sehr viele Aspekte der untersuchten Phänomene erklärt" (Strauss 1998, S. 25) und versucht, deren „Bezüge untereinander" (Strauss 1998, S. 31) nachzuvollziehen. Wie auch Massey interessiert Strauss die Relationalität seiner Forschungsgegenstände. Aus dem Anspruch, möglichst viele Dimensionen des Untersuchungsgegenstandes zu rekonstruieren, erklärt sich, warum er es für unentbehrlich hält, ein heterogenes Datensample einzubeziehen.

Für eine Kombination diskursanalytischer und ethnographischer Zugänge eignet sich die GT deshalb gut. Sie ist sowohl offen für Daten wie „Interviews, Transkriptionen von Gruppengesprächen, (...) Feldbeobachtungen" (Strauss 1998, S. 25), aber auch für Material wie „öffentliche Dokumente aller Arten und persönliche Dokumente wie Briefe und Tagebücher" (Strauss 1998, S. 55). Für eine gemeinsame Analyse dieser vielfältigen Datentypen bietet die GT Kodierstrategien, die sich sowohl auf Bilder wie Texte anwenden lassen und sich im Besonderen für heterogene Datensamples eignen. Mit Kodieren meint Strauss, aus dem Material heraus Schlagworte, sogenannte Kodes, für einzelne Begriffe, Sätze, Bildsegmente oder Absätze zu entwickeln (Strauss 1998, S. 90 ff.). Über das erste „Aufbrechen der Daten" (Strübing 2014, S. 16) mittels Kodierung werden schließlich die tiefer liegenden Sinnebenen des Materials deutlich. Gleichzeitig lassen sich mittels Kodes Bezüge wie auch Unterschiede zwischen den einzelnen Datenstücken festhalten. So lassen sich die komplexen Relationen zwischen materieller und symbolischer Dimension des Forschungsgegenstandes sichtbar machen.[9]

Das Kodieren ist Teil des iterativ-zyklischen Forschungsprozess der GT. Ein Vorgehen, in dem Datenerhebung und Datenauswertung ineinander verschränkt ist (Strübing 2014, S. 29 ff.). Das bedeutet, dass die, durch Kodierung bereits erhobener Daten, entstehende Theorie Impulse für weitere Datenerhebungen und Analysen vorgibt (Strauss 1998, S. 35 ff.). Auf Basis der ermittelten Kodes und der durch sie entstehenden Fragen werden schließlich neue Daten zur Überprüfung und Entwicklung der Theorie erhoben. Durch dieses *theoretical sampling* verdichtet sich die eigene Theorie zunehmend, da immer gezielter nach ergänzenden oder widersprechenden Aspekten gesucht werden kann – solange, bis schließlich die Komplexität des Gegenstandes

---

8 Zur Diskussion der epistemologischen und sozialtheoretischen Hintergründe der GT und den methodologischen Differenzen von Glaser und Strauss siehe Jörg Strübing (2014). Cornelia Bading und Claudia Bosch geben darüber hinaus in diesem Sammelband eine umfassendere Einführung über die GT.

9 Für eine hilfreiche Einführung zum Kodieren siehe Strauss und Juliet Corbin (1996). Neben dem Kodieren bietet die GT auch mehrere Arten des Memoschreibens. Diese garantieren neben Systematisierung und Theoriebildung vor allem die Reflexivität während des Forschungsprozesses (Strauss 1998, S. 151 ff.).

erfasst ist (Strauss 1998, S. 52 f.). Auf eine relationale Erforschung von Raum bezogen bedeutet dies, dass im Forschungsprozess pendelartig zwischen ethnographischen und diskursanalytischen Zugängen gewechselt werden kann. Dies betrifft die beiden Methoden sowohl als gegensätzliche Forschungsperspektiven wie auch als spezifische Erhebungs- und Analyseinstrumente. Für die Erhebung heißt ein iterativ-zyklisches Vorgehen, dass beispielsweise die Analyse des diskursanalytischen Datensamples Spuren offenlegen kann, die ethnographisch vor Ort weiterverfolgt werden. Das bereits Erhobene und Ausgewertete gibt dann Hinweise darauf, welche weiteren Daten herangezogen werden und welche Perspektiven auf die bereits ermittelten Spuren noch fehlen.

- ▪ **Schritt für Schritt durch Archiv und Feld – Der Eggeturm im relationalen Raum**

6

Wie die Forschungslogik und die Analysestrategien der GT für die Erforschung von Raum genutzt werden können, lässt sich am Element Eggeturm gut darstellen. In einem meiner ersten Feldaufenthalte beobachte ich, dass das Einnehmen einer bestimmten erhöhten Blickposition durch die Raumnutzenden mit dem Element Eggeturm zusammenhängt. Diese Beobachtung wurde im Analyseprozess als Kode Überblick/en gefasst. Ausgehend hiervon und einem ersten theoretischen Memo dazu ließ sich dieser Spur sowohl im Feld wie im diskursiven Material folgen. So bot es sich an, in einem nächsten Aufenthalt fotografisch die vom Turm verlaufenden Sichtachsen und Blickwinkel zu dokumentieren. Außerdem suchte ich nach weiteren symbolischen wie materiellen Elementen, in denen ich Zusammenhänge mit der Überblickspraxis vermutete. So kamen andere räumliche Arrangements in den Blick, z. B. Bänke und Aussichtsplattformen. Auch in den Werbematerialien und Zeitungsberichten, Bestandteilen meines diskursanalytischen Materialsamples, ließen sich Hinweise auf Überblick/en analysieren. Menschen, die von einer erhöhten Position die unter ihnen liegende Landschaft betrachten, sind ein sehr häufiges Motiv auf den Fotografien des diskursiven Materials zu den Hermannshöhen.

Auf diese Weise suchte ich nach sogenannten minimalen Vergleichen. Darunter werden in der GT Erhebungen verstanden, in denen nach Situationen oder Elementen gesampelt wird, die dem schon kodierten Material ähneln. Neben dieser *sampling*-Strategie wird in der GT auch nach maximalen Vergleichen gesucht. Das bedeutet, dass Daten zur Analyse ausgewählt werden, die sich von dem bisher kodierten Material maximal unterscheiden (Glaser und Strauss 2010, S. 70 f.). Erwartet werden durch diese beiden Arten des Vergleichs nähere Aufschlüsse über die bereits aufgeworfenen Fragen und Hypothesen. Damit wird die Theoriebildung vorangetrieben und die Reichweite der bereits getroffenen Aussagen über den Gegenstand näher bestimmt (Glaser und Strauss 2010, S. 72 f.). Ein Beispiel für das *sampling* im Modus des maximalen Vergleichs war in meiner Untersuchung die Suche nach Orten, an denen es nicht zum Überblick/en kommt. Dadurch ließen sich die örtlich-räumlichen Bedingungen der Praktik nachvollziehen. Um Überblick/en zu ermöglichen, werden beispielsweise Blickschneisen in den physischen Ort geschlagen, in meinem Fall also die umliegenden Wälder. Im diskursiven Material wird zudem deutlich, dass Überblick/en als explizit menschliche Handlungsweise verstanden wird. Nicht-menschliche Aktanten überblicken nicht, sie werden überblickt. Hier zeigt sich ein erster Hinweis auf die diskursiven Ordnungen in die das Raumkonstrukt eingebunden ist.

Schritt für Schritt gelingt es mit dem zyklischen Vorgehen der GT, den materiellen wie symbolischen Spuren des untersuchten Raumkonstrukts zu folgen und dabei den gegenseitigen Verweisen der unterschiedlichen Raumelemente in der Analyse nachzugehen (Strauss 1998, S. 56). Die ersten Thesen, die über die beobachtete Praxis Überblick/en aufgestellt wurden, verdichteten sich im Forschungsprozess und ließen sich schließlich in Bezug zu anderen Erkenntnissen über meinen Forschungsgegenstand stellen. Ob eine ethnographische Beobachtung oder ein Datenstück aus dem Datensample der Diskursanalyse die Forschungsrichtung vorgibt, sollte von den gerade verfolgten Erkenntnisinteressen und vom Gegenstand selbst abhängig gemacht und dabei immer reflektiert werden. Im Fall der Hermannshöhen war es sinnvoll, sich zunächst dem Tourenplaner und einem Zeitschriftenartikel zuzuwenden und erst in einem zweiten Schritt ins Feld zu gehen. Zu vermuten war, dass ein solches Vorgehen auch dem Handeln der Akteurinnen und Akteure nahe kommen würde, die ihre Raumaufenthalte zunächst mit Informationsmaterial vorbereiten. Im Feld zeigte sich schließlich, dass ich mit diesem Vorgehen tatsächlich einer Feldlogik gefolgt war. Meine These, dass sich die Raumnutzenden durch das diskursive Material in den Raum führen lassen, ließ sich durch Beobachtungen bestätigen. In Bezug auf Überblick/en heißt dies auch, dass die Nutzenden bereits zu Hause durch Broschüren und die bereits angesprochenen Fotografien im Überblick/en geschult werden. Vor Ort werden sie schließlich durch symbolische Güter zum erwarteten Raumhandeln aufgefordert, so z. B. am Eggeturm durch ein Schild, auf dem steht: „Sie haben (…) die Möglichkeit, vom Eggeturm einen Ausblick über die ostwestfälische Hügellandschaft zu genießen."

Die Analyse meines diskursanalytischen Datensamples ließ mich schließlich den Naturdiskurs rekonstruieren, in den das Überblick/en eingebunden ist. Dem Raumkonstrukt Hermannshöhen ist ein Naturverständnis inhärent, das von einem strikten Dualismus zwischen störender wilder Natur und kultivierter Natur ausgeht. „Die naturnahen Wege über die Höhen (…) sind perfekt präpariert und markiert, nichts hemmt das Fortkommen" (Wandermagazin 2010, S. 9) heißt es dazu beispielsweise im Material. Die ethnographischen Beobachtungen machen deutlich, dass diese diskursive Distanzierung und Unterordnung von Natur wiederum im Überblick/en ihren örtlich-räumlichen Ausdruck findet. Denn im Feld wird deutlich, wie die Raumnutzenden im Überblick/en sich selbst und ihren Blick erhöhen und dabei Naturelemente dem menschlichen Blick untergeordnet werden. Aufgrund der erhöhten körperlich-örtlichen Position, die die Raumnutzenden im Überblick/en einnehmen, ist dies durchaus plastisch zu verstehen. Über das Herabschauen und die dabei eingenommene erhöhte Position schreibt sich das raumspezifische, diskursive Naturverständnis in die Wahrnehmung des Raums ein.

Der diskursanalytische Zugang zu den Hermannshöhen zeigt schließlich auf, in welche „story line" (Keller 2011, S. 252) das Wissen um einen kultivierten, unterworfenen Naturraum und die dazugehörige Verkörperung durch die Praktik des Überblick/ens, eingerahmt ist. In der Gesamterzählung des Raums werden die Hermannshöhen als einheitlicher, über die Kultivierung der Landschaft historisch zusammengewachsener Raum konstruiert. Der Fernwanderweg Hermannshöhen entstand 2004 aus der Zusammenlegung der beiden Wanderwege Hermannsweg und Eggeweg. Die Erzählung eines historisch kultivierten Raums, eben *den* Hermannshöhen, hat die Funktion, auf dieses Zusammenlegen zu reagieren. Denn mit der Historisierung lässt sich den Legitimationsproblemen diskursiv begegnen, die die Verschmelzung zweier zuvor eigenständiger Raumkonstrukte mit jeweils verschiedenen lokalen Handelnden und unterschiedlichen „local stories" (Bauriedel 2007, S. 20) ausgelöst hat.

Kehren wir von diesem diskursanalytischen Blick auf meinen Gegenstand ein letztes Mal zurück ins ethnographische Feld und zum Eggeturm. Wie gezeigt, lässt sich dort beobachten, wie Raumwissen das Materielle vor Ort, den Turm als diskursives Artefakt und die Raumnutzenden in ihren konkreten Raumhandlungen durchdringt. Gleichzeitig wird durch die ethnographische Perspektive deutlich, dass es eben auch das Materielle ist, also der Turm als physisches Objekt vor Ort[10], der die überblickende Raumwahrnehmung der Nutzenden hervorbringt und damit die diskursive Konstruktion des Raums stützt. Erst der Turm und die von ihm ausgehenden Blickachsen bringen die Raumnutzenden in die Lage, das auszuführen, was im Werbematerial als „den Blick in die Ferne schweifen lassen" (Wandermagazin 2010, S. 9) beschrieben wird. Die Verschränkung von Symbolischem und Materiellem im Element Eggeturm schafft damit die Bedingung für das *Überblick/en*. Jene verräumlichte Praktik, mit der es den Akteurinnen und Akteuren möglich wird, das unter ihnen Liegende als historisch kultivierten Naturraum Hermannshöhen zu erkennen und damit hervorzubringen.[11]

Die Beschreibung meiner Erkenntnisse über meinen Gegenstand und des Prozesses, in dem diese gewonnen wurden, zeigt, wie die iterativ-zyklische Forschungslogik der GT zur Erforschung sozialräumlicher Wirklichkeit herangezogen werden kann. Denn um Raum in seiner Relationalität zu erfassen, muss auch der Forschungsprozess relational bzw. zyklisch gestaltet werden. Dies beinhaltet ein stetiges Pendeln: Pendeln zwischen ethnographischen und diskursanalytischen Zugängen, zwischen Analyse und Erhebung, zwischen Forschung im Archiv und vor Ort. So lassen sich nicht nur die symbolischen und materiellen Dimensionen des Untersuchungsgegenstand aufspüren: Sie lassen sich auch, Schritt für Schritt, in ihrer Relationalität zueinander rekonstruieren.

6.5   Fazit: Stories so far

Zu Beginn meines Beitrages habe ich gefragt, wie sich in Anlehnung an den Raumbegriff von Doreen Massey empirisch die Komplexität und Relationalität von Raum aufspüren lassen. Die von mir vorgeschlagene Triangulation von Ethnographie und Diskursanalyse, die durch den Forschungsstil der GT zusammengehalten wird, ist sicherlich ein anspruchsvolles Verfahren. Dies betrifft die Datenmengen, mit denen die Forschenden konfrontiert werden, und die zeitlichen Ressourcen, die in Feld- wie Archivaufenthalten investiert werden müssen. Ebenso setzt ein solches Verfahren auch gute Kenntnisse in den Methoden voraus, die kombiniert werden (Flick 2011, S. 57). Dazu zählt auch die gegenstandsangemessene Auswahl eines Verfahrens aus

---

10   Zu beachten ist dabei auch der physische Ort, an dem der Turm platziert ist. Der Preußische Velmerstot ist mit 468 m über NN der höchste Punkt, an dem der Fernwanderweg vorbeiführt.

11   Ich orientiere mich hier an einem poststrukturalistischen Verständnis von Performativität. Siehe dazu Anke Strüver (2005) sowie Strüver und Claudia Wucherpfenning (2009).

den jeweils weiten Feldern Diskursanalyse und Ethnographie. Denn methodologisch wie methodisch kann es einen Unterschied machen, ob z. B. auf eine Wissenssozio-logische-, Foucault'sche- oder eine kritische Diskursanalyse bzw. analog dazu eine fokussierte oder einer lebensweltliche Ethnographie zurückgegriffen wird. Das gilt auch für die Anwendung verschiedener GT-Stränge. Um der Komplexität gerecht zu werden, die hinter der Relationalität von Raum steckt, ist ein mehrdimensionales Verfahren in meinen Augen jedoch unabdingbar. Mithilfe der GT wird es schließlich auch systematisier- und leistbar. Gerade der iterativ-zyklische Forschungsprozess der GT ist es dabei, der die Forschenden in der Forschung gezielt offen halten kann für „the potential surprise of space" (Massey 2005, S. 112). In meinen Feldbesuchen zeigte sich mir beispielsweise, wie stark der untersuchte Raum durch das Wetter geprägt ist. Eine Panoramabank, die an einem sonnigen Tag den Wandernden noch Aussicht bietet, fungiert an einem nebligen Tag als ein ganz anderes örtliches und räumliches Element. Hier werden nicht nur Relationalität(-en) von Raum deutlich, die zunächst nicht vermutet wurden. Die Möglichkeit des ethnographischen „Wiederkommens" (Huffschmid und Wildner 2009, S. 14) ins Feld, aber auch die „Rückkehr zu den alten Daten" (Strauss 1998, S. 46) im Forschungsprozess machen schließlich auch die Pro-zesshaftigkeit und Widersprüchlichkeit der Raumkonstruktion deutlich und zeigen auf, dass wir als Forschende immer nur mit „stories so far" (Massey 2005, S. 9) kon-frontiert werden.

Literatur

Baldwin J (2012) Putting Massey's relational sense of place to practice: labour and the constitution of Jolly Beach, Antigua, West Indies. Geogr, Ann: Series B Human Geogr 94(3):207–221

Bauriedel S (2007) Räume lesen lernen: Methoden zur Raumanalyse in der Diskursforschung. Forum Qual Sozforsch 8(2):1–32; Art 13

Breidenstein G, Hirschauer S, Kalthoff H, Nieswand B (2013) Ethnografie: die Praxis der Feldforschung. UVK, Konstanz

Bührmann A, et al (Hrsg) (2007) From Michel Foucault's theory of discourse to empirical discourse research. Forum Qual Sozforsch 8(2)

Christmann G (Hrsg) (2015) Zur kommunikativen Konstruktion von Räumen – Theoretische Konzepte und empirische Analysen. Springer VS, Wiesbaden

Christmann G (2016) Räumliche Transformationsprozesse in benachteiligten Stadtquartieren – Metho-denintegrationen und -ergänzungen im Rahmen einer ethnographischen Diskursanalyse. In: Burzan N et al (Hrsg) Materiale Analysen – Methodenfragen in Projekten. Springer Fachmedien, Wiesbaden, S 73–93

Ditmmer J (2010) Textual and discourse analysis. In: Delyser L et al (Hrsg) The SAGE Handbook of Qua-litative Geography. Sage, Los Angeles, S 274–286

Elwood S (2010) Mixed methods: thinking, doing, and asking in multiple ways. In: Delyser L (Hrsg) The SAGE Handbook of Qualitative Geography. Sage, Los Angeles, S 94–113

Flick U (2011) Triangulation – Eine Einführung, 3. Aufl. VS Verlag, Wiesbaden

Flick U (2015) Design und Prozess qualitativer Forschung. In: Flick U, Kardorff E von, Steinke I (Hrsg) Qualitative Forschung – Ein Handbuch, 11. Aufl. Rowohlt, Hamburg, S 252–265

Foucault M (1969) Archäologie des Wissens. Suhrkamp, Frankfurt a. M.

Geertz C (1996) Afterword. In: Feld S, Basso K (Hrsg) Senses of place. School of American Research Press, Seattle, S 259–262

Glaser B, Strauss A (2010) Grounded Theory – Strategien qualitativer Forschung, 3. Aufl. Huber, Bern

Glasze G, Mattissek A (2009) Diskursforschung in der Humangeographie: Konzeptionelle Grundlagen und empirische Operationalisierungen. In: Glasze G, Mattissek A (Hrsg) Handbuch Diskurs und Raum: Theorien und Methoden für die Humangeographie sowie die sozial- und kulturwissenschaftliche Raumforschung, 2. Aufl. Transcript, Bielefeld, S 11–60

Huffschmid A, Wildner K (2009) Räume sprechen, Diskurse verorten? Überlegungen zu einer transdisziplinären Ethnografie. Forum Qual Sozforsch 10(3), Art 25

Keller R (2011) Wissenssoziologische Diskursanalyse – Grundlegung eines Forschungsprogramms, 3. Aufl. VS Verlag, Wiesbaden

Keller R (2015) Die symbolische Konstruktion von Räumen. Sozialkonstruktivistisch-diskursanalytische Perspektiven. In: Christmann G (Hrsg) Zur theoretischen Betrachtung von Räumen als Konstruktionen. Springer VS, Wiesbaden, S 55–78

Krzyzanowski M (2011) Ethnography and critical discourse analysis: towards a problem-oriented research dialogue. Crit Discourse Stud 8(4):231–238

Löw M (2001) Raumsoziologie. Suhrkamp, Frankfurt a. M.

Macgilchrist F, Van Hout T (2011) Ethnographic discourse analysis and social science. Forum Qual Sozforsch 12(1), Art 18

Marquardt N, Schreiber V (2012) Die Neue Kulturgeographie und Foucault – Arbeiten mit und in gemischten Zuständen. In: Füller H, Michel B (Hrsg) Die Ordnung der Räume – Geographische Forschung im Anschluss an Michel Foucault. Westfälisches Dampfboot, Münster, S 23–53

Massey D (1994) Space, place and gender. Polity, Cambridge

Massey D (2004) Geographies of responsibility. Geogr, Ann: Series B Human Geogr 86(1):5–18

Massey D (2005) For space. Sage, London

Massey D (2006) Empire und Geographien der Verantwortung. In: Pieper M et al (Hrsg) Empire und die biopolitische Wende – die internationale Diskussion im Anschluss an Hardt und Negri. Campus, Frankfurt a. M., S 67–83

Massey D (2007) World city. Polity, Cambridge

Müller M (2012) Mittendrin statt nur dabei: Ethnographie als Methodologie in der Humangeographie. Geogr Helv 67:179–184

Rothfuß E, Dörfler T (2013) Prolog – Raumbezogene Qualitative Sozialforschung. Konzeptionelle Überlegungen zwischen Geographie und Soziologie. In: Rothfuß E, Dörfler T (Hrsg) Raumbezogene Qualitative Sozialforschung. Springer VS, Wiesbaden, S 7–31

Steinke I (2015) Gütekriterien qualitativer Forschung. In: Flick U, Kardorff E von, Steinke I (Hrsg) Qualitative Forschung – Ein Handbuch, 11. Aufl. Rowohlt, Hamburg, S 319–331

Strauss A (1998) Grundlagen qualitativer Sozialforschung. Datenanalyse und Theoriebildung in der empirischen und soziologischen Forschung, 2. Aufl. Fink, München

Strauss A, Corbin J (1996) Grounded Theory. Grundlagen qualitativer Sozialforschung. Beltz PVU, Weinheim

Strübing J (2013) Qualitative Sozialforschung: eine komprimierte Einführung für Studierende. Oldenbourg, München

Strübing J (2014) Grounded Theory, 3. Aufl. Springer VS, Wiesbaden

Strüver A (2005) Macht Körper Wissen Raum? Ansätze für eine Geographie der Differenzen. Beiträge zur Bevölkerungs- und Sozialgeographie, Bd 9. Universität Wien, Wien

Strüver A, Wucherpfenning C (2009) Performativität. In: Glasze G, Mattissek A (Hrsg) Handbuch Diskurs und Raum: Theorien und Methoden für die Humangeographie sowie die sozial- und kulturwissenschaftliche Raumforschung, 2. Aufl. Transcript, Bielefeld, S 153–180

Taylor L (2013) The case as space: implications of relational thinking for methodology and method. Qual Inq 19(10):807–817

Tourenplaner (2013) Wanderbare Wege … Der praktische Tourenplaner der Hermannshöhen. OstWestfalenLippe Marketing GmbH; Projektbüro Hermannshöhen (Hrsg)

Viehöfer W (2006) Diskurse als Narrationen. In: Keller R et al (Hrsg) Handbuch Sozialwissenschaftliche Diskursanalyse. Theorien und Methoden, Bd. 1, 2. Aufl. VS Verlag, Wiesbaden, S 179–208

Wandermagazin (2010) Hermannshöhen: Hier läuft das Leben. OstWestfalenLippe Marketing GmbH; Projektbüro Hermannshöhen (Hrsg)

6

Familiengartengemein-
schaften im Wandel

Zur Ethnographie der Wirklichkeit sozialräumlicher Gemeinschaften

Nicola Thomas, Patrick Oehler und Timo Huber

© Springer-Verlag GmbH Deutschland, ein Teil von Springer Nature 2018
J. Wintzer (Hrsg.), *Sozialraum erforschen: Qualitative Methoden in der Geographie*,
https://doi.org/10.1007/978-3-662-56277-2_7

7.1 Einleitung: Familiengartengemeinschaften im Wandel

Sozialräumliche Wirklichkeit explorativ zu erforschen, setzt voraus, dass sich Forschende über das Forschungsfeld, die leitende(n) Fragestellung(-en), die methodischen Zugänge sowie das zugrundeliegende Forschungsparadigma in einem fortlaufenden Prozess klar werden und diese bestimmen. Feld, Fragestellung, Methodologie und Methoden bilden einen Zusammenhang, der jeweils projektspezifisch zu definieren ist. Ebenso wichtig ist dabei, das zu beschreibende Phänomen und dessen Relevanz darzulegen. Bei dem hier beschriebenen Forschungsprojekt, welches exemplarisch die Anwendung der ethnographischen Methode beschreibt, werden folgende Probleme und Forschungslücken im Sinne einer Problemkonstruktion definiert.

- **Hintergrund des Projekts**

Familiengartengemeinschaften[1] sind Gemeinschaften mit einem expliziten sozialräumlichen Bezug (Thomas et al. 2016). Das Areal, auf dem die einzelnen Familiengärten angesiedelt sind, ist für diese Gemeinschaften konstitutiv und damit auch wichtiger Bestandteil und Bezugspunkt ihrer sozialräumlichen Wirklichkeit. Gleichwohl markiert dieser Sozialraum nicht die Grenze, von der her das Phänomen verstanden werden kann. Denn städtische Familiengartengemeinschaften sind keine isolierten und autarken Gebilde. Im Gegenteil, sie sind jeweils in größere soziale, ökonomische, politische und ökologische Kontexte eingebettet, mit denen sie in einer Wechselbeziehung stehen.

Aufgrund der Wechselbeziehung von Familiengartengemeinschaften und verschiedenen gesellschaftlichen Kontexten sind Phänomene des sozialen Wandels auch in Familiengartengemeinschaften konkret sichtbar und erforschbar. Kleingartengemeinschaften sind zugleich Teil der sie umgebenden Gesellschaft wie auch Orte der Selbst- und Fremdbeschreibung von sozialen Gemeinschaften (Grundmann et al. 2006). Ungeachtet dessen, dass es viele Kleingartengemeinschaften gibt, wurden bzw. werden diese und deren Wirklichkeit kaum empirisch erforscht. Familiengartenareale sind soziale Räume, über die im Alltagsverständnis oft unpräzise und vorurteilsbeladene Vorstellungen über die Nutzungsgruppen und dem Familiengartenalltag dominieren. Die Wirklichkeit der sozialräumlichen Lebenswelt von Familiengartengemeinschaften ist den meisten Unbeteiligten weitgehend unbekannt und damit verbunden auch der gesellschaftliche Wert von Familiengärten, sei dies nun für die direkt Beteiligten als auch für die erweiterte städtische Umgebung. Die ethnographische Methode, die sich zwischen Involviertheit und Distanzierung bewegt (Honer 2000), bietet hier eine ausgezeichnete Möglichkeit, die Wirklichkeit(-en) von Familiengartengemeinschaften zu erfassen und differenzierter zu beschreiben.

- **Bedeutung von Familiengärten**

Familiengärten können in der Schweiz (vgl. Schwerzmann 2013) auf eine lange und beständige Tradition mit spezifischen Strukturen und generationenübergreifenden Gemeinschaften zurückblicken, die bis ins Mittelalter zurückreicht. Mit der

---

1   Der Begriff *Familiengarten(gemeinschaften)* wird in diesem Artikel synonym mit den Begriffen Schrebergarten, Kleingarten oder Freizeitgarten verwendet.

Industrialisierung nimmt ihre Bedeutung als Selbstversorgungsorte für die verarmte Arbeitendenbevölkerung stark zu, ebenso während der beiden Weltkriegen, als nicht besetztes Land im Rahmen der *Anbauschlacht* intensiv für die eigene Sicherung der Nahrungsversorgungslandwirtschaft genutzt wurde (Kretzschmar und Schulin 2004; Schwerzmann 2013). Doch selbst in wirtschaftlich schwierigen Zeiten reduziert sich die Funktion von Familiengärten nicht allein auf die Lebensmittelproduktion. So argumentieren Mischa Gallati und Jeanine Schiller (2011) in ihrer sozialhistorischen Studie, dass auch in der krisenanfälligen ersten Hälfte des 20. Jahrhunderts die Gärten als Freizeit- Erholungs- und Gemeinschaftsorte dienen. Überdies unterstützen die Gärten in dieser Zeit Selbstbestimmungs- und Partizipationsprozesse der Bevölkerung (Gross und Kibbel 2013).

Die positiven Effekte von Natur und Gärten auf die psychische und physische Gesundheit der Menschen finden auch Einzug in den städtebaulichen Diskurs am Ende des 19. Jahrhunderts. So fordert etwa die Gartenstadtbewegung (vgl. Hall 2002) neu gebaute, selbstversorgende und genossenschaftlich organisierte Städte mit ausreichend grünen Flächen.

Mit dem starken ökonomischen Wachstum nach dem Zweiten Weltkrieg geht die Relevanz der Familiengärten als Orte der Nahrungsmittelproduktion zurück, während ihre Funktion als Freizeit- und Erholungsort für die wachsende Arbeiterbevölkerung ansteigt. Ab den 1950er- und 1960er-Jahren sehen sich Familiengartengemeinschaften mit Ansprüchen konfrontiert, den von ihnen genutzten Boden in Bauland umzuwandeln und für den Bau von Liegenschaften zu nutzen (vgl. Anonymous 1964). Ein Anspruch, der in jüngster Zeit wieder sehr häufig formuliert wird (vgl. Schwerzmann 2013).

Trotz dieser langen Tradition geraten Familiengartengemeinschaften in den letzten Jahren vermehrt unter Druck. Die von ihnen kultivierten Gartenareale sollen im Zuge innerstädtischer Verdichtung teilweise neuen Wohn- und Entwicklungsprojekten weichen (vgl. Thomas et al. 2017). Zugleich sollen die bestehenden Areale vermehrt einer nicht an Vereins- oder Genossenschaftsmitgliedschaften gebundene Öffentlichkeit zugänglich gemacht werden – z. B. über die Einrichtung öffentlicher Spielplätze in Familiengartenarealen. Dabei wird der Bedarf für eine Zweckänderung und Umstrukturierung der Familiengartenareale vorwiegend von Akteurinnen und Akteuren aus Politik, Regierung, Verwaltung und Wirtschaft formuliert, welche diese als ein überholtes Modell betrachten. Die Familiengartengemeinschaften selbst teilen diese Einschätzung nicht. Sie wollen in der Regel die bestehende Struktur und Nutzungsform beibehalten. Das Infragestellen der traditionellen Familiengärten spiegelt sich auch in der wissenschaftlichen Diskussion wieder, in der oftmals folgende Kritikpunkte gegenüber Familiengärten geäussert werden: die Schwierigkeit von traditionellen Familiengärten, jüngere Generationen anzuziehen, die strikte Parzellenlogik (Teilung in Landgrundstücke), die Abgeschlossenheit bzw. Nichtöffentlichkeit der Areale, der Gebrauch umweltschädlicher Chemikalien und die Blockierung wertvoller bebaubarer Landreserven (vgl. Schwerzmann 2013; Kretzschmar und Schulin 2004; Krüger 2012).

Gleichzeitig zeichnet sich bereits innerhalb der Familiengartengemeinschaften ein Wandel ab. Neue Pachtgenerationen entdecken den Reiz von Familiengärten und bringen neue Formen des Gärtnerns mit wie Permakulturen und soziale Ideen wie die gemeinschaftliche Kultivierung einer Parzelle in einem Kollektiv (Hitzler et al. 2008). Diese neuen Praktiken unterscheiden sich teilweise signifikant von der traditionellen

Kultur der Familiengartengemeinschaften und stellen diese vor die Herausforderung, neue Perspektiven in die bestehende Ordnung aufzunehmen. Ein Beispiel hierfür sind die internen Debatten über den Nutzen versus die Schädlichkeit von Un- bzw. Mitkraut in den Schweizer Familiengärten. Diese internen Veränderungsprozesse werden in der wissenschaftlichen Diskussion teilweise thematisiert und damit verbunden werden neue Organisationsformen und ein stärkerer Miteinbezug der angrenzenden Nachbarschaften empfohlen (vgl. Kretzschmar und Schulin 2004; Appel et al. 2011).

Vor dem Hintergrund dieses Spannungsverhältnisses der Familiengartengemeinschaften zwischen Tradition und Veränderung(-sdruck) wird das hier beschriebene Forschungsprojekt mit dem Titel *Allotment Garden Communities and their contribution to Neighbourhood Development* formuliert.[2] Das Projekt untersucht die sozialräumliche Wirklichkeit von zwei traditionellen Familiengartengemeinschaften in einem sich wandelnden städtischen Umfeld und verfolgt damit zwei leitende Fragestellungen: Erstens erforscht das Projekt, wie Familiengartengemeinschaften entstehen und wie diese funktionieren, zweitens, wie sie ihre Ordnung im Wandel und unter Druck ausbalancieren und wie sie als demokratische Vereine mit Unterschiedlichkeit und Konflikten umgehen und auftretende Schwierigkeiten bewältigen. Familiengärten sind nämlich nicht nur Orte, an denen Natur und Kultur eng miteinander verwoben sind. Sie sind auch Orte, um dessen Zukunft und Legitimität gestritten wird und deren Wert als ökologische Ressourcen für Städte bzw. als soziale und ökonomische Ressource für unterschiedliche Nutzungsgruppen zur Debatte steht, insbesondere auch für zugewanderte Personen.

In den folgenden Kapiteln wird zuerst deutlich gemacht, welches Verständnis von Ethnographie diesem Forschungsprojekt zugrunde liegt. Danach wird die konkrete methodische Vorgehensweise beschrieben und ein Blick auf wichtige Ergebnisse der Studie geworfen. Den Abschluss des Beitrages bildet ein kurzes Fazit.

7.2   Die sozialräumlich-fokussierte Ethnographie

Zur Untersuchung der sozialen und räumlichen *Lebenswelten* von Familiengartengemeinschaften wird ein methodenplurales ethnographisches Forschungskonzept gewählt, welches für lebensweltanalytische Untersuchungen besonders geeignet ist. Der Begriff der Ethnographie steht zunächst einmal für die Beschreibung von Ethnien, also Bevölkerungsgruppen und Kulturen und ihrer Wissensbestände. Während sich die klassische ethnologische Ethnographie ursprünglich mit der Erforschung fremder Kulturen befasst, beschäftigt sich die soziologische Ethnographie mit der eigenen Kultur. Statt fremder Ethnien werden soziale Räume der eigenen Gesellschaft

---

2   Das Projekt wurde vom Schweizer Staatssekretariat für Bildung, Forschung und Innovation (SBFI) finanziert und ist Teil der europäischen COST Action TU1201 „Urban Allotment Gardens in European Cities – Future, Challenges and Lessons Learned". Während einer Laufzeit von Februar 2015 bis Februar 2017 wurden zwei Fallbeispiele von Familiengartengemeinschaften in den Städten Basel und Bern ethnografisch untersucht.

analysiert, die jeweils ihre eigenen Normen und Regeln sowie ihre eigene Sprache und Wissensbestände haben, und laut Anne Honer (2000) kleine soziale Lebenswelten darstellen.

Anders als häufig angenommen handelt es sich bei der Ethnographie nicht um die Anwendung einer bestimmten Forschungsmethode, sondern vielmehr um die Einnahme einer bestimmten Forschungshaltung, bei der sich die Forschenden nach dem untersuchten Feld ausrichten. Ronald Hitzler (2000b, S. 144; Herv. i. Orig.) beschreibt Ethnographie in diesem Zusammenhang als eine „Verknüpfung von praktischen Teilnehmenden-Erfahrungen mit feldrelevanten Daten *aller Art*". Damit erwähnt er zwei wichtige Aspekte von ethnographischer Forschung: 1) die häufig intensive Involvierung von Forschenden mit ihrem Untersuchungsfeld und 2) die methodisch offene Ausrichtung des Forschungsprozesses. Die Ethnographie gibt keine Erhebungsmethoden vor, sondern empfiehlt im Gegenteil sogar, der Situation angepasst, verschiedene Arten der Datenerhebung miteinander zu kombinieren. Forschende verwenden grundsätzlich das gesamte Methodenarsenal der empirischen Sozialforschung, auch wenn dabei nichtstandardisierte Methoden bevorzugt werden und die Beobachtung als das „ethnographische Basisverhalten" gilt (Hitzler 2000a, S. 22).

Die beobachtende Teilnahme ist zentrales Werkzeug, denn die untersuchten Praktiken lassen sich weder schlicht abfragen, noch ohne Weiteres über Dokumente rekonstruieren (Hitzler 2000b, S. 145). Dabei ist die flexible Anpassung an das Untersuchungsfeld zentral, sowohl was die eigene Person als auch das methodische Vorgehen betrifft. Eigene Vorurteile und moralische Wertungen müssen (zeitweilig) zurückgehalten und eigene Datenerhebungen an das Feld angepasst werden, um eine „Balance zwischen Erkenntnisinteressen und situativen Anforderungen" (Lüders 2000, S. 393) aufrechterhalten zu können. Dies bedeutet nicht selten eine große methodische Verunsicherung und Anpassungsleistung der Forschenden, welche aber zugleich den Blick auf die Lebens- und Organisationsweise des Feldes schärft. Gleichzeitig befinden sich die Forschenden permanent in einem paradoxen Verhältnis von Nähe und Distanz zum Feld, nämlich einer „paradoxe(n) Einheit von existenzieller Involviertheit bei der Exploration auf der einen *und* von analytischer Distanz bei der Interpretation auf der anderen Seite" (Hitzler 2000a, S. 20; Herv. i. Orig.). Dieses Spannungsverhältnis lässt sich nicht auflösen, da die Forschenden einerseits versuchen, möglichst nahe an das Feld heranzukommen, sie andererseits aber nie die Distanz aufgeben dürfen, da sonst die Gefahr einer zu großen Identifikation mit dem Feld besteht. Ebenso ist es bei Feldforschung nie möglich, die eigenen Wertvorstellungen und Vorurteile ganz auszuschalten. Deshalb ist es unerlässlich, sich dies immer wieder zu vergegenwärtigen und bewusst zu machen, wie es die Wahrnehmungen prägt. Die Selbstreflexion der Forschenden und die Reflexion im Team haben bei Feldforschung einen hohen Stellenwert. Wie gestalte ich meine Rolle im Feld? Welche eigenen Werte und Normen stehen zu denen im Feld in einem Konflikt? Solche und andere Fragen können im Forschungsteam offengelegt und besprochen werden, um Spannungsfelder auszubalancieren und die eigene Rolle im Forschungsfeld zu stabilisieren.

Die Formulierung kontextunabhängiger methodologischer Regeln ist in der Ethnographie nicht vorgesehen, schließlich wird situationsgerechtes Handeln als wichtiger erachtet als das konsequente Befolgen von methodologischen Regeln und Gesetzen. „Das situationsangemessene Handeln des Beobachters, sein ethnographisch geschulter Blick und seine Fähigkeiten, heterogenes Material zu einer plausiblen Beschreibung zu verdichten" (Lüders 2000, S. 388), ist, was die Qualität einer ethnographischen Studie ausmacht. Die Güte der Datenerhebung in der Ethnographie ergibt sich also zum großen Teil über einen offenen, erkundenden Blick und ein kontinuierliches reflexives Ausbalancieren von Teilnahme und Distanz.

7.3 Forschungsvorgehen

- **Feldzugang**

Der Feldzugang des hier beschriebenen Forschungsprojektes wird vorsichtig und in Absprache mit den formellen Gatekeepern der beiden Areale gestaltet. Letzteres ist aufgrund der baulichen und kulturellen Abgrenzung der Areale notwendig, welche eine Zutrittsgenehmigung und Zutrittsinstrumente erfordert – in einem Fall etwa der Schlüssel zu dem umzäunten Areal.

Der Eintritt ins Feld bedeutet nicht, eine scharf getrennte Drinnen-Draußen-Grenze zu überschreiten, nach deren Übertritt die eigentliche Forschung beginnt und sich das Forschungsfeld den Forschenden zu eröffnen beginnt. Vielmehr ist der Zugang zum Feld ein schrittweiser, fließender Prozess, der bereits vor der eigentlichen Datenerhebung beginnt, nämlich mit den ersten Vorüberlegungen und Abklärungen zum Feldzugang und der neben den erfolgreichen auch die misslungenen Zugangsversuche umschließt. Anders formuliert: Der ethnographische Feldzugang ist eine nie völlig abgeschlossene Handlung, da es auch innerhalb des erforschten Feldes immer wieder neue Felder zu erschließen gilt (Wolff 2000, S. 336).

Diesen Vorüberlegungen entsprechend wird auch der Zugang zu den beiden Familiengartengemeinschaften sorgfältig geplant und schrittweise gestaltet, um eine Irritation innerhalb des Feldes möglichst zu vermeiden. So wird frühzeitig Kontakt zu den Vereinsvorständen der untersuchten Familiengartengemeinschaften aufgenommen und anschließend bei einem persönlichen Treffen im Vereinslokal der Gartenareale das Forschungsvorhaben vorgestellt und allfällige Fragen beantwortet. Somit wird im Voraus, also bereits in der Phase des Projektantrags, die Zustimmung und Unterstützung der Gartenvorstände eingeholt. Wichtig ist auch, mit diesen Gatekeepern gemeinsam zu überlegen, wie die übrigen Mitglieder der Vereine am besten über das Projekt informiert und ihnen ggf. auch das Forschungsteam vorgestellt werden soll.

Diese frühzeitige Kontaktaufnahme ist für die offiziellen Feldphasen (insbesondere für die erste Feldphase, die Explorationsphase) äußerst hilfreich. Durch in der Antragsphase unterzeichnete *letters of intent* kann eine gewisse Verbindlichkeit hergestellt werden. Diese *letters of intent* sind Absichtserklärungen seitens wichtiger Stakeholder (Vorstände der Familiengärten, zuständige Stellen der Stadtverwaltung, Quartierorganisationen u. a.). Diese erklären darin ihre Absicht, das Projektteam beim Zugang zu den Arealen und lokalen Organisationen zu unterstützen, den Kontakt zu den Gärtnerinnen und Gärtnern herzustellen sowie für weitere Anliegen zur Verfügung zu stehen und Dokumente und weitere Informationen verfügbar zu machen. Ebenso erklären sie sich bereit, für ein Interview zur Verfügung zu stehen. Diese *letters of intent* können den Feldzugang erheblich erleichtern, sind jedoch auch mit einer nötigen Sensibilität zu gestalten. Forschende gehen damit nämlich mit den Stakeholdern eine Art der Kooperation ein, welche möglicherweise im Widerspruch zu der geforderten Feldanpassung und sonstigen Kooperationsbeziehungen steht. Allerdings eröffnet sich auch die Möglichkeit, den Eintritt ins Feld – hier den Eintritt in die als abgeschlossenes System wahrgenommenen Gartenareale – in relativ kurzer Frist erfolgreich zu gestalten.

▪ Methodisches Vorgehen und Triangulation

Der Versuch einer Rekonstruktion der Welt(-en) und Wirklichkeiten der Menschen bedarf einer methodenpluralen Exploration (Honer 1989). Denn wie Ronald Hitzler und Anne Honer (1988) ausführen, verlangt „der Versuch, Welt bzw. Welten zu rekonstruieren, […] idealerweise einen sozusagen ‚ganzheitlichen' Datenkonstitutionsprozess. Und dieser erfordert den Einsatz möglichst vielfältiger Methoden, deren Qualitätskriterium darin besteht, ob bzw. in welchem Masse sie geeignet sind, die Relevanzen des Anderen aufzuspüren und zu rekonstruieren" (S. 499; Herv. i. Orig.). Um diesen Anspruch einzulösen, wendet das Forschungsteam unterschiedliche Formen der Datenerhebungen an. Neben qualitativen Erhebungszugängen wie nichtteilnehmende Beobachtungen anhand von Alltagsgesprächen, Feldnotizen und Sammeln von Feldartefakten, Interviews mit Expertinnen und Experten kommen auch quantitative Zugänge (*mapping,* Strukturdatenanalyse) zum Einsatz. Die Alltagsgespräche werden mit den involvierten Gärtnerinnen und Gärtnern geführt. Darüber hinaus werden Stakeholderinnen und Stakeholder des Nachbarschaftskontexts mithilfe eines Interviewleitfadens befragt – z. B. Vertretende von Quartiervereinen, Quartierbüros, Familiengartenverbänden sowie mit den innerhalb der Stadtverwaltung zuständige Personen für die Familiengärten oder Fachpersonen aus der Stadtplanung. Des Weiteren werden kurze Ad-hoc-Straßeninterviews mit Personen in der Nachbarschaft geführt. Mittels Interviews können so „Konzepte, Meinungen, Argumentationen und erzählende Rekonstruktionen einzelner Begebenheiten erhoben" (Kelle 2001, S. 202) werden.

Das breite methodenplurale Vorgehen ermöglicht die Generierung dichter multiperspektivischer Ergebnisse, stellt jedoch gleichzeitig Herausforderungen an das Forschungsteam: Da die Methoden und Datengenerierung jeweils dem Forschungsstand und Erfordernissen angepasst werden müssen, sind vom Forschungsteam kontinuierliche Anpassungsleistungen gefordert – auch hinsichtlich der Protokollierung und Verschriftlichung des beobachteten Geschehens. Denn die Feldbeobachtungen und Aufzeichnungen der Alltagsgespräche im Garten werden nachträglich in Form von Feldnotizen in einem Notizheft oder per Diktiergerät im Anschluss an die jeweiligen Beobachtungen und Gespräche festgehalten und dann zu verdichteten Beschreibungen ausformuliert. Dadurch kann eine große Flexibilität im Feld erreicht werden, die erforderlich ist, um eine möglichst natürliche Gesprächssituation entstehen zu lassen. Das heißt, dass die Forschenden im Moment der Gespräche nicht damit beschäftigt sind, Notizen zu machen, und sich auf das Gespräch konzentrieren können.

Wie bereits erwähnt, ist die Mitgliedschaft am Geschehen die ideale Basis für eine Rekonstruktion der Perspektive der Agierenden im Feld (Honer 2000, S. 198). Die nichtteilnehmende Beobachtung[3] entspricht dieser Mitgliedschaft nur bedingt. So sind der Austausch über und das Beobachten von Alltagspraktiken nur Darstellungen davon. Das Forschungsteam erlebt die eigentlichen Praktiken nicht selbst. Die erforschten Alltagswirklichkeiten werden also nicht persönlich „erfahren, erlitten und erhandelt" (Honer 1993, S. 246), sodass die Alltagspraktiken tatsächlich *nur* aus einer Außenperspektive und über Darstellungen vermittelt wahrgenommen werden können (Honer 1993). Wichtig ist es daher, darauf zu achten, dass diese eben als Darstellungen ausgewiesen und nicht als selbst erlebte Praktiken proklamiert werden.

Die unterschiedlichen disziplinären Hintergründe des Forschungsteams (Soziologie, *urban studies,* Soziale Arbeit) tragen dazu bei, dass die Multiperspektivität nicht nur personell, sondern auch disziplinär gegeben ist und so in den Analysesequenzen und Diskussionen unterschiedliche Aspekte priorisiert wurden. Die Zusammensetzung des Forschungsteams ermöglicht eine grundsätzliche Aufteilung auf die zwei Fallbeispiele. Je eine Forscherin oder ein Forscher übernimmt die Hauptverantwortung für die Erhebung eines Areals. So können auch persönliche Verbindungen mit dem Feld aufgebaut werden. Die Eingangsinterviews mit den Gatekeepern werden im ganzen Projektteam geführt, Vorstandsinterviews werden jeweils zu zweit geführt. Dies unterstützt schon zu Beginn die Triangulation auf mehreren Ebenen. Durch den Austausch im Forschungsteam kann nicht nur eine Methodentriangulation, sondern auch eine Triangulation auf Forschendenebene erreicht werden (Forscher-Forscherin-Triangulation) (Flick 2004).

▪ Forschungsphasen

Der Forschungsprozess des Projekts ist nach dem Forschungsparadigma der Grounded Theory (GT) von Barney Glaser und Anselm Strauss (2008) angelegt, bei dem der Forschungsprozess nicht in einer linearen, sondern einer zirkulären Bewegung stattfindet. Dabei werden die Daten nach der Methode des *theoretical sampling* erhoben, bei der unterschiedliche Methoden zum Einsatz kommen und sich die Auswahl und Analyse nach dem jeweiligen Forschungserkenntnisstand richtet. Dabei wird so lange verschiedenes Datenmaterial zusammengetragen und analysiert, bis das Erkenntnisinteresse befriedigt und ausreichend gesättigt ist oder der Forschungsprozess aus anderen Gründen beendet werden muss (Hitzler 2000a, S. 21).

Für das Forschungsprojektbeispiel hier bedeutete dies, dass das Forschungsteam sich für die Projektdauer in regelmäßigen Abständen trifft, um gemeinsam das

---

3   In der nichtteilnehmende Beobachtung (vgl. Lueger 2010; Friebertsgäuser 2003) bewegen sich Forschenden zwar im Feld, allerdings nehmen sie nicht aktiv am Feldgeschehen teil. In dem hier beschriebenen Forschungsprojekt bewegt sich das Forschungsteam während der Beobachtungsaufenthalte zwar im Familiengartenareal, übernimmt dabei allerdings keine „feldspezifischen" Tätigkeiten wie Gartenarbeiten. Stattdessen wird der Aufenthalt genutzt, um mit anwesenden Gärtnerinnen und Gärtner sogenannte Ad-hoc-Gespräche (Heyl 2011) zu führen – also Gespräche, die sich spontan im Feld zwischen Forschenden und Beforschten ergeben, allerdings meist von den Forschenden initiiert werden.

erhobene Material zu sichten und zu besprechen. So werden während der Sitzungen Beobachtungserfahrungen zusammengetragen und offen interpretiert.[4] Am Ende der Sitzung wird jeweils das weitere Vorgehen bei der Datenerhebung für die kommenden Wochen besprochen und aufeinander abgestimmt und es werden weitere Fragen bzw. Aspekte festgelegt, die bei den nächsten Datenerhebungen besonders zu beachten sind. Dies können Aspekte wie beispielsweise die Beweggründe des Gärtnerns in einer Familiengartenparzelle sein oder die Frage, wie der Vorstand die Durchsetzung der kantonalen Gartenordnung organisiert und auf Verstöße dagegen reagiert.

Das Projekt verläuft in drei Etappen: 1) der *offenen Daten- und Analysephase,* der *fokussierten Daten- und Analysephase* und schließlich der *selektiven Daten- und Analysephase.* In der *offenen Forschungsphase* (Frühling bis Winter 2015) wird zunächst die ungefähre Besuchsfrequenz der Forschenden in den Arealen festgelegt und die Art der Protokollierung der Beobachtungen besprochen. In dieser Zeit sind die Haupterhebungsmethoden die nicht-teilnehmende Beobachtung und Ad-hoc-Interviews mit Gärtnerinnen und Gärtnern. Außerdem sammelt das Forschungsteam Feldartefakte – z. B. Hinweise zu Veranstaltungen, Gartenkursmaterial – und dokumentiert seine Beobachtungen schriftlich in Protokollen und visuell in Fotografien. In dieser offenen Phase werden etwa 30 bis 40 h nichtteilnehmende Beobachtungen sowie 18 und 20 (also insgesamt 38) Ad-hoc-Gespräche in den beiden Arealen geführt. Die Gespräche dauern jeweils zwischen fünf und 60 min.

In den anschließenden Wintermonaten des Jahres 2015 bis zum Frühling 2016 werden in der *fokussierten Forschungsphase* die erhobenen Daten gesichtet und im Forschungsteam gemeinsam analysiert, wodurch sich erste theoretische Kategorien und Konzepte herauskristallisierten.

Parallel zu dieser ersten Analyse des Datenmaterials werden 14 semi-strukturierte Experteninterviews mit Stakeholderinnen und Stakeholdern in der Nachbarschaft (aus dem Gebiet der Gemeinwesen- und Quartierarbeit, Nachbarschaftsentwicklung, städtischen Planungsamt und zivilgesellschaftliche Vereinigungen) geführt, welche die Erforschung der Rolle der Areale in der Nachbarschaft und die Wahrnehmung der Areale durch die Nachbarschaftsstakeholderinnen und -stakeholder zum Ziel haben. Während dieser fokussierten Phase stellt sich heraus, dass der Vereinsvorstand bei der Herstellung und dem Funktionieren der Arealgemeinschaften eine zentrale Rolle spielt, deren Sichtweise aber mittels der Beobachtungen und Ad-hoc-Interviews nicht ausreichend rekonstruiert werden kann. Somit finden in der *selektiven Forschungsphase* (Frühling 2016 bis Herbst 2016) zusätzliche Gruppeninterviews mit Vorstandsmitgliedern statt. Im ursprünglichen Forschungsdesign nicht angedacht, ermöglichen diese ergänzenden Interviews die Sichtweise des Vorstands nochmals im Detail zu erheben und zusätzliche Daten zu einem wichtigen Charakteristikum der Familiengartengemeinschaften zu gewinnen. Im Januar 2016 befindet sich das Forschungsprojekt dann in der abschließenden schriftlichen Verdichtung der Ergebnisse.

---

4   Offen bedeutet in diesem Zusammenhang, dass kein Interpretationsleitfaden diese Sitzungen strukturiert, sondern erste Interpretationsideen frei zusammengetragen und diskutiert werden.

▪ Dokumentation und Analyse

Wer sozialer Praktiken erforschen will, sieht sich immer mit dem Problem der „schweigsamen" Dimensionen des Sozialen konfrontiert und damit, wie diese „versprachlicht" werden können (vgl. Hirschauer 2001). Auch Beobachtungsprotokolle sind aus einem bestimmten Blickwinkel der Forschenden konstruiert und enthalten jeweils persönlich gefärbte (vor)selektive Anteile und stillschweigende Interpretationen. Deshalb ist es wichtig, bei der Dokumentation von Beobachtungen in Form von Protokollen die eigenen Interpretationen immer als solche zu kennzeichnen. Eine Möglichkeit ist, Beobachtungsprotokolle z. B. zweiteilig zu strukturieren: Im ersten Teil werden das beobachtete Geschehen und die Alltagsgespräche möglichst wertfrei notiert und in einem zweiten Teil werden jeweils erste Interpretationen des Beobachteten festgehalten, um auch auftretenden Interpretationen und Arbeitshypothesen Raum zu geben. Auf jedem Protokoll wird zudem neben der Tageszeit, der Dauer des Beobachtungaufenthaltes und dem Datum auch das Wetter festgehalten, um so die Beobachtungen rückblickend zeit-räumlich-klimatisch kontextualisieren zu können (◨ Abb. 7.1):

Zusätzlich können die einzelnen Feldbesuche jeweils mit Fotos dokumentiert werden, um auch Veränderungen des Feldes nach Jahreszeiten und anderem mehr fotografisch festzuhalten. Auch dokumentiert das Forschungsteam auf einem Arealplan kartographisch, mit welchen Gärtnerinnen und Gärtnern (auf welchen Parzellen) sie bereits Alltagsgespräche geführt haben. So entsteht eine mehrere Gesichtspunkte umfassende Dokumentation der Aufenthalte im Forschungsfeld.

Protokoll Beobachtungsnotizen Familiengarten Dreispitz
20.5.2015
16.00–18.30
Wetter: bedeckt, ca.18 Grad

Bevor ich zu den Gärten gehe, mache ich einen Umgebungsrundgang, um zu sehen, in welche Nachbarschaft die Gärten eingebettet sind: Entlang der stark befahrenen Münchensteinerstrasse befinden sich Gewerbegebäude. Mir fällt auf, wie fussgängerInnen-unfreundlich die Strasse ist: Um vom Tramdepot zur Kreuzung zu kommen, muss ich auf die gegenüberliegende Strassenseite wechseln, wo sich der Gehsteig befindet. Die Strasse wirkt zudem als Grenze zwischen dem Familiengartenareal und dem Dreispitzareal. Entlang des Walkeweges liegen gartenstadtähnliche Bebauungen, vermutlich aus Anfang des 20. Jahrhunderts.
Vom Walkeweg gibt es keine direkte Verbindung in das Areal, man muss erst eine kleine Strassenabzweigung links entlang gehen, durch einen Tunnel hindurch. Rechts davon liegen Familiengärten im Besitz der SBB. Der Weg führt zu dem öffentlichen Raum, an dem sich der Spielplatz befindet. Ich will eigentlich schon vorher in das Areal reingehen, kann allerdings erst dort; dadurch fällt mir auf, wie abgeschlossen das Areal nach aussen ist.
(…)

Gespräch Frau Y. (5)
Ich befinde mich nun im unteren Teil des Areals, und gehe von dort aus hoch, und sehe eine Frau in ihrem Garten arbeiten. Ich schätze sie auf etwa 60 Jahre alt. Ich gehe auf sie zu und frage, ob ich ihr ein paar Fragen stellen darf. Sie scheint leicht gestresst zu sein, antwortet, dass sie gut findet, was wir tun, sie hätte mich bei der GV gesehen und dass sie gerne ein anderes Mal mit mir sprechen will, sie jetzt aber keine Zeit hat. Dann beginnt sie allerdings dennoch zu erzählen, erzählt mir, dass sie im Gundeli wohnt und ihre Eltern schon den Garten gehabt hätten, sie also seit über 50 Jahren den Garten kennen würde. Sie sei jeden Tag im Garten und würde den Garten alleine halten. (…) Sie geht mit mir anschliessend auf den Gartenweg, der durch diesen Teil des Areals führt, zu ihrem Fahrrad. Dort kommen zwei Gartennachbarn vorbei, denen sie mich vorstellt. Mir fällt auf, wie freundlich der Ton zwischen ihnen ist, Frau Y. allerdings den Namen der beiden nachfragt. Ich habe das Gefühl, dass sie mich an die beiden „übergibt", da sie selbst nach Hause fahren muss, also gehe ich mit dem Paar weiter zu ihrem Garten, der schräg gegenüber dem Garten von Frau Y. liegt.
(…)

Reflexionen
• Individualität jedes Gartens: Rolle, Bedeutung (von Zeitinvestition, Ästhetik, Bewirtschaftungsart)
• Netzwerke über Garten hinweg: Tiere, Gartenprodukte als soziale Basis (ohne die würde kein Austausch mehr stattfinden?) > braucht Grund für Austausch, da kaum gemeinsamer öffentlicher Raum
• Wege als Grenzen

◨ **Abb. 7.1**   Ausschnitt aus einem Beobachtungsprotokoll

Um ein „Verrennen", also eine aufwendige Verfolgung von intersubjektiv nicht plausiblen Deutungen (Knoblauch 2001, S. 131), zu verhindern, werden die Beobachtungserfahrungen anschließend im Forschungsteam ausgetauscht und reflektiert. Dadurch können „intersubjektiv nachvollziehbare Interpretationen" (S. 131) generiert und die nächsten Feldbesuche vorbereitet werden. Dieser Zyklus wird mehrfach durchlaufen.

- **Ergebnisse**

Auf dieser Grundlage können Erkenntnisse generiert werden, wie sich Gemeinschaften konstituieren und worin der gemeinsame Nenner zwischen den dazugehörigen Individuen besteht. Die Vergemeinschaftung passiert in Familiengartengemeinschaften vor allem über die Praxis der Kultivierung und Nutzung der Gartenparzellen. Diese Praxis wiederum beruht auf miteinander geteilten oder zumindest einander überschneidenden und miteinander kompatiblen Interessen und Werten sowie gemeinsamen Bezugspunkten, welche diese Praxis rahmen. Vor diesem Hintergrund kann der Vergemeinschaftungsprozess in Familiengartengemeinschaften als ein multifaktorieller Gemeinschaftsbildungsprozess beschrieben werden, dem vier miteinander verwobenen „Realitäten" zugrunde liegen, die in der Alltagspraxis der Gärtnerinnen und Gärtner zum Tragen kommen. Diese vier zusammenkommenden „Realitäten" sind die *räumliche,* die *organisationale,* die *praktische* und die *symbolische* Realität, die alle Gärtnerinnen und Gärtner in den untersuchten Fallbeispielarealen teilen. Alle haben eine selbst zu gestaltende Parzelle in einer vergleichbaren Größe, die sich auf einem umgrenzten Areal befindet (räumliche Realität). Alle sind Mitglied eines Gartenvereins und damit verpflichtet, sich an die von Stadtverwaltung und Verein formulierten Regelwerke zu halten, was wiederum unter der Obhut des vom Verein gewählten Vorstandes liegt (organisationale Realität). Alle Pächterinnen und Pächter sind auf ihrer Parzelle gärtnerisch aktiv (Anbau von Nutz- und Zierpflanzen zum Eigenbedarf) und nutzen diese zugleich, um sich von der Arbeit und anderen Belastungen zu regenerieren (Rückzugsort, Erholung) sowie um ihre sozialen Kontakte und Beziehungen (Geselligkeit) zu pflegen (praktische Realität). Schließlich haben die Gärten und Parzellen für die Gärtnerinnen und Gärtner jeweils einen subjektiven Wert und eine besondere, unverwechselbare Bedeutung, die sie mit diesem Ort verbinden (symbolische Realität). So ist der Garten ein autonomer Raum, den sie nach ihren Vorstellungen (im Rahmen der bestehenden Ordnung) selbst kreativ gestalten und sich so als Persönlichkeit entfalten können, aber auch ein Ort, mit dem sie bestimmte identitätsstiftende Erfahrungen und Erlebnisse verbinden.[5]

In beiden untersuchten Arealen übernehmen die Familiengartenvereine, vor allem die Vorstände, eine wichtige Funktion in den Gemeinschaften: Als Vermittelnde zwischen den städtischen Behörden (als Grundbesitzer) und den einzelnen Gärtnerinnen und Gärtnern (als Pächterinnen und Pächter der Parzellen) ermöglichen diese ein „internes" und „externes" Funktionieren der Arealgemeinschaften. So nimmt der Vorstand auch bei Konfliktsituationen innerhalb der Gartengemeinschaft eine

---

5   Zum Thema Identifikation mit kleinen und überschaubaren Gemeinschaften aus der Perspektive der Geographie siehe z. B. Schramm (2002, S. 19 ff.).

vermittelnde Rolle ein und weist zugleich auf das Einhalten wichtiger (vor allem baulicher) Nutzungsregeln hin, deren Verstoß städtische Kontrollbehörden andernfalls sanktionieren – im schlimmsten, aber äußerst seltenen Fall mit einer Kündigung des jeweiligen Pachtvertrags.

Nicht nur beim Funktionieren der Gemeinschaft in der Gegenwart, sondern auch im Hinblick auf die Zukunft spielen die Vereinsvorstände eine zentrale Rolle. So sind Familiengartengemeinschaften aktuell mit vielfältigen Herausforderungen konfrontiert. Neben der zunehmenden Vielfalt der Nutzenden sind dies vor allem Umnutzungspläne vonseiten der Stadtverwaltung und -politik, welche auf Familiengartenarealen neue Bauprojekte und/oder Parkprojekte realisieren möchte. Hier spielten und spielen die Vereinsvorstände eine zentrale Rolle, indem sie die Gartennutzenden mobilisieren und sich mit demokratischen Mitteln wie Anhörungen und städtischen Initiativen gegen die drohenden Umnutzungspläne wehren. Wie weit sie dabei auf lange Sicht erfolgreich sein werden, lässt sich zum jetzigen Zeitpunkt nur schwer abschätzen, da Familiengärten im aktuellen Trend bei einem Großteil der stimm- und wahlberechtigten Bevölkerung eher als altmodisch gelten, während der Schutz grüner Flächen eine große Zustimmung erfährt.

7.4 Fazit

Familiengartengemeinschaften und deren Wirklichkeit stellen ein wenig erforschtes sozialräumliches Phänomen dar. Im vorliegenden Beitrag wurde aufgezeigt, wie mithilfe einer Methodenpluralität und Triangulation auf verschiedenen Ebenen dem Forschungsanspruch begegnet wurde. Nicht abschließend beantwortet werden kann allerdings die Frage, inwiefern eine teilnehmende Beobachtung oder beobachtende Teilnahme einer (wie im Fall hier) nichtteilnehmenden Beobachtung zur Erforschung von Alltagspraktiken von Familiengartengemeinschaften vorzuziehen wäre. Dies würde z. B. bedeuten, selbst eine Parzelle über einen längeren Zeitraum zu pachten und aktiv am Alltag des Gärtnerns teilzunehmen.

Neben den methodischen und inhaltlichen Erkenntnissen, die mit diesem Forschungsprojekt generiert werden konnten, wurden im Forschungsverlauf für das Team zunehmend auch politische Fragen relevant. Denn neben Erkenntnissen hinsichtlich des multifaktoriellen Gemeinschaftsbildungsprozesses und der wichtigen Rolle des Vereinsvorstandes untersuchte das Forschungsprojekt auch den hohen Stellenwert der bestehenden Gartenaktivitäten und der räumlichen (Parzellen-)Realität für die Nutzenden. Als in Basel 2011 drei große Familiengartenareale überbaut werden sollten und die stimmberechtigte Stadtbevölkerung über das geplante Bauvorhaben abstimmte, wurden Familiengärten medial als überkommene Nutzungsarten bezeichnet und die Nutzenden als privilegiert dargestellt. Diese Beschreibung von Familiengärten bestätigt das hier vorgestellte Forschungsprojekt nicht, im Gegenteil. Vielmehr wird hier der hohe Stellenwert der Gärten für die tendenziell einkommens- und ressourcenschwachen Nutzungsgruppen deutlich, deren Existenz allerdings aufgrund urbaner Transformationsprozesse zunehmend bedroht ist. Für die Forschenden stellte bzw. stellt sich abschließend die Frage, wie sie mit dem beobachteten Transformationsdruck umgehen und inwieweit sie sich als Forschende zu diesem strittigen Thema positionieren sollen. Ethnographie fordert also immer auch dazu heraus, sich als Forschende über die Pflicht bzw. Grenzen des eigenen Engagements für die untersuchte *community* klar zu werden, da die Erforschung einer Gemeinschaft immer auch zu einem besseren Verständnis derselben und deren (legitimer) Interessen und damit in der Regel zu einer Anerkennung von deren (Sub-)Kultur führt. Hierauf gibt es je nach Wissenschaftstraditionen freilich sehr unterschiedliche mögliche Antworten.

Literatur

Anonymus (1964) Familiengärten: wie lange noch? (Das) Wohnen: Schweiz Z Wohnungswesen 39(7):245

Appel I, Grebe C, Splitthöver M (2011) Aktuelle Garteninitiativen. Kleingärten und neue Gärten in deutschen Grossstädten. University Press, Kassel

Flick U (2004) Triangulation. Eine Einführung. VS Verlag, Wiesbaden

Friebertshäuser B (2003) Feldforschung und teilnehmende Beobachtung. In: Friebertshäuser B, Prengel A (Hrsg) Handbuch Qualitative Forschungsmethoden in der Erziehungswissenschaft. Juventa, Weinheim, S 503–534

Gallati M, Schiller J (2011) Freizeit im Familiengarten. Schweiz Arch Volkskd 107(2):121–144

Glaser BG, Strauss AL (2008) The discovery of grounded theory. Aldine Transaction, New Brunswick

Gross M, Kibbel S (2013) Urban Gardening als Konzept für die Jugendarbeit in der Postwachstumsgesellschaft. Verlag Neue Praxis 1(3):235–245

Grundmann M et al (Hrsg) (2006) Soziale Gemeinschaften Experimentierfelder für kollektive Lebensformen. LIT, Berlin

Hall P (2002) Cities of tomorrow. Blackwell, Malden

Heyl BS (2011) Ethnographic interviewing. In: Atkinson P et al (Hrsg) Handbook of Ethnography. Sage, London, S 369–383

Hirschauer S (2001) Ethnografisches Schreiben und die Schweigsamkeit des Sozialen. Zu einer Methodologie der Beschreibung. Z Soziol 30(6):429–451

Hitzler R (2000a) Die Erkundung des Feldes und die Deutung der Daten. Annäherungen an die (lebensweltliche) Ethnographie. In: Linder W (Hrsg) Ethnographische Methoden in der Jugendarbeit. Zugänge, Anregungen und Praxisbeispiele. Leske + Budrich, Opladen, S 17–33

Hitzler R (2000b) Welten erkunden. Soziologie als (eine Art) Ethnologie der eigenen Gesellschaft. In: Beck U, Kieserling A (Hrsg) Ortsbestimmungen der Soziologie. Wie die kommende Generation Gesellschaftswissenschaften betreiben will. Nomos, Baden-Baden, S 141–151

Hitzler R, Honer A (1988) Der lebensweltliche Forschungsansatz. Neue Praxis 18(6):496–501

Hitzler R, Honer A, Pfadenhauer M (2008) Zur Einleitung: „Ärgerliche" Gesellungsgebilde? In: Hitzler R, Honer A, Pfadenhauer M (Hrsg) Posttraditionale Gemeinschaften. Theoretische und ethnographische Erkundungen. VS Verlag, Wiesbaden, S 9–31

Honer A (1989) Einige Probleme lebensweltlicher Ethnographie. Zur Methodologie und Methodik einer interpretativen Sozialforschung. Z Soziol 18(4):297–312

Honer A (1993) Das Perspektivenproblem in der Sozialforschung. Bemerkungen zur lebensweltlichen Ethnographie. In: Jung T, Müller-Doohm S (Hrsg) „Wirklichkeit" im Deutungsprozess. Verstehen und Methoden in den Kultur- und Sozialwissenschaften. Suhrkamp, Frankfurt a. M., S 241–257

Honer A (2000) Lebensweltanalyse in der Ethnographie. In: Flick U, Kardoff E von, Steinke I (Hrsg) Qualitative Forschung. Ein Handbuch. Rowohlt, Reinbek bei Hamburg, S 194–204

Kelle H (2001) Ethnographische Methodologie und Probleme der Triangulation. Am Beispiel der Peer Culture Forschung bei Kindern. ZSE –: Z Soziol Erzieh Soz 21(2):192–208

Knoblauch H (2001) Fokussierte Ethnographie. Sozialer Sinn 2(1):123–141

Kretzschmar R, Schulin R (2004) Umgang mit Bodenbelastungen in Familiengärten der Stadt Zürich. Abschlussbericht der Fallstudie des Departements für Umweltnaturwissenschaften. Institut für terrestrische Ökologie ETH Zürich, Zürich

Krüger T (2012) Der Kleingarten als „Nische der Gemeinschaft". Eine Analyse des Diskurses um sozialen Wandel im ostdeutschen Kleingartenwesen. Sinnprovinz. kultursoziologische working papers Nr. 2, Leipzig

Lueger M (2010) Interpretative Sozialforschung: Die Methoden. Facultas, Wien

Lüders C (2000) Beobachten im Feld und Ethnographie. In: Flick U, Kardoff E von, Steinke I (Hrsg) Qualitative Forschung. Ein Handbuch. Rowohlt, Reinbek bei Hamburg, S 384–402

Schramm M (2002) Konsum und regionale Identität in Sachsen 1880–2000. Die Regionalisierung von Konsumgütern im Spannungsfeld von Nationalisierung und Globalisierung. Steiner, Stuttgart

Schwerzmann L (2013) Kleingärten. Traditionelle und neue Formen des gemeinschaftlichen Gärtnerns im städtischen Umfeld. vdf Hochschulverlag AG an der ETH Zürich, Zürich

Thomas N, Oehler P, Huber T (2016) Allotment gardens in Switzerland – the challenges of self-governing communities in transforming cities. Conference preceeding paper for growing in cities conference, FHNW, HSA, Basel 9.–10. September 2016

Thomas N, Oehler P, Drilling M (2017) The power of the many. The fight for allotment gardens in Basel, Switzerland. Nord J Archit Res 28(3):97–117

Wolff S (2000) Wege ins Feld und ihre Varianten. In: Flick U, Kardoff E von, Steinke I (Hrsg) Qualitative Forschung. Ein Handbuch. Rowohlt, Reinbek bei Hamburg, S 334–349

7

Triangulation und
mixed methods

Inhaltsverzeichnis

Das sozial gemischte Quartier

Ein sozialer Bezugspunkt in der Stadt?

Verena Texier-Ast

© Springer-Verlag GmbH Deutschland, ein Teil von Springer Nature 2018
J. Wintzer (Hrsg.), *Sozialraum erforschen: Qualitative Methoden in der Geographie*,
https://doi.org/10.1007/978-3-662-56277-2_8

8.1 Einleitung

Untersuchungen über städtische Räume geben umfassende Einblicke in die sozial-räumlichen Lebenswelten der Bewohnenden. Sie zeigen einen Bedeutungszuwachs der „kleinräumigen lokalen Einheit" Quartier, was keinesfalls einen Gegensatz zur voranschreitenden Globalisierung darstellt. So kann vielmehr von *Glokalisierung* gesprochen werden. Sie drückt aus, dass Menschen gerade vor dem Hintergrund voranschreitender globaler Vernetzung nach einem sozialen Bezugspunkt streben, der zu den eigenen Vorstellungen, Wünschen und Ansprüchen passt und zugleich ein gewisses Maß an „Kontinuität" symbolisiert (Schnur 2013, S. 6). Dies thematisiert auch Benno Werlen (2013), indem er von „Wiederverankerung [bzw. den; Anmerkung der Autorin] …wiederverankernden Welt-Bindungen" spricht, welche mit den „emotionalen und symbolischen Bezügen" zu einer bestimmten Region zu kontextualisieren sind (ebd. 2007, S. 346).

Mit Blick auf die Studien von Hartmut Häußermann ist jedoch davon auszugehen, dass ein Quartier nicht für alle Bewohnenden gleichermaßen als Ort sozialräumlicher Interaktion dient. So sind z. B. sozial benachteiligte Personen aufgrund ihres ökonomischen Status' auf sozial geförderte Wohnungen angewiesen. Sie können nur aus einem zahlenmäßig begrenzten und darüber hinaus räumlich nur bedingt frei wählbaren Wohnungsangebot eine Wohnung auswählen. Dies ist als problematisch einzustufen, da diese Personen aufgrund ihrer schwächeren sozio-ökonomischen Stellung auf das Quartier stärker angewiesen sind als Personen der Mittel- oder gar Oberschicht (Häußermann 2001, S. 48).

Bei der Planung von Neubaugebieten ist es demnach von Bedeutung, Quartiere zu schaffen, die einen sozialen Rückzugsort für lokal gebundene Bevölkerungsgruppen darstellen. Hier wird der Umsetzung der sozialen Mischung im städtischen Kontext ein maßgeblich positiver Einfluss zugesprochen, denn sie ermöglicht sozial benachteiligten Bevölkerungsgruppen ein Leben in einem gut an die sozialen und technischen Infrastruktureinrichtungen angebundenen Quartier. Darüber hinaus eröffnet räumliche Nähe von Bevölkerungsgruppen mit unterschiedlichem ökonomischem Kapital die Möglichkeit sozialer Beziehungen zwischen diesen (Häußermann und Siebel 2003, S. 69). Die damit assoziierten positiven Wirkungen städtischer Mischung können zu einem gesteigerten Zugehörigkeitsgefühl sozial und wirtschaftlich benachteiligter Bevölkerungsgruppen am Wohnort beitragen und sozialräumliche Bezugspunkte kreieren.

Als gelungenes Beispiel für die Umsetzung sozialräumlicher Mischung kann der Ackermannbogen in der bayerischen Landeshauptstadt München (LHM) erachtet werden. Er gilt durch die hohe Wohnzufriedenheit der Bevölkerung bei einer gleichzeitig geringen Fluktuation und ungebremster Nachfrage nach dortigen Wohnungen als „internationales Vorbild" (Maier-Solgk 2012, S. 48). Inwiefern die soziale Mischung am Ackermannbogen einen sozialräumlichen Bezugspunkt für Bewohnende sozial geförderter Wohnungen schafft und wie sich soziale Beziehungen dieser Bevölkerungsgruppe ausgestalten, ist bisher jedoch unbeantwortet. Dieser Beitrag greift diese stadtgeographischen Fragestellungen auf und untersucht die sozialräumliche Wirklichkeit im Quartier durch einen triangulativen Forschungsansatz.

In dem an diese Ausführungen anschließenden zweiten Kapitel wird das dieser Studie zugrunde liegende Quartier als Sozialraum vorgestellt. Im dritten Kapitel wird der Untersuchungsort präsentiert – der Ackermannbogen in der LHM. Zentrales Augenmerk liegt jedoch auf dem vierten Kapitel: Hier wird die zur Erforschung der sozialen Lebenswelten sozio-ökonomisch benachteiligter Bevölkerungsgruppen angewendeten Triangulation beschrieben. Die Studienergebnisse werden im fünften Kapitel verdeutlicht. Das Fazit greift die zentralen Erkenntnisse vor deren theoretischer Fundierung auf und erläutert zugleich die Limitierungen der Triangulation für stadtsoziologische Fragestellungen.

8.2 Das Quartier als Sozialraum – eine theoretische Einführung

Die Quartiersforschung ist eng mit der Netzwerkforschung verbunden und umfasst begrifflich ebenso den Begriff Nachbarschaft. Letzerer hat dabei starken Bezug zum Terminus „Raum". Nach Bernd Hamm (1998) agieren soziale Gruppen aufgrund ihres gemeinsamen Wohnorts miteinander: Sie verstehen ihn als Erweiterung des Selbst (ebd., S. 173). Zugleich erscheinen die durch die räumliche Nähe entstehenden Kontakte durch „dessen Bewohnerstruktur [den] möglichen Wandel der Wertesysteme [und deren] lokalen und translokalen sozialen Vernetzungen" beeinflusst (Mayer et al. 2010, S. 30). Der Begriff des Netzwerks greift diesen Aspekt auf und versteht das Soziale als zentralen Faktor für die Generierung und den Erhalt sozialer Beziehungen. Hartmut Häußermann und Walter Siebel (2004, S. 111) heben in diesem Zusammenhang hervor, dass die „räumliche Nähe allein [demnach] keine intensiven Sozialbeziehungen generiert" und sich durch die Nachbarschaft an sich, nicht automatisch ein sozialräumlicher Bezugspunkt ergibt. Vielmehr kann nach ihren Ausführungen (ebd., S. 111) und zugleich in Anlehnung an Jürgen Friedrichs (1983) folgende Annahme zugrunde gelegt werden: „Je ähnlicher sich zwei Personen in ihren Verhaltensmustern [sind], desto eher werden sie auch bei räumlicher Nähe interagieren."

Dies impliziert, dass von einer Wahlfreiheit auszugehen ist, welche den Beginn des Kontakts, aber auch dessen Abbruch vor allem was „einengende" Kontakte betrifft (Häußermann und Siebel 2004, S. 113). Soziale Netzwerke variieren „zum einen mit der Stellung [innerhalb der] Lebenszyklen, -lagen und -stile" und sind zum anderen stark durch die Zugehörigkeit „zu [einer bestimmten] sozialen Schicht" geprägt (Mayer et al. 2010, S. 30). Folglich ist davon auszugehen, dass die „Struktur, Intensität und Nutzung sozialer Netze [als] neue Dimension" angesehen werden kann und sich nach Olaf Schnur (2014, S. 43 ff.) durch „Soziosphären" als die sozialen Aktionsradien von Personen beschreiben lassen. Diese stehen zum Teil in Deckung mit dem administrativ terminierten Quartier, können aber auch deutlich darüber hinausreichen (Häußermann und Siebel 2004, S. 113).

Abgesehen davon, dass der Nachbarschaft und deren konkreter Raumbezug in heutigen Städten nicht per se eine Bedeutung bei der Schaffung sozialer Beziehungen zukommt, orientiert sich die Reichweite von Netzwerken, die als weniger räumlich gebunden zu erachten sind, maßgeblich am „sozioökonomischen Status"[1] der betreffenden

---

1   Hierunter fallen beispielsweise für die Freizeit verfügbares Kapital, aber auch die Position innerhalb einer sozialen Schicht.

Person. Je höher dieser ist, desto vielfältigere und intensivere Netzwerkkontakte hat sie und desto seltener sind diese durch Verwandtschaft oder Nachbarschaft bestimmt (vgl. ebd., S. 113). Im Umkehrschluss bedeutet dies jedoch für Personen mit geringerem sozioökonomischen Status, die zugleich am Wohnungsmarkt durch eine sozial geförderte Wohnung zu Tage treten, dass sie vermehrt auf die direkte Wohnumgebung und demnach auf die räumliche Nähe der Nachbarschaft im Quartier als sozialen Bezugspunkt angewiesen erscheinen.

8.3 Der Ackermannbogen – das Untersuchungsgebiet

Als Untersuchungsgebiet zur Erforschung der sozialräumlichen Lebenswelt sozial benachteiligter Personen, wird der „39,5 Hektar" große Ackermannbogen in München gewählt (LHM 2012, o. S.; vgl. Texier-Ast o. J., o. S.). Die Fokussierung auf dieses Untersuchungsgebiet ist in der Annahme begründet, dass die überdurchschnittlich hohen Mietpreise in der LHM und der zugleich hohe Druck am Wohnungsmarkt zu ausgeprägten sozialräumlichen Polarisationstendenzen innerhalb des Stadtgebietes führen. Diese sozialräumlichen Ungleichgewichte auf dem Wohnungsmarkt zeigen sich im Falle der LHM deutlich weniger stark ausgeprägt. Vielmehr ist der LHM als Vorbild bei der Abmilderung und zugleich Verhinderung eines sozialräumlichen Gefälles in einer Millionenstadt anzusehen. Sie verfolgt nicht nur im Zuge der Stadtsanierung das Ziel, die ausgewogene Bevölkerungsstruktur zu sichern. Sondern bereits bei der Konzeption von Neubaugebieten wird diesem Leitgedanken durch Quotenregelungen umfassend Rechnung getragen. Diesen Vorgaben seitens der Stadt folgend, sind am Ackermannbogen lediglich 50 % aller Wohnungen frei finanziert, die andere Hälfte ist zu 20 % sozial gefördert[2] und steht finanziell benachteiligten Personengruppen zur Verfügung (vgl. LHM 2014, S. 16). Die verbleibenden 30 % verteilen sich mit 20 % auf das *München Modell,* welches sich innerhalb des Mietsektors an Familien und Alleinstehende mit mittlerem Einkommen richtet, und zu 10 % auf das „SoBoN-Modell", das hingegen den Erwerb einer Immobilie unterstützt (vgl. LHM 2006, S. 12 ff., 2015a, S. 15 f.; Holl 2012, S. 372).

Der Ackermannbogen und die dabei umgesetzte soziale Mischung am Wohnungsmarkt wurde in vier Bauphasen umgesetzt, welche sich in den Bauabschnitten Nordosten, Südosten, Nordwesten und Südwesten widerspiegeln (◗ Abb. 8.1).

Im Rahmen dieser Studie wird innerhalb des Ackermannbogens eine weitere räumliche Fokussierung auf den ersten und seit über zehn Jahren bewohnten Bauabschnitt Nordost vorgenommen. Diese Auswahl begründet sich darin, dass sich soziale Beziehungen nicht per se mit dem Zuzug zu einem Wohnort ergeben bzw. verfestigen. Vielmehr kann von einem zeitlichen Verzug ausgegangen werden, dem durch diese räumliche Fokussierung Rechnung getragen wird.

---

2 Von dieser Quote weicht der 2. Bauabschnitt ab, da jener Eigentum der Post AG und des Freistaates Bayern war und damit einer anderen Quotenregelungen unterliegt (vgl. LHM 2014, S. 16; vgl. Texier-Ast 2017, S. 274).

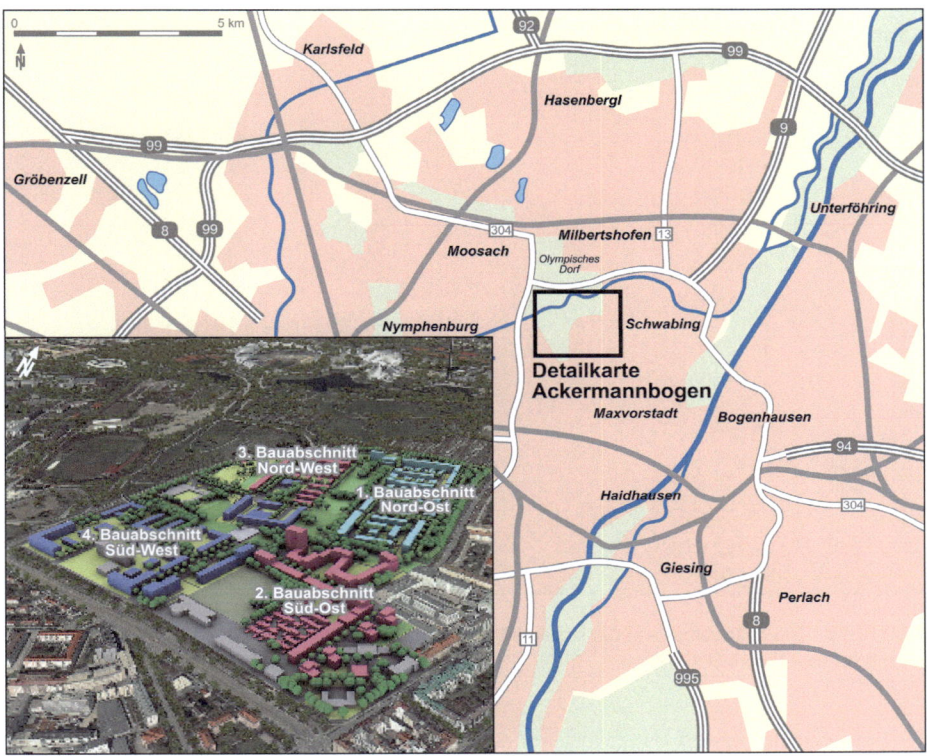

■ **Abb. 8.1**   Das Untersuchungsgebiet – der Ackermannbogen in München. (Nach LHM 2015b, Entwurf: Eigene Darstellung 2016, Kartographie: Schroer 2016; vgl. Texier-Ast 2017, S. 275, o. J.)

Dass diese über den Wohnungsmarkt regulierte Schaffung räumlicher Nähe unterschiedlicher sozioökonomischer Bevölkerungsgruppen im Falle des gesamten Ackermannbogens als erfolgreich anmutet, lässt sich auch aus der erneut belegten hohen Wohnzufriedenheit der Bewohnenden vermuten (vgl. Maier-Solgk 2012, S. 48). In der Summe ist dieses Quartier ein gefragter Wohnort im innerstädtisch gelegenen Stadtteil Schwabing (vgl. LHM 2014, S. 1).

8.4 Triangulation als Methode für die soziale Stadtforschung

Um zu überprüfen, inwieweit sozioökonomisch benachteiligte Personen das Quartier als sozialen Bezugspunkt ansehen und demnach von einem aktiv gelebten Miteinander gesprochen werden kann, werden innerhalb dieser Fallstudie eine Kombination aus standardisierter Befragung (quantitativ-analytische Methode) und Leitfadeninterviews (qualitativ-interpretative Methode) mit den Bewohnenden sozial geförderter

◘ Abb. 8.2   Die Triangulation in der sozialen Stadtforschung. (Entwurf: Eigene Darstellung 2016, Kartographie: Schroer 2017)

Wohnungen des ersten Bauabschnitts des Ackermannbogens durchgeführt – die Triangulation[3, 4] (◘ Abb. 8.2).

Diese Methode nimmt einen „mehrdimensionalen Blick auf den Forschungsgegenstand" ein und zielt damit auf eine „vollständige Erfassung" des Forschungsgegenstands ab (Schneider 2014, S. 16; Rheinländer 2011, S. 113). Sie grenzt sich mit dieser methodisch weiter gefassten Perspektive von den *mixed-methods* ab, welche laut Uwe Flick als „eine pragmatische Verknüpfung von qualitativer und quantitativer Forschung" anzusehen ist (2011, S. 76). Die miteinander kombinierten Methoden werden ferner weder als einander unter- bzw. übergeordnet erachtet, noch kommt deren Reihung im Forschungsprozess eine besondere Rolle zu (vgl. Flick 2007, S. 44, 2012, S. 309). Durch die in dieser Studie kombinierte Anwendung quantitativer und qualitativer Verfahren ist sie zudem als methodenverbindend und zugleich als *between-method* zu bezeichnen. Sie steht damit im Gegensatz zu den *within-method[s]*, welche

---

3   Für weitere methodische Kombinationen innerhalb der Triangulation siehe u. a. Flick (2012, S. 311 ff.) und Bohnsack et al. (2006, S. 161 f.).

4   Weitere Leitfadeninterviews wurden mit Fachleuten des Referates der Stadtplanung Bauordnung der Landeshauptstadt geführt und dienten der konkreten räumlichen Verortung der Sozialwohnungen. Aber auch die Kontaktaufnahme zur sozialen Einrichtung „NachbarschaftsBörse" am Ackermannbogen, deren Mitarbeiterinnen mir mit dem Hinweis auf die Platzierung von Postern, die auf die standardisierte Befragung und die Leitfadeninterviews mit den Bewohnenden sozial geförderter Wohnungen, behilflich waren, sei an dieser Stelle ergänzend genannt.

beispielhalber die Verwendung verschiedener Interviewformen zur Untersuchung eines Phänomens innerhalb der qualitativ-verstehenden Verfahren ist und sich damit der kombinierten Verwendung unterschiedlicher Erhebungsformen innerhalb einer Methodik bedient (Bohnsack et al. 2006, S. 161).

▪ **Standardisierte Befragung**

In einem ersten Schritt wird die standardisierte Befragung aus dem Methodengebiet der quantitativ-analytischen Methoden konzipiert. Zur Erhebung der sozialen Netzwerke sozial benachteiligter Personen am Ackermannbogen wird ein standardisierter Fragebogen erstellt. Hierbei werden 45 Personen gebeten anzugeben, ob sie regelmäßige Kontakte im Quartier pflegen, und wenn ja, wo jene am Ackermannbogen wohnen. Die Erhebung des Wohnorts der jeweiligen Kontaktperson wird dabei durch die Bereitstellung einer Karte des Ackermannbogens unterstützt. Durch jene können zum einen die befragten Männer und Frauen mit ihren Wohnorten verortet werden und zum anderen konnte die genaue Lage des Wohnorts der regelmäßigen Kontaktpersonen im Quartier eingezeichnet werden.

Die standardisierte Befragung wird als *face-to-face*-Befragung an unterschiedlichen Wochen- und Wochenendtagen und zu unterschiedlichen Uhrzeiten durchgeführt, um eine möglichst große Fallzahl an Personen und deren Kontakte zu erheben und auszuwerten zu können[5]. Diese Form der Befragung ist nach Peter Atteslander (2010) „die wohl bekannteste Form der Befragung, die auch heute noch die gebräuchlichste sein dürfte".

Die so gewonnenen Daten werden zuerst dem jeweiligen Geschlecht der befragten Person zugeordnet. In einem zweiten Schritt wird der Fokus auf die Wohnlage der Kontaktpersonen am Ackermannbogen gelegt. Hierbei werden deren angegebenen und am Lageplan eingezeichneten Adressen mit derjenigen der befragten Person verglichen und einer der folgenden vier Kategorien zugewiesen: im Haus, in derselben Straße, im selben Bauabschnitt, in einem anderen Bauabschnitt[6]. Durch diese räumliche Einordnung werden die geschlechterspezifischen Unterschiede regelmäßiger sozialer Kontakte durch die der Reichweite ergänzt, was in der Summe eine geschlechter- und lagespezifische Darstellung des Quartiers Ackermannbogen als Raum für soziale Teilhabe und Interaktion ermöglicht.

▪ **Halbstandardisierte Leitfadeninterviews**

Um einen vertiefenden Einblick in die soziale Lebenswelt sozio-ökonomisch benachteiligter Personen am Ackermannbogen zu gewinnen und insbesondere den Sozialraum Quartier zu erfahren, werden aufbauend auf der standardisierten Befragung, 16 Leitfadeninterviews durchgeführt.[7] Der dabei zugrunde liegende Leitfaden

---

5   Individuelle Termine für die standardisierte Befragung wurden angeboten, jedoch hat niemand der Befragten dies in Anspruch genommen.

6   In Einzelfällen ist davon auszugehen, dass aufgrund der Straßenführung am Ackermannbogen Kontaktpersonen mit einem Wohnsitz in einem anderen Bauabschnitt in kürzerer Distanz zur befragten Person wohnen als Kontaktpersonen aus derselben Straße wie die befragte Person.

7   Insgesamt erklärten sich 45 Personen bereit an der standardisierten Befragung teilzunehmen (vgl. Texier-Ast 2017, S. 278).

◻ **Tab. 8.1**   Auswertungskriterien der einzelnen Interviews am Ackermannbogen Ober- und Unterkategorien. (Eigene Darstellung 2017)

Auswertungskriterien	
Übergeordnete Kategorien	**Untergeordnete Kategorien**
Soziale Kontakte am Ackermannbogen	Sozialstruktur des Kontaktes
	Charakterisierung der Kontaktperson
Soziale Beziehung zwischen der interviewten Person und deren Kontaktpersonen	Vertrauensverhältnis zur Kontaktperson
	Grenzen des Kontaktes

dient während des Interviews primär als Orientierungshilfe und wird, je nach Gesprächssituation, individuell angepasst (vgl. Przyborski und Wohlrab-Sahr 2010, S. 144).

Jener umfasst zwei sich thematisch ergänzende Blöcke: Der erste widmet sich den regelmäßigen Kontaktpersonen, die die interviewte Personen beschreibt. Der zweite Block konzentriert sich auf die Beschreibung der Beziehungen zwischen den interviewten Personen und den regelmäßigen Kontaktpersonen.

Die Leitfadeninterviews werden im Anschluss an die standardisierten Befragungen vor Ort geführt[8, 9]. Die Auswertung erfolgt in Anlehnung an Siegfried Lamnek (2005, S. 403 ff.): Zunächst werden die Interviews transkribiert.[10] Nach der Kürzung der transkribierten Interviews um die Stellen, welche für die Stellung der Forschungsfrage als irrelevant erscheinen, werden sie in die Software MAXQDA eingeladen und die entsprechenden Textpassagen anhand in ◻ Tab. 8.1 ersichtlichen Ober- und Unterkategorien zugeordnet.

In einem dritten Schritt wird der Fokus nicht mehr auf die einzelnen Interviews gelegt, sondern die verbindenden Aspekte aller Interviews zusammengestellt. Aber auch Unterschiede zwischen den kategorisierten Textpassagen können auf diese Weise herausgestellt werden. Abschließend erfolgt der Vergleich und die Kontextualisierung der einzelnen Interviews (vgl. Lamnek 2005, S. 404).

An letzter Stelle stehen die Auswertung der qualitativen Leitfadeninterviews sowie die Phase des Überprüfens: Das gesamte qualitative Datenmaterial – die vollständigen Transkripte – wird erneut mit dessen verkürzter Version verglichen und überprüft (Lamnek 2005, S. 404).

---

8   Individuelle Termine für das leitfadengestützte Interview wurden – in Analogie zu denen der standardisierten Befragung – angeboten, jedoch hat niemand der Befragten dies in Anspruch genommen.

9   Sie sind demnach als *face-to-face*-Interviews in den Wohnungen der Personen zu bezeichnen und wurden – mit Einwilligung der interviewten Person – mittels eines Tonbandgerätes aufgezeichnet.

10   Mit Fokus auf die Analyse des Gesagten der interviewten Personen wurde die Transkription in „normales Schriftdeutsch" vorgenommen, um allfällige grammatikalische Satzbaufehler wie auch Wortwiederholungen bzw. durch die Verwendung von Füllwörtern wie „ähm" zu bereinigen (Mattissek et al. 2013, S. 193).

8.5 Das Quartier als ein sozialer Bezugspunkt für Personen mit limitierter Wohnstandortwahl

Den folgenden Ausführungen liegen 45 Fragebögen der standardisierten Bewohnendenbefragung sozial geförderter Wohnungen am Ackermannbogen und 16 leitfadengestützte Interviews zugrunde. Im Zuge der standardisierten Befragung konnten 268 Kontakte erhoben werden, zu gleichen Teilen von Frauen wie Männer. Deren regelmäßigen Kontakte verteilen sich jedoch innerhalb des Ackermannbogens nicht gleichmäßig. Vielmehr kann von lage- und zugleich geschlechterspezifischen Unterschieden gesprochen werden.

So lässt sich festhalten, dass die befragten Personen primär soziale Kontakte pflegen, die in kürzerer Entfernung zum eigenen Wohnort liegen. Männer haben vermehrt Kontakte, die entweder im selben Haus leben bzw. in derselben Straße. Diese Fokussierung auf das nähere Wohnumfeld lässt sich auch bei den befragten Frauen feststellen, wobei diese hier geringer ausfällt. Sie pflegen mehr regelmäßige Kontakte zu Personen, die nicht im selben Bauabschnitt wie sie selbst leben. Hieraus kann auf einen höheren Grad der Mobilität zum Erhalt sozialer Kontakte am Wohnort von Frauen gegenüber Männern geschlossen werden.

Als weitere Erkenntnis konnte durch die standardisierte Befragung eruiert werden, dass mehr als ein Fünftel der befragten Personen, zu gleichen Anteilen Männer und Frauen, über keine regelmäßigen Kontakte am Ackermannbogen verfügen. Diesen Personen kann ein gewisses Maß an sozialer Unabhängigkeit von der Wohnumgebung zugesprochen werden.

Im ersten Fall, bei regelmäßigen Kontakten mit Personen im Wohnumfeld, zeigt sich, dass soziale Kontakte primär zu Personen bestehen, die einer ähnlichen oder gar der gleichen Sozialstruktur wie derjenigen der befragten Personen zuzuordnen sind. Hierbei sind die Angaben *alleine* bis *verheiratet* zu nennen. Der reflexive Bezug zum eigenen Familienstand ergibt sich dabei aus den Ausführungen seitens der Befragten „so wie ich". Aber auch Kindern als (Ver-)Mittelnde sozialer Kontakte am Wohnort scheint am Ackermannbogen eine besondere Rolle zuzukommen. So geben sowohl die interviewten Personen an, dass regelmäßige Kontaktpersonen ebenso wie sie selbst Kinder haben. Eine Frau beschreibt diesen Umstand so:

» Vor allem hat die Dame auch drei Kinder. Das zieht sich immer so ein bisschen magisch an. Also ich finde, wenn man Kinder hat, hat man immer so Angriffspunkte, über die man redet (Interview mit einer Bewohnerin in deren sozial geförderten Wohnung am Ackermannbogen 2015).

Aber auch auf das Merkmal des Alters wird häufig verwiesen. Entsprechend kann davon ausgegangen werden, dass auch hier – analog zu den Merkmalen der Familienstruktur und des Familienstandes – soziale Kontakte eher zu Personen entstehen und fortbestehen, wenn von einem zumindest ähnlichen Alter bzw. derselben Altersgruppe auszugehen ist.

Bei den Charaktereigenschaften der regelmäßigen Kontaktpersonen verweisen die Interviewten auf Persönlichkeitsmerkmale wie eine „freundlich [e Art; Anmerkung der Autorin]" oder „sehr nett". Auch die Personenbeschreibung „in Ordnung" fällt häufiger. Zwei Frauen beschreiben die regelmäßigen Kontaktpersonen als „sehr zurückhaltend". Der hiermit angedeutete introvertierte Wesenszug trifft in diesen Fällen nicht auf die interviewte Person zu, sodass die dargestellten Eigenschaften der Kontaktpersonen als komplementär zu jenen der befragten Personen eingestuft werden können.

Aufbauend auf den Darstellungen der Kontaktpersonen am Ackermannbogen werden die interviewten Personen gebeten, die sozialen Beziehungen zwischen ihnen und den Kontaktpersonen hinsichtlich der Aspekte „Vertrauen" und den „Grenzen des Kontakts bzw. des Vertrauens" darzustellen.

Bezüglich des Vertrauens wird zum größten Teil festgestellt, dass sich jenes seitens der interviewten Personen durchweg als gegeben einstufen lässt, jedoch in unterschiedlich starkem Ausmaß. In diesem Zusammenhang sei angemerkt, dass Vertrauen vermehrt mit dem Anvertrauen und dem Leihen persönlicher Dinge assoziiert wird. Insbesondere die Übergabe des eigenen Wohnungsschlüssels bei eigener Abwesenheit vom Wohnort wird vermehrt beschrieben. Dass das Überlassen des eigenen Wohnraums und damit des persönlichen Rückzugsorts dabei nicht nur einmalig stattfindet, merkt eine Frau so an:

8

» Das haben wir […] schon gemacht (Interview mit einer Bewohnerin in deren sozial geförderten Wohnung am Ackermannbogen 2015).

Ferner wird das Überlassen der eigenen Wohnung mit gleichzeitigen Hilfeleistungen wie gegenseitigem Blumengießen verbunden.

Bezüglich der Grenzen des Vertrauens ergibt sich aus den Interviews kein einheitliches Bild. So geben einige Interviewte an, den regelmäßigen Kontaktpersonen am Ackermannbogen Geld wie auch den eigenen Pkw zu leihen. Andere Personen hingegen verneinten dies. Beim Leihen von Geld erscheint interessant, dass dies nur dann geschieht, wenn davon auszugehen ist, dass man es wieder zurückerhält. Dies wird dabei stark mit der Liquidität der jeweiligen Kontaktpersonen bzw. deren Familien in Verbindung gebracht.

Auf die Frage, ob die interviewte Person der Kontaktperson den eigenen Pkw leihen würde, antwortete ein Mann:

» Ich würde ihm – [der regelmäßigen Kontaktperson; Anmerkung der Autorin] – das Auto nicht geben, denn ich weiß, dass er ein schlechter Fahrer ist. […]. Ich würde das Auto aber auch keinem Anderen geben (Interview mit einem Bewohner in dessen sozial geförderten Wohnung am Ackermannbogen 2015).

8.6 Fazit

Ziel dieser Studie ist es, vor dem Hintergrund des Bedeutungszuwachses des Quartiers für Bewohnenden zu erheben, inwieweit sich das Quartier als Sozialraum für diejenigen Bevölkerungsgruppen darstellt, die in ihrer Wohnstandortwahl als limitierter zu bezeichnen sind. Hierzu wird eine Kombination aus quantitativ-analytischer und qualitativ-interpretativer Methode – die Triangulation – gewählt.

So kann durch die standardisierte Befragungen kann etwa herausgearbeitet werden, dass soziale Beziehung für Männer stärker an den eigenen Wohnort gekoppelt und demnach lokaler fokussiert ist als bei Frauen. Die daran anschließenden leitfadengestützten Interviews zeigen, dass sich regelmäßige Kontakte maßgeblich zu Personen ergeben, die einer ähnlichen Sozialstruktur (Altersgruppe, Familienstand und Kinder) zuzuordnen sind und zugleich Charaktereigenschaften haben, die komplementär zu den eigenen sind. Eine zu große soziale Distanz zwischen den Personen in diesen beiden Bereichen hingegen erscheint den Aufbau sozialer Kontakte und damit die Generierung eines Miteinanders zu verhindern. Zudem hat die Studie ergeben, dass erhobenen sozialen Kontakte mehrheitlich auf Vertrauen basieren, welches unterschiedlich stark gegenüber den regelmäßigen Kontakten ausgeprägt ist. Die Grenze dieser sozialen Beziehungen erscheinen jedoch fließend und variieren individuell stark.

Die hier skizzierten zentralen Ergebnisse dieser Studie dürfen jedoch nicht als allgemeingültig interpretiert werden. Vielmehr ist zu bedenken, dass es sich um eine Fallstudie handelt, der eine geringe Grundgesamtheit zugrunde liegt und jene damit einen orts- und personenspezifischen Einblick in die Thematik des Quartiers als Sozialraum zu einem festgesetzten Zeitpunkt gibt. Außerdem wandeln soziale Netze und deren innewohnenden Beziehungen sich in Analogie zu den Ausführungen von Amelie-Theres Mayer et al. (2010, S. 29 ff.). Demnach müssen sie nicht von sich aus dauerhaft beständig sein. Persönliche Änderungen des Stands im Lebenszyklus, aber auch ein geänderter Lebensstil können demnach die Generierung bzw. den Fortbestand eines sozialen Kontakts abschwächen, verhindern oder gar abbrechen lassen. Folglich sind aus dieser Gebietsstudie weder Rückschlüsse auf vorangegangene soziale Situationen sozial benachteiligter Personen am Ackermannbogen möglich, noch können deren konkrete zukünftige Entwicklungen prognostiziert werden.

Bezüglich der angewandten Methode bleibt festzuhalten, dass sie sich häufig dem Vorwurf der Ausgrenzung ausgesetzt sieht. Denn diese Methodenkombination stellt die forschende Person vor das Problem der „Eingrenzung (des Wesentlichen, …) [und zugleich] dem der Ausgrenzung (des Sekundären)" (Flick 2007, S. 136). Sich von dieser dichotomen Perspektive zu lösen, erscheint dabei die zentrale Herausforderung und zugleich eine mögliche Lösung. Denn erst durch die in der hier beschriebenen Studie bewusst gewählte Kombination aus standardisierter Befragung und den darauf aufbauenden und inhaltlich ergänzenden Interviews können sich Forschende von der monoperspektivischen Sicht und Untersuchung des Quartiers lösen. So ermöglicht erst das gewählte multiperspektivische Herangehen einen Einblick in die soziale Lebenswelt sozial benachteiligter Bevölkerungsgruppen im Quartier. Die Triangulation kann folglich als „Weg zur zusätzlichen Erkenntnis" verstanden werden (Flick 2012, S. 311 ff.).

Literatur

Atteslander P (2010) Methoden der empirischen Sozialforschung, 13. Aufl. De Gruyter, Berlin
Bohnsack R, Marotzki W, Meuser M (2006) Hauptbegriffe qualitativer Sozialforschung, 2. Aufl. Opladen & Farmington Hills, Opladen
Flick U (2007) Qualitative Sozialforschung. Eine Einführung. Rowohlt, Reinbek bei Hamburg
Flick U (2011) Triangulation. Eine Einführung, 3. Aufl. VS Verlag, Wiesbaden
Flick U (2012) Die Triangulation in der qualitativen Sozialforschung. In: Flick U, Kardoff E von, Steinke I (Hrsg) Qualitative Forschung. Ein Handbuch. Rowohlt Taschenbuch, Reinbek bei Hamburg, S 309–318

Friedrichs J (1983) Stadtanalyse. Soziale und räumliche Organisation der Gesellschaft. Westdeutscher Verlag, Opladen

Hamm B (1998) Nachbarschaft. In: Häußermann H (Hrsg) Großstadt. Soziologische Stichworte, 2. Aufl. Leske + Budrich, Opladen, S 172–181

Häußermann H (2001) Aufwachsen im Ghetto. In: Bruhns K, Mack W (Hrsg) Aufwachsen und Lernen in der Sozialen Stadt. Kinder und Jugendliche in schwierigen Lebensräumen. VS Verlag, Wiesbaden, S 37–51

Häußermann H, Siebel W (2003) Segregation und Integration. Kulturpolitische Mitteilungen I(2003):68–71. ► http://www.kupoge.de/kumi/pdf/kumi100/kumi100_68-71.pdf. Zugegriffen: 5. Mai 2016

Häußermann H, Siebel W (2004) Stadtsoziologie – Eine Einführung. Campus, Frankfurt a. M.

Holl C (2012) Ackermannbogen, München. In: Harlander T, Kuhn G, Wüstenrot Stiftung (Hrsg) Soziale Mischung in der Stadt. Case Studies – Wohnungspolitik in Europa – Historische Analyse. Krämer, Stuttgart, S 370–377

Lamnek S (2005) Auswertung und Analyse qualitativer Daten. In: Lamnek S (Hrsg) Qualitative Sozialforschung. Lehrbuch, 4. Aufl. Beltz, Basel, S 402–407

LHM (Landeshauptstadt München). Referat für Stadtplanung und Bauordnung (2006) Wohnen in München IV – Wohnungspolitisches Handlungsprogramm 2007–2011. ► https://www.google.de/search?q=Referat+f%C3%BCr+Stadtplanung+und+Bauordnung.+Wohne+in+M%C3%BCnchen+IV+%E2%80%93+Wohnungspolitisches+Handlungsprogramm+2007-2011.&ie=utf-8&oe=u%20tf-8&gws_rd=cr&ei=0B-zVoGzDcLtarLEiaAK. Zugegriffen: 5. Juli 2016

LHM (Landeshauptstadt München). Referat für Stadtplanung und Bauordnung (2012) Ackermannbogen. Neues Wohnen in Schwabing. ► https://www.muenchen.de/rathaus/dam/jcr.../Ackermannbogen_Flyer_2012.pdf. Zugegriffen: 5. Juli 2016

LHM (Landeshauptstadt München). Referat für Stadtplanung und Bauordnung (2014) Städtebauliche Entwicklungsmaßnahmen Ackermannbogen. Nicht veröffentlichte Unterlage. LHM, München

LHM (Landeshauptstadt München). Referat für Stadtplanung und Bauordnung (2015a) Geförderter Wohnungsbau in München. Informationen zur staatlichen Wohnbauförderung und zum München Modell. ► https://www.muenchen.de/rathaus/dms/Home/Stadtverwaltung/Referat-fuer-Stadtplanung-und-Bauordnung/Stadtsanierung-und-Wohnungsbau/wohnung/WoBauFoerderung/Merkblatt_Gefoerderter_Wohnungsbau_Eigentum/Gef%C3%B6rderter_Wohnungsbau_2016.pdf. Zugegriffen: 5. Mai 2016

LHM (Landeshauptstadt München). Referat für Stadtplanung und Bauordnung (2015b) Einbettung der vier Bauabschnitte des Ackermannbogens. Nicht veröffentlichte Planungsgrundlage

Maier-Solgk F (2012) Soziale Mischung oder Abgrenzung? Neubauquartiere in Deutschland. Bauwelt Segregation 48:29–39

Mattissek A, Reuber P, Pfaffenbach C (2013) Interpretativ-verstehende Verfahren. In: Mattissek A, Reuber P, Pfaffenbach C (Hrsg) Methoden der empirischen Humangeographie. Schulbuchverlage Westermann, Braunschweig, S 127–244

Mayer AT, Schwehr P, Bürgin M (2010) Nachhaltige Quartiersentwicklung im Fokus flexibler Strukturen. Vdf Hochschulverlag AG an der ETH Zürich und Interact Verlag Luzern, Hochschule Luzern

Przyborski A, Wohlrab-Sahr M (2010) Spezielle Formen des Interviews und der Erhebung. In: Przyborski A, Wohlrab-Sahr M (Hrsg) Qualitative Sozialforschung. Ein Arbeitsbuch. Oldenbourg, München, S 80–155

Rheinländer K (2011) Triangulation. Wissenschaftshistorische und methodologische Aspekte aus der Perspektive der sozialwissenschaftlichen Forschung. Z Qual Forsch 12:111–123

Schneider A (2014) Triangulation und Integration von qualitativer und quantitativer Forschung in der Sozialen Arbeit. In: Mührel E, Birgmeier B (Hrsg) Perspektiven sozialpädagogischer Forschung. Methodologien – Arbeitsfeldbezüge – Forschungspraxen. VS Verlag, Wiesbaden, S 15–30

Schnur O (Hrsg) (2013) Renaissance des Lokalen. Quartiere im Fokus von Wissenschaft und Politik. In Ministerium für Bauen, Wohnen, Stadtentwicklung und Verkehr des Landes Nordrhein-Westfalen: Bericht zur Stadtentwicklung 2013. Quartiere im Fokus, 6–10. ► http://www.mbwsv.nrw.de/stadtentwicklung/_pdf_container/stadtentwicklungsbericht_2013_barrierefrei_12mb.pdf. Zugegriffen: 30. Juni 2016

Schnur O (2014) Quartiersforschung im Überblick: Konzepte, Definitionen und aktuelle Perspektiven. In: Schnur O (Hrsg) Quartiersforschung. Zwischen Theorie und Praxis, 2. Aufl. VS Verlag, Wiesbaden

Texier-Ast V (2017) Die soziale Mischung im Quartier – ein Garant für die soziale Inklusion und die Schaffung sozialer Stabilität sozial benachteiligter Bevölkerungsgruppen? In: Berding N, Bukow W D, Cudak K (Hrsg) Die kompakte Stadt der Zukunft: Ein Praxishandbuch zu Inklusion und Nachhaltigkeit. S 267–287

Texier-Ast V (o. J.) Social networks in the residential sphere: their importance and ways of visualization. In: Europa Regional. o. S. (Im Druck)

Werlen B (2007) Globalisierung, Region und Regionalisierung. Sozialgeographie alltäglicher Regionalisierungen, 2. Aufl. Franz Steiner, Stuttgart

Werlen B (2013) Gesellschaft und Raum. Gesellschaftliche Raumverhältnisse. Grundlagen und Perspektiven einer sozialwissenschaftlichen Geographie. Erwägen, Wissen, Ethik 24(1):3–16

Raumbezogene Handlungen und die Wahrnehmung der städtischen Umwelt

Der Virtual Urban Walk 3D

Andreas Müller und Anna-Lisa Müller

© Springer-Verlag GmbH Deutschland, ein Teil von Springer Nature 2018
J. Wintzer (Hrsg.), *Sozialraum erforschen: Qualitative Methoden in der Geographie*,
https://doi.org/10.1007/978-3-662-56277-2_9

9.1 Einführung: raumbezogenes Handeln als Gegenstand der Forschung

Unser raumbezogenes Handeln ist maßgeblich davon geprägt, wie wir diesen Raum wahrnehmen. Dies gilt gleichermaßen in alltäglichen Situationen wie dem werktäglichen Pendeln von der Wohnung zur Arbeitsstelle und in außeralltäglichen Situationen wie dem touristischen Erkunden eines Stadtteils. Damit gehen die Bedeutungszuschreibungen einher, die wir den wahrgenommenen Elementen der uns umgebenden Umwelt zuweisen. Für die Wahrnehmung sind dabei die Sinne auf je unterschiedliche Weise bedeutsam. Insbesondere das Sehen spielt eine zentrale Rolle. Grundsätzlich ist Wahrnehmung stets selektiv: Nur bestimmte Objekte, Personen und räumliche Arrangements werden wahrgenommen und in die Bedeutungszuschreibungen und die Konstitution des sozialen Raums integriert (vgl. Lefebvre 1991). Diese Selektivität ist maßgeblich von unseren sozialen Rollen sowie den Kontexten beeinflusst, in denen wir uns durch den Raum bewegen. Hinzu kommen spezifische Bedürfnisse, die über unser raumbezogenes Handeln erfüllt werden sollen. Dies zusammen beeinflusst schließlich die Art und Weise, wie wir im Raum handeln.

Aus einer humangeographischen Forschungsperspektive ist die Dekonstruktion solcher raumbezogenen Wahrnehmungsprozesse eine herausfordernde Aufgabe, da sie die Verschränkung sozialer, psychologischer und räumlicher Prozesse adressieren muss. Welche Bedeutungen messen Personen einem bestimmten Raum für die Erfüllung bestimmter Ziele und Bedürfnisse bei? Aus welchen Gründen etwa erachten Studierende einen bestimmten Straßenzug als (un)geeignete Wohnumgebung? Welche Rolle spielen persönliche Prägungen und Präferenzen für die Beurteilung des gebauten Raums? Dies sind einige der Fragen, die in diesem Zusammenhang wichtig sind.

Mit deren Adressierung gehen zwei Herausforderungen für die humangeographische Forschung einher: Zum einen erfordert die Untersuchung menschlicher Handlungen und Bedürfnisse bei gleichzeitiger Berücksichtigung der räumlichen Dimension eine angemessene theoretische Einbettung. Mit der sozialpsychologischen Theorie des *subjective well-being* (Diener 2009) und insbesondere mit dem Konzept der sozialen Produktionsfaktoren (Lindenberg 1989; Ormel et al. 1999) verwenden wir einen Erklärungsansatz, der u. a. in der Migrationsforschung zur Interpretation raumbezogenen Handelns verwendet wird (Huinink und Kley 2008) und weiten ihn auf andere sozialräumliche Forschungsgegenstände aus, etwa die Erforschung des Handelns im urbanen Raum. Handlungen werden nach diesen Herangehensweisen als intentionale Akte verstanden, die der Erreichung tieferliegender, grundlegender Bedürfnisse dienen und stets auf das Ziel ausgerichtet sind, das eigene Wohlbefinden zu steigern.

Zum anderen gilt es, diese Wahrnehmungsprozesse empirisch fassbar zu machen. Explizites Ziel dieses Beitrags ist es, eine Methode vorzustellen, die es den Forschenden ermöglicht, sich dieser Verschränkung von sozialen, psychologischen und räumlichen Aspekten zu nähern und vergleichbare empirische Ergebnisse auch in größerer Fallzahl zu erhalten. Aus unserer Sicht ist der bestehende Methodenkanon bislang nur eingeschränkt in der Lage, diese Ansprüche zu erfüllen. Mit der Vorstellung des Virtual Urban Walk (VUW) 3D möchten wir im Anschluss an die Diskussion existierender Methoden einen Beitrag leisten, diese Forschungslücke zu schließen. Anhand erster Ergebnisse eines Pretests, die aus einem Projektseminar mit Masterstudierenden der Universität Bremen hervorgingen, diskutieren wir abschließend die Besonderheiten des VUW 3D und seine Eignung, raumbezogene Einstellungen und Verhaltensabsichten zu erforschen.

9.2 Visualität in den qualitativen Methoden

Der VUW 3D kombiniert zwei Methodentypen: das auf Sprache basierende qualitative Interview und mit visuellen Stimuli arbeitende Erhebungsformen. Im Folgenden stellen wir ausführlich die visuellen Methoden vor, an die der VUW 3D anschließt. Für das qualitative Interview sei auf die entsprechende ausführliche Forschungsliteratur verwiesen (vgl. Hopf 1978; Holstein 2003; Hermanns 2005; Lamnek 1995; Flick et al. 2005).

- **Die Verwendung von Fotografien**
Um die Grundlage der Wahrnehmung auch den Forschenden in der Interviewsituation zugänglich zu machen, kann der visuelle Eindruck der städtischen Umwelt mithilfe von Bildern in die Laborsituation des Interviews quasi hineingeholt werden. Hierfür bietet sich die sogenannte Foto-Elizitation an (für eine Überblicksdarstellung Dirksmeier 2007; Emme 2008). Bei dieser Methode fertigen die Forschenden Fotografien an, die in narrativen Interviews als Stimuli eingesetzt werden, um bestimmte Themen zu behandeln, Reaktionen aufzurufen und Einstellungen explizit zu machen. Die Bilder, so die Annahme, erleichtern das Insgesprächkommen der Forschenden mit den Teilnehmenden, und diese wiederum können mithilfe der Bilder Aspekte ausdrücken, die ihnen ohne visuelle Unterstützung möglicherweise schwer fielen zu verbalisieren.

Grundsätzlich teilt die Foto-Elizitation mit anderen qualitativen Interviewformen die Anforderung an die Studienteilnehmenden, Einstellungen, Bedürfnisse und Emotionen versprachlichen zu müssen. Allerdings kann der visuelle Stimulus beitragen, sprachliche Hürden zu verringern. Das Bild kann helfen, bestimmte Aspekte zu verdeutlichen. So kann es etwa für die interviewte Person leichter sein, auf Bildelemente zu zeigen und damit Vorsprachliches zu explizieren und intersubjektiv nachvollziehbar zu machen. Indem die auditive Wahrnehmung im Interview um die Dimension des Visuellen ergänzt wird, wird so die Bedeutung der Versprachlichungskompetenz seitens der Teilnehmenden reduziert. Indem diese Methode die Sinne Sehen *und* Hören explizit anspricht, kann bei der Foto-Elizitation von einer Annäherung an eine multisensuale Methode gesprochen werden. Allerdings stellen die in derartigen Interviews vorgelegten Bilder lediglich eine 2D-Abbildung dar. Dies bedeutet einen deutlichen Unterschied zu der Wahrnehmung realer städtischer Umwelten in 3D.

Ein weiterer Unterschied zu reinen Sprachinterviews ist, dass die Wahrnehmung einer städtischen Umwelt simultan oder lediglich kurz vor der Versprachlichung stattfindet, da die Bilder, z. B. eines urbanen Raums, unmittelbarer Teil der Interviewsituation sind. Relevanzsetzungen oder das Ausblenden von Reizen, die im Vollzug der Rekonstruktion geschehen, um etwa kognitive Dissonanzen zu vermeiden, werden so möglicherweise minimiert bzw. geschulte Forschende können dies erkennen.

Die Zeitdimension unterscheidet sich hier also im Vergleich zu den auf Rekonstruktion basierenden Interviews.

Dies ist ebenfalls bezüglich des besprochenen Gegenstandes der Fall: Der Vorteil der Foto-Elizitation ist, dass allen interviewten Personen dieselben Abbildungen von ausgewählten städtischen Szenen gezeigt werden, sodass die Grundlage für die Wahrnehmung stets dieselbe ist. So gewährleistet die Foto-Elizitation einen Vergleich der – unterschiedlichen oder auch ähnlichen – Wahrnehmungseindrücke derselben städtischen Räume seitens der interviewten Personen.

Grundsätzlich kann diese Methode für jeden denkbaren Forschungsgegenstand eingesetzt werden (für eine Auswahl an Anwendungsbereichen Emme 2008, S. 621 f.; für die Verwendung in ethnographischen Interviews siehe Pink 2007a, S. 82 ff.). Die Fotos können außerdem einer von verschiedenen Stimuli sein und beispielsweise mit auf Rekonstruktion zielenden, erzählgenerierenden Fragen zur Biographie kombiniert werden. Im Fall von Untersuchungen über das Wahrnehmen von und Handeln in städtischen Räumen macht das Sprechen über die Fotographien und das auf ihnen Abgebildete den zentralen Teil des Interviews aus.

Ein Nachteil der Foto-Elizitation ist allerdings, dass die Forschenden die visuellen Stimuli und damit die gezeigten (Ab-)Bilder der städtischen Umwelten auswählen. Um diese Vorselektion zu verhindern, schlägt Peter Dirksmeier (2007, S. 2) die Methode der reflexiven Fotografie vor. In seinem Versuch, „eine bildtheoretische Fundierung der Fotografie" zu leisten, zielt Dirksmeier im Anschluss an Edmund Husserls (z. B. 1980) Bildphänomenologie und die in der visuellen Soziologie vorhandenen Arbeiten (vgl. Harper 1988) darauf, die „Methode der reflexiven Fotografie als eine wichtige, in der bisherigen geographischen Methodologie unbeachtete Erhebungstechnik […] einzuführen" (Dirksmeier 2007, S. 2).

Die reflexive Fotografie ähnelt im Ablauf der Foto-Elizitation. Ein Unterschied besteht jedoch darin, dass die Teilnehmenden vor dem Interview den Auftrag erhalten, zu einem bestimmten Thema selbst Fotografien der von ihnen gewählten Ausschnitte der städtischen Umwelt anzufertigen. Diese Fotos, für die die interviewte Person eine Expertise aufweist, dienen im Interview dann als Stimulus und Gesprächsgegenstand. Dirksmeier argumentiert, dass so „ein bildliches Nachdenken über die geforderten Themenfelder und ein Reflektieren über ihre Visualisierung" (Dirksmeier 2007, S. 8) möglich ist – insbesondere der erste Punkt adressiert den zuvor problematisierten Aspekt der Verbalisierungskompetenz. Hinzu kommt, dass der Charakter des Bildes als Abbildung und als selektiver Ausschnitt z. B. der städtischen Umwelt ebenfalls Thema des Interviews wird.

Dirksmeier knüpft mit dem Vorschlag, die reflexive Fotografie etwa für „Akteur[/Umwelt-Interaktion[en]" (Dirksmeier 2007, S. 8) oder die Lebensstilforschung zu verwenden, implizit an anthropologische Arbeiten an, in denen Fotografien, die die Teilnehmenden selbst aufgenommen haben, in ethnographischen Interviews verwendet werden (Pink 2007a, S. 86 ff.).

Da die Interviewten die Fotos selbst anfertigen, handelt es sich bei diesen Interviews allerdings, wie bei rein sprachlichen Interviews, um eine *ex-post*-Rekonstruktion des Wahrgenommen. Diese wird allerdings durch das vorhandene Bildmaterial unterstützt und der besprochene Ausschnitt der städtischen Umwelt ist den forschenden Personen zumindest über die Abbildung zugänglich. Dagegen kann die olfaktorische

Dimension der Wahrnehmung des Abgebildeten nur mittelbar zugänglich gemacht werden, etwa über die Beschreibung durch die interviewten Personen.

Der Raum, der mithilfe der Abbildungen in die Interviewsituation hinein gebracht wird, ist vorselektiert. Im Gegensatz zur Foto-Elizitation wird er im Interview nicht zum ersten Mal wahrgenommen, sondern die interviewte Person hat den ersten Eindruck sowohl verarbeitet als auch über die Auswahl des Bildausschnitts, der Perspektive etc. schon eine erste Interpretation vorgenommen. Dennoch ist die Grundlage des Wahrgenommenen, nämlich die städtische Umwelt, zumindest in einem Ausschnitt auch für die Forschenden zugänglich, sodass sich fragende und befragte Personen über denselben Gegenstand verständigen können.

- **Bewegen im Raum als Teil der Datenerhebung**

An dieser Stelle wird, allgemein gesprochen, das Gehen durch die Stadt als Methode der Erfassung ihrer Wahrnehmung vorgestellt (vgl. Certeau 1988) und detailliert auf den methodisch ausgearbeiteten Fall des *walking interviews* eingegangen. Diese Interviewform ist der teilnehmenden Beobachtung angelehnt und kombiniert sie mit der Erhebungsmethode des Interviews. Diese *walking interviews* sind als Ortsbegehungen auch Teil von Kevin Lynchs (2007, S. 162) Studie zum „Bild der Stadt" und entstammen dem Kontext der sogenannten Spaziergangswissenschaft. Die insbesondere von Lucius Burckhardt entwickelte Disziplin ist „ein Instrument sowohl der Sichtbarmachung bisher verborgener Teile des Environments als auch ein Instrument der Kritik der konventionellen Wahrnehmung selbst" (Burckhardt 2008, S. 265). Der Spaziergang wird dabei als eine Methode verstanden, mit der sich die Spazierengehenden ein Bild von der Landschaft schaffen. Aus einer Kette vieler einzelner Eindrücke entsteht ein vollständiges Bild, ein Eindruck der Landschaft (Burckhardt 2008, S. 272) – etwa eines Stadtviertels. Allerdings geht es der Spaziergangswissenschaft in erster Linie um das Wahrnehmen und Bewusstwerden der städtischen Umwelt. Die systematische Untersuchung der auf diese Weise vollzogenen Wahrnehmungen durch Forschende ist noch in keine Methodologie gemündet.

Anders ist es im Fall der sogenannten *walking interviews* oder auch *go-along interviews* (für eine Übersicht siehe Kusenbach 2003, S. 464). Das Ziel ist hier, die Interaktion der Interviewteilnehmenden mit ihrer räumlichen Umwelt sowie ihre Wahrnehmung dieser Umwelt zum Gegenstand der Untersuchung zu machen (Carpiano 2009, S. 263). Allerdings reflektieren die Forschenden dabei oft die Spezifizität der räumlichen Umgebung nicht ausreichend genug, wie Phil Jones et al. (2008, S. 3) in ihrem Artikel zur Anwendbarkeit dieser Methode ausführen.

Walking interviews kombinieren das (von den Forschenden begleitete, aber auch unbegleitete) Gehen durch einen ausgewählten geographischen Raum mit den aus den qualitativen Interviews bekannten Stimuli: erzählgenerierenden Fragen respektive im Vorhinein formulierten Erzählaufforderungen. Im Fall der begleiteten *walking interviews* werden während des Gehens Fragen an die Interviewteilnehmenden gestellt, die darauf zielen, die Erfahrung der Umwelt und die damit verbundenen Praktiken zu erforschen (Kusenbach 2003, S. 463). Diese Fragen können, je nach Forschungsinteresse, entweder vorformuliert oder ad hoc formuliert sein (Carpiano 2009, S. 265); daraus ergibt sich, dass das gemeinsame Gehen auf diese Weise mit unterschiedlichen Interviewarten – von offen bis semi-strukturiert – kombiniert werden kann. Über den multisensualen Eindruck während des Gehens kommen zudem kontinuierlich weitere, nichtsprachliche Stimuli hinzu. Damit sind die Interviewteilnehmenden bei *walking interviews* mit ähnlichen Herausforderungen konfrontiert wie im Fall der auf Sprache basierenden Interviews, allerdings wird ihre Bedeutung auch hier, wie etwa im Fall der Foto-Elizitation, durch das Verwenden nicht-sprachlicher Stimuli und damit das Ansprechen anderer Sinne abgeschwächt (Manz 2015).

Eine Alternative zu den begleiteten Spaziergängen ist das unbegleitete Gehen auf einer im Vorhinein von den Forschenden festgelegten und somit standardisierten Route (Jones et al. 2008, S. 4). Ausgangspunkt ist dann die Aufforderung an die Interviewteilnehmenden, entlang dieser Route die wahrgenommene Umwelt zu einem bestimmten Thema zu kommentieren. Der erzählgenerierende Stimulus wird somit im Vorhinein gegeben – dies geht mit der Herausforderung einher, dass sich die Interviewteilnehmenden kontinuierlich daran erinnern müssen. Mithilfe standardisierter Routen können die Forschenden beispielsweise in einer vergleichenden Untersuchung die räumliche Wahrnehmung und das Handeln an diesen Orten dokumentieren und spezifische Handlungs- und Wahrnehmungsmuster identifizieren. Einschränkend ist hier aber zu sagen, dass die Vergleichbarkeit insofern begrenzt ist, als situationsabhängige Variablen – etwa Wetter, Tageszeit, Personen, Tiere oder Verkehrsmittel auf der Straße – jedes Begehen zu einem singulären Ereignis machen.

Mithilfe von GPS-Technologie ist es außerdem möglich, die Interviewteilnehmenden die Route selbst wählen zu lassen und dennoch die Kommentare an die jeweilige Örtlichkeit rückzubinden (Jones et al. 2008, S. 6 f.). Dies erlaubt es, den Status der Interviewten als Expertinnen und Experten für das Handeln im Raum zu stärken und sie stärker am Forschungsprozess partizipieren zu lassen (zur Bedeutung selbst gewählter, alltäglicher Routen vgl. Kusenbach 2003, S. 463).

Ein grundsätzlicher Vorteil der *walking interviews* ist, dass die Interviewten die Umwelt mit allen Sinnen aufnehmen und, im Fall begleiteter *walking interviews*, die Forschenden die Rezeption der Umwelt beobachten können. Zudem geschieht die Wahrnehmung der Umwelt quasi simultan mit der Untersuchung: Forschende und Interviewte haben gleichzeitig Zugang zu demselben Setting, sodass der Forschende dieses mit den Aussagen des Interviewten kontextualisieren kann.

- **Die *mobility studies:* bewegte Bilder in der Forschung**

Die für *walking interviews* angeführte Fokussierung auf die Bedeutung körperlichen Raumerlebens der untersuchten Personen stellt auch ein wesentliches Merkmal verschiedener Ansätze dar, die in der englischsprachigen Forschungslandschaft unter dem Begriff der *mobility studies* zusammengefasst werden (Lorimer 2005). Dem empirischen Einsatz von Video wird in diesem Zusammenhang seit Anfang der 2000er-Jahre vermehrt Aufmerksamkeit zuteil (vgl. Downing Jr. und Tenney 2008; Latham 2003; Laurier 2004, 2010; Mausner 2008; Pink 2001, 2003, 2005, 2007a, b; Spinney 2007, 2009, 2011). Ein wichtiges Ziel dieser Studien ist, raumbezogene Handlungen und Bewegungen einzelner Personen zu rekonstruieren, die einen Raum körperlich erlebt haben (Lorimer 2005). Mit dieser Ausrichtung unterscheiden sich diese Studien von der Fokussierung des im weiteren Verlauf dargelegten VUW 3D in verschiedener Hinsicht: Nicht das Verstehen und Rekonstruieren tatsächlicher, bereits erfolgter, raumbezogener Aneignungsprozesse von

Einzelpersonen stehen im Mittelpunkt unseres Forschungsinteresses, sondern die Wahrnehmung des Raums und die Antizipation, Dekonstruktion und Vergleichbarkeit möglichen raumbezogenen Verhaltens einer Vielzahl von Untersuchungspersonen im Rahmen eines gegebenen Handlungskontextes wie etwa der Wohnortwahl. Unabhängig von diesen Unterschieden erachten wir die Erkenntnisse der *mobility studies* in Hinblick auf die Chancen und Risiken des Mediums Video als Mittel zur Anreicherung qualitativer Interviews als besonders wertvoll. Diese Erkenntnisse fließen im Folgenden an verschiedener Stelle ein.

9.3 Der Virtual Urban Walk 3D

Der VUW 3D dient der Analyse raumbezogener Einstellungen und räumlich verorteter antizipierter Verhaltensweisen. Mit seiner Hilfe lässt sich untersuchen, warum Menschen einem bestimmten Raumausschnitt hinsichtlich eines zuvor festgelegten, übergeordneten Handlungsziels eine bestimmte Eignung zusprechen oder auch gerade nicht zusprechen. Potenziell zu untersuchende Szenarien könnten etwa sein, ob ein ausgewählter Straßenzug eine attraktive Wohnumgebung darstellt, in der man sich vorstellen könnte, zukünftig zu leben, ob eine Innenstadt Aufenthaltsqualitäten besitzt, die zum Verweilen und Bummeln einladen, oder ob ein Platz Unsicherheit und Ängste verursacht und deshalb gemieden wird.

Vielmehr noch als auf die Frage nach dem *ob* richtet sich der Fokus des VUW 3D aber auf die Analyse des Zustandekommens dieser raum- und handlungskontextbezogenen Urteile. Wir möchten verstehen, welche Attribute des gewählten Raumausschnitts von der betrachtenden Person im Kontext des gegebenen Szenarios wahrgenommen und wie sie gewertet werden, welche Motivationen ihnen zugrunde liegen und inwiefern sie die letztliche raumbezogene Einstellung beeinflussen. Im Folgenden wird daher nun detailliert vorgestellt, welche Merkmale den VUW 3D kennzeichnen und wie diese dazu beitragen, die oben genannten Forschungsfragen zu beantworten.

- **Das methodische Verfahren des Virtual Urban Walk 3D**

Um raumbezogenes Handeln der Analyse zugänglich zu machen, kombiniert der VUW 3D die Betrachtung einer 3D-Filmaufnahme mit Dolby Surround-Sound, in der das Durchwandern eines Raumausschnitts in Schrittgeschwindigkeit aus der Subjekt-Perspektive gezeigt wird, mit der *laddering*-Interviewtechnik (Gutman 1982; Reynolds und Gutman 1988), welche zeitgleich mit der Betrachtung des Films eingesetzt wird. Diese vor allem in der Konsumentenforschung angewandte Technik beruht auf dem Grundgedanken, über eine Serie von spezifischen Fragen von einer allgemeinen Äußerung über vollzogene oder antizipierte Handlungen zu einer Werthaltung vorzudringen. Gleichsam dem Hinabsteigen auf einer Leiter *(ladder)* erfolgt die Analyse vom konkreten Attribut hinab zum abstrakten Motiv, um eine möglichst vollständige Rekonstruktion der Meinungsbildung darstellen zu können. Das *laddering erfolgt in der Regel im Rahmen von Einzelinterviews (soft laddering).* Dies hat den Vorteil, dass die Interviewenden tiefer auf die Antworten der Interviewten eingehen und etwa im Falle mehrerer Handlungsnennungen flexibel reagieren und die verschiedenen Gesprächsfäden einzeln abarbeiten können. Eine wesentliche Aufgabe der interviewführenden Person ist es, die Interviewten kontinuierlich anzuregen, ihre Gedanken zu verbalisieren und dabei bewusst auch spontane und scheinbar unstrukturierte Gedanken zuzulassen, welche bei der Betrachtung des Filmausschnitts auftauchen. Diese Aussagen bilden die Ausgangspunkte des *laddering* und werden von den Interviewenden zunächst aufgenommen und kategorisiert.

Bisherige Pretests aus anderen Forschungsprojekten zeigen, dass sich die Kategorien *Infrastruktur, Urteile und Gefühle, Handlungsziele* sowie *Bedürfnisse* gut eignen, einen Großteil der Aussagen zu verorten. Dieser Kategorienkatalog ist das Ergebnis einer qualitativen Studie zur Wohnortwahl von 50 hochqualifizierten Arbeitskräften aus verschiedenen Branchen (in Veröffentlichung) und dient den Forschenden zur gedanklichen Strukturierung der Aussagen der Interviewten. Die Aufgabe der Interviewenden Personen besteht im Weiteren darin, durch gezielte Nachfragen die übrigen Kategorien zu befüllen, um somit eine möglichst vollständige Argumentationskette abbilden zu können. Die Abbildung (◘ Abb. 9.1) zeigt anhand zweier Beispielketten aus den Gesprächen die grundsätzliche Fragesystematik zur Erschließung der einzelnen Analyseebenen. Dabei ist anzumerken, dass die lineare Darstellung hier nicht dem stets nichtlinearen Ablauf der Gespräche entspricht, sondern eine systematische Aufbereitung der Kernaussagen darstellt bzw. die Kernargumentationen in verdichteter Form repräsentiert.

Dieses, dem Pretest entnommene Beispiel zeigt, welche unterschiedlichen Handlungsziele und Bedürfnisse zwei Personen mit einer identischen Infrastruktur (hier: „kleine Backsteinhäuser") verbinden. Die Pfeile zeigen an, dass die unterschiedlichen Ebenen abhängig von den Antworten der Interviewten herausgearbeitet werden: Je nachdem, auf welche Ebene sich deren Antworten beziehen, werden die anderen Ebenen darauf aufbauend mithilfe der Interviewtechnik erfragt. In der Interviewpraxis ist das *laddering* weitaus weniger restriktiv und schematisch, als es zunächst den Anschein haben mag.

Zwar sind die Interviewenden gefordert, die Interviewten anzuregen, ihre Aussagen zu reflektieren. Hierbei gilt es jedoch, eine Balance zwischen einem angenehmen Gesprächsklima und einem vertieften Verständnis für die jeweiligen Aussagen zu finden. Interviewende müssen einschätzen können, bis zu welchem Punkt Interviewte in der Lage sind, ihre eigenen Aussagen zu reflektieren, bzw. ab wann Zusammenhänge konstruiert werden. Im Rahmen der vorgenommenen Interviews empfanden die Interviewten diese Art des Interviews durchweg als „anregend" und „angenehm".

Je nach Untersuchungskontext können Einzelinterviews *(single walks)* oder Gruppeninterviews *(group walks)* durchgeführt werden. Die Zahl der Teilnehmenden ist neben der inhaltlichen Ausrichtung der Forschung an der Größe des 3D-Bildschirms oder 3D-Beamers zu orientieren; ist es beispielsweise ein 3D-fähiger Fernseher, ist der seitliche Blickwinkel zu beachten, bei dem das Bild noch vollständig wahrgenommen werden kann. Im Rahmen des angeführten Pretests befragte eine Interviewende respektive ein Interviewender stets nur eine Teilnehmende oder einen Teilnehmenden. Besagter Pretest wird im Rahmen eines studentischen Forschungsprojektes im Wintersemester 2014/2015 an der Universität Bremen durchgeführt. Er zielt insbesondere darauf, die Methode zu testen und die Merkmale, Vorteile und Herausforderungen ihrer Anwendung herauszuarbeiten. Forschungsgegenstand ist die Frage,

Analyseebenen	Interviewee 1	Interviewee 2		Fragesystematik

Infrastruktur
„Dinge, die man sieht und hört"
z.B. Türen, Bäume, Menschen, Müll, Lärm, Ruhe, Verkehr, Häuser

„kleine Backsteinhäuser"

"kleine Backsteinhäuser"

Wie bewerten Sie dies?
Welchen Eindruck macht das auf Sie?
Was verbinden Sie denn damit?

Woran machen Sie diese Bewertungen fest?
Was konkret bewegt Sie zu dieser Beurteilung?

Urteile und Gefühle
„Wie man etwas bewertet"
z.B. finde ich gut, schlecht, schön, hässlich, fühle mich wohl, unwohl, Spaß, Angst, Einsamkeit

„finde ich gemütlich, erinnern mich an meine ländliche Heimat"

„sehr ländlich, hier wohnen bestimmt nur alte Leute"

Ist Ihnen dieser Aspekt für ihre Wohnumgebung wichtig? Wenn ja, warum?

Handlungsziele
„Was man dort tun würde"
z.B. sich erholen, Radfahren, Einkaufen, Ausgehen, mit Leuten treffen

„hier kann ich mich vom stressigen Alltag erholen"

„Ich will auch mal vor die Tür gehen und mich mit Leuten in meinem Alter unterhalten"

Warum ist Ihnen das wichtig?

Bietet der hier gezeigte Raum Ihrer Ansicht nach Möglichkeiten, diese Ziele zu erreichen oder fühlen Sie sich eher daran gehindert? Warum?

Bedürfnisse
„Was den Handlungen zugrunde liegt"
z.B. Stimulation, Komfort, Verhaltensbestätigung, Status, Zuneigung

„mit weniger Stress fühle ich mich gesünder"

„Ich brauche schon etwas Abwechslung und Trubel, außerdem will ich ja auch neue Leute kennenlernen"

◼ **Abb. 9.1** Laddering Beispielketten und Fragesystematik

nach welchen Kriterien Studierende ihr Wohnumfeld auswählen. Ein besonderer Fokus liegt dabei auf der Rolle, die der wahrgenommene Raum dabei für die Erfüllung ihrer spezifisch studentischen Grundbedürfnisse spielt. Der Pretest findet im Bremer Stadtteil Hemelingen statt, in dem es aktuell großes politisches Interesse daran gibt, ihn für studentisches Wohnen attraktiv zu machen. Innerhalb des Stadtteils wird ein Straßenzug ausgewählt. Eine Analyse der Wahrnehmung dieses Straßenzuges soll Aufschluss darüber geben, welche Aspekte des städtischen Raumes auf welche Weise wahrgenommen und mit welchen Handlungsmöglichkeiten verbunden werden.

■ **Vorbereitungen für den Virtual Urban Walk 3D**

Um eine entsprechende Filmsequenz anzufertigen,[1] wird zunächst mithilfe einer Ortsbegehung des Stadtteils eine Straße als geeignet ausgewählt (◻ Abb. 9.2). Dieser Auswahl liegen sowohl inhaltliche als auch forschungspraktische Aspekte zugrunde: Die Straße liegt in dem Bereich, der aus lokalpolitischer und stadtplanerischer Sicht für das studentische Wohnen infrage kommt. Außerdem ist es möglich, auf dieser Straße eine Filmsequenz anzufertigen, die einen Ausschnitt zeigt, in dem beide Straßenseiten und die angrenzende Bebauung sichtbar ist, ohne von am Seitenrand parkenden Autos verdeckt zu werden. Der Fußweg ist zudem nicht übermäßig frequentiert, sodass eine entsprechende Aufnahme vor sich gehen kann, ohne dass zu häufig gestoppt werden muss, um zu Fuß gehende Personen, Radfahrende oder Autos passieren zu lassen.

Für den Pretest wird in einer Phase der Nachbearbeitung eine Länge von fünf Minuten gewählt. Diese Dauer wird als angemessen beurteilt, um sowohl eine Gewöhnung an das Medium zu erlauben als auch Ermüdung durch das Medium zu verhindern.

Teilnehmende sind Studierende des ersten Semesters im Master-Studiengang Stadt- und Regionalentwicklung sowie Bachelor-Studierende des Fachs Geographie. Für die Wahl der Master-Studierenden spricht, dass sich ein Großteil von ihnen vor nicht allzu langer Zeit mit dem Thema Wohnen beschäftigt hat: als sie vor dem Beginn des Master-Studiums von ihrem früheren Studienort nach Bremen gezogen sind. Kritisch reflektiert werden muss die Wahl von Studierenden des Studiengangs Stadt- und Regionalentwicklung allerdings insofern, als dass dies eine Gruppe von Personen ist, die sich qua Beruf mit dem Thema Stadt und Raum beschäftigen; dies kann die Ergebnisse entsprechend verzerren. Da es sich hier aber um einen Pretest handelt, der insbesondere auf den Methodentest zielt, wird diese Einschränkung allerdings in Kauf genommen.

Die Interviews finden in einem Raum in der Universität statt, der den Studierenden vertraut ist. Dies macht es für sie einfach, den Interviewtermin in ihren alltäglichen Ablauf zu integrieren. Außerdem lassen sich so Unsicherheiten bezüglich des räumlichen Settings reduzieren. Der Raum wird so vorbereitet, dass das Interview sofort beginnen kann, sobald die oder der Interviewte den Raum betritt. Dazu gehört die Vorbereitung der Technik, insbesondere des 3D-Fernsehers, der 3D-Brillen und des Aufnahmegerätes.

---

1   An dieser Stelle wird nicht darauf eingegangen, welche Selektionsprozesse mit der Wahl einer Filmsequenz vorgenommen werden und wie diese den Forschungsprozess und die -ergebnisse beeinflussen.

▣ Abb. 9.2　Lage des ausgewählten Straßenabschnitts

Die interviewenden Personen, hier Studierende des genannten studentischen Projektes, wurden vorab geschult. Hierzu gehört der Umgang mit der Technik – Start
und Stop der Filmsequenz, An- und Ausschalten der Brille, Umgang mit dem Aufnahmegerät – sowie die Einführung in die *laddering*-Fragetechnik.

▪ **Durchführung des Virtual Urban Walk 3D**

In der konkreten Interviewsituation (▣ Abb. 9.3) wird zunächst das Einverständnis
eingeholt, das Interview aufzeichnen zu dürfen. Anschließend wird den Interviewten das vorformulierte Szenario vorgelesen. Sie sollten sich vorstellen, auf dem Weg
zu einem Wohnungsbesichtigungstermin durch die im Video gezeigte Straße zu gehen
und vor diesem Hintergrund das Wahrgenommene während des Sehens kommentieren. Die Interviewenden tragen im Verlauf des Gesprächs das Genannte in ein Aus-
wertungsraster ein. Ihre Aufgabe ist, mithilfe von Erzählstimuli das Kommentieren
der Interviewten zu motivieren und am Laufen zu halten, ihnen bei Bedarf das Szenario in Erinnerung zu rufen und an bestimmten, die Forschungsfrage betreffenden
Punkten nachzufragen. Letzteres ist insbesondere dann nötig, wenn die Interviewten
bestimmte Aspekte des Wahrgenommenen erwähnen, aber nicht weiter ausführen.
Um diese Nachfragen einfacher zu gestalten, können die Interviewenden die Filmsequenz eigenständig anhalten und anschließend wieder starten. Im Anschluss an die
Filmsequenz werden bestimmte Themen von den Interviewenden herausgegriffen und
noch einmal intensiver mithilfe der *laddering*-Technik auf die Forschungsfrage hin mit
der oder dem Interviewten besprochen. Als Abschluss des Interviews wird der oder

◨ Abb. 9.3   Interviewsituation des Virtaul Urban Walk 3D

dem Interviewten mit einer offenen Frage die Möglichkeit gegeben, selbst Aspekte hinzuzufügen, die ihr oder ihm noch wichtig erscheinen oder die ihr oder ihm im Verlauf des Interviews noch eingefallen sind. Von diesem Angebot wird nicht immer, aber doch in einigen Fällen Gebrauch gemacht. Da es sich bei dieser Studie um eine Pretest handelt, der auch die verwendete Methode testen soll, werden die Teilnehmenden im Anschluss an das Interview in einer informellen Runde – mit dem Projektleiter und der Projektleiterin und mit ausgeschaltetem Aufnahmegerät – um ihre Einschätzung der Interviewtechnik und eventuell damit verbundenen Schwierigkeiten gebeten (Filmsequenz in 3D, Brille, Seherfahrung). Die Antworten liefern wertvolle Hinweise für die Weiterentwicklung der Methode.

■ **Herausforderungen des Virtual Urban Walk 3D**

Der Pretest ergibt, dass mit der Methode des VUW 3D verschiedene Herausforderungen verbunden sind. Diese sind zum einen methodenspezifisch, zum anderen stehen sie aber auch in enger Verbindung zu den diskutierten Herausforderungen bei der Verwendung qualitativer Interviews als Erhebungsmethode. Schwierigkeiten treten dabei sowohl in der Vorbereitung als auch in der konkreten Interviewsituation auf – und zwar für beide: Interviewende sowie Interviewte.

Vor der Aufnahme der eigentlichen Filmsequenz wird der Umgang mit Kamera und Stativ geübt. Dies erweist sich als unabdingbar, da das Filmen mit einem *steadycam*-Stativ gewöhnungsbedürftig ist und die Kamera aufgrund ihres Eigengewichts sehr leicht in Bewegung gerät und verwackelte Bilder erzeugt. Auch das Schwenken bedarf vorheriger Übung, damit die Schwenks in der richtigen Geschwindigkeit vorgenommen werden; zu schnelle Schwenks könnten das Anschauen der Bilder Übelkeit auslösen, zu langsame Schwenks dagegen unterscheiden sich zu sehr vom natürlichen Sehen. Außerdem ist bei der Vorbereitung der Aufnahme das Wetter zu berücksichtigen: Es zeigt sich, dass Wind über das Außenmikrofon sehr deutlich zu hören ist, selbst wenn er vor Ort subjektiv als nicht so stark empfunden wird. Es empfiehlt sich, einen Windschutz zu nutzen und die Aufnahme mit einem Kopfhörer durchzuführen – oder zumindest ausreichend Zeit einzuplanen, um die Aufnahme in optischer und akustischer Hinsicht am Bildschirm zu kontrollieren und gegebenenfalls eine erneute Aufnahme zu machen.

Aufseiten der Forschenden gestaltet sich die praktische Interviewführung insbesondere zu Beginn als schwierig. Der anschließenden Auswertung der Interviewführung zufolge scheint dies eine Frage der Übung zu sein: So ist deutlich feststellbar, dass die Interviewführung zu Beginn der Interviewreihe für die ungeübten Studierenden besonders herausfordernd ist. Insbesondere erzählgenerierende Nachfragen und das schnelle Erfassen der verschiedenen genannten Themen überfordert sie. Im Verlauf der insgesamt dreizehn Interviews verbessern aber alle drei Interviewenden ihre Fragetechnik und entwickelten eine große Sensibilität für die Interviewsituation. Das führt u. a. dazu, dass die Interviews länger dauern und inhaltlich ergiebiger sind.

Aufseiten der Interviewten stellt sich heraus, dass es einigen kaum gelingt, sich an das ihnen eingangs vorgelesene Szenario zu erinnern und daraufhin ihre Kommentare zu kontextualisieren. Die größte Herausforderung stellt allerdings das Kommentieren der Filmsequenz während des Sehens dar. Hier zeigt sich, dass der VUW 3D bei den Interviewten eine modifizierte Form der in allen Interviews möglichen Sprachlosigkeit erzeugen kann. Vielen der Interviewten gelingt das Kommentieren der Filmsequenz allerdings nach einer Zeit des Einsehens (durchschnittlich etwa 45 s); zwei Interviewte benötigten jedoch fast die gesamte Zeit der Filmsequenz, um sich auf das visuelle Bild einzustellen. In diesen Fällen kann kaum von einem Kommentieren des unmittelbaren Eindrucks des Wahrgenommenen gesprochen werden. Hier wird versucht, im Anschluss an die Filmsequenz möglichst viele Eindrücke zu rekonstruieren.

Die Schwierigkeit des *commenting while viewing* ist ein zentraler Aspekt, der in die Weiterentwicklung der Methode VUW 3D integriert wird. Die hierbei entstehende Sprachlosigkeit seitens der Interviewten hat eine andere Qualität als in anderen qualitativen Interviews: Hier geht es weniger um das Problem, einen Sachverhalt oder eine Empfindung versprachlichen zu können. Vielmehr geht es um ein Medium und sinnliche Reize, die die Versprachlichungskompetenz noch zusätzlich herausfordern. Die Auswertung der Interviewsituation und der Ergebnisse lässt den Schluss zu, dass die gewählte Länge der Filmsequenz zu kurz ist – eine Länge von etwa fünf Minuten wäre für die nächste Erhebung anzustreben. Die Idee, die Interviewten die Sequenz in einem ersten Durchgang einmal sehen zu lassen, bevor sie sie in einem zweiten Durchgang kommentieren sollen, wird zunächst verworfen. Dieses Verfahren hätte den Nachteil, dass eine Vorselektion der Eindrücke stattfände und die Wahrnehmung des städtischen Raums und das darin antizipierte Handeln rekonstruiert würde.

Keine Schwierigkeiten gibt es allerdings mit der 3D-Technik als solcher, weder auf Seiten der Interviewenden noch auf Seiten der Interviewten, und das Sehen der Filmsequenz wird – trotz 3D-Brille – durchweg positiv bewertet. Dies bestärkt uns, das Verfahren des VUW 3D weiter zu verfolgen, in verschiedenen Anwendungsbereichen zu testen und die Methode zu verbessern.

9.4 Reflexion des Virtual Urban Walk 3D – Anwendungskontexte und Fallen

Die Herausforderungen, die mit dem VUW 3D als Methode verbunden sind, wurden bereits beschrieben (Abschn. 1.3). Sie sind zum einen in der Methode selbst begründet, die qualitative, auf Sprache basierte Interviews mit visuellen Daten kombiniert. Hier stellen sich die zuvor beschriebenen, unter den Stichworten Verbalisierungskompetenz, Interviewereffekt etc. bekannten Probleme. Die andere Herausforderung ist praktischer Art: Den VUW 3D anzuwenden, braucht Übung und sorgfältige Vorbereitung. Insbesondere das Anfertigen der Filmsequenz ist eine nicht zu unterschätzende Aufgabe, für deren Bewältigung ausreichend Zeit eingeplant werden sollte. Auch die Auswahl und Länge der für den jeweiligen Forschungskontext passenden Filmsequenz sollte vorab erprobt werden. Ebenso zeigt der Pretest, dass das hierbei eingesetzte *laddering* Übung aufseiten der Interviewenden erfordert – auch hier sind Pretests und/ oder ausführliche Schulungen der Interviewenden empfehlenswert. Unerwartet wenige Schwierigkeiten bringt dagegen die 3D-Technologie als solche mit sich – dies könnte bei anderen Altersgruppen oder sozialen Gruppen allerdings anders sein.

Trotz dieser nicht zu unterschätzenden Herausforderungen zeigen unsere Ergebnisse, dass der VUW 3D hervorragend ist, um wahrnehmungsbezogenes Handeln in (städtischen) Räumen zu untersuchen. Weitere Fragestellungen, die mit dieser Methode beantwortet werden können: Wie werden Räume in Extremsituation, hervorgerufen etwa durch Enge, Menschenmassen und/oder große Lautstärke, wahrgenommen? Welche Handlungen antizipieren die Interviewten in derartigen Krisenszenarien? Wie nehmende Reisende innerstädtische Räume, Brachflächen, öffentlichen Plätze oder Dörfer wahr und welche Handlungen erscheinen ihnen an diesen Orten denkbar? Welche Elemente der gebauten Umwelt – Gebäude, Infrastrukturen – werden wahrgenommen und in die Handlungen einbezogen, und welche Elemente werden ignoriert? Hier wäre auch eine Kombination der Methode mit Blickbewegungsmessungen möglich, die außerdem helfen könnte, Fragen der Orientierung inner- und außerhalb von Gebäuden zu adressieren. Diese Beispiele für weitere Anwendungskontexte zeigen, dass der VUW 3D für das gesamte Spektrum der humangeographischen Forschung anwendbar ist, sofern er Aspekte der Wahrnehmung von und des Handelns in Räumen fokussiert. Im Bereich der praktischen Stadtentwicklung und des Stadtmarketings ist es zudem denkbar, mithilfe einer Kombination von realen und modellierten Stadträumen detaillierte Informationen über die Bedürfnisse und Erwartungen an den städtischen Raum zu erhalten und so ein neues, wenn auch technisch recht aufwändiges, Format der Beteiligung von Bürgerinnen und Bürgern zu erhalten.

Literatur

Burckhardt L (2008) Spaziergangswissenschaft (1995). In: Ritter M, Schmitz M (Hrsg) Warum ist Landschaft schön? Die Spaziergangswissenschaft von Lucius Burckhardt, 2. Aufl. Martin Schmitz, Berlin, S 257–300

Carpiano RM (2009) Come take a walk with me: the „Go-Along" interview as a novel method for studying the implications of place for health and well-being. Health & Place 15(1):263–272

Certeau M de (1988) Kunst des Handelns. Merve, Berlin

Diener E (2009) The science of well-being. Social indicators research series, Bd 37. Springer, Dordrecht

Dirksmeier P (2007) Der husserlsche Bildbegriff als theoretische Grundlage der reflexiven Fotografie: Ein Beitrag zur visuellen Methodologie in der Humangeografie. Soc Geogr 2(1):1–10

Downing MJ Jr, Tenney LJ (2008) Video vision: changing the culture of social science research. Cambridge Scholars Publishing, Newcastle

Emme MJ (2008) Photographs in qualitative research. In: Givens LM (Hrsg) The Sage Encyclopedia of Qualitative Research Methods, vol 2. Sage, Thousand Oaks, S 619–624

Flick U, Kardoff Ev, Steinke I (Hrsg) (2005) Qualitative Forschung. Ein Handbuch, 4. Aufl. Rowohlt, Reinbek bei Hamburg

Gutman J (1982) A means-end chain model based on consumer categorization processes. J Mark 46(2):60–72

Harper D (1988) Visual sociology: expanding sociological vision. Am Sociologist 19(1):54–70

Hermanns H (2005) Interviewen als Tätigkeit. In: Flick U, Kardoff Ev, Steinke I (Hrsg) Qualitative Forschung. Ein Handbuch. Rowohlt, Reinbek bei Hamburg, S 360–368

Holstein JA (Hrsg) (2003) Inside interviewing. New lenses, new concerns. Sage, Thousand Oaks

Hopf C (1978) Die Pseudo-Exploration – Überlegungen zur Technik qualitativer Interviews in der Sozialforschung. Z Soziol 7(2):97–115

Huinink J, Kley S (2008) Regionaler Kontext und Migrationsentscheidungen im Lebensverlauf – Regional context and migration decisions in the life course. Kölner Z Soziol Sozialpsychol 48:162–184

Husserl, E (1980/1904–05) Phantasie, Bildbewusstsein, Erinnerung. Zur Phänomenologie der anschaulichen Vergegenwärtigungen. Texte aus dem Nachlass (1898–1925). Martinus Nijhoff Publishers, The Hague

Jones P, Bunce G, Evans J, Gibbs H, Ricketts Hein J (2008) Exploring space and place with walking interviews. J Res Pract 4(2):Article D2

Kusenbach M (2003) Street phenomenology. The go-along as ethnographic research tool. Ethnography 4(3):455–485

Lamnek S (1995) Qualitative Sozialforschung, 2 Bde, Bd 2, Methoden und Techniken. 3. korrigierte Aufl. Beltz PVU, Weinheim

Latham A (2003) Research, performance, and doing human geography: some reflections on the diary-photograph, diary-interview Method. Environ Plan A 35(11):1993–2017

Laurier E (2004) Doing office work on the motorway. Theory, Cul Soc 21(4–5):261–277. ► https://doi.org/10.1177/0263276404046070

Laurier E (2010) Being there/seeing there: recording and analysing life in the car. In: Fincham B, McGuiness M, Murray L (Hrsg) Mobile methodologies. Palgrave Macmilla, Aldershot, S 103–117

Lefebvre H (1991) The production of space. Blackwell, Malden

Lindenberg S (1989) Social production functions. Deficits Revolut Ration Soc 1:51–77

Lorimer H (2005) Cultural geography: the busyness of being „more-than-Representational". Prog Hum Geogr 29(1):83–94

Lynch K (2007) Das Bild der Stadt. Birkhäuser, Basel

Manz K (2015) Sichtbares und Unsichtbares. Raumbilder und Planung – ein Perspektivenwechse. In: Schlottmann A, Miggelbrink J (Hrsg) Visuelle Geographien. Zur Produktion, Aneignung und Vermittlung von RaumBildern. Transcript, Bielefeld, S 133–145

Mausner C (2008) Capturing the hike experience on video: an alternative framework for studying human response to nature. In: Downing M Jr, Tenney L (Hrsg) Video vision. changing the culture of social science. Cambridge Scholars Publishing, Newcastle upon Tyne, S 173–189

Ormel J, Lindenberg S, Steverink N, Verbrugge L (1999) Subjective well-being and social production functions. Soc Ind Res 46:61–90

Pink S (2001) More visualising, more methodologies: on video, reflexivity and qualitative research. Sociol Rev 49(4):586–599

Pink S (2003) Interdisciplinary agendas in visual research: re-situating visual anthropology. Vis Stud 18(2):179–192

Pink S (2005) The future of visual anthropology: engaging the senses. Routledge, London

Pink S (2007a) Doing visual ethnography: images, media and representation in research, 2. Aufl. Sage, London

Pink S (2007b) Walking with video. Vis Stud 22(3):240–252

Reynolds T, Gutman J (1988) Laddering theory, method, analysis, and interpretation. J Adver Res 28:11–31

Schlottmann A, Miggelbrink J (2009) Visuelle Geographien – ein Editorial. Soc Geogr 4(13):13–24

Spinney J (2007) Cycling the city: non-place and the sensory construction of meaning in a mobile practice. In: Horton D, Rosen P, Cox P (Hrsg) Cycling and society. Ashgate, Aldershot, S 25–46

Spinney J (2009) Cycling the city: movement, meaning and method. Geogr Compass 3(2):817–835

Spinney J (2011) A chance to catch a breath: using mobile video ethnography in cycling research. Mobilities 6(2):161–182

9

Qualitative Geographische Informationssysteme

Kontextsensible räumliche Analysen, *mixed methods* und Geovisualisierungen

Christian Bittner und Boris Michel

© Springer-Verlag GmbH Deutschland, ein Teil von Springer Nature 2018
J. Wintzer (Hrsg.), *Sozialraum erforschen: Qualitative Methoden in der Geographie*,
https://doi.org/10.1007/978-3-662-56277-2_10

10.1 Qualitative GIS – eine Einleitung

Qualitative GIS bezeichnen ein verhältnismäßig junges Methodenfeld, in dem geographische Informationssysteme im Rahmen qualitativer humangeographischer Forschungsarbeiten eingesetzt werden. Qualitative GIS betonen die Perspektivität und Situiertheit räumlichen Wissens und führen, dem Ansatz der *mixed methods* folgend, heterogene und kontextuell reichhaltige räumliche Daten zusammen. Häufig verfolgen diese Arbeiten, im Sinne einer normativ-kritischen Forschungsagenda, das Sichtbarmachen marginalisierter räumlicher Perspektiven und Bedeutungszuschreibungen sowie die Ermächtigung unterprivilegierter sozialer Gruppen und Agierender. Ein vielzitiertes Beispiel für ein qualitatives GIS ist eine Arbeit von Mei-Po Kwan (2008) zur Raumwahrnehmung muslimischer Frauen in den USA nach dem 11. September 2001. Kwan verbindet narrative Interviews und ethnographische Beobachtungen mit einer tagebuchgestützten Erhebung räumlicher Bewegungsmuster (vgl. auch Kwan und Ding 2008). Im Ergebnis verdichtet sie die verschiedenartigen Daten zu einer eindrucksvollen geovisuellen Darstellung von Angsträumen und veränderten Mobilitätsmustern (◘ Abb. 10.3).

GIS werden in der Geographie meist als quantitative Methoden verstanden und eingesetzt (Brundson 2016; Murray 2010). Zudem stehen GIS vermeintlich einer positivistischen Ontologie und einer empiristischen Erkenntnistheorie nahe und bevorzugen Informationen zu materiellen Phänomenen, die „objektiv messbar" und „konkret verortbar" sind. GIS-Datensätze sind in der Regel in hohem Maße formalisiert und im kartesischen Raum verortet. Qualitative Daten, die häufig von Ambivalenzen und Widersprüchlichkeiten geprägt sind und sich Formalisierungen widersetzen, stellen daher eine Herausforderung für GIS dar. Es besteht aber nur scheinbar ein epistemologischer Graben zwischen der GIS-Tradition quantitativer computerbasierter, geostatistischer Datenanalysen einerseits und dem Paradigma qualitativer und interpretierender Forschungsmethoden andererseits (Leszczynski 2009). Diese Dichotomisierung erweist sich bei einer genaueren Betrachtung zunehmend als unbrauchbar: Weder steht qualitative Forschung in einem prinzipiellen Widerspruch zu großen Fallzahlen, digitalen Repräsentationen oder räumlichen Analysen, noch fügt sich GIS tatsächlich so eindeutig in eine quantitative Forschungstradition oder -praxis. So fordert eine Reihe von Autorinnen und Autoren die Auflösung der methodologischen Dichotomie aus „qualitativ versus quantitativ", welche sie eher historisch-fachpolitischen Konstellationen zuschreiben als erkenntnistheoretischen Argumentationen (Kwan und Schwanen 2009a, b; DeLyser und Sui 2012; 2013a, b).

GIS und deren Anwendungen sind vielfältig geworden. Je nach Perspektive und Anwendungsbereich treten andere Eigenschaften von GIS zutage oder können verborgen bleiben. Grob kann zwischen einer eher technischen und einer eher sozialtheoretischen Sicht auf GIS unterschieden werden. Aus einer technischen Perspektive können GIS definiert werden als „massive software packages providing a range of functions for creating, acquiring, integrating, transforming, visualizing, analyzing, modeling, and archiving information about the surface and near-surface of the earth" (Goodchild 2006, S. 251). GIS dienen also dazu, Erkenntnisse aus digitalen Informationen zu gewinnen, die auf oder nahe der Erdoberfläche verortet sind. Die einzelnen informatischen Verarbeitungsschritte sind dabei mitunter sehr komplex.

Dieser technischen Sichtweise auf GIS, die vor allem die Funktionsweise von GIS-Software im Fokus hat, steht eine sozialtheoretische Herangehensweise gegenüber, die eher nach den gesellschaftlichen Voraussetzungen und Implikationen von GIS fragt. GIS wurden und werden von Menschen hergestellt und auch von ihnen verwendet – Menschen, deren Denken und Handeln in konkrete gesellschaftliche Diskurse und Rationalitäten eingebettet ist: „From this perspective, GIS is constituted through its representational, analytical, and epistemological approaches, all of which are understood to be shaped by the social, political, and disciplinary norms and institutional practices from which they emerge" (Elwood und Cope 2009, S. 3). Qualitative GIS haben den Anspruch, solche gesellschaftstheoretischen Kritiken und Reflektionen in die technische Anwendung von GIS einfließen zu lassen und nehmen damit eine hybride Stellung zwischen der technischen und der sozialtheoretischen Sichtweise auf GIS ein (Kwan 2004). Hervorgegangen sind qualitative GIS aus den Debatten um *critical GIS,* die seit den 1990er-Jahren vor allem in der anglo-amerikanischen Geographie geführt werden (Elwood und Cope 2009).

■ *Critical GIS:* **von den GIS-Kriegen zu GIS und Gesellschaft**
Critical GIS bezeichnet eine Forschungsagenda, die sich einerseits kritisch aus einer sozialtheoretischen Perspektive mit GIS auseinandersetzt und andererseits anwendungsorientiert die Funktionalität von GIS im Sinne einer praktischen Umsetzung der Kritik auszuweiten versucht (Schuurman 2009). Der Entstehungshintergrund von *critical GIS* sind die sogenannten *GIS wars* (Crampton 2010, S. 98 ff.) der frühen 1990er-Jahre – ein teils polemisch geführter Schlagabtausch zwischen Fachleuten aus der Geoinformationswissenschaft einerseits und der Geographie andererseits über die gesellschaftlichen Implikationen und epistemologischen Grundlagen von GIS (Aufarbeitungen dieser Debatte finden sich bei Schuurman 2000; Pickles 2005). Insbesondere kritische Human- und Kulturgeographen und -geographinnen misstrauen der stärker werdenden Position von GIS in Forschung und Lehre sowie der zunehmenden Verbreitung von GIS außerhalb der Universitäten in Behörden, Unternehmen oder dem Militär (vgl. Smith 1992).

Die Wirkmächtigkeit von GIS in zahlreichen gesellschaftlichen und wissenschaftlichen Feldern wirft zudem Fragen nach deren Rationalitäten auf, nach den Grenzen der Darstellbarkeit und den zugrunde liegenden Raumkonzepten. So zielt ein zentraler Teil der Kritiken auf die unterstellte erkenntnistheoretische Positionierung von GIS, die als Positivismus und als naiver Empirizismus dargestellt wird (vgl. Taylor 1990; Lake 1993; Pickles 1995) (für Gegenpositionen und Reaktionen aus der GIS-community siehe z. B. Openshaw 1991; Dobson 1993; Goodchild 1991). Spätestens seit Mitte der 1990er-Jahre verliert die Diskussion ihre anfängliche Schärfe und wird in einen zunehmend konstruktiven und kooperativen Dialog zwischen Kritikübenden und Anwendenden überführt, der unter dem Schlagwort „GIS and Society" geführt wird (Nyerges et al. 2008). Hieraus gingen u. a. eine Reihe methodischer Innovationen hervor, bei denen GIS vermehrt für die Bearbeitung qualitativer Forschungsansätze oder Datenformen eingesetzt wird: qualitative GIS.

10.2 Qualitative GIS

Qualitative GIS können in verschiedener Hinsicht als eine praktische Antwort oder Umsetzung von Anstößen der *critical GIS* verstanden werden. Qualitative GIS gehen davon aus, dass GIS-Anwendungen nicht notwendigerweise einem quantitativen oder positivistischen Wissenschaftsparadigma verschrieben sein müssen. Im Gegenteil berücksichtigen sie poststrukturalistische und feministische Zugänge zur Produktion von Bedeutung und Wissen (Aitken und Kwan 2010, S. 292 f.). Dazu zählt nicht nur ein hohes Maß an Reflexion der eigenen Positionierung als Wissenschaftlerin oder Wissenschaftler gegenüber den beforschten Subjekten und dem Forschungsfeld, sondern ebenso ein bewusster und sensibler Umgang mit Momenten der Fixierung, Dekontextualisierung, Abstraktion oder Verdinglichung von Wissen und Bedeutung, wie sie bei vielen Arbeitsschritten mit GIS virulent werden – beispielsweise bei der Standardisierung von Datensätzen, bei Klassifizierungen, bei räumlichen Transformationen oder bei der Übersetzung von Informationen in geometrischen Formen (Elwood und Cope 2009, S. 6). Zudem sind sich qualitative GIS der Perspektivität, Situiertheit und Kontingenz der Informationen in ihren Daten sowie in den daraus abgeleiteten Erkenntnissen durchaus bewusst: „There is no whole story provided by the qualitative GIS; but only a partial and situated Storytelling" (Wilson 2009, S. 166). Daher begreifen qualitative GIS ihre Ergebnisse auch eher als offen und unabgeschlossen und weniger als validierte wissenschaftliche Erkenntnisse. Die eingangs zitierte Studie von Kwan basiert beispielsweise keineswegs auf einer repräsentativen Stichprobe muslimischer Frauen in den USA, sondern stellt vielmehr eine explorative Auseinandersetzung mit einem vielschichtigen Thema dar.

Qualitative GIS stehen noch in einer weiteren Hinsicht in der Tradition feministischer Ansätze: Sie positionieren sich zwischen oder besser jenseits von dichotomisierenden und essenzialisierenden Zuschreibungen wie Anwendenden/Außenstehenden oder qualitativ/quantitativ. Die Frontlinie der „GIS-Kriege" verlief weitgehend zwischen kritisierenden Außenstehenden, die keine große Kenntnis über die Anwendung von GIS hatten, und kritisierten Anwendenden, die mit der Technik vertraut waren, aber keinen Zugang zur sozialtheoretischen Sprache der Kritikerinnen und Kritiker fanden (Schuurman und Pratt 2002). Qualitative GIS überwinden diesen Graben und nehmen eine hybride Position zwischen beiden Welten ein – der theoretischen Kritik und der praktischen Anwendung (Wilson 2009). Erneut kann hier die Arbeit Kwans zu muslimischen Frauen in den USA herangezogen werden. Hier werden dreidimensionale Raum-Zeit-Analysen und digitale Geovisualisierungen mit einem kritisch-feministischen Erkenntnisinteresse eingesetzt.

Qualitative GIS werden daher auch als *mixed-method*-Ansätze dargestellt, in der unterschiedliche methodologische Zugänge zum Einsatz kommen (Cope und Elwood 2009; Cope und Jung 2009; Johnson und Onwuegbuzie 2004). Ähnlich argumentierend schlägt Marianna Pavlovskaya vor (2006, S. 2007 ff.), qualitativ und quantitativ nicht als sich ausschließende Kategorien, sondern als zwei Enden eines Kontinuums zu verstehen. GIS-Anwendungen werden in der Regel unhinterfragt einem quantitativen Paradigma zugeordnet. Pavlovskaya widerspricht dieser Vorstellung und stützt ihr Argument auf sieben Beobachtungen (2006, S. 2010 ff., 2009, S. 18 ff.): Erstens liegen die historischen Ursprünge von GIS in verschiedenen Feldern wie der Geographie, der Informatik, der Landnutzungsplanung, der Verwaltung, der Fernerkundung, dem Vermessungswesen oder dem Militär, jedoch nicht in Methodendiskussionen quantitativer Verfahren. Zweitens dreht sich bei GIS vieles um große Datensätze. Die damit verbundene hohe Rechenintensität ist jedoch nicht notwendigerweise gleichzusetzen mit quantitativer Datenauswertung. Drittens basieren sehr viele GIS-Nutzungen nicht auf komplexen statistischen Auswertungen, sondern vielmehr auf situativen und intuitiven Entscheidungen der Anwendenden. Viertens ist weder die Verortung von Informationen im kartesischen Raum, noch ihre Überführung in digitale Darstellungsformen gleichbedeutend mit einer Quantifizierung der Informationen. Fünftens sind Visualisierungen vermutlich die mächtigste Funktion von GIS, was jedoch auch auf ihren emotionalen und affektiven Wirkungen beruht und nicht auf quantifizierender Logik. Sechstens besteht ein Großteil der eigentlichen Arbeit mit GIS aus Datenbankmanagement, also aus der Entwicklung, Pflege und Auswertung mehr oder weniger großer und komplexer Datensätze. Quantitative Methoden im Sinne von Mathematik oder statistischen Verfahren können hier jedoch ebenso zur Anwendung kommen wie qualitative Herangehensweisen, beispielsweise die manuelle Exploration der Daten, indem diese gefiltert oder visualisiert werden. Siebtens sind viele quantitative Methoden nicht oder nur unzureichend in GIS-Paketen implementiert, weswegen quantitativ forschende Geographinnen und Geographen häufig auf andere Software-Lösungen zurückgreifen. GIS, so schlussfolgert Pavlovskaya (2006, S. 2014), bieten also durchaus Anschlussmöglichkeiten für qualitative Forschungsansätze. Qualitative GIS folgen dem Ansatz der *mixed methods* auch dahingehend, dass sie Widersprüchlichkeiten in den eigenen Erkenntnissen suchen, indem sie unterschiedliche Wissensformen, Narrative und Epistemologien aufeinandertreffen lassen. Teilweise werden qualitative GIS als politische Intervention verstanden, die einerseits für eine Demokratisierung von GIS und andererseits für den Einsatz von GIS für soziale Gerechtigkeit steht (Wilson 2009, S. 158).

Für die forschungspraktische Umsetzung von qualitativen GIS stellen Bryan Preston und Matthew Wilson (2014, S. 520 ff.) fünf Grundsätze auf: 1) Das empirische Material sollte möglichst breit sein und heterogene Datenformen und Perspektiven auf den Forschungsgegenstand beinhalten. 2) Das Material sollte eine große kontextuelle und inhaltliche Tiefe aufweisen, was beispielsweise durch unstrukturierte, narrative Interviews oder partizipative Erhebungsmethoden erreicht werden kann. 3) Sowohl die Erhebung als auch die Auswertung des Materials sollten iterativ und flexibel gestaltet werden und eher einen explorativen Charakter haben, um auf dabei entstehende Fragen und Probleme reagieren zu können. 4) Visualisierungen verschiedenster Art spielen eine zentrale Rolle für qualitative GIS-Forschungen. Dies umfasst nicht nur kartographische Darstellungen, sondern auch Bilder, Fotos oder Videos. Ein visueller Zugang wird dabei sowohl für die (oft durch die Teilnehmenden gesteuerte) Generierung von empirischen Daten empfohlen als auch für explorative Analysemethoden. 5) Qualitative GIS streben oft weniger nach kohärenten Ergebnissen oder klaren Antworten, sondern wertschätzen bereits den Forschungsprozess an sich, wenn dadurch Positionen und Annahmen hinterfragt oder Beteiligte zu neuen Reflektionen und Artikulationen ermächtigt werden. An diesem Punkt wird auch die Nähe von qualitativen GIS zu partizipativen Ansätzen deutlich (▶ Kap. 19).

Wie aber können qualitative Forschungen mit GIS aussehen? Welche Rolle können GIS im Kontext interpretativer Verfahren, ambivalenter Bedeutungen oder personenbezogener Fragestellungen spielen? Neben dem Einsatz als Teil von *mixed-methods*-Forschungsprojekten kann dies, in Anlehnung an Meghan Cope und Jin-Kyu Jung (2009), auf zwei weitere Arten geschehen, die in der Praxis häufig miteinander kombiniert werden: 1) die Integration und Auswertung qualitativer Daten in einem GIS und 2) durch Techniken der Geovisualisierung.

- **Qualitative Daten in GIS**

GIS-Software und GIS-Datenbankstrukturen werden in erster Linie zur Analyse und Darstellung von Vektorgeometrien (oft als *shapefiles*) oder Rasterdateien (vornehmlich Luft- und Satellitenbilder) entwickelt. Dennoch nehmen die Möglichkeiten zur Einbindung von qualitativen Dateiformaten und Informationstypen in GIS in den letzten Jahren zu. Dies ist sowohl einer Öffnung der GIS-Entwicklung hin zu multimedialen und personenbezogenen räumlichen Repräsentationen zu verdanken, als auch einer Vielzahl innovativer methodischer Forschungsarbeiten zur Integration und Auswertung qualitativer Daten, von denen im Folgenden einige aufgeführt werden. Dahinter steht letztlich die Intention, das empirische Material aus einer (erd-)räumlichen Perspektive zu sortieren, um darin räumliche Muster und Zusammenhänge zu entdecken, die anderen methodischen Zugängen eher verborgen bleiben (Jung und Elwood 2010).

- **GPS-Daten und individuelle Mobilität**

Daten auf Basis des Global Positioning Systems (GPS) sind eine häufig genutzte Datenform für qualitative GIS. Durch GPS können Positionen und Bewegungen im Raum aufgenommen und mit im Feld erhobenen Daten verknüpft werden. So kann beispielsweise das räumliche Handeln von Beteiligten in Form von GPS-Pfaden festgehalten werden, was häufig im Zusammenspiel mit weiteren qualitativen Methoden wie Interviews oder Tagebüchern praktiziert wird. Nora Fagerholm und Anna Broberg (2011) sowie Janet Loebach und Jason Gilliland (2016) machen so auf die eingeschränkte Mobilität von Kindern in städtischen Räumen aufmerksam (◘ Abb. 10.1). In Kombination mit den zeitlichen Informationen in GPS-Daten, können anhand von *space-time-paths* hochaufgelöste individuelle Mobilitätsanalysen durchgeführt werden (Kwan 2009). Jae Yong Lee und Mei-Po Kwan (2011) verwenden diese Technik, um die sozialräumliche Isolation koreanischer Kleinunternehmerinnen und -unternehmer in den USA zu untersuchen.

- **Texte**

Texte spielen für qualitative Forschungen eine herausragende Rolle, seien es Forschungsnotizen, transkribierte Interviews, erhobene Tagebucheinträge oder andere Formen textlicher Dokumente. Die Integration von Texten in ein GIS kann grundsätzlich entweder über die Zuordnung des gesamten Dokuments zu einem Ort (oder einem Raumausschnitt) geschehen, oder über die räumliche Verortung bestimmter Inhalte des Textes. Timothy Hawthrone und Mei-Po Kwan (2012) verknüpfen in einer Studie zu Ungleichheiten in der städtischen Gesundheitsversorgung von Columbus,

◘ Abb. 10.1 Analyse des Raumverhaltens von Kindern in London, Kanada. (Quelle: Loebach und Gilliland 2016, S. 9)

Ohio (USA) beispielsweise Interviews mit den ungefähren Wohnorten der Befragten (◘ Abb. 10.2).

Im Hinblick auf die Verortung von Textinhalten schlagen Scott Bell und Maureen Reed (2004, S. 59) vor, Orte in GIS zu kartieren, die in Interviews genannt werden oder denen eine Bedeutung zugewiesen wird. Die oben mehrfach genannte Studie Kwans basiert beispielsweise auf verorteten Textinhalten, die aus Interviews und räumlichen Tagebüchern stammen (◘ Abb. 10.3). Eine technisch anspruchsvollere Methode sind räumliche Transskripte von GPS-gestützten mobilen Interviews (siehe ▶ Kap. 19), bei denen eine Aussage der interviewten Person mit der räumlichen Position verknüpft wird, an dem die Aussage gemacht wurde (Jones et al. 2008; Evans und Jones 2011). Anhand von Interviewauswertungen durch kodierende Verfahren (siehe ▶ Kap. 19) wird es darüber hinaus möglich, räumliche Muster von Kodes zu untersuchen (Jones und Evans 2012). Ähnlich generieren Stephen Hanna und Fariss Hodder (2015) geolokalisierte Kodes und Inhaltsanalysen (siehe ▶ Kap. 19) zu verschiedenen

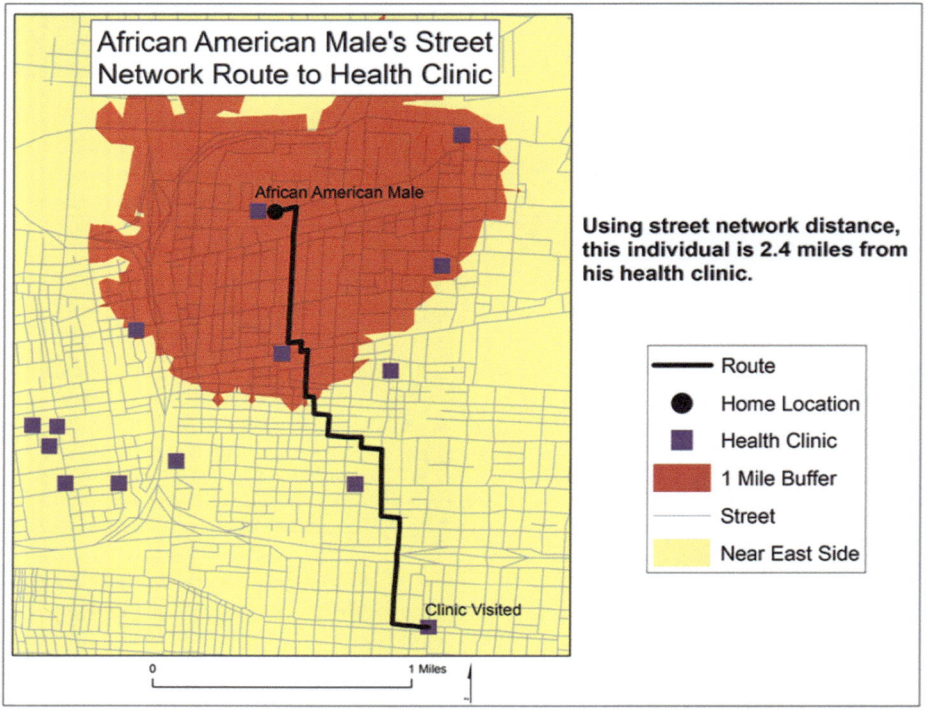

◘ Abb. 10.2   Verortung von Interviews zur Untersuchung städtischer Gesundheitsversorgung. (Quelle: Hawthrone und Kwan 2012, S. 24)

10

Erinnerungsorten in Fredericksburg, Virginia (USA), um den Stellenwert von Referenzen auf die Geschichte der Sklaverei zu bewerten. David Cooper und Ian Gregory (2011) erzeugen ein „literarisches GIS", indem sie Orte aus historischen Reisenotizen für die vergleichende Untersuchung von geographischen Texten kartieren.

Sketch maps
Eine weitere Form qualitativer räumlicher Daten sind skizzenhafte Karten (Boschmann und Cubbon 2013). Solche *sketch maps* sind partizipative Kartierungen, die die Forschungssubjekte selbst anfertigen (◘ Abb. 10.4). Im Gegensatz zu *mental maps*, bei denen befragte Personen ihre Raumwahrnehmung auf ein leeres Blatt Papier bringen, werden bei *sketch maps* Annotationen und Markierungen und auf eine bereitgestellte Kartenvorlage oder ein Satellitenbild eingezeichnet. Diese Kartengrundlage kann anschließend eingescannt und in einem GIS georeferenziert und digitalisiert werden. Zentral bei diesem Ansatz ist es, dass die *sketch map* im Verlauf eines Interviews gene-riert wird, als visuelle Methode zur Kommunikation von komplexen, individuellen räumlichen Erfahrungen. Die Karte eines vertrauten Gebietes kann dabei eine Inspi-rationsgrundlage für das Interviewgespräch sein und zur Überwindung des Grabens

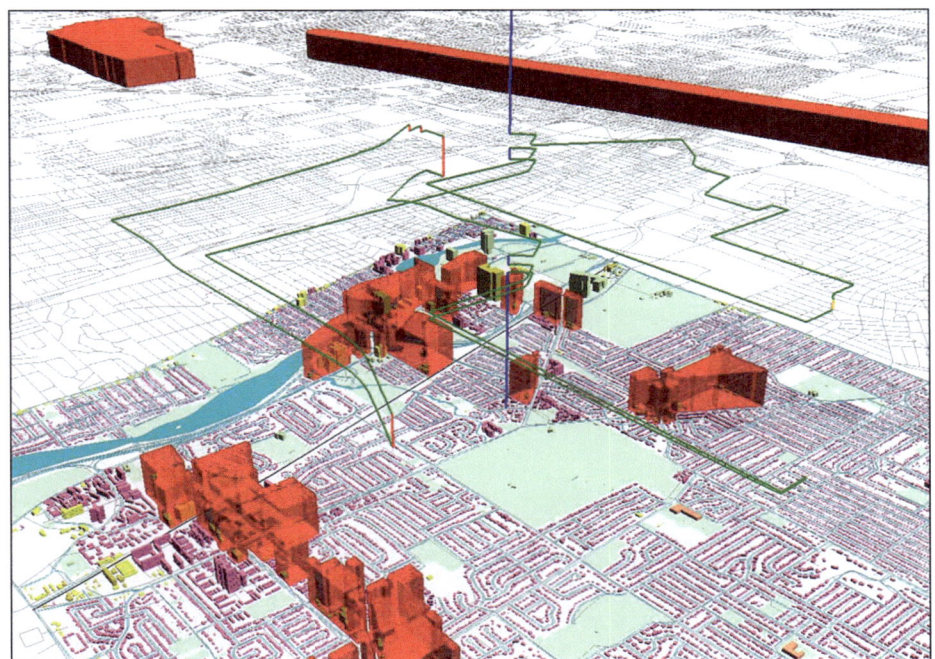

⊙ Abb. 10.3 Geovisuelle Darstellung von alltäglicher Mobilität und Angsträumen einer muslimischen Frau in den USA nach dem 11. September 2001. (Quelle: Kwan 2008, S. 666)

zwischen Forschenden und Interviewten beitragen. Zudem kann die Einnahme der „Vogelperspektive" auf die eigene Raumwahrnehmung als eine Form der Selbstermächtigung für die Beforschten funktionieren, wenn dabei neue Sichtweisen und Ideen generiert werden. Schwierigkeiten für die Auswertung von *sketch maps* in einem GIS bestehen jedoch vor allem in der räumlichen Ungenauigkeit von Annotationen sowie in der mangelnden Einheitlichkeit verschiedener *sketch maps*, was eine vergleichende Analyse erschweren kann (Boschmann und Cubbon 2013). Die Datenerhebung kann auch anhand von Tablets geschehen, wodurch die erhobenen Daten direkt in ein GIS importiert werden können (Schoepfer und Rogers 2014). Eric Boschmann und Emily Cubbon (2013) diskutieren eine Arbeit, die *sketch maps* als Methode zur Untersuchung von Angstempfinden homo- und transsexueller Personen in städtischen Orten verwendet (⊙ Abb. 10.4).

▪ **Fotos und Videos**

Bilddateien lassen sich in gängige GIS-Software einbinden. Dabei werden die Bilder als punktförmige Objekte im Raum verortet und können innerhalb des GIS als *pop-ups* betrachtet und teilweise auch annotiert werden. Diese Technik kann für partizipative Fotobefragungen (siehe ▶ Kap. 9) eingesetzt werden, bei denen Teilnehmende eigene Fotos von für sie bedeutsamen Orten machen. Phil Jones et al. (2011) untersuchen auf diese Art und Weise z. B. Merkmale einer *studentification* in Birmingham, England.

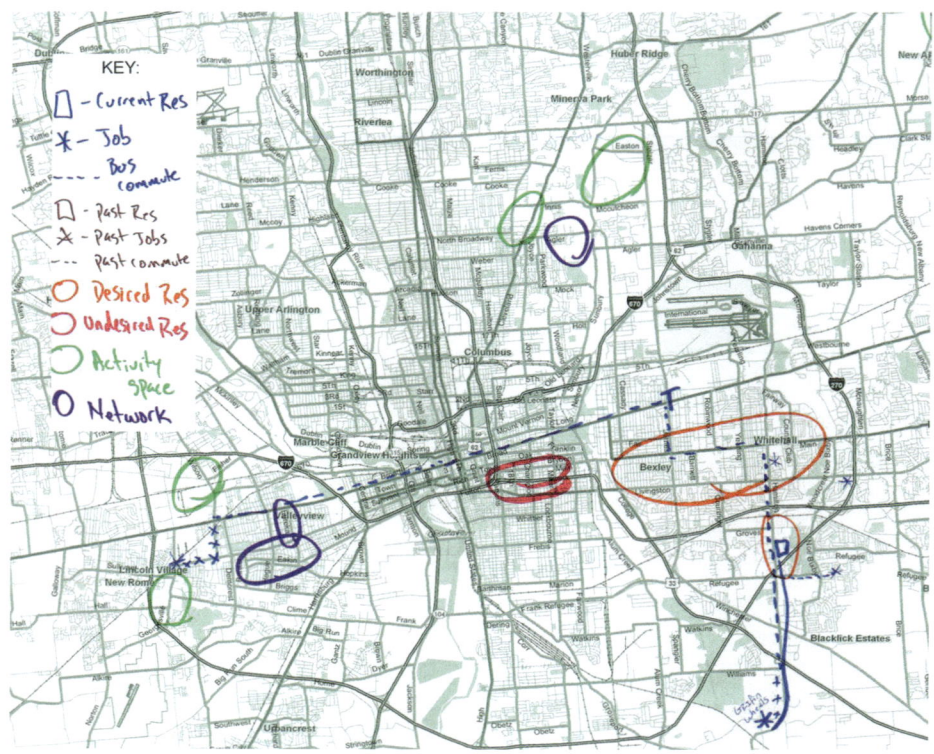

◻ Abb. 10.4   Beispiel einer sketch map. (Quelle: Boschmann und Cubbon 2013, S. 241)

Die Integration von Videos in GIS ist in technischer Hinsicht deutlich aufwändiger, insbesondere wenn das Video nicht einem stationären Ort zugeordnet wird, sondern mit der Bewegung der Kamera im Raum korreliert wird. Andrew Curtis et al. (2015, 2016) präsentieren beispielsweise eine Methode, bei der ein narratives Interview in einem fahrenden Auto mit Videoaufnahmen von GPS-fähigen Kameras ergänzt wird, die die vorbeiziehende Umgebung filmen. Das Video sowie das Transkript des Interviews werden anschließend mit dem GPS-Pfad verknüpft, was eine audiovisuelle und räumliche Narrationsanalyse ermöglicht.

- **Visualisierungen**

Mit der Möglichkeit zur Visualisierung geographischer Daten bieten GIS eine wirkungsvolle Methode zur Exploration und zur Kommunikation räumlicher Zusammenhänge (Cope und Jung 2009, S. 9). Wie bereits thematisiert wurde, können geographische Visualisierungen den Prozess der Erhebung qualitativer geographischer Daten befördern, indem sie als Einstieg zu Interviews oder Gruppengesprächen dienen und das Verhältnis zwischen Forschenden und Beforschten entspannen. Niamh Moore-Cherry et al. (2015) beschreiben z. B., wie eine GIS-Visualisierung Hierarchien zwischen Forschenden und Fachleuten in Behörden abbauen kann.

Zudem können qualitative Daten, wenn sie zu einem graphischen Zeichen transformiert werden (z. B. ein Punkt für ein Interview), kartographisch visualisiert werden. Dieser Schritt ermöglicht nicht nur die Untersuchung der Daten auf räumliche Zusammenhänge hin, sondern auch die Zusammenführung mit weiteren (qualitativen und quantitativen) Geodaten. Hier funktioniert die Visualisierung als interaktive graphische Schnittstelle zu heterogenen Datenbeständen. Indem einzelne Kartenlayer beliebig ein- oder ausgeblendet werden, die Zoomstufe dynamisch verändert wird oder individuelle graphische Signaturen vergeben werden, können GIS-Anwendende große und vielfältige Datenbestände buchstäblich visuell erkunden (Kraak 2009). LaDona Knigge und Meghan Cope (2006, 2009) beschreiben diesen Ansatz in Anlehnung an die Grounded Theory (GT) als „grounded visualization" und betonen damit den theorie- und hypothesenbildenden Charakter der Vorgehensweise. Die meisten qualitativen GIS-Ansätze vollziehen diese explorative Form der Geovisualisierung auf einem vergleichsweise niedrigen technischen Niveau mithilfe „gewöhnlicher" kartographischer Darstellungen. Jung (2015) entwickelt hierzu eine Erweiterung, bei der auch *content clouds* und *code clouds*, also aus interpretativen Kodes generierte und georeferenzierte Schlagwortwolken im Kartenfenster dargestellt werden können (◘ Abb. 10.5). Ryan Burns und André Skupin (2013) gehen in ihrem

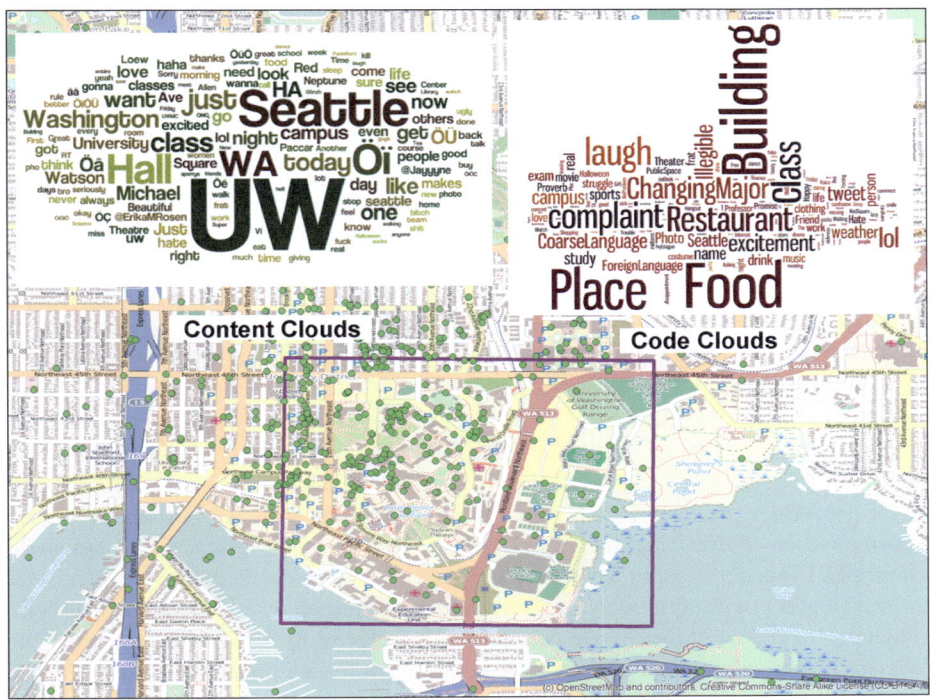

◘ **Abb. 10.5**   Räumliche Visualisierung einer *content cloud* und einer *code cloud*. (Quelle: Jung 2015, S. 61)

Aufsatz zu *qualitative geovisual analytics* noch einen Schritt weiter, indem sie die informationswissenschafliche Methode der *self organizing maps* (SOMs) auf qualitative Daten anwenden. SOMs lösen sich gänzlich von geographischen Raumvorstellungen und generieren Karten als räumliche Metaphern, bei denen Distanz und Nähe, ähnlich wie bei Cluster-Analysen, anhand von Ähnlichkeiten in nichträumlichen Merkmalsausprägungen der Daten generiert wird.

Nicht zuletzt werden Visualisierungen bei qualitativen GIS in der Tradition von angewandten kritischen Kartographien und *critical GIS* eingesetzt, um die Macht der Karte, im Sinne von *countermappings* zur Artikulation marginalisierter und gegen-hegemonialer Raumvorstellungen einzusetzen (Bell und Reed 2004). Insbesondere bei räumlichen Politikfeldern wie Stadtplanungsprozessen oder Landnutzungskonflikten werden GIS-Visualisierungen eine hohe Akzeptanz und Schlagkraft zugesprochen: „GIS is the language of planning power. It controls what constitutes legitimate data, shapes the form of public debate, and changes the way neighbourhood organizations think about community issues" (Dennis 2006, S. 2043).

10.3 Möglichkeiten und Grenzen von qualitativen GIS

Unter dem Schlagwort der qualitativen GIS versammelt sich ein breites Spektrum methodischer Ansätze, die GIS für die Untersuchung von kontextuell reichhaltigen und eher kleinräumigen Fragestellungen einsetzen. In dem Bestreben, die seit den 1990er-Jahren geführten Debatten um die Zusammenhänge von GIS und Gesellschaft konstruktiv umzusetzen, betonen sie die Widersprüchlichkeit räumlichen Wissens, das immer durch Perspektivität und Situiertheit geprägt ist. Um diesem Anspruch gerecht zu werden, verwenden qualitative GIS möglichst heterogenes und qualitativ reichhaltiges empirisches Material und gestalten den Forschungsprozess eher explorativ, iterativ und flexibel. Vielfach werden qualitative GIS mit dem Ziel verwendet, marginalisierten und subalternen Perspektiven in Politik und Planungsprozessen Gehör zu verschaffen. Beispiele reichen von einkommensschwachen Gruppen (Hawthrone und Kwan 2012), Drogenabhängigen (McNeil et al. 2015; Davidson et al. 2011), Frauen in patriarchalischen Gesellschaften (Bagheri 2014), älteren Menschen (Mitra et al. 2015) oder Kindern und Jugendlichen (Dennis 2006; Alarasi et al. 2015) bis hin zu ethnischen Minderheiten (Kwan 2008; Lee und Kwan 2011).

Dennoch sind der Reichweite von qualitativen GIS auch Grenzen gesetzt. Trotz aller Bemühungen, digitale GIS für qualitative Daten zu öffnen, setzen sie letztlich doch immer eine diskrete Verortung von Daten im kartesischen Raum voraus. Damit bleibt der Widerspruch zwischen situiertem und kontextuellen Wissen einerseits und informatischen Formalisierungen andererseits zu einem gewissen Grad bestehen: „Basically, I was questioning to what extent the rich and complex qualitative data, such as interview transcriptions, were transferrable into quantitative GIS codes and symbols" (Bagheri 2014, S. 172). Nach wie vor stellt GIS-Software mehr Funktionen bereit für Wissensformen, die in einem numerischen Format vorliegen und anhand von konkreten Geokoordinaten repräsentiert werden können. Bei der Konzipierung qualitativer Forschungsprojekte für GIS-Analysen besteht daher auch die Gefahr, die dem

Untersuchungsgegenstand angemessensten Erhebungsverfahren zugunsten von GIS-Kompatibilität aus dem Blick zu verlieren (Brown und Knopp 2008).

Ein weiteres Problem kann die steile Lernkurve von GIS darstellen (Bell und Reed 2004, S. 61 f.), insbesondere wenn Kenntnisse in der Kartographie, im Datenbankmanagement oder in der digitalen Informationsverarbeitung gefragt sind. Gerade unter qualitativ Forschenden in der Geographie können diese Wissensfelder häufig eine starke abschreckende Wirkung entfalten. Letztlich hängen Sinn und Unsinn von qualitativen GIS, wie bei jeder anderen Methode auch, von der jeweiligen Fragestellung und von den Ressourcen und Erfahrungen der Forschenden ab.

Literatur

Aitken S, Kwan M-P (2010) GIS as qualitative research: knowledge, participatory politics and cartographies of affect. In: DeLyser D (Hrsg) The SAGE Handbook of Qualitative Geography. Sage, Los Angeles, S 287–304

Alarasi H, Martinez J, Amer S (2015) Children's perception of their city centre; a qualitative GIS methodological investigation in a Dutch city. Child Geogr 14:437–452. ► https://doi.org/10.1080/14733285.2015.1103836

Bagheri N (2014) What qualitative GIS maps tell and don't tell; Insights from mapping women in Tehran's public spaces. J Cult Geogr 31:166–178. ► https://doi.org/10.1080/08873631.2014.906848

Bell S, Reed M (2004) Adapting to the machine; Integrating GIS into qualitative research. Cartographica: Int J Geogr Inform Geovis 39:55–66

Boschmann EE, Cubbon E (2013) Sketch maps and qualitative GIS; using cartographies of individual spatial narratives in geographic research. Prof Geogr 66:236–248. ► https://doi.org/10.1080/00330124.2013.781490

Brown M, Knopp L (2008) Queering the map: the productive tensions of colliding epistemologies. Ann Assoc Am Geogr 98:40–58. ► https://doi.org/10.1080/00045600701734042

Brunsdon C (2016) Quantitative methods I. Reproducible research and quantitative geography. Prog Hum Geogr 40(5):687–696. ► https://doi.org/10.1177/0309132515599625

Burns R, Skupin A (2013) Towards qualitative geovisual analytics. Int J Geogr Inform Geovis 48:157–176. ► https://doi.org/10.3138/carto.48.3.1691

Cooper D, Gregory IN (2011) Mapping the English Lake district: a literary GIS. Trans Inst Br Geogr 36:89–108. ► https://doi.org/10.1111/j.1475-5661.2010.00405.x

Cope M, Elwood SA (Hrsg) (2009) Qualitative GIS a mixed methods approach. Sage, London

Cope M, Jung J-K (2009) Qualitative geographic information systems. In: Kitchin R, Thrift N (Hrsg) International encyclopedia of human geography. Elsevier, Oxford, S 7–11

Crampton JW (2010) Mapping. A critical introduction to cartography and GIS. Blackwell, Malden

Curtis A, Curtis JW, Shook E, Smith S, Jefferis E, Porter L, Schuch L, Felix C, Kerndt PR (2015) Spatial video geonarratives and health: case studies in post-disaster recovery, crime, mosquito control and tuberculosis in the homeless. Int J Health Geogr 14:22. ► https://doi.org/10.1186/s12942-015-0014-8

Curtis A, Curtis JW, Porter LC, Jefferis E, Shook E (2016) Context and spatial nuance inside a neighborhood's drug hotspot; implications for the crime-health Nexus. Ann Am Assoc Geogra 106:819–836. ► https://doi.org/10.1080/24694452.2016.1164582

Davidson PJ, Scholar S, Howe M (2011) A GIS-based methodology for improving needle exchange service delivery. Int J Drug Policy 22:140–144. ► https://doi.org/10.1016/j.drugpo.2010.10.003

DeLyser D, Sui DZ (2012) Crossing the qualitative-quantitative chasm I: hybrid geographies, the spatial turn, and volunteered geographic information (VGI). Prog Hum Geogr 36:111–124. ► https://doi.org/10.1177/0309132510392164

DeLyser D, Sui DZ (2013a) Crossing the qualitative- quantitative divide II: inventive approaches to big data, mobile methods, and rhythmanalysis. Prog Hum Geogr 37:293–305. ► https://doi.org/10.1177/0309132512444063

DeLyser D, Sui DZ (2013b) Crossing the qualitative-quantitative chasm III: enduring methods, open geography, participatory research, and the fourth paradigm. Prog Hum Geogr. ► https://doi.org/10.1177/0309132513479291

Dennis SF (2006) Prospects for qualitative GIS at the intersection of youth development and participatory urban planning. Environ Plann A 38:2039–2054. ► https://doi.org/10.1068/a3861

Dobson JE (1993) The geographic revolution: a retrospective on the age of automated geography. Prof Geogr 45:431–439

Elwood SA, Cope M (2009) Introduction: qualitative GIS: forging mixed methods through representations, analytical innovations, and coneptual engagements. In: Cope M, Elwood SA (Hrsg) Qualitative GIS a mixed methods approach. Sage, London, S 1–12

Evans J, Jones P (2011) The walking interview: Methodology, mobility and place. Appl Geogr 31:849–858. ► https://doi.org/10.1016/j.apgeog.2010.09.005

Fagerholm N, Broberg A (2011) Mapping and characterising children's daily mobility in urban residental areas in Turku, Finland. Fennia 189:31–46

Goodchild MF (1991) Just the facts. Polit Geogr Q 10:335–337. ► https://doi.org/10.1016/0260-9827 (91)90001-b

Goodchild MF (2006) Geographic information systems. In: Aitken S, Valentine G (Hrsg) Approaches to human geography. Sage, London, S 251–261

Hanna SP, Hodder EF (2015) Reading the commemorative landscape with a qualitative GIS. In: Hanna SP, Potter AE, Modlin Arnold E., Carter P, Butler DL (Hrsg) Social memory and heritage tourism methodologies. Routledge & Kegan Paul, London, S 210–230

Hawthrone TL, Kwan M-P (2012) Using GIS and perceived distance to understand the unequal geographies of healthcare in lower-income urban neighbourhoods. Geogr J 178:18–30. ► https://doi.org/10.1111/j.1475-4959.2011.00411

Johnson RB, Onwuegbuzie AJ (2004) Mixed methods research: a research paradigm whose time has come. Educ Researcher 33:14–26

Jones P, Evans J (2012) The spatial transcript: analysing mobilities through qualitative GIS. Area 44:92–99

Jones P, Bunce G, Evans J, Gibbs H, Hein JR (2008) Exploring space and place with walking interviews. J Res Pract 4(2):2

Jones P, Drury R, McBeath J (2011) Using GPS-enabled mobile computing to augment qualitative interviewing: two case studies. F Methods 23:173–187. ► https://doi.org/10.1177/1525822x10388467

Jung J-K (2009) Computer-aided qualitative GIS: a software-level integration of qualitative research and GIS. In: Cope M, Elwood SA (Hrsg) Qualitative GIS a mixed methods approach. Sage, London, S 115–136

Jung J-K (2015) Code clouds; Qualitative geovisualization of geotweets. Can Geogr 59:52–68. ► https://doi.org/10.1111/cag.12133

Jung J-K, Elwood SA (2010) Extending the qualitative capabilities of GIS: computer-aided qualitative GIS. Trans GIS 14:63–87. ► https://doi.org/10.1111/j.1467-9671.2009.01182

Knigge L, Cope M (2006) Grounded visualization: integrating the analysis of qualitative and quantitative data through grounded theory and visualization. Environ Plann A 38:2021–2037. ► https://doi.org/10.1068/a37327

Knigge L, Cope M (2009) Grounded Visualization and scale: A recursive analysis of community spaces. In: Cope M, Elwood SA (Hrsg) Qualitative GIS a mixed methods approach. Sage, London, S 95–114

Kraak M-J (2009) Geovisualization. In: Kitchin R, Thrift N (Hrsg) International encyclopedia of human geography. Elsevier, Oxford, S 468–480

Kwan M-P (2004) Beyond difference. From canonical geography to hybrid geographies. Ann Assoc Am Geogr 94(4):756–763. ► https://doi.org/10.1111/j.1467-8306.2004.00432

Kwan M-P (2008) From oral histories to visual narratives: re-presenting the post-September 11 experiences of the Muslim women in the USA. Soc Cult Geogr 9:653–669. ► https://doi.org/10.1080/14649360802292462

Kwan M-P (2009) Space-time paths. In: Madden M (Hrsg) Manual of geographic information systems. American Society for Photogrammetry and Remote Sensing, Bethesda, S 427–442

Kwan M-P, Din G (2008) Geo-narrative: extending geographic information systems for narrative analysis in qualitative and mixed-method research. Professional Geogr 60:443–465. ► https://doi.org/10.1080/00330120802211752

10

Kwan M-P, Schwanen T (2009a) Critical quantitative geographies. Environ Plann A 41:261–264. ► https://doi.org/10.1068/a41350

Kwan M-P, Schwanen T (2009b) Quantitative revolution 2: the critical (Re)Turn. Prof Geogr 61:283–291

Lake RW (1993) Planning and applied geography; positivism, ethics, and geographic information systems. Prog Hum Geogr 17:404–413. ► https://doi.org/10.1177/030913259301700309

Lee JYE, Kwan M-P (2011) Visualisation of socio-spatial isolation based on human activity patterns and social networks in space-time. Tijdschr voor Econ Soc Geogr 102:468–485. ► https://doi.org/10.1111/j.1467-9663.2010.00649

Leszczynski A (2009) Quantitative limits to qualitative engagements; GIS, its critics, and the philosophical divide∗. Prof Geogr 61:350–365. ► https://doi.org/10.1080/00330120902932026

Loebach J, Gilliland J (2016) Neighbourhood play on the endangered list; examining patterns in children's local activity and mobility using GPS monitoring and qualitative GIS. Child Geogr 14:573–589. ► https://doi.org/10.1080/14733285.2016.1140126

McNeil R, Cooper H, Small W, Kerr T (2015) Area restrictions, risk, harm, and health care access among people who use drugs in Vancouver, Canada: a spatially oriented qualitative study. Health & place 35:70–78. ► https://doi.org/10.1016/j.healthplace.2015.07.006

Mitra R, Siva H, Kehler M (2015) Walk-friendly suburbs for older adults? Exploring the enablers and barriers to walking in a large suburban municipality in Canada. J aging stud 35:10–19. ► https://doi.org/10.1016/j.jaging.2015.07.002

Moore-Cherry N, Crossa V, O'Donnell G (2015) Investigating urban transformations; GIS, map-elicitation and the role of the state in regeneration. Urban Stud 52:2134–2150. ► https://doi.org/10.1177/0042098014545520

Murray AT (2010) Quantitative geography. J Reg Sci 50(1):143–163. ► https://doi.org/10.1111/j.1467-9787.2009.00642

Nyerges TL, Mcmaster R, Couclelis H (2008) Geographic information systems and society: a twenty year research perspective. In: Nyerges TL, Couclelis H, MacMaster R (Hrsg) The Sage Handbook of GIS and Society. Sage, London, S. 3–22

Openshaw S (1991) A view on the GIS crisis in geography, or using GIS to put Humpty Dumpty back together again. Environ Plann A 23:621–628

Pavlovskaya M (2006) Theorizing with GIS; A tool for critical geographies? Environ Plann A 38:2003–2020. ► https://doi.org/10.1068/a37326

Pavlovskaya M (2009) Non-quantitative GIS. In: Cope M, Elwood SA (Hrsg) Qualitative GIS a mixed methods approach. Sage, London, S 13–38

Pickles J (Hrsg) (1995) Ground truth. The social implications of geographic information systems. Guilford Press, New York

Pickles J (2005) Arguments, debates, and dialogues: the GIS–social theory debate and the concern for alternatives. In: Longley P (Hrsg) Geographical information systems. Principles, techniques, management, and applications. Wiley, New York, S 49–60

Preston B, Wilson MW (2014) Practicing GIS as mixed method: affordances and limitations in an Urban gardening study. Ann Assoc Am Geogr 104:510–529. ► https://doi.org/10.1080/00045608.2014.892325

Schoepfer I, Rogers SR (2014) A new qualitative GIS method for investigating neighbourhood characteristics using a tablet. Cartographica: Int J Geogr Inform Geovis 49:127–143. ► https://doi.org/10.3138/carto.49.2.1810

Schuurman N (2000) Trouble in the heartland: GIS and its critics in the 1990s. Prog Hum Geogr 24:569–590. ► https://doi.org/10.1191/030913200100189111

Schuurman N (2009) Critical GIS. In: Kitchin R, Thrift N (Hrsg) International encyclopedia of human geography. Elsevier, Oxford, S 363–368

Schuurman N, Leszczynski A (2006) Ontology-based metadata. Trans GIS 10:709–726. ► https://doi.org/10.1111/j.1467-9671.2006.01024.x

Schuurman N, Pratt G (2002) Care of the subject: feminism and critiques of GIS. Gend, Place & Cult 9:291–299. ► https://doi.org/10.1080/0966369022000003905

Smith N (1992) History and philosophy of geography: real wars, theory wars. Prog Hum Geogr 16:257–271

Taylor PJ (1990) Editorial comment GKS. Polit Geogr Q 9:211–212. ► https://doi.org/10.1016/0260-9827(90)90023-4

Walker MA, Hanchette C (2015) Residents'experiences in the aftermath of a HOPE VI revitalization project; A three-pronged, grounded visualization approach. Appl Geogr 57:71–79. ► https://doi.org/10.1016/j.apgeog.2014.12.018

Wilson MW (2009) Towards a genealogy of qualitative GIS. In: Cope M, Elwood SA (Hrsg) Qualitative GIS a mixed methods approach. Sage, London, S 156–170

10

Qualitative Forschung und Geographische Informationssysteme

Susann Schäfer, Jannes Muenchow und Benjamin Harnisch

© Springer-Verlag GmbH Deutschland, ein Teil von Springer Nature 2018
J. Wintzer (Hrsg.), *Sozialraum erforschen: Qualitative Methoden in der Geographie*,
https://doi.org/10.1007/978-3-662-56277-2_11

11.1 GIS und qualitative Forschung in der Humangeographie

Geographische Informationssysteme (GIS) finden weit verbreitete Anwendung in der geographischen Analyse und Visualisierung von Daten (Kilchenmann und Schwarz-v.Raumer 1999; Lang und Blaschke 2007; French und Valentine 2010). Die Kompetenz, GIS-Analysen in der Forschungspraxis einzusetzen, ist ein wichtiger Baustein in der an Universitäten vermittelten Methodenkompetenz im geographischen Studium, deren Bedeutung in den vergangenen Jahren gestiegen ist (Gebhardt et al. 2011). Gerade in humangeographischen Methodenlehrbüchern (Mattissek et al. 2013; Rothfuß und Dörfler 2012) finden sich jedoch nur wenig umfassende Erläuterungen zu den methodologischen Bezügen und technischen Möglichkeiten von GIS in humangeographischen Forschungs- und Lehrkontexten. Dies lässt darauf schließen, dass es nur wenige Schnittstellen in der Hochschullehre zwischen GIS und humangeographischer Forschung gibt, besonders bei qualitativen Forschungsdesigns. Darauf aufbauend verfolgt dieser Beitrag folgende drei Ziele: Erstens legen wir die erkenntnistheoretischen Grundlagen von GIS dar, um Studierende im Umgang mit diesen Techniken zu sensibilisieren. Zweitens stellen wir die technischen Möglichkeiten dar, die es an der Schnittstelle qualitative Methoden und GIS gibt. Und drittens weisen wir auf die vielfältigen interaktiven und kollektiven raumbezogenen Praktiken im Internet hin (zusammengefasst unter dem Begriff Web 2.0), die sich als aktuelle Phänomene mit qualitativen Methoden analysieren lassen.

GIS setzen sich aus Software, Hardware, Daten, Prozesse, Netzwerke und den damit verbundenen Praktiken zusammen, die darauf abzielen, raumbezogene Informationen zu visualisieren, zu analysieren und zu modellieren (Longley et al. 2011). Dabei werden GIS aufgrund der digitalen Verarbeitung von Informationen häufig mit der Darstellung und Analyse von quantitativen Daten assoziiert und gelten weniger als ein Analysewerkzeug für die qualitative Forschung, die sich häufig mit Daten aus Text (z. B. Interviewtranskripte, Dokumente wie Zeitungsartikel), Abbildungen (z. B. Fotografien) und Audiodaten in der Analyse beschäftigt. Inzwischen gibt es jedoch technische Erweiterungen, die es ermöglichen, qualitative Daten durch GIS zu bearbeiten bzw. den Umgang mit GIS (sogenannte GIS-Praktiken) empirisch zu untersuchen. Einige der wichtigsten Strömungen der sozialwissenschaftlichen GIS-Forschung (Sui 2015; Schuurman 2000) sind das *critical* GIS (Schuurman 2000) im Zusammenhang mit Praktiken des Web 2.0 (*volunteered geographic information*, Ricker et al. 2013; Leszczynski 2012) und qualitative GIS als kombinierter Methodenansatz (Cope und Ellwood 2009). Diese neuen Entwicklungen eint die Abkehr von klassischen GIS-Anwendungen (quantitative, daten- und effizienzgetriebene als auch kartographische Nutzungen) und die Zuwendung zu Methoden der qualitativen Forschung (z. B. Interviews, Fokusgruppen, teilnehmende Beobachtung) sowie ein alternatives Raumkonzept (Sui 2015). Raum wird hier nicht mehr schlicht durch metrische Koordinaten erfasst, sondern umfasst neben der physisch-geographischen Umgebung den sozio-kulturellen Kontext und das subjektive Gefühl der Menschen für einen Ort (Agnew 2011).

Qualitative GIS sind eine der führenden Bewegungen in der Forschungspraxis (Sui 2015), welche sich aus Ansätzen definiert, die zum einen qualitative Daten mit GIS-Technologien verflechten und zum anderen qualitative Methoden zum Wissensaufbau mit und durch GIS entwickeln und unterstützen. Vor allem aber werden durch

11

qualitative GIS verschiedene Denkweisen zur Wissensgenerierung unterstützt. Dieses Zusammenführen von Wissensformen und Ergebnisse unterschiedlichster Disziplinen ist Grundlage der sogenannten kombinierten Forschungsmethoden *(mixed methods)* und gleichzeitig integraler Bestandteil qualitativer GIS-Forschung (Cope und Ellwood 2009). Dabei schließen qualitative GIS quantitative Methoden nicht aus, sondern integrieren oder ergänzen sie abhängig von der jeweiligen Fragestellung (Keddem et al. 2015).

11.2 Geschichte der GIS in der humangeographischen Forschung

Die Kombination von GIS-Analysen und qualitativen Fragestellungen führte in der Forschungspraxis häufig zu grundlegenden Diskussionen, die auf einem unterschiedlichen wissenschaftlichen Verständnis von Raum und seiner Repräsentation basierten. Anfang der 1990er-Jahre wurden GIS-Anwendungen in der Wissenschaft und damit auch in der Humangeographie populär (Schuurmann 2000). Zu Beginn der GIS-Anwendungen in wissenschaftlichen Kontexten standen eine Reihe von Humangeographinnen und -geographen dieser Technologie kritisch gegenüber. Bisweilen waren die Debatte zwischen Befürwortenden und Kritikübenden so angespannt, dass von einer „GIS-Krise" in der Geographie gesprochen wurde (vgl. Openshaw 1991): Während GIS-Kritikerinnen und -kritiker als Traditionsverhaftete bezeichnet wurden, die aus verschiedenen Gründen diese technologischen Innovationen ablehnten, haben diese den Unterstützenden „geographischen Imperialismus" vorgeworfen, was vor allem darauf abzielte, GIS als ein kommerzielles Software- und Hardwareprodukt zu kritisieren, dessen wissenschaftliche Weiterentwicklung auch nichtwissenschaftlichen Interessen dienen könnte (Clark 1992).

Die wichtigsten inhaltlichen Kritikpunkte sind: 1) der bei GIS implizite Positivismus, 2) die Verschleierung bzw. Verstärkung von ungleichen Machtstrukturen durch GIS-Technologien und 3) die damit verbundene Produktion einer einzigen Wirklichkeit und damit der Ausschluss alternativer, widersprechender Interpretationen sozialer Realität(-en). Der kritisierte Positivismus von GIS impliziert, dass Analysen und Resultate, welche durch GIS durchgeführt bzw. generiert werden, eine scheinbare Objektivität und Neutralität unterstellt wird (Lake 1993), die für politische Entscheidungen (z. B. militärische, polizeiliche, raumplanerische) als Rechtfertigung und als Mittel für politische Aktivitäten herangezogen wird. Für viele GIS-Anwendende stellte sich nicht die Frage der Forschungsethik im Zusammenhang mit den neuen Technologien. Zum Beispiel wurde eine GIS-Technologie, das Global Positioning System (GPS), von Wissenschaftlerinnen und Wissenschaftlern als Werkzeug für amerikanische Militäraktionen erfunden. GIS präsentieren Ergebnisse wie aus einer „God's-eye"-Perspektive (Haraway 1991), die eine Neutralität suggeriert, durch die bestehende Machtverhältnisse legitimiert und Wissen zu sozialen Raumverhältnissen kanalisiert werden können (Miller 1995; Pickles 1995). Dies wird durch die exklusive Verwendung von GIS begünstigt, vor allem in der Vergangenheit, als es noch keine *open-source*-Programme gab und durch die damaligen hohen Anschaffungskosten diese Technologien nur privilegierten Nutzergruppen zur Verfügung stand.

Bedingt durch den bei GIS mitschwingenden Positivismus bei wissenschaftlichen und anwendungsorientierten Nutzungen von GIS (Wissenschaft, Regierung, Verwaltung) kann es zurecht zu einer eindimensionalen Wissensproduktion kommen, die Randgruppen nur unzureichend berücksichtigt. Dass GIS als Werkzeug ohne eine wissenschaftliche Reflexion zu einem naiven und gefährlichen Empirismus führt (Goodchild 1991), sehen auch die Befürwortenden von GIS. In der Entwicklungsgeschichte der GIS kam es daher zu einer verstärkten Reflexion (Openshaw 1991; Goodchild 1991; Sui 1994) von GIS-Praktiken und von technologischen Möglichkeiten, qualitative Daten in die Analyse einzubeziehen. In dieser Phase wurden verstärkt wichtige Prinzipien qualitativer Forschung in die GIS-Forschung eingebunden, etwa die Rolle des Forschenden (Positionalität), Machtbeziehungen zwischen Forschenden und Beforschten, die Konstruktion wissenschaftlicher Erkenntnis sowie die politische Dimension. Daneben kam es auch zu einer Verschiebung der Forschungsperspektive auf Alltagsgeographien *(everyday geographies)* und auf bislang in der Forschung kaum beachteten Gruppen.

Für die qualitative Forschung in der Humangeographie stehen damit zwei durchaus getrennte Forschungsperspektiven in Bezug auf GIS zur Debatte: Einerseits dienen GIS als Analysewerkzeug für qualitative Forschungsprojekte im Rahmen eines kombinierten Methodenansatzes, während andererseits GIS-Praktiken von Individuen und Gruppen als relativ neuer Gegenstand der sozialwissenschaftlichen Analyse betrachtet werden können – z. B. durch freiwillig geteilte Informationen, sogenannte *volunteered geographic information*, wie Facebook, Openstreetmap oder Twitter.

11.3 Qualitative Daten in GIS

Unberechtigterweise werden GIS-Technologien hauptsächlich mit quantitativen Methoden und Daten in Verbindung gebracht. Tatsächlich aber haben sich in den vergangenen zehn Jahren viele Forschende den Herausforderungen gestellt, die sich aus der Kombination von GIS und qualitativen Methoden bzw. Daten ergeben (Jung und Elwood 2010). Darunter lassen sich zwei Hauptströmungen identifizieren, die der Versuch eint, menschliche Konzeptionen von Raum und räumliche Beziehungen (wie Nähe, Distanz, Netzwerke) in ein GIS-Modell zu überführen (Jung und Elwood 2010). Bei solchen Transfers besteht die Herausforderung, dass sich menschliche Raumvorstellungen und Praktiken kaum oder schwer quantitativ erfassen lassen (Egenhofer und Mark 1995):

1. Perzeptionsgeographische Forschung: Die Wahrnehmung raumbezogener Strukturen und Prozesse *(spatial cognition)* werden in GIS-Modelle überführt (Yao und Jiang 2005; Xu 2007).
2. Kombinierte Forschungsdesigns *(mixed methods)*: GIS-Technologien und qualitative Methoden werden in einem Forschungsprojekt sinnvoll miteinander verbunden (Kwan und Knigge 2006; Cope und Ellwood 2009).

Zur ersten Hauptströmung *(spatial cognition research, ontologies research)* gehören Ansätze, in denen Raumvorstellungen in eine digitale Form übersetzt werden (Yao und Jiang 2005; Xu 2007). Im Unterschied zur Perzeptionsgeographie liegt ein

Hauptaugenmerk der kombinierten Forschungsdesigns auf der Verbindung von unterschiedlichsten Datenformen, die mithilfe quantitativer und qualitativer Methoden generiert werden. Der qualitative Beitrag dieser Forschung kann sich dabei sowohl auf die Methodik (Interviewtechniken, Mitschriften, Beobachtungen, Skizzen, Fotos) als auch die Analysetechniken (Inhalts-, Diskurs-, narrative Analyse, Triangulation oder Grounded Theory [GT]) beziehen (Jung und Elwood 2010). Shay et al. (2016) kombinieren z. B. Zensusdaten (Einkommen, Alter etc.), Interviews, Zielgruppenanalyse und Choroplethenkarten, um mobilitätsbenachteiligte Bevölkerungsgruppen zu identifizieren. Choroplethenkarten sind flächenhafte Darstellungen flächenbezogener quantitativer Daten. Es werden Einzelflächen mit jeweils der Fläche einheitlich zugeordneten gleichen Werten scharf voneinander abgegrenzt und u. a. durch Schraffuren oder Farbabstufungen dargestellt.

In ähnlicher Weise untersuchen Pain et al. (2006) den Zusammenhang zwischen Straßenbeleuchtung und die Angst von Anwohnenden vor Kriminalität. Hierfür werden wiederum Zielgruppenanalysen, Interviews, GIS-Analysen und Kartierungen kombiniert. Dass kombinierte Forschungsdesigns nicht nur durch die Kongruenz und Komplementarität von Ergebnissen profitieren, zeigt Andrea Nightingale (Nightingale 2003) in ihrer Studie zu gemeinschaftlich genutzten Waldgebieten und deren Flächenveränderung in Nepal. Die Ergebnisse der GIS-Analysen und die Narrative der Bewohnenden stimmen nicht überein, was die Forscherin zum Anlass nimmt, unterschiedliche Wahrnehmungen und Interpretationen der Waldflächenveränderung zu untersuchen.

11.4 Software und Ansätze zur Integration von qualitativen Daten und GIS

GIS-Software überführt die Welt in stark vereinfachte digitale Modelle. Die dafür genutzten Datenmodelle, hauptsächlich Vektor- und Rasterrepräsentationen, eignen sich nur bedingt, um qualitative Daten (Texte aus Forschungstagebüchern, Interviews, Erzählungen, Zeichnungen, Beobachtungen; visuelle und audio-Dateien etc.) kartographisch darzustellen und räumlich zu analysieren. Die im folgenden aufgelisteten Strategien zeigen auf, wie qualitative Daten in GIS überführt werden können (Jung und Elwood 2010):

— Transfer der qualitativen Daten in durch GIS unterstützte Datenformate, z. B. Visualisierung des Tagesablaufs von Interviewteilnehmenden mittels eines dreidimensionalen Raum-Zeit-Bewegungsablaufs in einem GIS (Kwan und Lee 2004),
— Verknüpfung von GIS-Objekten mit Hyperlinks, die beim Anklicken qualitative Informationen präsentieren (Cieri 2003) (◘ Abb. 11.1),
— Erweiterung von GIS-Software um qualitative Analysetechniken.

Die ersten beiden Ansätze konzentrieren sich auf das Einbetten und Darstellen von qualitativen Daten in einem GIS. Bei dem dritten Ansatz geht es nicht nur um die Darstellung von qualitativen Daten, sondern auch um die Erweiterung qualitativer Analysetechniken mittels einer *computer-aided qualitative data analysis* (CAQDAS).

● Abb. 11.1   Stolpersteine in der Stadt Jena

CAQDAS unterstützt die Analyse von qualitativen Daten (u. a. Kategorisierung, Transkriptions-, Text-, Inhalts-, Diskursanalyse und Ansätze). Folgende Anwendungen stehen bei den meisten CAQDAS zur Verfügung:

— Dateneingabe und Speicherung
— Kodierung
— Kommentierung und Anmerkungen
— Datenverknüpfung
— Suche und Abfrage von Daten

Diese Anwendungen können im Forschungsprozess eine maßgebliche technische Unterstützung zur Theoriebildung darstellen: Vorahnungen, Ideen oder Hypothesen gehören zur Bildung wissenschaftlicher Theorien und können mithilfe von GIS generiert oder getestet werden (van Hoven 2010). Die bekanntesten Softwarevertreter sind die proprietären Programme ATLAS.ti, NVivo und MAXQDA (Fielding und Cisneros-Puebla 2010).

Neben den proprietären Anbietern gibt es auch das frei verfügbare R-Paket RQDA (Huang 2014), das über die wichtigsten CAQDAS-Werkzeuge) verfügt und problemlos um die Stärken von R (R Core Team 2017) erweitert werden kann, u. a. Statistik, Visualisierung und Integration mit weiterer Software (auch GIS-Software, z. B. Brenning 2008; Bivand et al. 2013). Während die proprietären Programme häufig in der Hochschullehre eingesetzt werden und damit Studierenden vertraut sind, gehört die Ausbildung von R noch nicht flächendeckend zum Methodenkatalog im humangeographischen Studium. Allerdings gibt es viele Online-Tutorials, um sich R im Selbststudium anzueignen.

11.5 Beispiele aus der Forschungspraxis

Im Folgenden möchten wir auf drei Forschungsprojekte eingehen, in denen qualitativen Methoden (und generierte Daten) sowie GIS-Anwendungen sinnvoll miteinander gekoppelt werden.

■ **Ethnographische Stadtforschung und GIS: Alltagsgeographien räumlich analysieren**
In einer Studie zu den Alltagsgeographien von einkommensschwachen Bevölkerungsgruppen in mehreren nordamerikanischen Städten kombinieren Matthews et al. (2005) ein ethnographisches Vorgehen und GIS. Auf Basis der Ethnographie von einkommensschwachen Familien gelangen die Forschenden zu folgenden qualitativen Daten: Tonbandaufzeichnungen, Transkripte, Feldtagebüchern und Dokumente, die in dem Softwareprogramm NUD*IST, welches durchaus vergleichbar mit den bereits in ◘ Tab. 11.1 vorgestellten Programmen ist, codiert und analysiert werden. Darauf aufbauend werden alle raumbezogenen Daten (z. B. tägliche Laufwege und Aufenthaltsorte, Wohnsitzverlagerung) in GIS eingeführt, zu welchen noch quantitative sowie qualitative Daten hinzugefügt werden (z. B. Statistiken, Orte des Konsums, der Ausbildung oder der gesundheitlichen Versorgung). Die Ergebnisse zeigen die Mobilitätsmuster bestimmter sozialer Gruppen und dienen so als Grundlage für Handlungsempfehlungen wohlfahrtsstaatlicher Institutionen.

◻ Tab. 11.1   Übersicht der CAQDAS-Programme (verändert nach Joan Miquel Verd und Sergio Porcel 2012)

Computerprogramme	GIS-Tool(s)	Anwendung in der qualitativen Forschung
ATLAS.ti und NVivo	– Georeferenzierung qualitativer Daten durch die Verknüpfung mit Google Earth; – Qualitative Daten können auf jedem Punkt der Erdoberfläche verknüpft werden; – Analysewerkzeuge von Google Earth sind anwendbar (z. B. Zitate, Kodes und Memos)	– Datenmanagement verschiedener Datentypen; – Georeferenzierung von qualitativen Daten (z. B. Texte, Fotos etc.); – Export von Georeferenzen (Dateiformat: kml, kmz) für Kartographieprogramme zur Erstellung von Karten und Abbildungen
MAXQDA	– Georeferenzierung durch Verbindung zu ArcGIS; – Analysewerkzeuge von ArcGIS Earth sind anwendbar	– Analyseoptionen von ArcGIS; – Erstellung von Karten ohne Export möglich

Die Forschenden sehen bei diesem Ansatz sowohl positive wie negative Aspekte. Erstens ermöglichen GIS-Visualisierungen ethnographischer Daten, zentrale Forschungserkenntnisse auf einen Blick anstelle in Form langatmiger Erzählungen darzustellen, was für ihre Kommunikation nach außen hilfreich ist. Zweitens, erlauben GIS die Analyse von Tagesabläufen und die Identifikation von übergeordneten Kategorien, was ein differenzierteres Bild der Alltagsgeographien zeichnen kann. Drittens ermöglichen GIS es, zeitliche Dynamiken leichter zu erkennen. Trotz dieser Vorteile geben die Forschenden zu bedenken, dass die im Dialog von Ethnographinnen und Ethnographen sowie GIS-Programmierenden entwickelten Datenbanken und Karten schnell veralten, wenn sich im Laufe von Folgeinterviews neue Praktiken und Sichtweisen der Teilnehmenden einstellen. Auch ist die kartographische Darstellung von Einzelfällen in Form von Publikationen kritisch zu bewerten, wenn die Identität der Teilnehmenden (durch die Eintragung von Wohnort, Arbeitsplatz, Schule etc.) erkennbar ist.

▪ Analyse kultureller Ökosystemdienstleistungen: Partizipative Kartographie in der Kimberley Region (Australien)

Der aktuelle Beitrag von Brown et al. 2017 ist aus methodischer Sicht erwähnenswert. In einem Forschungsprojekt an der Nordküste Australien wollen Forschende mithilfe eines *mixed-method*-Ansatzes herausfinden, welchen (nicht monetären) Wert Personen (Anwohnende, Reisende etc.) bestimmten maritimen Küstenabschnitten zuweisen. Diese Informationen sollen als Grundlage für die Regionalplanung dienen. In dem Forschungsdesign sind qualitative, leitfadengestützte Interviews und eine standardisierte Online-Befragung vorgesehen, bei welcher die Befragten die Orte in die (ausgedruckte oder digitale) Karte einzeichnen, die für sie von großer Bedeutung sind (z. B. Erholung). Anschließend werden die Informationen aus den qualitativen Interviews digitalisiert und nach Dimensionen kategorisiert. Die Karten, welche sich aus den Einzelmeinungen zusammensetzen, werden miteinander verglichen. Das Ergebnis der Untersuchung ist, dass in den Wertkategorien ästhetischer Wert, Tourismus, Biodiversität, Kultur der indigenen Bevölkerung ein hoher Grad an Übereinstimmung zwischen den qualitativen und quantitativen Daten gefunden werden kann, während die Aspekte ökonomischer oder therapeutischer Nutzen sowie der Wert der simplen Existenz von Orten nur wenig Überschneidung zeigt. Bei der Bewertung von kulturellen Ökosystemdienstleistungen dient der qualitative Ansatz dem Verständnis, warum bestimmte Orte und Küstenabschnitte für Menschen wichtig sind, während die quantitative Herangehensweise es möglich macht, eine größere Anzahl von Personen zu berücksichtigen. GIS dient hier als Werkzeug, um beide Ergebnisse miteinander in Beziehung zu setzen.

- **Mobilitätsforschung: Mobilitätsmuster benachteiligter Bevölkerungsgruppen**

Während die ersten beiden Studien GIS im urbanen Raum und in der Bewertung von Ökosystemdienstleistungen anwenden, zeigen Shay et al. (2016) in ihrer Studie zu Transportgeographien, dass sich ein qualitatives GIS-Forschungsdesign auch in einem größeren Maßstab anwenden lässt. Das Ziel dieser Studie ist es, die Probleme mobilitätsbenachteiligter Bevölkerungsgruppen zu identifizieren und politische Handlungsempfehlungen zu entwickeln. Im ersten Schritt entwickeln Shay et al. (2016) Karten auf Gemeindeebene, in denen, basierend auf dem Verschneiden von Statistiken und räumlichen Merkmalen der Gemeinden (z. B. Demographie, öffentliche Infrastruktur), Räume identifiziert werden, bei welchen die Forschenden Probleme bei der Versorgung der Bevölkerung von adäquaten öffentlichen Transportinfrastruktur erwarten würden. Im zweiten und dritten Schritt werden Expertinnen und Experten befragt und Fokusgruppen mit betroffenen Bürgerinnen und Bürgern durchgeführt, welche die in Schritt 1 erstellte Karte zur Grundlage nehmen und diese mit den einbezogenen Personen diskutieren. Das qualitative Vorgehen zielt darauf ab, die „objektiv" erstellte Karte zu evaluieren und die subjektive Einschätzung der Betroffenen einfließen zu lassen. Die Analyse aus den qualitativen Methoden resultiert in einer Revision der Karte, welche die mobilitätsbenachteiligten Räume in den Gemeinden besser darstellt. Im Vergleich zu den ersten beiden Studien wird hier ein GIS-Produkt in der qualitativen Forschung als Diskussionsgrundlage verwendet. Dieses Vorgehen ermöglicht es, das „objektive" Wissen aus der Karte kritisch zu hinterfragen und alternative Sichtweisen auf Transport zu generieren. Allerdings entscheiden sich die Forschenden die qualitativen Daten in die Überarbeitung der Karte fließen zu lassen, was wiederum eine Vereinheitlichung und Reduktion der qualitativen Daten darstellt und damit nicht der Pluralität der geäußerten Sichtweisen gerecht wird.

11.6 GIS-Praktiken als soziale Phänomene

Neben GIS als Werkzeuge für die qualitative Forschung sind die Praktiken und Produkte aus GIS, die öffentliche wie politische Institutionen publizieren sowie Individuen im Alltag generieren, Gegenstand für die qualitative raumbezogene Forschung. Dahinter steht die wissenschaftliche Überzeugung, dass digitale Karten als Produkte von GIS in einem sozialen Kontext entstehen, der einerseits durch ökonomische, politische und kulturelle Bedingungen, andererseits durch die technologischen Möglichkeiten dieser Institutionen und Individuen (z. B. Smartphone-Gebrauch) gekennzeichnet ist. Daher sind diese visuellen Produkte keine objektiven Abbildungen und Anwendungen einer räumlichen Wirklichkeit, sondern das Produkt der Akteure, die an der Kartenherstellung direkt oder indirekt beteiligt sind. Durch die Erweiterung der technischen Möglichkeiten des Web 2.0 haben sich die interaktiven und kollaborativen GIS-Praktiken stark verbreitet, seien es Twitter, Openstreetmap oder auch Computerspiele wie Pokemon Go. Die wissenschaftliche Untersuchung dieser GIS-Praktiken ist gerade deshalb von Bedeutung, weil die Produkte der GIS-Praktiken nicht nur die (immateriellen) Vorstellungen von der Welt widerspiegeln, sondern sich in der physischen Umwelt bemerkbar machen können (Glasze 2009).

In den letzten zehn Jahren sind die GIS-Praktiken im Alltag von Privatpersonen, die sich freiwillig daran beteiligen, *volunteered geographic information* (VGI), häufiger und vielfältiger geworden. Aus wissenschaftlicher Sicht bietet es sich an, die Produkte dieser Praktiken sowie die Praktiken selbst zu untersuchen – mit dem Ziel, Aussagen über soziale, politische oder ökonomische Entwicklungen zu treffen.

Nehmen wir das Beispiel von Start-ups, Unternehmensneugründungen, im IT-Sektor. Für die Wirtschaftsgeographie ist es von hohem Wert zu wissen, in welchen Regionen wann und wie viele Unternehmen gegründet werden. Dabei beginnt der Prozess des Gründens bei einer innovativen Idee und endet im Idealfall in einem gewinnerwirtschaftenden Produktvertrieb oder im Verkauf des Unternehmens. Da diese Prozesse sehr dynamisch ablaufen und die Wahrscheinlichkeit hoch ist, dass Firmen wieder vom Markt verschwinden, stoßen Statistiken, die nur jährlich erhoben und publiziert werden, an ihre Grenzen. ◻ Abb. 11.2 zeigt ein Produkt von GIS-Praktiken: die Eintragung eines Unternehmens in eine Google-Karte.

Aus verschiedenen Gründen bieten solche digitalen Karten als Produkt von GIS-Praktiken interessante Ansätze für die Forschung. Erstens sind sie eine Informationsquelle (für Unternehmensgründungen, Arbeitsmarkt, Stadtentwicklung), die kontinuierlich aktualisiert wird und die je nach Qualität der Quelle zu weiteren Studienzwecken verwendet werden kann. Zweitens, und dies ist die wesentlich wichtigere Perspektive, sind die GIS-Aktivitäten bei Unternehmensgründungen interessant: Wie präsentieren sich die Unternehmen? Warum tragen sich gewisse Gründende nicht ein? Was sind die Ziele für den Eintrag? Inwiefern wird dieses (Karten-)Produkt instrumentalisiert, z. B. durch politische und/oder wirtschaftliche Akteure? Wissenschaftliche Fragen in Bezug auf die GIS-Praktiken lassen sich hier in großem Umfang generieren. Was sich darauf aufbauend anschließt, ist ein qualitatives Forschungsdesign, seien es narrative Interviews mit Gründerinnen und Gründern oder eine Mediendiskursanalyse.

Das Web 2.0 scheint auf den ersten Blick zu einer Demokratisierung von Wissensproduktion zu führen, da der Zugang zunächst offen und unbeschränkt ist. Besonders gefördert wird dies durch die zunehmende Verbreitung des Internets und die Verfügbarkeit von Freeware-Anwendungen. Jedoch gibt es Hinweise drauf, dass es beim Web 2.0 neue Formen der digitalen Exklusion gibt, einen so genannten *digital divide,* der im Forschungsdesign berücksichtigt werden sollte – z. B. eine politische Zensur, Sprachbarrieren oder webseiteninterne Algorithmen (Bittner et al. 2016), aber auch Alter, Bildungsniveau und Gender.

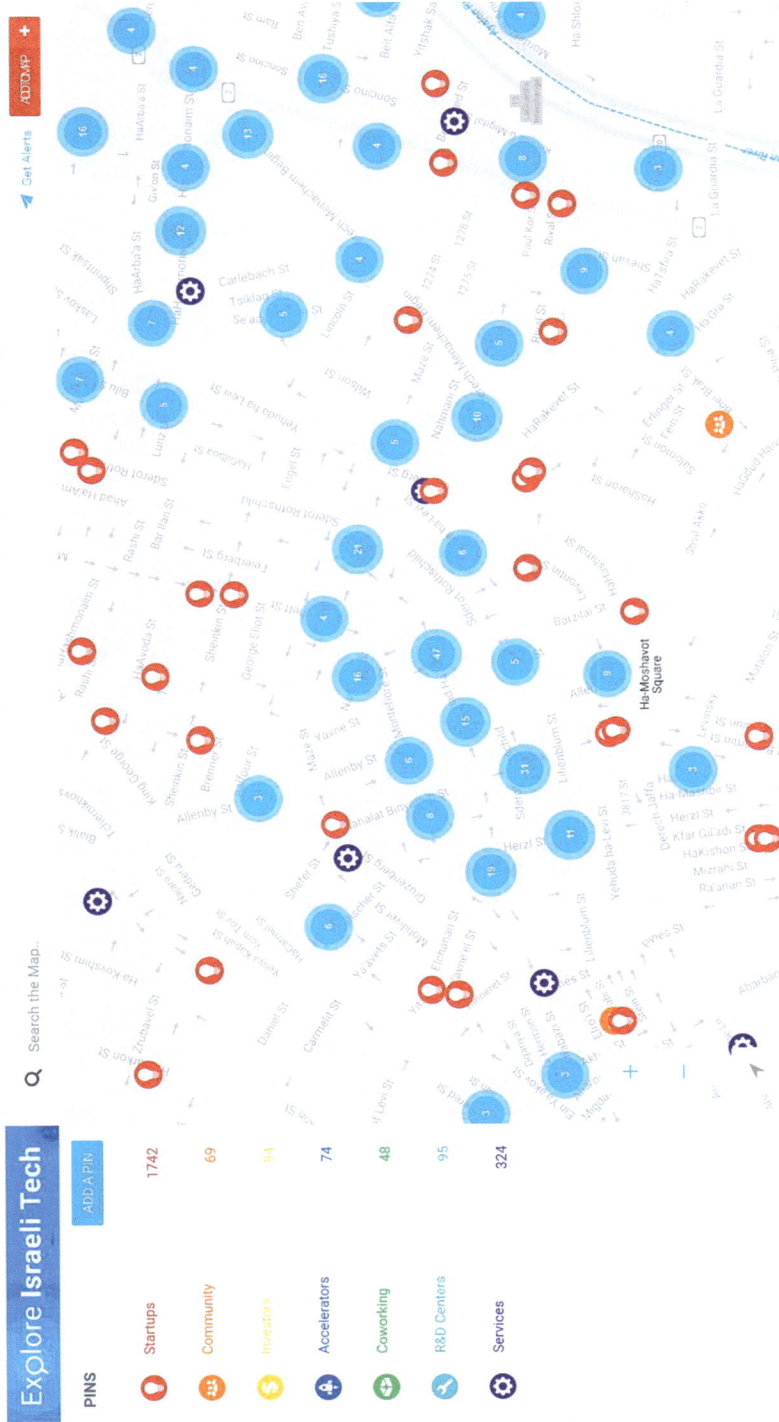

■ **Abb. 11.2**   Start-ups in Tel Aviv ((c) ▶ mappedinisrael.com)

11.7 Zusammenfassung

Das übergeordnete Ziel dieses Kapitel ist es, Interesse an GIS für qualitativ Forschende zu wecken. Dabei sind die Perspektiven und die Rolle von GIS in qualitativen Forschungsdesigns vielfältig. GIS können als Werkzeug zur Organisation, Visualisierung und Analyse von Daten dienen, aber auch selbst zum Forschungsgegenstand werden. Dabei ist es erforderlich, sich mit den Werkzeugen bzw. den Praktiken vertraut zu machen, sie zu verstehen, damit sie reflektiert im Forschungsvorhaben verwendet bzw. verstanden werden können.

Für alle Studierende, die GIS als Werkzeug in der qualitativen Forschung gebrauchen wollen, empfehlen wir vor der Anwendung von Softwareprogrammen, sich konkret zu überlegen, welche Ziele mit der Anwendung von GIS verfolgt werden. Dies kann beispielsweise anhand von Arbeitshypothesen durchgeführt werden und verhindert, dass die Daten sinnentfremdend bearbeitet werden. Studierenden, die sich für GIS-Praktiken interessieren, raten wir, sich neben den technischen Aspekten mit methodologischen Fragen zu beschäftigen, z. B. wie diese Praktiken untersucht werden können. Es kann in dem Zusammenhang hilfreich sein, sich intensiv mit den Methoden der qualitativen Sozialforschung auseinanderzusetzen, denn das relativ neue Feld der Web 2.0 erfordert auch methodische Anpassungen. Zuletzt möchten wir alle interessierten Studierenden ermutigen, ihren sich entwickelnden Forschungsinteressen nachzugehen, unabhängig davon, ob diese Gegenstand ihrer Lehrveranstaltungen sind.

Literatur

Agnew J (2011) Space and place. In: Agnew J, Livingstone D (Hrsg) Handbook of geographical knowledge. SAGE, London

Bittner C, Michel B, Turk C (2016) Turning the spotlight on the crowd: examining the participatory ethics and practices of crisis mapping. ACME: Int J Crit Georg 15(1):207–229

Bivand RS, Pebesma E, Gómez-Rubio V (2013) Applied spatial data analysis with R, 2. Aufl, Use R!, Bd 10. Springer, New York

Brenning A (2008) Statistical geocomputing combining R and SAGA: the example of landslide susceptibility analysis with generalized additive models. Hamburger Beiträge zur Physischen Geographie und Landschaftsökologie 19:23–32

Brown G, Strickland-Munro J, Kobryn H, Moore SA (2017) Mixed methods participatory GIS: an evaluation of the validity of qualitative and quantitative mapping methods. Appl Geogr 79:153–166. ▶ https://doi.org/10.1016/j.apgeog.2016.12.015

Cieri M (2003) Between being and looking: queer tourism promotion and lesbian social space in greater Philadelphia. ACME 2(2):147–166

Clark G (1992) GIS – what crisis? Environ Plan A 24(3):321–322

Cope M, Ellwood S (Hrsg) (2009) Qualitative GIS: a mixed methods approach, 1. SAGE, Los Angeles

Egenhofer MJ, Mark DM (1995) Naive geography. In: Frank AU, Kuhn W (Hrsg) Spatial information theory: a theoretical basis for GIS. Springer, Berlin, S 1–15

Fielding N, Cisneros-Puebla CA (2010) CAQDAS-GIS convergence: toward a new integrated mixed method research practice? J Mixed Methods Res 3(4):349–370. ▶ https://doi.org/10.1177/1558689809344973

French S, Valentine G (Hrsg) (2010) Key methods in geography. SAGE, Thousand Oaks

Gebhardt H, Glaser R, Radke U, Reuber P (Hrsg) (2011) Geographie: Physische Geographie und Humangeographie, 2. Aufl. Spektrum, Heidelberg

Glasze G (2009) Kritische Kartographie. Geogr Z 97(4):181–191

Goodchild MF (1991) ‚Just the facts'. Polit Geogr Q 10:335–337

Haraway D (1991) Simians, cyborgs and women: the reinvention of nature. Routledge, New York

Hoven B van (2010) Computer assisted qualitative data analysis. In: French S, Valentine G (Hrsg) Key methods in geography. SAGE, Thousand Oaks, S 453–465

Huang R (2014) RQDA: R-based qualitative data analysis. ► http://rqda.r-forge.r-project.org/. Zugegriffen: 31. März 2017

Jung J-K, Elwood S (2010) Extending the qualitative capabilities of GIS: computer-aided qualitative GIS. Trans GIS 14(1):63–87

Keddem S, Barg FK, Glanz K, Jackson T, Green S, George M (2015) Mapping the urban asthma experience: using qualitative GIS to understand contextual factors affecting asthma control. Soc Sci Med 140:9–17. ► https://doi.org/10.1016/j.socscimed.2015.06.039

Kilchenmann A, Raumer H-GS-v, (Hrsg) (1999) GIS in der Stadtentwicklung: Methodik und Fallbeispiele. Springer, Berlin

Kwan M-P, Knigge L (2006) Doing qualitative research using GIS: an oxymoronic endeavor? Environ Plan A 38(11):1999–2002. ► https://doi.org/10.1068/a38462

Kwan M-P, Lee J (2004) Geovisualization of human activity patterns using 3D GIS: a time-geographic approach. In: Goodchild MF, Janelle DG (Hrsg) Spatially integrated social science: examples in best practice. Oxford, Oxford University Press, S 404–413

Lake RW (1993) Planning and applied geography: positivism, ethics, and geographic information systems. Prog Human Geogr 17:404–413

Lang S, Blaschke T (2007) Landschaftsanalyse mit GIS. Utb, Wiesbaden

Leszczynski A (2012) Situating the geoweb in political economy. Prog Hum Geogr 36(1):72–89. ► https://doi.org/10.1177/0309132511411231

Longley PA, Goodchild M, Maguire D, Rhind DW (2011) Geographic information systems and science. Wiley-Blackwell, New York

Matthews SA, Detwiler JE, Burton LM (2005) Geo-ethnography: coupling geographic information analysis techniques with ethnographic methods in urban research. Cartographica: Int J Geogr Inf Geovis 40(4):75–90

Mattissek A, Pfaffenbach C, Reuber P (2013) Methoden der empirischen Humangeographie. Westermann, Braunschweig

Miller RP (1995) Beyond method, beyond ethics: integrating social theory into GIS and GIS into social theory. Cartography and Geogr Inf Syst 22:98–103

Nightingale A (2003) A feminist in the forest: situated knowledges and mixing methods in natural resource management. ACME 2:77–90

Openshaw S (1991) A view on the GIS crisis in geography, or, using GIS to put Humpty-Dumpty back together again. Environ Plann A 23:621–628

Pain R, MacFarlane R, Turner K, Gill S (2006) ‚When, where, if, and but': qualifying GIS and the effect of street lighting on crime and fear. Environ Plan A 38(11):2055–2074

Pickles J (Hrsg) (1995) Ground truth. Guilford Press, New York

R Core Team (2017). R: A language and environment for statistical computing. R Foundation for Statistical Computing, Vienna, Austria. ► https://www.R-project.org/. Zugegriffen: 31.März 2017

Ricker BA, Johnson PA, Sieber RE (2013) Tourism and environmental change in Barbados: gathering citizen perspectives with Volunteered Geographic Information (VGI). J Sustain Tourism 21(2):212–228. ► https://doi.org/10.1080/09669582.2012.699059

Rothfuß E, Dörfler T (Hrsg) (2012) Raumbezogene Qualitative Sozialforschung. Springer, Wiesbaden

Schuurman N (2000) Trouble in the heartland: GIS and its critics in the 1990s. Prog Hum Geogr 24(4):569–590

Shay E, Combs TS, Findley D, Kolosna C, Madeley M, Salvesen D (2016) Identifying transportation disadvantage: mixed-methods analysis combining GIS mapping with qualitative data. Transp Policy 48:129–138. ► https://doi.org/10.1016/j.tranpol.2016.03.002

Sui D (1994) GIS and urban studies: positivism, post-positivism, and beyond. Urban Geogr 15:258–278

Sui D (2015) Emerging GIS themes and the six senses of the new mind: is GIS becoming a liberation technology? Ann GIS 21(1):1–13. ► https://doi.org/10.1080/19475683.2014.992958

Verd JM, Porcel S (2012) An Application of Qualitative Geographic Information Systems (GIS) in the field of urban sociology using ATLAS.ti: yses and reflections. Forum Qualitative Sozialforschung/ Forum: Qual Soc Res 13(2), Art. 14

Xu J (2007) Formalizing natural-language spatial relations between linear objects with topological and metric properties. Int J Geogr Inf Sci 21(4):377–395. ► https://doi.org/10.1080/13658810600 894323

Yao X, Jiang B (2005) Visualization of qualitative locations in geographic information systems. Cartography Geogr Inf Sci 32(4):219–229

11

Soziales und (ihre) Architektur

Über Möglichkeiten und Grenzen, die Wirksamkeit von Architektur zu erforschen

Anna-Lisa Müller und Juliana Hutai

© Springer-Verlag GmbH Deutschland, ein Teil von Springer Nature 2018
J. Wintzer (Hrsg.), *Sozialraum erforschen: Qualitative Methoden in der Geographie*,
https://doi.org/10.1007/978-3-662-56277-2_12

12.1 Architektur, Raum und Gesellschaft

In spätmodernen Gesellschaften spielt sich das soziale Leben verstärkt im gebauten Raum ab. Dieser Bedeutung der Materialität für die Ausformung von Gesellschaft wenden sich auch die Sozialwissenschaften zu. So schreibt Bruno Latour (1993, S. 37) im *Berliner Schlüssel*: „Geben wir vielmehr zu, daß niemand je eine Gesellschaft beobachtet hat, die nicht von Dingen konstruiert wird". Latour versteht die Beziehung von Dingen und Subjekten als eine dialektische, die nicht darauf reduziert werden kann, dass Objekte eine soziale und das Soziale eine materielle Dimension haben. Latour beschreibt die Objekte vielmehr als „den etwas widerständigeren Teil einer Kette von Praktiken" (Latour 1993, S. 39). Mit dieser Bestimmung von Praktiken als menschlich und zugleich objekthaft verweist diese Arbeit Latours auf das, was etwas später als Akteur-Netzwerk-Theorie einen internationalen Siegeszug in Teilen der (Sozial-) Wissenschaften antreten wird. Demnach gibt es keine sinnvolle Unterscheidung von (materiellen) Objekten, (sozialer) Gesellschaft und (sozialen) Praktiken; vielmehr wird diese Unterscheidung abgelöst von der Differenzierung in Akteure und Aktanten. Alles ist Aktant, und alles kann Akteur sein, sofern „es einen Unterschied macht" (Latour 2007, S. 123).

Die damit verbundene Neufassung der Beziehung von Materialität und Gesellschaft hat Konsequenzen für das Verständnis von Architektur und ihrer Rolle in und für Gesellschaften. Im vorliegenden Beitrag schlagen wir vor, Architektur als Sonderform des Materiellen zu verstehen (vgl. Reichmann und Müller 2015, S. 16 f.). Leben, Wohnen, Bildung, Arbeiten, Freizeit: Der Mensch lebt und agiert in einer gebauten Umwelt, anhand derer sich das Leben institutionalisiert und strukturiert. In Gebäuden wird der Mensch sozialisiert, lernt gesellschaftliche Normen und Werte und kulturelle Praktiken kennen. Gleichzeitig erlaubt und ermöglicht die Architektur einen Blick auf den Ist-Zustand der Gesellschaft. Architektur repräsentiert, symbolisiert und reproduziert in ihrer Anschaulichkeit und ihrer Omnipräsenz (Fischer 2009). Der hier verwendete Architekturbegriff steht dem Begriff des Gebäudes sehr nah, umfasst allerdings auch innenarchitektonische Elemente wie Empfangstresen in einem Hotel- oder Verwaltungsgebäude.

Dabei unterscheidet sich Architektur, wie sie hier verstanden wird, von anderen materiellen Dingen wie etwa Steinen dadurch, dass sie intendiert hergestellt wird. Sie stellt in gewisser Weise eine Form und Physis gewordene menschliche Idee dar. Sie dient darüber hinaus bestimmten Zwecken. So dient ein Einfamilienhaus dem Zweck des Wohnens einer mehrköpfigen Familie, und dieser Zweck war Grundlage für deren Auftrag an das Architekturbüro und ebenso Grundlage des Entwurfs und dessen anschließender, ggf. modifizierter Realisierung. Darüber hinaus können die Zwecke, denen eine Architektur dient, im Verlauf der späteren Nutzung verändert werden: Ein Einfamilienhaus kann ebenso als Wohnort für mehrere, nicht verwandtschaftlich verbundene Erwachsene oder als Wohn- und Arbeitsort einzelner Erwachsener dienen.[1]

---

1   Vgl. für die Umnutzung bestimmter Wohnformen die Analyse sogenannter *non-homes* bei Magdalena Łukasiuk und Marcin Jewdokimow (2015).

Ein Kindergarten, das zweite wichtige Beispiel in diesem Beitrag, kann wiederum in Gebäuden untergebracht sein, die mit unterschiedlichen baulichen Konzepten geplant wurden und entweder von Beginn an der Unterbringung einer Kinderbetreuungseinrichtung dienen sollten oder später dafür umgestaltet wurden. So weist Architektur immer auch eine symbolische Dimension auf: Sie symbolisiert bestimmte Ideen, Zwecke und gesellschaftliche Vorstellungen, etwa die des Wohnens. Diese Ideen, Zwecke und Vorstellungen finden in der Architektur eine materielle Entsprechung und wirken aufgrund ihrer Physis auf die Gesellschaft ein – indem die Architektur wahrgenommen und genutzt wird. Damit wird aber auch deutlich, dass Architektur mehr ist als ein Symbol von Ideen und gesellschaftlichen Vorstellungen, mehr als eine Materialisierung von Werten, Funktionen und Institutionen. Sie ist konstitutiver Teil von Gesellschaften und trägt dazu bei, dass Gesellschaften so sind, wie sie von uns wahrgenommen und aufgefasst werden (vgl. für den deutschsprachigen Raum Fischer und Delitz 2009; Delitz 2010; Steets 2015; für eine von den *science and technology studies* informierte Analyse Gieryn 2002; Jenkins 2002; Jacobs 2006; Yaneva 2008; für eine vergleichende Darstellung dieser Ansätze Müller und Reichmann 2015b). Dazu gehört auch, dass Räume auf Weisen konstituiert werden, die maßgeblich von der Architektur und der gebauten Umwelt insgesamt beeinflusst werden. Menschen konstituieren Räume in spezifischer Art, und sie tun dies an Orten und unter Bezugnahme auf andere Menschen und Lebewesen; dabei beziehen sie die sie umgebende natürliche Umwelt und die sie umgebende und von ihnen wahrgenommene und mit Bedeutung versehene Architektur ein (vgl. allgemein zu Räumen Massey 2007; zur Raumkonstitution vgl. Löw 2001; zur Rolle von Architektur u. a. für die Raumkonstitution vgl. Steets 2015).

Bei der Frage nach der Bedeutung von Architektur für das Soziale ebenso wie bei der Frage nach der Bedeutung des Sozialen für die Architektur stellen sich denjenigen, die den Charakter der vermuteten (Wechsel-)Wirkungen empirisch untersuchen wollen, zahlreiche Herausforderungen (vgl. Müller und Reichmann 2015a). Zwei davon werden in diesem Beitrag adressiert: Wie lässt sich erfahren, wie Gebautes auf Personen wirkt? Auf welche Weise lässt sich bestimmen, ob und wie das Soziale das Gebaute beeinflusst und verändert? Somit liefert dieser Beitrag einen heuristischen Rahmen für die empirische Erforschung der sozialräumlichen Wirksamkeit von Architektur. Anhand eines Fallbeispiels wird die Anwendung eines Sets von Methoden zur Untersuchung der Wirkmächtigkeit von Alltagsarchitekturen diskutiert, in diesem Fall von Kindergartenarchitektur. Anstatt sich auf hervorstechende Einzelbauten und Architekturmonumente zu fokussieren, rückt hier die alltägliche, die Stadt physisch konstituierende Architektur in den Mittelpunkt der Analyse.

Um der Wechselwirkung von Architektur und Gesellschaft auf den Grund zu kommen, ist die soziale Wirksamkeit von Architektur empirisch zu untersuchen. Diese Wechselwirkung von Architektur und Menschen, von Materialität und Gesellschaft formuliert Latour so:

» Betrachtet man die Dinge, so stößt man auf Menschen. Betrachtet man die Menschen, so wird gerade dadurch das Interesse für die Dinge geweckt. (...) Betrachtet man Technologie, so findet man sich als Soziologe wieder. Betreibt man Soziologie, wird man zwangsläufig zum Technologen (Latour 1993, S. 50).

Um zu erklären und zu verstehen, wie Menschen in einem bestimmten Setting interagieren, müssen die Dinge einbezogen werden – hier die Architekturen. Die interessante Fragestellung lautet: Wie kann der Rolle von Architektur für die Handlungen und Sinnzuschreibungen von Menschen in der empirischen Erforschung der sozialen Wirklichkeit Rechnung getragen werden? Im Folgenden werden die Möglichkeiten und Herausforderungen ausgewählter qualitativer Methoden vor diesem Hintergrund dargestellt, bevor abschließend anhand eines Fallbeispiels skizziert wird, wie die Untersuchung der sozialen Wirksamkeit von Architektur vonstattengehen kann.

12.2 Architektur erforschen?

Die qualitative Sozialforschung stellt einiges an Methoden bereit, um soziale Phänomene zu erforschen. Eine besondere Herausforderung besteht dann, wenn diese sozialen Phänomene unter Berücksichtigung ihres physischen und räumlichen Kontextes analysiert werden sollen – etwa, wenn die Wechselwirkung von Architektur, Raum und Gesellschaft in den Blick genommen werden soll. Im Folgenden werden fünf Methoden der qualitativen Forschung vorgestellt, mit denen die sozialräumliche Wirksamkeit von Architektur untersucht werden kann: 1) Beobachtung in Form der Begleitung z. B. bei der Wohnungssuche, 2) fotografische Dokumentation, 3) *mental maps,* 4) Architekturbiographien und 5) Analyse von sprachlichen Manifestationen der Wirkung von Architektur, z. B. Wohnungsanzeigen.

▪ Beobachtung

In der Sozialforschung wird zwischen der teilnehmenden und der nichtteilnehmenden Beobachtung unterschieden (vgl. Spradley 1980; Hammersley und Atkinson 2007). Diese Unterscheidung ist allerdings während des empirischen Forschungsprozesses schwer zu treffen, denn sobald ich mich als Forscherin in dem Feld bewege, bin ich Teil der Architektur-Mensch-Interaktion, sodass ein Verzicht auf „Interventionen im Feld" (Flick 2002, S. 201) kaum denkbar ist. Ganz grundsätzlich bietet sich die ethnographische Forschung insbesondere dann an, wenn Praktiken identifiziert werden sollen, beispielsweise solche, die durch die umgebende Architektur (mit) hervorgebracht werden.

Um die sozialräumliche Wirksamkeit von Alltagsarchitektur zu untersuchen, ist die Begleitung der an der Forschung teilnehmenden Personen z. B. bei ihrer Wohnungssuche denkbar. Hier bietet sich das *shadowing* als Beobachtungsform an. Es handelt sich dabei um eine Form der körperlich engen Begleitung. Die Forschenden begleiten die Studienteilnehmenden bei allem, was sie tun. Die Forschenden werden für den Forschungszeitraum quasi zu Schatten der Teilnehmenden. Hinzu kommen klärende Fragen, die eine kontinuierliche Kommentierung der Handlungen seitens der Beforschten erzeugen sollen (McDonald 2005, S. 456). Diese Begleitung ist als Aspekt der Beobachtung zu verstehen und könnte dazu dienen, folgenden Fragen auf den Grund zu gehen: Wann funktioniert eine Wohnung beispielsweise als gemütlich für die Wohnungssuchenden? Wie wirkt sie auf sie? Welche Elemente der Wohnung werden besonders in den Blick genommen? Welche Elemente werden mit welcher Begründung in die Argumentation für oder gegen die Wahl herangezogen? Zur Beantwortung können bei der Begleitung der Wohnungssuchenden bestimmte Forschungsfragen leitend sein: Wie

12

wird die Auswahl der anzuschauenden Wohnungen getroffen? Welche Fragen werden bei der Besichtigung gestellt? Wie werden anschließend die Entscheidungen gefällt? Welches sind notwendige, welches hinreichende Parameter und welches sind *add ons* der Wohnung? Möglich ist es, diese Methode der Beobachtung und/oder Begleitung mit fotografischer Dokumentation zu kombinieren.

- **Fotografische Dokumentation**

Die fotografische Dokumentation kann die Beobachtung unterstützen. Mit ihr lassen sich Nutzungsweisen von Architektur dokumentieren, welche dann auch für spätere, z. B. vergleichende und/oder diachrone, Analysen zur Verfügung stehen. Für die diachrone Analyse können auf diese Weise wiederkehrende Nutzungen und Nutzungsveränderungen herausgearbeitet werden. Bei dieser Methode gibt es allerdings zwei Schwierigkeiten: Zum einen kann es, gerade bei Forschung, die die Nutzung von Alltagsarchitektur fokussiert, problematisch sein, zu fotografieren: Je nach Setting stellt dies einen Eingriff in die soziale Situation dar und führt zu Veränderungen im ortstypischen Verhalten. Das Bild vom Siegfriedplatz in Bielefeld (◙ Abb. 12.1) ist ein Beispiel dafür: Der Platz ist kein Ort, an dem fotografiert wird, er ist ein Alltagsort, an dem sich verschiedene soziale Gruppen begegnen. Es gibt kaum Architektur, die das Fotografieren aus touristischer Perspektive rechtfertigen würde; kurz, Fotografieren ist keine Praktik, die in unserem Beispiel alltäglich angewandt wird.

◙ **Abb. 12.1**   Siegfriedplatz, Bielefeld © Anna-Lisa Müller 2011

Zudem bedeutet auch die Fotografie eine starke Selektion, ähnlich wie die Beobachtung (vgl. ► Kap. 9). Was ist fotografierenswert? Welche Auswahl wird getroffen, was außen vorgelassen? Um diese Selektion produktiv zu wenden, könnten im Sinn einer reflexiven Fotografie (Dirksmeier 2009) die Nutzenden selbst diejenigen sein, die die Fotografien anfertigen. Indem diese auf der Basis konkreter Fragen selbst Fotos machen oder bestimmte Aspekte ihrer Stadt filmen, kann durch sie ihre Perspektive auf das architektonisch-räumliche Setting integriert werden. In Kombination mit qualitativen, narrativen Interviews (vgl. Schütze 1983), in denen die Fotografien als Stimulus und Referenz dienen, könnte so die Bedeutung der (Alltags-)Architektur für das alltägliche Handeln und die Biographie der Interviewten und damit, allgemein gesprochen, die sozialräumliche Wirksamkeit von Architektur, in den Blick genommen werden (vgl. Manz 2015).

- **Mental maps**

Anschließend an die Elemente der Beobachtung und der fotografischen Dokumentation lässt sich das von Kevin Lynch entwickelte Konzept der *mental maps* nutzen (Lynch 2007; Gould und White 1974; Downs und Stea 1982). Damit sind kognitive Karten gemeint, die die Teilnehmenden selbst zeichnen. Mit ihnen werden Wahrnehmungsformen der Stadt aufgedeckt und dokumentiert. Kurz: Es wird gefragt, welche Wege benutzt, welche Plätze und Gebäude erinnert werden und woran sich orientiert wird. Lynch ist der Auffassung, dass „die Leute sich ihrer Umgebung anpassen und Struktur und Individualität aus dem zur Verfügung stehenden Material gewinnen" (Lynch 2007, S. 57). Damit werden sie in ihrem Handeln u. a. auch durch die Architektur geprägt. Bestimmte Dinge wirken dabei stärker als andere auf die Menschen und bleiben so auch stärker in Erinnerung. Sie dienen beispielsweise als Orientierungspunkte in einer Stadt und werden daher auf den Karten eingetragen. Dass Stadtbewohnende ein bestimmtes Gebäude häufig nutzen oder ein anderes aus emotionalen Gründen für sie bedeutsam ist, lässt sie dadurch beeinflusst sein – sie sind einer spezifischen Wirkung ausgesetzt. Die von den Einzelnen erstellten *mental maps* tragen diesen Wirkungen Rechnung. Für die Frage danach, wie Materialität im Allgemeinen und Architektur im Besonderen wirksam ist, gibt es bei der Verwendung dieser Methode allerdings eine Einschränkung: Festgehalten wird nur, *dass* bestimmte Gebäude auf bestimmte Menschen wirken und nicht, *wie* sie dies tun.[2] Aus diesem Grund ist es nötig, die *mental maps* mit anderen Methoden zu kombinieren, etwa mit Architekturbiographien.

- **Architekturbiographien**

Die im Folgenden vorgeschlagenen Methoden bringen die Sprache zurück in die hier vorzuschlagende Heuristik. Die erste Methode ist die Architekturbiographie (Müller und Reichmann 2015b). Hier geht es darum zu erfahren, welchen Einfluss Alltagsarchitektur auf das Soziale im alltäglichen Leben hat. Die Teilnehmenden werden dazu aufgefordert,

---

2   Vgl. Elisa Bertuzzo (2009). Sie verweist auf die Probleme, die bei der Anwendung dieser Methode auftreten können, da die für das Anfertigen von *mental maps* geforderten Praktiken der Erinnerung (von räumlicher Bewegung), Umsetzung in zweidimensionale Bilder und damit die Visualisierung insgesamt nicht zu gewohnten Praktiken gehören. Dies ist ein Aspekt, der auch im Fall der hier vorgestellten Architekturbiographien zu berücksichtigen ist.

sich zu erinnern, inwiefern und welche Architektur sie in ihrem Leben begleitet hat, welche Bedeutung sie dem Gebauten zu welchen Zeitpunkten zugemessen haben, nach welchen Kriterien sie Architektur für sich beurteilen. Indem diese Dinge in narrativen biographischen Interviews (Schütze 1983) erzählt und/oder in Tagebüchern verschriftlicht werden, werden sie für die Forschenden zugänglich. Gut überlegt werden muss dabei, welche Hilfestellungen für die Narration gegeben werden können. Die Forschenden müssen dabei die Herausforderungen reflektieren, die zum einen die Rekonstruktion, zum anderen die Verbalisierung mit sich bringen: Das Problem der Rekonstruktion besteht darin, dass wir uns nur an bestimmte Dinge erinnern. Positiv gewendet bedeutet dies, dass in den Narrationen die Architekturen erwähnt werden, die bedeutsam sind. Das Problem der sprachlichen Formulierung lautet: Wie finden wir Worte, die über „schön" oder „gefällt mir nicht" hinausgehen? Dafür sind gut durchdachte erzählgenerierende Fragen zu entwickeln, damit eine solche Methode zum Einsatz kommen kann.

- ■ **Analyse von sprachlichen Manifestationen wie Wohnungsanzeigen**

Der letzte Vorschlag beschreibt die Analyse von sprachlichen Manifestationen der sozialräumlichen Wirksamkeit von Architektur und ihrer Bedeutung für die Menschen. Als Material können hier, auf den Kontext der Alltagsarchitektur bezogen, Wohnungsanzeigen dienen, und zwar Gesuche wie Angebote. Wohnungsanzeigen sind in der Regel funktionale Beschreibungen dessen, was für Wohnungssuchende zentral ist: Genannt wird die Quadratmeterzahl der Wohnung, die Ausstattung der Küche (Stichwort: Einbauküche) oder des Badezimmers (Stichwort: Badewanne/ Dusche), das Vorhandensein eines Balkons oder Kellerraums sowie mögliche Möblierung. Häufig gibt es aber auch Beschreibungen von nichtfunktionalen Aspekten: „gemütlich", „charmant", auch das „Heim zum Wohlfühlen" ist in Wohnungsgesuchen gefragt. Die Anzeigen können daher als sprachliche Manifestationen des Zusammenhangs von Sozialem und Architektur verstanden werden. Indem diese analysiert werden, kann ein Raster von Begriffen entwickelt werden, mit denen Wohn-, das heißt Alltagsarchitektur und ihre sozialen Funktionen (Stichwort: Wohlfühlen) beschrieben werden. Damit zeigt sich, welche sprachlichen Umschreibungen genutzt und in welchen Kontexten sie angewandt werden. Im Sinn einer Triangulation (vgl. Flick 2011) könnten so schließlich auch die sprachlichen Formulierungen in den oben vorgestellten Architekturbiographien besser verstanden werden.

Diese methodischen Zugänge lassen sich nun danach differenzieren, ob die Aktivitäten auf Seiten der Forschenden oder auf Seiten der Nutzenden zu verorten sind (■ Tab. 12.1):

■ **Tab. 12.1**   Darstellung der methodischen Zugänge nach Aktivitäten

Aktivität durch Forschende	Aktivität durch Nutzende
Nichtteilnehmende Beobachtung	*mental maps*
Fotografische Dokumentation	Fotografische Dokumentation
Begleitung z. B. bei der Wohnungssuche *(shadowing)*	Architekturbiographien
Analyse von Wohnungsanzeigen und -gesuchen	Schreiben von Wohnungsgesuchen

12.3 Vorschlag einer Heuristik zur Untersuchung der sozialräumlichen Wirkmächtigkeit von Architektur

Welche Schwierigkeiten liegen in der Anwendung dieser Methoden? Viele der etablierten qualitativen Methoden arbeiten maßgeblich mit Sprache. Dies stellt in bestimmter Hinsicht ein Problem dar, da diese Erhebungsmethoden diejenigen Personen bevorzugen, die sich sprachlich gut ausdrücken können. Wie die Übersicht in ❏ Tab. 12.2 zeigt, stellt die Untersuchung der Wirkung von Architektur im Vergleich zur Untersuchung der Nutzung die größere Herausforderung dar, da bislang wenige Methoden diesen Aspekt adressieren.

In der vorgeschlagenen Heuristik anzuwendender Methoden zeigt sich außerdem, dass es ohne die Integration von Sprache nicht geht: Architekturbiographien basieren auf Sprache, *mental maps* werden mit Interviews kombiniert. Die Beobachtung der Wohnungssuchenden konzentriert sich maßgeblich auf die sprachlichen Äußerungen und kommunikativen Entscheidungsprozesse bei der Wohnungssuche. Analysen von Wohnungsanzeigen basieren ebenfalls auf Sprache.

Somit entstehen immer insofern Probleme, als bei den verschiedenen Untersuchungsweisen spezifische Kompetenzen gefragt sind, die zum Teil nicht erfüllt werden (können). Und neben der Sprache gibt es Weiteres zu bewältigen: Die *mental maps* erfordern die Fähigkeit, Erinnerungen zu visualisieren. Bei Architekturbiographien müssen sinnliche Eindrücke versprachlicht werden. Die fotografische Dokumentation erfordert für das Anfertigen von Fotografien ein gewisses technisches Verständnis. Oft sind es dabei die sowieso schon unterrepräsentierten sozialen Gruppen, die benachteiligt werden. Somit werden die Exkludierten noch einmal exkludiert. Daraus ergibt sich für die hier vorgestellte Heuristik zur qualitativen Untersuchung der sozialräumlichen Wirksamkeit von Architektur die grundsätzliche Forderung, gruppensensitive Methodenkombinationen anzuwenden, die die Kompetenzen der Teilnehmenden berücksichtigen (Visualisierung, Verbalisierung etc.).

Die hier vorgeschlagene methodische Heuristik reagiert insbesondere auf die Herausforderung, die in der Versprachlichung der Wirkung von Architektur liegt, und umfasst Elemente der qualitativen Sozialforschung, um die Angewiesenheit der Forschenden auf Verbalisierung zu reduzieren. Für diese Heuristik wurden zunächst Methoden ausgeschlossen. Fragebögen und standardisierte Interviews sind für die Untersuchung der Nutzung und Wirkung gerade von Alltagsarchitektur nicht nur wegen der sprachlichen Komponente problematisch. Beide stellen außerdem höchst artifizielle Situationen dar, in denen das alltägliche Verhalten in Architekturen, die Nutzung sowie die Wirkung von Alltagsarchitektur nur schwer untersucht werden können. Wie gezeigt, scheint Sprache aber nur begrenzt einsetzbar zu sein, um der sozialräumlichen Wirksamkeit von Materialität auf die Spur zu kommen. Es kann allerdings auch nicht vollständig auf sie verzichtet werden. In der Heuristik werden daher etablierte Methoden wie die teilnehmende Beobachtung und fotografische Dokumentation um Methoden wie die von Kevin Lynch (2007) entwickelten *mental maps* ergänzt, aber auch bislang kaum erprobte Methoden wie das Schreiben von Architekturbiographien durch die Beforschten, die Analyse von Wohnungsanzeigen und -gesuchen sowie die Begleitung von Menschen auf der Wohnungssuche integriert.

▣ Tab. 12.2 Heuristik der methodischen Zugänge zur Untersuchung der sozialräumlichen Wirksamkeit von Architektur (markiert sind die Methoden, die sowohl die Nutzung als auch die Wirkung von Architektur adressieren)		
Methode	**Nutzung**	**Wirkung**
Nichtteilnehmende Beobachtung	x	
Begleitung z. B. bei der Wohnungssuche *(shadowing)*	x	x
Fotografische Dokumentation	x	
mental maps	x	
Architekturbiographien	x	x
Analyse von Wohnungsanzeigen und -gesuchen	x	(x)

Zu berücksichtigen ist, dass diese in der hier vorgestellten Form immer Elemente qualitativer Interviews aufweisen bzw. mit diesen kombiniert werden.

Mit diesem Set an Methoden ist es möglich, sowohl die Nutzung als auch die Wirkung und damit die sozialräumliche Wirkmächtigkeit von Architektur erforschbar zu machen. ▣ Tab. 12.2 zeigt in der Übersicht, welche der kombinierten Methoden dabei eher den Aspekt der Nutzung respektive der Wirkung adressieren (können). Bemerkenswert ist, dass das *shadowing* und die Architekturbiographien versprechen, beide Dimensionen berücksichtigen zu können. Dies sollte in kommenden empirischen Projekten genutzt und auch methodologisch reflektiert werden.

Die skizzierten und begründeten Versuche, dem Zwang zur Versprachlichung auf Seiten der Nutzenden zu entgehen, beziehen sich auf die empirische Untersuchung der sozialräumlichen Wirksamkeit von Architektur und damit auf die Frage, wie während der Erhebung der Zwang zur Versprachlichung reduziert werden kann. Die abschließende und gleichzeitig ausblickende Frage ist eine seit Jahrzehnten ungelöst, hier soll sie noch einmal aufgeworfen werden: Wie lässt sich dem Zwang zur Versprachlichung bei der Auswertung entgehen? Welche alternativen Formen der Ergebnispräsentation sind denkbar, die gleichzeitig die Anforderungen an intersubjektive Nachvollziehbarkeit erfüllen? An dieser Stelle bleiben diese Fragen offen. Sie sollten aber weiter diskutiert werden. Im Folgenden dient ein Fallbeispiel der Diskussion, welche Bedeutung Raum und Materialität und dabei besondere die Architektur für die Herausbildung des Sozialen haben.

Bisherige architektursoziologische Forschungsarbeiten fokussieren hauptsächlich auf die Etablierung einer theoretischen Herangehensweise; hier wird der Schwerpunkt daher explizit auf die Erprobung und Durchführung einer architektursoziologischen Methodologie gelegt. Als Architektur dienen Kindergartengebäude, die gesellschaftliche Gruppe im Fokus sind Kinder. Die Forschungsfragen sind: Wie konstituiert sich ein Kindergarten? Auf welche Art und Weise verbindet sich dieser mit dem menschlichen Körper und seinen Bewegungen und Wahrnehmungen? Mitautorin Juliana Hutai hat diese Untersuchung im Rahmen ihrer Bachelor-Arbeit an der Universität Bremen durchgeführt.

12.4 Fallbeispiel: Architektur als Forschungsgegenstand

- **Der theoretische Rahmen**

Kindheit spielt sich zu einem großen Teil in pädagogisch besetzten Räumen ab. Der Kindergarten als Institution und Lebenswelt ist dabei von besonderer Bedeutung, vor allem hinsichtlich des Sozialisationsprozesses. Die Erziehung der Kinder wird mittlerweile frühzeitig in diesen Raum ausgelagert und dient als primäre Sozialisationsinstanz (Fuhs 2000, S. 81 f.). Der Kindergarten ist der erste Raum außerhalb der Familie, in dem Kinder auf Gesellschaft und somit auf das Soziale treffen (Hengst und Zeiher 2000, S. 9 ff.). In diesem Kontext ist interessant, wie sich die Architektur des Gebäudes auf die Kinder auswirkt und welche Interaktionen begünstigt beziehungsweise verhindert werden.

Aus forschungspraktischen Gründen beschränkt sich diese Forschung auf eine Fallstudie in zwei Kindergärten. Die im weiteren Verlauf verwendete holistische Blickweise ermöglicht mittels einer Methodentriangulation, sowohl die Architektur-Körper-Beziehungen zu berücksichtigen als auch das Gebäude selbst zu analysieren. Dies bedeutet eine Kombination aus einer teilnehmenden Beobachtung und einer Erhebung von sprachlichen Daten in Form von aktiv initiierten Gesprächen mit den Kindern. Ausgewertet wurden die Daten mithilfe der qualitativen Inhaltsanalyse nach Philipp Mayring (2000, 2007). Da sich die Erkenntnisse von Kindern gegenüber Erwachsenen unterscheiden und es daher eines spezifischen Zugangs zur kindlichen Lebenswelt bedarf (Fuhs 2000, S. 81), folgen den aktiv initiierten Gesprächen ergänzend Mal- und Fotografieaktionen.

Die Annäherung an das Forschungsobjekt erfolgt in zwei aufeinanderfolgenden Phasen. Beide finden im Kindergarten statt. Innerhalb der ersten Phase verschafft die teilnehmende Beobachtung einen Einblick in die kindliche Lebenswelt im Kindergarten und zugleich wird ein erster Kontakt mit den Kindern hergestellt. In der darauf aufbauenden zweiten Phase liegt der Fokus auf der Wahrnehmung der Kinder, mit dem Ziel, diese direkt in die Forschung einzubinden. Dazu werden die Kinder gebeten, sowohl zu malen als auch zu fotografieren. Die jeweiligen Fragen und Aufgaben waren in lockere Gespräche eingebunden und dies innerhalb von Aktivitäten, in denen die Kinder sich schon in kreativen Prozessen fanden.

Auszug aus dem Forschungstagebuch: „Aufgrund der schlechten Wetterlage, Regen und Gewitter, verbringen die Kinder die Freispielzeit im Gruppenraum. Drei bis vier Kinder malen an den extra dafür vorgesehenen Tischen. Ich setzte mich dazu und beginne ein Gespräch":

F: „Und was hast du da gemalt?" Kind 1 (K1): „Eine Wiese mit Himmel und Feuer." F: „Feuer?" K1: „Ja das ist warm. Ich mag's, wenn's warm ist." F: „Und da fühlst du dich im Kindergarten am wohlsten?" K1: „Ja. Am liebsten bin ich draußen."

- **Die Wahl der Fallstudien**

Für die Forschungsarbeit ist es wichtig, dass zwei Kindergärten als Untersuchungsobjekt dienen, die einen Vergleich architektursoziologischer Kriterien möglich machen. Die forschungsrelevanten Kriterien sind Unterschiede im Bautyp, in der Formsprache und in der Raumkonzeption. Die Wahl fällt auf einen Kindergarten in Leipzig-Connewitz und einen in Berlin, Prenzlauer Berg. Beide Städte stellen Kinder im Hinblick auf das Aufwachsen vor Herausforderungen. Der Kindergarten in Berlin ist ein zweistöckiges Gebäude im Innenhof eines Mehrfamilienhauses. Er besteht aus einem Gebäude mit einem Außenbereich. Der Gebäudekomplex ist durch den Hauseingang zugänglich, der in den Innenhof führt. Der Kindergartenbereich ist eingezäunt. Das Gebäude ist rechteckig geschnitten und hat einen einstöckigen Anbau, sodass eine L-Form entsteht. Das Hauptgebäude ist der Kita-Bereich, im Anbau sind die Krippen untergebracht. Des Weiteren gibt es einen Schuppen für die Spielgeräte, einen Keller und einen Dachboden. Insgesamt handelt es sich um einen sanierten Altbau, der zuvor als Kirche diente. Beim Kindergarten in Leipzig handelt es sich dagegen um einen Neubau, insgesamt ein Gebäudekomplex mit zwei Häusern. Diese sind jeweils den unterschiedlichen Funktionsbereichen zugeordnet: Es gibt ein Haus für die Krippe und eines für die Kindertagestätte. Das Gebäude, in dem die Hauptforschung stattfindet, hat die Form eines langgezogenen Rechtecks. Die Kita wurde als Neubau auf dem Betriebsgelände einer ehemaligen Fleischerei errichtet. Ein Gebäudekomplex aus drei eingeschossigen Häusern mit Verbindungstüren und einem kurzen Weg über den Hof in einer familienfreundlichen Wohngegend sowie ein weitläufiges Gartengelände prägen das Bild der Einrichtung. Weitere Vergleichspunkte bieten die unterschiedlichen Raumkonzeptionen. Der Kindergarten in Leipzig arbeitet mit einer offenen Raumkonzeption, der Kindergarten in Berlin hingegen mit einzelnen Gruppenräumen.

▪ Die Wahl der Methoden

In dieser Forschungsarbeit wird eine teilnehmende Beobachtung durchgeführt, die um stärker partizipativ ausgerichtete Methoden wie Kinderzeichnungen und -fotografien ergänzt wurde. Gearbeitet wird somit mit einer Methode, die zwischen nichtteilnehmender Beobachtung und *shadowing* angesiedelt ist. Eine solche „Partizipation als Forschungsmodus" (Beuchling 2015) dient der Erfassung der Komplexität der Lebensbedingungen und der situativen Alltagsrealität des zu Erforschenden. In *Methoden der Kindheitsforschung* beschreiben Getrud Beck und Gerold Scholz (2000) diese Form der Feldforschung als ein Untersuchungsvorgehen, welches davon ausgeht, dass im Alltag andere Interaktionen zu beobachten sind als in bewusst herbeigeführten oder extra dafür hergestellten Untersuchungsräumen (Beck und Scholz 2000, S. 148).

Zudem werden im Verlauf der Erhebungsphase einzelne Kinder hinsichtlich ihrer Bewegungsräume, Blickweisen und sozialen Interaktionen beobachtet und nach ihrer Wahrnehmung und ihren Gefühlen und Gedanken bezüglich ihres Kindergartens und ihres dortigen Alltags befragt. Wolfgang Reiß sieht Kinderzeichnungen als Kommunikationsmedium:

> ➤ Es sind zeichenhafte, zugleich auch kommunikative Akte, die – je nach Fragestellung – Einblicke geben in das altersspezifische Denken und Fühlen, in das ästhetische Empfinden, in Vorstellungen, in Hoffnungen, Ängste und Wünsche, in das Selbstgefühl, aber auch in die Fähigkeiten kognitiver Denkoperationen (Reiß 2000, S. 174).

Zeichnungen sind Handlungsakte, in denen den Kindern ermöglicht wird, ihre Erfahrungen und Gefühle mitzuteilen und sich kreativ auszudrücken (Reiß 2000, S. 175).

Im konkreten Forschungsalltag sah das empirische Vorgehen folgendermaßen aus: Die teilnehmende Beobachtung füllte insgesamt etwa die Hälfte der Forschungszeit aus, es handelte sich hierbei um drei Tage. Die verwendete Forschungsstrategie ist eine offene, alle Anwesenden inklusive der Kinder sind somit über den Forschungsinhalt informiert. Als schriftliche Dokumentation wird ein Forschungstagebuch geführt. Im Verlauf der Erhebungsphase werden zu unterschiedlichen Tageszeiten und innerhalb unterschiedlicher -abläufe im Kindergartenalltag einzelne Kinder gefragt, ob Interesse bestünde, gemeinsam eine Aktivität mit Bezug auf die Forschung durchzuführen.[3] Mithilfe dessen werden die Bewegungsräume, Blickweisen und sozialen Interaktionen untersucht. Dazu werden die Kinder nach ihrer Wahrnehmung und ihren Gefühlen und Gedanken bezüglich ihres Kindergartens und ihres Alltags im Kindergarten befragt; hier bietet es sich an, auf die zuvor beschriebene Kombination von Malen oder Fotografieren als kindlicher Ausdrucksform zurückzugreifen.

- **Die Analyseeinheiten**

Die dieser Analyse zugrunde liegenden Analysekategorien Materialität und Raum orientieren sich an dem von Anna-Lisa Müller und Werner Reichmann (2015a) erarbeiteten theoretischen Modell. Um sich dem Phänomen Architektur als Unterform der Materialität ganzheitlich zu nähern, benennen sie vier Konzepte, die sie in einem Modell vereinen. Dieses „fried-egg model of the sociology of architecture" (Reichmann und Müller 2015, S. 2) fungiert als ein Erklärungsansatz für das Verhältnis von Architektur und Gesellschaft und hat den Vorteil, dass die darin enthaltenen Konzepte – Soziales, Raum, Materialität, Architektur – sowohl in ihren wechselseitigen Relationen als auch voneinander getrennt betrachtet werden können. Müller und Reichmann entwickeln dabei ein theoretisches Verständnis der Analysekategorie *Raum,* welches auf der Theorie der Produktion von *Raum* nach Henri Lefebvre (1991) und der Raumsoziologie nach Martina Löw (2001) beruht, und für die vorliegende Fallstudie zentral ist. Die zugrunde liegende Annahme ist, dass *Raum* sozial konstruiert und subjektiv erfahrbar ist. Die Konstitution von *Raum* erfolgt über die (An-)Ordnung beziehungsweise Platzierung von Lebewesen und Gütern; zu Letzteren gehört auch die Architektur. *Räume* entstehen so durch soziales Handeln, und gleichzeitig prägen räumliche Strukturen soziales Handeln. Alles in allem lässt sich festhalten, dass *Räume* prozesshaft „durch zwei analytisch voneinander zu unterscheidende Prozesse, das *Spacing* und die *Syntheseleistung"* (Löw 2001, S. 160) konstituiert und in Routinen bzw. durch Institutionalisierung objektiviert werden (Löw 2001, S. 164). *Spacing* bezeichnet dabei das relationale Anordnen von Lebewesen und sozialen Gütern, während die Syntheseleistung das Wahrnehmen, sich Erinnern und abstrahierte Verstehen von den im Raum platzierten Gütern und Lebewesen fasst. Daraus folgt: „Each individual produces a particular space" (Löw 2001, S. 160).

In der hier vorliegenden Analyse wird der Kindergarten darauf aufbauend als sozialer und subjektiv erfahrbarer *Raum* verstanden. Dabei liegt der Fokus auf der Entstehung und Konstitution des Kindergartens als *Raum.* Angelehnt an die Forschungsfrage

---

3   Hier muss betont werden, dass das Forschungsprojekt auf der Freiwilligkeit der Kinder basierte. Im Vorfeld wurden die Eltern und die Kindergartenleitung mit einem formlosen Brief um ihre Zustimmung gebeten. Hierin wurde über den Hintergrund und den Rahmen der Forschung sowie den Datenschutz hinsichtlich Einrichtung und Kinder informiert.

wird untersucht, wie Kinder *Raum* wahrnehmen, welche Rolle *Raum* in der alltäglichen Kinderwelt spielt und wie *Raum* die Kinder in ihrer Wahrnehmung, in ihren Bewegungen und in ihren sozialen Interaktionen beeinflusst. Dabei stellt sich die Frage, ob ein Zusammenhang „zwischen Vergesellschaftung, sozialen Handlungen und gegebenem Raum" (Löw und Sturm 2005, S. 38) existiert.

Die in dieser Analyse verwendete Kategorie *Materialität* mit ihrem besonderen Fokus auf Architektur orientiert sich an der „symmetrischen Anthropologie" Latours, innerhalb dessen Dinge als sozial aktiv verstanden, sprich in ihrer Materialität wahrgenommen werden (Reckwitz 2002, S. 213 f.). Dieser Prozess konstituiert dann folglich die angewandten sozialen Praktiken. Dabei ist die materielle Umwelt zweigeteilt und wirkt sich dadurch auf unterschiedlichen Ebenen auf das Individuum aus: einmal auf der rein körperlichen Ebene, auf der sich das Verständnis der Materialität im Körper und in dessen Bewegungen und Sinnesempfindungen manifestiert, und einmal auf materieller Ebene in der Wahrnehmung der Materialität der Artefakte (Reckwitz 2002, S. 214). Artefakte im Alltag rufen somit je nach Kontext unterschiedliche Techniken und Praktiken hervor, die im Sozialisationsprozess erlernt und weitergegeben werden (Dant 2005, S. 137).

Materialität, als in dieser Analyse verwendete Kategorie, setzt an diesen zwei Punkten an: die rein materielle Umwelt im Kindergarten und die Form der materiellen Interaktion in spezifischen Kontexten. Zusammenfassend zeigt die Analyse in Bezug auf die Kategorie Raum, dass es sich beim Kindergarten um einen nach außen hin abgegrenzten Sozialraum handelt. Die Abgrenzung findet einerseits räumlich-materiell statt, so grenzt sich der Kindergarten beispielsweise baulich von der restlichen Umgebung ab. Dazu gehören die ihn umgebenden Wohnhäuser, aber auch das gesamte Stadtviertel. Andererseits erfolgt eine weitere Abgrenzung gegenüber anderen Lebenswelten. Mit Ausnahme der sich im Kindergarten befindenden Erziehenden ist der Kindergartenraum ein Raum, der sich hauptsächlich über Kinder konstituiert. Die sich im Raum befindenden Materialien strukturieren den Alltag und dienen den Kindern als Orientierung. Weiterhin lässt sich feststellen, dass Kinder sich über Materialien selbst erfahren und ihren Körper und ihre Sinne anhand dessen austesten können. Zudem ist der Kindergarten über die sich im Raum befindenden Individuen und sozialen Güter konstituiert und dadurch sozial wirksam. Bewegungen und Interaktionen werden ermöglicht und durch den Raumaufbau gelenkt. Architektur ist somit ein körperräumliches Medium und dadurch sozial aktiv.

▪ **Reflexion des methodischen Vorgehens**

Erstens lässt sich festhalten, dass die teilnehmende Beobachtung in Bezug auf das Forschungsfeld und die Architektursoziologie als eine passende Methode für eine architektursoziologische Forschung bewertet wird. Durch die Methode wird es möglich, ein umfassendes Bild von der Lebenswelt Kindergarten zu erhalten: Die teilnehmende Beobachtung greift vor allem dann, wenn nicht aktiv wahrnehmbare beziehungsweise unterbewusst wirkende Effekte der Architektur beobachtet werden können. Dazu zählen Interaktionen oder Bewegungen im Raum, welche durch das Gebäude evoziert oder durch die jeweiligen Raum- und Materialitätsprogramme gelenkt werden, die dem Individuum jedoch nicht bewusst sind.

Die teilnehmende Beobachtung ergänzt durch die fotografische Dokumentation und die Kinderzeichnungen ist eine geeignete Alternative, um mit den vorzufindenden Kompetenzen der Kinder adäquat umzugehen – gerade im Hinblick auf das Verbalisierungsvermögen von Kindern. Der Forschungsansatz, die Kinder durch Zeichnungen und Fotografien explizit in die Forschung einzubinden, ist eine gute Methode, um die Wahrnehmung der Kinder kennenzulernen und somit andere Lebenswirklichkeiten zu verstehen. Beide Medien sind den Kindern vertraute Ausdrucksmittel, die verschiedentlich im Kindergarten genutzt werden. Damit es den Kindern gelingt, sich forschungsleitend einzubringen, muss die Fragestellung an die Kinder klar und verständlich kommuniziert werden. Jedoch wird deutlich, dass die Fragen immer aus der Perspektive von Erwachsenen gestellt werden. Um sich der kindlichen Perspektive und Wahrnehmung in Bezug auf die Konstitution von Raum und die Verbindung mit dem Körper zu nähern, muss sich noch mehr mit dem kindlichen Zugang zum Raum und der darin befindlichen Architektur auseinander gesetzt werden. Hier ist auch denkbar, die Erziehenden explizit einzubeziehen und deren Expertise bezüglich der Rolle und Wirkung der Architekturen in Betreuungseinrichtungen in die Forschung zu integrieren.

12.5 Fazit

Anhand der hier vorgestellten Fallbeispiele kann ein erstes empirisches Vorgehen zur Analyse der sozialräumlichen Wirksamkeit von Architektur etabliert werden. Für weiterführende Analysen zum Beispiel zur Relation des Wandels von Kindheit und der Architektur von Kindergärten wäre es forschungsrelevant, die Auswahl der Fallbeispiele breiter und heterogener anzulegen. Vertiefende Schwerpunkte könnten epochal sein, hier könnten die Auswahlkriterien unterschiedliche Entstehungsjahre und Stile sein. Einen vertiefenden Schwerpunkt auf die existierenden pädagogischen Ausrichtungen zu legen, würde bedeuten, als Fallbeispiele Bewegungs-, Offene, Reggio-, Waldorf-, Wald- und weitere verschiedene Kindergärtenausrichtungen in die Forschung aufzunehmen. Weitere Schwerpunkte könnten darüber hinaus auch auf regionale Unterschiede gelegt werden, vor allem auf die durch die politische Geschichte begründeten Unterschiede zwischen Ost- und Westdeutschland, Unterschiede zwischen Stadt- und Landkindergärten oder aber Unterschiede in Kindergärten je nach Stadtviertel, vor allem in Bezug auf soziale Brennpunkte.

Beispielsweise wäre dies in Form eines Forschungsprojektes mit den Kindern denkbar, innerhalb dessen noch einmal näher auf die Kategorien Raum und Materialität eingegangen werden kann. Die Fallstudie zeigt sehr gut, welche Möglichkeiten es gibt, der sozialräumlichen Wirksamkeit von Architektur mithilfe qualitativer Methoden auf die Spur zu kommen. Es wird nun darum gehen, die hier vorgestellte methodische Heuristik mit weiteren Fallstudien auf Anwendung zu prüfen und systematisch weiterzuentwickeln.

Literatur

Beck G, Scholz G (2000) Teilnehmende Beobachtung von Grundschulkindern. In: Heinzel F (Hrsg) Methoden der Kindheitsforschung. Juventa, Weinheim, S 147–170

Bertuzzo ET (2009) Fragmented Dhaka. Franz Steiner, Stuttgart

Beuchling O (2015) Partizipation als Forschungsmodus: Aus der Praxis des teilnehmenden Beobachtens. Int Dialogues Educ Past and Present 2(1):6–25

Dant T (2005) Materiality and society. Open University Press, Maidenhead

Delitz H (2010) Gebaute Gesellschaft: Architektur als Medium des Sozialen. Campus, Frankfurt a. M.

Dirksmeier P (2009) Urbanität als Habitus: zur Sozialgeographie städtischen Lebens auf dem Land. Transcript, Bielefeld

Downs RM, Stea D (1982) Kognitive Karten: die Welt in unseren Köpfen. Harper & Row, New York

Fischer J (2009) Architektur als „schweres" Kommunikationsmedium der Gesellschaft. Aus Polit Zeitgesch 25:7–10

Fischer J, Delitz H (2009) Die Architektur der Gesellschaft: Theorien für die Architektursoziologie. Transcript, Bielefeld

Flick U (2002) Qualitative Forschung Sozialforschung: Eine Einführung, 6. Aufl. Rowohlt, Reinbek bei Hamburg

Flick U (2011) Triangulation. Eine Einführung, 3. Aufl. VS, Wiesbaden

Fuhs B (2000) Kinder im qualitativen Interview – Zur Erforschung subjektiver kindlicher Lebenswelten. In: Heinzel F (Hrsg) Methoden der Kindheitsforschung. Juventus, Weinheim, S 80–103

Gieryn TF (2002) What buildings do. Theor Soc 31(1):35–74. ► https://doi.org/10.1023/A:1014404201290

Gould P, White R (1974) Mental maps. Penguin, Harharmandsworth

Hammersley M, Atkinson P (2007) Ethnography: principles in practice, 3. Aufl. Taylor & Francis, Oxon

Hengst H, Zeiher H (Hrsg) (2000) Die Arbeit der Kinder. Kindheitskonzept und Arbeitsteilung zwischen den Generationen. Juventa, Weinheim

Jacobs JM (2006) A geography of big things. Cult Geographies 13(1):1–27. ► https://doi.org/10.1191/147 4474006eu354oa

Jenkins L (2002) Geography and Architecture 11, Rue Du Conservatoire and the Permeability of Buildings. Space Cult 5(3):222–236. ► https://doi.org/10.1177/1206331202005003003

Latour B (1993) Der Berliner Schlüssel. Erkundungen eines Liebhabers der Wissenschaften. Akademie, Berlin

Latour B (2007) Eine neue Soziologie für eine neue Gesellschaft. Suhrkamp, Frankfurt a. M.

Lefebvre H (1991) The production of space. Blackwell, Malden

Löw M (2001) Raumsoziologie. Suhrkamp, Frankfurt a. M.

Löw M, Sturm G (2005) Raumsoziologie. In: Kessl F, Reutlinger C, Maurer S, Frey O (Hrsg) Handbuch Sozialraum. VS, Wiesbaden, S 31–48

Łukasiuk M, Jewdokimow M (2015) The mutual Influence of architecture and the social in a non-home. In: Müller A-L, Reichmann W (Hrsg) Architecture, materiality and society. Connecting sociology of architecture with science and technology studies. Palgrave Macmillan, Basingstoke, S 48–68

Lynch K (2007) Das Bild der Stadt. Birkhäuser, Basel

Manz K (2015) Sichtbares und Unsichtbares. Raumbilder und Planung – ein Perspektivenwechsel. In: Schlottmann A, Miggelbrink J (Hrsg) Visuelle Geographien. Zur Produktion, Aneignung und Vermittlung von RaumBildern. Transcript, Bielefeld, S 133–145

Massey D (2007) Space, place and gender. Polity, Cambridge u. a.

Mayring P (2000) Qualitative Inhaltsanalyse. Forum Qual Sozialforschung 1(2) (Artikel 20)

Mayring P (2007) Qualitative Inhaltsanalyse. Grundlagen und Techniken. Beltz, Weinheim

McDonald S (2005) Studying actions in context: a qualitative shadowing method for organizational research. Qual Res 5(4):455–473. ► https://doi.org/10.1177/1468794105056923

Müller A-L, Reichmann W (Hrsg) (2015a) Architecture, materiality and society. Connecting sociology of architecture with science and technology studies. Palgrave Macmillan, Basingstoke

Müller A-L, Reichmann W (2015b) The actions of architecture: constituting a new sociology of architecture. In: Müller A-L, Reichmann W (Hrsg) Architecture, materiality and society. Connecting sociology of architecture with science and technology studies. Palgrave Macmillan, Basingstoke, S 215–246

Reckwitz A (2002) The status of the „material" in theories of culture. From „social structure" to „arte-facts". J Theo Soc Behav 32(2):195–217

Reichmann W, Müller A-L (2015). The secrets of architecture's actions. In: Müller A-L, Reichmann W (Hrsg) Architecture, materiality and society. Connecting sociology of architecture with science and technology studies. Palgrave Macmillan, Basingstoke, S 2–23

Reiß W (2000) Die Darstellung des Raumes bei Kindern und Jugendlichen. Kunst + Unterricht 246/247:56–59

Schütze F (1983) Biographieforschung und narratives interview. Neue Praxis 13(3):283–293

Spradley JP (1980) Participant Observation. Thomson Learning, London u. a.

Steets S (2015) Der sinnhafte Aufbau der gebauten Welt: eine Architektursoziologie. Suhrkamp, Berlin

Yaneva A (2008) How buildings „Surprise": the renovation of the Alte Aula in Vienna. Sci Stud 21(1):8–28

12

Freiräume in Schallmoos, Salzburg

Methodologische Überlegungen zur Funktions- und Sozialraumanalyse als Instrument der Landschafts- und Stadtplanung

Doris Damyanovic, Marlene Mellauner, Irene Bittner und Florian Reinwald

© Springer-Verlag GmbH Deutschland, ein Teil von Springer Nature 2018
J. Wintzer (Hrsg.), *Sozialraum erforschen: Qualitative Methoden in der Geographie*,
https://doi.org/10.1007/978-3-662-56277-2_13

13.1 Einleitung

Wem gehören die Freiräume einer Stadt? Das ist keine neue Frage, aber es ist eine Frage, die ihre Aktualität nicht verliert. Alle Freiräume einer Stadt, ob privat oder öffentlich, sind Ausdruck der Menschen, die sie jeden Tag nutzen, gestalten und prägen. Medial stehen meist die öffentlich zugänglichen Freiräume einer Stadt im Fokus, um politische oder gesellschaftliche Phänomene zu beleuchten: Bei Demonstrationen, für Straßenfeste oder als Marktplätze bekommen städtische Freiräume besondere Aufmerksamkeit. In öffentlichen Debatten rücken meist singuläre Ereignisse zur Nutzung öffentlicher Räume in den Vordergrund. Beispielsweise schaffen es kuriose Hypes wie etwa das spontane, digitale Massenspiel Pokémon GO in den sommerlichen Straßen und Parks vieler Städte in die aktuellen Schlagzeilen. Solche singulären Phänomene haben nur entfernt etwas mit dem Alltag in den Freiräumen der (europäischen) Städte zu tun.

Einerseits bezeichnet der Begriff Freiraum in der Landschaftsplanung die vom Menschen hergestellten, physischen Orte im Außenhaus der Städte und Siedlungen (vgl. Hülbusch 2006). Andererseits werden Freiräume in der Landschaftsplanung gleichzeitig als selbstbestimmt wählbare Handlungsmöglichkeiten verstanden (vgl. Hülbusch 1978; Böse 1981; Schneider 1998; Hülbusch 2006; Damyanovic 2007), was in den Sozialwissenschaften handlungstheoretisch als räumliche Aneignungsprozesse beschrieben wird (vgl. Lefebvre 2006; Bourdieu 1991; Löw 2001).

Nutzungsmöglichkeiten und -qualitäten der öffentlichen Freiräume und Aushandlungsprozesse z. B. zwischen Nutzenden, Anwohnenden, Gewerbetreibenden oder Stadtverwaltung für die Produktion von Räumen und Herstellung der urbanen Stadt sind der zentrale Gegenstand im wissenschaftlichen Diskurs der raumbezogenen Wissenschaften. Die Funktions- und Sozialraumanalyse ist ein möglicher Zugang, die Nutzungen und die Alltagsqualitäten für die Menschen in einer Stadt sichtbar zu machen. Die Ergebnisse bieten eine fachliche fundierte Grundlage für die Entscheidungstragenden, um den Blick auf die alltäglichen stadträumlichen Prozesse zu lenken, die zur Lebensqualität einer Stadt beitragen.

Aufbauend auf der Herleitung der Sozialorientierung in der Landschafts- und Freiraumplanung wird im Folgenden die Entwicklung des Instruments der Funktions- und Sozialraumanalyse in dieser und in weiteren raumrelevanten Wissenschaften beschrieben. Anhand des Fallbeispiels *Funktions- und Sozialraumanalyse Schallmoos* in Salzburg (Österreich) werden die Analyseebenen und -methoden, konkrete planerische Empfehlungen sowie Herausforderungen des Instruments dargestellt.

13.2 Sozialorientierung in der Landschafts- und Freiraumplanung

Ausgangspunkt der zunehmend sozial- und alltagsweltlichen Orientierung der Landschafts- und Freiraumplanung ab den 1970er-Jahren ist die zivilgesellschaftliche wie fachliche Kritik an der stadt- und raumplanerischen Theorie und Praxis der funktionsgetrennten Stadt (vgl. Hülbusch 1978; Hülbusch 2006; Böse 1981; Schneider 1998;

Protze und Theiling 2000). Zentrale Kritikpunkte am Leitbild der funktionsgetrennten Stadt sind, dass kleinräumige, ortsspezifische Charakteristika und der Alltag der Menschen vor Ort nicht adäquat berücksichtigt werden. Das Leitbild trägt zur Zersiedelung, zur Versiegelung des Bodens und zu einem immensen Flächenverbrauch bei (Heineberg et al. 2017). So entstehen typischerweise weitläufige, monofunktionale Wohnanlagen als Siedlungserweiterungen fernab von Arbeits- oder Ausbildungsstätten der Menschen. Diese Bauweise verursacht lange, am Auto orientierte Wege und wirkt nachteilig z. B. auf aktive, umweltfreundliche Mobilität wie Zufußgehen oder Radfahren. Die räumliche Trennung von Arbeiten, Wohnen, Mobilität und Freizeit birgt soziale, ökologische wie ökonomische Schwierigkeiten. Heute bekennen sich Planende vermehrt zu einem behutsamen Umgang mit dem Bestand, zu gemischt genutzten, kompakten Stadtvierteln als Arbeits-, Lern- und Wohnorte mit lebendigen Erdgeschosszonen, qualitätsvollen öffentlichen Räumen und einem Miteinander heterogener Stadtgesellschaften (vgl. Jacobs 1993; Gehl 2015). Das hat auch Einfluss auf die Planungsausbildung: Neben den ingenieurwissenschaftlichen und künstlerischen Teilbereichen sind Recht, Ökonomie und Soziologie Teil der Studienrichtungen Stadt-, Landschafts- und Freiraumplanung (vgl. Terlinden 2010). Diese Hinwendung – im speziellen auch der Landschafts- und Freiraumplanung – zu sozialräumlichen und nicht ausschließlich baulich-räumlichen Qualitäten verändert den Fokus der Theorie und Praxis in der Disziplin. Zentral ist ein Verständnis für die gesellschaftliche Raumproduktion beeinflusst durch Geschlecht, Alter, sozialen und kulturellen Hintergrund der Menschen (ebd.). Auch die disziplinspezifische Verwendung des Begriffs *Freiraum*, wie eingangs erwähnt, der die baulich-räumliche wie sozialräumliche Dimension aufeinander bezieht und damit auch Handlungs(-frei-)räume meint (vgl. Böse 1981), erfordert den Bezug zu raumrelevanten sozialwissenschaftlichen Theorien und Methoden.

Ab den 1970er-Jahren verändert sich auch die Raum- und Stadtsoziologie theoretisch wie methodisch deutlich. Die zuvor eher quantitativen, gebietsbezogenen Zugänge zu sozialräumlichen wie demographischen Aspekten naturalisieren Raum als gegebene Umwelt von Menschen und Entstehungs- und Bedeutungszusammenhänge wie z. B. die sozialhistorische, politische wie alltagsweltliche Dimension stadträumlicher Prozesse werden außen vor gelassen. Qualitativ-hermeneutische, konstruktivistische Erweiterungen der Raumtheorien stammen insbesondere von den französischen Soziologen Henri Lefebvre und Pierre Bourdieu und folgen alltagsweltlichen wie handlungstheoretischen Argumentationen. Lefebvre (2006) beschreibt (sozialen) Raum als (sozial) produziert und alltagswirksam. „Raum wird von Menschen zugleich wahrgenommen, konzipiert und gelebt" schreibt die deutsche Soziologin und Stadtforscherin Ulla Terlinden (2010, S. 73) und knüpft damit an Lefebvres triadisches Konzept von wahrgenommenem, konzipiertem und gelebtem Raum und seinen Begriff des *differenziellen Raums* (Lefebvre 1991) an. Lefebvres dreigliedrige Analyse von Raum unterscheidet auf (post-)strukturalistische Weise eine reale, eine imaginäre und eine symbolische Ebene. Die drei Ebenen sind im Alltag und damit in der Raumproduktion jedes Menschen gleichzeitig wirkmächtig. Bourdieu prägt dafür den Begriff des *sozialen Raums,* den er handlungstheoretisch als physischen, sozialen und angeeigneten physischen Raum (Bourdieu 1991) in den Feldern des sozialen, kulturellen und ökonomischen Kapitals versteht.

Parallel zu den sozialorientierten Zugängen in der Landschafts- und Freiraumplanung beziehen sich Sozialgeographinnen und -geographen wie David Harvey (1989), Edward W. Soja (1996), Dolores Hayden (1995), Benno Werlen (1987) und Gerhard Hard (1990) auf die sozialräumlichen Theorien von Lefebvre bzw. Bourdieu. Der sozialgeographische Zugang wird wiederum in der Stadt- und Raumsoziologie (Siebel und Häußermann 2004; Löw et al. 2008) aufgegriffen und führt zu einem relationalen Verständnis von Raum als (An-)Ordnung von Lebewesen und sozialen Gütern an Orten (Löw 2001). Seit den 1990er-Jahren besteht also eine kontinuierliche Zuwendung der Sozialwissenschaften zu raumtheoretischen Fragen, welche als *spatial turn* beschrieben wird. Umgekehrt sind etwa zeitgleich in den raumbezogenen Wissenschaftsdisziplinen wie der Freiraum- und Stadtplanung, Geographie oder Architektur sozial- und kulturwissenschaftliche Zugänge nicht mehr wegzudenken, da der physische Raum erst mit und durch Menschen zum Sozial- und Kulturraum wird.

13.3 Die Funktions- und Sozialraumanalyse in Landschaftsplanung sowie weiteren raumrelevanten Wissenschaften

Die Funktions- und Sozialraumanalyse ist ein Instrument, das planerische und sozialwissenschaftliche Zugänge zu raumrelevanten, ortsbezogenen Fragen kombiniert und das Zusammenspiel von physischem und sozialem Raum erfasst (MA 18 – Stadtentwicklung und Stadtplanung, Magistratsabteilung der Stadt Wien 2012). Die erste Prägung des Begriffs *Sozialraumanalyse (social area analysis)* geht auf die Soziologen Eshref Shevky und Wendell Bell (1949, 1955) zurück, die sich auf die sozialökologische Theorie der Chicagoer Schule der Soziologie beziehen. Die beiden Wissenschaftler entwickeln eine faktorial-statistische, quantitative Methode, um soziodemographische, -ökonomische und -ethnische Daten auf gesamtstädtischer Ebene räumlich, in Zählgebieten zusammengefasst, darzustellen und die damit verbundenen Segregationsprozesse in Städten zu beschreiben. Diese ersten quantitativen Sozialraumanalysen sind nach wie vor Grundlage für die heutigen statistischen Verfahren zum gesamtstädtischen Erfassen von Sozialräumen. In den letzten Jahren hat sich ein aktualisiertes, interdisziplinäres Verständnis insbesondere für kleinräumige, alltags- und handlungsorientierte Sozialraumanalysen entwickelt, bei welchem qualitative Methoden ins Zentrum des empirischen Verfahrens rücken (Riege und Schubert 2002; Spatscheck und Wolf-Ostermann 2016).

Die Erweiterung um den Begriff *Funktions(-raum-)analyse* soll den Bezug zu den raumbezogenen Wissenschaften (Planung, Geographie, Architektur) sowie die (planerische) Praxisorientierung des Analyseinstruments sichtbar machen. *Funktionsraum* nimmt Bezug auf die Sozialgeographie (Lichtenberger 1986, Heineberg 2001) sowie auf den planerischen Diskurs über räumliche Funktionsmischung bzw. -trennung (Protze und Theiling 2000). Welche Funktionen öffentliche Räume für Bewohnende sowie für andere Agierende an einem Ort einnehmen, soll im Zuge einer Analyse aufgezeigt werden. Funktions- und Sozialraumanalysen können beispielsweise vor gestalterischen Eingriffen im öffentlichen Raum, bei komplexen planerischen Herausforderungen oder bei wenig Wissen über spezielle Nutzendengruppen eingesetzt werden. Darüber hinaus können sie als Grundlage für Ausschreibungen von Wettbewerben sowie Beteiligungs- und (politische) Entscheidungsprozesse dienen. Zentral sind eine interdisziplinäre Arbeitsweise und ein spezifisches Methodensetting, um sich einem Ort zu nähern und einen Raum in seiner Komplexität gesamtheitlich und vertiefend zu erfassen. Kennzeichnend dafür ist ein Methodenmix aus quantitativen und qualitativen Methoden zur Bearbeitung des Untersuchungsgebietes, der sich auf vier aufeinander aufbauende Elemente stützt: 1) Interpretation der vorhandenen Daten (Sekundäranalysen), 2) Kartierung der Funktionen und Ausstattung, 3) Beobachtungen von Nutzungen sowie 4) Gespräche mit Fachleuten und Nutzenden.

Auf diese Weise werden konkrete, öffentliche Räume aus unterschiedlichen Blickwinkeln analysiert und die Sicht von Nutzenden auf das Untersuchungsgebiet einbezogen. Dabei ist eine geschlechtsspezifische Sichtweise einzubringen, da von einer ungleichen Beteiligung der Geschlechter aufgrund der existierenden Arbeitsteilung auszugehen ist (Terlinden 2010; MA 18 – Stadtentwicklung und Stadtplanung, Magistratsabteilung der Stadt Wien 2013). Weitere soziale Differenzierungen können z. B. Alter, Bildung, Einkommen oder natio-ethno-kulturelle Zugehörigkeiten sein (MA 18 – Stadtentwicklung und Stadtplanung, Magistratsabteilung der Stadt Wien 2012).

13.4 Fallstudie *Funktions- und Sozialraumanalyse Schallmoos (Salzburg)*

Die Stadt Salzburg ist Hauptstadt des gleichnamigen Bundeslandes und mit mehr als 150.000 Einwohnenden die viertgrößte Stadt Österreichs (◻ Abb. 13.1). Salzburg umfasst 24 Stadtteile, wobei das historische Zentrum (Altstadt auf beiden Uferseiten

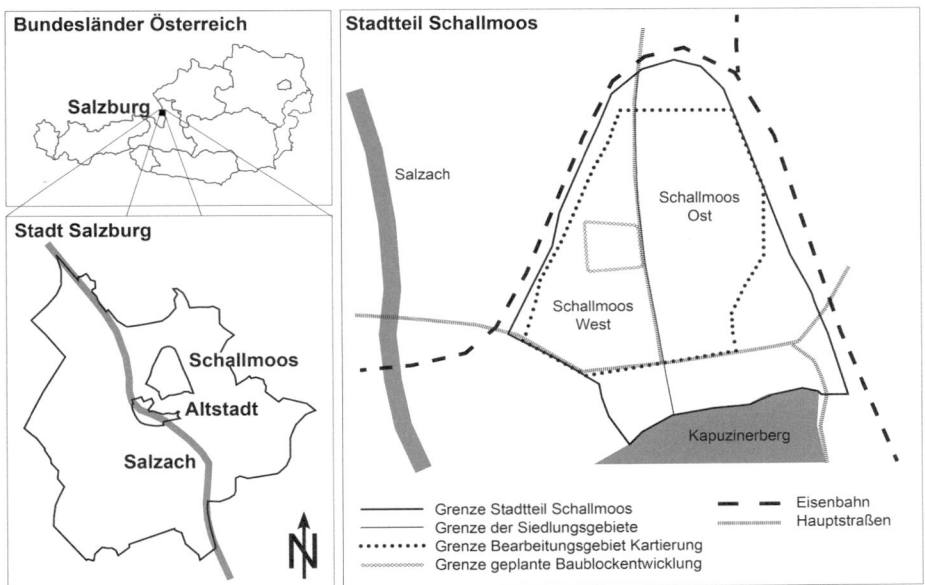

◻ **Abb. 13.1** Beispielhafte Darstellung der empfohlenen Maßnahmen im Handlungsfeld Frei- und Straßenräume sowie Grünflächen. (Eigene Darstellung)

der Salzach) seit 1996 zum Weltkulturerbe nach UNESCO zählt. Nordöstlich der Altstadt und nördlich des Kapuzinerberges liegt der Stadtteil Schallmoos. Das Gebiet zählt zu den jüngeren Stadtteilen und wird von drei Seiten von der Trasse der Eisenbahn umschlossen. Der Stadtteil gliedert sich in Schallmoos West (zentrumsnäher) und Schallmoos Ost (zentrumsferner).

- **Ausgangslage, Ziele und Umsetzung**

Anlass für das Projekt *Funktions- und Sozialraumanalyse Schallmoos* ist eine geplante Baublockentwicklung im Salzburger Stadtteil Schallmoos, der durch den Umbau des Hauptbahnhofs und die Errichtung einer neuen Bahnhofspassage als Arbeits- und Wohnstandort gestärkt wurde. Die *Funktions- und Sozialraumanalyse Schallmoos* dient als Pilotprojekt, um im Vorfeld zu einem geplanten städtebaulichen Wettbewerb die unterschiedlichen Anforderungen der (potenziellen) Nutzenden sowie Anwohnenden an ein städtebauliches und funktionales Zentrum für den Stadtteil zu erarbeiten.

Die zentrale Analyse bezieht sich auf einen Baublock in Schallmoos, der sich durch ein heterogenes Gewerbegebiet mit eingestreuter Wohnnutzung, schlechter Bausubstanz und einer hohen Versiegelung auszeichnet. Das Bearbeitungsgebiet der Fallstudie umfasst den Stadtteil Schallmoos West sowie Teile des Stadtteils Schallmoos Ost. Für die sekundärstatistische Auswertung wird ein größeres Analysegebiet gewählt, um auch angrenzende Nutzende zu erfassen. Begehungen und Befragungen finden im direkten Umfeld zur geplanten Baublockentwicklung statt.

Ziel der *Funktions- und Sozialraumanalyse Schallmoos* ist die Durchführung einer stadtteilbezogenen Analyse unter besonderer Berücksichtigung von bisher im Beteiligungsprozess unterrepräsentierten bzw. nichtrepräsentierten Gruppen sowie Expertinnen und Experten von lokalen Einrichtungen und Initiativen im Stadtteil und von der Stadtverwaltung. Die Identifikation aktueller und potenzieller Gruppe an Nutzenden sowie deren Anforderungen an öffentliche Räume und soziale Infrastruktureinrichtungen stehen im Zentrum. Darüber hinaus soll die Vernetzung und Förderung des Austausches innerhalb der betroffenen Dienststellen des Magistrats der Stadt Salzburg unterstützt werden. Vier zentrale Analyse- und Handlungsfelder leiten die Bearbeitung: 1) Aktuelle und potenzielle Bewohnende sowie Nutzungen, 2) Städtebau und die Funktionen des Stadtquartiers, 3) öffentliche Frei- und Straßenräume sowie Grünflächen und 4) soziokulturelles Angebot.

Die *Funktions- und Sozialraumanalyse Schallmoos* gliedert sich in drei Arbeitsphasen: 1) Annäherung an den Stadtteil, 2) vertiefende Untersuchung des Bearbeitungsgebietes mit Feldarbeiten sowie 3) ableiten der Empfehlungen und Ergebnissicherung. Der Methodeneinsatz unterscheidet sich je nach Arbeitsphase und wird nachfolgend anhand der oben skizzierten vier methodischen Ebenen der Funktions- und Sozialraumanalyse vorgestellt.

13.5 Analyseebenen und -methoden

- **Interpretation vorhandener Daten und Sekundäranalyse raumbezogener statistischer Daten**

Wer lebt im Quartier? Welche soziodemographischen Merkmale weist das Quartier auf? Wer arbeitet im Quartier und wie viele Arbeitsplätze gibt es? Das sind die zentralen Forschungsfragen in diesem Bearbeitungsschritt.

Als Einstieg in die Analyse des Bearbeitungsgebietes erfolgt die Sichtung und Interpretation vorhandener Informationen und Daten. Dazu zählen zum einen Texte und Pläne von bereits durchgeführten Prozessen für die Stadtteilentwicklung wie beispielsweise das Projekt *Partizipative Stadtteilentwicklung – Ideenwerkstatt Schallmoos West* (Emrich et al. 2012). Zum anderen werden die im Untersuchungsgebiet liegenden Zählsprengel nach einzelnen soziodemographischen Merkmalen sekundärstatistisch ausgewertet. Zählsprengel sind dabei die in der amtlichen Statistik Austria kleinsten Gebiete, für die statistische Daten gesondert erhoben werden.

Die Auswertung der Bevölkerungsdaten der Statistik Austria (2011b, 2014) erfolgt im Vergleich des Stadtteils mit der Gesamtstadt hinsichtlich folgender Merkmale. Bevölkerung nach Altersgruppen, Wohnbevölkerung nach Geburtsland und Herkunft,

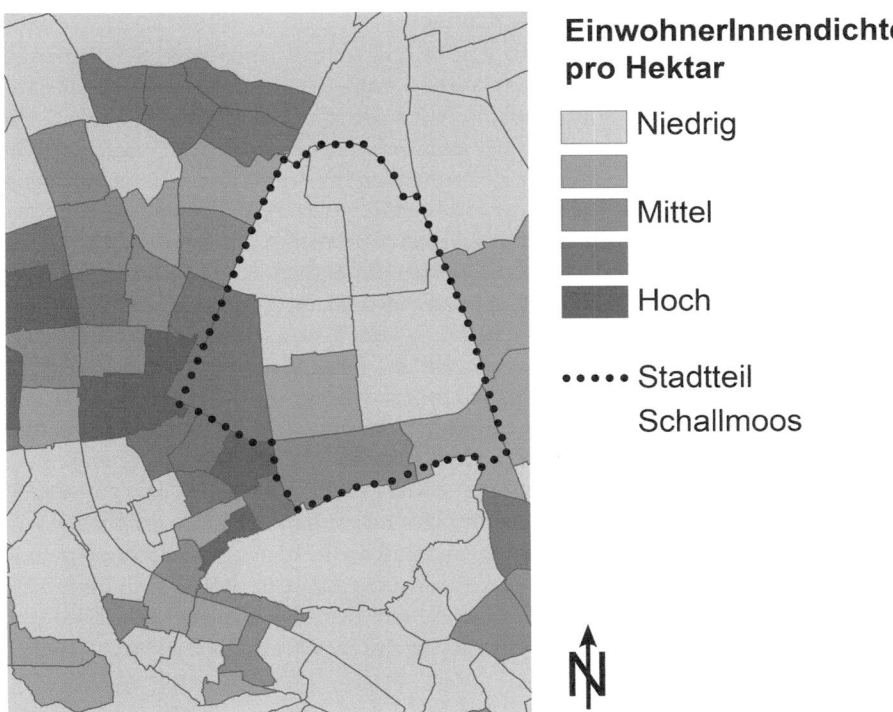

○ Abb. 13.2   Lage der Stadt Salzburg in Österreich und Lage des Untersuchungsgebietes der *Funktions- und Sozialraumanalyse im Stadtteil Schallmoos*. (Eigene Darstellung)

Wohnbevölkerung der Zählsprengel nach Herkunft, Beschäftigte nach beruflicher Stellung und Geschlecht, Arbeitsstätten in Schallmoos. Die dadurch mögliche soziodemographische und sozioethnische Gebietscharakterisierung gibt Auskunft darüber, wer im Bearbeitungsgebiet lebt und arbeitet, wie viele Arbeitsplätze und welche sozialen Unterschiede es innerhalb des Gebietes gibt. Im gesamten Stadtteil Schallmoos leben 9861 Menschen. Das sind 6,7 % der Gesamtbevölkerung Salzburgs (Statistik Austria 2014). Schallmoos ist ein wichtiger Arbeitsplatz: 11.165 Personen, das sind 10,3 % der insgesamt 108.101 Beschäftigten in der Stadt, arbeiten in Schallmoos (Statistik Austria 2011a). Im gesamten Stadtteil leben und arbeiten also mehr als 21.000 Personen.

Im Vergleich zur Gesamtstadt zeigt sich in Schallmoos ein größerer Anteil von Personen mit ausländischer Herkunft (Personen mit ausländischer Herkunft sind entweder im Ausland geboren und/oder besitzen eine ausländische Staatsangehörigkeit). Insbesondere der Anteil an Nicht-EU-Bürgerinnen und -Bürgern (30,44 %) ist im Vergleich zu Gesamtsalzburg (18,54 %) verhältnismäßig hoch. Die größte Gruppe mit ausländischer Herkunft ist mit einem Anteil von 21 % an der Schallmooser Bevölkerung jene aus Ex-Jugoslawien. Schallmoos ist darüber hinaus ein vergleichsweise junger Bezirk. Während der durchschnittliche Anteil der 15- bis 34-Jährigen in Salzburg 25,6 % beträgt, umfasst dieser Bevölkerungsanteil in Schallmoos 31,8 % (◘ Abb. 13.2).

■ **Kartierung der Funktionen und Nutzungen**

Zentrale Forschungsfragen in diesem Bearbeitungsschritt sind: Welche Bebauungsformen gibt es im Bearbeitungsgebiet? Welche Nutzungen gibt es im Gebiet? Welche öffentlichen Freiräume und soziokulturellen Einrichtungen sind vorhanden? Die städtebauliche Gebietscharakterisierung kann räumliche Strukturen, gestalterische Merkmale sowie reale Nutzungen der Bewohnenden im Bearbeitungsgebiet aufzeigen. Es lassen sich Qualitäten der Bebauung und Freiräume für die Nutzenden beschreiben und Thesen und Fragen zum Bearbeitungsgebiet formulieren. Im Zuge der *Funktions- und Sozialraumanalyse Schallmoos* werden zwei Erhebungsschwerpunkte gesetzt: 1) Kartierung der Bau- und Freiraumstrukturen sowie 2) die Erfassung der Nutzungen und Funktionen des Untersuchungsgebietes. Die Kartierungen erfolgen anhand eines im Vorfeld festgelegten Kartierungsschlüssels. Im Folgenden werden die Ergebnisse der Kartierung sowie der Nutzungserfassung vorgestellt.

Bei der Kartierung der unterschiedlichen Bau- und Freiraumstrukturen werden unterschiedliche Bebauungsformen (von freistehenden Ein- und Mehrparteienhäusern über gründerzeitliche Blockrandbebauung sowie Zeilenbebauung bis hin zu Sonderformen), öffentliche und soziokulturelle Einrichtungen und Freiflächen erhoben.

Ergebnis ist, dass das Untersuchungsgebiet durch eine heterogene Bebauungs- und rasterförmige Erschließungsstruktur gekennzeichnet ist. Die Straßenfreiräume sind meist sehr großzügig dimensioniert (zwei Fahrstreifen, beidseitige Parkstreifen und Gehwege) und verlaufen größtenteils im Raster, wodurch eine hohe Durchlässigkeit erreicht wird. Es gibt vier dominante Bebauungsstrukturen: 1) durch überwiegend Geschoßwohnungsbauten geprägte Bereiche, 2) durch Einfamilienhäuser und Geschosswohnungsbauten, 3) durch eine heterogene Mischung aus Gewerbebebauung sowie vereinzelte Einfamilienhäuser und Geschosswohnungsbauten sowie 4) durch eine Gewerbebebauung mit vereinzelten Einfamilienhäusern und Geschosswohnungsbauten (Reinwald et al. 2015). Die Bewohnenden verfügen über unterschiedliche private Freiräume wie beispielsweise Gärten oder Balkone. Öffentliche Freiräume wie Parks und Spielplätze sind im Quartier vorhanden, (öffentliche) Plätze fehlen hingegen.

Die Realnutzungskartierung zeigt die parzellenscharfe Nutzung im Bearbeitungsgebiet, wobei zwischen reiner Wohnnutzung, Wohnen und Gewerbe im Sinne einer Mischnutzung auf der Parzelle, diversen gewerblichen Nutzungen sowie öffentlichen und soziokulturellen Einrichtungen und Freiflächen unterschieden wird. Zusammengefasst zeigt sich, dass der westliche Teil von Schallmoos durch Wohnnutzung, der zentrale Bereich durch eine Nutzungsmischung von Wohnen, Gewerbe, Dienstleistung und Handel – vor allem entlang der Hauptstraßen – sowie der östliche Teil tendenziell durch (großflächige) Gewerbe-, Dienstleistungs- und Handelsbetriebe geprägt ist. Auch können innerhalb der überwiegend durch Wohnnutzung geprägten Teile Bereiche identifiziert werden, die eine Veränderungsdynamik zeigen, (z. B. Einfamilienhausgebiete mit Nachverdichtungen, Bauerwartungsland) oder Bereiche, die für die Nahversorgung wichtig sind.

- **Beobachtungen von Nutzungen**

Die zentrale Forschungsfragen in diesem Bearbeitungsschritt lauten: Welche Gruppen nutzen den öffentlichen Raum und die Straßenfreiräume? Wie werden die Räume genutzt? Welche (Haupt-)Bewegungslinien sind vorhanden? Welche Orte bzw. Ziele werden aufgesucht?

(Teilnehmende) Beobachtungen können menschliche Handlungsweisen und Nutzungen oft besser erheben als Befragungen. Das Bearbeitungsteam wohnt im Zuge der Feldarbeiten einige Tage in einer Pension im Quartier, um den Alltag der Bewohnenden sowie deren Nutzungen zu beobachten. Um die Nutzungen sowie Nutzenden in quantitativer Hinsicht und speziell im Tagesverlauf zu erheben, werden zahlreiche Beobachtungen und Begehungen im Untersuchungsgebiet durchgeführt. Diese Methoden ermöglichen es, die Aneignung des öffentlichen Raumes zu erheben und eine Überprüfung der Ergebnisse der statistischen Sekundärauswertung vorzunehmen. Beispielhaft sei dafür der Vergleich der aufgrund der statistischen Analyse erwarteten mit den real angetroffenen Nutzenden genannt.

Im Rahmen der Feldarbeiten erfolgen neun Beobachtungsrunden mit sechs Standorten, an denen mithilfe eines Beobachtungsbogens folgende Aspekte erhoben werden: Datum, Uhrzeit, Wetter, Anzahl Personen, Aufenthaltsorte, beobachtete Tätigkeiten, beobachtete Interaktionen, Bewegungslinien bzw. Orte/Ziele, sonstige Aufmerksamkeiten/Auffälligkeiten. Die Beobachtungsrunden finden an unterschiedlichen Tagen (Mittwoch, Donnerstag, Freitag), zu verschiedenen Tageszeiten (zwischen 7 und 22 Uhr) und bei unterschiedlichen Wetterbedingungen statt (sonnig/warm bis leichter Regen/kühl). Zudem gibt es drei zusätzliche Beobachtungsrunden gezielt in den Nachtstunden, um die im Vergleich zum Tag unterschiedlichen Nutzungen und Nutzenden zu erheben. Die Beobachtungen zeigen, dass sich mit Ausnahme eines großen Parks relativ wenige Personen in den öffentlichen (Straßen-)Freiräumen aufhalten. Auffällig ist dabei, dass es keine Angebote zum Verweilen gibt, z. B. Sitzbänke. Es können wichtige Bewegungsachsen von Radfahrenden und Zufußgehenden identifiziert werden. Auch zeigen sich im Tagesverlauf unterschiedliche Nutzende: So können z. B. nächtliche Schlafplätze oder Treffpunkte von marginalisierten Gruppen wie etwa Obdachlosen oder Prostituierten erfasst werden.

- **Gespräche mit Nutzenden und Personen mit Expertise**

Zentrale Forschungsfragen in diesem Bearbeitungsschritt sind: Welche Bereiche werden warum genutzt? Welche Qualitäten und Mängel gibt es im Quartier? Welche Gruppen sind stark vertreten? Für welche Gruppen gibt es kein Angebot? Welche bestehenden Einrichtungen sind wichtig? Welche Einrichtungen wären für das Quartier wichtig? Welche Agierenden sollten in die Entwicklung und Umsetzung mit einbezogen werden?

Gespräche mit Nutzenden vor Ort dienen der Einbeziehung von Qualitäten und Anforderungen an den Stadtteil aus einer Alltagsperspektive der Menschen und zeigen Stimmungsbilder auf: Es finden 27 Kurzinterviews mit Personen im öffentlichen Raum und sechs Kurzinterviews mit Gewerbetreibenden (Trafik [Kiosk], Pension, Fahrradgeschäft, Restaurant, Hausmeister) statt. Zudem werden Interviews 18 Fachleuten geführt. Sie arbeiten in lokalen, sozialen wie auch Kunst-, Kultur- und Bildungsinitiativen, öffentlichen und soziokulturellen Einrichtungen im Stadtteil, Einrichtungen der Jugendarbeit und religiösen Vereinigungen oder auch in der Stadtverwaltung.

Mithilfe eines Befragungsbogens werden im Zuge der Kurzinterviews folgende Aspekte dokumentiert: Angaben zu Person (Alter, Geschlecht), Anlass für den Besuch, Häufigkeit des Besuchs, Nutzung bestimmter Einrichtungen, Beschreibung des Stadtteils in drei Worten, Einschätzung des Stadtteils (was gefällt gut, was weniger, was wird geschätzt, was stört), Einschätzung, wer den Stadtteil nutzt (wer ist auf der Straße unterwegs), Wünsche an eine soziokulturelle Einrichtung im Zentrum.

Ergebnis ist, dass die Befragten den Stadtteil aufgrund seiner zentralen Lage in der Stadt, der abseits der Hauptstraßen guten Wohnqualität sowie der guten Verkehrsanbindungen schätzen. Die bestehenden öffentlichen Freiräume haben eine gute Qualität und werden intensiv genutzt. Auch das breite Angebot an Supermärkten und Handelsbetrieben unterstützt die Bewohnenden sowie Nutzenden im Alltag. Die heterogene Bevölkerungsstruktur sowie zahlreiche soziale und religiöse Einrichtungen ergeben laut der Befragten einen „bunten Stadtteil". So werden auch Nutzungskonflikte genannt – etwa im Park, wo Familien mit Kindern auf größere Gruppen von Jugendlichen und Gruppen von bettelnden Personen treffen.

Der Interviewleitfaden für die Interviews beinhaltete offene, erzählgenerierende Fragen zu folgenden Themen: Personen und Gruppen im Quartier, Anforderungen der Bewohnenden an öffentliche Straßen und Freiräume sowie soziale und gemeinschaftliche Infrastruktur. In den 45 bis 60 min. dauernden Interviews werden auch

13

unterschiedliche Sichtweisen auf das Quartier und Einschätzungen des sozialen Miteinanders thematisiert.

Die befragten Personen beschreiben Schallmoos als einen Stadtteil, in dem sich Gewerbe- und Industriebetriebe sowie Wohnbau in unmittelbarer Nachbarschaft zueinander und in großer Durchmischung finden. Außenstehende, so die Einschätzungen der Interviewten, nehmen das Gebiet häufig vorrangig als Gewerbe- und Industriegebiet. Dass hier auch viel gewohnt wird und dass das Wohnen in Schallmoos sehr hohe Qualität besitzt, werde dabei oft übersehen. Die hohe Durchmischung sowohl der Wohnbevölkerung in Hinblick auf ihren kulturellen, sozialen und ökonomischen Hintergrund als auch der Bau- und Freiraumstrukturen wird positiv gesehen. Die befragten Fachleute nennen verschiedene Herausforderungen: etwa das verstärkte Verkehrsaufkommens im Stadtteil, die Straßenprostitution im Wohnviertel oder das Fehlen einer stadtteilübergreifenden Identität. Der Stadtteil ist laut der Befragten durch Veränderungsprozesse gekennzeichnet (Nachverdichtung, Umnutzung etc.) und es sind erste Gentrifizierungstendenzen spürbar.

13.6 Erkenntnisse und Empfehlungen

Der Stadtteil Schallmoos steht nach langer Zeit wieder im Fokus des öffentlichen Interesses. In Kombination mit verhältnismäßig niedrigen Grundstückspreisen hat sich ein Stadtteil mit einer heterogenen Bevölkerungsstruktur, einem breiten Bebauungsspektrum und einer großen Bandbreite an spezialisierten Geschäften, Betrieben und Nutzungen entwickelt. Aufbauend auf die Funktions- und Sozialraumanalyse werden konkrete Maßnahmen für die vier Analyse- und Handlungsfelder 1) Bewohnende, anderweitig Nutzende sowie Nutzungen, 2) Städtebau und die Funktionen des Stadtquartiers, 3) Frei- und Straßenräume sowie Grünflächen sowie 4) soziokulturelles Angebot formuliert. Dazu werden die sektoralen Analyseergebnisse in einem iterativen Prozess zusammengeführt und aufeinander bezogen. Die Analyse und Interpretation erfolgen durch das Bearbeitungsteam und die Ergebnisse aus den stufenweisen, durchgeführten Erhebungen und Auswertung werden mit der interdisziplinären Arbeitsgruppe aus Vertretenden unterschiedlicher Dienststellen der Stadt Salzburg diskutiert und reflektiert. Wichtig ist dabei, direkte Bezüge zwischen der Analyse und den ausgesprochenen Empfehlungen herzustellen. Basierend auf den Ergebnissen der verschiedenen qualitativen und quantitativen Erhebungs- und Analysemethoden werden maßgeschneiderte Empfehlungen für den Stadtteil formuliert.

Der Stadtteil Schallmoos ist von unterschiedlichen Entwicklungen und Veränderungen geprägt, etwa viele Neubaubereiche oder die neue zentrale Lage durch Anbindung an den Hauptbahnhof und daraus resultierende Gentrifizierungsprozesse. Es ist daher ein Ansetzen in verschiedenen Handlungsfeldern nötig, um die bestehenden Qualitäten zu erhalten und die Lebensqualität weiter zu verbessern. Die Empfehlungen umfassen Beiträge zu den vier oben genannten Handlungsfeldern.

Empfehlungen sind u. a. die Etablierung eines funktionalen und lokalen Zentrums für den Stadtteil Schallmoos mit einem öffentlichen Platz und soziokulturellen

Einrichtungen, die das Miteinander der unterschiedlichen Bevölkerungsgruppen im Stadtteil fördern können und Begegnung unabhängig von individuellen religiösen oder kulturellen Einrichtungen ermöglichen. Auch eine Aufwertung der Straßenfreiräume, eine Verbesserung der Aufenthaltsqualitäten und eine Differenzierung des Freiraumangebotes in Bezug zu den potenziellen Gruppen von Nutzenden, die in das Quartier zuziehen werden, werden empfohlen (◘ Abb. 13.3).

13

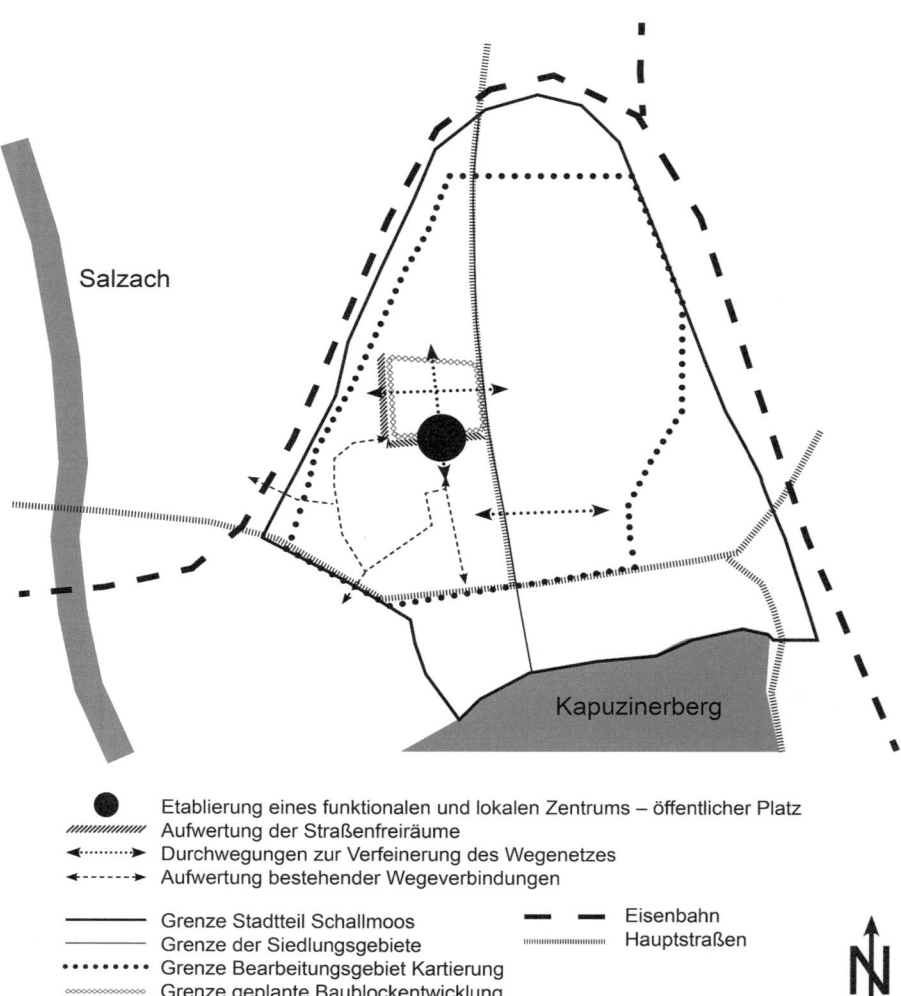

● Etablierung eines funktionalen und lokalen Zentrums – öffentlicher Platz
▨ Aufwertung der Straßenfreiräume
◀········▶ Durchwegungen zur Verfeinerung des Wegenetzes
◀------▶ Aufwertung bestehender Wegeverbindungen

────── Grenze Stadtteil Schallmoos   ── ── Eisenbahn
────── Grenze der Siedlungsgebiete   ▨▨▨▨ Hauptstraßen
●●●●●●●● Grenze Bearbeitungsgebiet Kartierung
∞∞∞∞∞∞ Grenze geplante Baublockentwicklung

N

◘ **Abb. 13.3** Ausschnitt der Karte zu den Dichten der Einwohnenden im Untersuchungsgebiet im Vergleich zu den angrenzenden Zählsprengeln in der Stadt Salzburg – schematische Darstellung. (Quelle: Statistik Austria 2014, eigene Berechnung und Darstellung)

13.7 Schlussfolgerungen

Wie am Fallbeispiel Schallmoos dargestellt, ermöglicht das planerische Instrument der Funktions- und Sozialraumanalyse dem Bearbeitungsteam die unterschiedlichen Anforderungen, Nutzungen und Funktionen eines gesamten Stadtteils zu erheben und Wechselwirkungen zwischen gebautem Raum und den Menschen vor Ort besser zu verstehen. Das spezifische Methodensetting aus quantitativen und qualitativen Methoden sowie planerischen und sozialwissenschaftlichen Erhebungs- und Analysemethoden ist dabei ausschlaggebend, um einen „Blick von allen Seiten" einzubringen. Diese Herangehensweise bezieht vor allem die unterschiedlichsten Perspektiven von Nutzenden auf den Stadtteil ein. Daher sind die vier vorgestellten Analyseebenen des Instruments – Interpretation der vorhandenen Daten, räumliche Kartierungen der Ausstattung und Nutzungen, Beobachtungen und Gespräche mit Nutzenden sowie mit lokalem Fachpersonal – und das Aufeinanderbeziehen der Analyseergebnisse entscheidend in der Anwendung dieses methodologischen Ansatzes.

Der Zugang beruht auf einer interdisziplinären gemeinsamen Interpretation, die unterschiedlichen Erhebungsergebnisse und Analyseerkenntnisse verknüpft und verzahnt betrachtet. Die Verschneidung der Ergebnisse aus räumlichen und sozialwissenschaftlichen Erhebungen ermöglicht ein besseres Verständnis des Zusammenhangs zwischen dem physischen Raum und den Aneignungsprozessen zur alltäglichen Produktion und Reproduktion der Räume. Diese Arbeitsschritte bedürfen der methodischen und theoretischen Erfahrungen des Bearbeitungsteams. In der vorgestellten Studie sind die Teammitglieder mit der interdisziplinären Arbeitsweise vertraut und arbeiten schon seit einigen Jahren zum Thema Sozialraum.

Um das Alltagsleben im Untersuchungsgebiet besser zu erfassen und sich auch gemeinsam auf das neue Gebiet einzulassen, wohnte das Team während der Erhebungsphase in einer Pension im Bearbeitungsgebiet (Witthöft und Dangschat 2011). Die Herausforderung in der Umsetzung dieses Projektes lag darin, die Empfehlungen und Vorgaben für die Fortsetzung des Planungsvorhabens zu formulieren. Dabei ist entscheidend, die Analyseergebnisse von den Planungsmaßnahmen klar zu trennen. Die Ableitung von der Analyse zur Maßnahme wird textlich und in Plänen nachvollziehbar erklärt und dargestellt. Zentrale Ergebnisse sind die derzeitigen Qualitäten sowie die zukünftigen Anforderungen an den Raum in Schallmoos.

Ein Wissensaustausch mit den zuständigen Planungsabteilungen (z. B. Stadtplanung und Stadtgartenamt) und Fachabteilungen (z. B. Soziales, Integration, Bildung und Kultur) ist Grundlage für die Implementierung der Erfahrungen und Ergebnisse vor Ort. Diese transdisziplinäre Zusammenarbeit und das meist geringe Zeitbudget bei der Durchführung dieser angewandten Forschungsprojekte (von der Analyse zu Planungsprinzipien in der Praxis) ist eine der größeren Herausforderungen. Daher ist ein abgestimmtes Konzept zur Koordination und zum Austausch für eine nachhaltige Einbindung der Ergebnisse eine der Kernanforderungen im Forschungsdesign eines Projekts. Im Ablauf hat sich eine stufenweise Durchführung der Erhebungen und Auswertungen mit wiederkehrenden Reflexionsschleifen im Projektteam sowie mit den involvierten Fachabteilungen bewährt.

Das Instrument der Funktions- und Sozialraumanalyse mit seinem differenzierten Methodensetting lässt sich, wie die Erfahrungen in zahlreichen Umsetzungsprojekten zeigen, auf verschiedenen Maßstabsebenen (Baublock bis Stadtteil) sowie in verschiedenen Planungsfeldern (z. B. Städtebau, öffentliche Räume, soziale Infrastruktur) erfolgreich einsetzen. Der zentrale Vorteil des *mixed-methods*-Ansatzes liegt in dem in Beziehung setzen der Ergebnisse unterschiedlicher qualitativer und quantitativer Methoden und Zugänge, um so einen „differenzierten Blick" unter Berücksichtigung sozialer und räumlicher Aspekte auf einen Stadtteil zu erreichen (Damyanovic 2007; MA 18 – Stadtentwicklung und Stadtplanung, Magistratsabteilung der Stadt Wien 2012; Creswell 2014; Kuckartz 2014).

Acknowledgement
Wir danken der Auftraggeberin Stadt Salzburg mit der Abteilung 05-Raumplanung und Baubehörde und 0503-Amt für Stadtplanung und Verkehr für die Finanzierung der Fallstudie.

Literatur

Böse H (1981) Die Aneignung von städtischen Freiräumen: Beiträge zur Theorie und sozialen Praxis des Freiraums. GhK Gesamthochschule Kassel. Arbeitsberichte des Fachbereichs Stadtplanung und Landschaftsplanung. Heft 22, Kassel

Bourdieu P (1991) Physischer, sozialer und angeeigneter physischer Raum. In: Wentz M (Hrsg) Stadt-Räume. Die Zukunft des Städtischen. Campus, Frankfurt a. M.

Creswell JW (2014) Research design: qualitative, quantitative, and mixed methods approaches. Sage, Thousand Oaks

Damyanovic D (2007) Landschaftsplanung als Qualitätssicherung zur Umsetzung der Strategie des Gender Mainstreaming. Dissertation, Universität für Bodenkultur Wien, Guthmann Peterson, Wien

Emrich H, Herschkowitz S, König S, Emrich Consulting (2012) Partizipative Stadtteilentwicklung „Ideenwerkstatt SchallmoosWest", Endbericht inkl. Anhang, Wien

Gehl J (2015) Städte für Menschen. Jovis, Berlin

Hard G (1990) Disziplinbegegnung an einer Spur. In: AG Freiraum und Vegetation (Hrsg) Hard-Ware, Notizbuch 18 der Kasseler Schule, Kassel, S 1–53

Harvey D (1989) The condition of postmodernity. An enquiry into the origins of cultural change. Blackwell, Oxford

Häußermann H, Siebel W (2004) Stadtsoziologie. Eine Einführung. Campus, Frankfurt a. M.

Hayden D (1995) The power of place. Urban landscape as public history. MIT Press, Cambridge

Heineberg H (2001) Grundriß Allgemeine Geographie: Stadtgeographie. Ferdinand Schöningh und Paderborn, München

Heineberg H unter Mitarbeit von Kraas F, Krajewksi C (2017) Stadtgeographie, 5. Aufl. Ferdinand Schöningh, Paderborn

Hülbusch IM (1978) Innenhaus und Außenhaus. Umbauter und sozialer Raum. Schriftenreihe der Organisationseinheit Architektur-Stadtplanung-Landschaftsplanung, Gesamthochschule Kassel 01, Heft 33, Kassel

Hülbusch KH (2006) Notizbuch der Kasseler Schule. Paradigmatische Anmerkungen. In: AG Freiraum und Vegetation (Hrsg) Von Zeit zu Zeit. Bd 1. Notizbuch 70 der Kasseler Schule, Kassel (Erstveröffentlichung 1986)

Jacobs J (1993) Tod und Leben großer amerikanischer Städte. Bauwelt Fundamente, Bd 4. Ullstein, Berlin (Erstveröffentlichung 1963)

Kuckartz U (2014) Mixed Methods. Methodologie, Forschungsdesigns und Analyseverfahren. Springer VS, Wiesbaden

Lefebvre H (1991) The production of space. Wiley-Blackwell, Malden (Erstveröffentlichung 1974)

13

Lefebvre H (2006) Die Produktion des Raums. [Orig. 1974]. In: Dünne J, Günzel S (Hrsg) Raumtheorie. Grundlagentexte aus Philosophie und Kulturwissenschaft. Suhrkamp, Frankfurt a. M., S 330–342 (Erstveröffentlichung 1974)

Lichtenberger E (1986) Stadtgeographie – Bd 1: Begriffe, Konzepte, Modelle, Prozesse. Teubner Studienbücher der Geographie. B. G. Teubner, Stuttgart

Löw M (2001) Raumsoziologie. Suhrkamp, Frankfurt a. M.

Löw M, Steets S, Stoetzer S (2008) Einführung in die Stadt- und Raumsoziologie, 2. Aufl. UTB Barbara Budrich, Opladen

MA 18 – Stadtentwicklung und Stadtplanung, Magistratsabteilung der Stadt Wien (Hrsg) (2012) Raum erfassen. Überblick und Wegweiser zu Funktions- und Sozialraumanalysen für den öffentlichen Raum. Werkstattbericht Nr. 128, Wien

MA 18 – Stadtentwicklung und Stadtplanung, Magistratsabteilung der Stadt Wien (Hrsg) (2013) Gender Mainstreaming in der Stadtplanung und Stadtentwicklung. Werkstattbericht Nr. 130, Wien

Protze K, Theiling C (2000) Lebenswerte Stadtquartiere. Lehren aus der Stadt- und Verkehrsplanung für Städte von morgen. AG Landschafts- und Freiraumplanung. Friedrich-Ebert-Stiftung, Bonn

Reinwald F, Mellauner M, Gruber S, Damyanovic D (2015) Funktions- und Sozialraumanalyse Schallmoos. Schallmoos aus sozialräumlicher Sicht und Empfehlungen zum Städtebau, den öffentlichen Freiräumen sowie dem Impuls.Raum.Schallmoos. unveröffentlichter Endbericht im Auftrag der Stadt Salzburg, 05-Raumplanung und Baubehörde und 0503-Amt für Stadtplanung und Verkehr, Salzburg

Riege M, Schubert H (2002) Sozialraumanalyse: Grundlagen – Methoden – Praxis. VS Verlag, Wiesbaden

Schneider G (1998) Die Liebe zur Macht. Über Reproduktion der Enteignung in der Landespflege. Schriftenreihe des Arbeitsbereichs Landschaftsplanung, Bd 1. Universität für Bodenkultur Wien, Wien (Erstveröffentlichung 1989)

Shevky E, Bell W (1949) The social areas of Los Angeles: analysis and typology. University of California Press, Berkeley

Shevky E, Bell W (1955) Social area analysis: theory, illustrative application and computational procedure. Stanford University Press, Stanford

Soja EW (1996) Thirdspace: journeys to Los Angeles and other real-and-imagined places. Blackwell, Oxford

Spatscheck C, Wolf-Ostermann K (2016) Sozialraumanalysen. Ein Arbeitsbuch für soziale, gesundheits- und bildungsbezogene Dienste. UTB Barbara Budrich, Opladen

Statistik Austria (2011a) Arbeitsstättenzählung 2011

Statistik Austria (2011b) Registerzählung 2011 (Demographie, Erwerbsstatus und Bildung; Haushalte und Familien)

Statistik Austria (2014) Bevölkerungsstand 2014

Terlinden U (2010) Soziologie und Räumliche Planung. Zur Notwendigkeit des Wissens über die gesellschaftliche Raumproduktion und Geschlechterkonstruktionen. In: Harth A, Scheller G (Hrsg) Soziologie in der Stadt- und Freiraumplanung: Analysen, Bedeutung und Perspektiven. VS Verlag, Wiesbaden, S 69–86

Werlen B (1987) Gesellschaft, Handlung und Raum: Grundlagen handlungstheoretischer Sozialgeographie. Erdkundliches Wissen: Schriftenfolge für Forschung und Praxis, Bd 89. Steiner, Wiesbaden

Witthöft G, Dangschat J (2011) Bericht zur sozial nachhaltigen Ausgestaltung des Erneuerungsprozesses der Heinrich-Lübke-Siedlung, Frankfurt/Praunheim. Unveröffentlichte Studie im Auftrag der ABG Frankfurt Holding. TU Wien, Wien

Sprache und Diskurse

Inhaltsverzeichnis

Die Bedeutung gesprächsanalytischer Zugänge für qualitative empirische Forschung und Lehrendenbildung in der Geographie

Inken Carstensen-Egwuom und Birte Schröder

© Springer-Verlag GmbH Deutschland, ein Teil von Springer Nature 2018
J. Wintzer (Hrsg.), *Sozialraum erforschen: Qualitative Methoden in der Geographie*,
https://doi.org/10.1007/978-3-662-56277-2_14

14.1 Einleitung

Im Zuge des sogenannten *cultural* und *linguistic turn* geht die geographische Forschung stärker auf Prozesse der sprachlich-symbolischen Bedeutungskonstitution ein (Wintzer und Wastl-Walter 2016, S. 278). Diskursanalytische Studien stützen sich meist auf Daten aus medialen und wissenschaftlichen Kontexten und analysieren die alltägliche sprachliche (Re-)Produktion von Räumen, Abgrenzungen und Zugehörigkeiten (vgl. Felgenhauer 2007; Mattissek 2008; Schlottmann 2005; Husseini de Araújo 2011; Wintzer 2014). Qualitative Studien mit einem Interesse an sozialräumlicher und kultureller Zugehörigkeit stützen sich meist auf objektiv-hermeneutische Feinanalysen und die Analyse narrativer Identität auf der Basis von gesprochensprachlichem Datenmaterial aus Interviewstudien (vgl. Pott 2002; Pütz 2004; Didero 2014). Methodisch ist durch diese Arbeiten die sprachliche Feinanalyse von Brüchen, Inkonsistenzen und Verhandlungen in den Fokus gerückt. Der Fokus auf Feinheiten, Brüche und Heterogenitäten stellt methodisch in den Vordergrund, was aus einer postkolonialen und poststrukturalistischen Theorieperspektive zu erwarten ist: Subjekte und Identitäten sind ein Produkt von beständig neu verhandelten, unvollständigen Abgrenzungen und prekären Zuordnungen (Mattissek 2009, S. 290; Didero 2014, S. 127). In diesem Beitrag knüpfen wir an diese sprachlichen Analysen aus der Geographie an. Eine Erweiterung des methodischen Spektrums schlagen wir durch Bezüge zu gesprächsanalytischen Ansätzen aus der interaktionalen Soziolinguistik vor, welche die Besonderheiten der Zugehörigkeitskommunikation in der alltäglichen mündlichen Interaktion stärker betont als die bisher genannten Methoden.

Der vorliegende Beitrag wird erstens das Erkenntnispotenzial von Gesprächsanalyse als Teil qualitativer Methoden an einem Beispiel von Zugehörigkeitskommunikation einführen. Dieses Beispiel verdeutlicht, mit welchen Schritten und Vorgehensweisen ein kleines Gesprächssegment analysiert werden kann. Zweitens wird die so vorgestellte Gesprächsanalyse in Relation zu derzeit primär angewendeten qualitativen Methoden in der Geographie gestellt. Drittens zeigen wir die besondere Bedeutung gesprächsanalytischer Kompetenzen für die Lehrendenbildung in der Geographie auf.

14

14.2 Gesprächsanalytische Zugänge: exemplarische Feinanalyse mit dem Fokus auf Zugehörigkeitskommunikation

Die Analyse von Zugehörigkeitskommunikation setzt einen Fokus auf die Verhandlung von Differenzkategorien, die aus postkolonialer und poststrukturalistischer Perspektive jeweils als ambivalent, widersprüchlich, temporär verstanden werden (vgl. Mattissek 2009, S. 279). Während Annika Mattissek (2009) sich in ihren Analysen auf schriftsprachliche Daten stützt, zeigen wir, dass feinanalytische Arbeit auch bei der Analyse von Gesprächsinteraktionen wie z. B. biographische oder stärker formalisierte Interviews, Gruppendiskussionen oder informelle Gespräche vielversprechend ist.

Das Gesprächsbeispiel stammt aus einem Gruppeninterview im Rahmen des Chemnitzer Teilprojekts des EU-Forschungsprojekts *Searching for Neigbours* (Sefone).

Dieses Projekt befasst sich von 2007 bis 2010 mit geopolitischen und sprachlich-kommunikativen Grenzziehungen an verschiedenen Orten in Europa.[1] Das hier in Ausschnitten analysierte Interview führt Inken Carstensen-Egwuom im März 2009 mit zwei Mosambikanern (im Interviewtranskript mit J und D maskiert). Die Interviewerin (im Transkript mit I gekennzeichnet) zieht im Jahr 2000 aus Nordwest-deutschland nach Chemnitz, die Interviewpartner kommen in den 1980er-Jahren als Vertragsarbeiter (D) und als Stipendiat (J) in die DDR. Beide leben zunächst in kleineren sächsischen Gemeinden und absolvieren eine Ausbildung bzw. einen Sprachkurs, bevor sie zum Arbeiten bzw. Studieren nach Chemnitz kommen.

Unsere Analyse bezieht sich auf die Frage: Wie artikulieren und positionieren sich die Beteiligten (auch die Interviewerin) in Bezug aufeinander und im gesellschaftlichen Kontext der bundesdeutschen Migrationsgesellschaft. Wir zielen damit auf die Zugehörigkeitskategorien, die in der Interaktion benannt werden. Besonderes Interesse liegt auf der Zug um Zug entstehenden Klärung und Relevanz von Kategorien in der konkreten Interaktion. Die Zugehörigkeitsanalysen ergeben sich in wesentlichen Teilen aus dem Material selbst, nicht aus den von außen herangetragenen Kategorien.

Das Gruppeninterview dauert etwas mehr als anderthalb Stunden. Der analysierte Ausschnitt wird ungefähr eine halbe Stunde nach Gesprächsbeginn geäußert. Ca. zehn Minuten vorher stellt die Interviewerin folgende Frage vor allem an D: „Mich interessiert auch noch, wie die Aufnahme bei den Kollegen im Betrieb war und auch im Zusammenleben mit den Deutschen im Allgemeinen." In den zehn Minuten nach dieser Frage (und vor dem hier zitierten Interviewausschnitt) beschreiben D und J gemeinsam die Wohnheime und die Aufnahme in der DDR und sprechen über Verbindungen zwischen der DDR und Mosambik sowie Maschinenexporte aus der DDR nach Mosambik. Zu Beginn des Ausschnitts (◖ Abb. 14.1) ergreift D das Wort. Mit den pausenfüllenden Verzögerungspartikeln `hm´ ja: (-) ja:` (Z. 1) wird angezeigt, dass mit dieser Äußerung etwas Neues kommt.

Mit der Einleitung des *turn* von D `was integration betrifft hier` (Z. 1) wird das Thema der folgenden Aussagen benannt. Mit dem Begriff der `integration` bezieht sich D dezidiert auf den hegemonialen Diskurs bezüglich der Zuwanderung und dem gesellschaftlichen Umgang mit Migration nach Deutschland. Das `hier` präsentiert eine lokale Deixis, einen Verweis auf den lokalen Kontext und eine Abgrenzung zu anderen Orten i. S. v. *dort*. Unklar bleibt zu diesem Zeitpunkt noch die Referenz des Ausdrucks, also ob hier Chemnitz (und Umgebung), die DDR im Allgemeinen oder auch Deutschland im Allgemeinen gemeint ist.

Der Prozess der Integration `hier` (Z. 1) wird in Z. 1–2 als in der Vergangenheit liegend und in einer Passivkonstruktion beschrieben. Das `wi:r` (Z. 1) hat dabei keine

---

1   Das Chemnitzer Teilprojekt war in der Germanistischen Sprachwissenschaft angesiedelt und wurde von Professor Dr. Werner Holly geleitet. Im Rahmen dieses Teilprojekts wurden primär sprachliche Formen der Selbst- und Fremddarstellung im Rahmen des Zusammenlebens von Einheimischen und Zugewanderten analysiert. Ein ausdrücklicher Dank geht hier auch an die studentische Hilfskraft Ivonne Rißmann, die große Teile der Transkriptionen erstellte.

```
 1   D:   hm´ ja: (-) ja:  was integration betrifft hier   achso: wi:r
 2        wurdn=integriert  a:ber  kurz (1.3) NACH der wende
 3   I:   hm
 4   D:   ne´ wo:: wir warn noch alle drIn  und wir haben richtig gemerkt
 5        dass wir=a::h (-) verstOßen war von einigen mitARbeiter  andre
 6        waren ehrlich die haben gesagt  (.) SO (SCHLÄGT AUF DEN TISCH)(-)
 7        wenn keine stasi gewEsen wÄre (-)
 8        ihr hättet was erLEBT (-)  also mh:=mh=und andere
 9        warn direkt (SCHNALZT) die  haben gesagt (.)
10        wir haben euch NIE: gemocht
11   I:   hm
12   D:   also ausländer oder=oder schwArze  (.) NEIN (.) jetzt sind wir
13        frEI (.) jetzt dürfen wir unser MEInung sagen und SO ist das.
```

▣ **Abb. 14.1**   Transkriptausschnitt, Gruppeninterview, März 2009, Chemnitz, Transkriptionskonventionen nach GAT (Gesprächsanalytisches Transkriptionssystem) (s. Selting et al. 1998)

Agierendeneigenschaft und wird als ein Objekt dargestellt, das durch ein System oder durch andere Menschen integriert wurde. Dabei ist der Akteur oder die Akteurin, der oder die dies geleistet hat, nicht direkt benannt. Der Sprecher D referiert mit dem *wi:r* auf eine Gruppe und zeigt seine persönliche Zugehörigkeit zu dieser Gruppe im lokalen *hier* (Z. 1) an. Die Referenz auf *integration* (Z. 1) impliziert das *Wir* als Minderheit, die in einen größeren Kontext integriert wurde. Das lässt darauf schließen, dass es sich beim *Wir* um eine nicht selbstverständlich als zugehörig verstandene Gruppe handelt, sondern um eine, die erst aktiv *integriert* (Z. 2) werden musste.

Durch das folgende *aber* (Z. 2) wird ein Kontrast zum vorherigen *turn* angezeigt. Danach folgt die Klärung des Kontrasts: Es ist eine temporale Abgrenzung, die hier betont wird. D erklärt, welche Erfahrungen er *kurz (1.3) NACH der wende* (Z. 2) gemacht hat. Dadurch wird deutlich, dass die angesprochene Vergangenheit, in der die Wir-Gruppe *integriert* wurde, sich auf die Zeit vor der Wende bezog: Die Integration war zeitlich begrenzt. Die *wende* wird durch diese Unterscheidung des Vorher und Nachher als biographische Diskontinuität präsentiert, die einen Veränderungsprozess einleitet. Der Ausdruck *wende*, der sich auf den Gesamtprozess der politischen Veränderungen in der DDR, der Maueröffnung und den Beitritt des Staatsgebiets der DDR zum Geltungsbereich des Grundgesetzes der BRD bezieht, steht im Kontrast zu dem häufig verwendeten Begriff der *Wiedervereinigung*. Während der Begriff *wende* politisch-historisch vage ist und die Konnotation eines persönlichen und gesellschaftlichen Veränderungsprozesses enthält, suggeriert der Begriff *Wiedervereinigung* die Wiederherstellung eines vorher vorhandenen *alten* Zustands und kann aus der lebensweltlichen Perspektive daher kaum verwendet werden. Der Begriff der *Wende* hat zudem historische Bezüge zu Egon Krenz Begriff eines *gewendeten Sozialismus* (Kühnhardt 1997, S. 13; zitiert nach Dittmar 2000, S. 200) und wird tendenziell eher in Ostdeutschland verwendet. Diese Sprachverwendung zeigt implizit die Zugehörigkeit Ds zu einer Ost-Sprachgemeinschaft.

14

Über das Rückmeldepartikel *hm* (Z. 3) signalisiert I, dass sie der Kommunikation folgt. Die Rückbestätigung der Interaktion durch D erfolgt durch das *ne´* in Zeile 4. Der Ausdruck `wo:: wir warn noch alle drIn` (Z. 4) konkretisiert nun die Situation *kurz* (Z. 2) nach der Wende. Das Partikel `wo` steht im Sächsischen für den Zeitbezug `als`. Es wird hier elaborierter mit Inhalt gefüllt, was *kurz* (Z. 2) nach der Wende *noch* (Z. 4) der Fall war. Das *noch* signalisiert eine zukünftige Veränderung: Das *Drin-Sein* wird sich bald ändern. D macht hier drei temporale Bezüge auf: erstens die Vorwendezeit, zweitens die Zeit kurz nach der Wende und drittens eine Zeit länger nach der Wende. Er positioniert sich damit als jemand, der diese drei Zeitspannen bzw. gesellschaftlichen Situationen kennt und auf eine längere Zeit der Erfahrung für das *Hier* und das *Drin-Sein* zurückblicken kann. Das `drIn` (Z. 4) ist ein deiktischer (verweisender) Ausdruck, der auf eine nicht näher definierte räumliche oder soziale Einheit bezogen ist, in den die Wir-Gruppe zunächst `integriert` war (Z. 2). Es kann sich hierbei möglicherweise um einen Betrieb, aber auch um die DDR insgesamt oder um eine konkrete Stadt handeln. Nach dieser zeitlichen und räumlichen Einbettung der Situation leitet D die Schilderung einer kollektiven Wahrnehmung der Wir-Gruppe ein (`und wir haben richtig gemerkt`). In einer mit einem Verzögerungspartikel (`a::h`) gefüllten Pause sucht er nach dem Wort für seine Erfahrungen und benennt dann die Wahrnehmung: Die Wir-Gruppe wurde durch einige Mitarbeitende `verstoßen`. Dies ist ein Gegensatz zum vorherigen Zustand der Integration und signalisiert eine einschneidende Veränderung. Das Wort `Mitarbeiter` weist auf den Bezug zu einer Arbeitsstelle hin. Dadurch kann die Einheit, in welche die Wir-Gruppe vorher integriert war, als *Betrieb* interpretiert werden. Eine Deutung der Wir-Gruppe als DDR-Vertragsarbeiter wird plausibel: Diese verloren während der politischen, gesellschaftlichen und wirtschaftlichen Umbruchprozesse der DDR-Wirtschaft häufig als erste ihren Arbeitsplatz – sie waren also nur *kurz nach der Wende* noch drin.

Im Anschluss an diese Schilderung des Verhaltens von einigen Mitarbeitenden, bei denen das *Wir* eine Verhaltensänderung gemerkt hat, geht es im Kontrast dazu um `andre` (Z. 5), die `ehrlich` (Z. 6) sind: Letztere hätten offen gesagt, was sie dachten und die Wir-Gruppe nicht nur implizit `verstOßen` (Z. 5). Die Stimme dieser *ehrlichen* Mitarbeitenden wird animiert und szenisch dargestellt. Der Schlag mit der Hand auf den Tisch (Z. 6) ist eine non-verbale Vorführung der Wucht der Aussagen, die dann folgen. Zusammen mit den Worten `ihr hättet was erLEBT` (Z. 8) stellt der Schlag eine Referenz auf physische Gewalttaten gegenüber Migrantinnen und Migranten dar, die nur wegen der *Stasi* nicht möglich waren (`wenn keine stasi gewEsen wÄre`, Z. 7). Die *Stasi* wird dabei – das wird den Kolleginnen und Kollegen in den Mund gelegt – als kontrollierende Instanz dargestellt, die verhindert hat, dass die Wir-Gruppe zu Schaden kommt. Dadurch, dass D hier die Stimme der *ehrlichen* Mitarbeitenden animiert, bezeichnet er die *Wir-Gruppe* in der Zitation als `ihr` (Z. 8). Diese Zitation als *Ihr* impliziert, dass die vorher als *Wir* bezeichnete Gruppe auch von den Kolleginnen und Kollegen als Gruppe wahrgenommen wird und D als Angehöriger dieser Gruppe, nicht als Individuum wahrgenommen wird.

In Z. 8 folgt eine weitere Kontrastierung von wiederum *anderen* Menschen, diesmal diejenigen, die `direkt` (Z. 9) sind. Durch die Kontrastierung der verschiedenen

Gruppen (einige – andere – andere) ergibt sich zunächst die implizite Satzstrukturerwartung, dass es neben den *einigen* in der vorherigen Darstellung noch *andere* gebe, welche die Wir-Gruppe nicht verstoßen. Doch dies kommt nicht vor. Vielmehr werden die Worte der weiteren Gruppe hier mit besonders animierter Stimme und einer Einleitung durch ein Schnalzen vorgeführt: `wir haben euch NIE: gemocht` (Z. 10). Hier wird vorgeführt, wie ein allumfassendes *Wir* der deutschen Mitarbeitenden gegenüber dem *Euch* der vorher *Integrierten* eingestellt ist und die vorher wahrgenommene Integration wird als Täuschung entlarvt. Das betonte *NIE* impliziert, dass sich über die Zeit keine Veränderungen in Gefühlen oder Haltungen des hier als *Wir* zitierten Kollektivs ergeben haben, sondern vielmehr Veränderungen der Kontextbedingungen. D führt die Aussagen der Mitarbeitenden als schonungslose Ehrlichkeit und Direktheit vor und die Integriertheit der Wir-Gruppe, zu der D gehört, wird aufgebrochen. Es wird in der Gegenüberstellung von Wir–Euch eine kollektive Ausgrenzung und Bewertung zitiert.

Nach dem Rückmeldepartikel *hm* (Z. 11) folgt ein erklärender Einschub in der eigenen Stimmlage von D, in der er die Frage klärt, wer eigentlich das *Wir* bzw. das *Euch* ist, das nie gemocht wurde: `ausländer oder=oder schwArze` (Z. 12). Hier wird nach einem Abbruch in einer Paraphrase der erste Versuch der Benennung des *Wir* noch einmal genauer spezifiziert. `Ausländer` scheint zu ungenau, um die Gruppe zu greifen, die den Erfahrungsraum des D teilt, denn es geht konkret um rassialisierte Wahrnehmung und rassistische Abwertungen. Hier wird also geklärt, dass D sich zur Kategorie der *Schwarzen* zuordnet – im Rückblick kann dann gefolgert werden, dass er bereits vorher beim *Wir* auf diese Kategorie referiert. Nach diesem erklärenden Einschub folgt ein betontes *NEIN* (Z. 12), das ähnlich wie das *NIE:* (Z. 10) klingt und eine neuerliche Animation der Stimme der *Mitarbeitenden* einführt. Hier wird vorgeführt, wie die Kolleginnen und Kollegen ein sich neu konstituierendes `wir` (Z. 12) präsentieren: ein *freies* Wir (Z. 13), das `jetzt` (Z. 12) nicht mehr unter der Kontrolle der *Stasi* operiert. Das *Wir* konstituiert sich hier neu als ein post-sozialistisches, nationales *Wir,* das Meinungsfreiheit genießt (Z. 13). Der Redezug schließt ab mit `und SO ist das.` (Z. 13), wodurch die Aussage `wir haben euch NIE: gemocht` (Z. 10) noch einmal bekräftigt und als Tatsache gerahmt wird.

Zusammenfassend lassen sich an diesem Gesprächsausschnitt beispielhaft die analytischen Kategorien der Zugehörigkeitskommunikation nach Heiko Hausendorf (2002) zeigen (Tab. 14.1). Hausendorf unterscheidet bei der Zugehörigkeitsdarstellung das Zuordnen, Zuschreiben und Bewerten voneinander (2002, S. 30). Das Zuordnen umfasst dabei das Darstellen von Zugehörigkeit mit speziellen Mitgliedschaftskategorien, das Zuschreiben die Darstellung spezifischer Eigenschaften und Verhaltensweisen, die mit diesen Kategorien verbunden werden und das Bewerten die Äußerung von Einstellungen gegenüber den der jeweiligen Gruppe zugeschriebenen Eigenschaften und Verhaltensweisen. Das Zuschreiben beinhaltet dabei bereits das Zuordnen und das Bewerten wiederum impliziert das Zuschreiben. Mit Beispielen aus der vorangegangenen Analyse sind zunächst die Mittel und Formen des Zuordnens dargestellt. Je nachdem, ob die Aufgabe des Zuordnens und Abgrenzens von Gruppen im Vordergrund oder im Hintergrund der Kommunikation abläuft, gibt es unterschiedliche Formen, die von andeutenden Ausdrücken bis zu konkreten Gattungsprädikaten reichen.

14

❏ **Tab. 14.1** Mittel und Formen des Zuordnens, verändert nach Hausendorf (2002, S. 32 ff.)

	Mittel des Zuordnens	Formen (Auswahl)	Beispiele (aus der eigenen Analyse)
Aufgabe im Hintergrund	Anzeigen von Zugehörigkeit	Personale Indikatoren Lokale Indikatoren Temporale Indikatoren	„wir", „euch", „hier", „drin" „kurz (1.3) NACH der wende", „noch"
	Hervorhebung von Zugehörigkeit	Klassifizierung: Personengruppennamen	„Mitarbeiter"
Aufgabe im Vordergrund	Klärung von Zugehörigkeit	Gattungsprädikat	„also ausländer oder=oder schwArze"

Neben dem Zuordnen werden in der Analyse auch Zuschreibungen und Bewertungen deutlich: Den „Mitarbeitenden" werden konkrete Äußerungen zugeschrieben, die in besonderer Stimmlage animiert werden. Dadurch treten verschiedene Stimmen und Sprechendenpositionen schon in diesem kurzen Ausschnitt zu Tage. Außerdem werden die Äußerungen einiger Mitarbeitenden einerseits explizit-sprachlich bewertet (ehrlich) und gleichzeitig (durch den Schlag mit der Hand auf den Tisch) implizit non-verbal als möglicherweise bedrohlich kontextualisiert. Diese Analyse zeigt, wie eine linguistische Analyse von Zugehörigkeitskommunikation in Gesprächsinteraktionen auch auf der grundsätzlichen Polyphonie (Mehrstimmigkeit) von Äußerungen aufbaut. Im Vergleich mit anderen qualitativ-empirischen Methoden in der Humangeographie werden die Besonderheiten gesprochener Sprache und der Feinanalyse von Gesprächsinteraktionen im Folgenden ausführlich betrachtet und konkretisiert.

14.3 Gesprächsanalytische Ansätze in Relation zu anderen qualitativ-empirischen Methoden in der Humangeographie

In *diskursanalytischen Ansätzen* der Humangeographie nach dem *cultural turn* liegt der Fokus auf geschriebener Sprache bzw. auf fixierten, medialen Daten wie Bildern oder Karten (vgl. Glasze und Mattissek 2009). Das Erkenntnisinteresse der Gesprächsanalyse konzentriert sich in ähnlicher Weise auf alltägliche sprachliche Praktiken der Herstellung sozialer Wirklichkeit. Im folgenden Abschnitt werden jedoch besonders die Unterschiede hervorgehoben. Dadurch werden einige Spezifika des gesprächsanalytischen Vorgehens deutlich.

■ **Vergleich mit diskursanalytischen Ansätzen**

Ein wesentlicher Unterschied zu diskursanalytischen Verfahren ist, dass gesprächsanalytische Ansätze aus dem Bedürfnis heraus entstanden sind, „gesprochene Sprache eigenständig zu erforschen" (Kotthoff 2010, S. 105). Dies bedeutet, dass für die

Besonderheiten der gesprochenen Sprache – beispielsweise die gemeinsame Hervorbringung und Kontextualisiertheit von Äußerungen in kommunikativer Interaktion oder auch die bedeutungskonstituierende Rolle von stimmlichen Eigenschaften und Phänomenen wie Abbrüchen und Wiederholungen – ein entsprechendes konzeptuelles Vokabular entwickelt wird (ebd., S. 108 f.).

Helga Kotthoff (2010, S. 108 f.) nennt als Besonderheiten der mündlichen Kommunikation u. a., dass sie einen fortlaufenden und unumkehrbaren Prozess darstellt, wobei die Sprechenden Äußerungen reparieren können (erneut formulieren, konkretisieren etc.), der Körper als Ausdrucksmittel beteiligt ist und nichtverbale Kommunikation wie Lachen, Mimik, Gähnen, Parallelhandlungen zur Bedeutung beitragen, stimmliche und prosodische Eigenschaften genutzt werden (z. B. Tempo, Lautstärke, Tonhöhe, Sprechausdruck), Versprecher, Abbrüche, Wiederholungen u. Ä. zur Bedeutung beitragen sowie Sprechende zwischen Standard- und Nichtstandardvarietäten wechseln können.

Diese besonderen Eigenschaften der gesprochenen Sprache brauchen aus unserer Sicht nicht als Hindernis für eine Polyphonieanalyse betrachtet werden, wie dies Maike Didero andeutet (2014, S. 130 f.). Vielmehr verlangen sie eine besondere Herangehensweise an die Analyse von Mehrstimmigkeit und die Existenz von mehreren Sprecherpositionen innerhalb einer Äußerung. Neben den Anzeichen für polyphone Strukturen, die auch in der geschriebenen Sprache identifiziert werden können (vgl. Mattissek 2009, 286 ff.), liegt in den Eigenschaften gesprochener Sprache ein spezifisches Potenzial zur Analyse von Polyphonie. Exemplarisch sei hier auf die Studie von Susanne Günthner (2002) hingewiesen. Günthner analysiert in ihrem Beitrag die Inszenierung von vergangenen Dialogsequenzen in informellen Alltagsinteraktionen. Sie analysiert besonders die Modifikationen fremder Rede mit verbalen und paraverbalen Verfahren. Die Analyse paraverbaler Verfahren bezieht sich dabei vor allem auf Tonhöhe und Sprachmelodie, Lautstärke, Schnelligkeit und andere Modifikationen in der Sprechweise. Sprechende wenden dies an, um die unterschiedlichen Charaktere zu animieren und zu stilisieren. Günthner zeigt, dass diese Formen der Inszenierung und Stilisierung fremder Rede eng mit Bewertungen der Sprechenden hinsichtlich der zitierten Figuren und deren Äußerungen verwoben sind. Hierbei geht Günthner besonders auf die Stilisierung zitierter Figuren ein und argumentiert, dass auch in der Redewiedergabe in Alltagsinteraktionen polyphone (mehrstimmige) Texte erzeugt werden. Sie konzentriert sich auf indexikalische (zeigende) Zeichen, wie die Variation von Sprechmelodie und Stimmqualität sowie das *codeswitching* (Wechsel zwischen verschiedenen Sprachen bzw. Varietäten innerhalb einer Sprache). Mit diesen Variationen wird angezeigt, dass eine andere Person oder Position zitiert wird, dass die so variierte Aussage also von der oder dem Sprechenden selbst wiedergegeben wird (Günthner 2002, S. 59 f.).

Günthner schreibt weiter (2002, S. 61 f.): Wenn zitierte Rede von Merkmalen durchdrungen ist, die nicht zur Stilisierung dieser Person gehören (z. B. von Lachtikeln oder im oben genannten Beispiel das Schlagen auf den Tisch), durchdringt die

Stimme der oder des Erzählenden die Äußerung der zitierten Figur und kontextualisiert zugleich die Einstellung der oder des Zitierenden zur fremden Rede. Sprechende rekonstruieren also vergangene Äußerungen nicht nur, sie bewerten auch durch die Art der Stilisierung das porträtierte Verhalten. In einem Text überlagern sich so verschiedene Stimmen: Die Stimme der zitierten Figur und die Evaluation der zitierenden Person. Susanne Günthner schreibt hierzu, dass Erzählende so die Möglichkeit erhalten, die „eigene Perspektive in den Diskurs mit einzubringen, ohne sie explizit zu machen" (Günthner 2002, S. 63). Im analysierten Beispiel ist diese Mehrstimmigkeit besonders relevant, da auf der explizit-sprachlichen Ebene eine positive Bewertung der Äußerungen der Mitarbeitenden mit dem Adjektiv ehrlich erfolgt, während der nonverbale Schlag auf den Tisch die Heftigkeit und die Erfahrung des Erschreckens durch die Äußerungen verdeutlicht. Das gesprächsanalytische Vorgehen kann also aufgrund des spezifischen Blicks für die Besonderheiten mündlicher Kommunikation von der Diskursanalyse, wie sie in der Humangeographie praktiziert wird, abgegrenzt werden. Diese Unterscheidung bezieht sich auf die Arbeit mit dem Material – dem schriftlichen Text bei der Diskursanalyse und dem Transkript der mündlichen Kommunikation (sowie der Audiodatei) bei der Gesprächsanalyse.

- **Vergleich mit qualitativ-inhaltsanalytischen Verfahren**

Im Vergleich mit der qualitativen Inhaltsanalyse (Mayring 2008) lassen sich weitere Besonderheiten der Gesprächsanalyse herausarbeiten. Hier ist besonders das ethnographische Vorgehen zu nennen, das teils ergänzend und kontextualisierend genutzt wird. In der interaktionalen Soziolinguistik, die auf die Ethnographie der Kommunikation zurückgeht, wird die (akustische) Aufzeichnung und Analyse von alltäglichen und durch die Forschenden angestoßenen Gesprächsinteraktionen regelmäßig mit ethnographischen Beschreibungen der interessierenden Lebenswelt verbunden. Dies kann eine Institution wie z. B. eine Schule sein oder auch eine Subkultur (Deppermann 2000, S. 103 ff.) sein. Als Beispiele für solche ethnographischen Gesprächsanalysen seien hier die Studien von Olga Artamonova (2016), Inken Keim (2008), Helga Kotthoff (1996), Ibrahim Cindark (2010) und Werner Kallmeyer (2001) genannt. Forschende begeben sich dazu eine Zeit lang in das Feld und beobachten, sprechen mit Agierenden, fertigen Notizen an und sammeln Dokumente (Kotthoff 2010, S. 112). Wie auch die Gespräche selbst werden diese Kontextinformationen dann versucht, aus der Sicht der Agierenden zu rekonstruieren: Was sagen diese uns darüber, wie die Agierenden sich untereinander verstehen, was für sie als selbstverständlich gilt, was von ihnen wann relevant gesetzt wird? Diese stark kontextualisierende Auswertungsform von sprachlichen Daten ist eine Besonderheit im Vergleich mit dem inhaltsanalytischen Vorgehen, das sich stärker auf die Kategorisierung von Textpassagen aus Transkripten konzentriert. Außerdem unterscheidet sich der Umgang mit dem Transkript in der qualitativen Inhaltsanalyse von dem in der Gesprächsanalyse. Während die Auswertung bei der Inhaltsanalyse meist ausschließlich auf dem Transkript basiert, ist die Arbeit mit dem Transkript in gesprächsanalytischen Vorgehen kombiniert mit dem wiederholten Abhören der Audiodatei während der Analyse. So wird die Aufmerksamkeit für Nuancen der mündlichen Ausdrucksweise, die durch das Transkribieren nicht vollständig abbildbar sind, geschärft.

Die qualitative Inhaltsanalyse wird bisher vorwiegend als Auswertungsmethode von Interviewdaten in der Geographie genutzt und oft durch die Erhebung von Basisdaten zu Geschlecht, Bildungsabschlüssen, natio-ethno-kultureller Zugehörigkeit etc. per Fragebogen ergänzt. Demgegenüber arbeitet die Gesprächsanalyse nicht notwendigerweise mit zusätzlich erhobenen personenbezogenen Daten. Vielmehr geht es darum, die Bedeutung dieser sozialen Kategorisierungen für die Forschungsteilnehmenden zu rekonstruieren – also als von ihnen in der jeweiligen (beobachteten oder aufgezeichneten und transkribierten) Interaktion selbst hervorgebrachte und relevant gesetzte Größe. Hausendorf konkretisiert dies anschaulich:

» Die Zugehörigkeit von Personen zu Gruppen im Sinne sozialer Kategorisierungen (…) interessiert in der Konversationsanalyse nicht als ein ‚äußerliches Merkmal', das man erfragen, eintragen oder sonst wie unabhängig von konkreten Kommunikationsabläufen als ‚Datum' erheben kann. Zugehörigkeit interessiert ausschließlich als eine in und mit Kommunikation hervorgebrachte Größe, als eine kommunikative Konstruktion (Hausendorf 2007, S. 407).[2]

Im analysierten Beispiel wird dieser Ansatz deutlich: Dort zeigen wir, dass die personenbezogenen Daten, die die Gesprächsteilnehmenden (zwei Mosambikaner und eine Deutsche) mitbringen, die Aushandlung von Zugehörigkeit und von lokaler und historischer Expertise nicht eindeutig bereits im Voraus bestimmen. Zentral ist dabei, dass die Gesprächsanalyse einen prozessualen, feinanalytischen Zugang zu verschiedenen Arten von Gesprächen (Interviews, informelle oder institutionelle Gespräche, Gruppendiskussionen etc.) erlaubt. Sie kann damit Ansätze wie die qualitative Inhaltsanalyse ergänzen und punktuell differenziertere Analysen ermöglichen.

- **Vergleich mit der dokumentarischen Methode**

In der Gesprächsanalyse geht es nicht (nur) um das, *was* gesagt wird, sondern (auch) darum, *wie* etwas gesagt wird. Diese Beachtung der Art und Weise des Sprechens ist auch Teil der Vorgehensweise der dokumentarischen Methode. Diese wird insbesondere zur Analyse von Gruppendiskussionen angewandt, ist prozesshaft-sequenzanalytisch angelegt und hat starke gesprächsanalytische Anteile (Przyborski 2004).

Sowohl die dokumentarische Methode als auch die soziolinguistische Gesprächsanalyse verstehen Gespräche als selbstreferenzielle Systeme mit eigener Sinnstruktur. Sinn wird dabei interaktiv und kooperativ im Gespräch zugewiesen und ist nicht gleichzusetzen mit individuellen Intentionen von Sprechenden (Bohnsack 2014, S. 128). Im Fokus der dokumentarischen Variante der Gesprächsanalyse stehen gruppenspezifische Relevanzen und Arten der Sinnzuweisung. Sie unterscheidet sich durch die Zentralität der Analyse kollektiver Orientierungen und geteilter Erfahrungen der

14

---

2   Hausendorf spricht hier von Konversations- statt von Gesprächsanalyse, verweist aber auch darauf, dass die Begriffe jeweils durchaus unterschiedlich verwendet werden (2007, S. 403 f.). Wir schließen uns in diesem Aufsatz der Terminologie Arnulf Deppermanns an, der Konversationsanalyse als den engeren Terminus versteht und bei einer um den ethnographischen Zugang erweiterten Konversationsanalyse den allgemeineren Begriff der Gesprächsanalyse verwendet (2000, S. 104 f.).

Gruppenmitglieder von dem hier vorgestellten gesprächsanalytischen Ansatz. Um die kollektiven Orientierungen und Zentren des Erlebens der jeweiligen Gruppe rekonstruieren zu können, interessiert sich die dokumentarische Gesprächsanalyse für die wechselseitigen intuitiven Verstehensleistungen der Beteiligten. Sie fragt danach, wie sich die Redebeiträge der Beteiligten formal aufeinander beziehen (z. B. einander ergänzend, antithetisch, oppositionell) (Bohnsack 2014, S. 125 ff.). Die dokumentarische Methode ist auf das Ziel komparativer Analysen und Typenbildungen hin ausgerichtet (Bohnsack und Nohl 2010).

Mit dem hier vorgestellten Ansatz stellen wir demgegenüber die einzelne Feinanalyse in den Vordergrund, ohne notwendigerweise eine Typenbildung anzustreben. Mit Bezug auf das *Wie* des Sprechens fragen wir, wie spezifische gesprochensprachliche Aspekte wie Pausen, Lautstärke oder Betonung an der Bedeutungsherstellung beteiligt sind und welches Interpretationspotenzial diese bergen. Ziel ist es dabei, einzelne, komplex angelegte Aushandlungsprozesse wie in unserem Beispiel sichtbar zu machen und dadurch die Aufmerksamkeit für diese Prozesse zu schärfen. Ein solches Vorgehen unterstützt die Transparenz und Nachvollziehbarkeit – und damit auch die Erlernbarkeit – konkreter Interpretationsprozesse. Auch Günther Weiss (2015, S. 155) wünscht sich in seiner Rezension zum von Eberhard Rothfuß und Thomas Dörfler herausgegebenen Band *Raumbezogene qualitative Sozialforschung* mehr detaillierte Beispiele, in denen (Erhebungs- und) Auswertungsmethodik prozesshaft transparent gemacht werden und die als gute methodische Vorbilder dienen können. Wir hoffen, dass unser kleines Analysebeispiel dazu dienen kann.

14.4 Gesprächsanalytische Kompetenzen für die differenzsensible Lehrendenbildung

Im letzten Teil wenden wir uns nun abschließend der Relevanz von Gesprächsanalyse für eine differenzsensible Lehrendenbildung zu. Kommunikative Interaktionssituationen genau beobachten zu lernen und sich über diese Beobachtungen austauschen zu können, ist in der Lehrendenbildung von großer Bedeutung. Dabei geht es um die Entwicklung einer Haltung des genauen Beobachtens von vielfältigen kommunikativen Interaktionssituationen im Unterricht, im Kontext der Schule im Allgemeinen und von Situationen sozialer Ein- und Ausgrenzung im Besonderen (Kotthoff 2010, S. 12 ff.). Hierfür sollten zukünftige Lehrende eine Beobachtungskompetenz entwickeln, die auch die Selbstreflexion miteinschließt (ebd., S. 115).

Wir argumentieren, dass der gesprächsanalytische Zugang für sprachliche Handlungen des Ein- und Ausschließens sensibilisieren kann, was für die Vorbereitung auf eine Lehrpraxis in komplexen, von dynamischer, (post-)migrantischer Heterogenität gekennzeichneten schulischen Kontexten von zentraler Bedeutung ist (Schröder 2016a, b). Wir verstehen interkulturelle Kompetenz und Differenzsensibilität als eine Schlüsselkompetenz von Lehrenden. Raumbezogene Grenzziehungen zwischen *Eigenem* und *Fremdem, Wir-* und *Sie-*Gruppen, sind auch im Geographieunterricht relevant. So weisen Andreas Pott und Robert Pütz (2006) auf die Kategorie „Ausländer_innen" hin, auf die auch die Medien des Geographieunterrichts zurückgreifen, etwa Kartendarstellungen und Geographieschulbücher (vgl. Niehaus et al. 2015, S. 39, 61).

Dass Aushandlungen von natio-ethno-kultureller Zugehörigkeit und Ausgrenzungen nicht nur im Fachunterricht, sondern in ganz vielfältigen Interaktionssituationen im Lebensraum Schule geschehen, verdeutlicht die soziolinguistische Studie einer Hauptschulklasse von Artamonova (2016). Wie unser Analysebeispiel zeigt, kann die Gesprächsanalyse herangezogen werden, um eben solche raumbezogenen Grenzziehungsprozesse zwischen *Eigenem* und *Fremdem* zu analysieren und vermeintlich selbstverständliche Kategorien wie die von *Ausländerinnen und Ausländern* sowie Inländerinnen und Inländern zu hinterfragen.

Eine dichotome Einteilung in *Einheimische* sowie *Migrantinnen* und Migranten passt nicht so recht auf das Kommunikationsgeschehen zwischen I, D und J. Vielmehr sind die Zugehörigkeiten und Differenzen der lebensweltlichen Erfahrungen der drei Gesprächsteilnehmenden viel komplexer. Aus dem zitierten Gesprächsausschnitt und den hier nicht dargestellten Teilen des Gesprächs wird deutlich: Die Interviewpartner D und J nutzen regionalspezifische deutsche Sprache, erklären I, wie *ihre* Stadt vor Jahren ausgesehen hat, demonstrieren historisch-politische Expertise und erzählen von Lebenserfahrungen in der DDR und während der Wende- und Nachwendejahre. Dennoch sind sie dem allgemeinen Verständnis nach keine *Einheimischen*. I dagegen würde klassisch als *Einheimische* kategorisiert, obwohl sie zu den genannten Themen kaum eigene Erfahrungen beisteuern kann. Diese Beobachtungen führen mitten hinein in die „Debatte über gesellschaftliche Zuschreibung, Kategorisierung und Ausgrenzung" (Sökefeld 2002, S. 91 f.). Es stellt sich dann die Frage, wer eigentlich *einheimisch* ist und was *deutsch* ist.

Zentral ist dabei, dass der vorgestellte Ansatz zur Gesprächsanalyse von Zugehörigkeitskommunikation die Gesprächssituation nicht von vornherein als eine *interkulturelle* Kommunikationssituation versteht. Vielmehr liegt folgende Annahme zugrunde:

» Was in der Kommunikation geschieht, ist nicht schon vorentschieden durch das, was die Teilnehmer/innen ihrem Ausweis zufolge ‚sind' - oder durch das, was *wir* meinen, dass sie (primär) ‚sind' (Hausendorf 2007, S. 407, Herv. i. Orig.).

Gesprächsanalyse von Zugehörigkeitskommunikation kann einüben, nicht im Voraus aufgrund von bestimmten personengebundenen Daten wie einem sogenannten Migrationshintergrund festzulegen, wann eine interkulturelle Kommunikationssituation vorliegt (Hausendorf 2007, S. 405). Die genaue Beobachtungsweise der Gesprächsanalyse kann demgegenüber eine Haltung des genauen Zuhörens einüben, die auch Ambivalenzen zulässt und zur Deutung nicht vorschnell auf vermeintliche Selbstverständlichkeiten zurückgreift. Das bedeutet auch das Hinterfragen dessen, was ich meine über andere Gruppen immer schon zu wissen und was ich meine, wer zu den *Anderen* und wer zu den *Eigenen* gehört.

Übertragen auf Ansätze interkulturellen Lernens lässt sich in der Lehrendenbildung fragen, wie dort eigentlich bestimmt wird, wann eine interkulturelle Situation im Klassenraum vorliegt. Es kann eine kritische Aufmerksamkeit dafür geschult werden, dass vorschnelle Annahmen von *Interkulturalität* symbolische Ausgrenzungen von Schülerinnen und Schülern mit Migrationshintergrund als *nichteinheimisch* reproduzieren können (Schröder 2016a, S. 10). Das Beispiel ermöglicht darüber hinaus die Frage: Wer gehört zur nationalen Erinnerungskultur? Dies ermöglicht Vorstellungen von Geschichte als natio-ethno-kulturelles *Eigentum* einer Wir-Gruppe (Georgi und Ohliger 2009) aufzubrechen. Gegenüber der jungen, westdeutschen I präsentiert sich D als älterer, lebenserfahrener Kenner der DDR- und Wendegeschichte. Kategorisiert als *Nichteinheimischer* erteilt er I eine Lektion in der ihr aufgrund natio-ethno-kultureller Zuschreibungen als zugeschriebene Nationalgeschichte – die ihm wiederum landläufig nicht als *eigene* zugeschrieben wird.

So bieten sich nicht nur Chancen, Ansätze interkulturellen Lernens kritisch zu befragen, die kulturelle Differenz zwischen Schülerinnen und Schülern mit und solchen ohne Migrationshintergrund als vermeintlich gegeben bereits voraussetzen. Darüber hinaus kann durch die Einübung gesprächsanalytischer Kompetenzen auch eine bestimmte Haltung des Lernens eingeübt werden. Anknüpfend an Weidemann (2010, S. 489 f.) verstehen wir eine solche forschende Haltung, in der Neues, Unbekanntes und Fremdes genau beobachtet und schrittweise und langsam in Relation zu Bekanntem und Eigenem gesetzt wird, als Kern interkultureller Kompetenz. Dazu gehört auch, die sprachliche Herstellung von Zuordnungen, Zuschreibungen und Bewertungen aufmerksam zu beobachten und analytisch greifbar machen zu können. Daher können Schlüsselkompetenzen in der akademischen Lehrendenbildung durch den Erwerb von qualitativ-gesprächsanalytischen Methodenkenntnissen entwickelt werden.

Literatur

Araújo S H de (2011) Jenseits vom „Kampf der Kulturen". Imaginative Geographien des Eigenen und des Anderen in arabischen Printmedien. Transcript, Bielefeld

Artamonova OV (2016) „Ausländersein" an der Hauptschule. Interaktionale Verhandlungen von Zugehörigkeit im Unterricht. Transcript, Bielefeld

Bohnsack R (2014) Rekonstruktive Sozialforschung. Einführung in qualitative Methoden. 9. überarbeitete und erweiterte Aufl. Budrich, Opladen

Bohnsack R, Nohl AM (2010) Komparative Analyse und Typenbildung in der dokumentarischen Methode. In: Cappai G, Shimada S, Straub J (Hrsg) Interpretative Sozialforschung und Kulturanalyse. Hermeneutik und die komparative Analyse kulturellen Handelns. Transcript, Bielefeld, S 101–128

Cindark I (2010) Migration, Sprache und Rassismus. Der kommunikative Sozialstil der Mannheimer „Unmündigen" als Fallstudie für die „emanzipatorischen Migranten". Gunter Narr, Tübingen

Deppermann A (2000) Ethnografische Gesprächsanalyse: Zu Nutzen und Notwendigkeit von Ethnografie für die Konversationsanaylse. Gesprächsforschung 3(1):96–124. ► http://www.gespraechsforschung-ozs.de/heft2000/ga-deppermann.pdf. Zugegriffen: 13. Sept. 2016

Didero M (2014) Islambild und Identität: Subjektivierungen von Deutsch-Marokkanern zwischen Diskurs und Disposition. Transcript, Bielefeld

Dittmar N (2000) Sozialer Umbruch und Sprachwandel am Beispiel der Modalpartikeln halt und eben in der Berliner Kommunikationsgemeinschaft nach der „Wende". In: Auer P, Hausendorf H (Hrsg) Kommunikation in gesellschaftlichen Umbruchsituationen. Mikroanalytische Aspekte des sprachlichen und gesellschaftlichen Wandels in den Neuen Bundesländern. Niemeyer, Tübingen, S 199–234

Felgenhauer T (2007) Geographie als Argument: Eine Untersuchung regionalisierender Begründungspraxis am Beispiel „Mitteldeutschland". Steiner, Stuttgart

Georgi VB, Ohliger R (Hrsg) (2009) Crossover-Geschichte. Historisches Bewusstsein Jugendlicher in der, Einwanderungsgesellschaft Aufl. Körber-Stiftung, Hamburg

Glasze G, Mattissek A (Hrsg) (2009) Handbuch Diskurs und Raum. Theorien und Methoden für die Humangeographie sowie die sozial- und kulturwissenschaftliche Raumforschung. Transcript, Bielefeld

Günthner S (2002) Stimmenvielfalt im Diskurs. Formen der Stilisierung und Ästhetisierung in der Redewiedergabe. Gesprächsforschung 3(3):59–80. ► http://www.gespraechsforschung-ozs.de/heft2002/ga-guenthner.pdf. Zugegriffen: 30. Juli 2009

Hausendorf H (2002) Kommunizierte Fremdheit: Zur Konversationsanalyse von Zugehörigkeitsdar-stellungen. In: Kotthoff H (Hrsg) Kultur(en) im Gespräch. Gunter Narr, Tübingen, S 25–59

Hausendorf H (2007) Gesprächs-/Konversationsanalyse. In: Straub J, Weidemann A, Weidemann D (Hrsg) Handbuch interkulturelle Kommunikation und Kompetenz. Grundbegriffe, Theorien, Anwendungs-felder. Metzler, Stuttgart, S 403–413

Kallmeyer W (2001) Perspektivenumkehrung als Element des emanzipatorischen Stils in Migranten-gruppen. In: Jakobs E-M, Rothkegel A (Hrsg) Perspektiven auf Stil. De Gruyter, Berlin, S 401–422

Keim I (2008) Die „türkischen Powergirls". Lebenswelt und kommunikativer Stil einer Migrantinnen-gruppe in Mannheim. 2. durchgesehene Aufl. Gunter Narr, Tübingen

Kotthoff H (1996) Das Gelächter der Geschlechter: Humor und Macht in Gesprächen von Frauen und Männern. 2. Aufl. Universitäts-Verlag Konstanz, Konstanz

Kotthoff H (2010) Grundlagen der Gesprächsanalyse und ihre schulische Relevanz. In: Huneke H-W (Hrsg) Sprach- und Mediendidaktik. Schneider, Baltmannsweiler, S 105–122

Mattissek A (2008) Die neoliberale Stadt. Diskursive Repräsentationen im Stadtmarketing deutscher Großstädte. Transcript, Bielefeld

Mattissek A (2009) Die Aussagenanalyse als Mikromethode der Diskursforschung. In: Glasze G, Mat-tissek A (Hrsg) Handbuch Diskurs und Raum. Theorien und Methoden für die Humangeographie sowie die sozial- und kulturwissenschaftliche Raumforschung. Transcript, Bielefeld, S 279–291

Mayring P (2008) Qualitative Inhaltsanalyse. In: Flick U, von Kardoff E, Steinke I (Hrsg) Qualitative For-schung. Ein Handbuch. 6. Aufl. Rowohlt, Reinbek bei Hamburg

Niehaus I, Hoppe R, Otto M, Georgi VB (2015) Schulbuchstudie Migration und Integration. Beauf-tragte der Bundesregierung für Migration, Flüchtlinge und Integration (Hrsg). ► http://www.bundesregierung.de/Content/Infomaterial/BPA/IB/Schulbuchstudie_Migration_und_Integra-tion_09_03_2015.html?nn=670290. Zugegriffen: 18. März 2015

Pott A (2002) Ethnizität und Raum im Aufstiegsprozess. Eine Untersuchung zum Bildungsaufstieg in der zweiten türkischen Migrantengeneration. Leske +Budrich, Opladen

Pott A, Pütz R (2006) Zur diskursiven Herstellung des Ausländers. In: Leibniz-Institut für Länderkunde (Hrsg) Leben in Deutschland. Spektrum, Heidelberg, S 142–145

Przyborski A (2004) Gesprächsanalyse und dokumentarische Methode. Qualitative Auswertung von Gesprächen, Gruppendiskussionen und anderen Diskursen. VS Verlag, Wiesbaden

Pütz R (2004) Transkulturalität als Praxis. Unternehmer türkischer Herkunft in Berlin. Transcript, Bielefeld

Schlottmann A (2005) RaumSprache. Ost-West-Differenzen in der Berichterstattung zur deutschen Einheit: eine sozialgeographische Theorie. Steiner, Stuttgart

Schröder B (2016a) Differenz(re-)produktion im interkulturellen Lernen. Eine reflexive Perspektive auf Kultur als Differenzierungskategorie. Z für Geographiedidaktik 1:5–28

Schröder B (2016b) Machtsensible geographiedidaktische Konzepte des interkulturellen Lernens – Potenziale einer postkolonialen Perspektive. GW-Unterricht 144:15–28

Selting M, Auer P, Barden B, Bergmann J, Couper-Kuhlen E, Günthner S et al (1998) Gesprächsanalyti-sches Transkriptionssystem (GAT). Linguist Ber 173:91–122

Sökefeld M (2002) Feld ohne Ferne – Reflexionen über ethnologische Forschung „zu Hause" – in Ham-burg, zum Beispiel. Ethnoscripts 4(1):82–96

Weidemann A (2010) Lehrforschung und Lehrforschungsprojekte. In: Straub J, Weidemann A, Noth-nagel S (Hrsg) Wie lehrt man interkulturelle Kompetenz? Theorien, Methoden und Praxis in der Hochschulausbildung. Ein Handbuch. Transcript, Bielefeld, S 489–523

Weiss G (2015) Rezension zu: Rothfuß E, Dörfler T (Hrsg) (2013) Raumbezogene qualitative Sozialfor-schung. Springer VS, Wiesbaden. Geogr Helv 68(61–64), 2013 70:153–155

Wintzer J (2014) Geographien erzählen. Wissenschaftliche Narrationen von Geschlecht und Raum. Steiner, Stuttgart

Wintzer J, Wastl-Walter D (2016) Die Bedeutung von Sprache in der Neuen Kulturgeographie. In: Jäger L, Holly H, Krapp P, Weber S, Heekeren S (Hrsg) Sprache – Kultur – Kommunikation. De Gruyter, Berlin, S 276–287

14

Diskurse, Räume, (Online-)Medien. Eine Methodendiskussion anhand empirischer Beispiele

Maximilian Hoor, Eva Fraedrich, Charlotte Räuchle und Robert Kitzmann

© Springer-Verlag GmbH Deutschland, ein Teil von Springer Nature 2018
J. Wintzer (Hrsg.), *Sozialraum erforschen: Qualitative Methoden in der Geographie*,
https://doi.org/10.1007/978-3-662-56277-2_15

15.1 Einleitung

Diskursanalytische Verfahren, die sich an die (de-)konstruktivistische Diskurstheorie Foucaults (1981) anschließen, haben innerhalb der sozialwissenschaftlichen Forschung in der Vergangenheit viel Aufmerksamkeit erfahren und sind mittlerweile ein fest etablierter Bestandteil des Methodenkanons (vgl. u. a. Dreesen et al. 2012; Jäger 2009; Jäger und Jäger 2007; Fairclough 1995). Im Zuge des *spatial turn* werden diskursanalytische Verfahren auch in der raumbezogenen Forschung genutzt, um Räume und Orte in Bezug auf ihre (macht-)politische Bedeutung zu hinterfragen. Ziel dieser Arbeiten ist, Bedeutungsstrukturen und Zusammenhänge von Diskurselementen aufzuspüren und nach deren Rolle für die Produktion einer Wirklichkeit zu fragen (vgl. Glasze und Mattissek 2009). Eine besondere Relevanz hat dabei die Untersuchung textbasierter, speziell journalistischer Diskurse: So wirken etwa Interdiskurse in massenmedialen Printmedien auf die Konstituierung des Alltagswissens einer breiten Bevölkerung ein und können zumindest als ein Faktor gesellschaftlicher Meinungsbildung identifiziert werden (vgl. Fairclough 2000). Nicht alle-wissenschaftlichen Diskurse sind Interdiskurse – diese grenzen sich z. B. von sogenannten Spezialdiskursen (etwa Wissenschaftsdiskurse) ab, indem sie als eine Art Bindeglied derselben fungieren, mit deren Hilfe sich Mitglieder verschiedener gesellschaftlicher Gruppen untereinander verständigen können. Mediale Diskurse sind häufig Interdiskurse, da in ihnen z. B. spezialisierte Wissenschafts-, Rechts- oder Politikdiskurse auftauchen (vgl. Link 2011). Gerade vor dem Hintergrund digitaler zeichenbasierter Datenquellen und der damit verbundenen Multimodalität stellt sich die Frage, wie gängige Verfahren der Diskursanalyse auf die neuen Anforderungen online-basierter Kommunikation reagieren (vgl. Meier 2011).

In einer humangeographischen Perspektive ist zudem relevant, wie mit der Kategorie des Raums umgegangen wird. Die Verknüpfung von Diskursen, (Online-)Medien und Räumen wird von immer mehr Studien in den Blick genommen und analytisch hinterfragt (vgl. Bittner und Michel 2013; Bittner et al. 2011; Bauriedl 2007a, b; Gebhardt 2001). Diese greifen wir hier auf: Auf der Grundlage aktueller Debatten zur Besonderheit internetbasierter Daten und Kommunikation gehen wir deren Einfluss auf die Entwicklung der raumbezogenen Mediendiskursanalyse nach und geben einen einführenden Überblick über bisherige Arbeiten in der Humangeographie. Dabei spielen insbesondere auch Überlegungen zu unterschiedlich konzipierten Raumbegriffen eine Rolle, um den „komplexen Zusammenhänge[n] zwischen Materialität, den räumlichen Dimensionen sozialer Praktiken, Sprache und Macht" (Glasze und Matissek 2009, S. 7) gerecht zu werden.

Ergänzt wird dies durch ein empirisches Fallbeispiel: Anhand der vor allem journalistischen Berichterstattung zum jährlich stattfindenden Kunstfestival 48 Stunden Neukölln werden wir eine raumbezogene Kritische Diskursanalyse nach Siegfried und Margarete Jäger (vgl. 1997, 2007) vornehmen. Wir arbeiten die spezifische Bedeutungskonstruktion des Berliner Bezirks Neukölln in Interdiskursen heraus und nutzen die klassische Mediendiskursanalyse zumindest erweitert für Überlegungen zur Rolle des Internets z. B. als „Resonanzraum des Diskurses" (Galanova und Sommer 2011, S. 169). Das Festival dient als Blaupause für ein diskursives Ereignis, in dessen Kontext ortsspezifische Bedeutungs- und Wahrheitsproduktionen verhandelt und wirkmächtig werden.

15

15.2 Besonderheiten internetbasierter Daten

Zunächst ist festzuhalten, dass internetbasierte Daten als Kommunikationsdaten bedeutsam für die sozialwissenschaftliche Raumforschung sind. Gleichwohl ist vor allem für qualitative Ansätze eine deutliche Zurückhaltung festzustellen, Online-Medien zu verwenden und zu analysieren (vgl. Schirmer et al. 2015). Während einerseits die Verfügbarkeit von Daten im und aus dem Netz groß ist, existieren andererseits, im Vergleich etwa zu traditionellen Medien, keine institutionalisierten Archivierungspraktiken; die Publikationspraktiken sind häufig unregelmäßig und insgesamt ist die Kommunikation eher dezentral organisiert: Themen entwickeln sich wenig systematisch und entfalten sich außerdem in Teilöffentlichkeiten. Das heißt, sie werden z. B. „aus traditionellen Massenmedien aufgenommen (…) [und] in Blogs, Wikis oder Social Networks diskursiv weiterverarbeitet" (Galanova und Sommer 2011, S. 169) oder machen spezifische (häufig wenig formalisierte) Selektions- und Ausschlusskriterien wirksam. Für die Forschung mit internetbasierten Daten folgt daraus, dass plausible Kriterien für und gegen die Auswahl der Daten darzulegen bzw. zu entwickeln sind. Gerade die multimediale Vernetztheit der Daten macht ihre Auswahl kritisch und im Forschungsprozess schwierig.

Im Zusammenhang mit dem Internet als Forschungskontext geht es also um die Art und Menge der dort verfügbaren Daten, aber auch um deren Dokumentationsformen, mögliche Erhebungs-, Auswertungs- und Verarbeitungsverfahren. Ganz konkret stellen sich dabei technische oder methodische Fragen: Wie kann bei der Auswahl internetbasierter Daten und Medien vorgegangen werden? Wie lassen sich deren Inhalte analysieren? Wie weit führen gängige Methoden, wo liegen deren Grenzen? Gleichzeitig sind aber auch wissenschafts- bzw. erkenntnistheoretische Fragestellungen relevant. In Bezug auf qualitative Verfahren stellt sich etwa die Frage, wie Daten entstehen und wie dies bei der Rekonstruktion von subjektivem Sinn zu berücksichtigen ist (vgl. Schirmer et al. 2015).

In jüngerer Zeit sind zudem einige Forschungsarbeiten entstanden, die sich unter dem Stichwort „geoweb" mit der medialen Durchdringung des Alltags und damit verbundenen Raumerfahrungen und Praktiken der Raumerschließung auseinandersetzen (vgl. Gryl et al. 2013). Das Internet, besonders das Web2.0, werden hier zu einer „lebensweltlich wirksame[n] und wirkmächtige[n] Größe" (ebd., S. 12) und es setzen sich neue Formen der Geovisualisierung durch, etwa in der Form kollaborativer Kartenerstellung. Damit verändert sich auch die geographische Wissensproduktion, denn „Modi und Regeln für Aushandlungs- und Entscheidungsprozesse werden hierbei beständig online reorganisiert. Das Monopol der Produktion von Wissen, Wertungen und Deutungen wird auf diese Weise demontiert, nicht nur der Zugang, sondern auch die Kommunikation von Information wird demokratisiert" (ebd., S. 14).

An der Produktion von Diskursen, die sich mit Räumlichkeit beschäftigen, sind nun immer mehr Agierende beteiligt und klare Grenzen zwischen „Produzierenden" und „Konsumierenden" werden aufgelöst. In der Forschung gibt es Positionen, die hierin die erwähnte „Demokratisierung kartographischer Produktion" (Bittner und Michel 2013, S. 111) sehen, während andere die in den „neuen Praktiken und Prozessen ebenso konflikthafte[n] und macht-volle[n] Aushandlungen, Sichtbarmachungen und Unsichtbarmachungen, Einschlüsse und Ausschlüsse" (ebd.) betonen. Diese verschiedenen

Perspektiven machen deutlich, dass sich im Laufe der vergangenen Jahre zwar die technischen Möglichkeiten rasant entwickelt haben, die Grundfragen des Verhältnisses von Diskursen, (Online-)Medien und Räumen, aber ähnlich geblieben sind.

15.3 Eine humangeographische Perspektive

Die Diskursanalyse ist in ihren Varianten zwar ein etabliertes methodisches Verfahren in der Geographie, setzt sich aber häufig nicht explizit mit dem Raumverständnis auseinander. Im Gegensatz dazu wird Raum im Kontext des *spatial turn* als relational, prozesshaft und sozial konstruiert konzipiert (vgl. z. B. Miggelbrink 2002, 2014; Glasze und Mattissek 2009; Mattissek 2007). So ist es notwendig, innerhalb der Diskursanalyse unterschiedliche Raumkonzeptionen (u. a. Belina und Michel 2011; Dünne und Günzel 2006) zu berücksichtigen, um die weitreichenden Wechselwirkungen und Konstitutionen des sozialen Raumes abbilden zu können. Dieser Zusammenhang zwischen Räumlichkeit und Macht ist im Mittelpunkt des Interesses der geographischen Diskursforschung:

> » Denn wenn man konzeptionell anerkennt, dass zum einen Räume nicht einfach gegeben sind, sondern immer neu konstituiert werden, und zum anderen die Verfasstheit von Räumen ein wichtiges Element der Herstellung sozialer Wirklichkeit ist, dann ist die Konstitution bestimmter Räume eng verknüpft mit der hegemonialen Durchsetzung bestimmter sozialer Wirklichkeiten (Glasze und Mattissek 2009, S. 12f.).

Hinsichtlich der zugrunde gelegten Diskurskonzepte und des methodischen Vorgehens wird zunehmend differenziert. Humangeographische Studien operationalisieren so grundlegende Anforderungen an ein diskursanalytisches Vorgehen ganz unterschiedlich und behandeln dabei diverse geographische Forschungsgebiete. Für ein Vorgehen, das insbesondere den medialen Diskurs in Blick nehmen will, halten wir dabei die folgenden empirischen Studien für „inspirierend":

■ Räumliche Anordnungsmuster in stadtentwicklungspolitischen Diskursen
Sybille Bauriedl (2007a, b) analysiert auf der Grundlage von „klassischen" Medien –
z. B. lokalen Leitdokumenten der Stadtentwicklung, des Parlaments und der Lokalpresse – Nachhaltigkeitsdiskurse in der Hamburger Stadtentwicklung. Die Autorin plädiert für eine stärkere „Raumsensitivität" in der Diskursforschung (Bauriedl 2007b, S. 280 ff.). Diese verstehe Raum entweder als „Sozialgefüge", „konkreten Ort", „Diskurslandschaft" oder „Maßstabsebene" (ebd., S. 280). Bauriedl schlägt einen multimethodischen (und dabei gleichzeitig sehr aufwändigen) Ansatz vor, der die „räumliche Relationalität" (ebd., S. 304) von Diskursen mit in den Blick nimmt. Auf lokaler Ebene lassen sich Diskursfragmente von Lokalitäten z. B. über Kartierungen spezifisch verorten. In dieser Studie werden insbesondere Diskursstruktur und -ordnung, aber auch diskursive Ereignisse und lokaler Diskurskontext über mediale Dokumente auf einer Maßstabsebene empirisch erfassbar – und damit wiederum in Bezug zu räumlichen Konstruktionen und Konstitutionen gesetzt.

- **Diskursive Verräumlichungen in Printmedien**

Den Zusammenhang von Raum, Wissen und Macht nehmen Paul Reuber und Anke Strüver (2009, 2011) als Ausgangspunkt, um die diskursive Verwendung von geopolitischen Leitbildern in deutschen Printmedien (SZ, FAZ, taz, Spiegel) unmittelbar nach dem 11. September mit quantitativen und qualitativen Verfahren zu untersuchen. Sie betonen, wie in den Medien ein „räumlicher Reflex" (Reuber und Strüver 2009, S. 319) nachvollzogen werde: So würden „die Ereignisse mit Hilfe geopolitischer Repräsentationen und Stereotype auch für die Alltagsbetrachtung in Form eines geographisch lokalisierbaren ‚Eigenen' und ‚Fremden' repräsentiert" (ebd., S. 319). Mit dem Fokus auf die Dekonstruktion von solchen geopolitischen Rhetoriken, Leitbildern und Metaphern, wie die Medien sie nach den Anschlägen des 11. September verbreiteten, können Reuber und Strüver nachzeichnen, welche Rolle territorialisierende Zuschreibungen abhängig vom Verlauf der Auseinandersetzungen bzw. der Krise einnehmen.

- **Visuell-digitale Repräsentationen globaler Konflikte**

Lisa Parks' Studie (2009) führt besonders deswegen weiter, weil sie nicht nur einen „klassischen" Mediendiskurs in den Blick nimmt, sondern mit der digitalen Plattform Google Earth ein „neueres" Medium. Ausgangspunkt bildet das Projekt *Crisis in Darfur* (initiiert vom United States Holocaust Memorial Museum, Google Earth; vgl. zum Projekt selbst ebd.). Interessant sind im Verhältnis von Raum, Diskurs und (Online-)Medien nicht nur die „Verräumlichungen" von Informationen und neue Formen der vernetzten Raumrepräsentation. Relevant ist gerade auch das widersprüchliche Verhältnis vom Projekt *Crisis in Darfur* auf der Plattform Google Earth und dem Presse-Diskurs: Die internationale Presse, so die Autorin, habe positiv auf das Projekt reagiert. Der Konzern Google sei gelobt und ihm humanitäre Absichten zugesprochen worden. Eine genauere Analyse der Datenbank selbst enthüllt allerdings durchaus kritische Aspekte dieser digitalen Konfliktkarten. Während, zugespitzt, die Presse *Crisis in Darfur* als „humanitäres Instrument" (ebd., S. 437) feierte, analysiert Parks die Plattform eher als „Archiv" (ebd., S. 444) des Konflikts. Die kartographische Bereitstellung und Aufbereitung von solchen Krisenereignissen mithilfe neuer Anwendungs- und Verbreitungsmöglichkeiten über das Web2.0 bietet damit nur auf den ersten Blick den Vorteil von Dynamik, Veränderbarkeit – und mithin sogar Partizipation. Auf den zweiten Blick und vor dem Hintergrund der Relationen von Medien, Raum und Diskurs sind auch solche Karten eingebettet in gesellschaftliche Produktions- und Transformationsprozesse, „in denen sich die Beziehungen zwischen Staat, Privatwirtschaft und zivilgesellschaftlichen Akteuren verschieben" (Bittner et al. 2011, S. 64).

Der Zusammenhang von Raum, Medien und Diskursen wird unterschiedlich operationalisiert und forschungspraktisch umgesetzt. Was aber bedeuten diese methodisch-konzeptionellen Überlegungen für die eigene Forschungspraxis? Anhand eines konkreten Beispiels werden wir im Folgenden einige Aspekte aufgreifen, forschungspraktisch erproben und diskutieren. Auch in unserer eigenen Untersuchung beziehen wir uns in erster Linie auf klassische Printmedienformate, die aber auch online verfügbar sind und dort rezipiert werden.

15.4   Das Fallbeispiel: Berlins Bezirk Neukölln im Spannungsfeld von Medien, Diskurs und Raum

Das Projekt ist im Zusammenhang mit dem IfL ExperiSpace *Das Internet als (neue) Datenquelle für die raumbezogene Forschung* (IfL Forschungswerkstatt #1, Leipzig, Februar 2015) entstanden. Ziel des ExperiSpaces war, aktuelle forschungsbezogene Debatten zum Thema raumbezogene (Online-)Medienanalysen in Beziehung zu mediendiskursanalytischen Verfahren zu setzen und diese am Beispiel Berlin Neukölln (◨ Abb. 15.1) praxisbezogen zu erproben. Anhand der journalistischen Bericht-erstattung über das jährlich stattfindende Kunstfestival *48 Stunden Neukölln* sollte die spezifische Bedeutungskonstruktion des Berliner Bezirks in einem Interdiskurs herausgearbeitet und in Hinblick auf den vorgestellten Rahmen (Medien – Raum – Diskurs) diskutiert werden. Im Anschluss an die Forschungswerkstatt haben wir – auf-grund der zeitlichen Begrenzung der etwa fünfstündigen Veranstaltung – die ersten fragmentarischen Auswertungsansätze weiter ausgearbeitet und für den vorliegenden Aufsatz um zusätzliche Analysen ergänzt.

Zunächst folgt ein Überblick über die jüngeren historischen, für unsere Argumen-tation konstitutiven Entwicklungen Neuköllns[1], bevor erste Ergebnisse der Diskurs-analyse vorgestellt werden. Dabei unterliegt auch die historische Betrachtung einer diskursanalytischen Logik bzw. kann keinesfalls als außerhalb des Diskurses – als quasi „natürliche" und „wahre" Geschichte – betrachtet werden. Hier schließen wir uns der Position der Kritischen Diskursanalyse an, die postuliert, dass gesellschaftliche Wirklichkeit zu deuten immer auch heißt, die (historische) Positionalität der jeweils Deutenden in die Analyse mit einzubeziehen (vgl. Jäger und Jäger 2007).

■ **„Endstation Neukölln"?**

Der Berliner Bezirk Neukölln geht auf vier mittelalterliche Dörfer (Rixdorf, Britz, Buckow, Rudow) zurück. Insbesondere Rixdorf entwickelte zunehmend einen gewerb-liches Profil und wurde ab Mitte des 19. Jahrhunderts zu einer durch Industrie gepräg-ten Berliner Vorstadt (vgl. Escher 1988). Die Namensänderung in Neukölln 1912 sollte dem Image eines „schmutzigen Arbeiterortes" entgegenwirken – was jedoch scheiterte (vgl. ebd.). Durch die Vereinigung zu Groß-Berlin 1920 wurden Neukölln und die drei angrenzenden Gemeinden in Berlin eingegliedert und bilden seitdem den Bezirk Neu-kölln (vgl. Bienert und Buchholz 2005).

Auch nach dem Zweiten Weltkrieg blieb Neukölln ein wichtiger Industriestand-ort innerhalb Berlins. Der Zuzug von sogenannten Gastarbeitenden nach West-Berlin (vor allem aus der Türkei), führte auch in Neukölln zu einem enormen Anstieg aus-ländischer Bevölkerung (vgl. Kessinger 2012), deren Anteil in der Folge von 12.000 (1972) auf 34.000 Einwohnende (1980) anwuchs. Ab Ende der 1970er-Jahre entstand so eine migrantisch orientierte sozio-kulturelle Infrastruktur. So wurde 1978 das erste

15

---

1   Wie auf ◨ Abb. 15.1 zu sehen, ist Neukölln sowohl Berliner Bezirk als auch Ortsteil des gleichnamigen Bezirks. Um Verwechslungen zu vermeiden, wird im Folgenden „Neukölln" für die Bezeichnung des Bezirkes und „Nord-Neukölln" in Anlehnung an Gößwald und Schmiedeknecht (2009) sowie Holm (2011) für den Ortsteil genutzt.

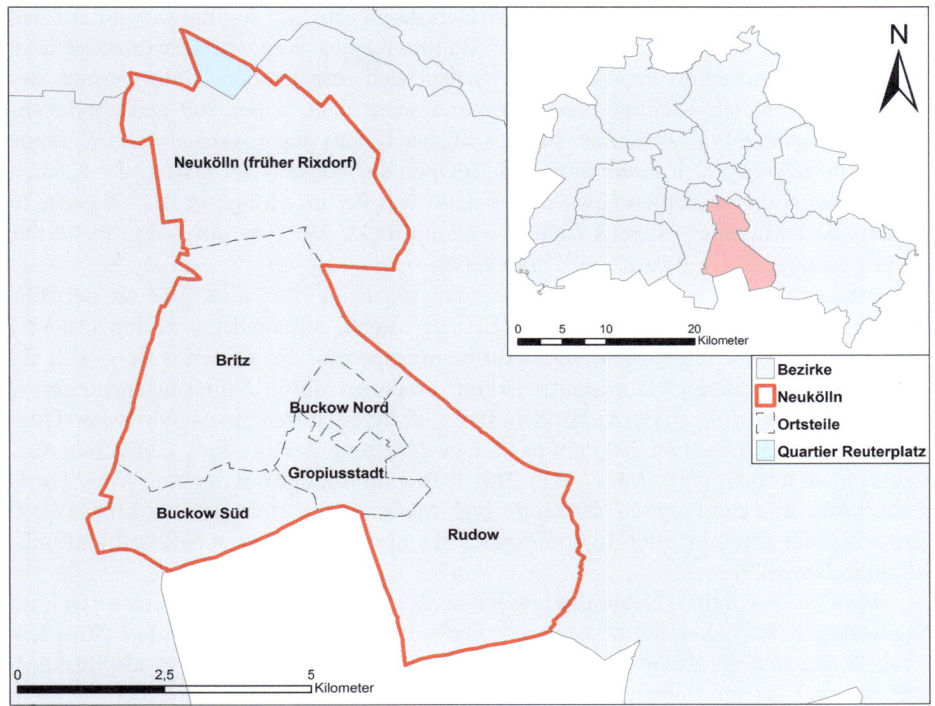

◘ Abb. 15.1   Der Bezirk Neukölln in Berlin und seine Ortsteile

türkische Kultur-und Bildungszentrum Berlins gegründet und bis Ende der 1980er-Jahre etablierten alle größeren Migrantinnen- und Migrantengruppen in Neukölln eigene Organisationen (vgl. ebd. S. 143 ff.). Die nach der Wiedervereinigung in Berlin einsetzende wirtschaftliche Transformation wirkte sich besonders auf die migrantische Bevölkerung aus, die nach wie vor mehrheitlich in der Industrie tätig war und deren Arbeitslosenquote um etwa 50 % höher als die der deutschen Bevölkerung lag (vgl. SenStadtUmTec 1995). Der 1997 erschienene SPIEGEL-Artikel „Endstation Neukölln" (vgl. Wensierski 1997), der dem Bezirk den sozialen Niedergang attestierte, kann in diesem Zusammenhang als mediales Schlüsselereignis in der diskursiven Bedeutungs-zuschreibung des Bezirkes als Problemgebiet gesehen werden (vgl. Gebhardt 2001). Auch aktuell ist der Bezirk durch soziale und städtebauliche Probleme gekennzeichnet. Von den derzeit in Berlin existierenden 37 Quartieren, die durch das Städtebauförder-programm *Die Soziale Stadt: Stadtteile mit besonderem Entwicklungsbedarf* unterstützt werden, liegen allein elf in Neukölln – die meisten, betrachtet man alle zwölf Berliner Bezirke (vgl. SenStadtUm 2015).

Die mediale Debatte um Neukölln als „Problembezirk" erreichte 2006 ihren Höhe-punkt, als im Reuterkiez Schulkinder Lehrpersonal tätlich angriffen (vgl. von Randow 2006). Neukölln galt nun als Paradebeispiel für eine als gescheitert angesehene Integra-tionspolitik in Deutschland (vgl. Sutterlüty 2006). Die noch häufig unsanierte Bausub-stanz und ein massiver Gewerbeleerstand im Gebiet um Nord-Neukölln unterstützten die Genese des negativen Images und wirkten damit letztlich stigmatisierend auf den gesamten Bezirk (vgl. Holm 2011). Im Rahmen eines vom Quartiersmanagement Reuterkiez beauftragten Projektes entwickelten sich insbesondere Unternehmen der Kreativwirtschaft als wichtige Neumieter und schufen 66 % der 200 neu entstehenden Arbeitsplätze (vgl. Brammer 2008). Darüber hinaus zogen vermehrt Studierende zu und es siedelten sich mehr Bars und Kneipen an. Folglich bewerteten die Medien (Nord-)Neukölln zunehmend als Szene-Bezirk. Das Berliner Magazin ZITTY titelte in diesem Zusammenhang bereits 2008: „Neukölln rockt. Mit zitty unterwegs in Berlins derzeit spannendstem Bezirk" (vgl. Zitty 2008).

Zeitgleich entwickelte sich Nord-Neukölln zwischen 2007 und 2013 als der Berliner Stadtteil, in dem die durchschnittlichen Mieten am meisten stiegen (10,5 %) (vgl. ImmobilienScout24 2014). Der Aufwertungsprozess in Neukölln ist jedoch im Vergleich mit anderen Hauptstadtbezirken, in denen durch Sanierungsprogramme physische Aufwertungen am Gebäudebestand erfolgten, durch eine symbolische Gentrifikation gekennzeichnet, bei dem das Image des Szene-Bezirks der eigentlichen Aufwertung vorausgeht (vgl. Holm 2011). Das 2010 vom Reiseportal der New York Times gezeichnete Bild des „hippen" Neukölln (vgl. McGrane 2010) ist darüber hinaus auch Ausdruck der zunehmenden Internationalisierung von Bewohnerschaft und Laufpublikum in Neukölln.

Diese Konstruktion Neuköllns zwischen den beiden Polen Problemviertel und Szene-Bezirk ist dabei im besonderen Maße im jährlich stattfindenden Kunstfestival *48 Stunden Neukölln* eingeschrieben. So wurde das Festival 1999 als Reaktion auf eine anhaltende negative Berichterstattung über den Bezirk ins Leben gerufen, um kulturell und künstlerisch einen Gegenpol zur diskursiven Abwertung zu bilden (vgl. 48 Stunden Neukölln 2015). Das Festival findet seitdem jedes Jahr im Sommer statt, ist stetig gewachsen und mittlerweile an mehr als 300 Spielorten vornehmlich in Nord-Neukölln vertreten. Die folgenden Ausführungen beleuchten, welches Bild von Berlin-Neukölln im Rahmen der journalistischen Berichterstattung und ihrer Online-Rezeption zu *48 Stunden Neukölln* zwischen 2006 und 2014 generiert und diskutiert wird. Diese Analyse wird ergänzt um eine Betrachtung der Veranstalterbeiträge des Festivals auf der Mikrobloggingplattform Twitter.

▪ *48 Stunden Neukölln* im medialen Diskurs – Fallbeispiel und Methodik

Um das Meinungsbild einer möglichst breiten Bevölkerungsschicht einzufangen und die Diskursanalyse auf der Ebene der alltäglichen Wissensproduktion anzusetzen, wurden für das Fallbeispiel medial vermittelte Interdiskurse in den Blick genommen (vgl. Gebhardt 2001). Dabei wurde die Zeitspanne von 2006 – aufgrund der Vorkommnisse an der Rütli-Schule eine der Hochphasen der landesweit negativen Berichterstattung über Berlin-Neukölln – bis Ende 2014 gewählt, um den Wandel in der medialen Zuschreibung Neuköllns vom „Problembezirk" hin zum „Szene-Bezirk" beleuchten und nachvollziehen zu können.

Dem Internet als Datenquelle kommt hierbei für die mediale Berichterstattung eine zweifache Bedeutung zu: Einerseits fungiert es für Zeitungsartikel, die auch in Printmedien veröffentlicht wurden, als Speichermedium und Distributionsplattform. Andererseits ist es im Rahmen von Lesendenkommentaren und Text- oder Bildnachrichten (z. B. über Twitter, Facebook, YouTube, etc.) Produktionsort diskursiver

15

Aussagen. Die nun folgende Mediendiskursanalyse berücksichtigt daher beide Quellenarten. Forschungspragmatisch ist hier zu erwähnen, dass sich online verfügbare Zeitungsberichte im Vergleich zu gedruckten Beiträgen recht zeiteffizient erheben, selektieren, speichern und auswerten lassen.

Die Online-Archive von Berliner Tageszeitungen, Wochenzeitungen, Boulevardzeitungen und Stadtmagazine wurden zunächst nach den Stichwörtern „48 Stunden Neukölln" innerhalb des genannten Zeitraumes durchsucht. Bei den meisten (Wochen)Zeitungen oder Magazinen reichten die Treffer für eine sinnvolle Analyse über einen Zeitraum von acht Jahren nicht. Zugleich ist die mediale Berichterstattung zu *48 Stunden Neukölln* ist sehr lokal geprägt und findet darüber hinaus fast nicht statt. Die Beiträge mussten folgenden drei Charakteristika genügen, um als relevant eingestuft und einer weiteren Analyse unterzogen zu werden:

1. Die Berichterstattung muss sich zentral mit dem Ereignis *48 Stunden Neukölln* beschäftigen, eine bloße Nennung von Veranstaltungen im Rahmen des Kunstfestivals reicht nicht aus.
2. Der Ort Neukölln muss qualitativ mit Bedeutungszuweisungen konstruiert werden.
3. Dabei ist irrelevant, ob diese Bedeutungszuweisungen direkt von der Autorin oder dem Autor kommen oder beispielsweise im Rahmen eines Interviews oder Zitates gewählt wurden.

Lediglich bei den drei größten Berliner Tageszeitungen gab es eine ausreichend hohe Zahl an relevanten Artikeln: Berliner Zeitung, Der Tagesspiegel und Berliner Morgenpost. Dort fanden sich insgesamt 29 Artikel und zwei Videos, die dann mit den dazugehörigen Lesendenkommentaren einer Diskursanalyse unterzogen wurden.

Diese wurde nach Jäger und Jäger (vgl. 2007, 1997) durchgeführt, welche die Verfassende als methodisches Verfahren gut ausgearbeitet und Schritt für Schritt beschrieben hat. Das Verfahren ist eng an die Diskurstheorie Michel Foucaults angelehnt und wurde entwickelt, um „diskursive Sagbarkeitsfelder darzustellen, diese zu interpretieren und einer Kritik zu unterziehen" (ebd. S. 15). Dabei werden ein Diskursstrang oder mehrere miteinander verschränkte Diskursstränge sowohl in ihrer historischen Entwicklung als auch gegenwartsbezogen untersucht – durchaus mit dem Ziel, Aussagen über die mögliche zukünftige Entwicklung von Diskursen zu generieren (vgl. Jäger und Jäger 1997). Ein Diskursstrang bezeichnet thematisch einheitliche Diskursverläufe, die aus mehreren Aussagen – den sogenannten Diskursfragment en – bestehen. Diese Fragmente beinhalten die für die Diskursstränge typischen Themen (vgl. ebd.).

Nach Auswahl der Beiträge wurde das Material mittels einer Strukturanalyse aufbereitet. Diese verortet die Artikel in den jeweiligen Diskurssträngen, erfasst angesprochene und fehlende Themen und versucht Einblick in die Diskurspositionen sowie Standpunkte der jeweiligen Zeitungen und Autorinnen und Autoren zu geben. In der dann folgenden Feinanalyse wurden die Form und Struktur von Diskurssträngen, ihre Kontextbezüge, sprachlich-rhetorischen Merkmale sowie inhaltlich-ideologischen Aussagen anhand ausgewählter, besonders dichter und stellvertretend stehender Beiträge (bzw. Diskursfragmente) analysiert und dechiffriert (vgl. Jäger und Jäger 2007). Da der Schwerpunkt dieses Aufsatzes auf der Diskussion methodischer und analytischer Implikationen im Zusammenhang mit Medien, Diskurs und Raum liegt, werden nachfolgend die Ergebnisse der Analyse nur kurz zusammengefasst.

- **Der Online-Printmediendiskurs: Kunst und Kultur werten den „Problembezirk" auf**

Die ausgewählten Beiträge zu *48 Stunden Neukölln* zeichnen ein Bild des Bezirks, das von der Fülle seiner Zuschreibungen her ambivalent erscheint und sich insbesondere an folgenden vier miteinander verwobenen Diskurssträngen orientiert: Multikulturalität, Kreative und Kunstschaffende, Problembezirk und Szene-Bezirk. In frühen Berichten (etwa 2006 bis 2010) orientieren sich die Beiträge an den Bezugspunkten Multikulturalität und verschiedenen Lebensstilen. Sie verweisen darauf, dass Kultur in Neukölln für Außenstehende etwas Ungewöhnliches sei, dabei aber untrennbar mit der Multikulturalität sowie den Problemen im Bezirk zusammenhinge. Es wird der Schluss gezogen, dass die heterogene Mischung des Bezirks gleichzeitig der Nährboden für kreativen Freiraum darstelle. Dabei wird die Funktion, die Kreative und Kunstschaffende in der möglichen Aufwertung spielen, herausgehoben und Neukölln im weiteren Verlauf der Berichterstattung zum Szene-Bezirk und Kreativquartier der Stadt erklärt. Soziale Probleme des Bezirks rücken mehr und mehr in den Hintergrund. In den Medienbeiträgen ab etwa 2010 treten dann verstärkt ökonomische Argumentationsmuster auf: Neukölln wird als attraktiver Standort für kulturelle und kreativwirtschaftliche Aktivitäten beschrieben, begünstigt durch immaterielle (Atmosphäre, Netzwerke) und materielle (günstige Mieten, Freiräume) Aspekte. Auf diese Weise wird gleichzeitig ein Verstetigungs- und Gentrifizierungsprozess beschrieben, der unweigerlich in einem Strukturwandel enden werde. Neukölln als „Problembezirk" wird im Rahmen dieser Zuschreibungen eher als Blaupause eines schon überwundenen Zustands diskutiert. Nur stellenweise wird eingeräumt, dass es immer noch soziale Probleme gibt. Das vergangene Neukölln wird als „verrucht" oder „sozial verarmt, kriminell und heruntergekommen" beschrieben (Deckwerth 2011) – und dient damit als Antonym zum heutigen Neukölln, in dem es eine große, lebendige und internationale Szene von Kreativen und Kunstschaffenden gebe, die den ehemaligen „Problembezirk" „salonfähig" (ebd.) gemacht habe.

- **Der Rezeptionsdiskurs: Von „elitären" Gruppen und dem „Schmuddelkiez"**

Die Auswertung von Lesendenkommentaren zu den Artikeln über *48 Stunden Neukölln* zeigt, dass es kaum Reaktionen auf diese Beiträge gibt. Die geringe Zahl von Kommentaren ist allerdings vergleichbar mit denen zu anderen Berichten in den drei ausgewählten Zeitungen, die sich ebenfalls lokalpolitischen Themen widmen. Das enthüllt eventuell ein generelles methodisches Problem, das den Zugang zu lokalen Rezeptionsdiskursen kennzeichnet: Von den insgesamt 29 Artikeln bekamen nur zwei Kommentare und zwar jeweils sechs. Deren Analyse kann nur erste vorsichtige Hinweise geben, inwiefern sich Rezeptionsdiskurse auf die Diskursstruktur der medialen Darstellung beziehen: Einerseits hinterfragen bzw. negieren die Kommentierenden die Rolle von Kunstschaffenden und Kreativen im Zusammenhang mit einer positiven Stadtteilentwicklung. Vielmehr thematisieren sie eine mögliche Gefahr, die von einer solchen Aufwertung ausgehen könnte und negative Folgen für die Sozialstruktur Neuköllns hätte. Auf der anderen Seite greifen die Kommentare das Thema Neukölln als „Problembezirk" auf, das – anders als in der neueren medialen Berichterstattung postuliert – lebensweltlich durchaus weiterhin von sozialen und materiellen Problemen dominiert werde, etwa was Vermüllung oder

Verwahrlosung betrifft. Hier wird die soziale Aufwertung und Gentrifizierung Neuköllns durch zugezogene Kunstschaffende und Intellektuelle sozialkritisch in den
Blick genommen und Neukölln parallel dazu als verwahrloster und heruntergekom-
mener Kiez beschrieben.

- **Der Twitter-Diskurs: „Kunst rettet Welt"**

In der erweiterten Datenerhebung zur Online-Rezeption von 48 Stunden Neukölln
wurden neben den Medienberichten und den Online-Kommentaren auch Quellen aus
sozialen Medien berücksichtigt. Konkret haben wir die Auseinandersetzung mit Neukölln auf Twitter durch die Veranstaltenden des Kunstfestivals ausgewertet. Auf deren
offizieller Twitter-Seite (@48hNk) waren zum Auswertungszeitpunkt (bis November 2015) 923 Tweets abrufbar. Bei deren Analyse zeigte sich, dass sich die Mehrzahl
davon nicht konkret auf Neukölln bezieht. Vielmehr widmen sich die Tweeds einer
großen Bandbreite an Themen: Neben gesellschaftspolitischen Statements finden sich
auch konkrete Veranstaltungshinweise zu Kunst und Kultur, Retweets anderer Beiträge
oder Interaktionsaufrufe.

Im deutlichen Gegensatz zur Berichterstattung der Print- bzw. Massenmedien,
welche die Kunst- und Kreativszene Neuköllns – hier in Gestalt des Festivals – sinn-
bildlich für Aufwertungsprozesse behandeln und mit Globalisierung und Ökonomi-
sierung in Zusammenhang bringen, folgen die analysierten Tweets aus der Innensicht
der Agierenden einer gänzlich anderen Logik: Sie verstehen das Festival, aber auch
Kunst im Allgemeinen ls eine mögliche Form des sozialpolitischen Engagements. Dies
äußert sich auch deutlich im Leitthema des Festivals von 2015: „S.O.S. – Kunst rettet
Welt". Auch Kunstschaffenden wird eine andere Rolle zugeschrieben: Statt sie als Treibende einer lokalen städtischen Aufwertung zu betrachten, sehen die Veranstaltenden
des Festivals sie eher als mögliche Verlierende von Aufwertungsprozessen („Gentrifizierung betrifft auch Künstler_innen berlinweit", 5. September 2015). Die Rolle von
Kunst und Kunstschaffenden in Interaktion mit dem Ort, an dem sie stattfindet, wird
dabei als kollektiver Aushandlungsprozess begriffen. Dies zeigt sich auch in den rhe-
torischen Mitteln: per direkter Anrede („Wenn ihr wissen wollt, …", „Wollt ihr von
Neukölln …?", „… hat eine Bitte an euch!") wird die Leserschaft der Nachrichten aktiv
in die Kommunikation eingebunden – und damit auch in die gemeinsame Gestaltung
des Bezirks.

Insgesamt wird *48 Stunden Neukölln* auf Twitter als kritisch-intellektuell eingebunden in eine größere Kunstszene präsentiert. Dabei setzt sich das Festival mit lokalen
Problemen auseinander und reagiert vor allem in Form konkreter Veranstaltungen,
bezieht sich aber auch auf übergeordnete gesellschaftspolitische Themen.

15.5 Analyse von raumbezogenen Online-Diskursen: Potenziale und Herausforderungen

Das Internet kann im Zusammenhang mit diskursanalytischen Verfahren allgemein
als „Resonanzraum eines Diskurses" (Galanova und Sommer 2011, S. 169) bezeichnet werden. Einerseits werden Diskurse in diesem Raum gespeichert und verbreitet –
z. B. als online verfügbare Beiträge aus klassischen Printmedien. Andererseits werden

solche Diskurse aber auch diskursiv rezipiert, aufbereitet und weiterverbreitet. Damit gehen Spezifika für die raumbezogene Forschung einher: Wenn Bauriedl (2007b) in ihrer Studie zu Hamburger Nachhaltigkeitsdiskursen nach dem Verhältnis von physischem und sozialem Raum fragt, muss diese Frage im Zusammenhang mit Online-Daten noch um den digitalen Raum ergänzt werden. „Das Lokale entsteht […] im Wechselspiel mit globalen Prozessen und Narrativen" (ebd., Abs. 27) – diese Aussage, mit der Bauriedl auf die Notwendigkeit einer multimethodischen, diskursanalytischen Mehrebenenperspektive verweist, wird im Zusammenhang mit im Internet produzierten, modifizierten, gespeicherten und rezipierten Zeichen(-Systemen) nochmals erweitert (vgl. ebd., Abs. 36).

Internetbasierte Kommunikation ist notwendigerweise in gesamtgesellschaftliche Diskurse eingebunden, gleichwohl sind die Inhaltsproduktion und -rezeption im Netz durch eine komplexe, netzartige Verweisstruktur gekennzeichnet. In vielen Fällen – der oben analysierte Twitter-Diskurs ist aufgrund seiner relativ eindeutigen Autorenschaft als Ausnahme anzusehen – sind nicht nur die Rollen, die unterschiedliche Agierende wie die Online-Portale der Printzeitungen im Kommunikationsprozess einnehmen, kaum eindeutig zu beschreiben. Auch die Fallauswahl ist methodisch nur mit einigem Aufwand zu bewerkstelligen. In unserem Fallbeispiel ist es z. B. grundsätzlich nicht ausgeschlossen, dass bestimmte, uns aufgrund mangelnden Wissens oder fehlender Involviertheit verschlossene Teilöffentlichkeiten andere wirkmächtige Diskurse führen – Foren etwa, Blogs oder Social-Media-Gruppen,

Vorteilhaft für die raumsensible Diskursforschung in der Arbeit mit digitalen Daten ist hingegen, dass sie vergleichsweise einfach zugänglich sind. So lassen sich vor allem Diskursverläufe, die sich über lange Zeit erstrecken, anhand von z. B. Schlüsselbegriffen zielstrebig und vergleichsweise mühelos identifizieren. Gleichzeitig liefert der Fokus auf die Multimodalität der Daten im Netz bzw. insbesondere die Kombination von Bild- und Textzeichen Hinweise auf die Konstituierung von Raum. Bauriedl (vgl. 2007a) spricht hier am Beispiel der Hamburger Hafen-City davon, wie symbolische Konstruktionen und Inszenierungen auf materielle Strukturen konkreter Orte einwirken – sowie umgekehrt. Unser Fallbeispiel legt ebenfalls eine (Re-)Präsentation des Materiellen im Diskursiven nahe wie auch eine (Re-)Produktion in umgedrehter Richtung.

15

15.6 Ergänzung diskursanalytischer Verfahren um multimethodische Ansätze

Die Verknüpfung solcher symbolisch-kommunikativen mit materiellen Strukturen ist im Rahmen einer Diskursanalyse nicht einfach zu leisten. Wenn in den vorangegangen Ausführungen vor allem der Diskurs über Neukölln innerhalb der medialen Berichterstattung in den Blick genommen wurde, konnte damit gezeigt werden, inwiefern der Bezirk hier (historisch) „gedacht" bzw. konstruiert wird.

Der Rezeptionsdiskurs, also jener Diskurs, der zeigt, wie Individuen – und damit auch mögliche Bewohnende – Neukölln denken und konstruieren, hat auf der Ebene der Online-Rezeption von Printartikeln bisher nur begrenzt Ergebnisse vorgehalten.

Daneben hat die Auswertung der Twitter-Nachrichten wiederum eine sich deutlich vom Printmediendiskurs unterscheidende Darstellung offengelegt. Um soziale Räume einer umfassenden Analyse zu unterziehen, „also möglichst das gesamte Wissen, das diese Räume hervorgebracht hat und erhält, zu elizitieren" (Jäger und Jäger 2007, S. 275), könnten insbesondere dispositivanalytische Vorgehen umfassendere Einblicke gewähren, die neben Diskursen auch Praktiken und Handlungsweisen der Bewohnenden Neuköllns bzw. der Agierenden im Bezirk sowie „Institutionen und Sichtbarkeiten einbeziehen, die für die Strukturen im Stadtteil wesentlich sind" (ebd., S. 284).

Neben den hier diskutierten klassischen text- und bildbasierten Kommunikationsdaten im und aus dem Web sind im Rahmen raumbezogener Online-Analysen aber auch die im Zusammenhang mit der Studie von Parks (vgl. 2009) genannten digitalen Karten zu betrachten. Besonders durch die Entwicklungen des Web2.0 verändern sich Autorenschaften, Produktions- und Verbreitungsdynamiken, Quantität, Qualität und Validität der georeferenzierten Daten, aber auch die gesellschaftspolitischen Aushandlungsprozesse, die in den Karten eingeschrieben sind. Damit wird also eine kritische Analyse von Web2.0-Karten vor neue methodische Anforderungen gestellt (vgl. Bittner und Michel 2013; Bittner et al. 2011).

Hier im Aufsatz wurde auf den Zusammenhang von raumbezogener Forschung, diskursanalytischen Methoden und online-basierten Daten(-quellen) eingegangen. Während sich wissenschaftliche Debatten immer ausführlicher um die hier behandelten Aspekte drehen, steht die Beantwortung weiterer Fragen noch aus – etwa Fragen, die sich in Verbindung mit der Analyse riesiger, hochauflösender, in Echtzeit generierter Datensets stellen (Stichwort Big Data). Diese werden aber mit großer Wahrscheinlichkeit auch für die raumbezogene Forschung in Zukunft an Relevanz gewinnen.

Literatur

48 Stunden Neukölln (Hrsg) (2015) Unser Leitbild. ► http://www.48-stunden-neukoelln.de/de/page/leitbild. Zugegriffen: 10. Sept. 2017

Bauriedl S (2007a) Spielräume nachhaltiger Entwicklung. Die Macht stadtentwicklungspolitischer Diskurse. Oekom, München

Bauriedl S (2007b) Räume lesen lernen: Methoden zur Raumanalyse in der Diskursforschung. Forum Qual Sozialforschung 8(2), Art. 13. ► http://www.qualitative-research.net/index.php/fqs/rt/printerFriendly/236/523. Zugegriffen: 10. Sept. 2017

Belina B, Michel B (2011) Raumproduktionen. Beiträge der Radical Geography. Eine Zwischenbilanz. Westfälisches Dampfboot, Münster

Bienert M, Buchholz E (2005) Die zwanziger Jahre in Berlin: Ein Wegweiser durch die Stadt. Berlin Story, Berlin

Bittner C, Michel B (2013) Das Dekonstruieren der web2.0 Karte. Vorschläge zur Analyse dynamischer und interaktiver Karten multipler und diffuser Autorenschaften. In: Gryl I, Nehrdich T, Vogler R. (Hrsg) geo@web. Medium, Räumlichkeit und geographische Bildung. Springer VS, Wiesbaden, S 111–126

Bittner C, Glasze G, Michel B, Turk C (2011) Krisen- und Konfliktkarten im Web 2.0. Geogr Rundsch 11:60–65

Brammer M (2008) Zwischennutzung in Berlin Neukölln. Kreativwirtschaft als Motor in einem sozial benachteiligten Binnenquartier. Standort – Z Angew Geogr 32:71–77

Deckwerth S (2011) Luxus im Knast. Berliner Zeitung, 16.06.2011. ► http://www.berliner-zeitung.de/newsticker/luxus-im–knast,10917074,10923382.html. Zugegriffen: 10. Sept. 2017

Dreesen P, Kumięga Ł, Spieß C (2012) Mediendiskursanalyse. Diskurse – Dispositive – Medien – Macht. Springer VS, Wiesbaden

Dünne J, Günzel S (2006) Raumtheorie. Grundlagentexte aus Philosophie und Kulturwissenschaften. Suhrkamp, Frankfurt a. M.

Escher, F (1988) Neukölln. In: Geschichte der Berliner Verwaltungsbezirke, Bd 3. Colloquium, Berlin

Fairclough N (1995) Critical discourse analysis. Addison Wesley, Boston

Fairclough N (2000) Discourse and social change. Polity Press, Cambridge

Foucault M (1981) Archäologie des Wissens. Suhrkamp, Frankfurt a. M.

Galanova O, Sommer V (2011) Neue Forschungsfelder im Netz. Erhebung, Archivierung und Analyse von Online-Diskursen als digitale Daten. In: Schomburg S, Leggewie C, Lobin H, Puschmann C (Hrsg) Digitale Wissenschaft. Stand und Entwicklung digital vernetzter Forschung in Deutschland. Köln, S 169–178

Gebhardt D (2001) „Gefährliche fremde Orte" – Ghetto-Diskurse in Berlin und Marseille. In: Heller W, Asche H, Bürkner H-J (Hrsg) Prax Kult- und Sozialgeographie 24 S 11–89

Glasze G, Mattissek A (2009) Handbuch Diskurs und Raum: Theorien und Methoden für die Humangeographie sowie die sozial- und kulturwissenschaftliche Raumforschung. Transcript, Bielefeld

Gößwald U, Schmiedeknecht K (Hrsg) (2009) Wie zusammen leben - Perspektiven aus Nord-Neukölln: ein Kooperationsprojekt der Quartiermanagements Schillerpromenade, Rollbergsiedlung, Körnerpark und Flughafenstraße mit dem Kulturamt Neukölln und dem Museum Neukölln. Dokumentation der Ausstellung vom 22. Juni 2008 bis 28. Juni 2009 im Museum Neukölln. Berlin

Gryl I, Nehrdich T, Vogler R (2013) geo@web. Zur Entfaltung und Anverwandlung eines neuen Forschungsfeldes. In: Gryl I, Nehrdich T, Vogler R. (Hrsg) geo@web. Medium, Räumlichkeit und geographische Bildung. Springer VS, Wiesbaden, S 9–31

Holm A (2011) Gentrification in Berlin: Neue Investitionsstrategien und lokale Konflikte. In: Herrmann H, Keller C, Neef R, Ruhne R (Hrsg) Die Besonderheit des Städtischen. Entwicklungslinien der Stadt(soziologie). Springer VS, Wiesbaden, S 213–232

ImmobilienScout24 (Hrsg) (2014) Kaltmieten_Berlin_BGID. Datensatz zur Entwicklung der Angebotsmieten in Berliner Ortsteilen von 2007–2013. Berlin

Jäger S (2009) Kritische Diskursanalyse: Eine Einführung. Unrast, Münster

Jäger S, Jäger M (1997) Bemerkungen zur Durchführung von Diskursanalysen. Duisburger Institut für Sprach- und Sozialforschung. ▶ http://www.diss-duisburg.de/Internetbibliothek/Artikel/Durchfuehrung_Diskursanalyse.htm. Zugegriffen: 10. Sept. 2017

Jäger S, Jäger M (2007) Deutungskämpfe – Theorie und Praxis Kritischer Diskursanalyse. Springer VS, Wiesbaden

Kessinger B (2012) Neukölln. Die Geschichte eines Berliner Stadtbezirks. Vergangenheitsverlag, Berlin

Läpple D (1991) Essay über den Raum. Für ein gesellschaftswissenschaftliches Raumkonzept. In: Häußermann H et al (Hrsg) Stadt und Raum. Soziologische Analysen. Centaurus, Pfaffenweiler, S 157–207

Link J (2011) Diskursanalyse unter besonderer Berücksichtigung von Interdiskurs und Kollektivsymbolik. In: Keller R, Hireseland A, Schneider W, Viehöver W (Hrsg) Theorien und Methoden. Handbuch Sozialwissenschaftliche Diskursanalyse, Bd 1. Springer VS, Wiesbaden, S 108–130

Lossau J, Lippuner R (2004) Geographie und Spatial Turn. Erdkunde 58:201–211

Mattissek A (2007) Diskursanalyse in der Humangeographie – „State of the Art". Geog Z 95:37–55

McGrane S (2010) Berlin, a creative wave. New York Times Travel. ▶ http://www.nytimes.com/slideshow/2010/10/24/travel/20101024-surfacing-berlin.html?_r=0. Zugegriffen: 10. Sept. 2017

Meier S (2011) Multimodalität im Diskurs. Konzept und Methode einer multimodalen Diskursanalyse. In: Keller R, Hireseland A, Schneider W, Viehöver W (Hrsg) Theorien und Methoden. Handbuch SozialwissenschaftlicheDiskursanalyse, Bd 1. Springer VS, Wiesbaden, S 499–532

Miggelbrink J (2002) Der gezähmte Blick. Zum Wandel des Diskurses über „Raum" und „Region" in humangeographischen Forschungsansätzen des ausgehenden 20. Jahrhunderts. Institut für Länderkunde, Leipzig

Miggelbrink J (2014) Diskurs, Machttechnik, Assemblage. Neue Impulse für eine regionalgeographische Forschung. Geogr Z 102:25–40

Parks L (2009) Ausgrabungen in Google Earth. Eine Analyse der ‚Darfur-Krise'. In: Döring J, Thielmann T (Hrsg) Mediengeographie. Theorie – Analyse – Diskussion. Transcript, Bielefeld, S 431–454

Randow, G von (2006) Unter Polizeischutz. Ein Einwanderungsland ist entsetzt wegen seiner Probleme: Berlin-Neukölln ist kein Einzelfall. Eine Nachrichtenanalyse. Zeit-Online, 05.04.2006. ► http://www.zeit.de/online/2006/14/ruetlischule. Zugegriffen: 10. Sept. 2017

Reuber P, Strüver A (2009) Diskursive Verräumlichungen in deutschen Printmedien. Das Beispiel Geopolitik nach 9/11. In: Döring J, Thielmann T (Hrsg) Mediengeographie. Theorie – Analyse – Diskussion. Transcript, Bielefeld, S 31–332

Reuber P, Strüver A (2011) Der Anschlag von New York und der Krieg gegen Afghanistan in den Medien. Eine Analyse der geopolitischen Diskurse. In: Dzudzek I, Reuber P, Strüver A (Hrsg) Die Politik räumlicher Repräsentation. Beispiele aus der empirischen Forschung. LIT, Berlin, S 197–216

Rothfuß E, Dörfler T (2013) Prolog – Raumbezogene Qualitative Sozialforschung. Konzeptionelle Überlegungen zwischen Geographie und Soziologie. In: Dies. (Hrsg) Raumbezogene Qualitative Sozialforschung. Springer VS, Wiesbaden

Schirmer D, Sander N, Wenninger A (2015) Die qualitative Analyse internetbasierter Daten. Methodische Herausforderungen und Potenziale von Online-Medien. Springer VS, Wiesbaden

SenStadtUm (Senatsverwaltung für Stadtentwicklung und Umwelt Berlin) (Hrsg) (2015) Soziale Stadt, Quartiersmanagement – Karte der Gebiete. ► http://www.stadtentwicklung.berlin.de/wohnen/quartiersmanagement/de/karte.shtml. Zugegriffen: 10. Sept. 2017

SenStadtUmTec (1995) Migration: Zuwanderung, gesellschaftliche Probleme, politische Ansätze. Berlin: Senatsverwaltung für Stadtentwicklung, Umweltschutz und Technologie

Sutterlüty F (2006) Dynamik der Gewalt. Wie Ohnmachtsgefühle sich in einen Machtrausch verkehren können. Der Fall der Neuköllner Rütli-Schule. Zeit-Online, 06.04.2006. ► http://www.zeit.de/2006/15/Gewalt. Zugegriffen: 10. Sept. 2017

Wensierski P (1997) Endstation Neukölln. Der Spiegel, 43. ► http://www.spiegel.de/spiegel/print/d-8805068.html. Zugegriffen: 10. Sept. 2017

Zitty (Hrsg) (2008) Neukölln rockt. Mit zitty unterwegs in Berlins derzeit spannendstem Bezirk. Zitty, Das Hauptstadtmagazin, H. 6. ► http://reuterkiez.net/2008/03/11/zitty-neukoelln-rockt/. Zugegriffen: 10. Sept. 2017

Analysierte Mediendokumente

48 Stunden Neukölln (Hrsg) (2015) Twitter @48hnk, ► https://twitter.com/48hnk. Zugegriffen: 31. Okt. 2016

Bartels G (2007) „48 Stunden Neukölln" Kunst mit Seeblick. Der Tagesspiegel, 21. Juni 2007

Bartels G (2008) Kulturfestival. Harmonien im Hausflur. Der Tagesspiegel, 20. Juni 2008

Bartels G (2009) Wochenende. Kunst- und Kulturfestival in Neukölln. Der Tagesspiegel, 26. Juni 2009

Bartels G (2010) Klingeln, bis die Kunst kommt. 48 Stunden Neukölln feiert Rixdorf. Der Tagesspiegel, 24. Juni 2010

Bartels G (2011) Berlin. Für Joop ist Neukölln wie einst New York. Designer unterstützt Festival „48 Stunden". Der Tagesspiegel, 9. Juni 2011

Berliner Morgenpost (Hrsg) (2007) 48 Stunden Kunst in Neukölln. Berliner Morgenpost, 19. Juni 2007

Berliner Morgenpost (Hrsg) (2010) Kunst: 48 Stunden Neukölln erleben. Berliner Morgenpost, 25. Juni 2010

Berliner Morgenpost (Hrsg) (2011) Das Kunst- und Kulturfestival „48 Stunden Neukölln". Berliner Morgenpost, 16. Juni 2011

Berliner Morgenpost (Hrsg) (2014) 48 Stunden Neukölln. Berliner Morgenpost, 26. Juni 2014

Bernau N (2008) Erfolg der Notwendigkeit. Berliner Zeitung, 12. November 2008

Deckwerth S (2011) Luxus im Knast. Berliner Zeitung, 16. Juni 2011

Demnitz J (2013) Kunstfestival in Neukölln. Der Tagesspiegel, Video ► http://www.tagesspiegel.de/berlin/video-zum-kunstfestival-in-berlin-neukoelln-48-stunden-kunst-/8354288.html. 14. Juni 2013. Zugegriffen: 31. Okt. 2016

Der Tagesspiegel (Hrsg) (2010) 48 Stunden Neukölln. Der Tagesspiegel, Video ► http://www.tagesspiegel.de/suchergebnis/videos/?sw=48+Stunden+Neuk%C3%B6lln&search-fromday=1&search-frommonth=1&search-fromyear=2006&search-today=31&search-tomonth=12&search-toyear=2014, 3. Februar 2010. Zugegriffen: 31. Oktober 2016

Garrelts N (2011) Stark im Schwarm. Der Tagesspiegel, 20. Juni 2011

Janovsky S (2008) Das Kunstfestival 48 Stunden Neukölln zeigt den Bezirk als neue Heimat der Avant-garde. Aber das hat seine Grenzen. Hirsch und Heimat. Berliner Zeitung, 23. Juni 2008

Kiesmann M (2010) Zum Kulturspektakel „48 Stunden Neukölln" kamen 70 000 Leute – Sie schauten sich Höfe an und hörten fremde Geschichten. Selbstgedichtetes für Trinker. Berliner Zeitung, 28. Juni 2010

Langer L (2013) Kulturfestival „48 Stunden Neukölln". Ein ganzes Wochenende Kunst in Neukölln. Der Tagesspiegel, 13. Juni 2013

Leber S (2006) Berlin knallt hart. Der Tagesspiegel, 23. Juni 2006

Schmiemann B (2010) Neukölln feiert seine Geschichte. Berliner Morgenpost, 27. Juni 2010

Schmidl K (2014) Die Lage hat sich dramatisch verändert. Berliner Zeitung, 26. Juni 2014

Stache R (2008) Utopische Gegenwelten. Berliner Morgenpost, 27. Februar 2008

Strauss S (2007) Wo Kunst ist, kann kein Getto sein. Berliner Zeitung, 25. Juni 2007

Strauss S (2008a) Festival am Wochenende mit Aktionen an 171 Orten. Für 48 Stunden wird Neukölln Künstlerbezirk. Berliner Zeitung, 17. Juni 2008

Strauss S (2008b) 48 Stunden Neukölln. Kunst im Kiez. Berliner Zeitung, 21. Juni 2008

Strauss S (2009) Das Festival „48 Stunden Neukölln" ist an seine Grenzen gestoßen. Alle machen Kunst. Berliner Zeitung, 29. Juni 2009

Strauss S (2010) Das Festival 48 Stunden Neukölln stößt an seine Grenzen. Deshalb gelten jetzt strenge Regeln. Alle wollen Künstler sein. Berliner Zeitung, 17. April 2010

Strauss S (2012a) Kunstfestival 48 Stunden Neukölln. Endstation Paradies in Neukölln. Berliner Zeitung, 11. Juni 2012

Strauss S (2012b) Kunstfestival 48 Stunden Neukölln. Performance im Knast. Berliner Zeitung, 14. Junin 2012

Strauss S (2012c) Kunstfestival „48 Stunden Neukölln". Kunst auch im Süden Neuköllns. Berliner Zeitung, 20. Juni 2012

Suljkanovic D (2014) Nur die Galerien fehlen noch. Berliner Morgenpost, 28. Juni 2014

Zylla G (2007) Neukölln wird heute zur Kulturmeile. Berliner Morgenpost, 23. Juni 2007

15

Geographische Medienanalyse im „Kreislauf der Kultur"

Christoph Baumann

© Springer-Verlag GmbH Deutschland, ein Teil von Springer Nature 2018
J. Wintzer (Hrsg.), *Sozialraum erforschen: Qualitative Methoden in der Geographie*,
https://doi.org/10.1007/978-3-662-56277-2_16

16.1 Geographie und Medien(-analyse)

Ausgehend von sozial- und kulturtheoretischen Ansätzen geht es der Disziplin Geographie verstärkt um die soziokulturelle Gemachtheit des Räumlichen. Fragen nach dem Wesen und den Gesetzen des Raumes wurden ersetzt oder ergänzt durch die Frage, wie bestimmte Räume und raumbezogene Phänomene in gesellschaftlichen Prozessen hergestellt werden. Damit einher geht ein zunehmendes Interesse der Geographie an Medien.

„Was wir über die Gesellschaft, ja über die Welt, in der wir leben, wissen, wissen wir durch Massenmedien" lautet der erste, oft zitierte Satz aus Niklas Luhmanns (2009, S. 9) *Die Realität der Massenmedien*. Auch wenn diese Feststellung in ihrer Totalität übertrieben sein mag, so weist sie darauf hin, wie stark Medien in Mediengesellschaften am Aufbau unseres Wissens über die Welt beteiligt sind. Das gilt insbesondere auch für geographisches Wissen. Unser „alltägliches Geographie-Machen" (vgl. Werlen 1997), unser raumbezogenes Denken, Sprechen und Handeln ist maßgeblich von medialen Repräsentationen und Praktiken beeinflusst. Durch den in der Geographie vollzogenen *cultural turn* sowie durch den in Disziplinen wie der Medien-, Kunst- oder Literaturwissenschaft durchgeführten *spatial turn*, erfährt das Verhältnis von Raum und Medien eine größere wissenschaftliche Beachtung. Ob sich eine „Mediengeographie" (vgl. Döring und Thielmann 2009) dauerhaft als neue Bindestrich-Geographie etabliert, bleibt abzuwarten.

Im Rahmen der Kultur- und Sozialgeographie liegt ein Fokus medienorientierter Studien auf der Analyse medialer Repräsentationen des Räumlichen. Die Spannweite reicht von „[i]maginativen Geographien des Eigenen und des Anderen in arabischen Printmedien" (Husseini de Araújo 2011) über die „diskursiven Konstitution von Großwohnsiedlungen" (Brailich et al. 2008) in überregionalen Tageszeitung bis hin zur „Rolle der Landschaft im Spielfilm" (Escher und Zimmermann 2001) oder der Funktion von Audiodramen bei der Konstitution städtischer Orte (vgl. Wissmann und Zimmermann 2015). Neben der Re- bzw. Dekonstruktion medial vermittelter Weltbilder oder Identitäten richtet sich das Erkenntnisinteresse auch auf die Praxisdimension im Zusammenhang mit Medienangeboten und medialen Techniken. Dies betrifft z. B. Arbeiten, die den Zusammenhang zwischen medialen Repräsentationen und touristischen Praktiken (vgl. Siehl 2011), den raumbezogenen Umgang mit Mobiltelefonen (vgl. Wagenseil 2014) oder die Produktion und Nutzung interaktiver Karten im Web 2.0. (vgl. Bittner und Michel 2013) erkunden.

Die Erforschung von sozialräumlicher Wirklichkeit ist in einer Mediengesellschaft eine medienbezogene Angelegenheit. Für die forschende Auseinandersetzung mit dem Medialen bedarf es entsprechender Konzepte und Modelle. Im Folgenden wird mit dem *circuit of culture* ein Modell vorgestellt, welches einerseits die medial-repräsentationale Dimension fokussiert, diese aber andererseits immer in Relation zu konkreten Praktiken betrachtet. Eine geographische Medienanalyse im *Kreislauf der Kultur* erschöpft sich nicht in einer symbolischen bzw. textualistischen Analyse, sondern erkundet ebenso das alltägliche Geographie-Machen. Nachdem die Grundzüge des Modells vorgestellt und (auch hinsichtlich potenzieller Anwendungsgefahren) diskutiert werden, illustriert ein empirisches Fallbeispiel zum Thema *mediale Ländlichkeit* das Anwendungspotenzial des Modells. Das Ziel des Aufsatzes ist es, eine Möglichkeit aufzuzeigen und zu diskutieren, wie mediale Geographien kontextsensibel erfasst und erforscht werden können.

16

16.2 Das *circuit-of-culture*-Modell

- **Cultural studies**

Das Modell des *circuit of culture* entstammt den *cultural studies*. Dabei handelt es sich um einen Diskussions- und Forschungszusammenhang, der sich seit den 1960er-Jahren ausgehend von Großbritannien entwickelt und seit den 1990er-Jahren auch in der Geographie rezipiert wird (vgl. Gebhardt et al. 2007). Auch wenn die *cultural studies* keineswegs eine einheitliche wissenschaftliche Strömung darstellen, so lassen sich doch gewisse Gemeinsamkeiten der unter diesem Begriff subsumierten Arbeiten und Konzepte feststellen (vgl. Hepp et al. 2009):

Die *cultural studies* gehen von einem dynamischen, prozesshaften Kulturbegriff aus. Kultur wird nicht als eine gegebene Größe begriffen, sondern als praktisch vollzogen. Neben dem Blick auf kulturelle Alltagspraktiken liegt ein Schwerpunkt entsprechender Studien auf Phänomenen der Populärkultur, etwa auf Filmen, Serien, Comics, Graffiti und Ähnlichem. Darin zeigt sich auch eine Kritik am normativen Blick auf Kultur, demgemäß nur „hochkulturelle" Erzeugnisse wie z. B. Romane oder Dramen anerkannter Autorinnen und Autoren Analysegegenstand text- bzw. kulturwissenschaftlicher Forschung sein können oder sollen (vgl. Hepp 2010). Ferner sind die *cultural studies* eine im hohen Maße inter- oder transdisziplinäre Strömung, welche die üblichen Grenzen von Einzelwissenschaften wie Literaturwissenschaft, Soziologie oder Geographie überschreitet. Integrativ ist dabei weniger ein disziplinärer Gegenstandsbereich als vielmehr ein ähnlicher, sozialkonstruktivistischer und kritischer Blick auf das „Doing Culture" (Hörning und Reuter 2004).

- **encoding/decoding**

Der Ausgangspunkt des *circuit-of-culture*-Modells ist eine Ablehnung von traditionellen Modellen der Kommunikation, insbesondere von linearen Sender-Empfänger-Modellen (vgl. Krotz 2009). Gemäß diesen wird (Medien-)Kommunikation primär als eine einseitige Vermittlung von (medialen) Botschaften verstanden. Bildlich gesprochen: Sendende packen einen Inhalt in ein Päckchen (Medium) und verschicken dieses an Empfangende. Diese öffnen das Päckchen und können den ursprünglichen Inhalt auspacken, sofern das Päckchen nicht beschädigt wurde (z. B. technische Störung). Bedeutung ist in diesem Modell als stabil gedacht, als etwas, das aktiv Sendende eins zu eins auf eher passive Empfangende übertragen könnte. Als eine kulturtheoretische Alternative zu diesem Blick auf Medienkommunikation schlägt Stuart Hall das *encoding/decoding*-Modell vor, welches wiederum die Grundlage für den *circuit of culture* darstellt (vgl. Hall 2001 [1973]; ◘ Abb. 16.1).

In einem dynamischen Verständnis von Bedeutungsherstellung unterscheidet Hall die beiden Praxisdimensionen des Kodierens und Dekodierens. Bei der Kodierung werden Medienangebote entworfen auf der Basis „diskursiver Formationen innerhalb der breiteren sozio-kulturellen und politischen Struktur, von der sie selbst ein differenzierter Bestandteil sind" (Hall 2001 [1973], S. 108). Das Medienangebot ist kein alleiniges Ergebnis individueller Sendendenintentionen, sondern in hohem Maße kulturell. Analog zu den Praktiken des Produzierens sind Praktiken des Rezipierens in überindividuelle Bedeutungsstrukturen eingebettet. Die dekodierende Rezeption ist nicht als ein passiver Aufnahmeprozess konzipiert, sondern als eine aktive Aneignung.

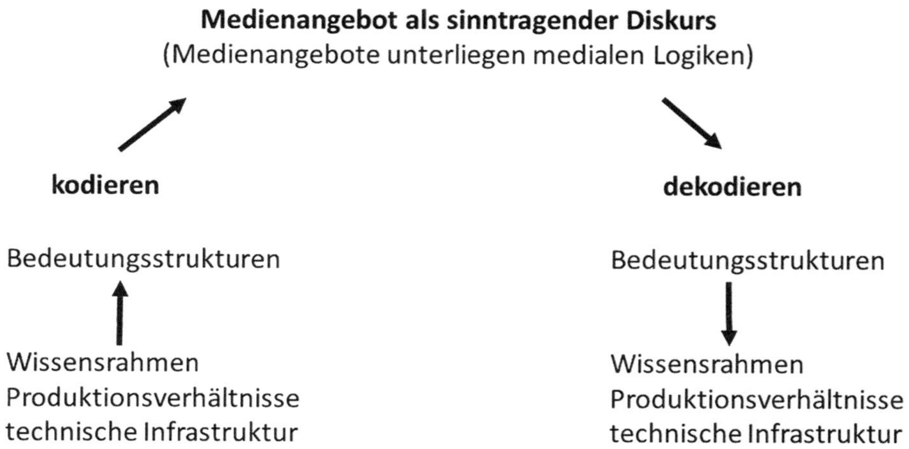

Medienangebot als sinntragender Diskurs
(Medienangebote unterliegen medialen Logiken)

kodieren	dekodieren

Bedeutungsstrukturen	Bedeutungsstrukturen

Wissensrahmen	Wissensrahmen
Produktionsverhältnisse	Produktionsverhältnisse
technische Infrastruktur	technische Infrastruktur

◘ **Abb. 16.1** *Encoding/decoding*-Modell. (Leicht modifiziert nach Hall 2001, S. 109)

Das Medienangebot wird nicht zwangsläufig gemäß einer Intention gelesen, sondern ermöglicht verschiedene Lesarten.[1] Medien fungieren somit in der Tat als vermittelnde Elemente zwischen Produzierenden und Rezipierenden, aber sie sind eingebunden in beidseitige, aktive Prozesse.

Die Analyse von Medienkommunikation ergeht sich allerdings nicht nur in der Analyse der produzierenden und rezipierenden Dimension, sondern geschieht gerade auch im Hinblick auf das Mediale selbst. Der Prozess des Kodierens erfolgt nicht nur im Anschluss an allgemeine Bedeutungsstrukturen, sondern muss in der Logik des jeweiligen Mediums gehalten sein. Am Beispiel von Fernsehnachrichten beschreibt Hall dies wie folgt:

» Ein ‚nacktes' historisches Ereignis etwa kann als solches nicht von einem Fernsehnachrichtensender übertragen werden. Ereignisse können lediglich im Rahmen der audiovisuellen Konventionen des televisuellen Diskurses bezeichnet werden. In dem Moment, in dem ein Ereignis unter Vorzeichen des Diskurses steht, ist es sämtlichen komplexen formalen ‚Regeln', vermöge deren Sprache bezeichnet und Bedeutung erzeugt wird, unterworfen (Hall 2001 [1973], S. 106 f.).

Entsprechende Konventionen und Logiken sind vielfältig und je nach Medienangebot zum Teil sehr unterschiedlich. Sie reichen von ästhetischen und dramaturgischen Konventionen (z. B. Aufbau eines Nachrichtenbeitrags) über technisch-materielle

16

---

1   Hall (2001, S. 115 ff.) unterscheidet aus hegemonietheoretischer Perspektive „dominante", „ausgehandelte" und „oppositionelle" Lesarten. Diese Typologie wird allerdings vielfach kritisiert, da sie den Eindruck erwecken könnte, die drei genannten Lesarten wären in Stein gemeißelt und eine Person würde immer nur einer Lesart folgen, z. B. der „dominanten" (vgl. Krotz 2009, S. 216). Innerhalb der *cultural studies* wird der Gedanke verschiedener möglicher (auch simultaner) Lesarten von Medienangeboten ausgearbeitet, vor allem von John Fiske (z. B. 2001) mit dem Konzept der Polysemie.

Anforderungen (z. B. Zwang zur visuellen Darstellung im Fernsehen) bis hin zu ökonomischen Kalkülen (z. B. Orientierung auf Quote).

■ **Der *circuit of culture* und die Artikulation medialer Geographien**

Das *encoding/decoding*-Modell ist die Grundlage für den von Richard Johnson (1986) entworfenen *circuit of culture* (■ Abb. 16.2), den wiederum Paul du Gay et al. (1997, unter den Autorinnen und Autoren auch Hall) aufgegriffen und weiter modifiziert haben.

Dieses Modell fasst Medienkommunikation im Speziellen und Kultur im Allgemeinen als ein komplexes, praktisches Verhältnis verschiedener Dimensionen, welches erst im Zusammenhang fassbar ist. Es wendet sich gegen Ansätze, die eine der aufgeführten Dimensionen absolut setzen. Im Bereich der Medien(-wirkungs-)forschung wären dies das *stimulus-response*-Modell, eine Spielart des Sender-Empfänger-Modells, welches kausal von der Informationsdarbietung auf die Informationsverarbeitung schließt, oder der *uses-and-gratification*-Ansatz, der sich auf die individuelle Mediennutzung konzentriert (vgl. Bollhöfer und Strüver 2005, S. 27 f.). Im Bereich der Gesellschaftstheorien wären dies beispielsweise enggeführte politisch-ökonomische Ansätze, die die „Bedeutung von Kulturprodukten in gelebten Kulturen aus deren (kapitalistischen) Produktionsbedingungen folger[n]" (Hepp 2009, S. 249), oder rein repräsentationsorientierte Ansätze, die sich ausschließlich auf die textuell-mediale Ebene beziehen.

Dagegen sensibilisiert der *circuit of culture* für die generelle Dynamik von Kultur und medialer Bedeutungskonstitution. Medienangebote können nicht isoliert oder rein kausal erklärt werden, sondern müssen in ihren konkreten Verknüpfungen betrachtet werden. „Es geht bei einer Analyse im Rahmen des Kreislaufs der Kultur darum", so Andreas Hepp (2009, S. 249), „gerade nicht in der Betrachtungsperspektive einer seiner vier Ebenen eine bestimmte Form von Kultur zu verabsolutieren", sondern „darum, entlang all seiner Ebenen [...] Prozesse zu rekonstruieren, mittels derer Menschen im weitesten Sinne kulturelle Bedeutung produzieren". Welcher Aspekt der gelebten Kultur wird medial herausgegriffen? Inwiefern gehen medial-ökonomische Bedingungen in die symbolischen Repräsentationen ein? Wie werden sie situativ „gelesen"? In welchem Zusammenhang steht die entsprechende Rezeption mit (weiteren) Alltagspraktiken?

■ **Abb. 16.2** Vereinfachtes Grundmodell des *circuit of culture* nach Richard Johnson. (Modifiziert nach Johnson 1986, S. 47)

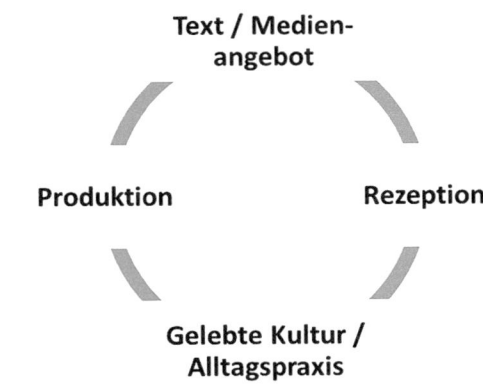

Text / Medien-angebot

Produktion

Rezeption

Gelebte Kultur / Alltagspraxis

Den Fokus auf Verknüpfungen und Interdependenzen fassen du Gay et al. (1997) mit dem Begriff der Artikulation, den sie wiederum der Diskurstheorie von Ernesto Laclau und Chantal Mouffe (1985) entlehnen. Im Gegensatz zur deutschen Sprache, in der „artikulieren" meist im Sinne von „äußern/aussprechen" verwandt wird, umfasst der Begriff im Englischen und in romanischen Sprachen auch das Verständnis von „verbinden" oder „durch ein Gelenk zusammenfügen" (vgl. Glaze und Mattissek 2009, S. 159).

> » By the term ‚articulation' we are referring to the process of connecting disparate
> elements together to form a temporary unity. An ‚articulation' is thus the form of the
> connection that can make a unity of two or more different distinct elements, under
> certain conditions. It is a linkage which is not necessary, determined, or absolute
> or essential for all time; rather it is a linkage whose conditions of existence or
> emergence need to be located in the contingencies of circumstance [...]. Thus, rather
> than privileging one single phenomenon – such as the process of production – in
> explaining the meaning that an artefact comes to possess, it is argued [...] that it
> is in a combination of processes – in their articulation – that the beginnings of an
> explanation can be found (du Gay et al. 1997, S. 3).

Diese Überlegung aufnehmend kann folgende Fragestellung als eine wichtige Aufgabe geographischer Medienforschung formuliert werden: Wie artikulieren sich mediale Geographien? Wie werden raumbezogene Wirklichkeiten repräsentiert, in welchen Kontexten entstehen sie und (inwiefern) bekommen sie praktische Relevanz? In dieser Ausrichtung manifestiert sich ein Kontextualismus, der davon ausgeht, „dass kein kulturelles Produkt und keine kulturelle Praxis außerhalb des kontextuellen Zusammenhangs fassbar ist, in dem sie stehen" (Hepp 2010, S. 18).

- **Anwendungen und Herausforderungen**

Die zitierte Passage von du Gay et al. (1997) findet sich in der Einleitung einer der bekanntesten Studien der *cultural studies*, die zugleich das Modell des *circuit of culture* als zentralen Rahmen nutzt. Die Studie analysiert die Genese der kulturellen Bedeutung des *Sony Walkman* in der Artikulation der verschiedenen Dimensionen von Produktion (▶ Kap. 2 und 4) über Design (▶ Kap. 3) hin zur Konsumption (▶ Kap. 5). Ein gutes Beispiel für die kulturgeographische Anwendung des Modells stellt Björn Bollhöfers (2007; ähnlich auch Bollhöfer und Strüver 2005) Analyse medialer Geographien am Beispiel des Kölner *Tatorts* dar. Bollhöfer strukturiert seine empirische Beschäftigung mit der Fernsehserie in die drei Bereiche repräsentierte Stadt, produzierte Stadt und rezipierte Stadt. Für jeden Bereich wählt er eine spezifische, methodische Herangehensweise (Film-/Narrationsanalyse, Fachinterviews mit Produzierenden, Auswertung eines Internetforums). In dieser Ausrichtung gelingt es ihm, ein facettenreiches Bild der populären, audiovisuellen Konstitution von Stadt kontextsensibel nachzuzeichnen und zu verdeutlichen, inwiefern sich die mediale Geographie des Kölner *Tatorts* in verschiedenen Praktiken realisiert.

Allerdings lassen sich an diesem Beispiel auch mögliche Probleme einer vom *circuit of culture* informierten geographischen Medienanalyse aufzeigen. Johnson (1986) sieht in seinem Kreislaufmodell vor allem einen heuristischen und illustrierenden Wert. Das Modell entstammt einem Aufsatz mit dem programmatischen Titel *What is Cultural Studies Anyway*, in dem er versucht, den Diskussions- und Forschungszusammenhang der *cultural studies* generell als eine multiperspektivische Angelegenheit zu skizzieren, bei dem sich verschiedene Einzelforschungen mit unterschiedlichen Ansätzen und Methoden ergänzen, ohne jeweils einen Absolutheitsanspruch zu verfolgen. Auf der Ebene von Einzelforschungen ist ein solcher Pluralismus allerdings häufig schwer zu vollziehen bzw. kann sogar auf Kosten einer wissenschaftlichen Präzision gehen. Eine fundierte Analyse unterschiedlicher Bereiche des *circuit of culture* und deren Artikulation bedarf neben der intensiven Kenntnis verschiedener Methoden jeweils einer gründlichen Einarbeitung in die jeweiligen Dimensionen. Allein aus forschungspragmatisch-zeitlichen Gründen ist ein solches Vorgehen, vor allem wenn es in die Tiefe gehen soll, nicht immer möglich. Anstatt in einem holistischen Anspruch alle Dimensionen des *circuits* abhandeln zu wollen (dabei aber jeweils an der Oberfläche zu verharren), kann eine Konzentration auf ausgewählte Dimensionen sinnvoller und wissenschaftlich ergiebiger sein. So integriert zwar Bollhöfer alle der drei genannten Bereiche in seine Studie, konzentriert sich aber insbesondere auf die Dimensionen der Repräsentation und Produktion, während er die Rezeption eher in Form eines Ausblicks anschneidet.

Damit ist ein zweiter Aspekt verbunden. Der *circuit of culture* wäre falsch verstanden, wenn er als reiner Selbstzweck eingesetzt würde. Eine analytische Zielgerichtetheit ist nicht erreicht, wenn die einzelnen Dimensionen nacheinander abgehakt werden, ohne dabei im Rahmen *einer forschungsleitenden, integrierenden Fragestellung* zueinander in Beziehung gesetzt zu werden. Bei Bollhöfer steht im Vordergrund, „wie und mit welchen Mitteln die filmische Stadt unter medialen Bedingungen verhandelt wird" (Bollhöfer 2007, S. 10). Diese Fragestellung wird differenziert angegangen, ist allerdings so allgemein gehalten, dass die gesamte Studie weniger *einen* Zielpunkt aufweist, sondern zahlreiche Einzelfragen zu den verschiedenen Dimensionen adressiert (vgl. Bollhöfer 2007, 111 f.).

- **Der *circuit of culture* – ein Modell für kreative geographische Medienforschung?**
Der *circuit of culture* ist ein offenes, flexibel nutzbares Modell. Einerseits kann es auf unterschiedliche mediale Konstellationen angewendet werden, andererseits ist es anschlussfähig an wissenschaftliche Referenztheorien (z. B. Diskurstheorien, Praxistheorien, Handlungstheorien). Indem der *circuit of culture* die vielfältigen Kontexte medialer Bedeutungskonstruktionen ins Zentrum rückt, sensibilisiert er dafür, dass entsprechende Welt-Bilder immer eingelassen sind in spezifische Praktiken. Damit besitzt das Modell auch eine deutliche Affinität zu jüngeren disziplinären Entwicklungen der Humangeographie, die unter Stichworten wie *practice turn* (vgl. Everts et al. 2011) oder *more-than-representational geography* (vgl. Lorimer 2005) verhandelt werden.

Mit der Unterscheidung der Dimensionen und der Betonung ihrer Artikulation liefert der *circuit of culture* eine systematische, heuristische Grundlage für die Analyse medialer Geographien. Gerade auch dem offenen, dynamischen Selbstverständnis der *cultural studies* folgend (ebenso der qualitativen Sozialforschung), kann es aber nicht darum gehen, dieses Modell mechanisch auf einen Forschungsgegenstand anzulegen und die einzelnen Dimensionen abzuhaken. Vielmehr stellt der *circuit of culture* eine Orientierung dar, mit der selbst offen und kreativ im Rahmen von Forschungsprozessen umgegangen werden kann.

Im Folgenden wird ein Anwendungsbeispiel erläutert, wobei der Fokus weniger auf den empirischen Ergebnissen liegt, sondern vor allem auf der Konzeption und der Methodologie der Studie. Die Schwerpunktsetzung auf das anwendungsorientierte, forschungspraktische Vorgehen erklärt auch den nun narrativen Schreibstil.

16.3 Fallbeispiel: Eine Rekonstruktion alltäglicher Idyllisierung am Beispiel der Zeitschrift *Landlust*

- **Das Phänomen**

Das Anwendungsbeispiel bezieht sich auf eines der erstaunlichsten Medienphänomene Deutschlands der vergangenen Jahre: Landzeitschriften (vgl. dazu Baumann 2014, 2016; Baumann et al. 2015, S. 232 f.). Während die Verkaufszahlen von Zeitungen und Zeitschriften im Allgemeinen sinken, verkaufen sich Magazine wie *Landlust*, *Landidee* und *mein schönes Land* etc. immens gut. Die seit gut zehn Jahren erscheinende Zeitschrift *Landlust* hat mittlerweile eine Absatzzahl von über einer Million und gehört zu den erfolgreichsten Zeitschriften Deutschlands überhaupt. Dem Erfolg von *Landlust* folgend, sind in den vergangenen Jahren ein Dutzend vergleichbarer Magazine auf den Markt gekommen. Es handelt sich jeweils um multithematische Zeitschriften, die Facetten eines guten, als ländlich apostrophierten Lebens präsentieren.

- **Entwicklung einer Perspektive**

Eingedenk der Rede von einem urbanen Zeitalter (vgl. Dirksmeier 2009) stellt sich bei dem Erfolg von *Landlust* und Co. die (noch sehr allgemein gehaltene) Frage, welche Bedeutung diese populäre mediale Geographie, diese neue Lust am Ländlichen aufweist. Im Laufe eines offenen, dialogischen Forschungsprozesses, der zunächst das Sichten diverser *Landlust*-Ausgaben und das Studium relevanter Forschungsliteratur aus dem Bereich der *rural studies* umfasst, werden zwei Fokussierungen gesetzt:

1. Bei einem Blick auf und in die Landzeitschriften wird relativ schnell deutlich, dass diese an Konfigurationen des Ländlichen anschließen, die als „idyllisch" bezeichnet werden können. Um die Frage nach der Bedeutung der aktuellen Lust am Ländlichen zu präzisieren, wähle ich daher das „Idyllische" als analyseleitende Kategorie.

2. Ebenso wird bei der Betrachtung der Landmagazine klar, dass diese weniger von „dem ländlichen Raum", sondern vielmehr von einem ländlichen bzw. idyllischen Lebensstil handeln. Die Zeitschriften repräsentieren zahlreiche Praktiken und geben entsprechende Tipps der Idyllisierung (ausführlicher dazu später). Eben weil die Magazine selbst explizit auf praktische Kontexte ausgerichtet sind, liegt eine empirische Erkundung eben jener Kontexte nahe. Der *circuit of culture* lieferte für diesen Blick eine wesentliche Orientierung.

Wie im vorangegangenen Kapitel erörtert, bietet der *circuit of culture* selbst eine orientierende, aber weniger eine fokussierende Perspektive auf kulturelle Prozesse an. Diese „Leerstelle" wird durch die analyseleitende Kategorie des „Idyllischen" gefüllt. Die

16

theoretische Grundlage der Studie stellt also die Konzeption des Idyllischen dar, die ich aus der Perspektive der Diskurs- und Differenztheorie von Laclau und Mouffe vollziehe (vgl. Laclau und Mouffe 1985; Glasze und Mattissek 2009; Baumann et al. 2015). Die Grundidee ist eine strukturalistische: Bedeutung entsteht durch Differenzsetzung (vereinfacht: Land meint Land, weil es sich von Stadt unterscheidet). Allerdings, und darauf weist vor allem der Poststrukturalismus hin, sind derartige Differenzsysteme nicht absolut fixiert, sondern offen.

Dass Bedeutung veränderlich ist, heißt aber nicht, dass sie beliebig wäre. Sie wird historisch und kontextuell fixiert. Und genau dies versuchen Laclau und Mouffe in Weiterführungen von Überlegungen Michel Foucaults mit dem Diskursbegriff zu fassen. Ein Diskurs ist für sie ein „attempt [...] to arrest the flow of differences" (Laclau und Mouffe 1985, S. 112). Qua Diskurs wird Bedeutung temporär fixiert innerhalb dessen, was sich mit Laclau und Mouffe als eine *Logik der Äquivalenz* und *Differenz* bezeichnen lässt. Diskursive Elemente – in vorliegendem Falle „das Ländliche" – erhalten ihre Bedeutung zum einen dadurch, dass sie äquivalent zu anderen Elementen gesetzt werden, etwa zu „Natur", „Traditionalität" oder „Erholung"; zum anderen dadurch, dass sie von etwas Anderem abgegrenzt werden. Und dieses Andere nennen Laclau und Mouffe das „konstitutive Außen". Anders ausgedrückt: Die Frage „Was ist idyllisch?" kann nicht beantwortet werden, ohne dabei zu klären „Was ist nicht-idyllisch?".

Der Bezug auf die Diskurs- und Differenztheorie Laclaus und Mouffes hat außerdem einen Vorteil, der konzeptionell eng mit dem *circuit of culture* verbunden ist. Im Unterschied zu vielen anderen diskursanalytischen Ansätzen begreifen die beiden einen Diskurs nicht als rein-sprachlich, sondern als eine „meaningfull totality" (Laclau 2007, S. 545), die sowohl sprachliche wie auch nicht-sprachliche Elemente umfasst. Idyllische Diskurse sind also nicht allein auf die Ebene der Repräsentation beschränkt, sondern artikulieren sich bei Medienangeboten und politischen Manifesten aber ebenso bei alltäglichen Praktiken und materiellen Arrangements (ausführlich zu dieser praxistheoretischen Lesart der Diskurstheorie vgl. Baumann et al. 2015). Ausgehend von diesen theoretischen Überlegungen stellt nun der *circuit of culture* eine zentrale Heuristik für die Analyse des *Landlust*-Phänomens dar.

▪ Konzeption des Forschungsgegenstandes

Die allgemeine, anfängliche Frage nach der Bedeutung der medialen Geographie der *Landlust* lässt sich nun konkretisieren: „Was sind die zentralen Differenzen und Äquivalenzen, die die populäre idyllische Ländlichkeit der *Landlust* strukturieren? Wie artikulieren sich diese auf symbolischer und praktischer Ebene?" Eine Vorarbeit zur Analyse liegt in einer historischen Auseinandersetzung mit idyllischen Ländlichkeiten (vgl. Baumann 2016). Dies ist einerseits dem poststrukturalistischen Zuschnitt der Studie geschuldet, der betont, dass Bedeutungen diskursiver Elemente historisch entstehen und wandelbar sind. Andererseits ist eine historische Kontextualisierung auch erforderlich, um zeigen zu können, was das „Neue" an der neuen Lust am Ländlichen darstellt, inwiefern also die Äquivalenz- und Differenzverhältnisse graduell variieren. In einem historischen Blickwinkel stellt die *Landlust* eine aktuelle Variation idyllischer Ländlichkeit dar. Gelesen mit dem *circuit of culture*, stellt sich der Forschungsgegenstand wie folgt dar:

Das Magazin entsteht in einem medialen Produktionsprozess. Medienschaffende entwerfen und schreiben die *Landlust,* indem sie an bestimmte Artikulationen des Ländlichen anschließen, diese in die Form einer Zeitschrift bringen und dabei Konventionen folgen, z. B. einer Zeitschriftendramaturgie, dem Aufbau von Artikeln, der Bedeutung und Darstellungsweise visueller Bestandteile etc. Zu den Praktiken der Produktion gehören klassische journalistische und mediengestalterische wie die Themen-(Ort-, Personen-)recherche und -wahl, das Interviewen, das Fotografieren, das Schreiben, das Layouten, das Redigieren, das Diskutieren bei Redaktionskonferenzen etc., aber auch ökonomisch orientierte Praktiken wie das Kalkulieren samt Auswerten von Verkaufszahlen, den Aufbau und die Optimierung von Vertriebswegen und Werbestrukturen, der Verkauf von Anzeigeplätzen und nicht zuletzt Marktforschungsstudien, die die Konkurrenz sowie die Bedürfnisse der Lesenden in den Blick nehmen. Das Ergebnis dieser zusammenspielenden Praktiken ist das Magazin, verstanden als eine Repräsentation idyllischer Ländlichkeit, die in verschiedenen Themenbereichen und Darstellungsmodalitäten artikuliert wird. Ebenso wie die Produktion ist die Rezeption nicht voraussetzungslos, sondern vollzieht sich im Rahmen diskursiver Strukturen. Die Lesenden werden von der *Landlust* zum Kauf „angerufen" (im Sinne Althussers 1977) und schließen in ihrer Lektüre an überindividuellen Bedeutungsstrukturen an. Die Rezeption der *Landlust* und deren Verbindung zur Alltagspraxis ist *a priori* kein einheitlicher Vorgang, sondern vollzieht sich in je spezifischen, persönlichen Kontexten. Inwiefern dabei Regelmäßigkeiten festzustellen sind, ist genauso eine Frage der empirischen Rekonstruktion wie die Rekonstruktion der in der *Landlust* repräsentierten Ländlichkeit.

■ **Das methodische Vorgehen**

Meine Analyse bezieht sich auf alle genannten Dimensionen des *circuit of culture.* Allerdings – und hier verfolge ich eine ähnliche Strategie wie Bollhöfer (2007) – setze ich Schwerpunkte, indem ich mich insbesondere auf die Bereiche der Repräsentation (von Alltagspraktiken) sowie der (alltagspraktischen) Rezeption konzentriere. Die Entscheidung hierfür erfolgt nicht zuletzt deshalb, weil die Verantwortlichen der *Landlust* selbst kein Interesse an ihrer Erforschung haben (z. B. via ethnographischer Methoden im Rahmen eines Praktikums, etwa qualitativer Interviews mit Produzierenden). Das Hauptaugenmerk der Analyse besteht in einem zweifachen Vorgehen:

1. Medienanalyse der Magazine: Ein Jahrgang der *Landlust* wird in einem qualitativen Kodierprozess analysiert (zum diskurstheoretisch informierten Kodieren vgl. Glasze et al. 2009). Die Kodierung erfolgt kleinteilig auf Artikelebene (außer Werbung werden alle Textsorten kodiert) und zunächst sehr offen und induktiv, innerhalb mehrerer Durchgänge aber immer systematischer. Sie ist informiert von der diskurs- und differenztheoretischen Grundausrichtung der Studie sowie der historischen Vorarbeit und konzentriert sich auf die Rekonstruktion der idyllischen Äquivalenz- und Differenzverhältnisse. Neben der inhaltlichen Kodierung werden auch formal-mediale Aspekte in die Analyse einbezogen (z. B. Layout und Bildsprache).

2. Analyse der Rezeptions-/Alltagspraktiken: Parallel zu der Medienanalyse führe ich Interviews mit 15 regelmäßigen *Landlust*-Lesenden, die jeweils etwa 1,5 bis zwei Stunden dauern. Die Teilnehmenden werden durch Anfragen in Zeitungskiosken, durch Kontakte von Bekannten sowie Koleginnen und Kollegen

oder durch Vermittlung bereits interviewter Personen gefunden. Aufgrund der immensen Lesendenzahl der *Landlust* gestaltet sich diese Suche wenig problematisch. Ausgehend von einer Auflistung potenzieller Teilnehmenden werden die Interviewten nach einfachen soziodemographischen Faktoren (Alter, Geschlecht, siedlungsstruktureller Wohnort) gerade im Hinblick auf die allgemeine Lesendenstruktur der *Landlust* ausgewählt, die den Mediadaten des Verlages zu entnehmen ist. Ein Anspruch an *statistische* Repräsentativität ist in diesem qualitativen Design nicht erhoben. Die Gesprächsführung ist sehr offen angelegt. Neben einer erzählgenerierenden Impulsfrage besteht ein Großteil des Interviews im gemeinsamen Durchgehen des Magazins. Die Interviews haben zwei Funktionen: Zum einen zielen sie auf eine Rekonstruktion der Dimension der Rezeption und weiterer mit der *Landlust* verbundener Alltagspraktiken ab. Zum anderen dienen sie dazu, meine eigene Lesart der *Landlust* und somit den medienanalytischen Kodierprozess zu informieren.[2]

Die Artikel der *Landlust,* die Transkripte der Interviews und weitere relevante Dokumente aus dem Bereich der Produktionsdimension (z. B. Selbstdarstellung der *Landlust* auf deren Homepage, Interviews mit *Landlust*-Produzierenden in anderen Medienangeboten, Informationen zur Entstehung der Zeitschrift) werden in die qualitativen Analysesoftware *Atlas.ti* eingepflegt und innerhalb *eines* Projektes kodiert. Die diskurs- und differenztheoretisch informierte Kodierstrategie wende ich auf alle Materialsorten an. So ist es möglich, die erwähnte zentrale forschungsleitende Fragestellung integrativ anzugehen und mit empirischen Belegen aus den Dimensionen der Repräsentation und Rezeption/Alltagspraxis (ergänzend auch aus dem Bereich der Produktion) zu beantworten. Die Bedeutung idyllischer Ländlichkeit wird damit im *circuit of culture* gefasst, ohne die einzelnen Dimensionen schematisch und isoliert, sondern in ihrer Artikulation zu behandeln.

▪ Ein (ganz) kurzer Blick auf die Empirie

Die folgenden Äquivalenz- und Differenzverhältnisse bilden das Strukturprinzip der idyllischen Ländlichkeit des Phänomens *Landlust* – auf symbolischer und praktischer Ebene (◘ Tab. 16.1). Es sind die hypothetischen Imperative einer idyllischen Lebensweise, gemäß: „Wenn du idyllisch leben willst, dann lebe zyklisch, ästhetisch, privat etc. und nicht linear, zweckrational, öffentlich etc." An dieser Stelle kann nun keine detailliertere Darstellung der empirischen Ergebnisse erfolgen. Stattdessen gehe ich abschließend nochmals und in aller Kürze auf einen Vorteil der am *circuit of culture* orientierten Vorgehensweise ein.

In der medialen Berichterstattung über das Medienphänomen *Landlust* dominieren Bewertungen, die den Realitätsbezug oder die Echtheit des dargestellten ländlichen Lebens in Zweifel ziehen. „Mit dem realen Land hat diese Begeisterung nichts zu tun"

---

2   In der qualitativen Sozialforschung spricht man in diesem Zusammenhang auch von „kommunikativer" oder „diskursiver" (hier im Sinne von Aushandlung) „Validierung", durch die wissenschaftliche Interpretationen ein höheres Maß an Intersubjektivität bekommen sollen (vgl. z. B. Kvale 1995).

◼ Tab. 16.1 Äquivalenz- und Differenzverhältnisse des *Landlust*-Phänoens	
Landlust Lebe...	**Konstitutives Außen**
Zyklisch	Linear
Mit Geschichte	Geschichtslos
Ästhetisch („interesselos wohlgefallend"; multisensual)	(Zweck)rational
Aktiv (v. a. handarbeitend)	Passiv
Regional, heimatlich	Global, fremd
Freizeitlich	In Bezug auf die Erwerbsarbeit
Privat	Öffentlich (gesellschaftlich)
Auf dem Land – dazwischen – in der Stadt	

schreibt etwa die Frankfurter Rundschau (Hartmann 2011). In der Tat geht es bei der *Landlust* kaum um den ländlichen Raum. Das heißt aber nicht, dass die Ländlichkeit der *Landlust* irreal wäre. Der in der *Landlust* verhandelte idyllische Lebensstil ist für die Lesenden durchaus sehr real. Dabei ist es unerheblich, ob das Magazin das „reale Land" darstellt oder nicht. Das Magazin fungiert einerseits als Manual, welches Tipps zur Idyllisierung gibt bzw. idyllisierende Praktiken bestätigt. „Man macht was Realistisches", so eine Interviewpartnerin. „Man macht auch was. Man liest nicht nur, sondern man macht das dann auch. Und es ist auch sehr wichtig, dass ich das auch umsetzen kann". Andererseits ist die Lektüre des Magazins selbst eine überaus reale Praxis. Dabei begreifen die Interviewten ihre Rezeption als Bruch, als ein Moment des Aussteigens aus ihrem sonst üblichen Lebensrhythmus. Sie nehmen sich in der Regel bewusst Zeit, passen die Lektüre in ein Arrangement ein, in und bei dem sie möglichst ungestört sind. „Es ist in der Tat für mich das gleiche Gefühl, als wenn ich hinter mir die Türe zu mache. Im Zweifelsfall muss ich nicht ans Telefon, ich muss niemandem aufmachen, ich bleibe dann einfach für mich. [...] Die Idylle in der Idylle, wenn ich so ein Ding lese." Das Phänomen *Landlust* und die dabei artikulierte idyllische Ländlichkeit wären mit einer alleinigen Rekonstruktion der symbolischen Dimension des Medienangebotes bzw. des Textes nur unzureichend analysiert. Erst mit einem ergänzenden Blick auf die Kontexte des Heftes wird deutlich, wie sich Idyllisierung als eine Form des alltäglichen Geographie-Machens vollzieht.

16

Literatur

Althusser L (1977) Ideologie und ideologische Staatsapparate. Aufsätze zur marxistischen Theorie. VSA, Hamburg

Araújo S H de (2011) Jenseits vom „Kampf der Kulturen": Imaginative Geographien des Eigenen und des Anderen in arabischen Printmedien. Transcript, Bielefeld

Baumann C (2014) Facetten des Ländlichen aus einer kulturgeographischen Perspektive. Die Beispiele Raumplanung und Landmagazine. In: Nell W, Weiland M (Hrsg) Imaginäre Dörfer. Zur Wiederkehr des Dörflichen in Literatur, Film und Lebenswelt. Transcript, Bielefeld, S 89–109

Baumann C (2016) Die Lust am Ländlichen. Zur Persistenz und Variation idyllischer Ländlichkeit. Inf zur Raumentwickl 2:249–259

Baumann C, Tijé-Dra A, Winkler J (2015) Geographien zwischen Diskurs und Praxis. Mit Wittgenstein Anknüpfungspunkte von Diskurs- und Praxistheorie denken. Geogr Helv 70:225–237

Bittner C, Michel B (2013) Das Dekonstruieren der Web 2.0 Karte. Vorschläge zur Analyse dynamischer und interaktiver Karten multipler und diffuser Autorenschaften. In: Gryl I, Nehrdich T, Vogler R (Hrsg) geo@web. Medium, Räumlichkeit und geographische Bildung. Springer, Wiesbaden, S 111–112

Bollhöfer B (2007) Geographien des Fernsehens. Der Kölner Tatort als mediale Verortung kultureller Praktiken. Transcript, Bielefeld

Bollhöfer B, Strüver A (2005) Geographische Ermittlungen in der Münsteraner Filmwelt: Der Fall Wilsberg. Geogr Rev 7:25–42

Brailich A, Germes M, Schirmel H, Glasze G, Pütz R (2008) Die diskursive Konstitution von Großwohnsiedlungen in Deutschland, Frankreich und Polen. Europa Reg 16:113–128

Dirksmeier P (2009) Urbanität als Habitus. Zur Sozialgeographie städtischen Lebens auf dem Land. Transcript, Bielefeld

Döring J, Thielmann T (Hrsg) (2009) Mediengeographie: Theorie – Analyse – Diskussion. Transcript, Bielefeld

Escher A, Zimmermann S (2001) Geography meets Hollywood. Die Rolle der Landschaft im Spielfilm. Geogr Z 89:227–236

Everts J, Lahr-Kurten M, Watson M (2011) Practice matters! Geographical inquiry and theories of practice. Erdkunde 65:323–334

Fiske J (2001) Fernsehen: Polysemie und Popularität. In: Winter R, Mikos L (Hrsg) Die Fabrikation des Populären. Der John Fiske-Reader. Transcript, Bielefeld

Gay P du, Hall S, Janes L, Mackay H, Negus K (1997) Doing cultural studies. The story of the Sony Walkman. Sage, London

Gebhardt H, Mattissek A, Reuber P, Wolkersdorfer G (2007) Neue Kulturgeographie? Perspektiven, Potentiale und Probleme. Geogr Rundsch 59(7/8):12–200

Glasze G, Mattissek A (2009) Die Hegemonie- und Diskurstheorie von Laclau und Mouffe. In: Glasze G, Mattissek A (Hrsg) Handbuch Diskurs und Raum. Theorien und Methoden für die Humangeographie sowie die sozial- und kulturwissenschaftliche Raumforschung. Transcript, Bielefeld, S 153–179

Glasze G, Husseini S, Mose J (2009) Kodierende Verfahren in der Diskursforschung. In: Glasze G, Mattissek A (Hrsg) Handbuch Diskurs und Raum. Theorien und Methoden für die Humangeographie sowie die sozial- und kulturwissenschaftliche Raumforschung. Transcript, Bielefeld, S 293–314

Hall S (2001) Kodieren/Dekodieren. In: Adelmann R, Hesse JO, Keilbach J, Stauff M, Thiele M (Hrsg) Grundlagentexte zur Fernsehwissenschaft. UVK, Konstanz (Erstveröffentlichung 1973)

Hartmann K (2011) Cocooning im Misthaufen. Frankfurter Rundschau, ▶ http://www.fr-online.de/literatur/stadtflucht-cocooning-mit-misthaufen,1472266,8396306.html. Zugegriffen: 28. Okt. 2016

Hepp A (2009) Richard Johnson: Kreislauf der Kultur. In: Hepp A, Krotz F, Thomas T (Hrsg) Schlüsselwerke der Cultural Studies. VS Verlag, Wiesbaden, S 247–256

Hepp A (2010) Cultural Studies und Medienanalyse. Eine Einführung. VS Verlag, Wiesbaden

Hepp A, Krotz F, Thomas T (Hrsg) (2009) Schlüsselwerke der Cultural Studies. VS Verlag, Wiesbaden

Hörning K, Reuter J (Hrsg) (2004) Doing Culture. Neue Positionen zum Verhältnis von Kultur und sozialer Praxis. Transcript, Bielefeld

Johnson R (1986) What is cultural studies anyway? Soc Text 16:38–80

Krotz F (2009) Stuart Hall: Encoding/Decoding und Identität. In: Hepp A, Krotz F, Thomas T (Hrsg) Schlüsselwerke der Cultural Studies. VS Verlag, Wiesbaden, S 210–223

Kvale S (1995) Validierung: Von der Beobachtung zu Kommunikation und Handeln. In: Flick U, Kardorff E v, Keupp H, Rosenstiel L v, Wolff S (Hrsg) Handbuch qualitative Sozialforschung. Grundlagen, Konzepte, Methoden und Anwendungen. Beltz, Weinheim, S 427–431

Laclau E (2007) Discourse. In: Goodin RE, Pettit P, Pogge T (Hrsg) A companion to contemporary political philosophy. Bd II. Blackwell, Oxford, S 541–547

Laclau E, Mouffe C (1985) Hegemony & socialist strategy. Towards a radical democratic politics. Verso, London

Lorimer H (2005) Cultural geography: the busyness of being „more-than-representational". Prog Hum Geogr 29:83–94

Luhmann N (2009) Die Realität der Massenmedien. VS Verlag, Wiesbaden

Siehl S (2011) Filme, die beflügeln. Einflüsse von Filmen auf die Reisemotivation, Raumwahrnehmung und Imagebildung. Dissertation, Universität Gießen

Wagenseil C (2014) Praktiken der Angemessenheit. Telekommunikatives Handeln junger Erwachsener in urbanen Settings. Dissertation, Universität Erlangen-Nürnberg

Werlen B (1997) Gesellschaft, Handlung und Raum. Steiner, Stuttgart

Wissmann T, Zimmermann S (2015) Sound in media: audio drama and audio-guided tours as stimuli for the creation of place. GeoJournal 80:803–881

16

Materialität und Visualität

Inhaltsverzeichnis

Bilder und Narrationen zu Räumen

Die Zeichnung als visueller Zugang zur Erforschung sozialräumlicher Wirklichkeiten

Raphaela Kogler

© Springer-Verlag GmbH Deutschland, ein Teil von Springer Nature 2018
J. Wintzer (Hrsg.), *Sozialraum erforschen: Qualitative Methoden in der Geographie*,
https://doi.org/10.1007/978-3-662-56277-2_17

17.1 Das Visuelle

Das Visuelle und visuelle Methoden erleben in den Sozial- und Kulturwissenschaften durch die Hinwendung zum Bildlichen seit den 1990er-Jahren einen Aufschwung (Pain 2012; Thornes 2004). Beschäftigt sich das Spektrum der qualitativen Methoden in den beiden Dekaden zuvor mit der (Weiter-)Entwicklung, Differenzierung und Etablierung von textbasierten Verfahren im Rahmen des sogenannten *lingustic turn* und damit dem geschriebenen Wort, erfolgt nun die Hinwendung zu Visuellen. Im Gegensatz zu den Sozial- und Kulturwissenschaften im europäischen Raum gibt es im angloamerikanischen Raum einen früheren Ursprung moderner, interdisziplinärer Bildwissenschaften, die sich der visuellen Alltagskultur im Rahmen der *visual studies* annehmen und im Rahmen von Paradigmenwechseln die ikonische Wende einleiten: *Pictorial, iconic* und *visual turn* treten beinahe gleichzeitig auf und lassen sich aufgrund ihrer Schwerpunktsetzung analytisch unterscheiden.

Pictorial turn bezeichnet das Interesse an der kulturellen Verbreitung von Bildern sowie ihrer technischen Weiterentwicklung, die unser Alltags- wie Erwerbsleben verändern (Mitchell 1997). Das Vordringen von Symbolen und Bildern in alltägliche Kommunikationsprozesse (via Handy und Internet) kann hier als typischer Zugang genannt werden.

Im Rahmen des *iconic turn* wird auf die sogenannte Eigenlogik des Bildes abseits des Sprachlichen fokussiert und damit eine vermehrte Relevanz des Symbolhaften auf allen Ebenen und quer über alle Disziplinen, sowohl in der Alltags- als auch in der wissenschaftlichen Welt angenommen (Boehm 1994).

Die als *visual turn* bezeichnete Wende wird sowohl als Subsumtion der beiden zuvor Genannten sowie als Erweiterung verstanden. Hier werden Aneignungs- und Herstellungspraktiken von Visualisierungen und deren Bedingungen diskutiert. Fokussiert wird der Eigensinn des Visuellen, denn Bilder stellen keinesfalls ausschließlich Gegenstände dar. Bilder verweisen als Objektivationen und Bedeutungsträger auf Subjektivität und Sozialität und sind damit selbst soziale Praktiken (Rose 2001; Schlottmann und Miggelbrink 2009, S. 14). Diese Entdeckung des Eigensinns des Visuellen schreitet sowohl in der Geographie als auch in der allgemeinen sozialwissenschaftlichen Auseinandersetzung mit Visualität voran (Schlottmann und Miggelbrink 2015; Lucht et al. 2013). Es wird von einer ikonischen Wende für die Geographie und ihre Nachbardisziplinen gesprochen (Boehm 2007).

17

Der vorliegende Beitrag schließt an diese Diskussionen an und klärt, was unter Bilder und dem Visuellen aus sozial- und kulturwissenschaftlicher Sicht verstanden werden kann. Danach wird die Vielfalt an visuellen Zugängen und Daten aufgezeigt, bevor sich einer spezifischen qualitativ-visuellen Erhebungsmethode zugewandt wird. Zeichnungen und hier speziell Kinderzeichnungen werden als innovative Methode in Theorie und Praxis dargestellt. Neben Anwendungsbeispielen aus der Forschungspraxis werden schließlich Potenziale und Grenzen dieses Zugangs zusammenfassend dargestellt, um eine mögliche Anwendung im geographischen Kontext abschätzen zu können.

17.2 Visuelle Geographien

Die Geographie als „bild*anwendende* Disziplin" (Schlottmann und Miggelbrink 2009, S. 13) steht seit Beginn des 21. Jahrhunderts vor der Herausforderung, sich reflektierter und reflexiver mit Bild und Visualität auseinandersetzen zu müssen.[1] Die *Visuellen Geographien* diskutieren das Verhältnis von Bild und Raum und beschäftigen sich einerseits kritisch mit dem Bild als Artefakt der geographischen Wissensproduktion (Schlottmann und Miggelbrink 2009, S. 14) und andererseits mit der Bedeutung von Bildlichkeit in der Konstitution raum-zeitlicher Wirklichkeiten und den damit zusammenhängenden Praktiken (Schlottmann und Miggelbrink 2015, S. 15). Antje Schlottmann und Judith Miggelbrink tragen mit einem Editorial zu *Visuellen Geographien* (2009) und dem gleichnamigen Sammelband (2015) maßgeblich dazu bei, das Interesse an der Beziehung zwischen Bild und Raum (wieder) zu wecken. Visuelle Geographien plädieren nicht einfach für eine Verwendung visueller Medien oder Methoden, sondern für eine Kontextualisierung des Gebrauchs samt Herstellung und Intention von Bildern (Schlottmann und Miggelbrink 2015, S. 14 f.).

Der Aspekt der Konstitution von Raum im Bild verstanden als Repräsentationen des Raumes fokussiert Raumbilder, welche „die gesellschaftlichen Raumverhältnissen durch und mit Bildern bzw. die Stellung von Visualität in Prozessen der Aneignung und Strukturierung der gesellschaftlichen Wirklichkeit von Raum" (Schlottman und Miggelbrink 2015, S. 25) implizieren. Raumbilder sind Raumvorstellungen, hingegen sind materielle Dimensionen des Raumes eher räumliche Anordnungen und physische Elemente im Raum. Raumvorstellung und die Visualisierung von Räumen stehen in einem direkten Wechselwirkungsverhältnis und bedienen sich des Konzepts des relationalen Raumes (Löw 2001) und nicht des physischen Containerraumes (vgl. ▶ Kap. 6). Menschen stellen Räume in Relation zu Elementen und zu sich selbst her und diese Konstruktionsleistung spiegelt sich in sozialen Praktiken wieder. Bilder sind gleichsam wie Raum konstitutive Elemente einer Gesellschaft.

■ **Das Bild**

Wenn von visuellem Material gesprochen wird, verwendet man meist synonym den Begriff des Bildes: „Das Visuelle tritt vor allem auch als Objektivationen auf – *als Bild* – das möglicherweise eine Eigenmacht entfaltet" (Tuma und Schmidt 2013, S. 12). Diese Eigenmacht zeigt sich im Potenzial der sozialen Konstruktion von Wirklichkeit im, durch und mit dem Bild.

In der Alltagssprache meint „Bild" meistens ein Abbild, das eine vorausgesetzte Realität widerspiegeln soll (Boehm 1994), kann aber ebenso ein Symbol mit hohem Bedeutungsgehalt meinen. „Die semantische Weite des Bildbegriffs in der deutschen Sprache verdeutlicht die Tatsache, dass das Englische die vier Ausdrücke *picture*, *image*, *illustration* und *figure* benötigt, um dieselben Sachverhalten auszudrücken"

---

[1]   Visuelles und Visualität zu reflektieren, bedeutet in Anlehnung an Eva Nöthen und Antje Schlottmann (2015) ein vermehrtes Nachdenken über Bildlichkeit. Dabei reflexiv vorzugehen, impliziert eine kritische Denkweise und Auseinandersetzung mit Produktion, Rezeption und Distribution des Visuellen (Nöthen und Schlottmann 2015, S. 34).

(Bredekamp 2003, S. 418). Daher ist es notwendig, sich zu vergegenwärtigen, was in der Forschung als Bild bezeichnet wird.[2] Oftmals wird sich für eine erste Begriffsklärung an der Phänomenologie Edmund Husserls angelehnt, der ein Bild in drei Bereiche gliedert: Erstens den Bildträger, verstanden als Materialität und physische Gestalt, beispielsweise eine Leinwand oder das Papier, auf dem ein Bild gedruckt ist. Zweitens das Bildsujet gemeint als jenes Objekt, dass in einem Bild dargestellt wird, beispielsweise das Abbild eines Baumes. Letztlich das eigentliche Bildobjekt, das „erscheinende Objekt, das für das Bildsujet Repräsentant ist" (Husserl 2006, S. 21). Das Bildobjekt[3] ist jene interpretative Komponente, die Inhalt transportieren soll.

Um die Frage zu beantworten, was das Bildobjekt ist, sollte erörtert werden, wofür ein Bild steht, was es erzählt bzw. erzählen will. Hierfür müssen subjektive, intersubjektive und kulturelle Kontexte aktiviert werden, um Gesellschafts- und Raumverhältnisse miteinbeziehen zu können. Wenn Bilder also Bedeutungen transportieren und etwas außerhalb des Bildes liegend sichtbar gemacht werden soll, wird das Bild als soziale Praktik verstanden und das Bildsujet muss zur Beantwortung detailliert analysiert werden. Um Bilder in der Folge zur Erforschung sozialräumlicher Wirklichkeiten zu gebrauchen, muss das Bild nicht als Abbild der Wirklichkeit gelesen, sondern zur Herstellung von Räumlichkeit verstanden werden. Bilder erzeugen Sinnhaftigkeit auf spezifische Art und Weise, die eine andere ist als text- bzw. sprachbezogene Sinnkonfiguration. Sie müssen in ihre Komponenten „zerlegt" werden, um mit ihnen arbeiten zu können.

Bilder inkludieren eine spezifische Verarbeitung lebensweltlicher Erfahrung sowie eine Verbildlichung der Subjektpositionen und -perspektiven der Produzierenden (Müller 2012, S. 137). Durch die Aktivierung individualisierter gesellschaftlicher Deutungsmuster samt kultureller, wissens-, sprachlicher, situations-, emotionaler und sozialer Einflussfaktoren werden Visualisierungen[4] wahrgenommen. Dabei wird die Wahrnehmung als ganzheitlich orientierter Informationsaufnahmeprozess verstanden, indem das systematische Beobachten (Was sehe ich?), das Betrachten als erste Analyse (Was zeigt mir das Bild?) und das visuell-interpretative Wahrnehmen (Was bedeutet das Bild?) im Zusammenspiel eine Interpretation ergeben (Bachleitner und Weichbold 2015). Es geht im Kern darum, sich bewusst zu werden, dass Bilder mehr bzw. etwas anderes sind als Abbilder. Sie stellen soziale Wirklichkeit her und liegen in vielfältigen Formen vor.

17.3 Vielfalt visueller Daten und Zugänge

Es existiert eine Fülle an qualitativen visuellen Daten und Zugängen zwischen welchen teils beachtliche Differenzen festzustellen sind. Für die Verwendung von visuell-qualitativem Datenmaterial sind die folgenden Unterscheidungen jedenfalls bereits bei

17

---

2   Was ein Bild ist und welcher Bildbegriff in den verschiedenen Wissenschaften dominiert, ist Inhalt zahlreicher Abhandlungen (z. B. Boehm 1994; Imdahl 1994; Friebertshäuser et al. 2007; Breckner 2010; Dirksmeier 2015) und kann hier nur in aller Kürze widergegeben werden.

3   Das Bildobjekt wird häufig auch als Bildsymbolik (Panofsky 1975; Imdahl 1994) oder auch als Bildmotiv (Wintzer 2015) bezeichnet.

4   Visualisierungen sind mehr als Illustrationen oder Dokumentationen, da sie über „bloße Verbildlichungen diskursiver Aussagen" (Wintzer 2015, S. 111) hinausgehen.

der Konzeption eines Forschungsprozesses zu beachten, damit eine methodologisch-reflektierte Anwendung gewährleistet werden kann (◨ Abb. 17.1):

Die mediale Gestalt bzw. Form, welche im Allgemeinen zwischen fixierten und bewegten Bildern unterteilt werden kann, muss betrachtet werden. Zu den fixierten Bildern zählen Fotografien, Kunstwerke, Gemälde und Zeichnungen; zu den bewegten Bildern Videos und Filme jeglicher Art. Sozial- und Kulturwissenschaften arbeiten vorwiegend mit Fotos (Bohnsack 2014) und Filmen (Tuma et al. 2013). Die mediale Gestalt impliziert methodische Entscheidungen und die Antwort auf die Frage des Bildträgers: Welches visuelle Material soll in die Forschung einbezogen werden?

Die Produktionsintention fragt nach dem Produktionsgrund und dem vordergründigen Zweck des visuellen Materials. Visuelle Daten sind entweder für private Zwecke (z. B. Familienfotos), für öffentliche Zwecke (z. B. Werbeplakate) oder für die Forschung selbst (z. B. Dokumentationen zur Ergebnisproduktion) angefertigt. Im Gegensatz zur medialen Gestalt können die Grenzen dieser Klassifizierung fließend sein. Fotos, die im Internet öffentlich zugänglich sind, können zu privaten Zwecken aufgenommen worden sein und werden dann in einer Medienanalyse als Datenmaterial in Forschungsprozesse miteinbezogen. Von methodologischer Besonderheit geprägt sind visuelle Materialien, die eigens für die Forschung produziert werden, denn diese Distribution impliziert spezielle Reflexionen im Datenerhebungs- und Auswertungsprozess.

Wichtige Komponenten stellen jene Personen dar, welche die Daten produzieren und später interpretieren (Produzierende und Rezipierende). Bei der Frage, wer ein Bild geschaffen hat und wer es wahrnimmt, kann generell zwischen den Forschenden, den Beforschten und unbekannten Dritten differenziert werden. Forschende produzieren im Laufe eines Projektes viele Formen visueller Daten, einerseits zu Dokumentations- oder Illustrationszwecken (z. B. Fotos zur Dokumentation bestimmter sozialer

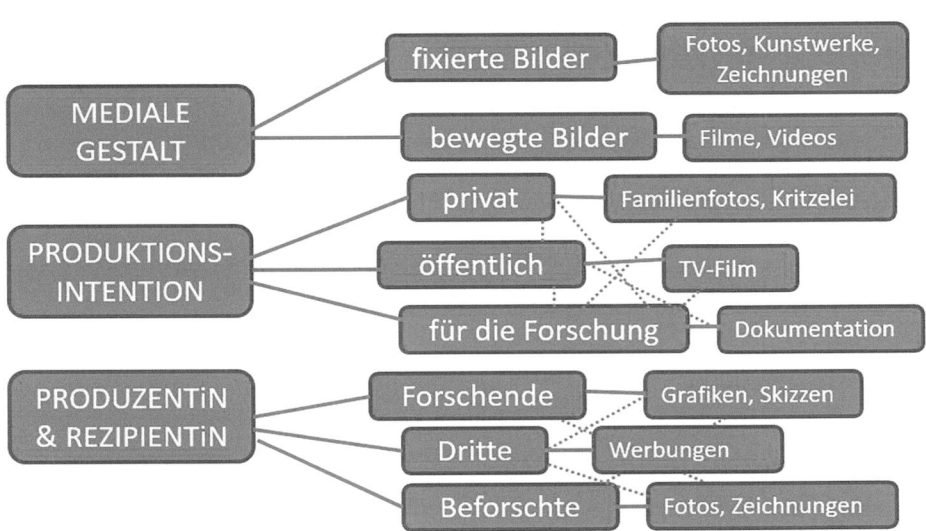

◨ **Abb. 17.1** Relevante Differenzierungen bei der Verwendung visueller Daten

Situationen, Grafiken oder Skizzen), andererseits als späteres Analysematerial (z. B. Primärdaten wie Luftbilder). Wenn Beforschte visuelles Material zu Forschungszwecken anfertigen, dann werden ihnen meist Anleitungen zur Produktion in Form von Aufforderungen zur Wiedergabe ihrer Perspektive in Bezug auf ein bestimmtes Thema mitgegeben (z. B. „Mache Fotos von deinem Lieblingsort!"), was wiederum methodologischer Reflexionen Bedarf, da die Rolle der Forschenden und ihrer Anleitung strukturellen Einfluss besitzen (Guillemin und Drew 2010). Außerdem müssen die Rezipierenden immer als implizite Größe im Prozess der Produktion gesehen werden (Für wen wird ein Bild geschaffen?).

Abseits dieser drei grundsätzlichen Differenzierungen existieren weitere Spezifika, allen voran der situative Kontext der Bildentstehung, der danach fragt, wo und unter welchen Bedingungen visuelles Material entsteht. Beispielsweise können Fotos in einem langen Inszenierungsprozess durchdacht oder als Schnappschuss entstehen. Der situative Kontext der Entstehung sowie der funktionale Kontext sind bei Bildinterpretationen von großem Wert, um methodologischen Schwierigkeiten entgegen zu wirken (Müller 2012).

Nach der Reflexion der Spezifika des visuellen Materials erfolgt die tatsächliche Methodenauswahl. Es existieren unterschiedlichste visuell-qualitative Techniken, sowohl auf der Erhebungs- als auch auf der Analyseebene. Zahlreiche methodische Handbücher zu visuellen Methoden (z. B. Mannay 2016; Margolis und Pauwels 2012) zeugen von ihrer steigenden Relevanz quer über Disziplinen hinweg.

Es kann an dieser Stelle keine Aufzählung aller visuellen Methoden erfolgen, generell aber der Hinweis, dass sich in den Sozial- und Kulturwissenschaften auf der Erhebungsebene häufig Kombinationsverfahren von visuellen und textbasierten Verfahren finden. Paradebeispiele sind hier die reflexive Fotografie bzw. das Fotointerview, welches im internationalen Kontext als Foto-Elizitation bekannt ist (Dirksmeier 2013, 2015; Pain 2012; Lapenta 2011) (vgl. ▶ Kap. 18). Auch Fotodokumentationen während Stadtspaziergängen werden häufig durchgeführt (vgl. ▶ Kap. 9) oder videografische Erhebungen (Dirksmeier und Helbrecht 2013) angestrebt.

Auf der Analyseebene unterscheiden sich qualitative visuelle Methoden dahingehend, inwiefern sie textbasiert oder bildanalytisch in unterschiedlich intensiver Ausklammerung des textlichen Vorwissen arbeiten (Bohnsack 2014, S. 868). Es existieren diverse inhaltsanalytische als auch interpretative Bildanalyse- bzw. Bildinterpretationsverfahren (z. B. Marotzki und Niesyto 2006; Leeuwen und Jewitt 2001). Interpretative Bildanalysen sind sinnvoll, wenn nicht ausschließlich dargestellte Elemente im Bild deskriptiv beschrieben (inhaltsanalytisch) oder gezählt (quantitativ) werden sollen, sondern die Auswertung darüber hinausgehend hermeneutisch das Gesamtbild inklusive der Kontextualisierungen analysiert.

17   17.4 Zeichnungen

Als weniger bekannte, aber generell produktive Möglichkeit visuelle Daten in Forschungen einzubeziehen, gelten Zeichnungen, die meist in Kombination mit bildbezogenen qualitativen Interviews Anwendung finden. Um der vorausgehenden Differenzierungen gerecht zu werden, wird bei Zeichnungen von einer spezifischen Form von visuellen, fixierten Bildern gesprochen, die verschiedenartig als Dokumente in Forschungen auftauchen. Beispielsweise als ephemere, private Zeichnungen (z. B. Alltagskritzeleien am Notizblock), öffentliche Skizzen (um Ideen zu illustrieren), technische Zeichnungen (z. B. Pläne) oder künstlerische Zeichnungen (z. B. Freihandzeichnungen, Karikaturen oder Kinderzeichnungen).

Zeichnungen werden traditionell häufiger im Bereich der Psychoanalyse, Neurobiologie und Kognitionswissenschaften verwendet sowie als Subgruppe von Kunstwerken in der Kunstgeschichte (Richter 2001). Im sozial- und kulturwissenschaftlichen Sinn können sie als von beforschten Personen in Anwesenheit der Forschenden produziertes Material umfangreiche visuelle und verbale Daten beinahe gleichzeitig hervorbringen. Sie bieten einen spezifischen Zugang zur subjektiven Alltags- und Lebenswelt und helfen, auch implizite Perspektiven und tiefgreifende Erzählungen zu rekonstruieren (Balakrishnan et al. 2012). Zeichnungen können als Bildsujets betrachtet relevante Motive darstellen, die bereits deskriptiv Aufschluss über die Lebenswelt der Beforschten geben. Darüber hinaus können abgebildete Sujets als Bildobjekte interpretiert und damit die Lebenswelt der Beforschten rekonstruiert werden (Drexler und Balakrishnan 2016).

Als größter Vorteil dieser qualitativ-visuellen Methode, sofern Zeichnungen in Anwesenheit der Forschenden produziert werden, gilt die Möglichkeit, die Erzählungen zum Bild zu erheben – die Zeichnung fungiert als Narrationsgenerator. Der kreative Prozess lässt die Zeichnenden über das Dargestellte reflektieren: „Die Geschichten, die im biografischen Hintergrund des Bildes liegen" (Neuß 2014, S. 256) treten im begleiteten narrativen Interview hervor. Letzten Endes lassen sich visuell geprägte Erlebnisse und Erfahrungen im bildverarbeitenden Prozess des Zeichnens anders und auch detailreicher abbilden, als dies eventuell mit sprachlichen Kategorisierungen möglich ist[5] (Neuß 2014, S. 248). Mittels Zeichnungen können explorative Forschungen zu Raumwahrnehmung oder dem subjektiven Raumerleben völlig neue oder vertiefende Erkenntnisse liefern.[6]

Zeichnungen finden als Zugang zu speziellen Gruppen und vorwiegend als partizipative Ausdrucksform generelle Anwendung, vor allem wenn Kinder als Fachkundige ihrer eigenen Lebensräume an Forschungen teilnehmen (Kogler 2017).

▪ Kinderzeichnungen

Kinderzeichnungen werden seit rund 100 Jahren in Forschungen verwendet, um bildhafte Ereignisse und das autobiographische Gedächtnis zu erschließen.[7] Obwohl es immer wieder ein Plädoyer für ihre dezidiert sozialwissenschaftliche Verwendung

---

5 Dazu ein Beispiel: Jemand erzählt, dass die Straße in der Stadt X „nett gestaltet und schön anzusehen" ist. Die Zeichnung derselben Straße bietet detailreichere Einblicke in die subjektive Wahrnehmung des Straßenzuges (aus der Erinnerung) und lässt erkennen, welche Gestaltungmomente für die Person als „nett" und „schön" gelten (in Verbindung mit ihren soziokulturellen Hintergrundinformationen).

6 In der geographischen Raumforschung wird oftmals mit einer ähnlichen Form bildlicher Dokumente gearbeitet – mit *mental maps* bzw. subjektiven Karten, welche Wege durch ein Gebiet oder auch Prozesse der Raumwahrnehmung visualisieren (Daum 2014). Diese Methodik ist aber weitestgehend strukturierter und fokussierter als die explorative Technik der Zeichnung.

7 Die Psychologie widmete und widmet sich vorwiegend den zeichnerischen Fähigkeiten und dem sich dabei entwickelnden räumlichen Vorstellungsvermögen der Kinder (Piaget und Inhelder 1993; Quaglia et al. 2015; Papandreou 2014).

gibt (Drexler et al. 2012), werden sie erst seit Kurzem in sozialräumliche Forschungen integriert. Zeichnen als Kommunikationsform im kindlichen Alltag ist eine geeignete Wissensquelle, um subjektive Sichtweisen, Erzählungen und Darstellungen zu rekonstruieren. Forschende, die sich mit Kinderzeichnungen systematisch auseinandergesetzt haben (Neuß 2014; Papandreou 2014; Eldén 2013; Balakrishnan et al. 2012; Lehman-Frisch et al. 2012; Reiß 1996), sehen bereits bei Kindergartenkindern ein großes Repertoire an Darstellungselementen in den Zeichnungen. Diese Technik hilft, dabei nicht nur über Kinder und Kindheit zu forschen, sondern aus der Perspektive der Kinder ihre Lebensräume partizipativ zu erkunden (Kogler 2017). Daneben bieten sie alle generellen Vorteile und Grenzen, die Zeichnungen als visuell-qualitatives Material mit sich bringen.

Die Bedeutung von Kinderzeichnungen in der Forschung mit Kindern nimmt aktuell zu, da es als kindzentrierte Technik gilt, die als semiotische Aktivität je nach soziokulturellem Hintergrund unterschiedlich verläuft und somit breite Einblicke bietet. Beim Zeichnen lernen Kinder, wie Symbole mit Bedeutungen verknüpft sind und konstruieren Bedeutungszuweisungen zwischen Elementen der Zeichnung. Kinderzeichnungen als partizipative Methode (Packard 2008) bieten daher einen speziellen Forschungszugang und sind auch ein interessantes Endprodukt, wobei ebenso der Zeichenprozess und die Beziehung des Kindes zum Gezeichneten (Neuß 2014) mit einbezogen werden. Für Fragen der Raumaneignung, die *per se* auch eine visuelle Praktik darstellt, ist diese visuelle Methode daher logische Konsequenz.

- **Kinderzeichnungen zur Erforschung der Raumaneignung und Raumwahrnehmung**
Zur Verdeutlichung einer möglichen Anwendung visueller, qualitativer Verfahren werden kurze Beispiele aus dem eigenen laufenden Dissertationsprojekt erläutert. Thematisch ist das Vorhaben im Bereich der sozialräumlichen Kindheitsforschung zu verorten (Fritsche et al. 2011; Holloway und Valentine 2000), da Kinderräume, ihre Wahrnehmung sowie Raumaneignungsstrategien von Kindern im Fokus stehen. Diese Erforschung von sozialräumlichen Kinderwelten im urbanen Raum soll methodologisch nicht über Kinder und Kindheit, sondern weitestgehend mit ihnen und aus ihrer Perspektive erfolgen (Thompson 2008). Dabei sollen angeeignete Sozialräume erkundet werden (Kogler 2015). Dafür wird im Projekt ein umfangreiches qualitatives Design umgesetzt und neben ethnographischen und textbasierten Daten mit Kinderzeichnungen und bildbezogenen Interviews gearbeitet. Um das Potenzial der visuell-qualitativen Methodik auszuschöpfen, werden die Zeichnungen nicht nur als Narrationsgenerator, sondern auch als Material *per se* bildanalytisch rekonstruktiv ausgewertet.[8]

In Anwesenheit der Forscherin erstellt ein fünfjähriges Mädchen auf die Bitte hin „ihren Lieblingsraum" zu zeichnen, eine Zeichnung zu Forschungszwecken (◨ Abb. 17.2).

Während dem rund 30-minütigen Produktionsprozess wird das bildbezogene Interview mittels Audioaufnahme festgehalten und später detailliert transkribiert, um

17

---

8   Es wird darauf hingewiesen, dass die angeführten Kinderzeichnungen viel umfassender und mithilfe unterschiedlichster Analyseverfahren im laufenden Projekt verwertet werden. Hier sind lediglich kurze Ausschnitte als generelle Beispiele angeführt.

● **Abb. 17.2**   Zeichnung der fünfjährigen Frida

den Entstehungskontext und damit die Sequentialität zwischen gezeichneten Symbolen und dazugehörigen verbalen Äußerungen festhalten zu können. Sowohl die textbasierten Daten als auch die Zeichnung selbst werden analysiert, wobei folgend in ● Tab. 17.1 auf die textbasierte Analyse eingegangen wird. Exemplarisch werden hier kurz zwei der Elemente dieser Zeichnung detaillierter erläutert.

Das Beispiel zeigt, wie ein klassisches Motiv einer Kinderzeichnung, der Baum, als Narrationsgenerator fungiert. Mögliche Kletterarrangements (wie Bäume) werden durch Zweckentfremdung angeeignet und damit der subjektive Handlungsraum erweitert. Methodologisch kann hiermit gezeigt werden, welche Relevanz die Entstehungsbedingungen besitzen. Ohne die dazugehörige Textstelle würde das Element „Baum" in der Kinderzeichnung entweder gar nicht als solches erkannt oder lediglich als Symbol für Natur und Grünraum wahrgenommen werden. Ein weiteres Beispiel verdeutlicht zudem die Möglichkeiten der Erkundung der subjektiven Lebenswelt des Kindes (● Tab. 17.2).

Die detailreiche Zeichnung des bunten Hauses symbolisiert ein konkretes Haus, mit dem ein schönes Erlebnis mit Freundinnen und Familie verbunden wird. Bestimmte Orte und Räume werden mit bestimmten Erfahrungen und Erlebnissen verbunden. Raumwahrnehmungen sind demnach geprägt durch anwesende Personen und spezifische Erlebnisse. Spezielle Kinderräume sind daher auch einmal besuchte physische Orte, die aufgrund der subjektiven Erfahrung gemeinsam mit vertrauten Personen als relationale Erlebnis- und Interaktionsräume konstituiert werden.

◘ **Tab. 17.1**   Der Baum als Kletter- und Spielmöglichkeit

Textstelle	Hypothesen/erste Interpretation
F: Jetzt, jetzt mach ich dann immer so den Baum *(zeichnet einen Baum auf die Wiese)*. (…). Und dann bieg ich da so ab, und da oben mal ich dann immer mit grünen Ästen. (…) So im Kreis (…) I: Und magst du gerne Orte, wo Bäume sind und Wiesen? F: Mmm. Weil da kann ich da, mit meiner Freundin und so herumlaufen *(zeigt neben den Baum, zuerst rechts, dann über den Baum und dann links vom Baum aufs Blatt Papier)*. Und dann, spielen wir immer so gerne, so fangen und so klettern. Und dann haben wir immer da auf der Wiese so ein paar Kletterbäume, und da klettern wir dann immer rauf. Und hüpfen von da runter *(zeigt auf den Baum)*. (I1, Z 143–151)	Der Baum symbolisiert jegliche Kletter- und Spielmöglichkeiten mit Gleichaltrigen Durch die Integration des Baumes in das Spiel wird Raum angeeignet, weil Spielraum erweitert, der Baum damit zweckentfremdet wird

◘ **Tab. 17.2**   Das Haus als Erlebnis

Textstelle	Hypothesen/erste Interpretation
„I: Kennst du so ein buntes Haus? F: Ja, da durften wir rein, weil das war ein Schloss. Aber ich kann kein Schloss malen, also hab ich ein buntes Haus. Und da haben wir so die Tür aufgemacht und sind rein gegangen und dann immer so hoch mit dem Lift gefahren. Da ganz rauf *(zeigt aufgeregt auf den oberen Rand des Hauses, vor dem Dach)*. Und dann sind wir, dann sind wir (…), dann haben wir mit der A, mit meinen allen Freundinnen und meiner Mama und Papa war auch da, das war bei meinem Geburtstag, das Schloss war so schön, alle waren da" (I1, Z 246–252)	Das Haus ist ein reales Haus der Alltags- und Lebenswelt des Kindes Das bunte Haus symbolisiert ein Schloss Mit dem bunten Haus wird ein schönes Erlebnis verbunden Das Haus zeigt die Relevanz von Freundinnen und Familie

17

Ein zweites Beispiel verdeutlicht die Relevanz der bildbezogenen Narrationen, vor allem, wenn es um die Bewertung von Elementen der Zeichnung geht (◘ Abb. 17.3).

Diese Zeichnung eines fünfjährigen Stadtkindes entsteht nach der Aufforderung, einen Raum zu zeichnen, der einem im Augenblick der Erhebung gerade in den Sinn kommt. Es wird sofort mit dem Zeichnen einer Straße begonnen. Das entstandene Bild lässt zunächst vermuten, dass Auto, Straße und Baum subjektiv wichtige Elemente darstellen. Die dazugehörige Textstelle lässt allerdings auch gegenteilige Interpretationen zu (◘ Tab. 17.3).

Dieses Beispiel verdeutlicht, dass Kinder auch Elemente zeichnen, die Raumwahrnehmungen widerspiegeln und negative Assoziationen transportieren. Raumwahrnehmung

🔳 **Abb. 17.3**   Zeichnung des fünfjährigen Nico

🔳 **Tab. 17.3** Subjektive Wahrnehmung von Autos im Raum	
Textstellen	**Hypothesen/erste Interpretation**
„I: Und, magst du die Straßen gerne? (…) N: Wenn es laut ist (…). Im Land lieber. Da ist nicht so viel Verkehr (…)" (I2, Z 21–22) I: Und, und Autos, magst du gerne? N: Nein. Die stinken so. Im Land nicht so viel, weil es dort nicht so viele gibt. (I2, Z 37–38) „N: Auf meinem Weg zum Kindergarten, da ist es laut, wegen die Autos. Und manchmal vom Auspuff *(zeigt auf den Auspuff)*. Da stinkt's dann immer. (…) Luftverschmutzung. Einmal haben wir ein Auto gesehen, das ist gestanden und, und hat trotzdem noch den Motor gehabt. Das ist so eine Luftverschmutzung." (I2, Z 101–106)	Straße und Auto symbolisieren negativ wahrgenommene Elemente Je nachdem, wo diese Elemente im physischen Raum anzutreffen sind, werden sie aber auch unterschiedlich wahrgenommen Im städtischen Umfeld sowie auf dem alltäglichen Weg zum Kindergarten stören Autos das Raumempfinden des Kindes

kann als subjektiv ausgestalteter Prozess mit räumlicher Komponente bzw. Verortung verstanden werden. Es ist relevant, in welchem physischen Raum (Stadt-Land) sich Elemente befinden. Auch Raumbewertungen von Dritten („wir") werden in die eigene Wahrnehmung integriert und daher bereits im Vorschulalter von Luftverschmutzung durch zu viele Autos gesprochen.

Soweit ein kurzer Einblick in vorliegende Materialien. In weiteren Analyseschritten werden die einzelnen ersten Ergebnisse aufeinander bezogen, Interpretationswege geprüft und auch mit weiteren Datensorten verbunden, um am Ende Raumaneignungsstrategien und Raumwahrnehmungsprozesse von Vorschulkindern zu explorieren.

Andere aktuelle Anwendungsbeispiele finden sich sowohl international (Lehman-Frisch et al. 2012) als auch im deutschsprachigen Raum und unterstreichen die Aktualität dieses innovativen Zugangs. So wird beispielsweise bei der interdisziplinären Studie *Raum für Kinderspiel* (Blinkert et al. 2015) mit 93 Kinderzeichnungen zu „Wunschspielorten" gearbeitet. Im sport- und schulpädagogischen Forschungsprojekt von Peter Kuhn (2003) werden Kinderzeichnungen ebenso mit Interviews kombiniert (jedoch in getrennter Abfolge), um Bewegung im schulischen Kontext zu erforschen. Die Studie von Gabriele Wopfner (2012) zeigt auf eindrucksvolle Art und Weise, wie Kinderzeichnungen zusätzliches Wissen zu Geschlechterorientierungen liefern können. Auch bei Claudia Scheid und Bertram Ritter (2014) sowie Jessica Schwittek (2016) liefern Kinderzeichnungen in Kombination mit bildbezogenen Interviews Erzählungen zur Lebenswelt.

Kinderzeichnungen zu Räumen bieten neben dem visuellen Datenmaterial eine Fülle an Narrationen. Methodologisch vielversprechend ist der damit einhergehende Doppelcharakter der Methode, da sowohl die Narrationen durch das Visuelle gestützt werden als auch Visualisierungen aufgrund der Verbalisierungen entstehen.

- ▪ **Bildinterpretation**

Abseits der Potenziale der Analyse der sprachlichen Äußerungen zum Bild und Zeichenprozess sollte die Zeichnung selbst Gegenstand der Analyse sein. Dies kann an dieser Stelle nicht exemplarisch gezeigt, aber die Möglichkeiten können angedeutet werden. Zwar kann keine Auswertungs- und Interpretationsmethode für visuelles Material als gängigste oder gar passendste Methode zur Auswertung von Zeichnungen genannt werden, zumal es immer auf den Forschungsgegenstand und die Forschungsfrage ankommt. Es existieren aber je nach wissenschaftlichem Background und methodologischer Orientierung unterschiedliche Möglichkeiten: Einerseits inhaltsanalytische Verfahren, die aber wenig bis gar nicht den Prozess des Zeichnens berücksichtigen, dafür häufige Motive fokussieren. Andererseits interpretativ-rekonstruktive Verfahren, die die mediale Gestalt und diverse Einflüsse durch Produzierende und Rezipierende sowie den Entstehungskontext miteinbeziehen, aber auch den Bildsinn sowie einzelne Bildteile rekonstruieren und damit von einer sehenden Bildwahrnehmung zu einer sprachlichen Bildinterpretation gelangen.

In der angesprochenen Dissertation wird beispielsweise mit der visuelle Segmentanalyse nach Roswitha Breckner (2010, 2012) gearbeitet. Diese Technik sieht im Gegensatz zu anderen Analyseverfahren auch eine Einzelanalyse bestimmter Bildteile (Segmente) vor und es werden anhand einzelner Analyseschritte alternative Bedeutungs- und Sinnauslegungen formuliert. Eine weitere rekonstruktive Bildinterpretation ist mittels der dokumentarischen Methode nach Bohnsack (2011) möglich.

Je nachdem, mit welcher Methodik Kinderzeichnungen interpretiert werden, ist es aber immer unumgänglich, kulturelle, soziale, familiär-biografische, geographische und situative Einflüsse auf die Zeichnungen einzubeziehen (Billmann-Mahecha 2010, S. 713 ff.). Bei geographischen und sozialräumlichen Forschungsprojekten ist es außerdem sinnvoll, spezifischere Fragen zu räumlichen Aspekten während des Analyseprozesses zu beantworten (Wintzer 2015, S. 112) – z. B. die Frage, inwiefern räumliche Bezüge innerhalb des Bildes auf Handlungsverläufe schließen lassen.

17

17.5 Fazit: Fehlerquellen und Vorteile von Zeichnungen

Generell existieren bei der Interpretation visueller Daten Fehlerquellen und Probleme, die es zu vermeiden und beachten gilt.

1. Die schwierige Triangulation von visuellen und textbasierten Daten, die jegliche Probleme der Transformation von „Bild-in-Text" nach sich zieht.[9] Hier ist zu klären, ob beide Datensorten benötigt werden, um das Phänomen zu fassen, oder ob das Eine nur notwendig ist, um das wesentlichere Andere zu erheben. Beides ist zulässig, bedingt aber eine Positionierung und Entscheidung in Anbetracht des Forschungsgegenstandes (Welter 2007; Bachleitner und Weichbold 2015).

2. Damit verbunden sind Fragen der Sequentialität und Gleichzeitigkeit von Gezeichnetem und Gesagten. Bilder bzw. Bildträger, Bildobjekte und Bildsujets werden zeitgleich wahrgenommen, wohingegen Sprache immer einer Abfolge und damit Ungleichzeitigkeit folgt. Wenn wir also beschreiben, was das Bild zeigt, ist die Abfolge der gesprochenen oder schriftlichen Beschreibung, die der Interpretation in der Regel vorausgeht, eine Entscheidung, die reflektiert getroffen werden muss – die Eigenlogik des Bildes sollte dabei nicht verkannt werden. Dennoch schaffen wir es nicht (vor allem in der Repräsentation in Endberichten), ohne sprachliche Äußerungen über das Bild auszukommen, auch wenn es einige Versuche dazu gibt (Müller 2012).

3. Der Vorteil der Positionalität der Forschenden beim Zeichenprozess zur Erhebung der Produktionshintergründe birgt auch einen potenziellen negativen Einfluss der Präsenz mit sich. Dabei werden oftmals ethische Fragen relevant – beispielsweise dann, wenn Rückfragen an die Forschenden während dem Zeichnen und damit eine eventuelle Richtungsänderung eingeleitet werden. Hier gilt es, jegliche Suggestion zu vermeiden. Zudem müssen Reflexionen über die Rolle als Forschende stattfinden, die zugleich als Rezipierende der Zeichnung auftreten, da die Zeichnenden antizipierte Erwartungen der Forschenden miteinbeziehen. Generell erfordert die Arbeit mit visuellen Daten einen hohen Reflexivitätsgrad auf allen Ebenen, da (Bild-)Wahrnehmung ein höchst subjektiver Prozess ist, weswegen eine Analyse immer in Interpretationsgruppen und nicht als Einzelperson erfolgen sollte.

4. Bei der Arbeit mit visuellen Materialien stellen sich Fragen der Performativität, da Bilder Wirklichkeiten mitkonstruieren. Bilder erzeugen ihre eigene soziale Realität. Bei genereller Betrachtung von Raum und Bild und Thematisierung raumbezogener Wirklichkeiten im Bild, die aber nicht nur physische Elemente, sondern auch „perspektivisch oder symbolisch auf soziokulturell angelegte Deutungen räumlicher Wirklichkeit" (Schlottmann und Miggelbrink 2015, S. 20) bezogen sind, wird ersichtlich, dass Bilder den Raum nicht (nur) abbilden, „sie stellen Räumlichkeit her bzw. bringen diese zum Ausdruck" (Dickel 2015, S. 250).

---

9 Bachleitner und Weichbold (2015) sprechen auch von sogenannter „visueller Differenz", die u. a. entsteht, wenn das Wahrgenommene verbalisiert und verschriftlicht wird und dabei kulturelles, soziales oder auch historisches Kontextwissen (implizit) miteinfließt. Daher ist es zentral, bei der Betrachtung von Bildern reflektiert mit dem eigenen Kontext- und Vorwissen umzugehen.

Um sich diesem methodologischen Problem zu stellen, sollte nicht ausschließlich mit visuellen Daten gearbeitet und außerdem die Entstehung von Bildern fortlaufend kontextualisiert werden (Dirksmeier 2013; Breckner 2010; Friebertshäuser et al. 2007).

5. Das größte Defizit liegt aus methodologischer Sicht darin, dass es keinen Konsens in Hinblick auf wissenschaftliche Auswertung und Interpretation solchen Materials gibt (Scheid 2013; Billmann-Mahecha 2010). Bestehende Analyseverfahren müssen oftmals adaptiert werden, was erweiterte Methodenkenntnisse voraussetzt.

Die Potenziale von Zeichnungen als visuell-qualitative Methode lassen sich wie folgt zusammenfassen:

1. Das multiperspektivische Herangehen durch die Triangulation von visuellem Material und bildbezogenen Interviews kann nicht nur als methodologisch problematisch, sondern in vielerlei Hinsicht auch als extrem ergiebig gesehen werden: Zeichnungen erzeugen Narrationen bei den Beforschten und diese wirken wiederum auf die (zu zeichnenden) Bildsujets zurück. Gerade bei explorativen Forschungen lassen sich viele neue Erkenntnisse generieren.

2. Durch die Anwesenheit bei der Erstellung der Zeichnung kann der Entstehungskontext bei der Analyse miteinbezogen und damit die Perspektive der Beforschten noch besser integriert werden. Implizite, individuelle und intrasubjektive Wissensbestände haben damit die Chance, in der späteren Analyse rekonstruiert zu werden.

3. Durch das hohe Hintergrundwissen, wer zu welchem Zweck das visuelle Material generiert hat, können weitere Kontextualisierungen (sozial, geographisch, kulturell, biografisch) miteinbezogen und damit zusätzliche Ergebnisse erzielt und die subjektive Lebenswelt der Beforschten rekonstruiert werden.

4. Die Zeichnung als non-verbale Ausdrucksform ist bei vielen sozialen Gruppen eine geeignete Erhebungsmethode, die zudem partizipativen Charakter besitzt. Beteiligung von Beforschten meint dabei nicht ein Forschen „über", sondern ein Forschen „mit" bestimmten Gruppen (Kogler 2017).

5. Letzten Endes sind Zeichnungen, so das abschließende Plädoyer, sehr gut geeignet, um sozialräumliche Fragestellungen – vor allem im Kontext von Kindheits- und Jugendforschungen – tiefergehend zu bearbeiten. Speziell bei Fragen zu Raumwahrnehmung oder Aneignung von Sozialräumen erweist sich diese Technik in Kombination mit anderen Verfahren als äußerst ergiebig und bietet zudem abwechslungsreiche Interpretationsstunden im Forschungsalltag.

17   Literatur

Bachleitner R, Weichbold M (2015) Zu den Grundlagen der visuellen Soziologie. Wahrnehmen und Sehen, Beobachten und Betrachten. Forum Qual Sozialforsch 16(2), Art. 10. ► http://nbn-resol-ving.de/urn:nbn:de:0114-fqs1502100. Zugegriffen: 25. Jan. 2017

Balakrishnan R, Drexler H, Billmann-Mahecha E (2012) Rekonstruktion der kommunikativen Bedeu-tung von Kinderzeichnungen. Typen kindlicher Bildproduktion. J Psychol 20(3):1–36

Billmann-Mahecha E (2010) Auswertung von Zeichnungen. In: Mey G, Mruck K (Hrsg) Handbuch Qualitative Forschung in der Psychologie. VS Springer, Wiesbaden, S 707–722

Blinkert B, Höfflin P, Schmider A, Spiegel J (2015) Raum für Kinderspiel. Eine Studie im Auftrag des Deutschen Kinderhilfswerkes über Aktionsräume von Kindern in Ludwigsburg, Offenburg, Pforzheim, Schwäbisch Hall und Sindelfingen. LIT, Berlin

Boehm G (1994) Die Wiederkehr der Bilder. In: Boehm G (Hrsg) Was ist ein Bild? Fink, München, S 11–38

Boehm G (2007) Wie Bilder Sinn erzeugen. Zur Macht des Zeigens. University Press, Berlin

Bohnsack R (2011) Qualitative Bild- und Videointerpretation. Die dokumentarische Methode. Leske + Budrich, Opladen

Bohnsack R (2014) Unbewegte Bilder. Fotografien und Kunstgegenstände. In: Baur N, Blasius J (Hrsg) Handbuch Methoden der empirischen Sozialforschung. VS Springer, Wiesbaden, S 867–873

Breckner R (2010) Sozialtheorie des Bildes. Zur interpretativen Analyse von Bildern und Fotografien. Transcript, Bielefeld

Breckner R (2012) Bildwahrnehmung – Bildinterpretation. Segmentanalyse als methodischer Zugang zur Erschließung bildlichen Sinns. Österr Z Soziol 2:143–164

Bredekamp H (2003) A Neglected Tradition? Art History as Bildwissenschaft. Crit Inq 29(3):418–428

Daum E (2014) Subjektives Kartographieren. Kinder und Jugendliche visualisieren ihre Weltaneignungen. In: Deinet U, Reutlinger C (Hrsg) Tätigkeit – Aneignung – Bildung. Positionierungen zwischen Virtualität und Gegenständlichkeit. Springer VS, Wiesbaden, S 189–201

Dickel M (2015) Sehendes Sehen. Zur Praxis visueller Vermittlung. In: Schlottmann A, Miggelbrink J (Hrsg) Visuelle Geographien. Zur Produktion, Aneignung und Vermittlung von RaumBildern. Transcript, Bielefeld, S 243–258

Dirksmeier P (2013) Zur Methodologie und Performativität qualitativer visueller Methoden. Die Beispiele der Autofotografie und reflexiven Fotografie. In: Rothfuß E, Dörfler T (Hrsg) Raumbezogene qualitative Sozialforschung. VS Springer, Wiesbaden, S 83–101

Dirksmeier P (2015) Bildbegriffe und ihre Reichweite zur Analyse von Gesellschaft-Raum-Verhältnisse. In: Schlottmann A, Miggelbrink J (Hrsg) Visuelle Geographien. Zur Produktion, Aneignung und Vermittlung von RaumBildern. Transcript, Bielefeld, S 195–207

Dirksmeier P, Helbrecht I (2013) Die Beobachtung der Situation. Zur Rolle von Affekten in Begegnungen zwischen Fremden. Geogr Z 101(2):65–81

Drexler H, Balakrishnan R (2016) Die Thematisierung der Eltern in den Zeichnungen von Vorschulkindern. In: Huber J, Walter H (Hrsg) Der Blick auf Vater und Mutter. Wie Kinder ihre Eltern erleben. Vandenhoeck & Ruprecht, Göttingen, S 205–212

Drexler H, Balakrishnan R, Billmann-Mahecha E (2012) Erzählbilder und Bilderzählungen. Nicht-evozierte Erzählungen in Kinderzeichnungen. Sozialer Sinn 13:101–127

Eldén S (2013) Inviting the messy. Drawing methods and „children's voices". Childhood 20(1):66–81

Friebertshäuser B, Felden H von, Schäffer B (Hrsg) (2007) Bild und Text. Methoden und Methodologien visueller Sozialforschung in der Erziehungswissenschaft. Budrich, Opladen

Fritsche C, Rahn P, Reutlinger C (2011) Quartier macht Schule. VS Verlag, Wiesbaden

Guillemin M, Drew S (2010) Questions of process in participant-generated visual methodologies. Vis Stud 25(2):175–188

Holloway S, Valentine G (2000) Spatiality and the new social studies of childhood. Sociology 34(4):763–783

Husserl E (2006) Phantasie und Bildbewußtsein. Text nach Husserliana Band XXIII. Herausgegeben und eingeleitet von Eduard Marbach. Felix Meiner, Hamburg

Imdahl M (1994) Ikonik. Bilder und ihre Anschauung. In: Boehm G (Hrsg) Was ist ein Bild? Fink, München, S 300–324

Kogler R (2015) Zonen, Inseln, Lebenswelten, Sozialräume. Konzepte zur Raumaneignung im Alltag von Kindern. In: Scheiner J, Holz-Rau C (Hrsg) Räumliche Mobilität und Lebenslauf. Studien zu Mobilitätsbiografien und Mobilitätssozialisation. VS Springer, Wiesbaden, S 43–56

Kogler R (2017) Kinder als ExpertInnen ihrer Lebensräume. Forschungen mit Kindern in der Stadt- und Raumplanung. In: Lessenich S (Hrsg) Geschlossene Gesellschaften. Verhandlungen des 38. Kongresses der Deutschen Gesellschaft für Soziologie 2016 in Bamberg

Kuhn P (2003) Thematische Zeichnung und fokussiertes, episodisches Interview am Bild. Ein qualitatives Verfahren zur Annäherung an die Kindersicht auf Bewegung, Spiel und Sport in der Schule. Forum Qual Sozialforsch 4(1), Art. 8. ▶ http://nbn-resolving.de/urn:nbn:de:0114-fqs030187. Zugegriffen: 25. Jan. 2017

Lapenta F (2011) Some theoretical and methodological views on photo-elicitation. In: Margolis E, Pauwels L (Hrsg) The SAGE Handbook of Visual Research Methods. Sage, Los Angeles, S 201–213

Leeuwen T, Jewitt C (Hrsg) (2001) Handbook of visual analysis. Sage, Los Angeles

Lehman-Frisch S, Authier J, Dufaux F (2012) „Draw me your neighbourhood." A gentrified Paris neighbourhood through its children's eyes. Child Geogr 10(1):17–34

Löw M (2001) Raumsoziologie. Suhrkamp, Frankfurt a. M.

Lucht P, Schmidt L, Tuma R (Hrsg) (2013) Visuelles Wissen und Bilder des Sozialen. Aktuelle Entwicklungen in der Soziologie des Visuellen. Springer VS, Wiesbaden

Mannay D (2016) Visual, narrative and creative research methods. Application, reflection and ethics. Routledge, London

Margolis E, Pauwels L (Hrsg) (2012) The SAGE Handbook of Visual Research Methods. Sage, Los Angeles

Marotzki W, Niesyto H (Hrsg) (2006) Bildinterpretation und Bildverstehen. Methodische Ansätze aus sozialwissenschaftlicher, kunst- und medienpädagogischer Perspektive. VS Verlag, Wiesbaden

Mitchell W (1997) Der Pictorial Turn. In: Kravagna C (Hrsg) Privileg Blick. Kritik der visuellen Kultur. Ed. ID-Archiv, Berlin, S 15–40

Müller M (2012) Figurative Hermeneutik. Zur methodologischen Konzeption einer Wissenssoziologie des Bildes. Sozialer Sinn 13(1):129–161

Neuß N (2014) Kinderzeichnungen in der medienpädagogischen Forschung. In: Tillmann A, Fleischer S, Hugger K (Hrsg) Handbuch Kinder und Medien. Springer VS, Wiesbaden, S 247–258

Nöthen E, Schlottmann A (2015) „Stadt in den Blick genommen" – Ansätze zur Differenzierung beim Erwerb kritisch-reflexiver visueller Kompetenz. GW-Unterricht, 139(3):32–41. ▶ http://www.gw-unterricht.at/images/pdf/gwu_139_32_41_noethen_schlottmann.pdf. Zugegriffen: 20. Febr. 2017

Packard J (2008) „I'm gonna show you what it's really like out here." The power and limitation of participatory visual methods. Vis Stud 23(1):63–77

Pain H (2012) A literature review to evaluate the chocie and use of visual methods. Int J Qual Methods 11(4):303–319

Panofsky E (1975) Sinn und Deutung in der Bildenden Kunst. DuMont Schauberg, Köln

Papandreou M (2014) Communicating and thinking through drawing activity in early childhood. J Res Child Educ 28(1):85–100

Piaget J, Inhelder B (1993) Die Entwicklung des räumlichen Denkens beim Kinde. Klett, Stuttgart (Erstveröffentlichung 1971)

Quaglia R, Longobardi C, Iotti N, Prino L (2015) A new theory on children's drawings. Infant Behav Dev 39:81–91

Reiß W (1996) Kinderzeichnungen. Wege zum Kind durch eine Zeichnung. Luchterhand, Berlin

Richter H (2001) Lebensgeschichte und Kinderzeichnung. In: Behnken I, Zinnecker J (Hrsg) Kinder. Kindheit. Lebensgeschichte. Kallmeyer, Kempten, S 666–685

Rose G (2001) Visual methodologies. An introduction to researching with visual materials. Sage, Los Angeles

Scheid C (2013) Eine Erkundung zur Methodologie sozialwissenschaftlicher Analysen von gezeichneten und gemalten Bildern anhand der Analyse zweier Kinderzeichnungen. Forum Qual Sozialforsch 14(1), Art. 3. ▶ http://nbn-resolving.de/urn:nbn:de:0114-fqs130132. Zugegriffen: 25. Jan. 2017

Scheid C, Ritter B (2014) Mikes Lösung. Rekonstruktion eines Bildungsprozesses in einer Kinderzeichnung. Z Qual Forsch 14(1–2):181–206

Schlottmann A, Miggelbrink J (2009) Visuelle Geographien – ein Editorial. Soc Geogr 4(1):13–24

Schlottmann A, Miggelbrink J (2015) Ausgangspunkte. Das Visuelle in der Geographie und ihrer Vermittlung. In: Schlottmann A, Miggelbrink J (Hrsg) Visuelle Geographien. Zur Produktion, Aneignung und Vermittlung von RaumBildern. Transcript, Bielefeld, S 13–25

17

Schwittek J (2016) „Wenn ich groß bin möchte ich Auto fahren, wie mein Vater, nach Bischkek, nach Osch und nach Batken!" Generationale und räumliche Ordnungsarrangements in Kirgistan und Deutschland. In: Braches-Chyrek R, Röhner C (Hrsg) Kindheit und Raum. Budrich, Weinheim, S 105–129

Thompson P (Hrsg) (2008) Doing visual research with children and young people. Routlegde, London

Thornes J (2004) The visual turn and geography. Antipode. A Radical J Geogr 36:787–794

Tuma R, Schmidt L (2013) Soziologie des visuellen Wissens – Vorläufer, Relevanz und Perspektiven. In: Lucht P, Schmidt L, Tuma R (Hrsg) Visuelles Wissen und Bilder des Sozialen. Springer VS, Wiesbaden, S 11–30

Tuma R, Schnettler B, Knoblauch H (2013) Videographie. Einführung in die interpretative Videoanalyse sozialer Situationen. Springer VS, Wiesbaden

Welter N (2007) Zum Verhältnis von Bild und Sprache. Eine Annäherung in erkenntnistheoretischer Perspektive. In: Friebertshäuser B, Felden H von, Schäffer B (Hrsg) Bild und Text. Budrich, Opladen, S 303–315

Wintzer J (2015) „… wie in der folgenden Abbildung zu sehen ist …" Nachvollsehbarkeit und Bevölkerung. In: Schlottmann A, Miggelbrink J (Hrsg) Visuelle Geographien. Zur Produktion, Aneignung und Vermittlung von RaumBildern. Transcript, Bielefeld, S 103–119

Wopfner G (2012) Geschlechterorientierungen zwischen Kindheit und Jugend. Dokumentarische Interpretation von Kinderzeichnungen und Gruppendiskussionen. Budrich, Weinheim

Raumwahrnehmungen reflektieren und visualisieren

Erforschung sozialer Räume mittels reflexiver Fotografie

Andreas Eberth

© Springer-Verlag GmbH Deutschland, ein Teil von Springer Nature 2018
J. Wintzer (Hrsg.), *Sozialraum erforschen: Qualitative Methoden in der Geographie*,
https://doi.org/10.1007/978-3-662-56277-2_18

18.1 Einleitung: Zur Konstruktion sozialer Räume

> » Ich gehe von der These aus, dass nicht Länder oder der Raum per se das Forschungsobjekt der Humangeographie bilden können, sondern die menschlichen Tätigkeiten unter bestimmten räumlichen Bedingungen. (…) Statt ‚die' Geographie der Erdoberfläche an sich zu erforschen, sollten wir es uns vielmehr zur Aufgabe machen, jene Geographien zu erforschen, die täglich von den handelnden Subjekten von unterschiedlichen Machtpositionen aus gemacht und reproduziert werden. (…) Die Bedingungen und Formen dieses Geographie-Machens zu erforschen, sollte die wesentliche Aufgabe dieser alternativen Konzeption der Humangeographie sein (Werlen 2010, S. 17).

Benno Werlens Forderung hat bislang nicht zu einer Abwendung der Geographie von ‚ihrem' Bezugsmedium geführt; aber es hat sich in den letzten Dekaden eine differenziertere und erweiterte Sichtweise auf räumliche Perspektiven etabliert. Im Zuge dessen kann durch den Fokus auf das individuelle Handeln die Konstruktion sozialer Räume erforscht werden. Eine derart verstandene handlungszentrierte Sozialgeographie bedarf sowohl neuer theoretischer Zugänge als auch der Erweiterung des methodischen Spektrums. Für Raumwahrnehmungen betreffende Fragen besitzt die reflexive Fotografie ein großes Potenzial. Sie wird im Folgenden anwendungsbezogen vorgestellt.

18.2 Geographie und Sozialraum

Welche Bedeutung hat städtischer Raum für Jugendliche, die in einem Slumgebiet in Nairobi leben? Wie konstruieren Jugendliche ihre Räume des Alltags als ein „Zuhause", für das es sich zu engagieren lohnt? Um Antworten auf dies beispielhaften Forschungsfragen zu geben und die Legitimation qualitativer Methoden und subjektorientierter Zugänge im Spektrum der geographischen Forschung besser zu verstehen, ist eine Auseinandersetzung mit den Konzepten *space* und *place* sowie *everyday* und *emotional geographies vielversprechend*. „Die genaue und sorgsame Verwendung dieser Kernkonzepte hilft uns zu identifizieren, was geographisch denken bedeutet" (Lambert 2013, S. 176).

- **Raum als *space***

In Bezug auf Tim Freytag (2014, S. 16) wird *space* als klassisch geographischer Raum verstanden, der kartographisch erfasst werden kann und „innerhalb dessen sich Menschen und Objekte sowie deren Beziehungen an spezifischen Standorten verorten lassen". Insofern kann *space* als Orientierungsrahmen und gleichsam als Koordinatensystem für unser Alltagsleben interpretiert werden (Cresswell 2014, S. 10). Auch Nigel Thrift (2006, S. 145) bezeichnet *space* als „the very stuff of life itself". Dabei sind unterschiedliche Maßstabsebenen zu berücksichtigen: Neben der globalen, nationalen oder lokalen Ebene sind insbesondere auch überschaubare Lebensräume des Individuums bedeutsam (Massey 2005, S. 9). Dies kann z. B. die eigene Wohnung oder der beliebte Kiez sein.

- **Raum als *place***

Place kann als Erweiterung des *space*-Konzeptes verstanden werden. Die Betrachtung erfährt insofern eine Erweiterung, da das Konzept *place* „neben der materiellen Dimension von Orten auch deren Wahrnehmung, die symbolischen Bedeutungen und die Aufenthaltsqualität beinhaltet" (Freytag 2014, S. 16). Es öffnet sich der Blick in Richtung einer ganzheitlicheren Perspektive, die zugleich aber auch immer Fragment bleiben wird. Dieser fragmentarische Charakter ist in stetigem Wandel, Heterogenität und Diversität als prägende Merkmale begründet, welche die Mannigfaltigkeit des „making of geographies" (Soja 2003, S. 271) kennzeichnen (vgl. Holloway und Hubbard 2001, S. 3; Massey 2005, S. 9). Mit *place* verschiebt sich die Perspektive vom Raum als Verortungskonzept zur Betrachtung der Zusammenhänge zwischen räumlichen Aspekten und handelnden Subjekten bzw. gesellschaftlichen Phänomenen, etwa in Bezug auf Subkulturen (Freytag 2014, S. 12).

Allerdings handelt es sich bei *space* und *place* nicht um zwei gänzlich getrennt voneinander zu betrachtende Phänomene: *Place* ist keine Alternative zu *space,* sondern eine Verbindung zwischen Subjekt und Objekt: „What begins as undifferentiated space becomes place as we get to know it better and endow it with value" (Tuan 1977, S. 6). Vor diesem theoretischen Hintergrund „erforschen wir die ästhetischen, emotionalen, kulturellen und spirituellen Verbindungen von Menschen mit *places;* die Rolle von *places* in ihrem jeweiligen Identitäts-, Orts- und Zugehörigkeitsgefühl sowie die Art und Weise, wie sie *places* erleben und nutzen" (Lambert 2013, S. 176).

- ***Everyday geographies***

„A geography of the everyday might simply be defined as concerned with the places in which everday activities occur" (Holloway und Hubbard 2001, S. 36). Im Zuge des *cultural turn* in den Sozialwissenschaften und der Geographie wird die Forderung artikuliert, vermehrt einen Fokus auf Orte, Praktiken und Anliegen des Alltäglichen, des Alltagslebens, zu richten (Horton und Kraftl 2014, S. 183). Mit dem Alltäglichen ist bisweilen das Unspektakuläre verbunden: Sowohl Orte als auch Tätigkeiten können geradezu banal erscheinen – das Warten auf den Bus, die Routine beim Aufhängen frisch gewaschener Wäsche, der *small talk* in der Kaffeeküche, das unscheinbare Café um die Ecke oder eben die Wahrnehmung der eignen Umgebung. Daher ist unter *everyday geographies* gleichsam die „all-around-us-ness" (ebd.) zu verstehen. Dies darf aber nicht dahingehend missverstanden werden, dass nur eine Umgebung relevant sei; vielmehr muss vom Mensch als Subjekt aus gedacht werden, um sozialräumliche Phänomene zu erforschen. Für die humangeographische Forschung sind im Zuge dessen Emotionen und Gefühle ebenso interessant wie kulturelle Prägungen, Sozialisation und Einflüsse der Gesellschaft auf das Individuum (Horton und Kraftl 2014, S. 184). Im Fokus entsprechender Forschungsansätze, die neben *space* auch *place* fokussieren, steht daher der erlebte und als solcher subjektiv wahrgenommene Raum (Weichhart 2016, S. 77). Entsprechende Forschungsansätze blicken insbesondere „auf das Geschehen im Alltag und fokussier(en) je nach Standpunkt unterschiedliche Aspekte der Alltagspraxis" (Lippuner 2005, S. 26). Im Alltäglichen werden Beziehungen zwischen Gesellschaft und Raum (re-)produziert (ebd.).

- *Emotional geographies*

Dass einige Autorinnen und Autoren bereits von einem „emotional turn" (Bondi et al. 2005) sprechen, zeigt die zunehmende Bedeutung des Forschungsfelds *emotional geographies*. Galt Emotion in geographischen Forschungskontexten bisher als unwissenschaftlich und nicht repräsentativ (Horton und Kraftl 2014, S. 223 f.), wird ihre Betrachtung unterdessen immer wichtiger zum Verständnis sozialer Räume. In geographischen Kontexten werden Emotionen als „ways of knowing, being and doing" (Pile 2010, S. 6) verstanden. Mit diesem Verständnis untersuchen *emotional geographies,* „wie Emotionen in Räumen des alltäglichen Lebens er- und gelebt werden" (Schurr 2014, S. 149). Geographisch interessant werden Emotionen auch deshalb, weil sie nicht nur unsere Innenwelt berühren, sondern auch Einfluss auf die Art und Weise unseres sozialen Interagierens nehmen. „Almost self-evidently, how we feel (about ourselves, others, issues, spaces and situations) is important in shaping our interactions with other human beings" (Horton und Kraftl 2014, S. 230). Emotionen sind auch raumbezogen; dies kann einerseits individuelle Empfindungen betreffen – z. B. Angsträume – oder sie können ihren Ursprung in „broader inequitable cultural politics, and social geographies of identitiy, inclusion and exclusion" (Horton und Kraftl 2014, S. 233) haben. Gerade hier wird deutlich, dass sich ein ursprüngliches Gefühl von Inklusion zu einem Gefühl der Exklusion verändern kann, was dazu führt, sich *out of place* zu fühlen. Gill Valentine (2001, S. 84) verdeutlicht dies anschaulich am Beispiel eines homosexuellen, aber nicht geouteten Familienmitglieds, dass sich zu Hause zunehmend fremd fühlen kann: „Lesbians living in the ‚family' house who have not ‚come out' to their parents can find that a lack of privacy from the parental gaze constraints their freedom to perform the ‚lesbian' identity ‚at home' and to have friends and partners to stay" (ebd.).

- **Sozialer Raum**

Während der Begriff *sozialer Raum* auf den französischen Soziologen Pierre Bourdieu (1991) zurückgeht, ihm der Raumbegriff aber eher als Metapher dient (vgl. Lippuner 2005, S. 157), liegt den vorliegenden Ausführungen ein Verständnis zugrunde, das – mit Bezug zu den zuvor vorgestellten geographischen Konzepten – mit dem sozialen Raum die Frage verbindet: „What is the nature of the relationship between people and place" (Holloway und Hubbard 2001, S. 37)? Insofern ergibt sich aus der Summe der vorgestellten Konzepte ein theoretischer Rahmen für ein geographisches Verständnis des sozialen Raums. Die Konzepte sollen nicht als additive Aufzählung erscheinen, sondern integrativ und Wechselwirkungen betreffend betrachtet werden. Henri Lefebvre führt dazu aus, dass der soziale Raum nicht als Produkt zu verstehen ist, sondern vielmehr seine Aneignung als Prozess Gegenstand der Betrachtung werden müsste: „This act of creation is, in fact, a *process*" (Lefebvre 1991, S. 34; Herv. i. Orig.). Betreffend der Raumforschung verschiebt sich der Akzent vom Betrachten der „things in space" (Lefebvre 1991, S. 37) hin zur Untersuchung verschiedener Formen der „production of space" (ebd.; siehe auch Soja 2003, S. 274).

18

18.3 Potenziale reflexiver Fotografie

Wird Raum „als Ausdruck und Konsequenz gesellschaftlicher Praktiken und Strukturen gedacht – als sozial konstruiert" (Glasze und Mattissek 2009, S. 40), bedarf es einer Verschiebung der methodischen Zugänge zu Raum. „Die einseitige Konzentration auf strukturelle Aspekte von begrenzten Raumausschnitten vernachlässigt das vielfältige und komplexe Zusammenspiel von nicht quantitativ messbaren Faktoren sozialräumlicher Prozesse, insbesondere wenn Räume an sich und nicht die bedeutungsvolle Aneignung von Raum im Vordergrund stehen (…) So ist die Art und Weise, wie Menschen räumliche Gegebenheiten nutzen, zentral für das Verständnis sozialer Räume" (Schlottmann et al. 2014, S. 100). In methodologischer Hinsicht heißt das, dass physisch-materielle Aspekte weniger durch qualitative Zugänge zu erforschen sind, während sozialräumliche Aspekte dieser zwingend bedürfen, da sie weniger durch Kartierungen erfasst werden können (ebd., S. 104). In diesem Zusammenhang wird zurecht kritisiert, dass die Humangeographie auch und gerade hinsichtlich der Auswahl ihrer Methoden, „neglected the everyday in their enthusiasm to document the exceptional, the new and the exotic" (Holloway und Hubbard 2001, S. 36). Sollen Aspekte des Alltäglichen zum Forschungsgegenstand werden, bedarf es nicht nur einer methodologischen Reflexion, sondern auch einer Diskussion der Rolle der Forschenden in diesem Prozess. So „(…) ist die Erforschung des Räumlichen gesellschaftlicher Phänomene wesentlich abhängig von der Position, die der/die Forschende dabei einnimmt. (…) Für die Praxis raumbezogener Forschung besteht die Notwendigkeit, das Verhältnis zwischen dem Subjekt der Forschung und ihrem Forschungsgegenstand in die Untersuchung selbst mit einzubeziehen" (Vilsmaier 2013, S. 288).

■ **Partizipation und Positionalität**

Eine Reaktion auf dieses Desiderat kann in der reflexiven Fotografie liegen. Eines ihrer Potenziale liegt darin, „Offenheit einzuräumen, um Menschen, denen die Aufmerksamkeit des Forschungsprozesses gilt, möglichst freien Ausdruck zu gewähren" (Vilsmaier 2013, S. 291). Ulli Vilsmaier bestätigt weiter, dass mit Bezug auf den Ort der Forschenden ein Vorteil der Methode der reflexiven Fotografie darin liege, dass das Forschungsfeld in hohem Maße den Probandinnen und Probanden als Produzierenden alltäglicher Geographien überlassen werden könne (Vilsmaier 2013, S. 295). Dies führt dazu, dass Räume abgebildet werden können, die ansonsten für die Forschenden niemals zugänglich wären: „(…) the visual approach makes it possible to study subjects, themes and areas that can be studied in no other way" (Harper 2012, S. 56). Es werden „Alltagsräume oder räumliche Vorstellungen der Probanden (…) sichtbar" (Dirksmeier 2013, S. 91). Hinsichtlich der Auswahl der Motive kann davon ausgegangen werden, dass die Teilnehmenden jene Sachverhalte oder Situationen aufnehmen, denen aus individueller Sicht eine besondere Bedeutung zukommt Eberth (2017a). Insofern nehmen sie nicht nur eine passive Rolle als ‚Beforschte' ein, sondern werden selbst zu den eigentlichen Fachwissenden (vgl. Harper 2004), es handelt sich also um ein „researching with, not on" (Mizen und Ofosu-Kusi 2006). Die Begegnung zwischen Forschenden und Teilnehmenden findet damit weitgehend auf Augenhöhe statt (vgl. Hurworth 2012).

Steht die Erforschung der Innensicht auf Alltagsleben im Zentrum eines Forschungsprozesses, kommt der Positionalität als dem Ort der Forschenden insofern Bedeutung zu, dass das empirische Arbeiten je nach Rolle der Forschenden nicht unerheblich beeinflusst werden kann.

> » Der Ort des Forschenden ist (…) insofern von zentraler Bedeutung, als dieser selbst raumkonstitutiven Charakter besitzt. Mit ihm eröffnet sich ein *Forschungsraum*, der in raumbezogener Forschung eine weitreichende Herausforderung bildet. Denn hierin stoßen wir auf eine Verschränkung von Erkenntnisgegenstand und Akt der Erkenntnisgenese, die als ebenso konstitutives Element des Wissen Schaffens zu berücksichtigen ist wie die Wahl der Methode oder Ausgangsthesen, um Ergebnisse entsprechend deuten und Schlussfolgerungen ziehen zu können (Vilsmaier 2013, S. 291; Herv. i. Orig.).

Der Ort der Forschenden verändert sich im Laufe des Forschungsprozesses zunehmend; es könnte ergänzt werden, zum Negativen. Während im ersten Schritt der Datenerhebung (Aufnahme von Fotografien durch die Teilnehmenden) eine sehr große Offenheit bzw. ein sehr großer Freiraum für diese besteht – die Forschenden also gleichsam am Rande des Forschungsfelds stehen – ändert sich diese Position im zweiten Schritt (Interviews) insofern, als dass die Forschenden tendenziell einen größeren Einfluss gewinnen. Um die damit einhergehende Gefahr zu minimieren, können narrative Interviews geführt werden, die im Unterschied zu leitfadengestützten Interviews den Interviewten ein hohes Maß an Gestaltungsspielraum lassen, da sie eigene Schwerpunkte setzen können. Der dritte Schritt, die Interpretation der Daten, obliegt den Forschenden und wird von ihnen beeinflusst. Es muss daher klar sein, dass eine vollkommene Vermeidung eines subjektiven Einflusses der Forschenden nicht möglich ist. Insofern gilt für den vorliegenden Ansatz wie für alle wissenschaftlichen Studien, dass eine Beeinflussung der Forschenden gegeben ist. Daher ist es unabdingbar, „den eigenen Ort als elementare Koordinate des Forschungsprozesses zu explizieren" (Vilsmaier 2013, S. 287).

▪ Entwicklung und Etablierung der Methode

Der Ansatz der reflexiven Fotografie geht u. a. auf John Collier (1967) zurück, der Foto-Interviews führte. Er weist nach, dass Interviews, die auf Basis eines Fotos geführt werden, tiefgründige Einblicke ermöglichen und in Bezug auf die Teilnehmenden als „window into his world" (Harper 2012, S. 159) bezeichnet werden können. Daraus entwickelt sich die Frage: „Who should take the photos" (ebd.)? Im Zuge des „photovoice movement" (Harper 2012, S. 175) findet die reflexive Fotografie die Antwort in der Hinwendung zum Subjekt und lässt die Fotos von den späteren Interviewten selbst aufnehmen, denn „über Fotos, die Subjekte selbst anfertigen, können Forschende wichtige Hinweise auf bedeutsame Aspekte der Lebenswelt erhalten" (Holzwarth 2006, S. 202). John Adair und Sol Worth (1972) verwenden in ihrer Studie mit den Navajos im Südwesten der USA erstmals die reflexive Fotografie als Erhebungsmethode. Ulf Wuggenig (1990, S. 110) entwickelt sie in Deutschland weiter und betont die Bedeutung zur Erforschung von Lebensstilen und Subjekt-Objekt-Beziehungen. Die Arbeit mit Fotografien zur Erforschung von Familienstrukturen wird u. a. von Richard Chalfen (1998) und Marianne Hirsch (1999) geprägt. Aktuell erwähnenswert sind die ebenfalls unter dem Begriff *photovoice* kommunizierten Ansätze, die u. a. Svenja Weitzig (2016) anwendet. So lassen sich Mithilfe von *photovoice* etwa Lebenswelten geistig behinderter Menschen sichtbar machen. Der Frage „Kann man den *sense of place* fotografieren?" geht Nora Rudersdorf (2016; Herv. i. Orig.) in Aachen und Bonn nach. Im Bereich der deutschsprachigen Geographie sind die Arbeiten Peter Dirksmeiers grundlegend, da dieser als erster im Rahmen einer umfangreichen geographischen Studie die reflexive Fotografie anwendet und erprobt. Neben einer empirischen Studie zum Thema „Urbanität als Habitus" (Dirksmeier 2009), die Formen und Praktiken städtischen Lebens in ländlichen Räumen in den Blick nimmt, legt er auch methodologische Abhandlungen (Dirksmeier 2007, 2013) vor.

■ **Der Einsatz reflexiver Fotografie: mögliche Forschungsdesigns**

Der Ablauf des methodischen Vorgehens lässt sich wie folgt gliedern:

1. Zunächst wird eine allgemein gehaltene Fragestellung formuliert, die zwar einen klaren Bezug zum Untersuchungsraum aufweisen muss, aber hinreichend Offenheit zur konkreten Ausgestaltung bzw. Schwerpunktsetzung durch die Teilnehmenden bietet, z. B.: „Wie konstruieren die Anwohnenden ihren Stadtteil als *place?* Welche Bedeutung messen Agierende einem zivilgesellschaftlichen Engagement zu?"

2. Bei einem ersten Treffen mit Teilnehmenden wird nur in allgemeiner Weise über das Forschungsprojekt informiert. Unmittelbar daran wird die Arbeitsphase der Teilnehmenden eingeleitet. Der entsprechende Arbeitsauftrag ist – wie auch die übergeordnete Fragestellung – sehr allgemein formuliert, z. B.: Nimm drei Fotos auf zum Thema „Klimawandel in meinem Alltag?!" Dazu können die Forschenden Kameras aushändigen (u. U. auch Einwegkameras) oder im Sinne des *bring-your-own-device*-Ansatzes nutzen die Partizipierenden eigene Kameras, etwa diejenigen ihrer Smartphones.

3. Die Teilnehmenden nehmen selbstständig und ohne Begleitung durch die Forschenden bis zu drei Fotos auf. Die Zahl drei erweist sich als angemessen, da so weder eine zu einseitige Perspektive noch eine unüberblickbare und letztlich wenig aussagekräftige Fülle an Aufnahmen entsteht. Möglichst unbeeinflusst durch die Forschenden erfolgt die Auswahl der Motive. Die dazu zur Verfügung stehende Zeit richtet sich jeweils nach dem konkreten Kontext. Überschaubare Zeitfenster wie etwa eine Stunde sind ebenso möglich wie längere Perioden, z. B. eine Woche.

4. Wurden drei Fotos aufgenommen, treffen sich Teilnehmende und Forschende erneut. Zu diesem Treffen muss ein Foto ausgewählt werden, das als besonders bedeutsam erscheint und das die Teilnehmenden als besprechenswert erachten. Auf Basis dieses Foto führen die Forschenden ein reflexives Interview durch. Prinzipiell ist es denkbar, dazu einen Leitfaden vorzubereiten, auch weil dieser den Forschenden ein gewisses Sicherheitsgefühl vermittelt. Jedoch ist es ideal, wenn das gewählte Motiv für die Teilnehmenden derart bedeutsam ist, dass daraus eine so hohe Motivation resultiert, die Hintergründe zu diesem Foto selbstständig zu erläutern (siehe dazu auch ▶ Kap. 17). Gelingt dies, können die so entstehenden Interviews Elemente narrativer Interviews erhalten. Dies ist ein weiteres Indiz für die hohe Eigenständigkeit der Teilnehmenden und die eher passive Rolle der Forschenden in dieser Phase der Erhebung.

Zur Auswertung liegen zwei Formen von Daten vor: die Fotografie und deren „textuell-sprachliche Deutung" (Dirksmeier 2009, S. 165). Es obliegt nun den Forschenden, nur die Interviews auszuwerten oder auch die Fotos zu berücksichtigen. Wichtig ist jedoch, die Fotos stets zu kontextualisieren und in den Wahrnehmungszusammenhang der Teilnehmenden einzubetten (vgl. Dirksmeier 2013, S. 95). Das Interview bietet die entsprechende Gelegenheit dazu. Auch wenn im Prozess der Datenauswertung das sprachliche Material im Vordergrund steht, ist die Bedeutung des Aufnehmens von Fotos keineswegs geringzuschätzen. Gerade durch die Auswahl von Motiven setzen sich die Teilnehmenden bewusster mit der Umwelt auseinander (vgl. Rudersdorf 2016, S. 113). „Die dem Interview vorgängige Aufnahme der Fotografien erlaubt bei den Probanden ein tieferes, reflexiveres Denken über die abgesprochenen Themenfelder sowie den eigenen Bezügen und Werten" (Dirksmeier 2013, S. 90). Das Fotografieren ist also ein wichtiger Impuls zur Reflexion in Form eines Interviews, dem ein besonderer Wert zukommt, denn es ermöglicht den Teilnehmenden, „sich zu erklären (…), also ihre eigene Sichtweise von sich selbst und der Welt zu konstruieren, und jenen Punkt innerhalb dieser Welt festzulegen, von dem aus sie sich selbst und die Welt sehen, von dem aus ihr Handeln verständlich und gerechtfertigt ist, und zwar zuallererst für sie selbst" (Bourdieu et al. 1997, S. 792).

Während für die Analyse der Fotos unterschiedliche Ansätze zur Verfügung stehen (vgl. Bohnsack 2011; Marotzki und Niesyto 2006; zum Vergleich unterschiedlicher Ansätze Kauppert und Leser 2014 und zu den Grenzen der Bildinterpretation Müller et al. 2014 sowie ▶ Kap. 17), eignet sich zur Interpretation der Interviews nach Transkription z. B. die qualitative Inhaltsanalyse nach Philipp Mayring (2010).

- **Reflexive Fotografie in der humangeographischen Forschung**

Im Rahmen einer Studie aus den Jahren 2014/2015 wird der Alltag Jugendlicher untersucht, die in Nairobi/Kenia im Slum Korogocho leben. Als Teilnehmende werden Jugendliche im Alter zwischen 15 und 24 Jahren ausgewählt, die in Korogocho geboren wurden, aufgewachsen sind, und noch heute dort leben (Eberth 2017a, b). Die reflexive Fotografie soll es ermöglichen, dass sich der europäische Forscher bei der Datenerhebung weitestgehend passiv verhalten kann. Das soll vermeiden, dass sich die zweifellos vorhandenen stereotypen Raumbilder bzw. der Blick durch die „europäische Brille" manifestieren (Eberth 2016a).

Beispiel

Forschungsfrage und Arbeitsauftrag:

Wie konstruieren Jugendliche, die im Slum Korogocho in Nairobi geboren wurden, dort aufgewachsen sind, und nach wie vor dort leben, ihren Lebensraum als *place*?

Nimm drei Fotos auf, die eine Situation, einen Ort, eine Person o. Ä. zeigen, die für deinen Alltag bedeutsam sind.

18

Ablauf:

- Vorstellung des Forschungsprojekts und Besprechung des Arbeitsauftrags.
- Eigenständige Auswahl von Motiven und Aufnahme von Fotos durch die/den Teilnehmende/n (Zeitfenster: 60 min).

- Auswahl eines besonders bedeutenden Fotos durch die/den Teilnehmende/n.
- Zusammenkunft mit dem Forschenden und Durchführung eines qualitativen Interviews zum Motiv.

Auswertungsbeispiel:

Die Erhebungen zeigen, dass soziale Netzwerke zwischen den Bewohnenden Korogochos von immenser Bedeutung sind und wesentlich zum Identitätsgefühl mit dem Ort als Heimat beitragen. Dass diese engen sozialen Netzwerke konkret Korogocho zugeschrieben werden, zeigt eine räumliche Dimension. Verflechtungen sind – wie die Ergebnisse der empirischen Erhebung zeigen – weniger im Physisch-Materiellen zu sehen, dergestalt dass etwa gewisse Infrastruktur als bedeutungsvoll repräsentiert wird – sondern vielmehr in Bezug auf die sozialen Verflechtungen, die in Abgrenzung zu einem *estate* als formellem Stadtviertel als enger und tragfähiger beschrieben werden. „Mit der Auswahl der Motive gelingt es den Jugendlichen, dieser Wahrnehmung ihres Alltagsraumes eine äußere Form zu verleihen (vgl. Jahnke 2012, S. 29). Aus der Perspektive einer tätigkeitsbezogenen Geographie werden so gesellschaftliche Raumverhältnisse transparent (vgl. Schlottmann und Miggelbrink 2009, S. 18) und eine Konstruktion des Raumes als *place* wird deutlich" (Eberth 2017a, S. 129).

Beispiel

Einer der Teilnehmenden hat einen Freund fotografiert, der als Radiomoderator in einem kleinen Studio sitzt und gerade auf Sendung ist (◘ Abb. 18.1). Es ist der Sender KochFM, der als „community radio" (4.9) von einigen Bewohnenden Korogochos für die

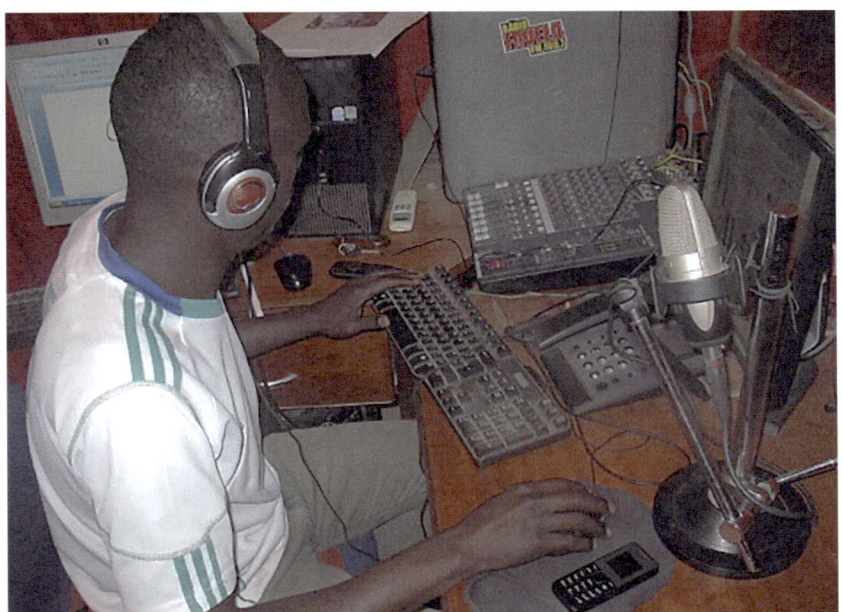

◘ **Abb. 18.1** Aufnahme eines Interviewspartners

Gemeinschaft gegründet wurde. Insofern kommt dem Radiosender ein sozialer Auftrag zu. Der Sender wird beschrieben als „a platform for people of the informal settlements of Nairobi, to be discussing and coming up with practical solutions for issues of everyday life affecting them in the informal settlements" (4.10 ff.). Dabei offenbart sich das Selbstverständnis des Radiosenders nicht nur als Anbieter von Unterhaltung und Musik, sondern insbesondere auch als Medium der Information und des Austausches für die Bewohnenden des Slums. (…) Die relevanten Themen des Senders sind vielfältig: „We are talking about different issues, like issues of governance, health issues, (-) issues of youth empowerment" (4.20 ff.). Es sei besonders wichtig, die politischen Entscheidungen auf nationaler Ebene, die durchaus Einfluss auf Korogocho hätten, den Menschen vor Ort zugänglich zu machen. In diesem Bereich kann der Sender auch als Machtinstrument gesehen werden, da derartige Berichterstattungen abhängig vom Grad ihrer Neutralität weitreichende Folgen haben können.

Insofern kann einerseits die Frage von Macht und Raum gestellt werden: Trägt der Sender etwa dazu bei, gesellschaftliche Machtstrukturen und Hierarchien zu bilden bzw. zu manifestieren? Oder leistet er andererseits einen Beitrag, Politik und ihre Agierenden reflexiv zu hinterfragen? Beide Varianten machen die Tragweite deutlich, die diesem Engagement der Jugendlichen zukommt. Es ist allerdings nicht nur die nationale Politik, die als themengebend für KochFM relevant ist, denn der Sender sieht sich auch als Sprachrohr einer Zivilgesellschaft, die mittels des Senders eine Öffentlichkeit für ihre Belange herstellen könne: „KochFM basically still represents a tool for the common member of Korogocho where they can (…) voice their needs" (4.65 f.). Somit ist der Sender als Beispiel einer neuen, jungen Generation zu sehen, die im Unterschied zur Generation ihrer Eltern ein anderes Verständnis von Politik, Engagement als Bürgerinnen und Bürger und Partizipation pflegt. In der Literatur werden diese „überwiegend engagierten und kreativen, (…), mutigen und meist jungen Leute" (Nebe 2017, S. 201) als „Geparden-Generation" (ebd.) bezeichnet im Unterschied zur „Nilpferd-Generation" (ebd.), mit welcher „die korrupte, überalterte und behäbige alte Politiker-Generation gemeint ist, die nur an der Machterhaltung ihrer politischen Pfründe interessiert ist" (ebd.).

Diese Entwicklung bzw. das Engagement der jüngeren Generationen findet folgende Bestätigung: „There are so many young people who are working towards making Korogocho better. A lot of good things are happening" (4.68 f.). In der Verstärkung „[Y]ou see, like KochFM is such a good thing" (4.71) wird erneut deutlich, dass die Jugendlichen stolz auf ihr Engagement und das Erreichte sind. Ein Stolz, der zugleich auch eine Quelle der Motivation und für eine Fortsetzung des Engagements ist. Mit Bedauern führt der Proband aus, dass die „mainstream media" (4.72) über Korogocho kaum berichteten – und wenn überhaupt, dann nur über negative Vorkommnisse wie Vorfälle von Kriminalität. Etwas, das in dieser Art bisweilen auch für Berichterstattungen über „Afrika" in deutschen Medien zutrifft. Um seine Ausführung zu unterstützen, gibt der Teilnehmer weitere Beispiele:

» But if you look at Korogocho again, there are so many good things that are happening. There are good musicians who are making it good in Korogocho. Very young people are doing something positive for their community. (…) So, KochFM was founded to portrait the good side of Korogocho. Believe, we are not that bad. (L) The things in Korogocho are really, really improving. If you compare it to the last years, especially in terms of security it is improving. (…) As inhabitants of Korogocho we are working on it. (…) Young people are also coming up and start to do very

18

constructive things. *(...)* Almost everybody *(...)* is trying to make *(-)* a good and a better life. So, right now it is encouraging for young people who are growing up. Because they see ,oh'! Instead of growing up in Korogocho, I can make it positively and live a good life *(-)* (Otieno, 4.73–4.89).

Die negative Wahrnehmung des Slums „von außen" wird in diesen Worten deutlich, etwa im Satz „Believe, we are not that bad. (L)" (4.77 f.) oder der Wiederholung „The things in Korogocho are really, really improving" (4.78). Bemerkenswert ist in diesem Zusammenhang das Bewusstsein, dass Heranwachsende Vorbilder benötigten, die ihnen positive und auf das Wohl der Gesellschaft ausgerichtete Verhaltensweisen vorleben (vgl. 4.83 ff.). Auf die Frage, ob nicht auch den Entscheidungstreffenden in Politik und Regierung eine Verantwortung für die Schaffung von Zukunftschancen für Jugendliche zukomme, wird entschieden mit „Nein" geantwortet. Vielmehr wird darauf verwiesen, dass es die Jugendlichen selbst seien, die im Rahmen gemeinsamen zivilgesellschaftlichen Engagements für ihre persönliche Entwicklung und die Entwicklung ihres räumlichen und sozialen Umfeldes verantwortlich seien (vgl. 4.92 ff.): „They are responsible (...) to build up a strong generation" (4.94). Dieses Verantwortungsbewusstsein resultiert aus der Verbundenheit mit dem Slum als *place,* als Zuhause, mit dem sich die Teilnehmenden identifizieren. „In both our communal and our personal experience of places there is often a close attachment, a familiarity that is part of knowing and being known here, in this particular place. It is this attachment that constitutes our roots in places; and the familiarity that this involves is not just a detailed knowledge, but a sense of deep care and concern for that place" (Relph 1976, S. 37). Anders als der bisweilen geführte Diskurs über einen „Teufelskreis der Armut", entwirft der Interviewte die Vision einer sich gegenseitigen positiven Beeinflussung:

» The youth who are already empowered can use energy to empower other people who have gone astray. (...) Organizations like youth groups can at least involve young people who are still in the bad and empower them and show them to bring more energy as moving power to transform Korogocho (Otieno, 4.96 ff.).

Die Transformation Korogochos versteht er dabei nicht als *slum upgrading* im Sinne einer Veränderung des baulich-materiellen Umfelds. Vielmehr geht es ihm um die Wahrnehmung des sozialen Raumes:

» So, those empowered young people identify with Korogocho as their home – yes, as a home that is no longer a slum (Otieno, 4.102 f.).

(Quelle: leicht verändert nach Eberth 2016b, S. 231 ff.; siehe auch Eberth 2017c)

▪ **Reflexive Fotografie mit Studierenden und Schülerinnen und Schülern erproben: ein Beispiel aus der geographiedidaktischen Lehre**

Im Rahmen einer geographiedidaktischen Übung zu forschendem Lernen und wissenschaftspropädeutischem Arbeiten in der Schule im Sommersemester 2016 im Masterstudiengang Geographie Lehramt an Gymnasien an der Leibniz Universität Hannover erproben Studierende die reflexive Fotografie mit Schülerinnen und Schülern. Als Themen ihres Vorhabens wählen die Studierenden „Klimawandel", „Kultur" sowie „Vielfalt/Diversität". Aufgrund der Breite der Thematik offenbaren sich die Schwerpunkte als geeignet, da sie so für die Schülerinnen und Schüler zunächst wenig Einschränkung geben, was das methodische Vorgehen erfordert. Die Studierenden bereiteten in Kleingruppen ein Forschungsdesign vor, das sie anschließend mit Lernenden einer 9. Klasse an einer Schule in Hannover erproben.

Beispiel: Vielfalt und Diversität aus der Sicht von Schülerinnen und Schülern
Forschungsfrage bzw. Arbeitsauftrag:
Was verstehen Schülerinnen und Schüler unter Diversität und welche Bedeutung messen sie Vielfalt bei?
Fotografiere in den kommenden 60 min drei Motive (Alltagsszenen, Menschen, Orte, Objekte o. Ä.) im Umfeld deiner Schule, die du mit dem Begriff „Diversität" bzw. „Vielfalt" verbindest. Wähle deine Motive bitte in Einzelarbeit. Sei vorbereitet, im Anschluss daran zu begründen, warum du dich für genau diese Motive entschieden hast.

Ablauf:
- Vorstellen des Vorhabens durch Studierende vor der Schulklasse.
- Eigenständige Auswahl von Motiven und Aufnahme von Fotos durch die Schülerinnen und Schüler (Zeitfenster: 60 min).
- Auswahl eines besonders bedeutenden Fotos durch die Schülerinnen und Schüler.
- Im Plenum werden einzelne Fotos von der jeweiligen Fotografin/dem jeweiligen Fotografen präsentiert; Mitschülerinnen und Mitschüler sowie die Studierenden stellen dazu Fragen:
  - Was hat dich bewegt dieses Motiv aufzunehmen?
  - Welche Merkmale präsentieren hier für dich Diversität/Vielfalt?
  - Wo liegt in deinem Bild der Fokus und was liegt eher im Hintergrund?
  - Warum hast du diesen Ausschnitt fotografiert und nicht benachbarte Motive?
  - Wie hätte sich die Wirkung des Raumausschnitts verändert, wenn du den Ausschnitt größer/kleiner gewählt hättest?
  - Verbindet dich persönlich etwas mit dem Motiv?
  - Welche Atmosphäre erzeugt dieser Ort/dieses Motiv?
  - Welche Gefühle hast du dort empfunden?
- Die jeweiligen Motive werden im Klassenverband verglichen und hinsichtlich ihres Entstehungskontextes reflexiv diskutiert.

Beispiel
Aus einer Vielzahl an Motiven werden exemplarisch folgende vorgestellt:

» Also meine Freundin hat Kirschen gekauft und da dachte ich, das ist genau das Motiv, nach dem ich suche. Auf den ersten Blick sieht das natürlich nicht nach Vielfalt aus. Aber wenn man dann genau hinschaut, dann sieht man, dass die Farbtöne doch ganz unterschiedlich sind und auch die Form unterscheidet sich leicht. Manche Kirschen haben einen Stängel, andere nicht. Genauso ist das doch auch mit der Menschheit: Auf den ersten Blick sind wir eine große Masse, alle gleich. Aber tatsächlich sind wir alle etwas unterschiedlich und haben unsere Eigenheiten, unsere eigenen Stärken. Genau das macht jeden letztlich besonders! (3a.24ff.).

18

» Ich finde der Spielplatz, das ist einfach ein schönes Motiv. Auch wenn man da jetzt keine Menschen drauf sieht, so ist es doch ein Ort, wo sich ganz unterschiedliche Leute treffen: Kinder unterschiedlichen Alters oder unterschiedlicher Herkunft. Dann natürlich auch deren Eltern und häufig sieht man auch viele alte Leute, Senioren, auf dem Spielplatz. Die sind vielleicht allein und kommen gerne zum Spielplatz, weil sie sich freuen, wenn sie die Kinder spielen sehen. Im Stadtteil ist das ein ganz wichtiger Ort, weil sich ganz unterschiedliche Leute hier begegnen können und eine gute Zeit haben (5.10ff.).

Die Anwendung der Methode mit Schülerinnen und Schülern zeigt Potenzial, da diese nicht nur einen unmittelbaren Einblick in Formen wissenschaftlichen Arbeitens erhalten, sondern sie sich insbesondere aufgrund kritischer Reflexion ihrer Raumwahrnehmung des Konstruktionscharakters von Räumen bewusst werden können.

Allgemein kann Schülerinnen und Schülern folgende Aufgabenstellung an die Hand gegeben werden:

- Nimm zu folgendem Thema bis zu drei Fotos auf. Wo du die Fotos aufnimmst, ist dir überlassen.
- *Nachhaltige Entwicklung in Deutschland – unrealistischer Wunschtraum oder bereits Realität? (Beispiel).*
- Wähle eines deiner Fotos aus und präsentiere es vor der Klasse. Gehe dabei auf folgende Fragen ein:
  Was hat mich bewegt, genau dieses Motiv auszuwählen? Wo habe ich das Foto aufgenommen? Warum habe ich genau dieses Motiv und nicht vielleicht Benachbartes aufgenommen. Wie würde sich die Aussage des Fotos verändern, wenn ich einen anderen Bildausschnitt gewählt hätte? Welches ist meine persönliche Verbindung zum Dargestellten? Welche Gefühle verbinde ich mit diesem Motiv?
- Vergleiche die vorgestellten Fotos. Inwiefern unterscheiden sie sich, welche Gemeinsamkeiten gibt es?
- Nimm auf Basis deiner Erfahrungen mit der Methode *reflexive Fotografie* zu folgender These Stellung:
  „Ein Raum ist ein soziales Konstrukt. Das heißt, er wird von Menschen gemacht und ist mehr als die Summe von Materiellem wie etwa Straßen und Häuser."
- Arbeite mit Eltern, Geschwistern, Großeltern oder Freunden und führe mit ihnen die Methode durch zum Thema: *Klimawandel in meinem Alltag?! (Beispiel)* Stelle die in 2) genannten Fragen deiner Probandin/deinem Probanden als Interview.

18.4 Fazit: Reflexive Geographien zum Bewusstmachen von Raumwahrnehmungen und -konstruktionen

» Die Akzentuierung der Pluralität von Geographie als Geographien bringt eine Akzentverschiebung in der Weltbetrachtung zum Ausdruck. Spricht man von der Geographie, dann ist damit in der Regel die räumliche Ordnung und die räumliche Lage der Objekte: die Geographie der Objekte angesprochen. Ist jedoch von den Geographien die Rede, dann ist damit nicht primär räumliche Ordnung, sondern das ‚Machen' von Geographien gemeint. Diese Konzentration auf die Konstitutionen von Geographien schließt die Betonung jener Instanz ein, welche diese Geographien generieren: die Subjekte (Werlen 2010, S. 234).

Gelingt diese Fokussierung, kann Reflexivität mittels reflexiver Fotografie geschult werden. Reflexivität kann dabei verstanden werden als Fähigkeit des Individuums, Prozesse eigenen Denkens und Handelns in Bezug auf äußere und innere Wirkungen zu reflektieren, und sich dabei der Verbindung des Inneren mit dem Außen bewusst zu machen (vgl. Forster 2014, S. 589). Das Bewusstsein über die eigene Raumwahrnehmung und entsprechende Raumkonstruktionen wächst und die machtvolle Wirkung räumlicher Repräsentation kann erkannt werden.

18

Neben den hier aufgezeigten Anwendungsbeispielen bietet die Methode reflexive Fotografie insbesondere auch für den Bereich der Angewandten Geographie bzw. Raumplanung Potenzial. So kann sie sich als wertvolles Instrument in partizipativen Planungsprozessen erweisen, insbesondere in schwieriger zugänglichen Stadtvierteln.

Literatur

Adair J, Worth S (1972) Through Navajo eyes. An exploration in film communication and anthropology. University of New Mexico Press, Bloomington

Bohnsack R (2011) Qualitative Bild- und Videointerpretation. Die dokumentarische Methode. Budrich, Opladen

Bondi L, Davidson J, Smith M (2005) Introduction: geography's ‚emotional turn'. In: Davidson J, Bondi L, Smith M (Hrsg) Emotional geographies. Routledge, London, S 1–18

Bourdieu P (1991) Physischer, sozialer und angeeigneter physischer Raum. In: Wentz M (Hrsg) Stadt-Räume. Campus, Frankfurt a. M., S 25–34

Bourdieu P et al (1997) Das Elend der Welt. Zeugnisse und Diagnosen alltäglichen Leidens an der Gesellschaft. UVK, Konstanz

Chalfen R (1998) Interpreting family photography as pictorial communication. In: Prosser J (Hrsg) Image-based research. A sourcebook for qualitative researchers. Falmer Press, London, S 214–234

Collier J (1967) Visual anthropology. Photography as a research method. University of New Mexico Press, New York

Cresswell T (2014) Place – a short introduction. Wiley, Malden

Dirksmeier P (2007) Der husserlsche Bildbegriff als theoretische Grundlage der reflexiven Fotografie: Ein Beitrag zur visuellen Methodologie in der Humangeografie. Soc Geogr 2(2):1–10

Dirksmeier P (2009) Urbanität als Habitus. Zur Sozialgeographie städtischen Lebens auf dem Land. Transcript, Bielefeld

Dirksmeier P (2013) Zur Methodologie und Performativität qualitativer visueller Methoden – Die Beispiele der Autofotografie und reflexiven Fotografie. In: Rothfuß E, Dörfler T (Hrsg) Raumbezogene qualitative Sozialforschung. Springer VS, Wiesbaden, S 83–101

Eberth A (2016a) Entwicklungszusammenarbeit im Perspektivwechsel – Zur Dekonstruktion stereotyper Afrikabilder. In: Meyer C (Hrsg) Diercke Geographie und Musik. Zugänge zu Mensch, Kultur und Raum. Westermann, Braunschweig, S 149–156

Eberth A (2016b) Partizipation junger Zivilgesellschaften in den Slums von Nairobi – ein Beitrag zur Politischen Bildung im Geographieunterricht. In: Budke A, Kuckuck M (Hrsg) Politische Bildung im Geographieunterricht. Steiner, Stuttgart, S 211–219

Eberth A (2017a) Der Einsatz reflexiver Fotografie zur Darstellung von Lebenswelten Jugendlicher in der informellen Siedlung Korogocho in Nairobi. In: Jahnke H, Schlottmann A, Dickel M (Hrsg) Räume visualisieren. (Geographiedidaktische Forschungen 62). Readbox unipress, Münster, S 123–141

Eberth A (2017b) Alltagskulturen von Jugendlichen in den Slums von Nairobi. Visualisierung von Raumkonstruktionen mittels reflexiver Fotografie. Geogr Rundschau 69(10):44–48

Eberth A (2017c) Musik in den Slums von Nairobi – kreativer Ausdruck einer jungen Zivilgesellschaft. Geogr aktuell & Schule 39(225):47–51

Forster E (2014) Reflexivität. In: Wulf C, Zirfas J (Hrsg) Handbuch Pädagogische Anthropologie. Springer, Wiesbaden, S 589–597

Freytag T (2014) Raum und Gesellschaft. In: Lossau J, Freytag T, Lippuner R (Hrsg) Schlüsselbegriffe der Kultur- und Sozialgeographie. Ulmer, Stuttgart, S 12–24

Glasze G, Mattissek A (2009) Diskursforschung in der Humangeographie: Konzeptionelle Grundlagen und empirische Operationalisierungen. In: Glasze G, Mattissek A (Hrsg) Handbuch Diskurs und Raum. Theorien und Methoden für die Humangeographie sowie die sozial- und kulturwissenschaftliche Raumforschung. Transcript, Bielefeld, S 11–59

Harper D (2004) Photograph as social science data. In: Flick U, Kardoff E, Steinke I von (Hrsg) A companion to qualitative research. Sage, London, S 231–236

Harper D (2012) Visual sociology. Taylor & Francis, Abingdon

Hirsch M (Hrsg) (1999) The family gaze. Dartmouth, London

Holloway L, Hubbard P (2001) People and place: the extraordinary geographies of everyday life. Pearson, Harlow

Holzwarth P (2006) Fotografie als visueller Zugang zu Lebenswelten von Kindern und Jugendlichen mit Migrationshintergrund. In: Marotzki W, Niesyto H (Hrsg) Bildinterpretation und Bildverstehen. Methodische Ansätze aus sozialwissenschaftlicher, kunst- und medienpädagogischer Perspektive: Bd 2. Medienbildung und Gesellschaft. VS Verlag, Wiesbaden, S 175–205

Horton J, Kraftl P (2014) Cultural geographies. An introduction. Taylor & Francis, Abingdon

Hurworth R (2012) Techniques to assist with interviewing. In: Arthur J et al (Hrsg) Research methods & methodology in education. Sage, London, S 177–183

Jahnke H (2012) Geographische Bildkompetenz? Über den Umgang mit Bildern im Geographieunterricht. Geogr Schule 34(195):27–35

Kauppert M, Leser I (Hrsg) (2014) Hillarys Hand. Zur politischen Ikonographie der Gegenwart. (Kulturen und Gesellschaft 11). Transcript, Bielefeld

Lambert D (2013) Geographical concepts. In: Rolfes M, Uhlenwinkel A (Hrsg) Metzler Handbuch 2.0 Geographieunterricht. Ein Leitfaden für Praxis und Ausbildung. Westermann, Braunschweig, S 174–181

Lefebvre H (1991) The production of space. Blackwell, Malden

Lippuner R (2005) Raum – Systeme – Praktiken. Zum Verhältnis von Alltag, Wissenschaft und Geographie. Sozialgeographische Bibliothek, Bd 2. Steiner, Stuttgart

Marotzki W, Niesyto H (Hrsg) (2006) Bildinterpretation und Bildverstehen. Methodische Ansätze aus sozialwissenschaftlicher, kunst- und medienpädagogischer Perspektive. Medienbildung und Gesellschaft, Bd 2. VS Verlag, Wiesbaden

Massey D (2005) For space. Sage, London

Mayring P (2010) Qualitative Inhaltsanalyse. Grundlagen und Techniken. Beltz, Weinheim

Mizen P, Ofosu-Kusi Y (2006) Researching with, not on: using fotografy in researching street children in Accra, Ghana. In: Smith M (Hrsg) Negotiating Boundaries and borders: qualitative methodology and development research. Routledge, Oxford, S 57–82

Müller M, Raab J, Soeffner H-G (Hrsg) (2014) Grenzen der Bildinterpretation, Wissen, Kommunikation und Gesellschaft. Schriften zur Wissenssoziologie. VS Verlag, Wiesbaden

Nebe JM (2017) Begegnung auf Augenhöhe? Entwicklungszusammenarbeit in kritischer Diskussion. In: Eberth A, Kaiser A (Hrsg) Ostafrika. Geographie, Geschichte, Wirtschaft, Politik. (WBG-Länderkunden). Wissenschaftliche Buchgesellschaft, Darmstadt, S 201–203

Pile S (2010) Emotions and affect in recent human geography. Trans Inst Brit Geogr 35(1):5–20

Relph E (1976) Place and placelessness. Pion, London

Rudersdorf N (2016) Persönliche Bezugspunkte und das Konzept des sense of place. Fotografiegestützte Leitfadeninterviews und Qualitative Inhaltsanalyse. In: Wintzer J (Hrsg) Qualitative Methoden in der Sozialforschung. Springer, Berlin, S 110–116

Schlottmann A, Miggelbrink J (2009) Visuelle Geographien – ein Editoral. Soc Geogr 4(1):13–24

Schlottmann A, Mösgen A, Böhm T (2014) Räumliche Sozialisation und Schule – Theorie und Praxis eines Bausteins humangeographischer Lehrerbildung. Z Geogr 42(2):97–113

Schurr C (2014) Emotionen, Affekte und mehr-als-repräsentationale Geographien. Geogr Z 102(03):148–161

Soja E (2003) Thirdspace – Die Erweiterung des Geographischen Blicks. In: Gebhardt H, Reuber P, Wolkersdorfer G (Hrsg) Kulturgeographie. Aktuelle Ansätze und Entwicklungen. Spektrum, Heidelberg, S 269–288

Thrift N (2006) Space. Theory Cult Soc 23(2–3):139–146

Tuan Y-F (1977) Space and place. The perspective of experience. Arnold, Minneapolis

Valentine G (2001) Social geographies. Space and society. Pearson, Harlow

Vilsmaier U (2013) Epilog – Und wo sind wir? Reflexion auf den Ort der/des Forschenden in der raumbezogenen qualitativen Sozialforschung. In: Rothfuß E, Dörfler T (Hrsg) Raumbezogene qualitative Sozialforschung. Springer VS, Wiesbaden, S 287–307

Weichhart P (2016) Die Räume zwischen den Welten und die Welt der Räume. Zur Konzeption eines Schlüsselbegriffs der Geographie. In: Escher A, Petermann S (Hrsg) Raum und Ort. Basistexte Geographie, Bd 1. Steiner, Stuttgart, S 63–92

Weitzig S (2016) Soziale Wirklichkeit und Lebenswelten erforschen. Ansprüche an eine partizipative Forschung. In: Wintzer J (Hrsg) Herausforderungen in der Qualitativen Sozialforschung. Springer, Berlin, S 133–140

Werlen B (2010) Gesellschaftliche Räumlichkeit 2. Konstruktion geographischer Wirklichkeiten. Steiner, Stuttgart

Wuggenig U (1990) Photobefragung als projektives Verfahren. Angew Sozialforschung 16(1–2):109–129

Partizipatives Kartieren als Praxis einer kritischen Kartographie

Christian Bittner und Boris Michel

© Springer-Verlag GmbH Deutschland, ein Teil von Springer Nature 2018
J. Wintzer (Hrsg.), *Sozialraum erforschen: Qualitative Methoden in der Geographie,*
https://doi.org/10.1007/978-3-662-56277-2_19

19.1 Einleitung

Karten bilden nicht einfach auf der zweidimensionalen Ebene ab, was in der Welt sichtbar ist, wie es Definitionen nahelegen, die eine Karte als „verkleinertes, vereinfachtes und verebnetes Abbild der Erdoberfläche" (Kohlstock 2004, S. 15) beschreiben. Diese Idee einer Abbildung gilt noch nicht einmal für die klassische topographische Karte mit ihrem Fokus auf Geländeformen, Vegetation und Bebauung. Vielmehr ist es hilfreich, Karten als graphische Repräsentationen zu begreifen, die, wie John B. Harley und David Woodward schreiben, „ein räumliches Verständnis von Dingen, Konzepten, Bedingungen, Prozessen oder Ereignissen in der menschlichen Welt unterstützten" (1987, S. xvi). Karten bilden die Welt also nicht ab, sondern sie visualisieren natürliche oder soziale Phänomene räumlich bzw. helfen dabei, diese Phänomene in ihrer Räumlichkeit zu verstehen. Das gilt ganz besonders auch für thematische Karten – also solche, die für geistes-, sozial- und kulturwissenschaftliches Arbeiten interessant sind.

Seit den 1980er-Jahren entwickeln Autorinnen und Autoren aus den Geistes-, Sozial, und Kulturwissenschaften eine kritische Perspektive auf Karten, die dafür plädiert, Karten als Texte zu verstehen und entsprechend einer kritischen Lektüre zu unterziehen. Karten müssten dekonstruiert werden (Harley 1989), um die in ihnen verborgenen Machtstrukturen, Hierarchien und Naturalisierungen aufzudecken. Grund hierfür ist für Harley und andere die Annahme, dass Karten, so wie sie seit der frühen Neuzeit insbesondere in Europa zu einem wesentlichen Instrument der räumlichen Ordnung werden, Ausdruck eben jener Ordnungen und Agierenden sind, die sie herstellen (Wood 2010; Crampton 2010). So wie Texte eine rhetorische Aussage und eine Autorin respektive einen Autor haben, gilt dies auch für Karten. Seit der Durchsetzung moderner Nationalstaaten sind diese in erster Linie staatliche Institutionen. Selbst etwas so scheinbar Objektives und Neutrales wie eine Straßenkarte ist, in diesem Sinne, politisch und Ausdruck staatlicher Autorität und gleichermaßen einer motorisierten Verkehrsgesellschaft (Wood 2010, S. 71 ff.).

Auch wenn in den letzten Jahren verstärkt privatwirtschaftlich Agierende wie Google zu den wichtigsten Produzierenden neuer Karten und Kartendienste werden und damit einerseits die zentrale Rolle staatlicher Vermessungsämter eingeschränkt wird und andererseits Web 2.0 Karten es Nutzenden oftmals ermöglichen, eigene Daten einzufügen, scheinen Karten und Kartographie auf den ersten Blick doch wenig mit partizipativen Verfahren und qualitativen Methoden zu tun zu haben. Zudem scheint es so, als würden diese von technischen Fragen, von Quantifizierung, Segmentierung und statistischen Verfahren geprägt (vgl. die Einführung zur Kartographie von Kohlstock 2004, S. 27 ff.). Beide stehen meist für eine szientische Perspektive und ein klares Versprechen von distanzierter Objektivität.

Partizipative Verfahren in Kartographie und GIS verfolgen einen anderen Ansatz und versprechen, die kartographisch ausgeschlossenen Agierenden sichtbar zu machen, marginalisiertes Wissen darzustellen und widersprüchlichen Positionen eine kartographische Stimme zu verschaffen. Außerdem versprechen sie, Laien und die unmittelbar Betroffenen in den Prozess des Kartierens und Kartenmachens einzubinden und damit die Grenze zwischen professionellen Kartenmachenden und Kartennutzenden aufzuweichen. Dies resultiert in sowohl neuem räumliches Wissen, das mit anderen Methoden sozialwissenschaftlicher Forschung schwer zu generieren

19

ist, wie auch einer Handlungsfähigkeit von marginalisierten Gruppen und Personen. Da Karten machtvoll sind (Wood 1992), „ist es wichtig, für ‚weniger mächtige Menschen' Zugang zu Praktiken des Kartierens zu erhalten und diese potentiell auch neu zu konzipieren" (Sanderson et al. 2007, S. 122). Seit den 1980er-Jahren entwickelt sich hieran anschließend, ein vielfältiges Feld aus zivilgesellschaftlichen und akademischen Zugängen partizipativen Kartierens. Ein großer Teil dieser Arbeiten ist von einer feministischen Wissenschaftskritik und Ideen einer *participatory action research* getragen. Seit den 1990er-Jahren verschränken sich diese Projekte mit kritischen Diskussionen zu und aus der Arbeit mit GIS (Elwood 2006; siehe auch ▶ Kap. 10).

In diesem Beitrag geben wir einen einführenden Einblick in das Feld partizipativer Kartographie bzw. partizipativen Kartierens. Den Begriff des partizipativen Kartierens halten wir gegenüber dem der partizipativen Kartographie für sinnvoller, da der Begriff der Kartographie, wie Denis Wood deutlich macht, ein streng geregeltes und institutionalisiertes Feld wissenschaftlicher Kartographie und professioneller Kartographinnen und Kartographen bezeichnet (Wood 2010, S. 26 f.). Beides sehen partizipative Ansätze skeptisch. Sie stellen der Disziplin der Kartographie die Praxis des Kartierens als einen sozialen Prozess entgegen, bei dem räumliches Wissen zwischen Agierenden verhandelt und sichtbar gemacht wird.

Partizipatives Kartieren wird als Teil einer kritischen Auseinandersetzung mit der etablierten Kartographie begriffen, welche sich von den hegemonialen Verständnissen und Praktiken von Kartographie und GIS abzusetzen versucht. Neben einer Kartenkritik, die Karten als Instrumente auf Seiten der Mächtigen brandmarkt und sich zur Aufgabe gesetzt hat, die in Karten verborgenen machtvollen Entscheidungen aufzudecken, gibt es Versuche, aktiv und kritisch mit Karten zu arbeiten (Crampton und Krygier 2005). Hierzu lassen sich zahlreiche partizipative Verfahren des Kartierens zählen. In gewisser Weise handelt es sich bei diesen um Gegenkarten *(countermaps)*, die den etablierten Karten, der etablierten Kartographie ein alternatives „Weltbild" von unten entgegensetzen möchte. Statt professioneller Kartographinnen und Kartographen kartieren hier interessierte und involvierte Laien, die sich oft nur rudimentär mit den Standards und Praktiken guter kartographischer Arbeit auskennen. Es ist also, in Abwandlung von der postkolonialen Frage „Can the subaltern speak?" (Spivak 1988) zu fragen: Can the subaltern map?

Damit geht ein erstes Problem einher. Bevor wir uns mit diesen Ansätzen partizipativen Kartierens beschäftigen können, stellen wir die Frage, was partizipative Praktiken in einem Methodenhandbuch für qualitative Methoden in der Geographie und der sozialraumsensiblen Kulturforschung zu suchen haben. Handelt es sich dabei nicht eher um ein explizit „unwissenschaftliches" Vorhaben als um eine sozialwissenschaftliche Methode?

19.2 Partizipative Forschung

Partizipative Forschung – oftmals auch unter dem Begriff des *action research* zusammengefasst – bezeichnet ein offenes und vielfältiges Feld sozialwissenschaftlicher Forschungsansätze. Während der Begriff und erste Arbeiten bereits in den 1940er-Jahren entstehen, entwickelt sich seit den 1970er-Jahren und insbesondere mit Bezug auf und in Ländern des globalen Südens eine Vielzahl unterschiedlicher Ansätze partizipativer Forschung (Kindon et al. 2007a). Als besonders einflussreich gilt der brasilianische Pädagoge Paulo Freires mit seinem Buch *Pädagogik der Unterdrückten. Bildung als Praxis der Freiheit* (Freire 1973).

Bei allen Differenzen zwischen den Ansätzen lassen sich Gemeinsamkeiten benennen. Hella von Unger schreibt in ihrer Einführung in die partizipative Forschungspraxis, dass im Zentrum partizipativer Ansätze 1) die aktive Beteiligung und Einbindung nichtwissenschaftlicher Agierender als Ko-Forschende in den Prozess der Forschung steht. Dies gilt für die Bestimmung von Forschungszielen ebenso wie für den Forschungsprozess und die Auswertung der Ergebnisse. Diese Einbindung sollte darüber hinausgehen, das Wissen und die Bedürfnisse dieser Personen abzufragen, und vielmehr einen tatsächlich kollaborativen und kollektiven Forschungsprozess herstellen. Dies zielt 2) auf die Stärkung und Ermächtigung *(empowerment)* dieser Agierenden, indem sie in diesem Prozess zu aktiven Sprechenden über Ihre Lebenswelt werden. 3) Das Ziel ist, politisch einzugreifen und zu einer Veränderung von als problematisch wahrgenommenen gesellschaftlichen Verhältnissen beizutragen: Partizipative Forschung ist aktivistisch, anwendungsorientiert und zielt auf sozialen Wandel.

» Ein grundlegendes Anliegen der partizipativen Forschung ist durch Teilhabe an Forschung auch gesellschaftliche Teilhabe zu ermöglichen. Es handelt sich um ein wertebasiertes Unterfangen: Soziale Gerechtigkeit, Umweltgerechtigkeit, Menschenrechte, die Förderung von Demokratie und andere Wertorientierungen sind treibende Kräfte (Unger 2014, S. 1).

Partizipative Forschung ist also eine engagierte Forschung, die die Möglichkeiten der partnerschaftlichen Zusammenarbeit und empirischen Forschung nutzt, um die sozialen, politischen und organisationalen Kontexte, in die sie eingebettet ist, kritisch zu reflektieren und aktiv zu beeinflussen.

Dabei liegt der Fokus auf dem Wissen und den Bedürfnissen solcher Agierender, die in hegemonialen Darstellungen und Wissensproduktionen ausgeschlossen sind oder die in diesen nur als Untersuchungsobjekte vorkommen. Die Einbindung der „Untersuchten" direkt in die Wissensproduktion ist verbunden mit der Überzeugung, dass diese Stimmen und dieses Wissen in der üblichen Forschung kaum hörbar sind, auch wenn beispielsweise staatliche Planung vielfach proklamiert im Interesse alle Bürgerinnen und Bürger zu planen und handeln (Kindon et al. 2007b, S. 9). Anfangs sind es daher feministische und postkoloniale Autorinnen und Autoren, die in partizipativen Ansätzen die Chance für neue Formen der Forschung und politischen Praxis sehen. Mit diesen Ansätzen geht das Versprechen einher, nicht nur Wissen über benachteiligte und marginalisierte Gruppen und *communities* zu gewinnen, sondern dieses Wissen auch für die Verbesserung der Lebensbedingungen dieser Gruppen und *communities* nutzbar zu machen. Insgesamt zeichnet sich partizipative Forschung durch eine starke Fokussierung auf *communities,* lokale Identitäten, lokales Wissen und lokales Handeln aus.

Damit fordern partizipative Forschungsansätze die klassischen Vorstellungen wissenschaftlicher Wissensproduktion heraus. In ihnen verändert sich die Rolle der Forschenden, die nun nicht allein als Fachkundige auftreten, sondern sich in einen kommunikativen Prozess der Aushandlung von Positionen und Interessen begeben. Dies erfordert eine kritische Reflexion der eigenen Positionalität und der Machtverhältnisse im Feld und ist nicht immer spannungsfrei. Zudem steht dies in einem

19

Widerspruch zur vielfach geforderten Wertfreiheit und Distanziertheit von Wissenschaft. „Participatory approaches to research offer a radical challenge to ‚how‘ data are collected, ‚what sort‘ of new knowledges result, and ‚what impacts‘ they have; as well as to ‚who‘ directs and benefits from research" (Kindon et al. 2009, S. 90). Mit dieser Herausforderung gegenüber „klassischen" Vorgehensweisen sozialwissenschaftlicher Forschung geht einher, dass partizipative Forschung meist einem sehr offenen Prozess und nicht klar vorgefertigten Verfahren folgt.

Partizipative Ansätze sind nicht frei von Kritik. Das gilt einerseits aus der Perspektive der klassischen sozialwissenschaftlichen Ansätze qualitativer und quantitativer Sozialforschung: Die Auflösung der Trennung zwischen Wissenschaft und politischem Aktivismus lassen diese Ansätze unwissenschaftlich erscheinen. Die Öffnung des Forschungsprozesses ist außerdem mit einer De-professionalisierung verbunden und mit dem Verlust sauberer und klarer wissenschaftlicher Kategorien und Gütekriterien. Auf der anderen Seite wird problematisiert, dass diese Ansätze Gefahr laufen, hinter die Versprechen der Partizipation, Demokratisierung und Ermächtigung zurückzufallen – dass Partizipation, etwa in der Entwicklungspolitik, zunehmend gar eine antidemokratische Form annehme (Cooke und Kothari 2001). Es drohe die Gefahr, die Arbeit der Ko-Forschenden als kostenlose Arbeit auszubeuten, lokales Wissen in eine Ware zu verwandeln und die lokalen *communities* letztlich zu enteignen. Partizipation, ein vielfach sehr unscharfer Begriff, wird kritisiert, werde zunehmend zu einem Instrument postpolitischer und neoliberaler Verwaltung und entpolitisiere soziale Konflikte, indem Kritik in die Raster vorgegebener Partizipationsverfahren gelenkt und damit entschärft wird. Zudem wird kritisiert, dass solche Ansätze vielfach mit einer Romantisierung lokalen Wissens und lokaler Gemeinschaften einhergehen (Kindon et al. 2009, S. 92 f.; Hickey und Kothari 2009; Bryan und Wood 2015). Trotz dieser Vorbehalte und kritischen Hinweise gelten partizipative Forschungsansätze zunehmend als sinnvoller Weg, sozialwissenschaftliches Wissen zu schaffen und gesellschaftlich relevant und nützlich zu machen – gerade auch aus einer Perspektive, die Wissenschaft in den Dienst von sozialer und ökologischer Gerechtigkeit stellen möchte (Unger 2014).

Im Zuge neuer Formen der Beteiligung in Onlineprojekten und insbesondere in Bezug zu neuen Formen des *crowdsourcing* hat in den letzten Jahren der bereits etwas ältere Begriff der *citizen science,* also der Bürgerinnen- und Bürgerwissenschaft, einige Prominenz erlangt. Damit wird die Idee einer Wissenschaft bezeichnet, die in erster Linie durch Laien durchgeführt wird – sei es, indem sie als „Sensoren" Ereignisse aufzeichnen und berichten oder aktiv in Forschungsprozesse eingebunden sind. Damit, so ein zweiter Punkt, würden Wissenschaft und Gesellschaft stärker aufeinander bezogen und damit letztlich auch Wissenschaft stärker an den gesellschaftlichen Interessen und Problemen orientiert. Der Ansatz der *citizen science* hat eine Reihe von Überschneidungen mit partizipativer Forschung, richtet sich aber oftmals stärker auf naturwissenschaftliche Themen (beispielsweise das Monitoring ökologischer Belastung durch *crowdsourcing*) ist eher auf Teilnahme als auf Teilhabe gerichtet und folgt einem klassischeren Begriff von Wissenschaft, als dies in den Methoden partizipativer Forschung der Fall ist (Haklay 2013; Irwin 1995).

Auch in der Geographie erfreuen sich Ansätze partizipativer Forschung wachsender Beliebtheit. Sara Kindon et al. (2007b) sprechen dabei von einer Doppelbewegung aus einer Wende hin zu partizipativen Ansätzen in der Geographie wie auch einer Wende hin zu Geographie und Raum in der partizipativen Forschung. Dabei muss aber konstatiert werden, dass sowohl die deutschsprachige Geographie wie die deutschsprachigen Sozialwissenschaft insgesamt hier deutlich zurückhaltender sind als die anglophone Diskussion. Partizipative Forschungen in der Geographie finden in unterschiedlichen Formen und mit sehr unterschiedlichen theoretischen und konzeptionellen Hintergründen statt. Uns interessieren im Weiteren die Karten und die Praxis des Kartierens für Ansätze partizipativer Forschung fruchtbar machen. Interessant sind Karten dabei nicht nur, weil sie eine naheliegende und etablierte Darstellungsform für geographische Themen sind, sondern auch, weil sie eine Kommunikation, Herstellung und Darstellung ermöglichen, die jenseits geschriebener und gesprochener Sprache liegen und sich die visuelle *power of maps* explizit zunutze machen.

19.3 Partizipatives Kartieren avant la lettre: the Detroit Geographical Expedition

Ein historischer Vorläufer partizipativen Kartierens ist die *Detroit Geographical Expedition* in den späten 1960er-Jahren, in deren Rahmen der Geograph William Bunge 1973 u. a. das Buch *Fitzgerald, Geography of a Revolution* veröffentlicht (Bunge 2011). Bunge ist noch in den 1960er-Jahren ein führender Vertreter der szientistischen Wende in der Geographie, welche eine stark auf Beschreibung ausgerichtete Geographie durch ein nach Gesetzen suchendes und mathematisiertes Paradigma einer quantitativ-theoretischen Geographie als Raumwissenschaft ersetzten will (Bunge 1962). In der Folgezeit politisiert sich Bunge jedoch unter dem Eindruck der Schwarzen Bürgerrechtsbewegung, wird zunehmend kritisch dem akademischen Betrieb gegenüber und beginnt, sich mit Fragen des Rassismus zu beschäftigen. Im Zentrum steht dabei insbesondere der Stadtteil, in dem Bunge selbst wohnt: Fitzgerald, ein seit den frühen 1960er-Jahren überwiegend von Schwarzen bewohntes Viertel in Detroit. In den späten 1960er-Jahren beginnt Bunge gemeinsam mit einer Reihe von Anwohnenden, Aktivistinnen und Aktivisten und (überwiegend Weißen) Studierenden ein Projekt zu lancieren, das als die *Detroit Geographical Expedition* bekannt wird – ein Projekt, das gemeinsame Forschung ebenso umfasst wie partizipative Bildungsprogramme für die lokale Jugend, politische Interventionen und wissenschaftliche Publikationen.

Statt Forschungsfragen aus akademischen Karriereüberlegungen heraus zu formulieren – was Bunge der Geographie seiner Zeit vorwirft – müssten die Prioritäten aus den Bedarfen der benachteiligten und stigmatisierten *communities* selbst formuliert werden. Die idealen Geographinnen und Geographen sind für Bunge daher nicht akademisch ausgebildete Menschen mit ihrem meist bildungsbürgerlichen Hintergrund, die nie rassistische Diskriminierung erfahren haben. Sie verfügen zwar über ein differenziertes Repertoire an Wissen über geographische und mathematische Verfahren der Messung und Beschreibung sozialer Ungleichheit, nicht aber über tiefes, lokales Wissen und persönliche Betroffenheit. Vielmehr seien *folk geographers,* also normale Anwohnende, mit ihrem kontextuellen lokalen Wissen ideale Geographinnen und Geographen (Bunge 1969, S. 20). Auch ist es zentral, dass die lokalen Teilnehmenden das letzte Wort bei organisatorischen Entscheidungen über das Projekt haben. Die benachteiligten *communities* sollten also das Wissen, das sie über sich schaffen, selbst kontrollieren. Zudem ist nicht nur das publizierte Ergebnis wichtig, sondern gerade auch der individuelle und kollektive Lern- und Bildungsprozess, der mit einem solchen Projekt einhergeht (Horvath 1971).

Daraus entsteht eine Reihe von Arbeitsberichten (Bunge 1969, 1970; Warren 1971) sowie das Buch *Fitzgerald. Geography of a Revolution* (Bunge 2011). Das Buch ist eine geographische Geschichte eines Stadtteils *von unten*. Es schildert die Entstehung des Ortes und eine Geschichte politischer Konflikte, eine Geschichte von Rassismus und Auseinandersetzung zwischen sozialen Klassen in einer alles andere als neutralen und zurückhaltenden Sprache. Teil des Buches sind nicht nur hunderte von Fotos des Ortes und beteiligter Menschen, sondern auch über dreißig Karten von Fitzgerald und der größeren Region um Detroit. Karten sind dabei ein zentrales Instrument, Rassismus und andere Formen von Ungleichheit (z. B. im Bildungssystem) und Ausbeutung (z. B. durch Transfer von Geld aus den *slums*) der Stadt in die wohlhabenderen Suburbs sichtbar zu machen (◘ Abb. 19.1). In ◘ Abb. 19.2 wird beispielsweise kartographisch dargestellt, wo in der Stadt Kinder in Autounfällen verletzt wurden oder ums Leben

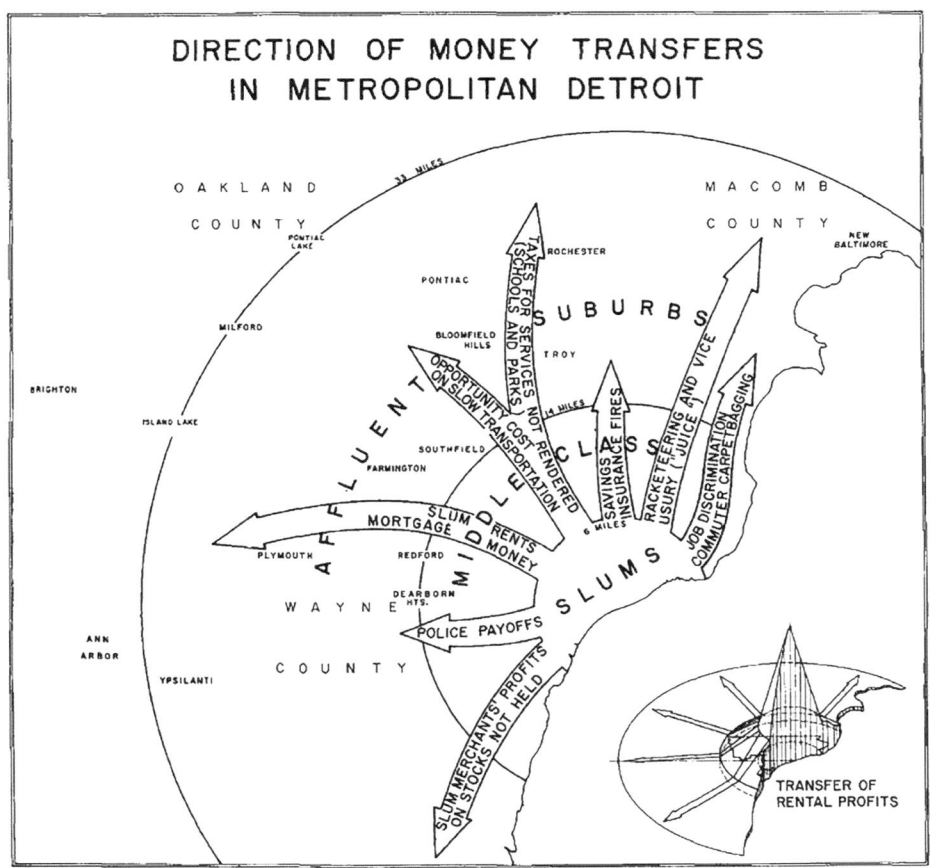

◘ **Abb. 19.1** Geldfluss aus den *slums* von Detroit in die wohlhabenden Suburbs Bunge (2011, S. 134)

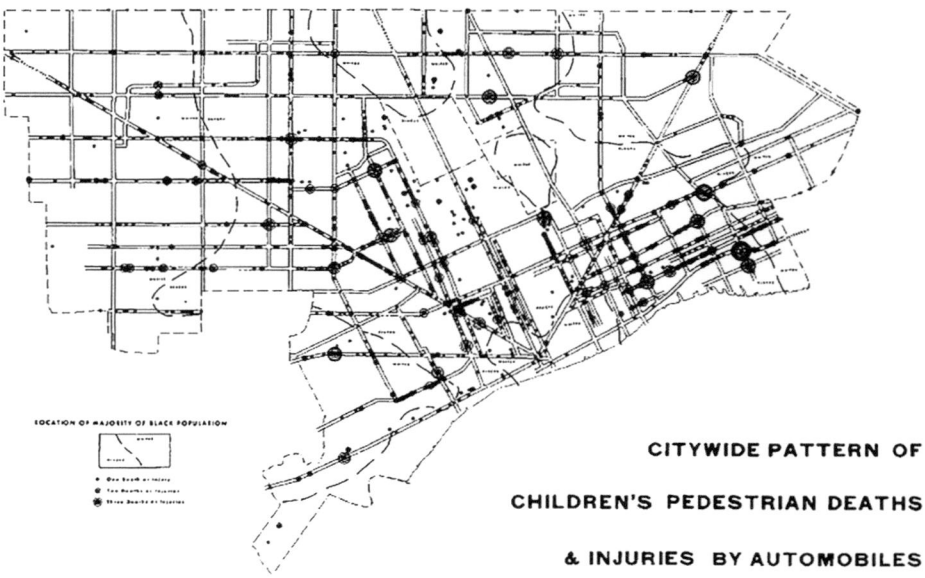

□ Abb. 19.2   Räumliches Muster von Autos angefahrener Kinder in Detroit Abbildung 2 (Warren 1971, S. 13)

kamen. Durch Einzeichnen jener Stadtteile mit überwiegend weißer bzw. schwarzer Bevölkerung (gestrichelte Linie) wird die These visualisiert, dass überproportional viele schwarze Kinder Opfer (Weißer) Autofahrender werden.

Fitzgerald wird von der Kritik zunächst skeptisch aufgenommen oder als unwissenschaftlich verrissen. Und so schreiben Trevor Barnes und Nik Heynen (2011) im Vorwort zur Neuauflage, in dem sie den Text als einen der Klassiker der Geographie vorstellen:

» Fitzgerald ist ein gequältes, kontroverses, wütendes, einseitiges, vernichtendes und übertreibendes Buch. Es befindet sich am gegenüberliegenden Pol der traditionellen akademischen Forschung, welche sich durch Objektivität auszeichnet, durch begründetes Urteil, Ausgewogenheit, transparente Argumentation und sorgfältige Dokumentation. Aber es sind genau die ersteren Qualitäten, nicht die letzteren, welche die kreative und politische Schärfe des Buchs ausmachen (S. 712).

19.4 Partizipatives Kartieren

Partizipatives Kartieren stellt ein heterogenes Feld von Praktiken und Diskursen dar, deren Traditionslinien ebenso vielfältig sind (Dunn 2007). Daher soll im Folgenden auch weniger eine klare Anleitung partizipativen Kartierens vorgelegt, als vielmehr das Spektrum dieses Feldes skizziert werden. Die Heterogenität partizipativen Kartierens gilt auf vielen Ebenen – sei es in Bezug auf die beteiligten Agierenden, die kartierten

19

Themen und Gegenstände, die technischen Verfahren, die sozialen Praktiken der Herstellung, die Ziele oder die spätere Nutzung. Nicht zuletzt weichen die Ansätze bei der Beantwortung der Frage voneinander ab, was Partizipation bedeutet und was Kartieren. Die dabei entstehenden Karten reichen von einfachen Skizzen, die während eines Workshops auf ein Poster gezeichnet werden, bis zu solchen, die mittels komplexer GIS entworfen sind. Letzteres wird unter den Begriffen des *participatory GIS* (PGIS) oder *public participatory GIS* (PPGIS) oftmals als ein eigenständiger Bereich diskutiert und hat in zahlreichen Kontexten Einzug gehalten, auch in staatliche Planungsprozesse (Elwood 2009, 2006).

Beispiele partizipativen Kartierens reichen von Projekten zur Landnutzung und gemeinschaftlichem Eigentum nomadischer Gruppen in Tibet (Bauer 2009), über Stadtplanung in informellen Siedlungen in Bogotá (Allen et al. 2015) bis zu Fragen lokaler Gesundheitsprojekte (Aronson et al. 2007) oder den Alltagsgeographien von Kindern (Loebach und Gilliland 2016; Alarasi et al. 2015). Dabei kann die Funktion des Kartierens in einer Karte als Instrument ebenso in der politischen Artikulation und zur Planung liegen, wie in der Praktik des Kartierens als einem Mittel, mit Kindern über deren Raumnutzung, -wahrnehmung und -bedürfnisse ins Gespräch zu kommen. Vielfach ist partizipatives Kartieren dabei Teil von *mix-methods*-Ansätzen, also einer Verbindung unterschiedlicher qualitativer und quantitativer Methoden. So werden beispielsweise Verfahren der Gruppendiskussion ebenso verwendet wie quantitative Daten über Topographie, Flächennutzung oder staatlicher Statistiken.

Im Folgenden werden wir Projekte vorstellen, um diese zu illustrieren. Im Anschluss an die oben referierten zentralen Momente partizipativer Forschung werden nur solche Ansätze interessieren, denen es um Beteiligung, Ermächtigung und/oder Veränderung geht. Damit fallen Karten heraus, bei denen die Daten von einer großen Zahl von Nutzenden abgegriffen und in einer Karte verortet werden, ohne dass diese (zumindest potenziell) Einfluss auf Gestaltung und Nutzung hätten. Dies gilt etwa für die nutzergenerierten Bewertungen in den Karten von Google oder auf anderen Bewertungsplattformen, die mittels *crowdsourcing* generierter Daten ihre Karten füllen.

- **Partizipatives Kartieren am Beispiel von *disaster risk reduction***

Ein illustratives Beispiel sind partizipative 3D-Kartierungen, die sich in den letzten Jahren gerade im Bereich der geographischen Risikoforschung und auch in der entwicklungspolitischen Arbeit einer großen Beliebtheit erfreuen (Pedrick 2016) – auch wenn sie nicht frei von Kritik sind (Wood 2016). In der Forschung zum gesellschaftlichen Umgang mit Naturrisiken, insbesondere in Ländern des globalen Südens, haben sich *community*-orientierte Ansätze etabliert – gerade dann, wenn es um die Frage geht, wie der erhöhten Verwundbarkeit marginalisierter sozialer Gruppen begegnet werden kann. Gegenüber traditioneller *top-down*-Planung staatlich Agierender soll dort mittels *bottom-up*-Verfahren an den tatsächlichen Bedürfnissen und Ressourcen lokaler Gruppen angesetzt werden. Jessica Mercer et al. sehen hierin einen Weg, wissenschaftliches und indigenes Wissen zu integrieren und in Verbindung mit einer intensiven und langfristigen Feldarbeit hieraus Strategien des Umgangs mit und eine Reduzierung von Verwundbarkeit zu entwickeln und implementieren (Mercer et al. 2010).

Verfahren des *participatory 3-dimensional mappings* setzten hier an – auch wenn es eine Reihe anderer Kartierungsverfahren gibt, die in diesem Feld benutzt werden und die, je nach Forschungsdesign, Beteiligten und Ziel, von einfachen Skizzen auf dem Boden über netzbasierte Karten bis zu GIS reichen (Cadag und Gaillard 2012, S. 101). Nach der Erschließung des Feldzugangs und der Auswahl und Konstituierung einer Gruppe von aktiv Beteiligten, seien es politische Entscheidungsträger oder besonders verwundbare Agierende, wird auf der Basis wissenschaftlicher Daten der Topographie des betreffenden Raumausschnitts zunächst ein Geländemodell aus einfachen Materialien wie Pappmaché gebaut. Auf diesem werden anschließend und in Verbindung mit gemeinsamen Diskussionsprozessen unterschiedliche Daten und Informationen mit Stiften, Schnüren oder anderen alltäglichen Gegenständen aufgetragen – seien es weitere topographische Elemente, Landnutzungsformen oder sonstige Orte und Daten von Bedeutung für die beteiligten Akteure. Damit wird eine Diskussion über Verwundbarkeit und Resilienz in einer dialogischeren und demokratischeren Form als zuvor möglich und – so die Hoffnung – es entsteht Wissen, das eine größere Relevanz für die lokale Bevölkerung hat als traditionell durch staatliche Planung produzierte Kartierungen. Das dreidimensionale Modell ist dabei Mittel, um eine Kommunikation über Risiken und Bedarfe zu initiieren und um künftige Strategien des Umgangs zu entwerfen sowie für die *community* sichtbar zu machen. Ein Beispiel hierfür ist ein Projekt zu Überschwemmungsrisiko in ländlichen Gebieten in den Philippinen (Cadag und Gaillard 2012).

- **Online-Krisenkarten – partizipativ?**

Mit dem Aufkommen von einfachen Werkzeugen zur Erstellung von Online-Karten, bei denen in Form von *map mashups* auf Basiskarten georeferenzierte Informationen verzeichnet werden, wurde es leichter, sehr schnell Karten zu veröffentlichen und diese Karten von vielen Agierenden mit Daten zu ergänzen. Hierbei können Big-Data ebenso automatisch eingebunden werden (beispielsweise von Twitter) wie auch individuelle Meldungen Betroffener. Besonders im Bereich von Karten zu Naturkatastrophen und politischen Konflikten ist hier in den letzten Jahren ein Feld entstanden, dass sich an der Grenze partizipativer Kartographie bewegt (Bittner et al. 2011, 2016; Liu und Palen 2010).

Ein bekanntes Beispiel ist die Plattform „Ushahidi"[1]. Entstanden, um Berichte über Unregelmäßigkeiten bei der Präsidentschaftswahl in Kenia 2007 zu dokumentieren, wurde sie weltweit infolge des schweren Erdbebens in Haiti 2010 bekannt, als deren Karten bereits sehr schnell nach dem Ereignis in der Lage waren, lokale Zerstörungen und Hilfsbedarfe sichtbar zu machen und dazu beizutragen, das Handeln von Hilfsorganisationen zu koordinieren (Zook et al. 2010; Bittner et al. 2013). Grundlegend hierfür war u. a., dass Informationen mittels SMS an die Karte gesendet werden konnten. Seither wurden dynamische Online-Karten auf dieser Basis in einer Vielzahl geographischer und sozialer Kontexte verwendet. Der Selbstbeschreibung der Plattform folgend, haben seither „tausende unser crowdsourcing Tool verwendet um ihre Stimme zu erheben". Ein Ziel sei es, den Zugang zu Informationen

---

1   ▶ https://www.ushahidi.com.

■ **Abb. 19.3** ▶ ushahidi.com (Online: 06.11.2010)

zu erleichtern, Menschen zu ermächtigen und marginalisierte *communities* zu schützen.[2] Diese Formen des „digital humanitarism" (Turk 2016) werfen allerdings Fragen nach dem Partizipationsbegriff auf, den diese Projekte implizieren und der eine Vielzahl unterschiedlicher Bestimmungen erfährt – von der einfachen Nutzung eines interaktiven Tools bis zur direkten Beteiligung den grundlegenden Entscheidungen der Durchführung und Umsetzung (Bittner et al. 2016; Shemak 2014; ■ Abb. 19.3).

■ **Iconoclastistas – kollektives Kartieren**

Deutlich stärker im Feld sozialer Bewegungen verortet und aktivistischer ist die argentinische Gruppe *Iconoclasistas,* die seit 2008 Workshops im Schnittfeld zwischen Kartographie und einer „Pädagogik der Unterdrückten" organisiert. Im Zentrum steht dabei das gemeinsame Kartieren als soziale Praxis und damit die Konstitution eines politisch Agierenden aus der Praxis des Kartierens heraus.[3] Es geht dabei nicht um die alleinige Schaffung von relevanten Daten und relevantem Wissen in und durch Karten, sondern gerade auch um den gemeinschaftlichen

---

2 ▶ https://www.ushahidi.com/about.

3 Im deutschsprachigen Raum war es insbesondere die Gruppe orangotango, die diese Ideen aufgegriffen hat ▶ http://orangotango.info/; ▶ http://orangotango.info/wp-content/uploads/ Handbuch_Kollektives_Kritisches_Kartieren___Auflage_2__kollektiv_orangotango.pdf.

Prozess, weswegen immer wieder von kollektivem Kartieren gesprochen wird. „Kartieren ist Mittel, nicht Zweck" (Iconoclasistas 2016, S. 9). Aus diesem Grund greifen die hieran anschließenden Projekte in der Regel nicht auf GIS, sondern Papier, Stift und Schere zurück und bemühen sich, möglichst viele Schritte der Kartenproduktion gemeinschaftlich zu organisieren. Dazu gehören u. a. auch die gemeinsame Diskussion und Erstellung von kartographischen Signaturen und Symbolen. Daher ist es nicht verwunderlich, dass der Fokus eher auf lokalen Projekten in kleinen Gemeinschaften liegt als auf großen und räumlich verteilten Online-*communities*. Die hier entstehenden Karten schaffen neue Erzählungen über Orte und Gruppen, beispielsweise im Zusammenhang mit Landkonflikten im Kontext von Bergbauindustrie und deren Einfluss auf indigene Gruppen.

- **Jenseits der Konventionen kartographischer Visualisierung – künstlerische Ansätze und universitäre Forschung**

Die bisherigen Beispiele beziehen sich auf Karten, die sich weitgehend an kartographischen Konventionen orientieren, um das in ihren Projekten Wissen kartographisch darzustellen und damit auch visuell deutlich als legitimes kartographisches Wissen sichtbar zu machen. Andere Projekte verfolgen hingegen einen stärker künstlerischen Zugang bei der Darstellung ihrer Ergebnisse. Kritische Kartographie ist immer wieder auch mit einer kritischen Auseinandersetzung kartographier Darstellung verbunden (Wood 2010, S. 189 ff.). Ein Beispiel ist die Kartierung der Lebenswelten von Obdachlosen im Rahmen des Forschungsprojekts *Imaging Homelessness in a City of Care*. Bei diesem Projekt, das sich mit den Lebenswelten obdachloser Menschen und deren Wahrnehmung und Nutzung städtischen Raums beschäftigt, wurde in Zusammenarbeit zwischen universitären Forschenden und einer Gruppe obdachloser Menschen im englischen Newcastle-upon-Tyne neben partizipativer Fotografie auch kartierend gearbeitet. In mehreren Workshops wurden Karten von den Beteiligten mit ihren Erzählungen und Geschichten über Orte annotiert (◘ Abb. 19.4). Diese Karten wurden anschließend in künstlerischer Form

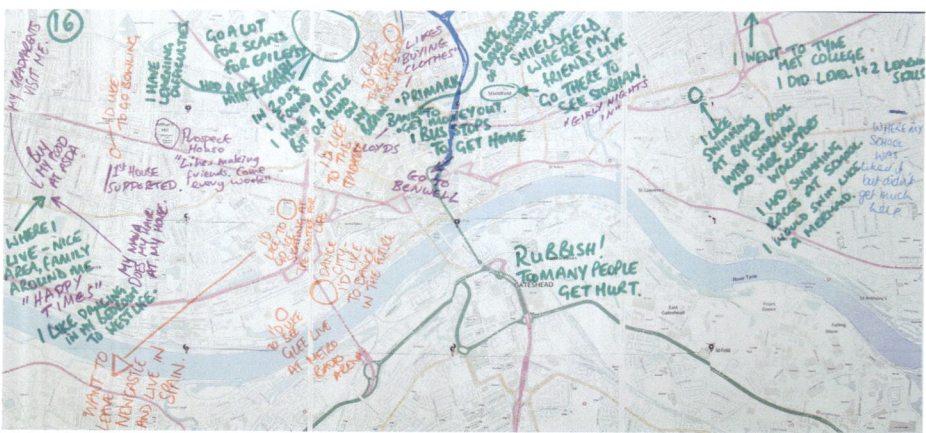

19

◘ Abb. 19.4   Imaging Homelessness in a City of Care ▶ https://esrcimaginghomelessness.files.word-press.com/2014/10/2u9a6741.jpg (10.12.2016)

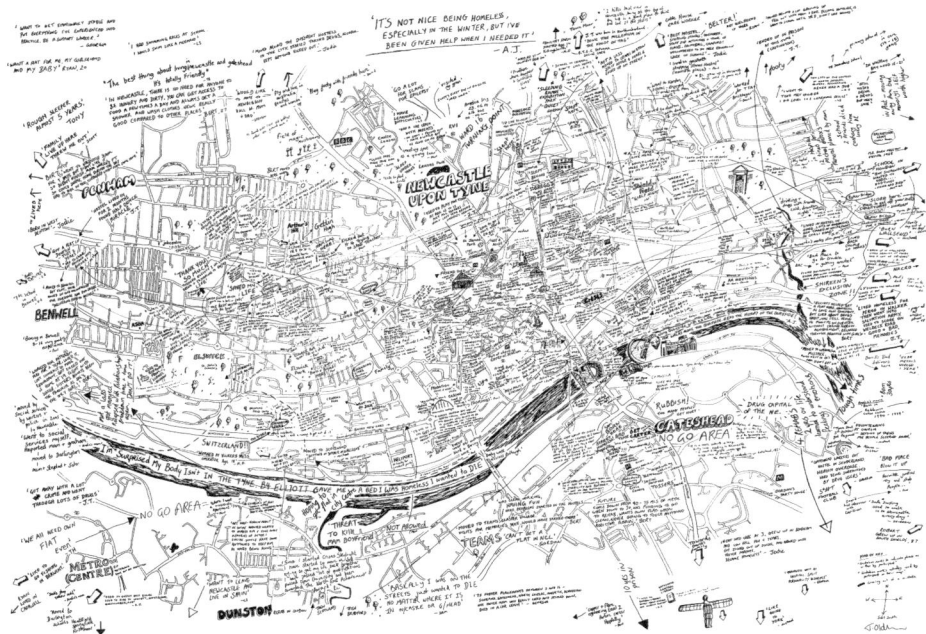

in eine gemeinsame Karte übersetzt (◻ Abb. 19.5) und in öffentlichen Veranstaltungen präsentiert. Dabei entstehen, so reflektieren die Forschenden, Erzählungen über die individuellen und kollektiven Herausforderungen von Obdachlosigkeit ebenso wie eine Gegengeschichte zum städtischen Raum.

19.5   Fazit

Diese Beispiele partizipativen Kartierens machen die Heterogenität des Feldes deutlich. Manche Beispiele stehen für stärker *top-down*-orientierte Ansätze – wie die beschriebenen Krisenkarten – und verwiesen damit auf einen Partizipationsbegriff, der eher eine schwache Form der Beteiligung bezeichnet. Andere richten sich auf den sozialen Prozess des gemeinschaftlichen Arbeitens an einer Karte statt auf das Ergebnis einer fertigen Karte. Wieder andere Projekte versuchen, nicht nur neue Agierende in der Karte sprechen zu lassen, sondern auch neue Formen kartographischer Darstellung auszuprobieren. Agierende umfassen soziale Bewegungen und lokale Gemeinden ebenso wie universitäre Forschende oder andere öffentliche Institutionen – und diese kamen in sehr unterschiedlicher Weise zu Wort: sei es als eher passive Betroffene, über die Wissen produziert wird, als aktiv Teilnehmende oder aktiv Gestaltende des gesamten Prozesses.

Es geht uns nicht darum, eine Hierarchie zwischen diesen Beiträgen herzustellen und einem Standard „guten" partizipativen Kartierens zu fordern. Wichtiger ist uns – wie bei qualitativer Forschung allgemein – eine Angemessenheit der Methode und des Vorgehens in Bezug auf die jeweils konkrete Fragestellung und Absicht herauszustellen. Eine Blaupause hierfür kann es nicht geben. Dass partizipatives Karieren als empirische sozialwissenschaftliche Methode ein erhebliches Maß an Reflexivität der Forschenden erfordert, sollte aber in diesem Beitrag deutlich geworden sein.

Literatur

Alarasi H, Martinez J, Amer S (2015) Children's perception of their city centre. A qualitative GIS methodological investigation in a Dutch city. Child Geogr 14(4):437–452. https://doi.org/10.1080/14733285.2015.1103836

Allen A, Lambert R, Apsan Frediani A, Ome T (2015) Can participatory mapping activate spatial and political practices? Mapping popular resistance and dwelling practices in Bogotá eastern hills. Area 47(3):261–271. https://doi.org/10.1111/area.12187

Aronson RE, Wallis AB, O'Campo PJ, Schafer P (2007) Neighborhood mapping and evaluation: a methodology for participatory community health initiatives. Matern Child Health J 11(4):373–383. https://doi.org/10.1007/s10995-007-0184-5

Barnes T, Heynen N (2011) William W. Bunge (1971) Fitzgerald: geography of a revolution. *prog hum geogr* 35:712–715

Bauer K (2009) On the politics and the possibilities of participatory mapping and GIS: using spatial technologies to study common property and land use change among pastoralists in Central Tibet. Cult Geogr 16(2):229–252. https://doi.org/10.1177/1474474008101518

Bittner C, Glasze G, Michel B, Turk C (2011) Krisen- und Konfliktkarten im Web 2.0. Geogr Rundsch 63(11):60–65

Bittner C, Glasze G, Turk C (2013) Tracing contingencies: analyzing the political in assemblages of web 2.0 cartographies. Geojournal 78(6):935–948. https://doi.org/10.1007/S.10708-013-9488-8

Bittner C, Michel B, Turk C (2016) Turning the spotlight on the crowd: examining participatory ethics and practices of crisis mapping. ACME Int E-J Crit Geog 15(1):207–229

Bryan J, Wood D (2015) Weaponizing maps. Indigenous peoples and counterinsurgency in the Americas. Guilford, New York

Bunge W (1962) Theoretical Geography. (Lund studies in geography Ser. C, 1). C.W.K. Gleerup, Lund

Bunge W (1969) Field Notes I. Discussion Paper No. 1. Detroit Geographical Expedition, East Lansing.
   ► http://freeuniversitynyc.org/files/2012/09/FieldNotesIDGEI.pdf. Zugegriffen: 24. Okt. 2015

Bunge W (1970) Field Notes II. Discussion Paper No. 2. Detroit Geographical Expedition, East Lansing.
   ► http://freeuniversitynyc.org/files/2012/09/FieldNotesIISchoolDecentralization.pdf. Zugegriffen: 29. Juli 2015

Bunge W (2011) Fitzgerald. Geography of a revolution. University of Georgia Press, Athens

Cadag JRD, Gaillard J-C (2012) Integrating knowledge and actions in disaster risk reduction: the contribution of participatory mapping. Area 44(1):100–109

Cooke B, Kothari U (2001) Participation: the new tyranny? Critiques of participatory development. Zed Books, New York

Crampton J (2010) Mapping. A critical introduction to cartography and GIS. Blackwell, Malden

Crampton J, Krygier J (2005) An introduction to critical cartography. ACME Int E-J Crit Geog 4(1):11–33

Dunn CE (2007) Participatory GIS a people's GIS? Prog Hum Geogr 31(5):616–637. https://doi.org/10.1177/0309132507081493

Elwood S (2006) Critical issues in participatory GIS: deconstructions, reconstructions, and new research directions. Trans GIS 10(5):693–708

Elwood S (2009) GIS, public participation. In: Kitchin R, Thrift N (Hrsg) International encyclopedia of human geography. Elsevier, Oxford, S 520–525. zuletzt geprüft am 01.03.2016

Freire P (1973) Pädagogik der Unterdrückten. Bildung als Praxis der Freiheit. 101–103. Tausend Juli 1998. Reinbek bei Hamburg: Rowohlt (rororo rororo-Sachbuch, 6830)

Haklay M (2013) Citizen science and volunteered geographic information: overview and typology of participation. In: Sui D, Elwood S, Goodchild MF (Hrsg) Crowdsourcing geographic knowledge. Springer Netherlands, Dordrecht, S 105–122

Harley JB (1989) Deconstructing the map. Cartographica 26(2):1–20

Harley JB, Woodward D (1987) Preface. In: Harley JB, Woodward D (Hrsg) Cartography in prehistoric, ancient, and medieval Europe and the Mediterranean. The history of cartography, Bd 1. University of Chicago Press, Chicago, S xi–xxi

Hickey S, Kothari U (2009) Participation. In: Kitchin R, Thrift N (Hrsg) International encyclopedia of human geography. Elsevier, Oxford, S 82–89. ► http://ac.els-cdn.com/B9780080449104001139/3-S.2.0-B9780080449104001139-main.pdf?_tid=ba3b7dd2-c75f-11e6-9bae-00000aab0f6c&acd-nat=1482312644_06cef8f6208c39b6322615d169614aa1. Zugegriffen: 21. Dez. 2016

Horvath RJ (1971) The ‚Detroit geographical expedition and institute' experience. Antipode 3(1):73–85. https://doi.org/10.1111/j.1467-8330.1971.tb00544.x

Iconoclasistas (2016) Manual of collective mapping. Buenos Aires. ► https://issuu.com/iconoclasistas/docs/manual_mapping_ingles. Zugegriffen: 20. Dez. 2016

Irwin A (1995) Citizen science. A study of people, expertise, and sustainable development. Routledge, London (Environment and society). ► http://samples.sainsburysebooks.co.uk/9781134792580_sample_529177.pdf. Zugegriffen: 27. Okt. 2016

Kindon S, Pain R, Kesby M (2007a) Participatory action research. In: Kindon S, Pain R, Kesby M (Hrsg) Participatory action research approaches and methods. Connecting people, participation and place. Routledge, London, S 9–18

Kindon S, Pain R, Kesby M (Hrsg) (2007b) Participatory action research approaches and methods. connecting people, participation and place. Routledge, London

Kindon S, Pain R, Kesby M (2009) Von participatory action research. In: Kitchin R, Thrift N (Hrsg) International encyclopedia of human geography. Elsevier, Oxford. ► http://ac.els-cdn.com/B9780080449104004909/3-S.2.0-B9780080449104004909-main.pdf?_tid=cb442894-aff0-11e6-846c-00000aacb361&acdnat=1479736121_3ad72e51ba319b8ff4952569efc48e34. Zugegriffen: 21. Nov. 2016

Kohlstock P (2004) Kartographie. Eine Einführung. UTB, Paderborn

Liu S, Palen L (2010) The new cartographers: crisis map mashups and the emergence of neogeographic practice. Cartogr Geog Inform Sci 37(1):69–90

Loebach J, Gilliland J (2016) Neighbourhood play on the endangered list. Examining patterns in children's local activity and mobility using GPS monitoring and qualitative GIS. Child Geogr 14(5):573–589. https://doi.org/10.1080/14733285.2016.1140126

Mercer J, Kelman I, Taranis L, Sandie S-P (2010) Framework for integrating indigenous and scientific knowledge for disaster risk reduction. Disasters 34(1):214–239. zuletzt geprüft am 12.01.2017

Pedrick, C. (2016) The power of maps. Bringing the third dimension to the negotiation table. The Technical Centre for Agricultural and Rural Cooperation. ► https://publications.cta.int/media/publications/downloads/1943_PDF.pdf. Zugegriffen: 12. Jan. 2017

Sanderson E, with Holy Family Settlement Reserach Team; Newport, Ruth; Umaki Research Participants (2007) Participatory cartography: reflections from research performance in Fiji and Tanzania. In: Kindon S, Pain R, Kesby M (Hrsg) Participatory action research approaches and methods. Connecting people, participation and place. Routledge, London, S 122–131

Shemak A (2014) The cartographic dimensions of humanitarianism. Mapping refugee spaces in post-earthquake Haiti. Cult Dyn 26(3):251–275. https://doi.org/10.1177/0921374014527920

Spivak GC (1988) Can the subaltern speak? In: Cary N, Grossberg L (Hrsg) Marxism and the interpretation of culture. Macmillan Education, Basingstoke, S 271–313

Turk C (2016) Cartographica incognita. 'Dijital Jedis', satellite salvation and the mysteries of the 'Missing maps'. Cartogr J 1–10. https://doi.org/10.1080/00087041.2016.1244323

Unger H von (2014) Partizipative Forschung. Einführung in die Forschungspraxis. Springer VS (Lehrbuch), Wiesbaden. (zuletzt geprüft am 30.11.2016)

Warren, G (1971) The geography of the children of Detroit. Discussion Paper No. 3. Detroit Geographical Expedition, Detroit. ► http://freeuniversitynyc.org/files/2012/09/Detroit-Geographical-Expedition-and-Institute-1971.pdf. Zugegriffen: 14. Dez. 2016

Wood D (1992) The power of maps. Guilford, New York

Wood D (2010) Rethinking the power of maps. Guilford, New York

Wood, D (2016) Book review: Denis Wood reviews "The power of maps" – But not his "The power of maps". ► https://makingmaps.net/2016/10/17/book-review-denis-wood-reviews-the-power-of-maps-but-not-his-the-power-of-maps/. Zugegriffen: 10. Jan. 2017

Zook MA, Graham M, Shelton T, Gorman S (2010) Volunteered geographic information and crowdsourcing disaster relief: a case study of the Haitian earthquake. World Med Health Policy 2(2):7. https://doi.org/10.2202/1948-4682.1069

19

Methodische Herangehensweise an soziologische Kapitalsorten für die Darstellung im sozialen Raum

Cosima Werner

© Springer-Verlag GmbH Deutschland, ein Teil von Springer Nature 2018
J. Wintzer (Hrsg.), *Sozialraum erforschen: Qualitative Methoden in der Geographie*,
https://doi.org/10.1007/978-3-662-56277-2_20

20.1 Einleitung: Kapitalsorten im Fokus

Forschende, die sich der Praxistheorien annehmen, verweisen häufig auf Pierre Bourdieus Konzeption der relationalen Theorie. Bourdieu erklärt die Welt nicht aus einer ideologischen Wendung heraus, z. B. aus dem Kapitalismus, der Moderne oder der Postmoderne (vgl. Lippuner 2005, S. 138), sondern aus den Relationen zwischen Personen, Agierenden, Institutionen und Organisationen heraus. „Was in der sozialen Welt existiert, sind Relationen – nicht Interaktionen oder intersubjektive Beziehungen zwischen [Akteurinnen und] Akteuren, sondern objektive Relationen, die ‚unabhängig vom Bewusstsein und Willen der Individuen‘ bestehen" (Bourdieu und Wacquant 1996, S. 127, Einfügung durch die Autorin).

Die Rezeption von Bourdieus Theorie inspiriert in der Geographie besonders die Geographische Entwicklungsforschung und die Stadtforschung (vgl. Deffner und Haferburg 2014a, b; vgl. dazu auch Deffner et al. 2014). Die hier vorliegende Methodendarstellung basiert auf einer stadtgeographischen Analyse, die sich einer sozial differenzierten Sozialraumanalyse urbaner Landwirtschaft in Detroit annimmt. Dabei liegt der Fokus auf den Kapitalsorten, insbesondere dem ökonomischen und kulturellen Kapital, die für eine Darstellung des sozialen Raums nach Bourdieu von Bedeutung sind. Doch wie kann Bourdieus Konzept der Kapitalien für eigene Arbeiten brauchbar sein? Wie können die methodisch erfassten Kapitalien in verschiedenen sozialen Feldern für die Analyse von sozialen Räumen verwendet werden?

Mein Ziel als Autorin ist es, einen Beitrag in der methodischen Auswertung von qualitativen Daten in Bezug auf die Kapitalausstattungen von Subjekten in sozialen Feldern zu leisten. Ich stelle den Lesenden ein Verfahren vor, dass bei der Untersuchung der Positionen von Subjekten im sozialen Raum nach Bourdieus Verständnis Anwendung finden kann und dabei insbesondere auf das kulturelle Kapital eingeht. Aus diesem Grund werden zunächst die wichtigsten Begriffe dargestellt: soziales Feld und sozialer Raum. Soziale Felder bilden die Rahmung für die Kapitalsorten, während soziale Räume die sozialen Relationen zwischen Subjekten anzeigen, die in einem sozialen Feld agieren. Anschließend wird das soziale Feld der urbanen Landwirtschaft vorgestellt und schließlich herausgearbeitet, wie die Kapitalsorten aus dem qualitativ erhobenen Datenmaterial extrahiert, konzeptionell erfasst und analytisch ausgearbeitet sowie graphisch dargestellt werden können.

20.2 Soziale Felder, sozialer Raum und Kapitalsorten

Um die Kapitalsorten gemäß der Theorie Bourdieus konstruieren zu können, ist es unerlässlich, das soziale Feld genau zu kennen. Wo überschneidet sich das zu untersuchende Feld mit anderen sozialen Feldern? Wo verlaufen die Grenzen und wann ist das soziale Feld nicht mehr relevant? Innerhalb eines sozialen Feldes agieren Subjekte, die ihre Fähigkeiten abhängig von ihren Kapitalien mit in das Feld bringen und dieses ausgestalten. Die einzelnen Subjekte können nicht als singuläre Entitäten begriffen werden, denn sie stehen mit dem Feld, seinen Regeln (objektive Strukturen) und mit den anderen Subjekten in Beziehung. Die Subjekte verbindet ein „bestimmtes Grundinteresse, nämlich alles, was die Existenz des Feldes selbst betrifft" (Bourdieu 1993, S. 109).

Bourdieu vergleicht das soziale Feld mit einem Spielfeld: Spielende, also Subjekte, erreichen (behalten und verändern) die Position im sozialen Feld aber nicht aufgrund eines angeborenen Talentes, sondern durch die Fähigkeit, Strategien spielen zu können, für die es bestimmte Kapitalien benötigt. Es werden Strategien entwickelt und verworfen, die nur in dem spezifischen Spiel von Bedeutung sind. In anderen Spielen gelten andere Regeln, sind andere Fähigkeiten und ein anderes Gesamtkapital wichtig (vgl. Bourdieu 1987, S. 193 f.).

Die Relationen zwischen den einzelnen Subjekten bilden den abstrakten sozialen Raum ab. Bourdieus Sozialraum gibt wieder, welche Personen im sozialen Raum über welche Macht und Kapitalausstattungen verfügen und aufgrund dessen welche Strategien sie „spielen" und verfolgen können, um eine bestimmte Position zu halten. Es sind „Positionen, die sich wechselseitig zueinander definieren, durch Nähe, Nachbarschaft oder Ferne, sowie durch ihre relativen Positionen, oben oder unten, oder auch zwischen bzw. in der Mitte usw." (Bourdieu 1992, S. 138).

Sozialer Raum zeichnet keine Individuen ab, sondern Lebensstilgruppen, in denen sich Subjekte mit einer ähnlichen sozialen Herkunft, überschneidenden Distinktionen und vergleichbaren Laufbahnen wiederfinden. Das heißt aber auch: „Analog zum Feld im sozialen Raum ergibt sich daraus die Vorstellung von Teilsphären, die diesen Raum konstituieren, also quasi reifizierte soziale Felder mit unspezifischen Grenzen, die sich vielfach überlappen können, aber umgekehrt mehr sind als ein bloßes Abbild einer abstrakten sozialen Welt" (Deffner und Haferburg 2014b, S. 338). Folglich können verschiedene Lebensstilgruppen in einigen Aspekten über ähnliche Distinktionen verfügen, sich aber in anderen Bereichen gravierend voneinander unterscheiden. Diese Differenzen und Nähen führen zu unscharfen Trennungen von sozialen Feldern.

Stehen nun die Subjekte eines sozialen Feldes und im Besonderen deren Relationen zueinander im Fokus der Analyse, müssen Forschende, wenn sie Bourdieu folgen, sich den Kapitalsorten widmen. Die Ausstattung an Kapitalien bestimmt die Position im sozialen Raum und ermöglicht den Einsatz von Strategien im sozialen Feld. Der Erwerb der Kapitalsorten erfolgt über die soziale Herkunft und die persönliche Laufbahn (vgl. Rehbein 2011, S. 167). Allgemein versteht Bourdieu Kapital wie folgt: „Kapital ist akkumulierte Arbeit, entweder in Form von Materie oder in verinnerlichter, ‚inkorporierter' Form. Wird Kapital von einzelnen [agierenden Personen] oder Gruppen privat und exklusiv angeeignet, so wird dadurch auch die Aneignung sozialer Energie in Form von verdinglichter oder lebendiger Arbeit möglich" (Bourdieu 1983, S. 183, Änderung durch die Autorin).

Die Kapitalsorten sind die Spielchips (franz. *enjeux*) im Spielfeld. Sie bestimmen die Unterschiede zwischen Lebensbedingungen und Möglichkeiten. Entscheidend dabei ist das „Gesamtvolumen des Kapitals als Summe aller effektiv aufwendbaren Ressourcen und Machtpotentiale" (Bourdieu 1987, S. 196). Das Gesamtvolumen von Kapital setzt sich aus dem ökonomischen, dem kulturellen und dem sozialen Kapital zusammen. Die Struktur und das Volumen des Gesamtkapitals, die je nach Feld und Subjekt variieren, müssen betrachtet werden, um die Position, die Macht und die Strategien eines Subjektes ermessen zu können.

Ökonomisches Kapital ist direkt konvertierbar in Geld, beinhaltet aber auch den kapitalistischen materialisierten Wert, z. B. in Form von Grundstücksrechten und Besitz. Bourdieu sieht das ökonomische Kapital als eines der entscheidendsten Kapitalsorten an, da dieses bei der Akkumulation weiterer Kapitalformen von wichtiger Bedeutung ist. Die Anreicherung des kulturellen und sozialen Kapitals wirkt sich auf das ökonomische Kapital aus (vgl. Bourdieu 1983, S. 185). Kulturelles Kapital, allgemein als Bildung verstanden, betont die Bedeutung der Kapitalakkumulierung innerhalb von Familien, was sowohl die Fähigkeit, sich zu bilden, als auch die Investition in Bildung berücksichtigt. Bourdieu unterteilt das kulturelle Kapital in das inkorporierte (z. B. Schulbildung), das objektivierte (z. B. Patente, Wissen über den Umgang mit Maschinen) und das institutionalisierte (akademische Bildungstitel) kulturelle Kapital (vgl. Bourdieu 1983). Diese Dreiteilung des kulturellen Kapitals bildet in der hier vorliegenden Methode die Basis für die Transformation dieser in das untersuchte soziale Feld. Die Positionen der Subjekte im sozialen Raum werden durch die Kapitalausstattung der Subjekte bestimmt, folglich also auch die Relationen zwischen den Subjekten. Jedoch ist zu beachten, in welches soziale Feld sozialer Raum eingebettet ist. Die Kapitalien können nur innerhalb eines sozialen Feldes adäquat eingesetzt werden.

20.3 Mit qualitativen Methoden das soziale Feld kennenlernen

Am Beispiel des sozialen Feldes der urbanen Landwirtschaft in Detroit wird die Erfassung des kulturellen und ökonomischen Kapitals vorgestellt. Die Analyse basiert auf Datenmaterial, dass mithilfe qualitativer Methoden erhoben wurde – insbesondere teilnehmende Beobachtung und narrativ geführte Interviews. Bei drei Feldaufenthalten in den Jahren 2012, 2014 und 2015 werden zwölf Praktizierende aus elf Projekten ausgewählt, die dort jeweils in leitenden Positionen stehen. Bei den Projekten handelt es sich entweder um kommerzielle Farmen, Gartenprojekte von non-profit-Organisationen oder Gemeinschaftsgärten, bei denen Privatpersonen sich zusammenschließen, um ein Grundstück zu beackern. Auf der Grundlage des theoretischen Konzepts der Kapitalsorten werden die empirischen Materialien analysiert. Ich fertige Protokolle über die teilnehmenden Beobachtungen an, z. B. aus der Perspektive einer freiwilligen Helferin bzw. einer Besucherin von Märkten und privaten Veranstaltungen, an denen die Forschungssubjekte teilnehmen. Zusammen mit den Protokollen bilden die Transkripte der narrativ geführten Interviews (vgl. Rosenthal 2011) die Grundlage, um die Konstitution des ökonomischen Kapitals einschätzen zu können und die Anpassung des kulturellen Kapitals an die Logik des untersuchten sozialen Feldes durchzuführen.

- **Die Grenzen des sozialen Feldes ausloten**

Anhand eigener Erfahrungen im Feld urbaner Landwirtschaft können Hinweise gegeben werden, wie die Grenzen eines Feldes methodisch bestimmt werden können. Meine langjährige Beschäftigung mit urbaner Landwirtschaft in Deutschland, Indonesien und den USA ist hierbei von besonderer Bedeutung. Mehrere Besuche von urbanen Gärten in den verschiedenen Ländern, eine Auseinandersetzung mit der bestehenden Literatur und Gespräche mit Aktivistinnen und Aktivisten, Forschenden oder auch mit Stadtplanenden oder Vertretenden gesellschaftlicher Organisationen helfen dabei, die Grenzen und Überlappungen zu skizzieren. Es zeigt sich beispielsweise, dass in Indonesien, wo ich 2013 urbane Landwirtschaft im Kontext der geographischen Entwicklungsforschung untersuche, Interviewte aus dem Planungsbereich und der

Umweltbildung keine Vorstellung von dem Konzept „urbane Landwirtschaft" haben. Jedoch gibt es Stadtbewohnende, die Gemüse z. B. entlang der Flussufer innerhalb der Stadt anbauen, dies wird allerdings vor Ort nicht als urbane Landwirtschaft verstanden, weswegen über das Thema als solches nicht gesprochen werden kann. Somit besteht das soziale Feld der urbanen Landwirtschaft zumindest nicht als spezifisches Konzept anders als in den USA oder in Deutschland. Diese Feststellung kann als Beleg dienen, dass urbane Landwirtschaft nicht in den Kontext gesetzt wird, wie es in der Entwicklungsgeographie diskutiert wird (vgl. Mougeot 2006).

Im Fall von Detroit hingegen wird urbane Landwirtschaft nicht nur ständig medial aufbereitet, sondern auch als Möglichkeit der Revitalisierung der Stadt diskutiert (vgl. dazu Colasanti 2010; Colasanti et al. 2012; Cialdella 2014; Cockrall-King 2012; Gallagher 2010, 2013; Pothukuchi 1999 u. a.). Auch lokale Agierende in der Lebensmittelversorgung, Restaurants sowie private und öffentliche Stadtplanungsbüros thematisieren die Bedeutung der urbanen Landwirtschaft für Detroit immer wieder. Zudem bekleiden wichtige Aktivistinnen und Aktivisten Positionen in Gremien der Stadtverwaltung, vertreten dort die Belange der urbanen Landwirtinnen und Landwirte und adressieren immerzu das Problem der Ernährungssicherheit der dort in Armut lebenden Bevölkerung. Weiter noch können auf dem lokalen Markt urbane Landwirtinnen und Landwirte ihr Gemüse verkaufen und es bestehen zwei Dachorganisationen, bei denen mehr als 1400 Projekte in Detroit registriert sind (Keep Growing Detroit 2016). Die Grenzen des sozialen Feldes konstituieren sich also in Indonesien in einem ganz anderen Ausmaß als in Detroit: Die Grenzen befinden sich demnach dort, wo ein Feld nicht mehr angesprochen wird.

- **Die Bedeutung der Kapitalsorten im sozialen Feld herausstellen**

Es stellt sich aber nicht nur die Frage nach den Grenzen sozialer Felder, sondern auch, ob die Konzeption der Kapitalgüter nach Bourdieu passend für das untersuchte soziale Feld ist. Das Verfahren, das hier vorgestellt wird, entspringt einer sozial differenzierten Analyse eines sozialen Raumes, die sich den Praktiken urbaner Landwirtinnen und Landwirte in Detroit widmet. Bei derartigen Forschungen steht die Erfassung der „relative[n] Verteilung unterschiedlicher Kapitalsorten" (Deffner und Haferburg 2014b, S. 338) im Fokus der Untersuchung.

Es kann davon ausgegangen werden, dass sich in diesen Praktiken in gewissem Maß die Kapitalausstattungen der Subjekte widerspiegeln. Praktiken zeigen sich also in der Ausgestaltung der Gärten, in der Präsenz der Subjekte im öffentlichen Raum und in Medien, aber auch in den geschaffenen organisatorischen Strukturen, in der Einbindung und Exklusion weiterer Personen in das Projekt – z. B. freiwillige Helfende, Nachbarinnen und Nachbarn, Befreundete – oder auch im Engagement in sozialen Netzwerken. Um diese Praktiken analysieren zu können, ist es unerlässlich, aus dem Material neben dem Lebenslauf aller Interviewten auch das ökonomische und kulturelle Kapital jedes Forschungssubjektes rekonstruieren zu können, um die Interviewten darauf aufbauend im sozialen Raum zu positionieren und dann kleine Milieugruppen zu kontrastieren.

Doch um Aussagen zu der Kapitalakkumulation treffen zu können, sollte zunächst anhand der Auswertungen der teilnehmenden Beobachtung und aus den Transkripten Folgendes geklärt werden: Welche Kapitalsorten sind von Bedeutung? Inwiefern kommt jede Kapitalsorte zum Tragen? Sind eventuell weitere Kapitalsorten zu entwickeln oder müssen die bestehenden Kapitalsorten an das soziale Feld angepasst werden, um die Relationen der Subjekte im sozialen Raum adäquat darstellen zu können? Wenn Forschende in der Lage sind, die Grenzen des sozialen Feldes zu skizzieren, können sie ebenfalls darstellen, welche Kapitalsorten für die Analyse relevant sind. Arbeiten anderer Geographinnen und Geographen können hier hilfreich sein (vgl. Dirksmeier 2006: „residenzielles Kapital", Haferburg 2007 „askriptives Kapital"). Neben möglichen Erweiterungen an Kapitalien wie andere Forschende vorstellen, die ebenfalls innerhalb Bourdius Konzept operieren und ihre Kapitalien als weiterführend für ihre untersuchten sozialen Felder empfinden, ist es auch wichtig zu bedenken, inwiefern Bourdieus etablierten Kapitalsorten an das untersuchte Feld angepasst werden können.

- ■ **Ökonomisches Kapital in der urbanen Landwirtschaft**

In Interviewsituationen kann das ökonomische Kapital direkt abgefragt werden, beispielsweise in Form des Haushaltseinkommens. Sollte die Frage aufgrund ihrer Sensibilität nicht beantwortet werden, kann die forschende Person anhand der beruflichen Situation, der Raumausstattungen, des Kleidungsstils und der Lebensumstände eine Einschätzung wagen. Weitere Hinweise geben auch Bemerkungen zu Wohneigentum, verdienenden Lebenspartnerinnen und -partnern oder Konsumpräferenzen. Diese Schätzung kann entlang der Einkommensparameter des lokalen Kontexts in hoch, mittel und niedrig eingeordnet werden:

Bei dieser Untersuchung gilt als Orientierungswert für ein niedriges Einkommen die Grenze der lokalen Armutsrate von 10.900 US\$/Jahr, für ein mittleres Einkommen das durchschnittliche Haushaltseinkommen im Jahr 2012 von 27.700 US\$/Jahr und als hohes Einkommen 43.000 US\$/Jahr. Eine derartige Einteilung befreit allerdings nicht davon, den Begriff des ökonomischen Kapitals über das Einkommen hinaus auszudehnen. Selbstpositionierungen der Subjekte sollten ebenso betrachtet werden und bieten Hinweise zu Differenzen und Nähe innerhalb des sozialen Raumes.

Wird allein anhand der Analysen zum ökonomischen Kapital der Gärtnernden eine Positionierung im sozialen Raum gewagt, könnte geschlussfolgert werden, dass jene mit einer gesicherten finanziellen Existenz im sozialen Feld weitaus besser positioniert sind, da sie auch eher in der Lage sind, sich kulturelles Kapital anzueignen. Jedoch ist das soziale Feld der urbanen Landwirtschaft atypisch aufgestellt: Subjekte, die zwar über ein hohes ökonomisches und inkorporiertes kulturelles Kapital verfügen, sind nicht unbedingt diejenigen, die die feldspezifischen Strategien am besten spielen.

Eine Konzentration auf das kulturelle Kapital ist in diesem Feld auch deshalb von Nöten, da nicht alle Personen aus der Praktik der urbanen Landwirtschaft Einkommen generieren, aber dennoch eine wichtige Stellung im sozialen Feld innehaben. So wird ein Verfahren entwickelt, das die Struktur und das Volumen des kulturellen Kapitals genauer unter die Lupe nimmt.

20

20.4 Ermittlung des feldspezifischen kulturellen Kapitals

Bei der kritischen Betrachtung des kulturellen Kapitals kommt die Frage auf, was Forschende dazu legitimieren kann, das kulturelle Kapital an das soziale Feld anzupassen. Es zeigt sich, dass Personen ähnliche Vorstellungen davon haben, was die Gärten bewirken sollen. Allerdings sind die Ausgestaltungen und Umsetzungen derart verschieden, dass Erklärungen gesucht werden müssen, wieso diese Unterschiede bestehen. Zum einem ist entscheidend, wie viel Finanzkapital die Beteiligten in den Garten investieren können, und zum anderen, welches Wissen die Gärtnernden über Gemüseanbau besitzen. Während die einen mit Hügelkulturen experimentieren oder Beete kunstvoll in Spiralen anlegen, legen andere ihre Gärten in klassischen Flurformen an: Sie parzellieren die Fläche nach Funktionen und verfolgen eine bestimmte Fruchtfolge. Woher kommt aber nun das Wissen dazu? Wie wurde das kulturelle Kapital erworben? Bourdieus Konzept des kulturellen Kapitals erfordert eine Anpassung an dieses soziale Feld, die einerseits berücksichtigt, welche Verantwortung die interviewten Subjekte für den Garten tragen und aufgrund dessen bestimmte Praktiken verfolgen, und anderseits die Wissensquellen beachtet, die im sozialen Feld der urbanen Landwirtschaft von Relevanz sind und dort auch anerkannt werden, aber nicht immer in Bildungsinstituten erworben werden.

■ **Kodierung der Formen von kulturellem Kapital**

Für die Kodierung des kulturellen Kapitals betrachten wir die drei Komponenten des kulturellen Kapitals: das inkorporierte, objektivierte und institutionalisierte kulturelle Kapital. Die Einzelbetrachtung der einzelnen kulturellen Kapitalien ermöglicht es, nicht nur den Schulbildungsgrad (inkorporiertes kulturelles Kapital) zu berücksichtigen, sondern auch andere Formen der Bildung etwa Wissen in Form von Objekten (objektiviertes kulturelles Kapital) oder in Form von Bildungstiteln (institutionalisiertes kulturelles Kapital) herauszustellen. Ich gehe davon aus, dass sich ebenso wie bei der Ausstattung des Gesamtkapitals eines Subjektes ebenfalls Differenzen in Struktur und im Volumen des kulturellen Kapitals ausdrücken. Somit wird Bourdieus Gedanke, dass sich das Gesamtkapital eines Subjektes in Struktur und Volumen unterscheidet, auch für das kulturelle Kapital angewendet. Weiter zeige ich, dass sich diese Unterschiede auch graphisch für jedes Subjekt darstellen lassen, was hilfreich in der darauffolgenden Analyse der gesamten Kapitalausstattung ist. Zuvor aber sind Überlegungen notwendig, wie sich die drei Formen des kulturellen Kapitals auf das soziale Feld der urbanen Landwirtschaft in Detroit übertragen lassen. Um Größen zu haben, in denen sich das Volumen und die Struktur widerspiegeln, werden die drei Arten des kulturellen Kapitals in feldspezifische Kategorien übersetzt und mit einem Zahlenwert bewertet. Dieser Schritt ermöglicht erst die visuelle Darstellung.

Kulturelles Kapital kann inkorporiert sein, das heißt, es ist direkt an eine Person gebunden und wird in Form von Bildungsabschlüssen wie etwa dem Abitur verinnerlicht. Bildung wird sowohl in der Primärerziehung innerhalb der Familie als auch in Bildungseinrichtungen der schulischen Sekundärerziehung vermittelt. Das inkorporierte Kapital (a) wird in diesem Verfahren mit der Dauer in Ausbildungsinstituten übersetzt. Die üblichen Kategorien von Bildungsstatistiken können als Hilfe zu Rate gezogen werden. In den USA allerdings werden alle College- und Universitätsabschlüsse als eine postsekundäre Ausbildung und High Schools als einzige Form des sekundären Bildungszweiges als eine weitere Kategorie zusammengefasst. Das Ausbildungslevel, das in High Schools erreicht wird, wird in den Statistiken nicht weiter aufgegliedert – bis zur 9. oder 12. Klasse, mit oder ohne Universitätszulassung. Aus diesem Grund werden folgende Unterteilungen und Kodierungen vorgenommen:

Beispiel
Inkorporiertes kulturelles Kapital:
Code 1: High School (middle)
Code 2: High School (senior)
Code 3: Vocational Education/College Zulassung
Code 4: Bachelor-Abschluss.
Code 5: Master-Abschluss

Objektiviertes kulturelles Kapital kann als eine Übertragung des kulturellen Kapitals auf Bücher, Bilder, Instrumente oder Maschinen verstanden werden. Bourdieu sieht diese materialisierte Form als eine Verwirklichung von Theorie, die durch Kaufprozesse veräußert und erworben werden kann und wodurch sich Eigentumsverhältnisse ändern (vgl. Bourdieu 1983). Die objektivierte Form des kulturellen Kapitals kommt allerdings nur im spezifischen sozialen Feld zum Tragen. Landwirtinnen und Landwirte benötigen Traktoren, während Lehrende Bücher besitzen. Lehrende können Traktoren bei der Haltung der sozialen Position nicht verwenden, sie sind somit wertlos für sie. Das objektivierte Kapital (b) wird hier insofern umgeändert, dass vor allem die Position der Subjekte im Projekt berücksichtigt wird. Dies folgt der Idee, dass mit der Stellung eine gewisse Verantwortung auf die Person übertragen wird, was wiederum den Fortbestand des Gartens beeinflusst.

Kodierung des objektivierten kulturellen Kapitals
Objektiviertes kulturelles Kapital:
Code 1: Personen, die wegen ihrer günstigen Arbeitskraft für das Gärtnern angestellt werden. Sie sind keine Entscheidungstragenden, leicht ersetzbar und mit keinen weitreichenden Kompetenzen betraut. Das Engagement basiert auf einem formalen Vertrag, der jederzeit kündigbar ist.
Code 2: Ist die Person z. B. bei einer non-profit-Organisation angestellt, gehört sie zu den leitenden Entscheidungstragenden und erhält ein Einkommen als Lohnempfängerin bzw. Lohnempfänger aus dem Projekt, so sinkt die Verantwortung und damit der Druck, den Fortbestand mit eigenen Investitionen in das Projekt sicherzustellen: Die Organisationen finanzieren Maschinen und Instrumente. Allerdings ist das Projekt maßgeblich vom Wissen dieser Person bestimmt, wobei die Existenz des Projekts nicht davon abhängt. Die Person ist ersetzbar, kann ihre Position aber über ihr spezifisches Wissen und Techniken sichern.
Code 3: Personen, die ihr Einkommen nicht aus der Gartentätigkeit akkumulieren, sondern aus anderen Tätigkeitsfeldern. Sie sind Hauptinitiatorinnen und -initiatoren des Gartens, prägen ihn mit eigener Expertise in Gartenbau oder zeigen hohes Engagement, neue Techniken

20

zu erlernen. Ohne sie würde das Projekt auslaufen und die Personen mit dem meisten Wissen und der längsten Erfahrung wegfallen. Sie tragen den Großteil der Investitionen und machen sich Gedanken zu der Finanzierung. Die Praktik beruht allerdings mehr auf dem Prinzip von *trial and error,* denn für sie führt eine Missernte nicht zu Existenzängsten.

Code 4: Personen, die aus dem Projekt ein Einkommen generieren, jedoch in ihrem Projekt gleichwertige Partnerinnen und Partner und deswegen finanziell weniger belastet, mit weniger Verantwortung betraut und somit weniger vulnerabel sind. Technische Hilfsmittel sind vorhanden, werden jedoch gemeinsam finanziert.

Code 5: Gärtnernde, die von dem Projekt finanziell abhängig sind. Die kultivierte Fläche muss eine bestimmte Größe haben, um Gemüse über den Eigenbedarf hinaus anbauen zu können. Verschiedene Techniken des Gartenbaus und der Landwirtschaft sind notwendig, um effektiv und ohne Ernteausfall zu wirtschaften, was wiederum Maschineneinsatz oder den Besitz eines Autos verlangt.

Das institutionalisierte kulturelle Kapital wird als der Erwerb von Bildungstiteln und Berufsabschlüssen verstanden. Zertifizierte Bildungsabschlüsse, z. B. ein Doktortitel, sind institutionell akzeptiert, was den Titeltragenden einen dauerhaften und rechtlich legitimen Wert für das kulturelle Kapital überträgt (vgl. Bourdieu 1983). Das institutionalisierte kulturelle Kapital (c) folgt dem Gedanken, dass ein Bildungstitel, etwa der Doktor, nicht *per se* im sozialen Feld der urbanen Landwirtschaft zu einer höheren Position im sozialen Raum führt. Aus diesem Grund werden die formalisierten Bildungsabschlüsse berücksichtigt, die mit Gartenbau oder Landwirtschaft zu tun haben. Ein höherer Abschluss kann zu einem besseren Gelingen der Farm beitragen, beispielsweise wenn die Zahl der Missernten reduziert werden kann, Flächen optimal genutzt werden oder eine effektive Fruchtfolge eingehalten wird, aber auch wenn Lebensmittel verarbeitet und konserviert werden können. Je höher dieses formal erlernte Wissen ist, desto bessere Strategien können in der Regel verfolgt werden.

Kodierung des objektivierten kulturellen Kapitals

Institutionalisiertes kulturelles Kapital:

Code 1: Personen, die über keine formalisierten Zertifikate verfügen, die innerhalb der urbanen Landwirtschaft anerkannt sind.

Code 2: Besuch von Kursen der Dachorganisationen.

Code 3: Absolvierte Praktika und im Besitz eines Zertifikats, das spezifisch auf das Feld urbane Landwirtschaft abgestimmt ist.

Code 4: Ausbildung als Gärtnerin bzw. Gärtner.

Code 5: Universitätsabschluss z. B. in Landwirtschaft.

20.5 Graphische Darstellung des kulturellen Kapitals

Die graphische Darstellung erfolgt in Form eines Quaders in einem dreiachsigen Koordinatensystem. Jede Achse entspricht jeweils einer Form des kulturellen Kapitals und jeder Quader ist ein visueller Ausdruck des Volumens und der Struktur des kulturellen Kapitals einer Person. Mithilfe der Visualisierungen lassen sich die Positionen des Subjektes im sozialen Raum detaillierter bestimmen – vorausgesetzt, die Erkenntnisse werden mit dem ökonomischen Kapital in Verbindung gesetzt. Die Formel der Berechnung erfolgt nach der Volumenrechnung von Quadern ($a \times b \times c = V$).

$$a \times \left(b_1 \times t_1 + b_2 \times t_2 + b_n \times t_n / n\right) \times (c \times t) = \text{kulturelles Kapital}$$

Das objektivierte und institutionalisierte Kulturkapital lassen sich zudem noch mit dem Faktor Zeit (t) gewichten, sodass auch dem dynamischen und veränderbaren Zustand des Gesamtvolumens Rechnung getragen werden kann. Eine Person, die seit 15 Jahren ein eigenes Farmprojekt leitet, aber keine formale Bildung in den relevanten Bereichen hat, kann also über ein ähnlich gutes kulturelles Kapital verfügen wie eine Person, die eine Ausbildung in Gartenbau abgeschlossen hat. Die Position innerhalb der Projekte, also das objektivierte kulturelle Kapital, kann sich über den zeitlichen Verlauf verändern. So können z. B. Personen als Farmassistierende begonnen haben und heute Leitende des eigenen Projektes sein. Ist dies der Fall, wird die Variable bn in die Gleichung mit aufgenommen und durch die Anzahl der Positionen (n) innerhalb der Vita einer Person dividiert. Es empfiehlt sich, aus dem Transkript für jedes Forschungssubjekt einen Zeitstrahl zu erstellen, auf den die Lebensereignisse eingetragen werden (vgl. ◘ Tab. 20.1).

Das dreidimensionale Diagramm für das gesamte kulturelle Kapital ist gegliedert in die jeweiligen Formen des kulturellen Kapitals (Achsen) (◘ Abb. 20.1). Die Zahlenwerte sind das Produkt des jeweiligen Wertes pro kulturelles Kapital, welches mit dem Faktor Zeit gewichtet wird und somit die verschiedenen Positionen der Personen in ihrer Vita widerspiegelt. Jeder Quader, der sich hier in jedem Falle in Volumen und Struktur unterscheidet, steht für eine interviewte Person.

Exemplarisch werden einige Quader miteinander verglichen: Wird das Verfahren wie vorgestellt angewendet, sind z. B. die Volumenboxen von IP10 und IP11 ungefähr gleich groß, aber die Strukturen der Zusammensetzung sind sehr verschieden. Während IP11 über höheres inkorporiertes und objektiviertes Kapital verfügt, kann IP10 auf Jahrzehnte der Gartenpraxis (Zeitfaktor 2,2) zurückgreifen. Auch IP6 mit ihrem Doktortitel und IP7, der bis zur 9. Klasse zur Schule ging, verfügen jeweils über ein ähnlich hohes kulturelles Kapital, obwohl ihre Bildungsabschlüsse, weit auseinanderliegen. Das institutionalisierte Kapital liegt bei beiden Personen bei eins. IP7 gewinnt jedoch massiv daran, dass er sein eigenes Projekt auf die Beine stellte.

Für eine bessere graphische Übersicht hilft es, einen Parameter als Auswahlkriterium zu bestimmen (z. B. hohes objektiviertes Kapital oder mittleres institutionalisiertes Kapital), um so die Interviewten besser miteinander vergleichen zu können und weitere Divergenzen in der Struktur und im Volumen sichtbar zu machen (◘ Abb. 20.2 und 20.3).

Allerdings präsentieren die Graphiken einen Status quo, der sich im zeitlichen Prozess zukünftig verändern kann, z. B. allein mit dem Älterwerden der Personen oder aufgrund von Positionsveränderungen im Projekt. Die verwendeten Zahlenwerte helfen dabei, die Struktur und das Volumen zu ermitteln, sowie bei der Visualisierung.

20

◻ Tab. 20.1 Übersicht der Kodierungen für die jeweiligen Formen des kulturellen Kapitals

Inkorporiertes kulturelles Kapital (a)	Code	Objektiviertes kulturelles Kapital (feldspezifisch) (b)	Code	Institutionalisiertes kulturelles Kapital (feldspezifisch) (c)	Code	Erfahrung in Jahren (t)	Gewichtung
High School (middle)	1	Nicht eigenes Projekt (angestellt, austauschbar, Einkommen)	1	Informelle Quellen (z. B. youtube-Videos)	1	<1	1
High School (senior)	2	Nicht eigenes Projekt (angestellt, Entscheidungstraende, Einkommen)	2	Seminare (z. B. Angebote von Dachorganisationen)	2	1–5	1,2
Ausbildung/College Zulassung	3	Eigenes Projekt (kein Einkommen, Gemeinschaftsprojekt, Hauptinitiative)	3	3–10 Monate Praktikum in Organisation der urbanen Landwirtschaft	3	6–10	1,4
Bachelor-Abschluss	4	Eigenes Projekt (Einkommen, Projektpartnerinnen und -partner)	4	Formale Ausbildung (z. B. Gartenbau)	4	11–15	1,6
Master-Abschluss	5	Eigenes Projekt (Einkommen, Hauptverantwortliche Person, alleine arbeitend)	5	Universitätsabschluss (z. B. Landwirtschaft)	5	16–20	1,8
						21–25	2
						>25	2,2

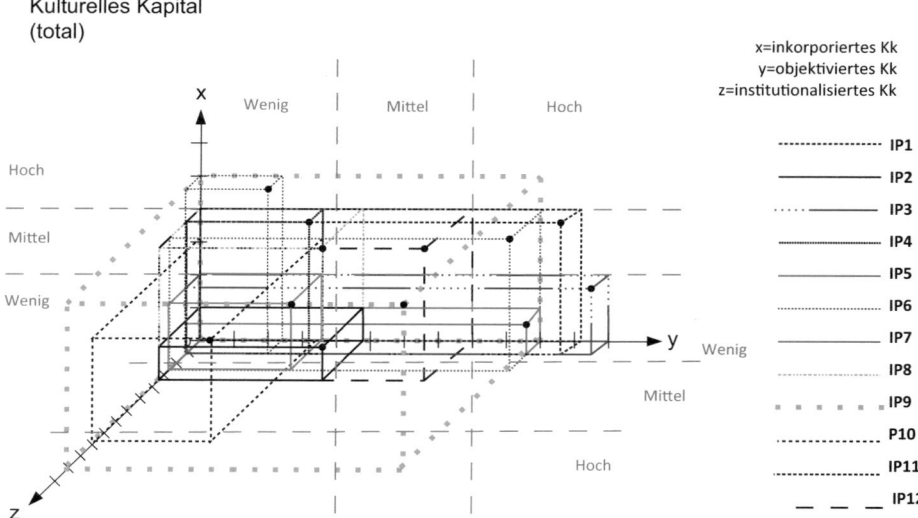

◧ Abb. 20.1   Visualisierung kulturelles Kapital

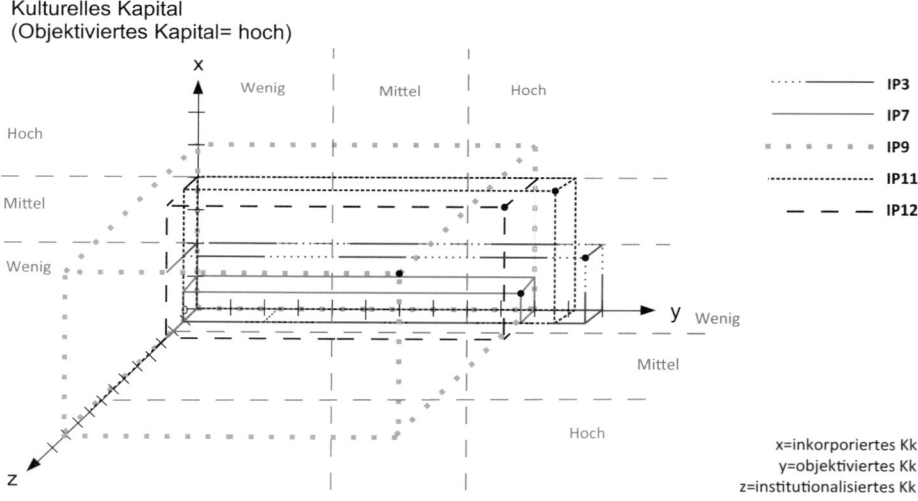

◧ Abb. 20.2   Kulturelles Kapital der Interviewten mit einem hohen objektivierten Kapital

Kritische Leserinnen und Leser könnten allerdings anmerken, dass die Kodierung von kulturellem Kapital einem ordinalen und keinem metrischen Skalenniveau folgen muss, was nicht nur statistischen Anforderungen entspricht, sondern auch Bourdieu anmerkt (Bourdieu 1987, S. 219). Die Berechnung mit einem metrischen Skalenniveau führt zu Fehlinterpretationen, die darauf schließen lassen, dass eine Person mit

20

Kulturelles Kapital
(institutionalisiertes Kapital=mittel)

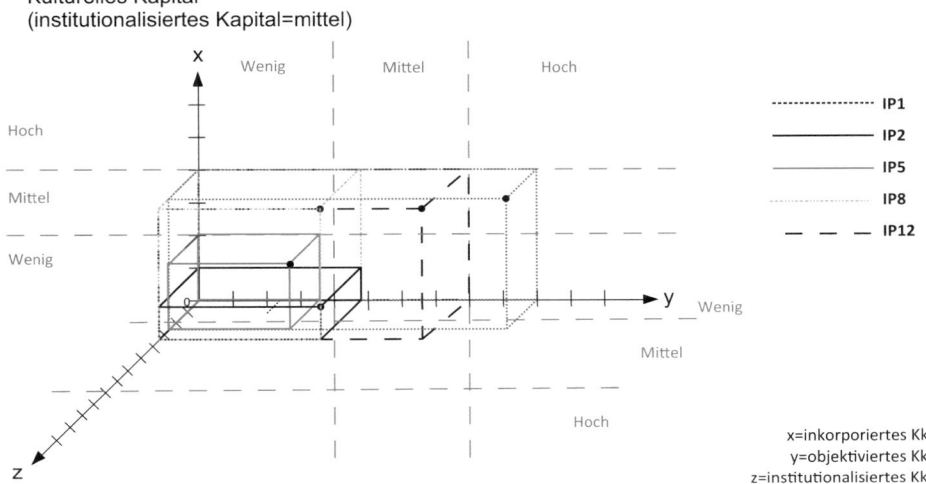

x=inkorporiertes Kk
y=objektiviertes Kk
z=institutionalisiertes Kk

▢ **Abb. 20.3** Kulturelles Kapital der Interviewten mit einem mittleren institutionalisierten Kapital

einem doppelt so großen Volumen im Vergleich zu einer anderen auch als *doppelt besser* mit kulturellem Kapital ausgestattet bezeichnet werden könnte. Stattdessen müsste die Aussage sein, dass die kulturelle Kapitalausstattung niedriger/höher ist, aber nicht quantifiziert werden kann, wie viel besser die Person ausgestattet ist. Genau hier liegt die Herausforderung des Verfahrens und es könnte als nutzlos abgetan werden. Jedoch zeigt der Sozialstatistiker Steffen Kühnel mithilfe statistischer Modelle, dass im Einzelfall auch danach gefragt werden kann, ob das ordinale Skalenniveau als metrisch konzeptualisiert werden kann, wenn es z. B. in einem Ranking gedacht wird (z. B. die Sympathie einer Politikerin oder eines Politikers) (vgl. Kühnel 1993). Dass dies hier so angewendet werden kann, äußert Bourdieu selbst, indem er sagt, dass die beiden Dimensionen Gesamtkapital (vertikal) und kulturelles Kapital (horizontal) angeordnet sind und damit einer Hierarchie folgen (vgl. Bourdieu 1987, S. 219). Es wird folglich angenommen, dass die hierarchische Ordnung auch für die drei Teilkapitalien des kulturellen Kapitals zutrifft. Entscheidend dabei ist, ob tatsächlich die Abstände zwischen den Antwortkategorien wichtig sind und ob Messabweichungen ignoriert und folglich die Abstände als gleich betrachtet werden können (vgl. Kühnel 1993, S. 31). Für das hier vorgestellte Verfahren bedeutet dies, dass die eigentlichen ordinalen Kategorien des kulturellen Kapitals in metrische Skalen umgewandelt werden können, um das Volumen berechnen zu können. Letztlich erfolgt aber eine Interpretation auf ordinalem Niveau – das heißt, eine Person hat ein höheres oder geringeres kulturelles Kapital als eine andere Person oder zwei Personen haben ein ähnliches Volumen an kulturellem Kapital, welches sich aber anders zusammensetzt, sich also in der Struktur unterscheidet.

20.6 Weiteres Vorgehen – sozialen Raum darstellen

Die Operationalisierung der soziologischen Kapitalsorten ist ein Zwischenschritt in der Untersuchung von Relationen in sozialen Räumen. Sie dient der Herausarbeitung der Positionen von Subjekten. Doch wie geht es nun weiter? Nach Bestimmung des ökonomischen und kulturellen Kapitals für jedes Subjekt können diese in ein Koordinatensystem eingezeichnet werden, wie auch Bourdieu es mehrfach vorgestellt hat und welches graphisch die Position von Lebensstilgruppen im sozialen Raum darstellt. Doch meist stellen diese Positionen keine Relationen, Dynamiken oder gar Milieugruppen dar. Möglicherweise sehen die Forschenden auch einige Unstimmigkeiten bei der abermaligen Betrachtung des empirischen Materials. Mit diesen gilt es dann umzugehen. Mithilfe symbolischer Kapitalsorten wie etwa dem askriptiven Kapital (vgl. Haferburg 2007) können Nachjustierungen argumentativ gestärkt werden. Wenn nun die Zugehörigkeit zur Gruppe von Personen mit afro-amerikanischer Herkunft im sozialen Feld der urbanen Landwirtschaft eine positive Zuschreibung ist, dann sollte dies auch in der Positionierung im sozialen Raum berücksichtigt werden. Möglicherweise sind auch nach der Positionierung erste Gruppen erkennbar, die aufgrund ihres Gesamtkapitals als Milieugruppe zusammengefasst werden können. Diese Gruppen müssen dann noch einmal überprüft und es sollte begründet werden, wie es zu dieser Einteilung kommt, was jede einzelne Gruppe ausmacht und wie diese Gruppen miteinander in Verbindung stehen.

Für das hier untersuchte Feld werden fünf verschiedene Gruppen herausgearbeitet, die auch miteinander in Verbindung stehen. Zum einem haben wir die Gruppe der Gärtnernden, für die urbane Landwirtschaft aufgrund ihrer prekären Lebensumstände zu einer Art Notwendigkeit (1) wird. Zum anderen können Gärtnernde, die Organisationen vorsitzen und auf diese Notwendigkeit reagieren, in zwei Gruppen eingeordnet werden: Es wird eine Wohltätigkeit mit christlichen Werten ausgedrückt (2.1) (Urbane Landwirtschaft der Wohltätigkeit) oder (2.2) es soll politische und soziale Teilhabe geschaffen werden (urbane Landwirtschaft des politisches *empowerments*). Die Personen in diesen beiden Gruppen ähneln sich sehr in ihrem Gesamtkapital, unterscheiden sich jedoch massiv von den Personen in anderen Mikromilieus. Einige Gärtnernde folgen der Praktik der beruflichen Selbstständigkeit (4), während andere Großprojekte implementieren, die in den Praktiken von Großinvestierenden (4) münden. Die letzte Gruppe setzt sich aus jenen Gärtnernde zusammen, die urbane Landwirtschaft als Hobby (5) betreiben, keinerlei finanzielle Absichten mit der Tätigkeit verbinden und ausschließlich mit Bekannten zusammenarbeiten (Werner 2015).

Ein weiterer Schritt kann sein, die Relationen in diesem abstrakten Verständnis von sozialem Raum, der bisher Kapitalausstattungen wiedergibt, auch im physischen Raum darzustellen. In *Ortseffekte* zieht Bourdieu eine Verbindung zwischen diesem abstrakten Raum und dem physischen Raum indem er meint: „In einer hierarchisierten Gesellschaft gibt es keinen Raum, der nicht hierarchisiert wäre und nicht Hierarchien und soziale Abstände zum Ausdruck brächte" (Bourdieu et al. 2010, S. 118). Weitaus hilfreicher ist jedoch Veronika Deffners Vorschlag, wie mit Bourdieu, hier am Beispiel der Quartiersforschung, physisch-materiell erfahrbare Räume konzeptionell untersucht werden können (vgl. Deffner 2012).

20.7 Schluss

Bourdieus Studie *Die feinen Unterschiede* (1987) liefert den größten Teil seines sehr umfangreichen Theoriekonzeptes, das auch in sozialräumlich differenzierten Analysen in der Geographie Anwendung findet. Doch wie lassen sich Differenzen in Sozialräumen herausarbeiten, wenn die Sozialräume in sozialen Feldern eingebettet sind?

Die Forschenden müssen sich intensiv mit dem sozialen Feld auseinandersetzen um a) die Grenzen des sozialen Feldes zu kennen, b) Überlappungen zu anderen Feldern herausarbeiten zu können und c) die Logik und Dynamik des Feldes zu verstehen. Anhand dessen kann analysiert werden, ob neue Kapitalsorten definiert werden können, Kapitalsorten anderer Autorinnen und Autoren relevant sind oder ob die kapitalen Güter hinsichtlich des sozialen Feldes gelten und entsprechend angepasst werden können. Es gilt jedoch immer, dass die Kapitalsorten der Logik des sozialen Feldes folgen müssen, um darin zum Tragen zu kommen.

Vor allem das kulturelle Kapital lässt sich in Anlehnung an die Logik des sozialen Feldes kodieren. So kann insgesamt herausgearbeitet werden, über welche Kapitalausstattung bestimmte Subjekt verfügen. Dies gilt auch für das ökonomische Kapital.

Für das kulturelle Kapital sind jedoch die drei Formen relevant, vor allem wenn es sich um Studien handelt, die sich mit Subjekten mit sehr heterogenen Bildungsniveaus befassen. Erst nach der Kodierung und Ermittlung des kulturellen Kapitals für jedes Forschungssubjekt, kann die Visualisierung des kulturellen Kapitals geschehen. Dazu eignet sich ein dreiachsiges Koordinatensystem, in das Quader entsprechend der kulturellen Kapitalausstattung eingezeichnet werden. Jeder Quader steht für ein Subjekt. Anschließend kann in Verbindung mit dem ökonomischen Kapital in einem Kreuzkoordinatensystem die Position eines Subjektes im sozialen Raum dargestellt werden. Anhand der Positionierungen zeigen sich im besten Fall mögliche Gruppen, die zu einem (Mikro-)Milieu zusammengefasst werden können. Die Subjekte werden sowohl über ähnliche Kapitalausstattungen als auch habituelle Distinktionen zu einer Gruppe subsumiert. Mithilfe der theoretischen Brille der Bourdieu'schen Kapitalsorten wird eine Methode dargestellt, die aufzeigt, über welche Kapitalausstattungen Forschungssubjekte verfügen. Dies hilft bei einer methodischen Abstimmung der sozialen Positionen von Subjekten im abstrakt gedachten sozialen Raum, über die sich Forschende den Strategien der Subjekte innerhalb des sozialen Feldes annähern können.

Literatur

Bourdieu P (1983) Ökonomisches Kapital, kulturelles Kapital, soziales Kapital. In: Kreckel R (Hrsg) Soziale Welt „Soziale Ungleichheiten", 2. Aufl. O. Schwarz & Company, Göttingen, S 183–198
Bourdieu P (1987) Die feinen Unterschiede: Kritik der gesellschaftlichen Urteilskraft. Suhrkamp, Frankfurt a. M.
Bourdieu P (1992) Rede und Antwort. Suhrkamp, Frankfurt a. M.
Bourdieu P (1993) Soziologische Fragen. Suhrkamp, Frankfurt a. M.
Bourdieu P, Wacquant L (1996) Reflexive Anthropologie. Suhrkamp, Frankfurt a. M.
Bourdieu P, Balazs G, Beaud S, Broccolichi S, Champagne P, Christin R, Lenoir R, Ceucrard F, Pialoux M, Sayad A, Schultheis F, Soulie C (2010) Das Elend der Welt. Gekürzte Studienausg, 2. Aufl. UVK, Konstanz

Cialdella J (2014) A landscape of ruin and repair: parks, potatoes, and Detroit's environmental past, 1879–1900. Mich Hist Rev 40(1):49–72

Cockrall-King J (2012) Food and the city. Urban agriculture and the new food revolution. Prometheus Books Amherst, New York

Colasanti K (2010) Assessing the local food supply capacity of Detroit, Michigan. J Agric Food Syst Commun Dev 1:41–58

Colasanti K, Hamm M, Litjens C (2012) The city as an „agricultural powerhouse"? Perspectives on expanding urban agriculture from Detroit, Michigan. Urban Geogr 33(3):348–369

Deffner V (2012) Quartiere als soziale Räume – Sozialgeographische Reflexionen. In: Deffner V, Meisel U (Hrsg) StadtQuartiere – Sozialwissenschaftliche, ökonomische und städtebaulich-architektonische Perspektiven. Klartext, Essen, S 87–102

Deffner V, Haferburg C (2014a) Bourdieus Theorie der Praxis als alternative Perspektive für die „Geographische Entwicklungsforschung". Geogr Helv 69:7–18

Deffner V, Haferburg C (2014b) Pierre Bourdieu: Habitus und Habitat als Verhältnis von Subjekt, Sozialem und Macht. In: Oßenbrügge J, Vogelpohl A (Hrsg) Theorien in der Raum- und Stadtforschung. Westfälisches Dampfboot, Münster, S 328–347

Deffner V, Haferburg C, Sakdapolrak P, Eichholz M, Etzold B, Michel B (2014) Relational denken, Ungleichheiten reflektieren – Bourdieus Theorie der Praxis in der deutschsprachigen Geographischen Entwicklungsforschung. Geogr Helv 69:3–6

Dirksmeier P (2006) Habituelle Urbanität. Erdkunde 60(3):221–230

Gallagher J (2010) Reimagining Detroit. Opportunities for redefining an American city. Wayne State University Press, Detroit

Gallagher J (2013) Revolution Detroit. Strategies for urban reinvention. Wayne State, University Press, Detroit

Haferburg C (2007) Umbruch oder Persistenz? Sozialräumliche Differenzierungen in Kapstadt, 6. Aufl. Institut für Geographie der Universität Hamburg, Hamburg

Keep Growing Detroit (2016) Resources. ► http://detroitagriculture.net/resources. Zugegriffen: 7. März 2017

Kessl F, Reutlinger C, Maurer S, Frey O (Hrsg) (2005) Handbuch Sozialraum. VS Verlag, Wiesbaden

Kühnel S (1993) Lassen sich ordinale Daten mit linearen Strukturgleichungsmodellen analysieren? ZA-Information/Zentralarchiv für Empir Sozforsch 33:29–51

Lippuner R (2005) Reflexive Sozialgeographie. Bourdieus Theorie der Praxis als Grundlage für sozial- und kulturgeopraphisches Arbeiten nach dem cultural turn. Geogr Z 93(3):135–147

Mougeot L (2006) Growing better cities – urban agriculture for sustainable development. International Development Research Centre, Ottawa

Pothukuchi K, Kaufman J (1999) Placing the food system on the urban agenda: the role of municipal institutions in food systems planning. Agric Hum Values 16(2):213–224

Rehbein B (2011) Die Soziologie Pierre Bourdieu, 2. Aufl. UVK, Konstanz

Rosenthal G (2011) Einführung in die Interpretative Sozialforschung, 3. Aufl. Juventa, Weinheim

Werner C (2015) The variety of urban farming practices – a case study from Detroit. Unveröffentlichte Masterarbeit Kulturgeographie. Geographisches Institut der Universität Erlangen-Nürnberg, Nürnberg

Synthese

Inhaltsverzeichnis

Netzwerk-Broker als interdisziplinäres Forschungsthema

Einblicke in die qualitative Metasynthese zur Aggregation und Reflektion empirischer Studien

Birgit Leick und Susanne Gretzinger

Der Begriff „Broker" umfasst natürliche Personen, aber auch Organisationen.

© Springer-Verlag GmbH Deutschland, ein Teil von Springer Nature 2018
J. Wintzer (Hrsg.), *Sozialraum erforschen: Qualitative Methoden in der Geographie*,
https://doi.org/10.1007/978-3-662-56277-2_21

21

21.1 Was können qualitative Syntheseverfahren für die qualitative sozialräumliche Forschung leisten?

Qualitative Forschungsansätze gewinnen in der Geographie zunehmend an Bedeutung. Auch die Techniken und Verfahren der Datenerhebung und -auswertung entwickeln sich kontinuierlich weiter. In die aktuelle humangeographische Forschungsausrichtung halten beispielsweise ethnographische, phänomenologische, narrative oder biographische sowie weitere Ansätze Einzug. Deren Herkunft ist in benachbarten Disziplinen der sozialräumlichen Forschung zu verorten, etwa in den Kultur- oder Geisteswissenschaften (vgl. Barnett-Page und Thomas 2009). Damit hat sich die qualitativ forschende Geographie einer großen Methodenvielfalt geöffnet und die Koexistenz unterschiedlicher Wissenschaftsparadigmen und Forschungspraktiken etabliert, etwa die kritisch-rationalistische, konstruktivistische, feministische oder marxistische Denkschule (vgl. Aitken und Valentine 2014). Diese Vielfalt im Methodenfundus macht für Forschende der Humangeographie beispielsweise eine Selbstreflexion bezüglich der Einordnung der jeweils angewandten Ansätze und Methodiken erforderlich. Das kann besonders für interdisziplinär Forschende herausfordernd sein: Bei der Theoriebildung müssen sie Teilbefunde aus verschiedenen Disziplinen mit ihren jeweils eigenen Theorien und Methoden zusammenbringen, um ein erstes Gesamtbild bei der Rezeption und Interpretation qualitativen Datenmaterials zu erhalten. Die Metasynthese hat hier eine ihrer Stärken, die auch für die Humangeographie als paradigmenpluralistisches Fach nutzbar gemacht werden kann.

Die Metasynthese zählt zu den qualitativen Syntheseverfahren für die übergeordnete Zusammenführung empirischer Erkenntnisse aus qualitativen Studien. Die empirischen Befunde werden auf übergeordneter Meta-Ebene begrifflich strukturiert und in einer Zusammenschau eingeordnet. Das Prinzip qualitativer Syntheseverfahren wie das der Metasynthese fußt grundsätzlich auf der Aggregation, Synthese und Reflexion: Qualitatives empirisches Datenmaterial (z. B. aus publizierten Fallstudien) wird zusammengefasst und verdichtet (Aggregation). Dem schließt sich eine eigenständige Interpretation der aggregierten Befunde auf der Meta-Ebene an (Synthese), die im gesamten Prozess an eine Einordnung der eigenen Forschungsposition bezüglich der Metabefunde gebunden ist (Reflexion).

Diese Verwertung qualitativer Primärdaten aus bereits vorliegenden Studien und Publikationen beinhaltet nicht nur das Erkennen und Auswerten bestimmter Beobachtungen der einbezogenen Studien. Anhand eigener kontextspezifischer Interpretationen werden die Daten qualitativer Studien in eine Art *Metabefund* integriert, der überwiegend auf eigenen Interpretationen oder Forschungshypothesen basiert. Deshalb ist ein solcher Ansatz mit besonderen Herausforderungen verbunden.

An dieser Stelle sei angemerkt, dass es mittlerweile verschiedene solcher Verfahren gibt, die unter dem wissenschaftlichen Ansatz der qualitativen Synthese zusammengefasst werden. Sie überlappen sich teilweise, sind aber heterogenen Ursprungs. Beispiele sind die narrative Synthese, die Meta-Ethnographie oder die hier besprochene Metasynthese (für einen Überblick über Gemeinsamkeiten und Unterschiede vgl. Barnett-Page und Thomas 2009). Speziell die Metasynthese eignet sich zur Zusammenfassung und Einordnung qualitativer Fallstudien zwecks Ableitung von Variablen und Forschungshypothesen auf der Meta-Ebene.

- **Gründe für den Einsatz der qualitativen Metasynthese**

Nach Claire Howell Major und Maggi Savin-Baden (2010, S. 3) sowie Margarete Sandelowski et al. (1997, S. 366) gibt es wichtige Argumente, qualitative Syntheseverfahren anzuwenden. Diese helfen, mit der Informations- und Datenexplosion in den Sozialwissenschaften umzugehen, die mit *Big Data* einhergeht. Sie erleichtern zudem die Zusammenführung fragmentierter Debatten oder Wissensbestände zu Forschungsthemen und können bei der Identifikation von Lücken und blinden Flecken in bestimmten Forschungsbereichen unterstützen – etwa bei Forschungsthemen, die bisher wenig systematisch erforscht oder konzeptionell begründet sind. Dort kann die Synthese qualitativer Daten auch die Theoriebildung unterstützen, z. B. wenn neue theoretische Annahmen begründet oder bestehende konzeptionelle Positionen ergänzt bzw. hinterfragt werden sollen.

Durch die Kontextualisierung individueller Studien im Rahmen einer qualitativen Synthese sowie durch die übergeordnete Interpretation der Befunde werden Syntheseverfahren unterschiedlichen Traditionen in den humangeographischen Forschungsansätzen besser gerecht. So können sie die Analysekraft bestehender oder etablierter Interpretationen erhöhen und zudem die Generalisierbarkeit individueller qualitativer Ergebnisse verbessern (Sandelowski et al. 1997, S. 369). Letztlich lässt sich qualitativ ausgerichtete Forschung im direkten Vergleich mit quantitativen Verfahren so nachhaltiger gestalten (vgl. Walsh und Downe 2005) – was insgesamt einen wichtigen Beitrag zur Theoriebildung in den Sozialwissenschaften und damit auch speziell in der interdisziplinär geprägten sozialräumlichen Forschung darstellt. Zum Beispiel können eigens durchgeführte qualitative Fallstudien durch Verbindung mit anderen Fallstudien auf übergeordneter Ebene an Tiefe gewinnen und dadurch in ihrem Interpretationsgehalt steigen. Durch Anwenden methodisch unterschiedlicher Ansätze auf das gleiche Phänomen und deren Verknüpfung (Triangulation) kann die Validität der getroffenen Aussage deutlich steigen. Beides sind Beispiele, wie eine qualitative Synthese in einen quantitativ ausgerichteten Forschungsrahmen eingebettet werden kann (z. B. als *mixed method*-Design).

Qualitative Syntheseverfahren unterstützen ferner die Entwicklung evidenzbasierter Forschungspraxis und machen Handlungsempfehlungen für die Politik schlagkräftiger. Sie können breite und interdisziplinär geprägte Debatten argumentativ unterstützen und Wissensbestände aus unterschiedlichen sozialwissenschaftlichen Disziplinen zusammentragen und damit sichtbar und generalisierbar machen. So wird eine Struktur erreicht, die bestimmte Ursache-Wirkung-Richtungen aufgrund übergeordneter Deutungszusammenhänge plausibler macht. Fallstudien werden damit leichter validierbar, als wenn sie nur individuell und im betreffenden Kontext oder vergleichend betrachtet würden (vgl. Barnett-Page und Thomas 2009; Howell Major und Savin-Baden 2010). Auch praktisch gesehen lassen sich mit qualitativer Synthese effizient Daten erheben – gerade auch für Forschende mit geringem Budget, da sie nicht lange dauert und zudem kostengünstig ist.

Insgesamt betrachtet kann eine Metasynthese also eine qualitative Datenbasis erheblich verbessern, obwohl die Methode nicht auf Repräsentativität im statistischen Sinne zielt (vgl. Walsh und Downe 2005, S. 204). Außerdem werden die zugehörigen Kontextinformationen systematisch dargestellt, um eine umfassende und übergeordnete Zusammenschau jeweils einbezogenen qualitativen Studien zu erreichen (Sandelowski et al. 1997; Howell Major und Savin-Baden 2010). Die Metasynthese kann die Qualität qualitativer Forschung steigern, indem sie eigene Deutungen bestehender Forschungs-arbeiten unter Berücksichtigung und kritischer Reflexion der persönlichen Position der Forschenden ermöglicht. Gerade für den Austausch von Argumenten zwischen quantitativ und qualitativ Forschenden kann die Metasynthese Brücken bilden, denn sie fordert ihnen eben diese kritische Betrachtung des aufgestellten Forschungsdesigns und Überlegungen hinsichtlich der Generalisierbarkeit der Ergebnisse ab (vgl. Finfgeld-Connett 2010). Bei Triangulation oder *mixed-methodology*-Ansätzen kann eine Meta-synthese zielführend sein, wenn es um die Exploration neuer Forschungsfelder und die Eingrenzung möglicher Kausalzusammenhänge für eine anschließende quantitative Untersuchung geht.

Kommen bei quantitativen Syntheseverfahren maßgeblich die statistische Reprä-sentanz und Signifikanz der ermittelten Zusammenhänge zum Tragen, haben bei der Metasynthese und anderen qualitativen Syntheseverfahren vor allem Interpretations-ansätze Gewicht (vgl. Finfgeld 2003). Die Übersicht von qualitativen Studien zu sozial-räumlichen Fragestellungen mit gering ausgeprägtem theoretischem Vorwissen bietet also die Möglichkeit, einen großen Kanon empirischen Wissens aus Fallstudien so zu systematisieren und darzustellen, dass übergeordnete Thematiken und mögliche wei-terführende Hypothesen sichtbar werden. Bei Themen, die in der sozialräumlichen Forschung kaum oder überhaupt nicht abgebildet werden, kann eine Metasynthese einen ersten Überblick ermöglichen, um Erkenntnisse und Ideen für die weitere Bear-beitung zu generieren – z. B. für eigene qualitative Feldforschung.

- **Kritische Anmerkungen zur Machbarkeit und Anwendungsbereiche für Meta-synthesen**

Zur Machbarkeit von auf Metasyntheseverfahren beruhenden Studien weisen David Tranfield et al. (2003, S. 218) auf die geringen Voraussetzungen der Methode hin. Absolute Vergleichbarkeit in den Designs der zugrunde liegenden Fallstudien ist dem-nach nicht zwingend notwendig. Damit eignet sich die Methode für explorative Vor-haben, bei denen Forschende noch keinen Zugang zu gesicherten Daten haben und deshalb auf die Zusammenführung von Studien angewiesen sind, die jeweils Teil-aspekte des zu beforschenden Themas abdecken. Damit geht die Verantwortung der Forschenden über rein analytisch-empirische Entscheidungen im Forschungsprozess, z. B. beim *sampling* (vgl. Suri 2011), sowie die üblichen wissenschaftlichen Standards für qualitative Forschung, hinaus: Sie schließt eine Reflexion der eigenen Position gegenüber dem Forschungsthema, aber auch des fachdisziplinären Verständnisses des betreffenden Themas, ein (vgl. Thorne et al. 2004). Dabei geht es um die Auswahlkri-terien für Fallstudien, die in eine Metasynthese einfließen, deren Güte und Validität, aber auch um Ansätze zur vergleichenden Betrachtung dieser Studien im Rahmen der Aggregations- und Syntheseschritte (vgl. Walsh und Downe 2006). Margarete Sandelowski et al. (1997, S. 370) weisen auf die grundsätzliche Herausforderung hin:

>> Qualitative metasynthesis is not a trivial pursuit, but rather a complex exercise in interpretation: carefully peeling away the surface layers of studies to find their hearts and souls in a way that does the least damage to them.

Eine Metasynthese beruht also immer auf einer subjektiven Epistemologie, welche einer sozial konstruktivistischen Forschungstradition entspringt (Walsh und Downe 2006).

Schon seit Längerem hat die Metasynthese in Nachbardisziplinen der sozialräumlichen Forschung Eingang gefunden. Andreas Fili und Jaan Grünberg (2016) z. B.
nutzen eine Metasynthese, um ein relativ enges, aber noch unstrukturiertes betriebs-
wirtschaftliches Forschungsthema, zu gliedern. Christina Hoon (2013) hingegen
ergänzt ein breites, gut erforschtes und etabliertes Thema in der betrieblichen Organi-
sationsforschung mittels einer Metasynthese durch Re-interpretation der aggregierten
Befunde. Diese Beispiele deuten die Bandbreite ihrer Nutzungsmöglichkeiten an, die
von der Exploration neuer oder unbekannter sowie überdisziplinärer Forschungsthemen bis zu einer kritischen Reflexion und partiellen Revision bestehender Interpretationen gängiger Debatten in einem engen Forschungsbereich reicht (Tranfield et al.
2003). In den Gesundheits- und Erziehungswissenschaften hat sich die Metasynthese
sogar als eigenständiges qualitatives Pendant zur quantitativen Metaanalyse etabliert
(Sandelowski et al. 1997; Barnett-Page und Thomas 2009).

21.2 Definition und Forschungsprozess einer Metasynthese

Im Weiteren beziehen wir uns auf die Metasynthese als eine Technik unter mehreren anderen zur qualitativen Datensynthese gemäß der Definition von Hoon (2013,
S. 523):

> **»** A meta-synthesis is defined as an exploratory, inductive research design to
> synthesize primary qualitative case studies for the purpose of making contributions
> beyond those achieved in the original studies.

Demnach a) verwendet die Metasynthese primäres Datenmaterial aus in der Regel
publizierten oder zugänglichen Fallstudien und b) beansprucht, durch Exploration
theoriebildend zu arbeiten. Es werden also nicht nur bestehende Theorien bestätigt
oder verworfen, sondern auch neue theoretische Ansätze gebildet. Dies erfolgt durch
neue Interpretationen auf einer übergeordneten Ebene (Thorne et al. 2004, S. 1346).
Dafür muss der gesamte Forschungsprozess neben der rein empirisch-analytischen
Dimension eine interpretativ-diskursive Ebene beinhalten (◘ Tab. 21.1). Dazu werden
eigene Deutungen schrittweise verdichteter und mittels Synthese verknüpfter Daten
(Beobachtungen, Beschreibungen, Interpretationen aus Fallstudien) erstellt. Diese
Deutungen sollen jedoch die konzeptionellen Ursprünge der Fallstudien – z. B. deren
Forschungspraktiken, die Wissenschaftssprache der jeweiligen Disziplin sowie spezifi-
sche Termini oder Definitionen – und damit die unterschiedlichen Kontexte berück-
sichtigen. Diese Spezifika fließen somit in die übergeordneten Interpretationen aus
der Metasynthese ein und werden im Forschungsprozess (auch kritisch) reflektiert
(Sandelowski 2006, S. 12).

▪ Metasynthesein der Praxis: Das Fallbeispiel Netzwerk-Broker

Das folgende Beispiel zeigt, wie eine Metasynthese abläuft, aber auch die Herausforderungen, die diese mit sich bringt. Im Fokus steht das in der quantitativen Soziologie etablierte Konzept des Brokers (Burt 2005). Dieses Konzept soll für die Steuerung
von räumlichen Unternehmensnetzwerken in der sozialräumlichen, vor allem der

21

Tab. 21.1 Der Mehr-Ebenen-Forschungsprozess einer Metasynthese

Schritt	Empirisch-analytische Ebene	Interpretativ-diskursive Ebene
1. Eingrenzen des Forschungsthemas	Identifizieren einer klar abgrenzbaren, theoretisch fundierten Forschungsfrage	Berücksichtigung der Interpretierbarkeit empirischer Befunde zu dieser Forschungsfrage
2. Lokalisieren relevanter Debatten und Literatur	Bestimmung der thematischen Ähnlichkeit zur Forschungsfrage unter Berücksichtigung interdisziplinär geführter wissenschaftlicher Debatten und Literatur	Bewusstsein für disziplinäre Spezifika und Unterschiede bei der Auswahl von Literatur und Interpretation von Debatten
3. Festlegen von Ein- und Ausschlusskriterien für die Auswahl der Fallstudien	Festlegung eines praktisch umsetzbaren Forschungsdesigns anhand der Zahl der aufgenommenen Fallstudien, der Forschungsmethode (qualitativ oder multimethodisch), der theoretisch-konzeptionellen Grundlagen, des Forschungsschwerpunkts und der Qualität der Fallstudien etc	Beachtung der kontextuellen Spezifika von Fallstudien und Fachsprache der Autorinnen und Autoren bei der Erstellung der Stichprobe für die Metasynthese
4. Datenextraktion und Kodierung	Identifikation relevanter Erkenntnisse in den Fallstudien gemäß der Forschungsfrage; Ausführliche Beschreibung und Kodierung aller verarbeiteten Erkenntnisse aus den primären Fallstudien	Begründung aller wichtigen Unterschiede und Übereinstimmungen bezüglich Sprache, Konzepten, Bildern und Metaphern sowie anderer Ideen mit Bezug zur Forschungsfrage; Berücksichtigung der fallspezifischen Beschreibung von Diskursen und angebotenen Erklärungsansätzen
5. Fallspezifische Analyse	Strukturierung, Analyse und Vergleich von Befunden auf der Ebene einzelner Fallstudien	Vergleichende Beurteilung, Einordnung und Deutung der Fallstudien in Vorbereitung der Synthese
6. Fallstudienübergreifende Analyse und Synthese	Zusammenfassung der fallstudienspezifisch gebildeten Variablen in einem verallgemeinerbaren Metarahmen	Berücksichtigung von Kontext und Sprache der einzelnen Fallstudien bei der Zusammenfassung und übergeordneten Variablenbildung; fallstudienübergreifende Interpretation im Hinblick auf die Forschungsfrage

(Fortsetzung)

◻ **Tab. 21.1** (Fortsetzung)

Schritt	Empirisch-analytische Ebene	Interpretativ-diskursive Ebene
7. Theoriebildung durch die Metasynthese	Erstellen eines konzeptionellen Rahmens auf Grundlage des verallgemeinerbaren Metarahmens mit Bezug zur Forschungsfrage; Rückkopplung des konzeptionellen Rahmens zur bestehenden Literatur	Selbstreflexiver und (selbst-)kritischer Abgleich der Meta-Interpretation mit bestehenden Erklärungsansätzen und Suche nach Schnittstellen für die Anschlussfähigkeit der neuen Interpretationsansätze
8. Diskussion der Metasynthese	Diskussion der Ergebnisse und möglicher Einschränkungen; Ableitung von Handlungsempfehlungen	Legitimation der methodischen Validität und „Güte" der Metasynthese auf Grundlage der vorhergehenden Schritte

Quelle: Eigene Darstellung nach Hoon (2013); Sandelowski et al. (1997); Barnett-Page und Thomas (2009)

21

wirtschaftsgeographischen, Forschung nutzbar gemacht werden. Der Broker nach Ronald S. Burt (2005) ist ein Akteur, der bedingt durch seine zentrale Position weniger entwickelte Bereiche innerhalb von Beziehungsnetzwerken, in Burts Terminologie *structural holes* (Burt 2005), identifizieren und verwerten kann. Diese strukturellen Brüche oder Löcher im Netzwerk entstehen, weil der Austausch zentraler Informationen typischerweise innerhalb von relativ geschlossenen Zirkeln stattfindet, die sich intern eng und oft austauschen; solche relativ homogenen Untergruppen haben meist nur losen oder keinen Kontakt zu anderen Akteuren oder Untergruppen im erweiterten Netzwerk.

Broker können dann durch ihre vielfältigen Kontakte zu Untergruppen den Austausch im Netzwerk fördern und den Wissens- und Informationsfluss anregen. Das Verbinden bisher unverbundener Untergruppen kann bedeutende Netzwerkvorteile schaffen. Die zentralen Aktivitäten des Brokers bestehen im *bonding* und im *bridging* – im Zusammenhalten des Austauschs zwischen bereits aktiven Gruppen und Überbrücken loser oder nicht existierender Verbindungen im sozialen Netzwerk. Im Beispiel hier werden diese beiden Funktionen beschrieben und in einem *governance*-Modell für räumlich verortete Unternehmensnetzwerke zusammengefasst. Das Ziel der Metasynthese besteht hier also darin, ein in der sozialräumlichen Forschung kaum aufgegriffenes Vorwissen über das Funktionieren und die Steuerung von Netzwerken aus soziologischer Perspektive auf die Wirtschaftsgeographie zu übertragen und nutzbar zu machen.

Dazu müssen bestehende Studien zum Konzept des Brokers aus unterschiedlichen Disziplinen identifiziert, analysiert und interpretiert werden. Während Burts Konzept vielfach für quantitative Netzwerkanalysen verwendet wird, gibt es kaum qualitative Forschung dazu. Derzeit liegen Beschreibungen der Eigenschaften und Aktionen des Brokers nur sehr fragmenthaft vor. Bezogen auf geographische Kontexte fehlen zudem auch noch theoriegeleitete Diskussionen zum Thema. Die Ausgangssituation für eine Metasynthese ist demnach das Feststellen einer Lücke in der qualitativen Forschung. Daher hat die betrachtete Studie zunächst das Ziel, ein Raster für eine Metasynthese angesichts eines zu erwartenden kleinen Samples zu erstellen (vgl. Walsh und Downe 2006). Vorgeschaltet wird die vorliegende, eher quantitative empirischen Literatur zum Thema per Stichwortsuche ausgewertet. Dabei werden die Stichworte „broker" und „brokerage" mit Begriffsbezug zu Unternehmensnetzwerken kombiniert. So ergeben sich erste Anhaltspunkte zu den verschiedenen Dimensionen des Brokers hinsichtlich

— der Voraussetzungen für Aktivitäten im Rahmen von *brokerage,*
— des Ablaufs von Prozessen, in denen ein Broker wirkt, und
— der Ergebnisse der Aktivitäten im Rahmen von *brokerage* für das Netzwerk.

Dieses grobe Raster gibt zunächst einen Überblick über die theoretischen Dimensionen und erleichtert die Entwicklung eines konkreteren Rasters für die anschließende Metasynthese. Bereits hier wird deutlich, dass eine gezielte Deutung und Einordnung des Literaturbestands vonnöten ist. Die eigentliche Metasynthese aggregiert dann im nächsten Schritt gezielt tiefergehende Erkenntnisse aus den vorliegenden qualitativen

Fallstudien und verknüpft diese dann mit einem Literaturüberblick. Es geht darum, „Lücken" im Bestand der qualitativen empirischen Studien zum Thema Broker in Unternehmensnetzwerken zu identifizieren und zu beschreiben. So hat die Metasynthese in diesem Beispiel grundsätzlich eine explorativ-induktive Funktion: Bestehende Forschungsaspekte aus dem Literaturüberblick vorab werden in der Tiefe beschrieben oder ergänzt.

Diese Tiefe wird durch Ableiten konkreter Forschungshypothesen *(research propositions)* erreicht. Dabei spiegeln die Hypothesen Erkenntnis- und Wissensfragmente aus publizierten Studien verschiedener Fachdisziplinen zu Burts Konzept wider, reflektieren sie und überführen sie in einen übergreifenden Rahmen, der stärker generalisierbar und valider ist als die Einzelstudien. Im Beispiel werden Einzel- oder Mehrfach-Fallstudien aus der betriebswirtschaftlichen Managementforschung, den Verwaltungswissenschaften und der Soziologie, der Stadt- und Regionalforschung und der Wirtschaftsgeographie einbezogen. Den Studien, die vor der Metasynthese isoliert betrachtet werden, fehlt häufig die Verknüpfung ihrer Kernaussagen zum avisierten qualitativem Forschungsthema. Im hier erörterten Fall ist es die Konzeption des Brokers, die beim Erforschen räumlicher Unternehmensnetzwerke bisher wenig beachtet wurde. Der Mehrwert der Metasynthese liegt also in einer aggregierten Beschreibung des Wirkens und der Effekte des Brokers für die Vernetzung der Unternehmen. Bei solch interdisziplinären Forschungsthemen profitiert Forschung stark davon, fachfremde Studien aus anderen Disziplinen für die Untersuchung eines räumlichen Phänomens hinzuziehen zu können und damit die Aussagekraft zu stärken.

21.3 Organisation der Metasynthese

Die Metasynthese ist in sechs Abschnitten organisiert (◼ Tab. 21.2).

- ▪ **Such- und *sampling*-Prozess**
Zunächst wird das spezifische Forschungsthema über eine konkrete Fragestellung eingegrenzt, dann werden die relevanten Forschungsdebatten in verschiedenen, sich teils überlappenden Disziplinen (Organisationstheorie, Management- und Marketingforschung, Entrepreneurship, Regionalforschung und Wirtschaftsgeographie) identifiziert und dargelegt. Alle einbezogenen Studien beleuchten Unternehmensnetzwerke aus dem Blickwinkel unterschiedlicher Disziplinen. Die Such- und *sampling*-Strategien folgen mehreren Kriterien zum Ein- und Ausschluss von Fallstudien (◼ Tab. 21.2). Das wichtigste ist die Verwendung bzw. Thematisierung von Burts Konzept des „brokers" aus seinem Buch *Brokerage and closure: An introduction to social capital* von 2005. Eine Stichwortsuche in der Datenbank des Social Sciences Citation Index (SSCI) sowie mit Hilfe der Suchmaschine Google Scholar liefert fünf passende Fallstudien, die dem entsprechen und zudem die Vernetzung von Unternehmen adressieren. Ausgeschlossen werden dabei qualitative Studien zu *brokerage* in sozialen Netzwerken wie virtuellen

21

◘ Tab. 21.2   Praktische Schritte der Metasynthese im Fallbeispiel

Schritt 1: Das konkrete Forschungsthema oder die Forschungsfrage identifizieren

Konzept des *broker* bzw. *structural holes* nach Burt (2005) im Kontext von
Unternehmensnetzwerken

Schritt 2: Die relevanten Forschungsdebatten identifizieren

Organisationstheorie, betriebswirtschaftliche Managementforschung, strategisches
Management und Marketing, Soziologie und Verwaltungswissenschaften an der Schnittstelle
zur Managementforschung, Entrepreneurship-Forschung zu Unternehmensnetzwerken, Stadt-
und Regionalforschung zu Netzwerken und Clustern

Schritt 3: Die relevante Literatur lokalisieren

Iterative Suche mittels des Web of Science ISI Social Science Citation Index (SSCI); parallel und
im Anschluss zusätzlicher Einsatz von Schneeballtechniken zur Literatursuche über Google-
Scholar-Suchen und Google-Scholar-Zitationen sowie Literaturverweise

Schritt 4: Suchstrategie und Kriterien zur Inklusion/Exklusion von Literatur

Anwendung von Mehrfachkriterien: a) Ausführung der Stichworte „network broker", „broker"
oder „brokerage" im Titel oder Abstract der Literaturquelle; b) Referenz zu Burt und seinem
broker-Konzept für Unternehmensnetzwerke oder verwandte Konzeptionen (Cluster,
Industriedistrikte, soziale Netzwerke, lokale Vereinigungen inklusive der Beteiligung von
Unternehmen); c) disziplinärer Ursprung in den sozialwissenschaftlichen Debatten; d) qualitativ
ausgerichtete Fallstudie oder *mixed-methodology*-Ansatz mit qualitativem Kern bestehend aus
Fallstudien
   Verwendung von Einschluss- und Ausschlusskriterien: a) Ausschluss anderer Konzepte
von Intermediären zwischen Unternehmen im Kooperations- und Vernetzungskontext, die
wesentlich von Kernelementen des Konzepts von Burt abweichen, z. B. keine Berücksichtigung
der Theorie des Sozialkapitals oder nur unzureichende Berücksichtigung der Heterogenität
sozialer *communities* (begründete Abweichungen bei hohem Erklärungsgehalt der Fallstudien);
b) Netzwerkkonzept mit unzureichendem Bezug zu Unternehmensnetzwerken, z. B. virtuelle
communities und *policy*-Netzwerke

Schritt 5: Kodierung und Extraktionsverfahren zur Bildung von Variablen

Explorative und offene Suche nach gemeinsamen Themen und übergreifenden Aspekten
in den Fallstudien; Verfassen von Fallbeschreibungen für die einzelnen Studien, Erstellen
kontextspezifischer Deutungen für die gemeinsamen Themen für jede Fallstudie
inklusive Zitaten daraus; Aggregation gemeinsamer Variablen auf der Meta-Ebene für die
berücksichtigten Studien

Schritt 6: Dateninterpretation und Reflexion

Fallstudienspezifische Interpretation: Strukturierung und genaue Analyse der Ergebnisse;
Identifikation möglicher Probleme bei der Kontextualisierung und Dekontextualisierung der
einzelnen Fallstudien für die übergeordnete Meta-Interpretation
   Interpretation auf der Meta-Ebene: Zusammenführung und Verschmelzung der
fallstudienspezifischen Erkenntnisse in einem verallgemeinerbaren Rahmen für alle Fallstudien;
Bildung von Kategorien für die Meta-Ebene als Variablen
   Reflexion: Abgleich des eigenen Verständnisses mit kontextualisierten Interpretationen;
Berücksichtigung der eigenen Position bei der fallstudienspezifischen und Meta-Interpretation

Quelle: Eigene Zusammenstellung

Gemeinschaften, die keinen sozialräumlichen Bezug zu Unternehmen aufweisen. Dazu zählen z. B. die Fallstudien von Sarah Morgan-Trimmer (2013), Cuihua Shen et al. (2012) und Gianmario Verona et al. (2006).

Allerdings treten im Such- und *sampling*-Prozess auch Schwierigkeiten auf. Zum Beispiel wird Burts Modell zwar häufig zur Analyse von Unternehmensnetzwerken genutzt; allerdings sind die meisten Studien quantitativer Natur (z. B. Regressionsmodelle). Qualitative Arbeiten hingegen folgen einer grundlegend anderen Konzeptualisierung des Netzwerk-Brokers, hier seien beispielhaft John Bessant und Howard Rush (1995), Jeremy Howells (2006) und Robert Huggins (2000) genannt. Vor allem wegen der derzeitigen Dominanz quantitativer Studien wird das Kriterium der Explikation und der dezidierten Beschreibung der konzeptionellen Bausteine des Ansatzes (Broker) in Unternehmensnetzwerken durch illustrative, in die Tiefe gehende Fallbeispiele erweitert (■ Tab. 21.3; dies betrifft bspw. die Fallstudie Nr. 2). Der Pragmatismus im Such- und *sampling*-Prozess stellt dabei eine weitere Ausprägung der interpretativ-diskursiven Dimension dar (■ Tab. 21.1), denn er reflektiert die Toleranz eines erweiterten Broker-Begriffs, um analytisch tiefere Informationsschichten zu erreichen; allerdings geht dies zulasten einer definitorisch sauberen Abgrenzung des *explanans*.

■ **Analyse der Fallstudien**

Die resultierenden qualitativen Fallstudien (n = 11)[1] sind sehr heterogen. So ist es zunächst schwer, gemeinsame Themen oder mögliche abzuleitende Kategorien zu finden. Ein weitgehend gemeinsames Thema der Studien ist, dass sie *broker* oder *brokerage* als Mechanismus zur Steuerung von teils unterschiedlichen Netzwerkkonfigurationen beschreiben und analysieren – z. B. bei lokalen Unternehmensclustern, bei sozialen Netzwerken von Anbietern von Kulturgütern wie Musikproduzenten oder bei städtisch-kommunalen Unternehmensnetzwerken im Umweltschutz. Die Studien stellen zwei wesentliche und verallgemeinerbare Aspekte von Brokern heraus: 1) die Voraussetzungen, unter denen Broker arbeiten (z. B. ihre Rollen oder Positionen gegenüber den Unternehmen im Netzwerk), und 2) ihre Wirkung auf das Netzwerk und seine Steuerung in unterschiedlichen Konstellationen. Besonders der Vergleich rein informeller mit formeller Vernetzung oder die Betrachtung stabiler und eher statischer Netzwerke gegenüber dynamischen Kontexten, z. B. aufgrund von extern verursachtem Anpassungsdruck, verdeutlichen Wirkungsmechanismen von *brokerage*.

Diese beiden Interpretationslinien werden im Weiteren auf der Ebene der einzelnen Fallstudien analysiert – vor allem die Teile der Publikationen, in denen die empirischen Fallstudien beschrieben, diskutiert und interpretiert werden. Zur Fallbeschreibung dienen Zitate, die die Autorinnen zusammen mit eigenen Interpretationen als Fallvignetten zusammenfassen. So ergeben sich Variablen, die den Themen zugeordnet und pro Studie zusammengefasst werden (■ Tab. 21.4).

---

1 In den ■ Tab. 21.3 und 21.4 sind im Sinne der Übersichtlichkeit drei Fallstudien exemplarisch dargestellt.

21

◻ Tab. 21.3 Ausgewählte Fallstudien in der Metasynthese und deren Eckdaten

Fallstudie und Publikation	Eckdaten			
	Konzeptioneller Referenzpunkt	Nutzung von Burts Konzept eines broker	Kontext der Fallstudie	Qualitatives Forschungsdesign
Nr. 1: Eklinder-Frick J, Eriksson L-T, Hallén L (2011) Bridging and bonding forms of social capital in a regional network. Industrial Marketing Management 40(6):994–1003	Strategien und Politiken zum Vermitteln zwischen unterschiedlichen Gruppen von Unternehmen in einem lokalen Unternehmenscluster	Ja, expliziter Bezug	Lokales Unternehmensnetzwerk mit zwei verschiedenen Gruppen von Unternehmen, Einrichtung der Position eines broker, der über Informationsvermittlung die vertikale Kooperation anregt	Einzelfallstudie eines Unternehmensnetzwerks in Schweden, Längsschnittstudie zwischen 2004 und 2010
Nr. 2: Hanna V, Walsh K (2008) Interfirm cooperation among small manufacturing firms. International Small Business Journal 26(3):299–321	Effektive Kooperation und Vernetzung zwischen Kleinunternehmen und Rolle von Netzwerkmanagerinnen und -managern als broker	Nein	Vergleich von durch Unternehmen im Netzwerk versus broker-gesteuerte Netzwerke und deren Effektivität im Verbinden einzelner Unternehmen mit bestehenden Netzwerken von Unternehmen	Mehrfach-Fallstudie von n = 7 network brokers und 14 Kleinunternehmen mit kooperativen Netzwerkbeziehungen zu anderen Firmen verarbeitender Industrien Europas und Nordamerikas
Nr. 3: Luthe T, Wyss R, Schuckert M (2012) Network governance and regional resilience to climate change: empirical evidence from mountain tourism communities in the Swiss Gotthard Region.Regional Environmental Change 12(4):839–854	Netzwerksteuerung, Netzwerkkohäsion und Netzwerkstruktur für lokale Unternehmensnetzwerke, organisationelle und lokale Resilienz der Netzwerke	Ja, expliziter Bezug	Wertschöpfungskette in der Schweizer Tourismusbranche, bestehend aus Unternehmens- und Akteursnetzwerken; Asymmetrie im Zusammenspiel von zentralen und einflussreichen Akteuren, die wenig Interesse an Veränderungsprozessen haben, mit peripheren Akteuren mit starker Orientierung zu change processes, aber geringer Macht	Einzelfallstudie eines regionalen Wertschöpfungsnetzwerks mit Unternehmensnetzwerken, qualitative Studie (n = 22) eingebettet in eine quantitative Netzwerkanalyse (n = 170)

Quelle: Eigene Zusammenstellung

◻ Tab. 21.4 Variablen- und Item-Extraktion im Prozess der Metasynthese anhand ausgewählter Fallstudien

Fallstudie	Variable 1: Position und Rolle des Netzwerk-*broker*				Variable 2: Aktivitäten des Netzwerk-*broker*		Variable 3: Wirkung des Netzwerk-*broker*		
	Ausprägung 1: Neutralität, Unabhängigkeit	Ausprägung 2: Soziale Einbettung	Ausprägung 3: Macht	Ausprägung 4: Erfahrung in *brokerage*	Ausprägung 1: Verbindung heterogener Gruppen (*bridging*) oder homogener Gruppen (*bonding*)	Ausprägung 2: Moderation und Verhandlung	Ausprägung 1: Verstärkung gemeinsamer Standards und Normen, Vertrauensbildung	Ausprägung 2: Erhöhung der kulturellen Nähe	Ausprägung 3: Fördern von Lerneffekten (*learning to collaborate*)
Nr. 1	./.	Soziale und lokale Einbettung	./.	./.	Verbinden von Unternehmen, die unterschiedliche Technologien nutzen, auf der Grundlage von *a priori* starken kulturellen Unterschieden und Interessen	Verhandlungen zur Einführung neuer sozialer Praktiken im Netzwerk	Vertrauensbildung beim Netzwerkauf- und -ausbau	Dauerhaft niedrige kulturelle und technologische Nähe zwischen Unternehmen trotz der Aktivitäten der Broker	Annahme eines kooperativen Ansatzes im Vergleich zu *ex ante* nicht-kooperativem Verhalten im Netzwerk
Nr. 2	Neutralität als wichtige Voraussetzung vertrauensvoller Zusammenarbeit und Offenheit	Einbettung in ein großes Netzwerk mit Zugang zu Kontakten und Informationen	./.	./.	Trennen von antagonistischen Mitgliedern des Netzwerks zur Vermeidung von Opportunismus	Moderation zwischen Netzwerkmitgliedern zur Abwendung von Opportunismus	Herstellen von Konsens zwischen vorher nicht kooperierenden Unternehmen	./.	

(Fortsetzung)

Tab. 21.4 (Fortsetzung)

Fallstudie	Variable 1: Position und Rolle des Netzwerk-broker				Variable 2: Aktivitäten des Netzwerk-broker		Variable 3: Wirkung des Netzwerk-broker		
	Ausprägung 1: Neutralität, Unabhängigkeit	Ausprägung 2: Soziale Einbettung	Ausprägung 3: Macht	Ausprägung 4: Erfahrung in brokerage	Ausprägung 1: Verbindung heterogener Gruppen (bridging) oder homogener Gruppen (bonding)	Ausprägung 2: Moderation und Verhandlung	Ausprägung 1: Verstärkung gemeinsamer Standards und Normen, Vertrauensbildung	Ausprägung 2: Erhöhung der kulturellen Nähe	Ausprägung 3: Fördern von Lerneffekten (learning to collaborate)
Nr. 3	./.	Einbettung in ein vielfältiges Netzwerk bei vertikaler und horizontaler Zusammenarbeit von Unternehmen	./.	./.	Verbinden von peripheren und wenig mächtigen Akteuren mit zentralen, mächtigen Netzwerkmitgliedern	./.	./.	./.	./.

Quelle: Eigene Darstellung

21.4 Interpretation und Aggregation auf der Meta-Ebene

Im nächsten Schritt findet die Aggregation des Fallstudienmaterials auf der Meta-Ebene als explorativer, offener Prozess statt: Alle Studien werden auf ihre thematische Eignung und ihre enthaltenen Hauptthematiken geprüft. Die gebildeten und nun kontextunabhängigen Variablen und ihre Ausprägungen werden danach mit dem übergeordneten Thema – Broker in Unternehmensnetzwerken – in Zusammenhang gebracht und vergleichend betrachtet. Hierbei hat die Reflexion durch den Forschenden eine große Bedeutung, denn bei der Analyse und Verbindung der Fallstudien auf unterschiedlichen Ebenen muss eine Position hinsichtlich der übergeordneten Interpretation und Forschungshypothese eingenommen werden. Diese Position geht womöglich weit über die kontextbezogenen Beschreibungen und Darstellungen der einbezogenen Studien hinaus. Bei der Variablenextraktion finden diese Kontexte und damit zusammenhängende sprachliche oder disziplinäre Besonderheiten jedoch durchweg Berücksichtigung. Im vorgestellten Beispiel liegt die eigentliche Herausforderung im Bündeln der fragmentierten Interpretationen (im Sinne von *items*) zu einem kohärenten Phänomen (im Sinne einer Variable, vgl. ◼ Tab. 21.4). Für das Beispiel des Netzwerk-Brokers gelangen die Autorinnen zu der Auffassung, dass der Erkenntnisgewinn des Zusammenfügens isoliert vorliegender Puzzleteile zu einem Gesamtbild einer kritischen Abwägung im Sinne der interpretativ-diskursiven Dimension der Metasynthese standhält.

Zuletzt ergeben sich drei unterschiedliche Kategorien von Variablen, die Aspekte des Brokers für Unternehmensnetzwerke thematisieren und dabei eigene Interpretationen erlauben (◼ Tab. 21.5), die als Hypothesen im Sinne von *research propositions* dargestellt werden können.

21.5 Fazit

Im betrachteten Fallbeispiel dient die Metasynthese dazu, übergeordnete Variablen verschiedener Ausprägungen aus einem Portfolio qualitativer Einzel- oder Mehrfallstudien abzuleiten. Die Variablen entsprechen unterschiedlichen Aspekten des Wirkens und der Effekte des Brokers und *brokerage*-Mechanismen in Unternehmensnetzwerken (◼ Tab. 21.5) und können für eine konfirmatorische (überprüfende) Anschlussforschung genutzt werden. Durch Offenheit für unterschiedliche Sprachen, Kontexte und Analysepraktiken zum Forschungsthema sowie Flexibilität gegenüber Unterschieden in den Designs der Fallstudien fördert eine systematische Meta-Interpretation bei bisher wenig erforschten Phänomenen neue qualitative Befunde und bringt weitere Einflussfaktoren zu Tage.

21

◘ Tab. 21.5 Netzwerk-Broker: Variablen, Ausprägungen und ihre Interpretation

Position des Brokers im Netzwerk	Aktivitäten des Brokers für die Vernetzung von Unternehmen	Wirkung des Brokers auf Netzwerke
1. Neutralität Eine neutrale Position des Brokers im Netzwerk fördert das Vertrauen und die Offenheit der Netzwerkunternehmen. Dies und eine zugleich mächtige Position sind wichtig, um das Netzwerk zu steuern und als Broker zu wirken. Unabhängigkeit von den Netzwerkunternehmen ist ebenfalls wichtig für das Konfliktmanagement und eine Steuerungsfunktion	1. Heterogene Gruppen verbinden Broker verbinden Unternehmen mit unterschiedlichen Betriebsgrößen, technologischen oder kulturellen Hintergründen im Netzwerk oder auch zentrale mit peripheren Unternehmen. Broker sorgen außerdem für Verbindungen zwischen eher homogenen Untergruppen und heterogenen Gruppen. Die Verbindung zwischen heterogenen Gruppen herzustellen, ist wichtig für die Anpassungsfähigkeit des Netzwerks, z. B. durch neue Mitglieder oder neu entstehende Kontakte zwischen unterschiedlichen Netzwerkunternehmen	1. Gemeinsame Normen durchsetzen und Vertrauen bilden Broker leiten einen Prozess der Vertrauensbildung zwischen Netzwerkunternehmen ein, der idealerweise zu Vertrauen als gemeinsame Norm im Netzwerk führt. Broker liefern Unternehmen einen von allen geteilten Ansatz zur Konfliktlösung. Dazu setzen sie besonders beim Netzwerkaufbau auf die Förderung von Konsens. In dynamischen Situationen können Broker neue Normen einführen und etablieren, die die Anpassung des Netzwerks an neue Bedingungen unterstützen
2. Soziale Einbettung Trotz Unabhängigkeit sollten Broker in ein großes Netzwerk eingebettet sein, das genügend Kontakte und Informationen liefert. Dies sollten am besten Netzwerke heterogener Teilnehmer und kleiner sozialer Gruppen sein, um die Möglichkeiten für *brokerage* zwischen Gruppen bestmöglich zu nutzen	2. Homogene Gruppen verbinden Broker wollen opportunistisches Verhalten einzelner Unternehmen zulasten des gesamten Netzwerks verhindern. Sie sichern eine gewisse Stabilität bezüglich der im Netzwerk vertretenen Kompetenzen, indem sie darauf achten, passende Mitglieder zu verbinden (z. B. hinsichtlich genutzter Technologien oder Unternehmenskulturen). Beides tun Broker, um das Vertrauen und die Netzwerkkonnektivität zu erhöhen, besonders während des Netzwerkaufbaus	2. Kulturelle Nähe erhöhen Broker vermitteln zwischen unterschiedlichen Kulturen, Normen und Verständnissen und schaffen dadurch kulturelle Nähe zwischen Netzwerkunternehmen

(Fortsetzung)

▪ Tab. 21.5 (Fortsetzung)

Position des Brokers im Netzwerk	Aktivitäten des Brokers für die Vernetzung von Unternehmen	Wirkung des Brokers auf Netzwerke
3. Zentrale und mächtige Position Broker sollten eine zentrale Position im Netzwerk innehaben, um das Netzwerk und den Informationsfluss darin hinreichend zu kontrollieren und einen guten Überblick über die Netzwerkunternehmen, ihre Kompetenzen und Homo- bzw. Heterogenität zu haben	3. Moderieren und verhandeln Broker übersetzen unterschiedliche Verständnisse von Kooperation und Netzwerkzusammenarbeit und gleichen unterschiedliche Interessen aus, um Opportunismus zu verhindern. Broker verhandeln auch mit Netzwerkteilnehmern, um neue Praktiken einzuführen und Widerstand gegen Veränderungen zu überwinden

4. Förderung informeller Interaktion im Netzwerk ist wichtiger als formaler Netzwerkaufbau. Auf Basis hinreichender sozialer Interaktion beim Netzwerkaufbau können Broker die informelle Interaktion unterstützen, die Untergruppen verbindet, bevor es um formale Strukturen des Netzwerks geht

5. Gemeinsame Visionen und Strategien für das Netzwerk entwickeln In späteren Stadien des Netzwerkausbaus können Broker den Zusammenhalt durch gemeinsame Ziele, Visionen und Strategien stärken | 3. Fördern von Lernprozessen (learning to collaborate) Auf Basis gemeinsamer Normen und geringer kultureller Unterschiede unterstützen Broker die Kooperationsneigung der Unternehmen im Netzwerk. Dazu verwenden Broker gemeinsame Visionen, Ziele oder Strategien. Sie zeigen den Unternehmen im Netzwerk, dass sie komplementäre Ressourcen und Kompetenzen im Netzwerk verknüpfen und dadurch Wettbewerbsvorteile erlangen Broker in Netzwerken ermöglichen oder unterstützen Lernprozesse, indem inkrementelle Wissensvorsprünge einzelner Unternehmen einem weiteren Akteurskreis zugänglich gemacht werden. Auch so können Broker die Kooperationsneigung im Netz erhöhen |

Quelle: Eigene Darstellung

21

21.6 Schlussbetrachtungen

Die Metasynthese kann als methodisch fundierter Ansatz helfen, empirisches Material aus qualitativen Primärstudien zu aggregieren und im Sinne übergeordneter Forschungshypothesen zu interpretieren. Sie wird als schrittweiser Prozess organisiert, der mit der systematischen Suche und dem *screening* inhaltlich-methodisch passender Studien startet. Die Einzelfallanalyse mündet in eine Meta-Analyse, dabei werden inhaltlich miteinander verbundene Variablen extrahiert und theoretisch untermauert. Bei einem derart explorativen Verfahren liegt es in der Verantwortung der Forschenden, die inhaltliche Verbindung zwischen den gewählten Fallstudien herzustellen und die die Fallbeispiele nach eigener Lesart übergeordnet zu interpretieren. Daneben stellt der Forschungsansatz auch praktische Herausforderungen. Gerade für die sozialräumliche Forschung liegen diese in der überdisziplinären Rezeption von Fallstudien.

Im Beispiel hier zeigt sich, dass qualitative Studien das Thema von Netzwerk-Brokern bisher kaum aufgreifen. Hingegen ist das Konzept in der Soziologie und den Verwaltungswissenschaft bereits geläufiger und wird verschieden empirisch bearbeitet. Qualitative Fallbeispiele aufzunehmen, bedingt also, dass Forschende bei der Suche und Prüfung von Literatur überdisziplinäre Schnittstellen auch durch Nutzung mehrerer Datenquellen erkennen und verwenden. Zudem sollten das Studiendesign, besonders die Zahl der in die Metasynthese einfließenden Studien, nachvollziehbar begründet werden. Margarete Sandelowski et al. (1997, S. 368 f.) empfehlen maximal zehn Studien als handhabbare Zahl von Quellen. Hingegen arbeitet Christina Hoon (2013) mit 23 Fallstudien an einer Metasynthese, um eine bestehende Forschung zu einem breiten Thema zu systematisieren. Im Beispiel hier gehen schließlich elf methodisch und inhaltlich passende Studien in die Synthese ein. Ohne flexible Auswahl des Materials (▶ Abschn. 21.3) wären es nur fünf gewesen. Es gibt also keine optimale Zahl von Fallstudien, sondern dies sollte themenabhängig und situativ flexibel gehandhabt werden.

Allerdings ist der Such-, Auswahl- und *sampling*-Prozess im Lichte des interpretativ-diskursiven Vorgehens auch kritisch zu reflektieren. Bereits die Aufnahme oder Ablehnung von Studien kann den Interpretationsrahmen steuern und beeinflussen. Reflexion spielt deshalb bei einer Metasynthese eine entscheidende Rolle. Für das Beispiel des Netzwerk-Brokers werden außerdem Kriterien selektiv erweitert, um einen Mehrwert an Informationen in der Tiefe zu generieren. Das hat seinen Ursprung in der konstruktivistischen Tradition qualitativer Syntheseverfahren (vgl. Howell Major und Savin-Baden 2010). So sollten Forschende ein eigenes Verständnis für die betrachteten Phänomene entwickeln und sich gegenüber dem, über das sie schreiben, positionieren und, falls nötig, abgrenzen. Der Anspruch der Metasynthese liegt darin, eine eigene, ggf. alternative Deutung der aggregierten Forschungsaspekte anzubieten, die über die einzelfallbezogenen Kontexte hinausgeht. Im Fallbeispiel gelingt dies, indem Fragmente zu Aspekten des Brokers in Netzwerken unterschiedlicher Art zusammengefasst und über ein System neuer Variablen und Variablenausprägungen *(items)* strukturiert werden. Dabei lässt die wenig erforschte Thematik eine große Offenheit bei der Interpretation zu. Christina Hoon (2013) zeigt jedoch, dass auch bei gut erforschten Themen eigene Interpretationen in einen Ideenwettstreit mit gängigen oder etablierten Erklärungsansätzen treten können. Aber auch hier geht es darum, isoliert betrachtete „stilisierte Fakten" zusammenzufassen und in ein übergeordnetes „meta-kausales Netzwerk" (Hoon 2013) zu integrieren.

Insgesamt ist die Metasynthese ein herausforderndes Verfahren, bietet aber zugleich flexible Möglichkeiten, mit qualitativ-empirischem Material zu experimentieren, ohne dabei Kontext und Situativität der Fallstudien sowie Stringenz und methodische Gütestandards aus den Augen zu verlieren.

Literatur

Aitken SC, Valentine G (Hrsg) (2014) Approaches to human geography. Philosophy, theories, people, and practices. Sage, Thousand Oaks

Barnett-Page E, Thomas J (2009) Methods for the synthesis of qualitative research: a critical review, NCRM working paper 01/09. Economic & Social Research Council National Centre for Research Methods, Institute of Education, London

Bessant J, Rush H (1995) Building bridges for innovation: the role of consultants in technology transfer. Res Policy 24(1):97–114. ► https://doi.org/10.1016/0048-7333(93)00751-E

Burt RS (2005) Brokerage and closure: an introduction to social capital. Oxford University Press, Oxford

Eklinder-Frick J et al (2011) Bridging and bonding forms of social capital in a regional strategic network. Ind Mark Manag 40(6):994–1003. ► https://doi.org/10.1016/j.indmarman.2011.06.040

Fili A, Grünberg J (2016) Business angel post-investment activities: a multi-level review. J Manag Gov 20(1):89–116. ► https://doi.org/10.1007/s10997-014-9296-7

Finfgeld DL (2003) Metasynthesis: the state of the art – so far. Qual Health Res 13(7):893–904. ► https://doi.org/10.1177/1049732303253462

Finfgeld-Connett DL (2010) Generalizability and transferability of meta-synthesis research findings. J Adv Nurs 66(2):246–254. ► https://doi.org/10.1111/j.1365-2648.2009.05250.x

Hanna V, Walsh K (2008) Interfirm cooperation among small manufacturing firms. Int Small Bus J 26(3):299–321. ► https://doi.org/10.1177/0266242608088740

Hoon C (2013) Meta-synthesis of qualitative case studies: an approach to theory-building. Organ Res Methods 16(4):522–556. ► https://doi.org/10.1177/1094428113484969

Howells J (2006) Intermediation and the role of intermediaries in innovation. Res Policy 35(5):715–728. ► https://doi.org/10.1016/j.respol.2006.03.005

Howell Major C, Savin-Baden M (2010) An introduction to qualitative research synthesis: managing the information explosion in social science research. Routledge, London

Huggins R (2000) The success and failure of policy-implanted inter-firm network initiatives: motivations, processes and structure. Entrepreneurship Reg Dev 12(2):111–135. ► https://doi.org/10.1080/089856200283036

Luthe T et al (2012) Network governance and regional resilience to climate change: empirical evidence from mountain tourism communities in the Swiss Gotthard Region. Reg Environ Change 12(4):839–854. ► https://doi.org/10.1007/s10113-012-0294-5

Morgan-Trimmer S (2013) „It's who you know": community empowerment through network brokers. Commun Dev J 49(3):458–472. ► https://doi.org/10.1093/cdj/bst049

Sandelowski M (2006) „Meta-jeopardy": The crisis of representation in qualitative metasynthesis. Nurs Outlook 54(1):10–16. ► https://doi.org/10.1016/j.outlook.2005.05.004

Sandelowski M et al (1997) Qualitative metasynthesis: issues and techniques. Res Nurs Health 20(4):365–371. ► https://doi.org/10.1002/(SICI)1098-240X(199708)20:4

Shen C et al (2012) Virtual brokerage and closure: network structure and social capital in a massively multiplayer online game. Commun Res 10(5):1–22. ► https://doi.org/10.1177/0093650212455197

21

Suri H (2011) Purposeful sampling in qualitative research synthesis. Qual Res J 11(2):63–75. ► https://doi.org/10.3316/QRJ1102063

Thorne S et al (2004) Qualitative metasynthesis: reflections on methodological orientation and ideological agenda. Qual Health Res 14(10):1342–1365. ► https://doi.org/10.1177/1049732304269888

Tranfield D et al (2003) Towards a methodology for developing evidence-informed management knowledge by means of systematic review. Brit J Manag 14(3):207–222. ► https://doi.org/10.1111/1467-8551.00375

Verona G et al (2006) Innovation and virtual environments: towards virtual knowledge brokers. Organ Stud 27(6):765–788. ► https://doi.org/10.1177/0170840606061073

Walsh D, Downe S (2005) Meta-synthesis method for qualitative research: a literature review. J Adv Nurs 50(2):204–211. ► https://doi.org/10.1111/j.1365-2648.2005.03380.x

Walsh D, Downe S (2006) Appraising the quality of qualitative research. Midwifery 22(2):108–119. ► https://doi.org/10.1016/j.midw.2005.05.004

Serviceteil

© Springer-Verlag GmbH Deutschland, ein Teil von Springer Nature 2018
J. Wintzer (Hrsg.), *Sozialraum erforschen: Qualitative Methoden in der Geographie*,
https://doi.org/10.1007/978-3-662-56277-2

Sachverzeichnis

If you have any concerns about our products,
you can contact us on
ProductSafety@springernature.com

In case Publisher is established outside the EU,
the EU authorized representative is:
**Springer Nature Customer Service Center GmbH
Europaplatz 3, 69115 Heidelberg, Germany**

Printed by Libri Plureos GmbH
in Hamburg, Germany